하락리수 **하** 권

下

덕산德山
김수길金秀吉

- 41년 충남 공주에서 출생.
- 7세부터 14세까지 伯父인 索源 金學均선생으로부터 千字文을
  비롯하여 童蒙先習·通鑑·四書와 詩經·書經 등을 배움.
- 26세부터 41세까지 국세청 근무. 42세~현재 세무사 개업.
- 89년부터 대산선생으로부터 易經을 배움.
- 『周易傳義大全譯解』 책임편집위원.
- 편저에 『周易入門』編譯에 『梅花易數』, 『陰符經과 素書 心書』,
  『하락리수』, 『오행대의』, 『천문류초』, 『소리나는 통감절요』,
  『집주완역 대학』, 『집주완역 중용』 등

건원乾元
윤상철尹相喆

- 60년 경기 양주에서 출생
- 87년부터 대산선생 문하에서 四書 및 易經 등을 수학하면서
  『대산주역강해』·『대산주역점해』·『미래를 여는 주역』·
  『주역전의대전역해』 등의 편집위원.
- 저서에 『후천을 연 대한민국』, 『太乙天文圖 해설』, 『주역입문2』,
  『세종대왕이 만난 우리별자리』, 『시의적절 주역이야기』
  편역에 『매화역수』, 『동이 음부경 강해』, 『하락리수』,
  『오행대의』, 『천문류초』 등
- 2011년 『황극경세皇極經世』를 완역 출간.
- 2013년 『시의적절 주역이야기』 출간.
- 2014년 성균관대학교 철학박사.

대유역학총서 【3】 하락리수 下

- **초판인쇄** 2009년 3월 10일 **초판2쇄발행** 2014년 12월 15일
- **공역** 덕산 김수길, 건원 윤상철 **편집** 대유연구소
- **발행인** 윤상철 **발행처** 대유학당
- **출판등록** 1993년 8월 2일 제 1-1561호
- **주소** 서울 동대문구 휘경동 258 서신빌딩 402호
- **전화** (02)2249-5630~1
- **홈페이지** http//www.daeyou.net 대유학당
- 여러분이 지불하신 책값은 좋은 책을 만드는데 쓰입니다.
- ISBN 978-89-88687-15-4 04140(세트)
       978-89-88687-18-5 04140
- **값** 30,000원 **전문가용** 하락리수CD는 550,000원입니다.

河洛理數

下

33 돈 ~ 64 미제

乾上
艮下　**天山遯(33)**
천 산 돈

돈괘 개요

【괘사와 대상전】 돈은 형통하니 조금 바르게 함은 이로우니라. 상에 말하기를 하늘 아래에 산이 있는 것이 돈괘니, 군자가 본받아서 소인을 멀리하되 악하게 하지 않고 엄하게 하느니라.【遯은 亨하니 小利貞하니라. 象曰 天下有山이 遯이니 君子 以하야 遠小人호대 不惡而嚴하나니라.】

【총괄해서 판단하면】

1 건궁의 2세괘로 6월에 속한다. 내괘의 납갑은 병진·병오·병신이고, 외괘의 납갑은 임오·임신·임술인데, 갑오·갑신·갑술을 빌려서도 쓴다. 6월에 태어난 사람과, 태어난 년도의 간지가 납갑의 간지 및 차용납갑의 간지에 합치되는 사람은 부귀와 공명을 누리게 된다.2

운세로 보면① 천산돈괘(䷠)는 상괘는 건(☰)이고 하괘는 간(☶)이며, 호

---

1 乾宮二世 卦屬六月 納甲 是丙辰丙午丙申 壬午壬申壬戌 借用甲午甲申甲戌 生於六月及納甲者 功名富貴人也

2 각 괘의 월月계산법은 중천건괘(1)와 중지곤괘(2) 항에서 설명하였다. 돈괘의 세효인 육이효는 음효이므로, 초효부터 이효까지 세면 미未에서 끝난다(초효는 오, 이효는 미). 지지의 미는 6월에 해당하므로, 돈괘가 6월괘가 되는 것이다. 따라서 6월을 주관하는 괘가 되고, 6월에 태어난 사람은 때를 얻음이 된다.

괘로는 건(☰)과 손(☴)이 있다. 하늘 아래에 산이 있고 산 속에 나무가 있어서, 바람에 의해 동요되어 가지와 잎새가 편안치 못하다. 혹 회오리 바람이 불어 떨어지고, 만물 중에 가지런히 다스려진 것이 없다. 사람에 있어서는 일상의 일에서 스스로 물러나 피하는 것이 마땅하다. 군자가 이런 괘를 얻으면, 도피해서 숨는 상이 된다.

운세로 보면② 돈괘(☶)는 소인이 군자를 스며들듯이 침해하는 것이다. 어려움이 안에 있고 형통함이 밖에 있으니, 임괘(☷)와 서로 반대가 된다. 임괘는 강이 자라 유를 위태하게 하는 것이고, 돈괘는 유가 자라 강을 물러나게 하는 것이다. 따라서 돈괘는 때(時)가 먼 것으로 길함을 삼았으니, 가장 먼 상구효는 '살지게 도망함'이라 하였고, 가장 가까운 초육은 '위태하다'고 하였다.

【팔궁세혼법으로 판단하면】

돈괘는 팔궁세혼법으로 볼 때, 건궁의 대부大夫괘에 해당한다. 즉 육이효(대부)가 세효世爻가 되고, 임금에 해당하는 구오효는 응효가 된다. 두 효가 모두 제자리에 있고, 또 음과 양으로 서로 응하기 때문에 모든 일이 잘 풀리고 이루어진다. 그러나 육이효의 지지인 오(午火)가 자신을 도와주려고 하는 구오효의 지지인 신(申金)을 극하고, 음이 자라 양을 사그러뜨리는 때이므로, 군자는 어려움이 따르게 된다.

정당한 의견이나 희망·권리 등이 통하지 않는 세상이니, 모든 일을 뒤로 하고 수양이나 쌓는 것이 좋다. 세상일을 버리고 은둔한다는 뜻에서, 이별하고, 재산을 잃으며, 작게는 구설수도 있게 된다. 지혜와 재주가 있더라도 감추는 것이 좋으며, 하고 싶은 일이 있어도 훗날을 위해 물러나 관망하는 태도가 좋다. 불의의 재난이나 비방 등을 조심해야 하며, 이러한 일들이 벌어지거나 벌어지려는 조짐이 보일 때는, 주변환경이나 체면 등을 고려하지 말고 잠시 피신해 있는 것도 좋은 방법이다. 또 옛 것에 미련을 두고 복구하려 하면 더욱더 어렵게만 되니, 후일을 위해 일단 정리하거나 중지하는 것이 현명하다.

【글귀로 판단하면】

1. 莫道常迍蹇하라 久玆事漸通이라

   欲知成就處인덴 順在馬牛中이라

   항상 어렵고 막힌다고 말하지 마라/ 오래되면 일이 점차로 통하리라/ 성취되는 곳 알려고 한다면/ 순조로운 것이 말(午)과 소(丑) 가운데 있다

2. 危厄不須防이니 灾消福漸昌이라

   所爲遲則發이나 陰小却須防이라

   위험과 액운을 더 막을 것 없으니/ 재앙이 사라져 복이 점차 성해지리라/ 하는 일은 늦게는 피어나나/ 또한 음흉한 소인을 막아야 한다

1. 初六(☰☶ → ☰☱)

【효사와 소상전】 초육은 도망하는 데 꼬리라. 위태하니 나아가지 말 것이니라. 상에 말하기를 '도망하는 데 꼬리라서 위태함'은, 가지 않으면 무슨 재앙이 있으리오. 【初六은 遯尾라 厲하니 勿用有攸往이니라. 象曰 遯尾之厲는 不往이면 何災也리오.】

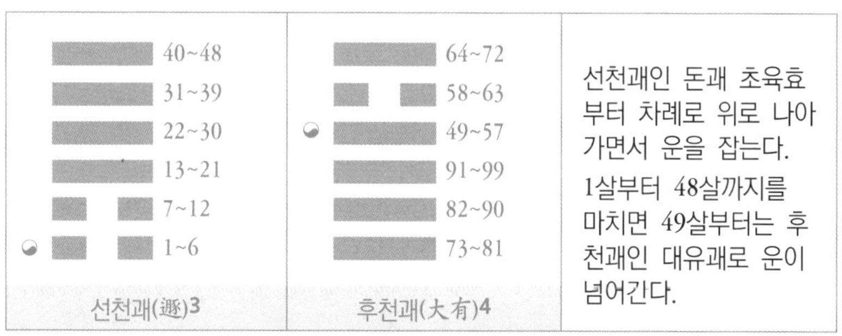

---

3 사주의 숫자로 괘를 만들어서 돈괘 초효에 원당이 있다면, 1~6살까지는 돈괘 초효 항을, 7~12살까지는 돈괘 이효 항을, …, 40~48살까지는 돈괘 상효 항을 가서 살펴 보

◇ 양년 음년 똑같음

동인(13)	건(1)	리(10)	중부(61)5	손(41)	림(19)
1	2	3	4	5	6

◇ 월괘 6

구·44	정·50	송·6	곤·47	환·59	중부·61	몽·4	박·23	사·7	승·46	림·19	귀매·54
1월	2월	3월	4월	5월	6월	7월	8월	9월	10월	11월	12월

◇ 일괘 7

돈(초육)	구·44	비·12	점·53	려·56	함·31
	1~6	7~12	13~18	19~24	25~30

면 된다.

4 49~57살까지는 후천괘인 대유괘 사효 항을, 64~72살까지는 대유괘 상효 항을, …, 91~99살까지는 대유괘 삼효 항을 살펴보면 그 사람의 운이 된다(◖나 ●표시 한 곳이 해당하는 효를 가리키고, 밑에서부터 초효·이효·삼효·사효·오효·상효로 나눈다).

5 위의 도표에서 '중부(61)'이라고 한 것은 괘명은 중부괘中孚卦고 64괘 중에 61번째 괘라는 뜻이다. 나머지 괘도 이와같은 방식으로 본다. 따라서 앞의 목차에서 번호의 순서대로 찾으면 해당하는 괘를 쉽게 찾을 수 있다. 또 월괘月卦에서 '박·23' 등으로 표시한 것도, 괘명은 박괘剝卦고 64괘 중에 23번째라는 뜻이다.

6 해마다의 운인 유년운의 진행은 양효(━)일 때와 음효(━ ━)일 때가 다른데, 그 자세한 예는 중천건괘(1) 초구효, 중지곤괘(2) 초육효와 육이효, 수뢰둔괘(3) 초구효와 육삼효, 산수몽괘(4) 초육효와 육사효 항에 유년운에 속한 월운月運의 예와 함께 실려 있으므로 참고하면 된다.

7 그 날의 운(日運)과 더 세분해서 시운時運을 알고 싶으면, 앞의 일괘日卦와 시괘時 卦 설명을 참조해서 계산하면 된다. 자세한 예는 건(1)~송(6)괘의 초효 항에 있으므

【총괄해서 판단하면】

8 이 효는 피해가는 자(특히 돈괘 초육효)의 위태함을 들어서, 도망할 수 있으면 근심이 없음을 가르친 것이다. 그러므로 운이 맞는 사람은, 낮고 미미한데서 일어나서 뒤에 높고 크게 되며, 처음에는 위태하나 뒤에는 안일하다.

운이 맞지 않는 사람은, 항상 걱정 근심이 있고 움직이면 괴로움을 받으니, 비록 이끌어주는 사람이 있다 하더라도 어떤 일을 할 수 없다.

세운을 만나면, 공직자는 기회를 봐서 사임을 하고, 구직자는 실력을 감추고 때를 기다린다. 일반인들은 경영하고 도모하는 것이 지체되니, 상도 常道를 따르고 분수를 지키면 재앙과 허물이 없어질 것이다.

【글귀로 판단하면】

1 避邂林中吉하니 須當自謂通이라

求謀忌吝咎이니 守靜喜離冲이라

숲속으로 도망가서 길하니/ 스스로 형통하다고 말하는구나/ 구하여 꾀를 냄은 인색한 허물될까 염려되니/ 고요하게 지키면 밝은 해 중천에 뜨게 되어 기쁠 것이다

2 遯者宜恬退니 陰陽迭盛衰라

晦藏能靜守이면 自可免迍灾라

돈괘는 속 편히 물러남이 마땅하니/ 음양은 서로 성했다가 쇠했다가 하는 것이다/ 숨겨 감추고 고요히 지킬 수 있다면/ 자연히 어려운 일과 재앙을 면할 것이다

3 路險更途窮하니 飛騰入水中이라

로 참고바람.

8 此爻是擧遯爻之危 而戒其能遯 則無患者也 故叶者 先起卑微 後至高大 先歷艱危 後享安逸 不叶者 常懷憂慮 動受辛苦 縱有提携 不能設施 歲運逢之 在仕則見機解組 在士則藏器待時 在庶俗則營謀迍邅 安常守分 則絶灾咎

退藏宜自守요 進用大无功이라

길은 험하고 길 끊겼으니/ 날아 오르다가 물속에 들어갔다/ 물러나 감추
고 스스로 지킴이 마땅하고/ 나가서 일을 하면 크게 공이 없을 것이다

2. 六二(▦ → ▦)

【효사와 소상전】 육이는 누런 소의 가죽을 잡음이라. 그 굳은 것을 말로 할
수 없느니라. 상에 말하기를 '누런 소의 가죽을 잡는다'고 함은 뜻을 견고하
게 한다는 말이다. 【六二는 執之用黃牛之革이라. 莫之勝說이니라. 象曰 執
用黃牛는 固志也라.】

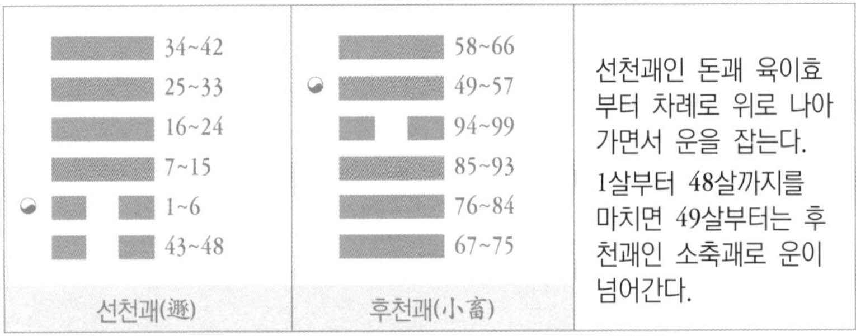

선천괘(遯)	후천괘(小畜)
34~42	58~66
25~33	49~57
16~24	94~99
7~15	85~93
1~6	76~84
43~48	67~75

선천괘인 돈괘 육이효부터 차례로 위로 나아가면서 운을 잡는다.
1살부터 48살까지를 마치면 49살부터는 후천괘인 소축괘로 운이 넘어간다.

◈ 양년 음년 똑같음

구(44)	송(6)	환(59)	몽(4)	사(7)	림(19)
1	2	3	4	5	6

◈ 월괘

비·12	취·45	관·20	익·42	박·23	몽·4	곤·2	겸·15	복·24	진·51	림·19	절·60
1월	2월	3월	4월	5월	6월	7월	8월	9월	10월	11월	12월

◇ 일괘

	6		12		18		24		30
	5		11		17		23		29
	4		10		16		22		28
	3		9		15		21		27
	2		8		14		20		26
	1		7		13		19		25
돈(육이)		비·12		점·53		려·56		함·31	동인·13

【총괄해서 판단하면】

9 이 효는 뜻을 굳게 지키는 자를 설명한 것이다. 그러므로 운이 맞는 사람은, 본디 갖고 있는 뜻을 굳게 지키고 사특한 무리를 끊어 멀리하며, 중도로 행동하고 순한 덕으로써 세상에 쓰이게 되니, 반드시 전권을 쥔 정승이 되고 초기에는 군수가 된다.

운이 맞지 않는 사람은, 성질은 거칠고 뜻은 비열하다.

세운을 만나면, 먼저 그 사람의 근기를 봐야하니, 벼슬해서 높은 자리에 있는 사람은 언로를 담당하는 대사간이 되고, 구직자는 벼슬하게 된다. '우(牛)'자는 견우성으로 해결하는 별이 되고, 또한 '황黃'자는 황방黃榜에 붙고, 황문黃門·황당黃堂·황갑黃甲이 될 좋은 징조다. 농부는 소와 가축을 길러서 이익을 보고, 수가 흉하게 되면 가족끼리 송사가 일어나서 관가에 잡혀가게 되니 기쁘지 않고, 혹 아랫사람이 주인을 업신여기고 범하게 된다. 편안히 상도를 따르고 분수를 지키면 재앙과 허물을 면한다.

【글귀로 판단하면】

1 窮達皆前定하니 前程未易論이라

　　若能堅固守면 吉慶可勝言이라

---

9 此爻是擬其固守之志者也 故叶者 固守素志 遠絶羣邪 以中順之德 見用於世 必
　　爲執符黃堂 近而郡宰之官 不叶者 性疏志鄙 歲運逢之 先看根基 在仕位高者 以
　　宰執言路 士人進取 牛則爲解星 亦爲黃榜黃門黃堂黃甲之兆 農人有進牛畜之喜
　　數凶則訟起家人 牽執不悅 或防下人侵侮 安常守分 則免灾咎

곤궁하고 현달함이 다 미리 정해졌으니/ 앞길을 쉽게 논할 수 없다/ 만약 굳게 지킬 수 있다면/ 길하고 경사스러움 이루 말할 수 없으리라

② 中位職中執하니 先謀心匪搖라

當時能堅固하니 不動吉安康이라

가운데 자리에 있어 직책이 중도中道를 잡고 있으니/ 앞서 일을 꾀하지만 마음이 흔들리지 않는다/ 때를 당해서 굳게 할 수 있으니/ 움직이지 않아서 길하고 편하다

③ 兀兀塵埃久待時하니 幽深靜處有誰知아

運逢靑紫人相引이면 財利聲名始可期라

티끌 속에 우뚝 서서 오랫동안 때를 기다리니/ 그윽하고 깊으며 고요한 곳을 누가 있어 알 것인가?/ 운을 만나 푸른색 옷과 자색 옷 입은 사람이 서로 끌어주면/ 재물과 명성을 비로소 얻을 수 있으리라

3. 九三(☰ → ☰)

【효사와 소상전】 구삼은 매이는 돈이라. 병이 있어서 위태하니, 신하와 첩을 기르는 데는 길하니라. 상에 말하기를 '매이는 돈(遯)이어서 위태하다는 것'은 병이 있어서 고달픈 것이고, '신하와 첩을 기름에는 길하다'는 것은 큰 일을 할 수 없다는 것이다. 【九三은 係遯이라 有疾하야 厲하니 畜臣妾에는 吉하니라. 象曰 係遯之厲는 有疾하야 憊也오 畜臣妾吉은 不可大事也니라.】

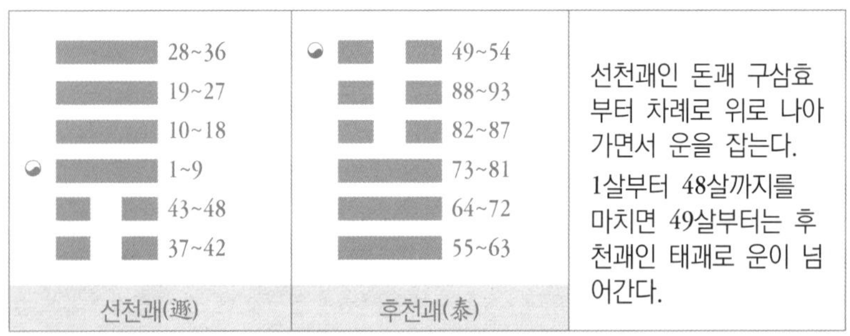

선천괘(遯)	후천괘(泰)	
28~36	○ 49~54	선천괘인 돈괘 구삼효부터 차례로 위로 나아가면서 운을 잡는다.
19~27	88~93	1살부터 48살까지를 마치면 49살부터는 후천괘인 태괘로 운이 넘어간다.
10~18	82~87	
○ 1~9	73~81	
43~48	64~72	
37~42	55~63	

◇ 양년(갑·병·무·경·임년)일 경우

돈(33)	함(31)	취(45)	비(8)	곤(2)	박(23)	이(27)	손(41)	대축(26)
1	2	3	4	5	6	7	8	9

◇ 음년(을·정·기·신·계년)일 경우

비(12)	취(45)	함(31)	건(39)	겸(15)	간(52)	비(22)	대축(26)	손(41)
1	2	3	4	5	6	7	8	9

◇ 월괘

점·53	가인·37	간·52	고·18	겸·15	곤·2	명이·36	풍·55	태·11	수·5	림·19	손·41
1월	2월	3월	4월	5월	6월	7월	8월	9월	10월	11월	12월

◇ 일괘

돈(구삼)	점·53	려·56	함·31	동인·13	구·44

【총괄해서 판단하면】

10 이 효는 마땅히 도망해야 하는데, 매이고 끌리는 데가 있어서 위태하

---

10 此爻是當遯而有所係 不能遯以取危者也 故叶者 明哲以保其身 勇退以避其難
或得賢室以成其內助之功 或得童僕以足其使令之任 不叶者 溺于宴安 貪才悅色
疾屬係纏 擧動無措 或下句縮奴婢連累 歲運逢之 在仕有希功固寵之虞 在士進
取 不能成大事 庶俗多疾厄驚危之禍 數吉者得妻之力 進人口之應

게 되는 사람을 설명한 것이다. 그러므로 운이 맞는 사람은, 밝게 알아서 몸을 보호하고, 용감하게 물러나서 그 환난을 피하며, 혹 어진 아내를 얻어서 내조의 공으로 성공하고, 혹 아랫사람을 잘 얻어 그 소임을 다한다. 운이 맞지 않는 사람은, 안일한 데 빠지고 재주를 탐하며, 여색을 즐겨서 병들고 위태하고, 행동하는 것에 항상함이 없으며, 혹 노비와 관련된 일로 욕을 본다.

세운을 만나면, 공직자는 공을 바라고 총애를 굳히기 위한 근심을 하고, 구직자는 나가서 큰일을 할 수 없으며, 일반인들은 병과 액이 있고 위험한 일로 놀라는 화를 당한다. 수가 길한 사람은 아내의 조력을 받고, 식구가 늘어난다.

【글귀로 판단하면】

① 疾遁須防吝이니 非陰小事堅이라

　壯心謀大計하니 歧路要音傳이라

　도망하려는데 병이 있어 부끄러운 일 막아야 하니/ 은밀히 하지 않으면 작은 일이 커진다/ 씩씩한 마음으로 큰 계획 세우니/ 갈래길에서 중요한 소식 전해온다

② 進退兩艱難하니 都緣用意慳이라

　舊親多四散이요 月在暗雲間이라

　나아가고 물러남이 둘다 어려우니/ 모두가 마음을 인색하게 써서 그리 되었다/ 친구들은 사방으로 흩어졌고/ 달은 어두운 구름속에 갇혀있다.

③ 陰私相牽絲하니 速去莫遲遲하라

　祗恐生憂患하야 因循或致非라

　비밀스럽고 사사로운 것이 실같이 매여서 끌어 당기니/ 빨리 도망가고 늦게 하지 마라/ 우환이 생겨서/ 따라가다가 혹 잘못될까 두렵다

4. 九四(䷠ → ䷑)

【효사와 소상전】 구사는 좋아도 도피하는 것이니, 군자는 길하고 소인은 비색하니라. 상에 말하기를 군자는 좋아도 도피하고, 소인은 비색하리라.【九四는 好遯이니 君子는 吉코 小人은 否하니라. 象曰 君子는 好遯하고 小人은 否也리라.】

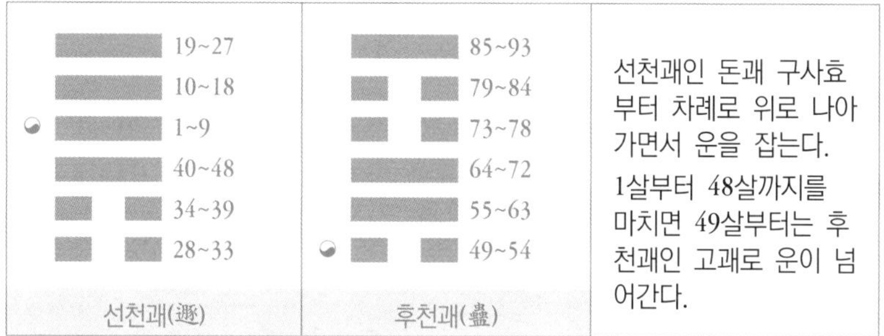

선천괘(遯)	후천괘(蠱)	
19~27	85~93	선천괘인 돈괘 구사효 부터 차례로 위로 나아 가면서 운을 잡는다.
10~18	79~84	
1~9	73~78	1살부터 48살까지를 마치면 49살부터는 후 천괘인 고괘로 운이 넘 어간다.
40~48	64~72	
34~39	55~63	
28~33	49~54	

◇ 양년(갑·병·무·경·임년)일 경우

돈(33)	동인(13)	가인(37)	비(22)	명이(36)	겸(15)	승(46)	사(7)	해(40)
1	2	3	4	5	6	7	8	9

◇ 음년(을·정·기·신·계년)일 경우

점(53)	가인(37)	동인(13)	리(30)	풍(55)	소과(62)	항(32)	해(40)	사(7)
1	2	3	4	5	6	7	8	9

◇ 월괘

려·56	정·50	소과·62	예·16	풍·55	명이·36	대장·34	쾌·43	귀매·54	규·38	림·19	사·7
1월	2월	3월	4월	5월	6월	7월	8월	9월	10월	11월	12월

◈ 일괘

돈(구사)	려·56	함·31	동인·13	구·44	비·12

【총괄해서 판단하면】

11 이 효는 도망하려는 뜻을 결정한 것이니, 군자에게 크게 유망하다. 그러므로 운이 맞는 사람은, 정해진 탁견과 확실한 수칙이 있으니 일찍 공직에 나간다. 영특하고 예리해서 그 뜻을 발휘할 수 있고, 용감하게 빨리 나가나 이익과 녹이 그 생각을 돌리지 못하니, 몸을 보존하고 해를 멀리하며 복과 은택이 영원하게 된다.

운이 맞지 않는 사람은, 탐냄을 싫어함이 없고 권세를 쫓아가니, 혹 기예技藝로 입신하고, 혹 공적인 심부름을 맡아한다. 혹 세상을 싫어해서 구하는 것이 없기도 한다.

세운을 만나면, 공직자는 휴직을 해서 어려움을 피하고, 구직자는 때를 못 만나 나가서 벼슬하기 어렵다. 일반인은 비록 소인의 비호를 받으나, 자기도 모르게 화에 연루되는 것을 끝까지 방비해야 한다.

【글귀로 판단하면】

1 舍小高謀不可籌요 臨危不覺總堪憂라

　離明騎馬報音信이면 漸進前程爵祿優라

　작은 것을 버리고 높은 것을 꾀하나 계책을 못세우고/ 위험을 당해도

---

11 此爻是決志於遯 而深有望於君子者也 故叶者 卓有定見 確有定守 出仕之早
　而英銳足以發其志 勇進之速 而利祿不足以攖其念 全身遠害 福澤永遠 不叶者
　貪得無厭 趨赴權勢 或技藝立身 或管幹公使 或厭世無求 歲運逢之 在仕則告休
　以避難 在士則際遇非時 而難於進取 在庶俗雖得小人之陰庇 而終防陰禍之係纏

알지 못하니 모두가 근심일세/ 해가 밝을 때 말탄 이가 소식 전하면/ 점차로 앞길 트여 벼슬과 복록이 좋아지리라

② 君子存剛德하니 爲能絶己私나

小人牽所愛하니 陷辱致身危라

군자는 강한 덕이 있으니/ 자기의 사사로움을 끊을 수 있으나/ 소인은 사랑하는데 끌리니/ 욕을 당하고 몸이 위태해진다

③ 一得一失하고 欲先欲後나

路通大道하니 心自安逸이라

한번은 얻고 한번은 잃으며/ 앞서고 싶고 뒤에 하고 싶어 하나/ 길이 대도大道로 통하니/ 마음이 자연 편안하다

5. 九五(☰ → ☷)

【효사와 소상전】 구오는 아름답게 도피함이니 바르고 굳게 해서 길하니라. 상에 말하기를 '아름답게 도피함이니 바르고 굳게 해서 길함'은 뜻을 바르게 하는 것이다. 【九五는 嘉遯이니 貞하야 吉하니라. 象曰 嘉遯貞吉은 以正志也라.】

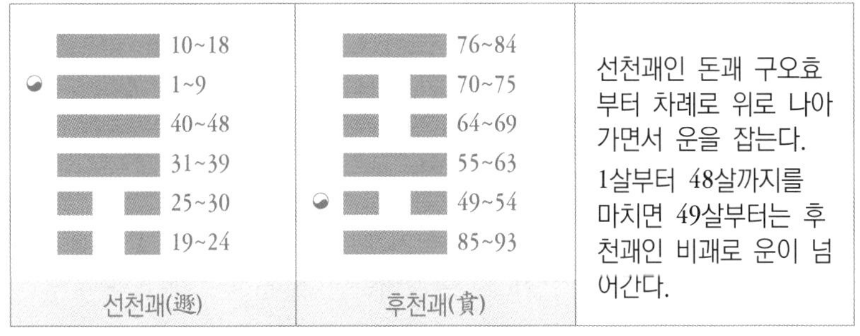

선천괘인 돈괘 구오효부터 차례로 위로 나아가면서 운을 잡는다.
1살부터 48살까지를 마치면 49살부터는 후천괘인 비괘로 운이 넘어간다.

◇ 양년(갑·병·무·경·임년)일 경우

돈(33)	구(44)	정(50)	항(32)	대장(34)	풍(55)	진(51)	복(24)	둔(3)
1	2	3	4	5	6	7	8	9

◇ 음년(을·정·기·신·계년)일 경우

려(56)	정(50)	구(44)	대과(28)	쾌(43)	혁(49)	수(17)	둔(3)	복(24)
1	2	3	4	5	6	7	8	9

◇ 월괘

함·31	취·45	혁·49	기제·63	쾌·43	대장·34	태·58	리·10	절·60	감·29	림·19	복·24
1월	2월	3월	4월	5월	6월	7월	8월	9월	10월	11월	12월

◇ 일괘

돈(구오)	함·31	동인·13	구·44	비·12	점·53

【총괄해서 판단하면】

12 이 효는 도망하는 것의 착함을 아름답게 여겨 점으로 보여준 것이다.
그러므로 운이 맞는 사람은, 반드시 어지러운 세상을 바르게 돌려서 세상

---

12 此爻是美其遯之善 而因以示占者也 故吅者必爲撥亂反正 綱維世道之大人 不
吅者 亦中正守己 恬淡養性 平生安樂 榮辱莫加 歲運逢之 在仕陞遷 必得嘉會
在士及常人 必近尊貴 或招慶祉

의 도를 유지하게 하는 대인이다.

운이 맞지 않는 사람도 또한 중정中正한 도로 자기를 지키고 성품을 편안하고 맑게 길러서, 평생이 안락하고 영화와 욕을 더할 것이 없다.

세운을 만나면, 공직자는 영전해서 반드시 좋은 기회를 얻고, 선비와 일반인은 반드시 존귀한 이를 가까이 하게 되고, 혹 경사와 복을 불러오기도 한다.

【글귀로 판단하면】

① 正値宜嘉遯하니 迢迢去路長이라

　實中金玉出이요 貞吉慶無傷이라

　아름답게 피하는 것이 마땅한 때가 되었으니/ 멀고 멀어 갈길이 길다/ 보배는 금과 옥이 나왔고/ 곧게 하니 길하고 경사스러워 다치지 않는다

② 時止與時行하니 佳祥日日臻이라

　謀事得良策하고 前進坦然平이라

　때에 따라 그치고 때에 따라 행하니/ 아름답고 상서로운 일이 날마다 온다/ 꾀하는 일은 좋은 계책 얻고/ 앞으로 나가는 길은 평탄하다

③ 燈破幾殘花요 池蓮綻異葩라

　一門和氣合하고 喜信到天涯라

　등燈은 깨졌는데 꽃 몇송이 남아있고/ 못에는 기이한 연꽃이 막 피어난다/ 집안은 화기가 가득하고/ 기쁜 소식은 하늘에서 오고 있다

6. 上九(䷠ → ䷋)

【효사와 소상전】 상구는 살지게 도피함이니 이롭지 않음이 없느니라. 상에 말하기를 '살지게 도피해서 이롭지 않음이 없음'은, 의심하는 바가 없는 것이다. 【上九는 肥遯이니 无不利하니라. 象曰 肥遯无不利는 无所疑也라.】

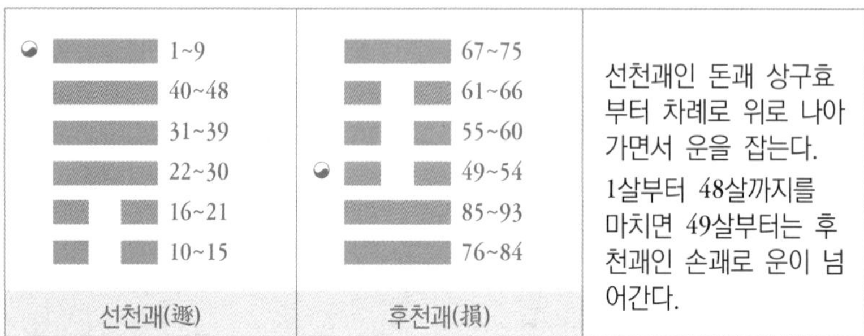

선천괘(遯)	후천괘(損)	
1~9	67~75	선천괘인 돈괘 상구효부터 차례로 위로 나아가면서 운을 잡는다. 1살부터 48살까지를 마치면 49살부터는 후천괘인 손괘로 운이 넘어간다.
40~48	61~66	
31~39	55~60	
22~30	49~54	
16~21	85~93	
10~15	76~84	

◈ 양년(갑·병·무·경·임년)일 경우

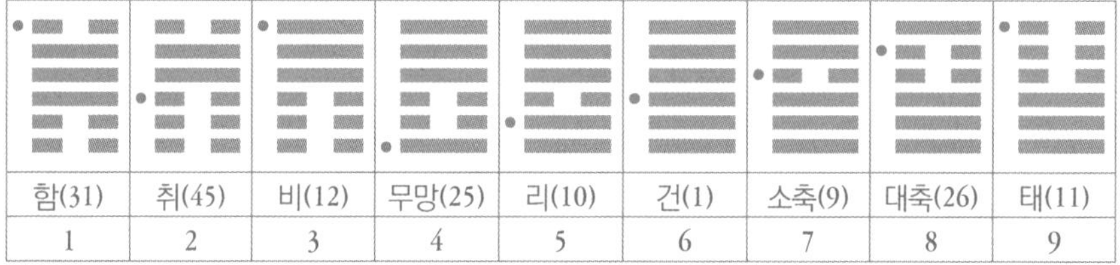

돈(33)	비(12)	취(45)	수(17)	태(58)	쾌(43)	수(5)	태(11)	대축(26)
1	2	3	4	5	6	7	8	9

◈ 음년(을·정·기·신·계년)일 경우

함(31)	취(45)	비(12)	무망(25)	리(10)	건(1)	소축(9)	대축(26)	태(11)
1	2	3	4	5	6	7	8	9

◈ 월괘

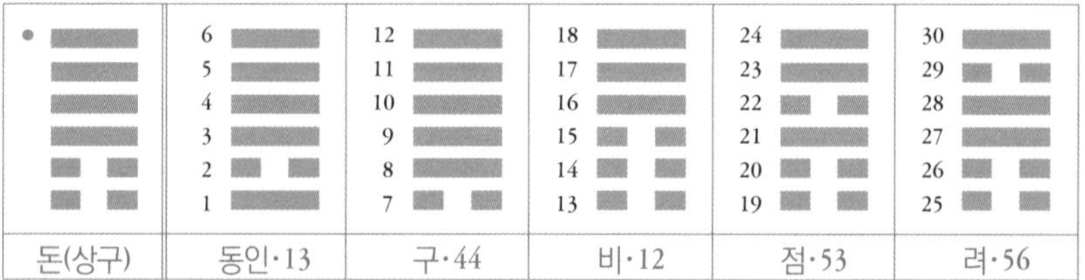

동인·13	가인·37	건·1	대유·14	리·10	태·58	중부·61	환·59	손·41	이·27	림·19	태·11
1월	2월	3월	4월	5월	6월	7월	8월	9월	10월	11월	12월

◈ 일괘

돈(상구)	동인·13	구·44	비·12	점·53	려·56

【총괄해서 판단하면】

13 이 효는 여유있게 도망하는 사람으로, 밝게 몸을 보존하는 것을 아름답게 여기는 것이다. 그러므로 운이 맞는 사람은, 복록이 풍성하고 후하며 마음가짐이 바르고 커서, 총애받거나 욕됨이 즐거움과 근심이 되지 않고, 일을 빠르고 편하게 결정하니 화와 복이 기쁘고 슬프게 하지 못한다.

운이 맞지 않는 사람도 또한 의식이 풍부하고, 시비도 없으며 또한 영욕도 없다.

세운을 만나면, 공직자는 퇴직해 한가로이 지내고, 구직자는 때를 기다린다. 일반인은 경영하는 것이 이득을 얻으며, 집은 부자이고 사업은 튼튼해서 가는 곳 마다 이롭다.

【글귀로 판단하면】

1 肥遯無不利하니 初非反復心이라 悔言誠感動하니 回首二三番이라

편안히 피해서 이롭지 않음이 없으니/ 처음부터 마음이 확고한 것이다/ 뉘우치는 말에 진실로 감동하니/ 머리를 두세 번이나 돌린다

2 上九無淹滯하니 飄飄物外人이라 綽然有餘裕하니 何事不比亨가

상구효는 막히고 지체함이 없으니/ 표연하여 세속 밖의 사람이다/ 작작하게 여유가 있으니/ 어떤 일이 형통하지 않고 돕지 않는 사람이 있으랴?

3 一番桃李一番春하니 欲識陽春氣象新이라

林下水邊爲活計하니 利人心下快人心이라

한번 복숭아꽃 오얏꽃에 한번 봄이 오니/ 봄의 양기에 기상이 새로와졌다/ 숲밑 물가에서 살 계책 세우니/ 복받는 사람 마음이 또한 쾌활하다

---

13 此爻是遯之裕者 而嘉其保身之哲也 故叶者 福祿豐厚 宅心正大 而寵辱不以爲憂樂 決事快便 而禍福不以爲忻戚 不叶者 亦得衣食滋深 而無是無非 無榮無辱 歲運逢之 在仕退閑 在士待時 在常人營謀獲利 家肥業厚 無往不利

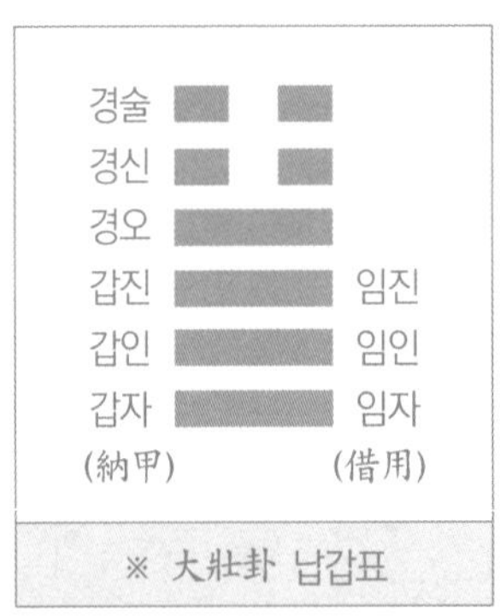

震上
乾下 雷天大壯(34)
뇌 천 대 장

대장괘 개요

【괘사와 대상전】 대장은 바르고 굳게 함이 이로우니라. 상에 말하기를 우레가 하늘 위에 있는 것이 대장괘니, 군자가 본받아서 예가 아니면 밟지 않느니라. 【大壯은 利貞하니라. 象曰 雷在天上이 大壯이니 君子 以하야 非禮弗履하나니라.】

【총괄해서 판단하면】

경술	
경신	
경오	
갑진	임진
갑인	임인
갑자	임자
(納甲)	(借用)

※ 大壯卦 납갑표

1 곤궁의 4세괘로 2월에 속한다. 내괘의 납갑은 갑자·갑인·갑진이고, 외괘의 납갑은 경오·경신·경술인데, 임자·임인·임진을 빌려서도 쓴다. 2월에 태어난 사람과, 태어난 년도의 간지가 납갑의 간지 및 차용납갑의 간지에 합치되는 사람은 부귀와 공명을 누리게 된다. 봄·여름에 태어난 사람은 복이 깊고 가을·겨울에 태어난 사람은 복이 박한데, 7·8월도 우레가 아직 소리를 거두지 않았으니 또한 때에 맞는 것이 된다.[2]

---

1 坤宮四世 卦屬二月 納甲 是甲子甲寅甲辰 庚午庚申庚戌 借用壬子壬辰壬寅 生於二月及納甲者 功名富貴人也 在春夏福深 秋冬福淺 七月八月 雷未收聲 亦爲及時也

2 각 괘의 월月계산법은 중천건괘(1)와 중지곤괘(2) 항에서 설명하였다. 대장괘의 세효인 구사효는 양효이므로, 초효부터 사효까지 세면 묘卯에서 끝난다(초효는 자, 이효는 축, 삼효는 인, 사효는 묘). 지지의 묘는 2월에 해당하므로, 대장괘가 2월괘가 되는

운세로 보면① 뇌천대장괘(䷡)는 상괘는 진(☳)이고 하괘는 손(☴)이며, 호괘로는 건(☰)과 태(☱)가 있다. 하늘에서 우레가 떨치며 발동하고, 못물(兌)이 넘쳐 흘러 내려서, 너른 천하에 스며들듯이 적셔든다. 만물이 그 이로움을 받으니, 온 세상에 풍년이 든다. 군자가 이런 괘를 얻으면, 크게 씩씩하게 성해지는 상이 된다.

② 대장괘(䷡)는 두루 겸손해야 하는데, 예의를 벗어나서는 그 건장함을 온전히 할 수 없다. 그러므로 양효가 음자리를 얻은 것을 아름다움으로 삼았고, 건장한 양효가 양자리에 있는 것을 울타리에 걸렸다고 하였다.

【팔궁세혼법으로 판단하면】

대장괘는 팔궁세혼법으로 볼 때, 곤궁의 제후諸侯괘에 해당한다. 즉 구사효(제후)가 세효世爻가 되고, 원사元士에 해당하는 초구효는 응효가 된다. 구사효는 제자리가 아니고, 또 두 효가 음과 양으로 응하지도 않으므로 일이 막히고 어렵게 된다. 그러나 양이 자라 음을 사그러뜨리는 때이고, 초구효의 지지인 자(子水)가 구사효의 지지인 오(午火)를 극하기는 하지만, 이는 구사효를 고쳐서 바르게 하는 뜻이 되므로 좋게 되는 경우이다.

꽃이 많으면 좋은 열매가 달리기 힘들 듯이, 운세가 지나치게 강하여 오히려 상하게 될 가능성이 있다. 스스로 자제하고 조심하지 않으면 불의의 사고가 나기 쉽다. 너무 자신의 세력만을 믿어 과강하게 나가지 말고, 유순한 태도로 조금만 겸손하게 나가면 일을 성사하는 기쁨이 따르게 된다.

【글귀로 판단하면】

① 堂上持權酌重輕하니 因人借力事方成이라

것이다. 따라서 2월을 주관하는 괘가 되고, 2월에 태어난 사람은 때를 얻음이 된다.

虎前龍後宜求望이니 頭角崢嶸自此亨이라

당상에서 권세잡아 무겁고 가벼운 것 저울질하니/ 사람의 힘을 빌려 일이 방금 성공했다/ 호랑이(寅) 앞과 용(辰) 뒤에 바라는 것 이룰 수 있으니(인과 진 사이에서)/ 두각을 높이 나타내고 이때부터 형통한다

② (五陽) 守志休謀望有灾나 當逢天水好和諧라

立身正大無虛險하고 自守林中一果開라

(오양) 뜻을 지키고 계략을 내지 않으며, 바라는 것은 재앙 있으나/ 하늘의 물을 만나 좋게 화해 한다/ 몸가짐은 바르고 크게 하니 헛되고 험한 일 없어지며/ 스스로 숲속에서 지키고 있으니 과실 하나 열렸다

③ (五陰) 財利須防失이요 忻情恐生悲라

常人終喜悅이나 靜夜敍綢繆하라

(오음) 재물은 잃음을 방비해야 하고/ 기쁜 정속에 슬픔 날까 두렵다/ 보통 사람들은 끝까지 기뻐하나/ 고요한 밤에 미리 준비를 하라

1. 初九 (☰ → ☷)

【효사와 소상전】 초구는 발꿈치에 장성함이니, 나아가면 흉할 것이 틀림 없으리라. 상에 말하기를 '발꿈치에 장성함'이니 궁할 것이 틀림없다. 【初九는 壯于趾니 征하면 凶이 有孚리라. 象日 壯于趾하니 有孚窮也로다.】

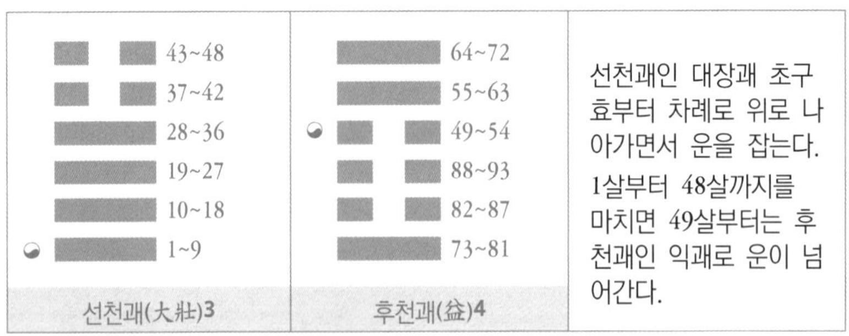

선천괘인 대장괘 초구효부터 차례로 위로 나아가면서 운을 잡는다.
1살부터 48살까지를 마치면 49살부터는 후천괘인 익괘로 운이 넘어간다.

◈ 양년(갑·병·무·경·임년)일 경우 5

대장(34)6	태(11)	승(46)	겸(15)	곤(2)	예(16)	취(45)	비(12)	무망(25)
1	2	3	4	5	6	7	8	9

◈ 음년(을·정·기·신·계년)일 경우

항(32)	승(46)	태(11)	명이(36)	복(24)	진(51)	수(17)	무망(25)	비(12)
1	2	3	4	5	6	7	8	9

◈ 월괘

풍·55	혁·49	진·51	서합·21	복·24	곤·2	둔·3	절·60	익·42	가인·37	관·20	비·12
1월	2월	3월	4월	5월	6월	7월	8월	9월	10월	11월	12월

3 사주의 숫자로 괘를 만들어서 대장괘 초효에 원당이 있다면, 1~9살까지는 대장괘 초효 항을, 10~18살까지는 대장괘 이효 항을, …, 43~48살까지는 대장괘 상효 항을 가서 살펴 보면 된다.

4 49~54살까지는 후천괘인 익괘 사효 항을, 64~72살까지는 익괘 상효 항을, …, 88~93살까지는 익괘 삼효 항을 살펴보면 그 사람의 운이 된다(◌나 ●표시 한 곳이 해당하는 효를 가리키고, 밑에서부터 초효·이효·삼효·사효·오효·상효로 나눈다).

5 해마다의 운인 유년운의 진행은 양효(▬)일 때와 음효(▬ ▬)일 때가 다른데, 그 자세한 예는 중천건괘(1) 초구효, 중지곤괘(2) 초육효와 육이효, 수뢰둔괘(3) 초구효와 육심효, 산수몽괘(4) 초육효와 육사효 항에 유년운에 속한 월운月運의 예와 함께 실려 있으므로 참고하면 된다.

6 위의 도표에서 '대장(34)'라고 한 것은 괘명은 대장괘大壯卦고 64괘 중에 34번째 괘라는 뜻이다. 나머지 괘도 이와같은 방식으로 본다. 따라서 앞의 목차에서 번호의 순서대로 찾으면, 해당하는 괘를 쉽게 찾을 수 있다. 또 월괘月卦에서 '가인·37' 등으로 표시한 것도, 괘명은 가인괘家人卦고 64괘 중에 37번째라는 뜻이다.

◇ 일괘 [7]

	6		12		18		24		30	
	5		11		17		23		29	
	4		10		16		22		28	
	3		9		15		21		27	
	2		8		14		20		26	
●	1		7		13		19		25	
대장(초구)	풍·55		귀매·54		태·11		쾌·43		대유·14	

【총괄해서 판단하면】

[8] 이 효는 망령되이 나가서 곤함을 취하게 되는 것을 말한 것이다. 그러므로 운이 맞는 사람은, 강하고 밝은 재주가 있어서 조용히 변화를 관찰하니, 조급하게 나가서 화를 취하지 않으며, 빛나는 것을 속에 감추고 기회를 도모하는 까닭에 갑자기 나가서 곤하게 되지 않으니, 명예와 절개를 온전하게 할 수 있고 몸과 집안을 보전할 수 있다.

운이 맞지 않는 사람은, 강한 것만 믿고 망령되게 해서 생각하고 돌아봄이 없으니, 곤궁해지고 꺾이고 부러지게 되며, 엎어지고 막혀서 어렵게 고생한다.

세운을 만나면, 공직자는 간사한 사람의 참소로 욕보는 것을 방비해야 하고, 구직자는 요행을 바라다가 치욕을 당한다. 일반인은 다투고 송사하게 되며 움직이면 곧 후회가 따르게 된다. 또 발에 병나는 것을 예방해야 한다.

【글귀로 판단하면】

---

[7] 그 날의 운(日運)과 더 세분해서 시운時運을 알고 싶으면, 앞의 일괘日卦와 시괘時卦 설명을 참조해서 계산하면 된다. 자세한 예는 건(1)~송(6)괘의 초효 항에 있으므로 참고바람.

[8] 此爻是妄進 適以取困者也 故叶者 有剛明之才從容以觀變 而不躁進以取禍 含章以圖機 而不遽進以取困 名節可全 身家可保 不叶者 恃剛妄爲 無所顧慮 困窮摧折 偃蹇艱辛 歲運逢之 在仕則防讒邪之辱 在士則遭倖圖之恥 在庶俗則招爭訟 動輒有悔 更防足疾

① 用壯而行事하니 應難保始終이라

進謀須招禍나 守正可無凶이라

씩씩함만 써서 일을 하니/ 처음과 끝을 보존하기 어렵다/ 나아가려는 꾀는 화를 부르나/ 바름을 지키고 있으면 흉함이 없을 수 있다

② 居下每陵上하니 征凶且忌虞라

清河人濟遇하니 鼠叫利時舒라

아래에 있으면서 윗사람 업신여기니/ 가면 흉하고 걱정될 것이다/ 맑은 강물(河水)에 건네주는 사람 만나니/ 쥐(子)가 소리내면 때가 와서 이롭게 된다

③ 江闊復無船하고 驚濤怒拍天이라

月斜雲影淡하니 音信復難傳이라

강은 넓은데 배는 없고/ 놀란 파도 성내면서 하늘을 친다/ 달은 기울고 구름은 엷으니/ 소식을 다시 전하기 어렵다

2. 九二(☳☰ → ☲☳)

【효사와 소상전】 구이는 굳고 바르게 해서 길하니라. 상에 말하기를 '구이의 굳고 바르게 해서 길함'은 중도로 했기 때문이다. 【九二는 貞하야 吉하니라. 象日 九二貞吉은 以中也라.】

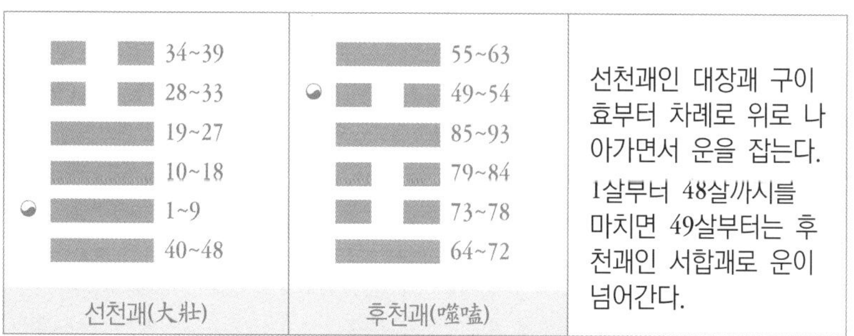

◈ 양년(갑·병·무·경·임년)일 경우

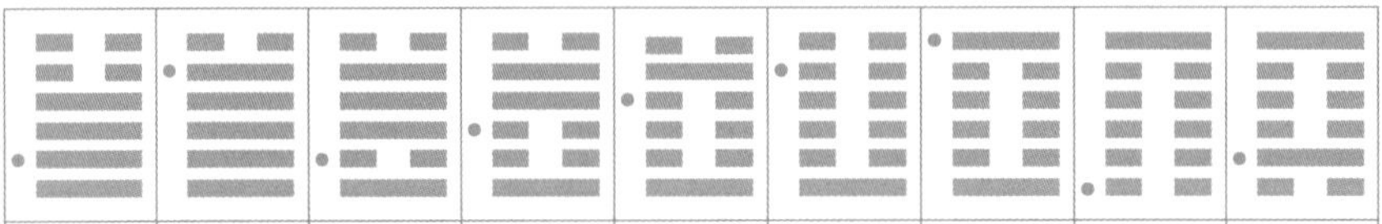

대장(34)	쾌(43)	혁(49)	수(17)	둔(3)	복(24)	이(27)	박(23)	몽(4)
1	2	3	4	5	6	7	8	9

◈ 음년(을·정·기·신·계년)일 경우

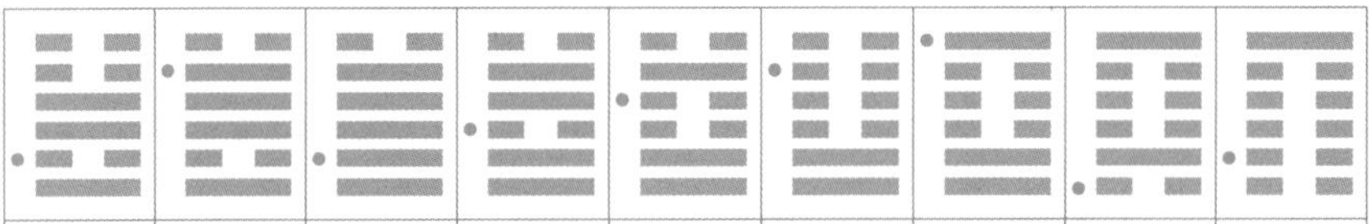

풍(55)	혁(49)	쾌(43)	태(58)	절(60)	림(19)	손(41)	몽(4)	박(23)
1	2	3	4	5	6	7	8	9

◈ 월괘

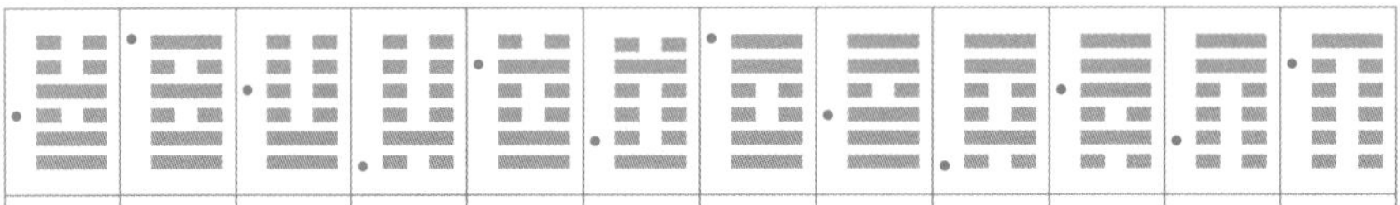

귀매·54	규·38	림·19	사·7	절·60	둔·3	중부·61	소축·9	환·59	송·6	관·20	박·23
1월	2월	3월	4월	5월	6월	7월	8월	9월	10월	11월	12월

◈ 일괘

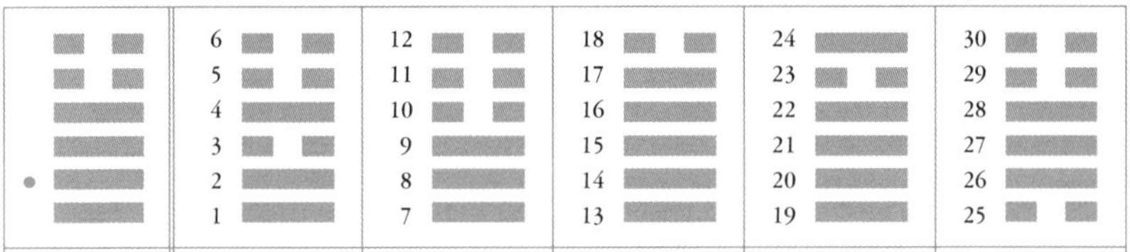

대장(구이)	귀매·54	태·11	쾌·43	대유·14	항·32
	6 / 5 / 4 / 3 / 2 / 1	12 / 11 / 10 / 9 / 8 / 7	18 / 17 / 16 / 15 / 14 / 13	24 / 23 / 22 / 21 / 20 / 19	30 / 29 / 28 / 27 / 26 / 25

【총괄해서 판단하면】

9 이 효는 바른 도를 회복하니, 움직임에 착하지 않음이 없는 것이다. 그

---

9 此爻是得反正之道 而動罔弗臧者也 故叶者 矯其偏而歸於正 易其過以至于中 足
以爲國家之重器 中字之義 爲兆甚多 大中給事中中書皆是 不叶者 亦是穩實之
人 衣食饒足 平生少禍 歲運逢之 在仕位居淸高 在士進取成名 在庶俗謀爲稱意
數凶者變爲豊蔀之憂

28

러므로 운이 맞는 사람은, 치우친 것을 바로잡아 바른 데로 돌아오게 하고, 지나친 것을 바꿔서 중도를 밟게 하니, 국가의 대들보가 될 수 있다. '중中'자의 뜻은 조짐이 심히 많으니, 대중·급사중(侍從·벼슬)·중서령 등의 높은 벼슬들이 다 '중'자에 해당한다.

운이 맞지 않는 사람도 또한 평온하고 실속있는 사람으로, 의식이 풍족하고 평생토록 화禍가 적다.

세운을 만나면, 공직자는 벼슬이 맑고 높은 자리에 있으며, 구직자는 나가서 이름을 날리고, 일반인은 계획하고 하는 일이 마음대로 된다. 수가 흉한 사람은 구이효가 변해서 뇌화풍괘(☳)가 되면 포장으로 가려지는 근심이 있다.

【글귀로 판단하면】

① 履中居得位하니 退守自謙光이라

守己行中正이면 斯爲大吉昌이라

중도中道를 행하며 자리를 얻었으니/ 물러나 지키면서 겸손하면 저절로 빛이 난다/ 자기를 지키고 중정한 도를 행하면/ 이것이 크게 길하고 번창하는 길이다

② 謙謙居正位하니 貞吉自無凶이라

木女東邊笑면 千重聳出峯이라

겸손하고 겸손하면서 바른 자리에 거처하니/ 바르고 길해서 흉한 일 없다/ 나무여자(봄 또는 이름에 木자가 들어가는 여자)가 동쪽에서 웃으면/ 일천 봉우리가 솟아오를 것이다

③ 梨花開ㅣ 正是春이니

若言心下事면 宜得一番新이라

배꽃 열리고/ 바로 봄되니/ 만약 마음속의 일을 말한다면/ 마땅히 한번 새로와질 것이다

3. 九三(☳☰ → ☳☷)

【효사와 소상전】 구삼은 소인은 장성함을 쓰고 군자는 업신여김을 쓰니, 고집하면 위태하니, 숫양이 울타리를 받아서 그 뿔이 걸림이로다. 상에 말하기를 소인은 장성함을 쓰고, 군자는 남을 업신여긴다. 【九三은 小人은 用壯이요 君子는 用罔이니 貞이면 厲하니 羝羊이 觸藩하야 羸其角이로다. 象曰 小人은 用壯이오 君子는 罔也라.】

<table>
<tr><td rowspan="6"></td><td>▨</td><td>▨</td><td>25~30</td><td rowspan="6">◐</td><td>▨</td><td>▨</td><td>49~54</td><td rowspan="6">선천괘인 대장괘 구삼
효부터 차례로 위로 나
아가면서 운을 잡는다.
1살부터 48살까지를
마치면 49살부터는 후
천괘인 수괘로 운이 넘
어간다.</td></tr>
<tr><td>▨</td><td>▨</td><td>19~24</td><td>▨▨▨▨</td><td></td><td>85~93</td></tr>
<tr><td>▨▨▨▨</td><td></td><td>10~18</td><td>▨▨▨▨</td><td></td><td>76~84</td></tr>
<tr><td>◐ ▨▨▨▨</td><td></td><td>1~9</td><td>▨</td><td>▨</td><td>70~75</td></tr>
<tr><td>▨▨▨▨</td><td></td><td>40~48</td><td>▨</td><td>▨</td><td>64~69</td></tr>
<tr><td>▨▨▨▨</td><td></td><td>31~39</td><td>▨▨▨▨</td><td></td><td>55~63</td></tr>
<tr><td colspan="3">선천괘(大壯)</td><td colspan="3">후천괘(隨)</td></tr>
</table>

◈ 양년(갑·병·무·경·임년)일 경우

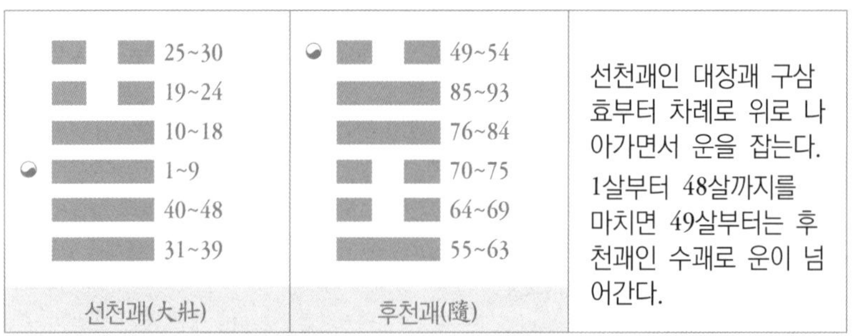

대장(34)	대유(14)	규(38)	손(41)	중부(61)	절(60)	감(29)	비(8)	건(39)
1	2	3	4	5	6	7	8	9

◈ 음년(을·정·기·신·계년)일 경우

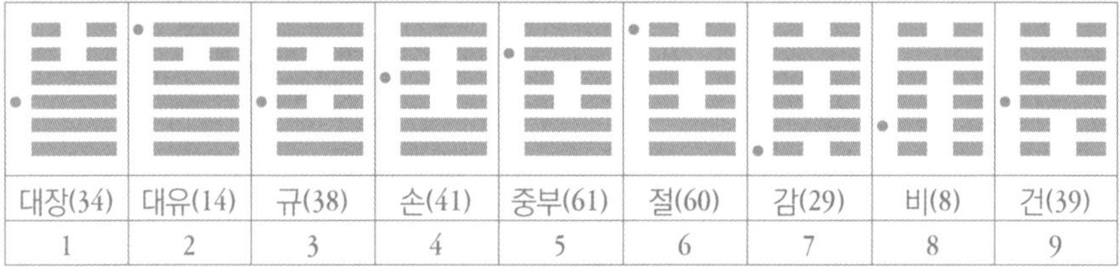

귀매(54)	규(38)	대유(14)	대축(26)	소축(9)	수(5)	정(48)	건(39)	비(8)
1	2	3	4	5	6	7	8	9

◈ 월괘

태·11	승·46	수·5	기제·63	소축·9	중부·61	손·57	구·44	점·53	간·52	관·20	비·8
1월	2월	3월	4월	5월	6월	7월	8월	9월	10월	11월	12월

◈ 일괘

대장(구삼)	태·11	쾌·43	대유·14	항·32	풍·55
	6 5 4 3 2 1	12 11 10 9 8 7	18 17 16 15 14 13	24 23 22 21 20 19	30 29 28 27 26 25

【총괄해서 판단하면】

10 이 효는 자기의 힘센 것만을 믿으니, 위험을 면키 어려운 자를 설명한 것이다. 그러므로 운이 맞는 사람은, 또한 군자가 될 수 있으나, 다만 세상 일을 가볍게 여겨 힘들어 할 것도 없다고 생각해서 신중하게 변화를 관찰하지 못하고, 세상 사람을 두려워 할 것이 없다고 봐서 조용하게 기회를 살피지 못하니, 일이 비록 바른데서 출발했더라도 또한 위험을 면할 수 없다.

운이 맞지 않는 사람은, 혈기의 강함으로 급하게 서둘고 용감하게 싸우는 것을 좋아해서, 허물을 부르고 틈이 생기게 하며, 재물을 손해보고 집을 패망하게 한다.

세운을 만나면, 공직자는 화에 얽히게 돼서 나가고 물러남이 쉽지 않다. 구직자는 나가는 길이 막히고, 일반인은 관가의 송사에 연루되어 부모가

---

10 此爻是恃其壯而難以免屬者也 故叶者 亦可爲君子 但輕天下之事爲不足爲 而
不能持重以觀變 視天下之人爲不足畏 而不能從容以審機 事雖出于正 亦不免屬
不叶者 多逞血氣之剛 而好勇鬪狠 招尤起釁 損財敗家 歲運逢之 在仕爲禍所絆
進退難安 在士進取阻滯 在庶俗官訟牽連 孝刑多端 人財不利

형을 당하든가 여러 가지 고초를 당하며, 사람과 재산이 흩어지고 없어진다.

【글귀로 판단하면】

① 君子如行壯이면 深虞戒過剛이라

　　觸藩能進退하니 雖正可無傷가

　　군자가 씩씩하게 행동하면/ 강함이 지나침을 깊이 근심해야 한다/ 울타리를 들이받아 나아가고 물러날 수 있으니/ 비록 바르더라도 상하는 것 없겠는가?

② 一遇網羅人不利하니 角羸何忌各生憂아

　　始逢陰極峰巒秀하니 得進良田萬頃疇라

　　한번 그물을 만나 이롭지 못하니/ 뿔이 걸렸는데 어찌 근심 생기지 않겠는가?/ 비로소 음이 다해 봉우리들이 수려하게 되었으니/ 나아가 좋은 밭 만경萬頃을 얻게 되었다

③ 平地裏ㅣ 起風煙이요

　　時來未能守니 高處覓姻緣하라

　　평지에서/ 바람연기 일어나고/ 때가 와서 지키지를 못하니/ 높은 곳에서 인연을 찾아라

4.九四(☰→☷)

【효사와 소상전】 구사는 바르게 하면 길해서 후회가 없으리니, 울타리가 터져서 걸리지 않으며, 큰 수레의 바퀴살이 건장하도다. 상에 말하기를 '울타리가 터져서 걸리지 않는다' 함은 아직도 가고 있기 때문이다. 【九四는 貞이면 吉하야 悔 亡하리니 藩決不羸하며 壯于大輿之輹이로다. 象曰 藩決不羸는 尙往也일새라.】

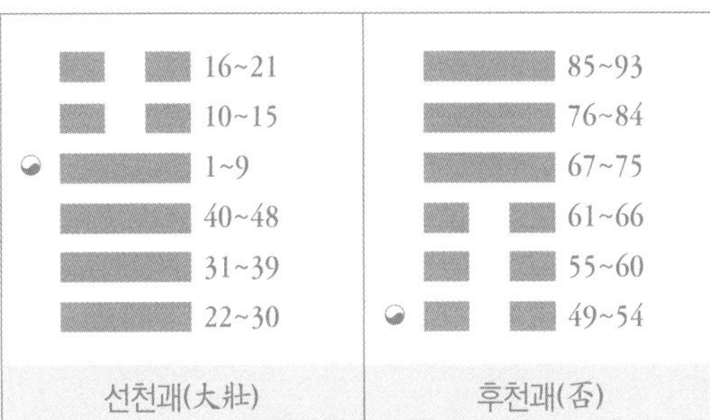

<table>
<tr><td>16~21</td></tr>
<tr><td>10~15</td></tr>
<tr><td>1~9</td></tr>
<tr><td>40~48</td></tr>
<tr><td>31~39</td></tr>
<tr><td>22~30</td></tr>
</table>

선천괘(大壯)	후천괘(否)

85~93	
76~84	
67~75	
61~66	
55~60	
49~54	

선천괘인 대장괘 구사 효부터 차례로 위로 나아가면서 운을 잡는다. 1살부터 48살까지를 마치면 49살부터는 후천괘인 비괘로 운이 넘어간다.

◈ 양년(갑·병·무·경·임년)일 경우

대장(34)	항(32)	승(46)	정(48)	손(57)	소축(9)	가인(37)	익(42)	무망(25)
1	2	3	4	5	6	7	8	9

◈ 음년(을·정·기·신·계년)일 경우

태(11)	승(46)	항(32)	대과(28)	구(44)	건(1)	동인(13)	무망(25)	익(42)
1	2	3	4	5	6	7	8	9

◈ 월괘

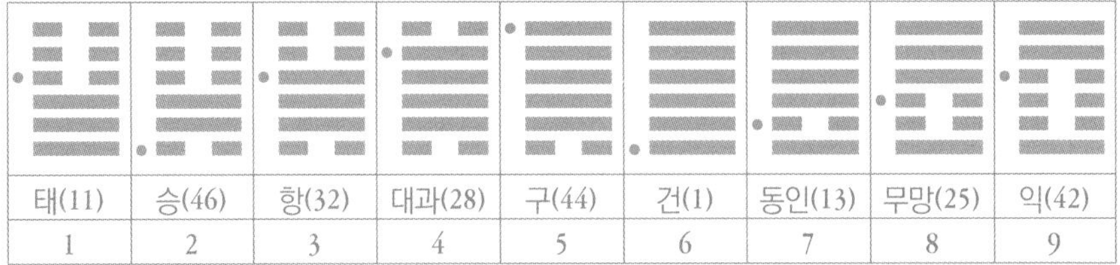

쾌·43	혁·49	건·1	리·10	구·44	손·57	돈·33	려·56	비·12	취·45	관·20	익·42
1월	2월	3월	4월	5월	6월	7월	8월	9월	10월	11월	12월

◈ 일괘

	6	12	18	24	30
	5	11	17	23	29
	4	10	16	22	28
	3	9	15	21	27
	2	8	14	20	26
	1	7	13	19	25

대장(구사)	쾌·43	대유·14	항·32	풍·55	귀매·54

11 이 효는 바른 데로 돌아옴을 잘해서, 그 전진할 수 있는 상을 비유해서 말한 것이다. 그러므로 운이 맞는 사람은, 치우친 것을 바로잡고 바른 데로 따라가면서 자신의 강함을 다 쓰지 않으니, 나가도 막히는 것이 없어서 공과 업적을 세울 수 있고, 청년시절에 이미 문장이 뛰어나고 말년에는 복과 은택이 넉넉하다.

운이 맞지 않는 사람도 또한 평생이 편안해서 계획하고 실천하는 것이 뜻대로 쉬우며, 비색한 것이 변해서 태평해지고, 험한데서 나와서 평이한 곳에 있게 되니, 가정과 사업이 풍요롭고 튼튼하다.

세운을 만나면, 공직자는 한가하게 휴직했던 사람은 등용되고, 구직자는 등용되어 현달해지며, 일반인은 복을 얻는다. 오래 고요하게 있던 사람은 반드시 움직이게 되며, 또 움직이면 길하다. 어전 시험에 대해 점을 쳐서 이 효가 나오면 장원급제한다.

1 一封書上寫鵬程하니 千里東風不用驚하라

正好度時又失脚하니 洪濤萬頃任君行하라

한 봉의 글로 앞길을 써놓았으니/ 천리길에 동풍을 놀라지 마라/ 바로 잘 건너가려 할 때 또 실각失脚했으니/ 넓은 파도 만리길을 마음대로 가게 되었다

2 久靜宜思動이요 災消福自隨라 自然無阻隔하니 萬里快亨衢라

오랫동안 고요했으니 마땅히 움직일 것 생각하고/ 재앙이 사라지니 복이 스스로 온다/ 자연히 막히는 것 없으니/ 만리가 확트인 거리다

---

11 此爻是反正之善 而兩擬其可進之象也 故叶者 矯偏從正 不極其剛 進無所阻 而可以建功立業 文章發於靑年 福澤裕於晩景 不叶者 亦平生安逸 謀爲快便 轉否爲泰 出險爲夷 家業豐厚 歲運逢之 在仕閑散者起 進取者達 常人得福 久靜者 必動 動則吉 御試占高魁

5. 六五(䷡ → ䷒)

【효사와 소상전】 육오는 장성한 양을 쉬운 방법으로 힘을 잃게 하면 후회가 없으리라. 상에 말하기를 '양을 쉬운 방법으로 해서 힘을 잃게 한다' 함은 자리가 마땅치 않기 때문이다.【六五는 喪羊于易면 无悔리라. 象曰 喪羊于易는 位不當也일새라.】

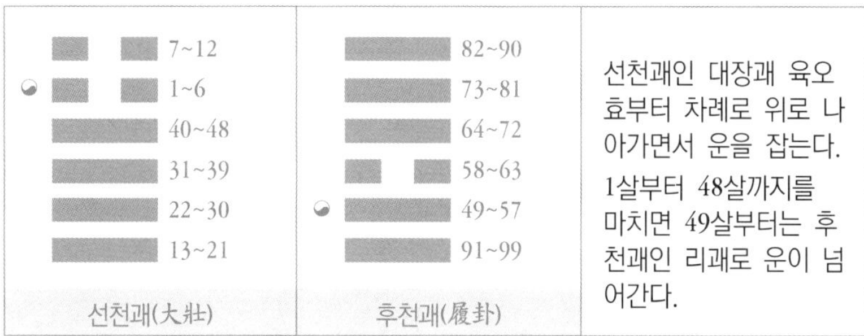

선천괘인 대장괘 육오 효부터 차례로 위로 나아가면서 운을 잡는다. 1살부터 48살까지를 마치면 49살부터는 후천괘인 리괘로 운이 넘어간다.

◈ 양년 음년 똑같음

쾌(43)	건(1)	구(44)	돈(33)	비(12)	관(20)
1	2	3	4	5	6

◈ 월괘

대유·14	규·38	정·50	고·18	려·56	돈·33	진·35	예·16	박·23	이·27	관·20	환·59
1월	2월	3월	4월	5월	6월	7월	8월	9월	10월	11월	12월

◈ 일괘

대장(육오)	대유·14	항·32	풍·55	귀매·54	태·11
	6 5 4 3 2 1	12 11 10 9 8 7	18 17 16 15 14 13	24 23 22 21 20 19	30 29 28 27 26 25

12 이 효는 덕이 부족해서, 나아가 일을 할 수 없는 사람이다. 그러므로 운이 맞는 사람은, 부드럽게 중도로 처신하고 교만하거나 오만하지 않아서, 화합하고 순함으로써 강폭함을 굴복시키고, 어려움을 바꾸어 평이하게 하니, 비록 공을 세울 수는 없으나 또한 일을 그르치지도 않는다.

운이 맞지 않는 사람은, 유약하여 자립해서 일을 할 수 없으므로, 복이 천박하고 수명이 짧다.

세운을 만나면, 공직자는 너무 물러서 정치를 문란하게 하며, 구직자는 이름을 잃고 등용되지도 못한다. 일반인은 계획을 세우지 못해서 이익되는 것이 하나도 없고, 병든 사람은 죽을 징조다.

【글귀로 판단하면】

1 正宜靜守니 妄動興災라 名利通達하고 花柳爭開라

　마땅히 바름을 고요히 지켜야 하니/ 망령되이 움직이면 재앙이 생긴다 / 명예와 이익은 형통하게 되고/ 버들과 꽃은 다투어 열린다

2 一牛二尾하고 一月初墜하니 長道崎嶇하고 風波鼎沸이라

　소는 한마리인데 꼬리가 둘이고/ 달이 처음 떨어지니/ 긴 길은 기구하고/ 바람과 파도는 솥 끓는 듯하다

6. 上六 (☳ → ☱)

【효사와 소상전】 상육은 숫양이 울타리를 받아서, 물러날 수도 없으며 나아

---

12 此爻是德不足 而不能進而有爲者也 故叶者 以柔居中 不驕不傲 能以和順服强暴 易艱難爲平易 雖不足以建功 而亦不至於僨事 不叶者 懦而無立 弱而無爲 福量淺薄 壽算有損 歲運逢之 在仕爲罷軟荒政 在士爲喪名不就 在庶俗爲籌策莫展 而一無所利 病者有喪身之兆

갈 수도 없어서 이로운 바가 없으니, 어렵게 여겨 대처하면 길하리라. 상에 말하기를 '물러날 수도 없고 나아갈 수도 없는 것'은 헤아리지 못하는 것이고, '어렵게 여겨 대처하면 길함'은 허물이 커지지 않기 때문이다. 【上六은 羝羊이 觸藩하야 不能退하며 不能遂하야 无攸利니 艱則吉하리라. 象曰 不能退不能遂는 不詳也오 艱則吉은 咎不長也일새라.】

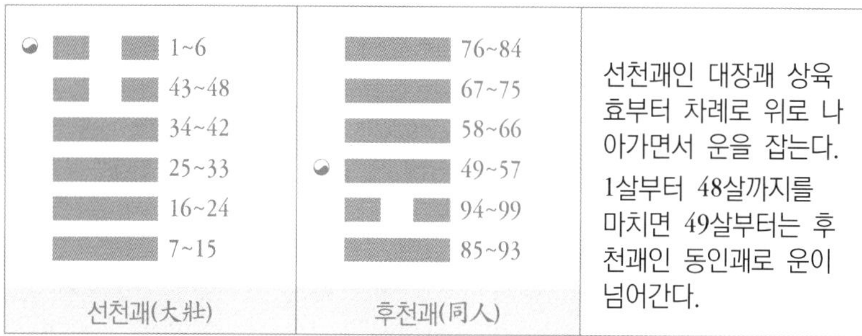

선천괘(大壯)		후천괘(同人)		
	1~6		76~84	선천괘인 대장괘 상육 효부터 차례로 위로 나아가면서 운을 잡는다. 1살부터 48살까지를 마치면 49살부터는 후천괘인 동인괘로 운이 넘어간다.
	43~48		67~75	
	34~42		58~66	
	25~33		49~57	
	16~24		94~99	
	7~15		85~93	

◈ 양년 음년 똑같음

대유(14)	정(50)	려(56)	진(35)	박(23)	관(20)
1	2	3	4	5	6

◈ 월괘

항·32	승·46	소과·62	함·31	예·16	진·35	곤·2	복·24	비·8	감·29	관·20	점·53
1월	2월	3월	4월	5월	6월	7월	8월	9월	10월	11월	12월

◈ 일과

대장(상육)	항·32	풍·55	귀매·54	태·11	쾌·43
	6	12	18	24	30
	5	11	17	23	29
	4	10	16	22	28
	3	9	15	21	27
	2	8	14	20	26
	1	7	13	19	25

13 이 효는 대장괘의 마지막에 있으면서도 그 씩씩함을 쓰니, 이로움이 없는 것이다. 그러므로 운이 맞는 사람은, 경거망동하는 실수를 경계하고, 신중하고 경건한 마음으로 처신해서, 안으로는 일의 기틀을 살피고 밖으로는 때와 형세의 마땅함을 따르니, 그 굳건하고 씩씩함을 잘 이용해서 전진하게 되는 것이다.

운이 맞지 않는 사람은, 뜻은 씩씩하나 재주는 약해서, 옳고 그름을 헤아리지 않고, 탐하고 바라는 것이 너무 지나치니, 항상 위험을 만나게 된다. 세운을 만나면, 공직자는 좌천될 위험이 있고, 구직자는 직장을 구하기 힘들다. 일반인은 분수에 넘치고 의리에 어긋나는 일을 하니, 시비와 송사가 어지럽게 얽혀서 나가나 물러가나 편안한 곳이 없다.

【글귀로 판단하면】

① 憂患消亡一馬飛하니 木邊有慶不須疑라

　枝頭雙綴垂春蕊하니 曾對仙人擁日揮라

　근심 걱정 없어지고 말(午) 한마리 날아오르니/ 나무(木)가에 경사 있음을 의심할 것 없다/ 한줄기 가지 위에 봄꽃이 둘씩 달렸으니/ 일찍이 신선과 상대하고 무성하여 해를 가린다

② 艱節成眉壽나 肘下事交加라

　雲濃不礙月이요 雨驟不妨花라

　어렵게 절개지켜 80세가 되었는데/ 팔꿈치 밑에서 일이 더욱 생긴다/ 구름은 짙으나 달을 가리지 않았고/ 비는 거세지만 꽃은 떨어지지 않았다

---

13 此爻是處壯之終 而用其壯也 此其所以無攸利也 故叶者能戒其輕動妄擧之失 處以愼重敬謹之心 內審事理之機 外順時勢之宜 則善用其壯而得以遂其進 不叶者 志壯才弱 不量可否 貪望太過 常遭危險 歲運逢之 在仕遭貶斥之危 在士有難進之咎 在庶俗越分悖義 是非爭訟纏擾 而進退無措

離上
坤下
　
火地晉(35)
화　지　진

진괘 개요

【괘사와 대상전】 진은 나라를 평안히 하고 잘 다스리는 제후에게 말 주는 것을 많이 하고, 하룻날에 세 번 접하도다. 상에 말하기를 밝은 것이 땅 위로 나오는 것이 진괘니, 군자가 본받아서 스스로 밝은 덕을 밝히느니라.【晉은 康侯를 用錫馬蕃庶하고 晝日三接이로다. 象曰 明出地上이 晉이니 君子 以하야 自昭明德하나니라.】

【총괄해서 판단하면】

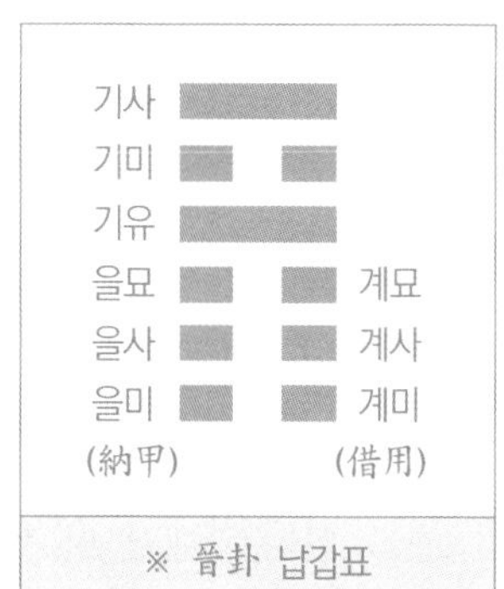

※ 晉卦 납갑표

(納甲)	(借用)
기사	
기미	
기유	
을묘	계묘
을사	계사
을미	계미

[1] 건궁의 4세괘(원래는 遊魂卦)로 2월에 속한다. 내괘의 납갑은 을미·을사·을묘이고, 외괘의 납갑은 기유·기미·기사인데, 계미·계사·계묘를 빌려서도 쓴다. 2월에 태어난 사람과, 태어난 년도의 간지가 납갑의 간지 및 차용 납갑의 간지에 합치되는 사람은 부귀와 공명을 누리게 된다.[2]

---

[1] 乾宮四世 卦屬二月 納甲 是乙未乙巳乙卯 己酉己未己巳 借用癸未癸巳癸卯 生於二月及納甲者 功名富貴人也

[2] 각 괘의 월月계산법은 중천건괘(1)와 중지곤괘(2) 항에서 설명하였다. 진괘의 세효인 구사효는 양효이므로, 초효부터 사효까지 세면 묘卯에서 끝난다(초효는 자, 이효는 축, 삼효는 인, 사효는 묘). 지지의 묘는 2월에 해당하므로, 진괘가 2월괘가 되는 것이다. 따라서 2월을 주관하는 괘가 되고, 2월에 태어난 사람은 때를 얻음이 된다.

운세로 보면 화지진괘(䷢)는 상괘는 리(☲)이고 하괘는 곤(☷)이며, 호괘로는 감(☵)과 간(☶)이 있다. 산과 평지에서 백가지 물건이 하늘로부터 힘입어 자라니, 마른 것은 적셔주고 습기찬 것은 말려준다. 해로 말리고자 하면 물 역시 적시고자 하나, 험한 것으로써 그치게 하니 물이 움직이지를 못하고, 물로써 적시고자 하면 해도 역시 떠오르고자 하나, 함정으로써 그치게 하여 통하지를 못하게 하니, 그 조화의 묘미가 존재하고 망하며 나아가고 물러나기를 그치지 않게 하는 공에 있는 것이다. 군자가 이런 괘를 얻으면 앞으로 나아가는 상이 있다.

【팔궁세혼법으로 판단하면】

진괘는 팔궁세혼법으로 볼 때, 건궁의 유혼괘(6변괘)로 제후諸侯괘에 해당한다. 즉 구사효(제후)가 세효世爻가 되고, 원사元士에 해당하는 초육효는 응효가 된다. 두 효가 모두 제자리가 아니나, 음과 양으로 서로 응하고, 또 초육효의 지지인 미(未土)가 구사효의 지지인 유(酉金)를 생하니, 어려운 가운데서도 풀리는 뜻이 있다. 더욱이 상괘인 리(離火)가 하괘인 곤(坤土)을 생하니, 금체(金體:진괘는 건궁에 속함)인 본괘를 생하는 뜻이 있어 좋다.

밤이 지나 아침의 햇빛이 밝게 비춰주듯이, 고난과 어려움에 있다가 운이 열려 광명이 보인다. 중도에 장애가 있고 고통이 오더라도, 멈칫거리지 말고 기초를 다지면서 전진하면 반드시 성공한다. 내부를 잘 정돈하면서 밖으로 뻗어나가면, 아무도 막을 자 없으니, 모든 일이 뜻대로 되어 입신출세한다. 신규사업 등 어떤 일을 계획하여도 좋은 때이다. 다만 매사에 원만하게 해야하고, 자신의 고집대로만 행동하면 수많은 마찰과 경쟁을 부르게 된다.

【글귀로 판단하면】

① 二姓合新婚하니 資財滿目前이라

　　從今百事泰하니 兩處保團圓이라

두 성姓이 합쳐서 새로 혼인하니/ 재물이 눈앞에 가득하다/ 지금부터
백가지 일이 태평하니/ 두 곳이 다 원만하게 되었다

② 建侯安萬國하니 錫命日三來라

利祿榮千百이요 佳音遠地來라

제후를 세워 만국을 편안케 하니/ 하사하는 명령이 하루에도 세번 온
다/ 이익과 복록이 천백년 영화롭고/ 아름다운 소식이 먼 땅에서 온다

③ 雲蔽月當空하고 牛前鼠後逢이라

張弓方欲挽하니 一箭定成功이라

구름이 달을 가리었고/ 소(丑)는 앞에 있고 쥐(子)는 뒤에서 만났다/ 활
을 들고 당기려 하니/ 화살 하나로 공을 이루게 된다

1. 初六(☷→☶)

【효사와 소상전】 초육은 나아가거나 물러남에 바르게 하면 길하고, 믿지 않
더라도 너그럽게 하면 허물이 없으리라. 상에 말하기를 '나아가거나 물러남
에 바르게 하면 길함'은 홀로 바름을 행하는 것이고, '넉넉하게 하면 허물이
없다'는 것은 관직의 명을 받지 않았기 때문이다. 【初六은 晉如摧如에 貞이
면 吉하고 罔孚라도 裕면 无咎리라. 象日 晉如摧如는 獨行正也오 裕无咎는
未受命也일새라.】

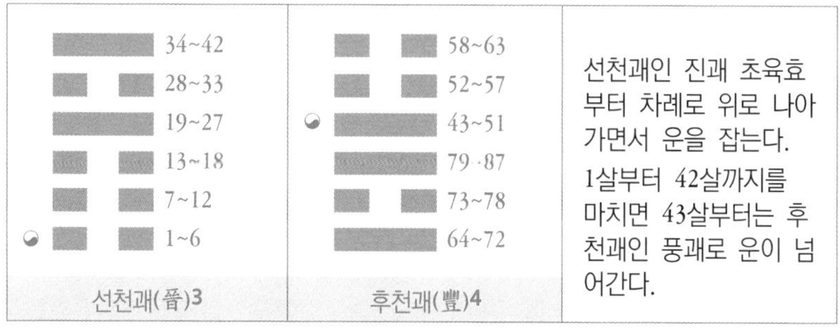

선천괘인 진괘 초육효
부터 차례로 위로 나아
가면서 운을 잡는다.
1살부터 42살까지를
마치면 43살부터는 후
천괘인 풍괘로 운이 넘
어간다.

◇ 양년 음년 똑같음 [5]

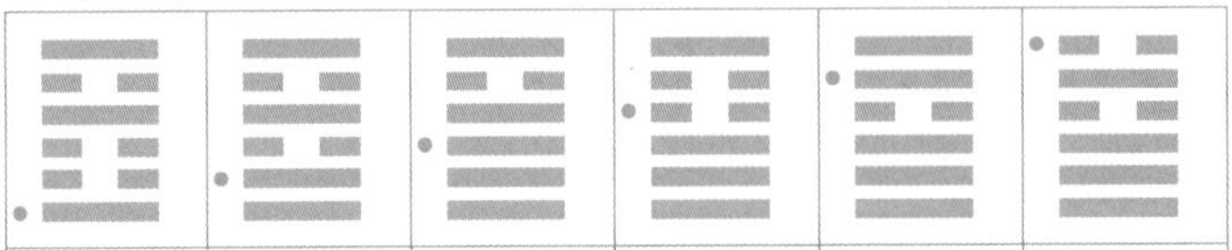

서합(21)[6]	규(38)	대유(14)	대축(26)	소축(9)	수(5)
1	2	3	4	5	6

◇ 월괘

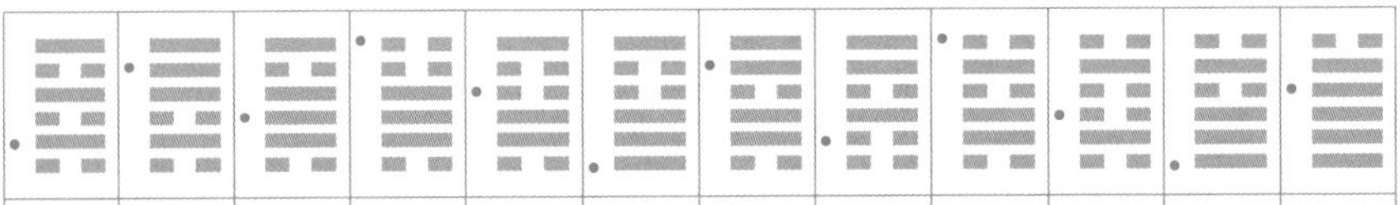

미제·64	송·6	정·50	항·32	고·18	대축·26	손·57	점·53	정·48	감·29	수·5	쾌·43
1월	2월	3월	4월	5월	6월	7월	8월	9월	10월	11월	12월

◇ 일괘 [7]

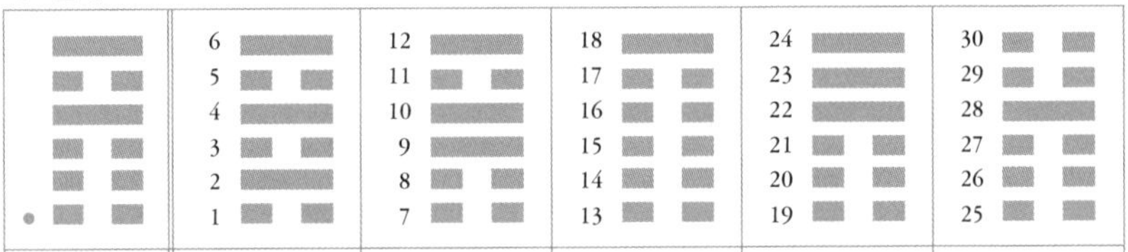

진(초육)	미제·64	려·56	박·23	비·12	예·16

(6, 5, 4, 3, 2, 1 / 12, 11, 10, 9, 8, 7 / 18, 17, 16, 15, 14, 13 / 24, 23, 22, 21, 20, 19 / 30, 29, 28, 27, 26, 25)

【총괄해서 판단하면】

3 사주의 숫자로 괘를 만들어서 진괘 초효에 원당이 있다면, 1~6살까지는 진괘 초효 항을, 7~12살까지는 진괘 이효 항을, …, 34~42살까지는 진괘 상효 항을 가서 살펴 보면 된다.

4 43~51살까지는 후천괘인 풍괘 사효 항을, 58~63살까지는 풍괘 상효 항을, …, 79~87살까지는 풍괘 삼효 항을 살펴보면 그 사람의 운이 된다(◦나 ●표시 한 곳이 해당하는 효를 가리키고, 밑에서부터 초효·이효·삼효·사효·오효·상효로 나눈다).

5 해마다의 운인 유년운의 진행은 양효(━)일 때와 음효(━ ━)일 때가 다른데, 그 자세한 예는 중천건괘(1) 초구효, 중지곤괘(2) 초육효와 육이효, 수뢰둔괘(3) 초구효와 육삼효, 산수몽괘(4) 초육효와 육사효 항에 유년운에 속한 월운月運의 예와 함께 실려 있으므로 참고하면 된다.

6 위의 도표에서 '서합(21)'이라고 한 것은 괘명은 서합괘噬嗑卦고 64괘 중에 21번째 괘라는 뜻이다. 나머지 괘도 이와같은 방식으로 본다. 따라서 앞의 목차에서 번호의 순서대로 찾으면, 해당하는 괘를 쉽게 찾을 수 있다. 또 월괘月卦에서 '미제·64' 등으로 표시한 것도, 괘명은 미제괘未濟卦고 64괘 중에 64번째라는 뜻이다.

8 이 효는 덕이 있기 때문에, 비록 좌절 당했으나 마침내 길함을 얻는다. 그러므로 운이 맞는 사람은, 자기의 옳은 것을 지키니, 도를 굽혀가면서 남과 영합하지 않으며, 하늘의 천명을 알아서 너그럽게 스스로 지킴을 편안히 하니, 공명의 뜻이 마침내 이루어지고 허물이 없다.

운이 맞지 않는 사람은, 일을 하려고 계획하면 여러 번 막히고, 공직자는 정사를 게을리해서 벼슬이 오래 못가며, 일반인은 하는 짓이 졸렬하고 오래살기 어렵다.

세운을 만나면, 공직자는 간사한 말에 막히게 되고, 벼슬하려고 하는 사람은 임금이나 시험관에게 믿음을 받지 못해서 관직을 명받기 어려우며, 일반인은 피차가 서로를 믿지 못하여 즐거움과 근심이 서로 반반이며, 고요히 있으면 길하고 움직이면 흉하다.

【글귀로 판단하면】

1 進身許國名當重이나 退步宜防悔吝摧라

　泗水有魚孚自信하니 寒江花影再相隨라

　몸을 바쳐 나라를 위하니 마땅히 이름이 중해지나/ 물러날 때에 후회하고 인색하며 좌절됨을 방비해야 한다/ 사수泗水에 고기 있어 성실하고 미더우니/ 추운 강에 꽃그림자 다시 서로 따른다

2 大宜圖進用이니 小阻亦何妨가

　功成無躁進이면 終久保吉昌이라

　앞으로 나가 일을 도모함이 크게 마땅하니/ 조그마한 막힘이 무슨 방

---

7 그 날의 운(日運)과 더 세분해서 시운時運을 알고 싶으면, 앞의 일괘日卦와 시괘時卦 설명을 침조해서 계산하면 된다. 자세한 예는 건(1)~송(6)괘의 조효 항에 있으므로 참고바람.

8 此爻是惟有德 故雖摧而終可獲吉焉 叶者守義於己 不枉道以求合 知命於天 寧寬裕以自守 功名之志 終得以遂而无咎 不叶者 欲有謀而屢見阻 在仕則政事怠而爵難久 在常人則作爲拙而壽難永 歲運逢之 在仕者當阻於邪議 進取者不見孚於主司 而命難受 常人士彼此不孚 憂樂相半 靜則吉而動則凶

해가 될 것인가?/ 공을 이루고 조급하게 나아가지 않으면/ 오래도록 길

하고 번창함을 보존하리라

③ 須著力ㅣ 莫蹉跎하라

長竿持向蟾蜍窟이나 宜向雲端釣巨鰲라

힘써서 하고/ 차질있게 하지마라/ 긴 낚싯대를 두꺼비 굴로 가지고 갔

으나/ 마땅히 구름 끝으로 향해서 큰 자라를 낚아야 할 것이다

2. 六二(☰ → ☰)

【효사와 소상전】 육이는 나아가는 것이 근심스러우나 곧고 바르게 하면 길

하리니, 큰 복을 왕모(할머니)에게서 받으리라. 상에 말하기를 '큰 복을 받는

다'는 것은 중정하기 때문이다. 【六二는 晉如 愁如나 貞이면 吉하리니 受玆

介福于其王母리라. 象曰 受玆介福은 以中正也라.】

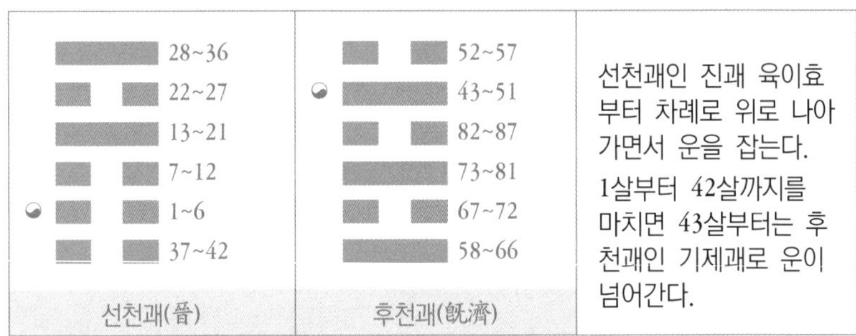

선천괘인 진괘 육이효부터 차례로 위로 나아가면서 운을 잡는다.

1살부터 42살까지를 마치면 43살부터는 후천괘인 기제괘로 운이 넘어간다.

◇ 양년 음년 똑같음

미제(64)	정(50)	고(18)	손(57)	정(48)	수(5)
1	2	3	4	5	6

◈ 월괘

려·56	소과·62	간·52	비·22	점·53	손·57	건·39	비·8	기제·63	혁·49	수·5	태·11
1월	2월	3월	4월	5월	6월	7월	8월	9월	10월	11월	12월

◈ 일괘

진(육이)		려·56		박·23		비·12		예·16		서합·21
	6		12		18		24		30	
	5		11		17		23		29	
	4		10		16		22		28	
	3		9		15		21		27	
	2		8		14		20		26	
	1		7		13		19		25	

【총괄해서 판단하면】

9 이 효는 덕이 있기 때문에, 비록 근심되나 마침내 복을 받을 수 있는 운이다. 운이 맞는 사람은, 중정中正한 덕이 있어서 큰 복을 할머니(王母)에게서 받는 것이니, 하늘의 명령을 두려워하고 사람들이 궁하게 된 것을 슬퍼하며, 자기의 도가 행해지지 못함을 근심하는 자이다.

운이 맞지 않는 사람도 또한 단정한 선비로, 근심과 기쁨이 무상하여 정해짐이 없이 자주 변경하나, 어머니의 도움을 많이 얻으며, 혹 귀한 여자의 총애와 신임을 받는다.

세운을 만나면, 공직자는 현명한 임금에게 중용되며, 구직자는 처음은 좌절되나 나중에는 뜻을 얻으며, 일반인은 계획해서 하는 것이 뜻대로 된다. 어머니의 도움을 많이 받고, 혹 아내로 인해서 재물을 얻게 된다.

---

9 此爻是惟有德 故雖愁而終可受福焉 叶者有中正之德受大福於王母 蓋嘗畏天命 悲人窮而愁其道之不行 不叶者 亦足端人正士 憂喜無常 更變無定 多得母庇 或陰貴之寵任 歲運逢之 在仕則進王明 在士始挫而終得 在常人求謀稱意 多得母力之扶助 或得妻財

【글귀로 판단하면】

① 日從雲外復光輝하니 枯木生花再盛開라

　　莫笑舊時淹恨事하라 須知從此脫塵埃라

　　해가 구름밖으로 나와 다시 빛나니/ 마른 나무에 꽃이 피어 다시 성하
　　게 열렸다/ 옛날에 지체되고 한스러운 일 많았다고 비웃지 마라/ 지금
　　부터 먼지티끌 벗어날 것이다

② 進謀須有患이요 守正可無屯이라

　　自邇來多福이니 推誠以事親하라

　　나아가려고 꾀하면 근심있게 되고/ 바르게 지키면 어려움 없어진다/
　　가까운데서 부터 많은 복 오게 되니/ 정성을 다해서 어버이 섬겨라

③ 一悲復一喜하니 介福遠臨延이라

　　受介於王母하니 春風桃李妍이라

　　한번 슬펐으나 다시 한번 기쁘게 되니/ 큰 복이 멀리서 와서 뻗쳐 있다
　　/ 왕모(王母)에게 큰 복 받으니/ 봄바람에 복숭아꽃 오얏꽃 어여쁘다

3. 六三(☷→☶)

【효사와 소상전】 육삼은 무리가 믿음이라. 뉘우침이 없어지느니라. 상에 말
하기를 무리가 믿는 뜻은 위로 가는 것이다. 【六三은 衆允이라 悔 亡하니라.
象曰 衆允之志는 上行也라.】

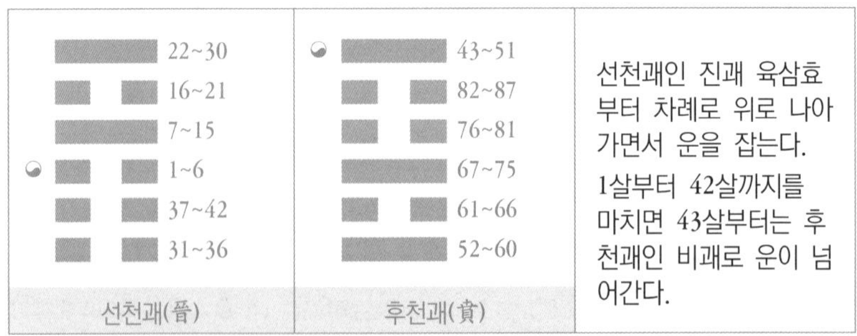

선천괘인 진괘 육삼효
부터 차례로 위로 나아
가면서 운을 잡는다.

1살부터 42살까지를
마치면 43살부터는 후
천괘인 비괘로 운이 넘
어간다.

◇ 양년 음년 똑같음

려(56)	간(52)	점(53)	건(39)	기제(63)	수(5)
1	2	3	4	5	6

◇ 월괘

박·23	이·27	관·20	환·59	비·8	건·39	둔·3	수·17	절·60	림·19	수·5	소축·9
1월	2월	3월	4월	5월	6월	7월	8월	9월	10월	11월	12월

◇ 일괘

	6 5 4 3 2 1	12 11 10 9 8 7	18 17 16 15 14 13	24 23 22 21 20 19	30 29 28 27 26 25
진(육삼)	박·23	비·12	예·16	서합·21	미제·64

【총괄해서 판단하면】

10 이 효는 같은 길을 올라가려는 사람의 뜻을 얻어서, 나아감에 막힘이 없는 운이다. 그러므로 운이 맞는 사람은, 같은 생각을 가진 사람끼리 서로 믿고 덕행을 닦으며, 같은 기운이 있는 사람끼리 서로 찾아서 덕과 업적이 진취된다. 처음에는 학문과 덕행을 서로 연마하고, 마지막에는 무리를 지어 올라가는(뜻을 이루는) 소원을 이룬다. 일이 밖으로는 정체됨이 없고 마음속으로는 부족함도 없으니, 무슨 후회가 있겠는가?

---

10 此爻是得同升之志 而進無所抑者也 故叶者 同道相孚而德行修 同氣相求而德
業進 其始也獲麗澤之資 其終也遂彙征之願 事不固於外 心不歉於中 何悔之有
不叶者 亦誠正善士 親賢友能 贊助者多 仇怨者少 平生安樂 無憂無虞 歲運逢之
在仕有陞遷之美 在士有薦擧之休 在庶俗有得朋共事之益 而營謀遂意 悔亡二字
防失脫人亡之兆

운이 맞지 않는 사람도 또한 성실하고 바른 착한 선비로, 어진 이와 친하고 능력있는 이를 벗해서, 도와주는 사람이 많고 원수진 사람이 적으니 평생이 안락하고 근심 걱정이 없다.

세운을 만나면, 공직자는 영전하게 되는 아름다움이 있고, 구직자는 천거받는 아름다움이 있으며, 일반인은 벗을 얻어 일을 같이하는 유익함이 있고, 경영하고 계획하는 일이 뜻대로 된다. '후회가 없어진다(悔亡)'는 두 글자는, 잃어버리고 사람이 죽는 것을 방비하라는 뜻이 있다.

【글귀로 판단하면】

① 欲進前程路하니 幽陰漸向明이라

　 衆人俱信服하니 百事盡光亨이라

　 앞길로 나가고자 하니/ 그윽하게 그늘졌던 곳이 점차 밝아진다/ 뭇사람이 모두 믿고 복종하니/ 백가지 일이 다 빛나고 형통하다

② 庶人衆允心하니 內外悔俱亡이라

　 皎月再明時에 多成遂其志라

　 뭇사람이 모두 믿음을 가지니/ 안과 밖이 모두 후회 없어진다/ 흰 달이 두 번 밝을 때에/ 성공해서 그 뜻을 이루는 이가 많다

③ 兩日意和同이요 輕帆遇順風이라 道途人得意하야 歌笑急流中이라

　 두 해가 뜻을 화합하고/ 가벼운 돛단배 순한 바람 만났다/ 가는 길 마다 사람들이 뜻을 얻어서/ 급류 가운데서 노래하고 웃는다

4. 九四(☷→☶)

【효사와 소상전】 구사는 나아가는 것이 다람쥐니 고집부리면 위태하리라. 상에 말하기를 '나아가는 것이 다람쥐니 고집부리면 위태함'은 위位가 마땅치 않기 때문이다. 【九四는 晉如 鼫鼠니 貞이면 厲하리라. 象曰 鼫鼠貞厲는 位不當也일새라.】

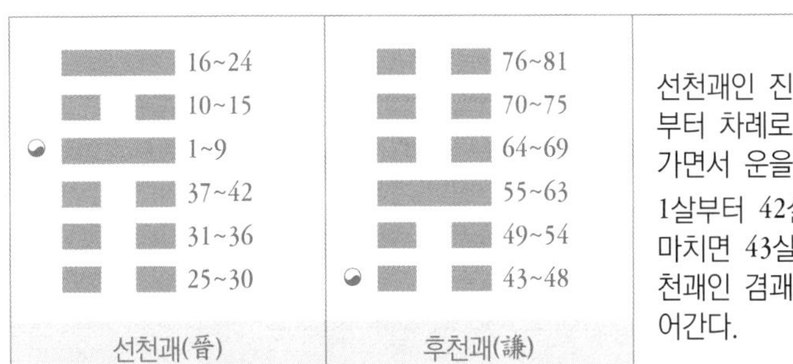

선천괘(晉)		후천괘(謙)	
	16~24		76~81
	10~15		70~75
◔	1~9		64~69
	37~42		55~63
	31~36		49~54
	25~30	◔	43~48

선천괘인 진괘 구사효 부터 차례로 위로 나아 가면서 운을 잡는다.
1살부터 42살까지를 마치면 43살부터는 후 천괘인 겸괘로 운이 넘 어간다.

◈ 양년(갑·병·무·경·임년)일 경우

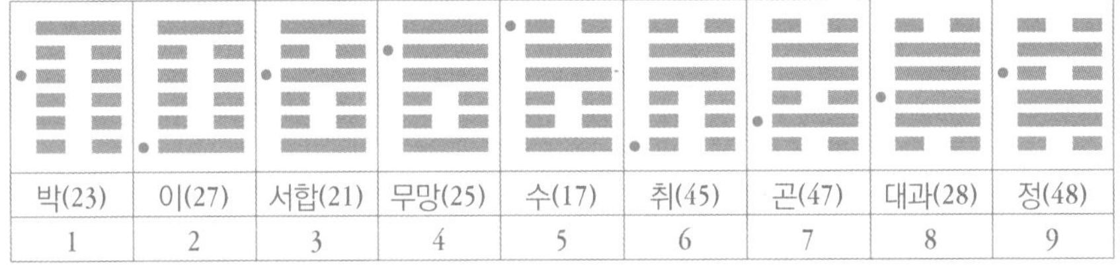

진(35)	서합(21)	이(27)	익(42)	둔(3)	비(8)	감(29)	정(48)	대과(28)
1	2	3	4	5	6	7	8	9

◈ 음년(을·정·기·신·계년)일 경우

박(23)	이(27)	서합(21)	무망(25)	수(17)	취(45)	곤(47)	대과(28)	정(48)
1	2	3	4	5	6	7	8	9

◈ 월괘

비·12	송·6	취·45	함·31	수·17	둔·3	태·58	귀매·54	쾌·43	건·1	수·5	정·48
1월	2월	3월	4월	5월	6월	7월	8월	9월	10월	11월	12월

◈ 일괘

진(구사)	비·12	예·16	서합·21	미제·64	려·56
	6 5 4 3 2 1	12 11 10 9 8 7	18 17 16 15 14 13	24 23 22 21 20 19	30 29 28 27 26 25

11 이 효는 처한 지위보다 덕이 모자라는 사람의 운이다. 그러므로 운이 맞는 사람은, 지위가 여러 벼슬아치 보다 위에 있으나, 투기하는 사람이 많다.

운이 맞지 않는 사람은, 반드시 덕이 없고 남에게 해를 끼치는 사람이니, 강하고 사납고 횡포하며 광기있게 하나 또한 결과도 없다.

세운을 만나면, 공직자는 간관諫官들의 상소에 막히게 되고, 구직자는 요행을 바라고 벼슬을 도모하나 되지 않으며, 일반인은 남을 잘 폭행해서 소송을 하게 된다.

【글귀로 판단하면】

1 念念多憂失하고 謀營又害身이라

持孤一女子나 鼠叫厲方貞이라

생각마다 근심되고 잃는 것 많고/ 꾀하고 경영하는 일이 몸에 해롭다/ 외로운 한 여자나/ 쥐(子)가 부르면 위태함이 바르게 되리라

2 見才不見才하고 見喜不見喜라

去處在他人하니 自身不由己라

재주있는 것을 봐도 재주로 보이지 않고/ 기쁜 것을 봐도 기쁘게 보이지 않는다/ 가는 곳이 다른 사람에게 달렸으니/ 자기 자신도 자기에 연유하지 않는다

---

11 此爻是德不足以稱位者也 故叶者 位居百僚之上 但妬忌者多 不叶者必爲無德損物之人 剛狠橫狂 亦無結果 歲運逢之 在仕見阻于諫議 在士難圖倖進 在常人難免鼠牙之訟

5. 六五(☷→☶)

【효사와 소상전】 육오는 뉘우침이 없을 것이니, 잃고 얻음을 걱정하지 말아야 하니, 나아가면 길해서 이롭지 않음이 없으리라. 상에 말하기를 '잃고 얻음을 걱정하지 말아야 함'은 나아가면 경사가 있으리라. 【六五는 悔 亡하란대 失得을 勿恤이니 往에 吉하야 无不利리라. 象曰 失得勿恤은 往有慶也리라.】

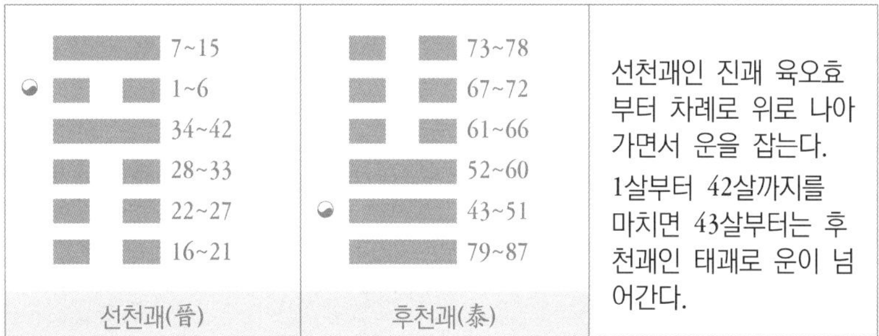

| 7~15 |
| 1~6 |
| 34~42 |
| 28~33 |
| 22~27 |
| 16~21 |

선천괘(晉)

| 73~78 |
| 67~72 |
| 61~66 |
| 52~60 |
| 43~51 |
| 79~87 |

후천괘(泰)

선천괘인 진괘 육오효부터 차례로 위로 나아가면서 운을 잡는다.
1살부터 42살까지를 마치면 43살부터는 후천괘인 태괘로 운이 넘어간다.

◈ 양년 음년 똑같음

비(12)	취(45)	수(17)	태(58)	쾌(43)	수(5)
1	2	3	4	5	6

◈ 월괘

예·16	소과·62	진·51	복·24	귀매·54	태·58	대장·34	대유·14	태·11	승·46	수·5	기제·63
1월	2월	3월	4월	5월	6월	7월	8월	9월	10월	11월	12월

◇ 일괘

	6	12	18	24	30
	5	11	17	23	29
	4	10	16	22	28
	3	9	15	21	27
	2	8	14	20	26
	1	7	13	19	25
진(육오)	예·16	서합·21	미제·64	려·56	박·23

【총괄해서 판단하면】

12 이 효는 왕이 사심없는 교화教化를 널리 펴서, 온 세상이 크게 순종하는 아름다움을 이룬 것이다. 그러므로 운이 맞는 사람은, 문장과 도덕이 한 세상에 높이 뛰어나고, 의지가 특별히 확립되어 홀로 그 도를 행한다. 그러므로 공을 계산해서 자기의 공으로 하지 않고, 이득을 꾀해서 자신의 이득으로 소유하지도 않으며, 앞일을 추산하면 맞지 않음이 없고, 움직여 일하면 이루지 못함이 없으니, 어디를 간들 이롭지 않겠는가?

운이 맞지 않는 사람도 또한 마음이 밝고 뜻이 넓으며, 지식이 원대하고 생각이 깊어서, 얻고 잃는 것을 자연에 맡기고, 일을 할 때나 그쳐 있을 때나 다 뜻대로 된다.

세운을 만나면, 공직자는 높은 자리에 발탁되는 기쁨이 있고, 구직자는 벼슬하여 이름이 나게 되며, 일반인은 경영하는 것이 잘 되어 이득을 본다.

【글귀로 판단하면】

① 有德居高位하니 何人不聽從가

　　前程無不利하니 吉慶自雍容이라

---

12 此爻是王者普無心之化 而天下成大順之休者也 故叶者 文章道德 高出一世 特立獨行 不計功而自有其功 不謀利而自有其利 推無不準 動無不化 何所往而不利 不叶者 亦是心明志廣 識遠慮深 得失付之自然 行止皆獲其志 歲運逢之 在仕遷擢有喜 在士進取成名 庶俗營謀獲利

덕이 있으면서 높은 벼슬에 있으니/ 어떤 사람이 듣고 따르지 않겠는
가?/ 앞길이 이롭지 않음이 없으니/ 길하고 경사스러워 자연히 온화하
다

② 一失還一得하니 吉無不利之라

柔能居正位하니 門戶轉光輝라

하나를 잃었는데 도리어 하나를 얻으니/ 길하고 이롭지 않음이 없다/
부드러운 것(柔:陰爻)이 바른 자리에 거처할 수 있으니/ 문호門戶에 도
리어 빛이 비춘다

③ 萬里涉江上하니 風波盡日間이라

已通鉤上餌하니 何必慮波瀾가

만리길 강위를 건너니/ 바람과 파도가 하루 종일이다/ 이미 낚시에 미
끼를 달아 놓았으니/ 파도와 물결 염려할 것 무엇있나?

6. 上九(▤▤ → ▤▤)

【효사와 소상전】상구는 그 뿔끝에 나아감이니, 오직 읍(사사로움)을 치는
데 쓰면 위태하나 길하고 허물이 없거니와, 바름에는 인색하니라. 상에 말하
기를 '오직 읍을 치는 데 쓰라'는 것은, 도가 빛나지 못하기 때문이다. 【上九
는 晉其角이니 維用伐邑이면 厲하나 吉코 无咎어니와 貞엔 吝하니라. 象曰
維用伐邑은 道未光也일새라.】

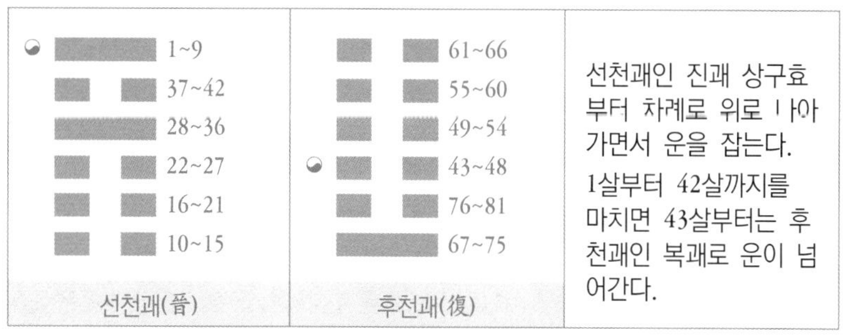

선천괘인 진괘 상구효
부터 차례로 위로 나아
가면서 운을 잡는다.
1살부터 42살까지를
마치면 43살부터는 후
천괘인 복괘로 운이 넘
어간다.

◈ 양년(갑·병·무·경·임년)일 경우

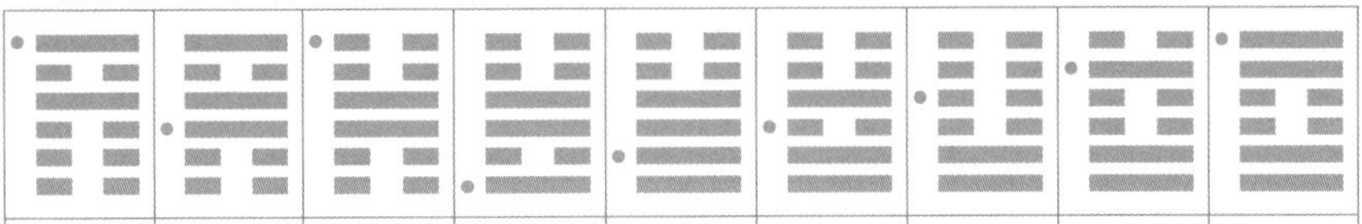

진(35)	려(56)	소과(62)	풍(55)	대장(34)	귀매(54)	림(19)	절(60)	중부(61)
1	2	3	4	5	6	7	8	9

◈ 음년(을·정·기·신·계년)일 경우

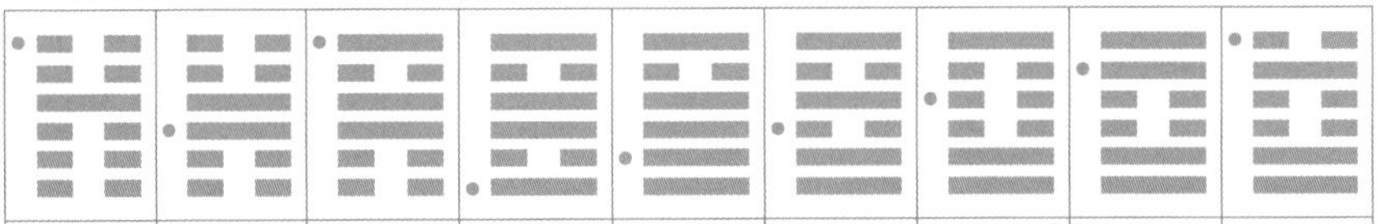

예(16)	소과(62)	려(56)	리(30)	대유(14)	규(38)	손(41)	중부(61)	절(60)
1	2	3	4	5	6	7	8	9

◈ 월괘

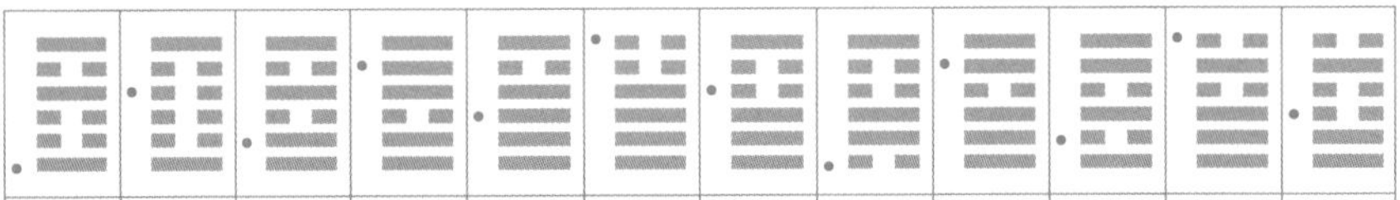

서합·21	이·27	규·38	리·10	대유·14	대장·34	대축·26	고·18	소축·9	가인·37	수·5	절·60
1월	2월	3월	4월	5월	6월	7월	8월	9월	10월	11월	12월

◈ 일괘

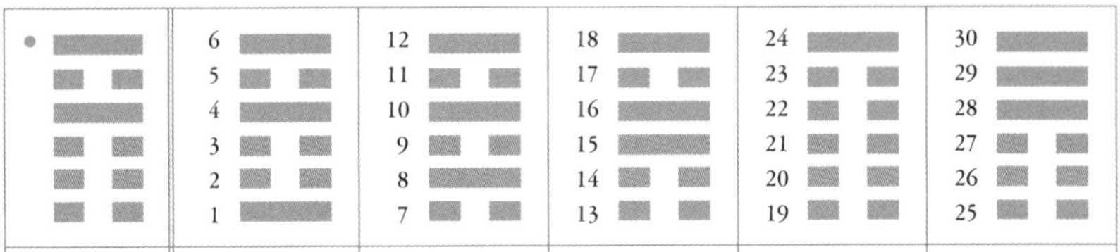

진(상구)	서합·21	미제·64	려·56	박·23	비·12
	6 5 4 3 2 1	12 11 10 9 8 7	18 17 16 15 14 13	24 23 22 21 20 19	30 29 28 27 26 25

【총괄해서 판단하면】

13 이 효는 덕이 없는 사람이 비록 윗자리에 있으나, 자신을 반성해야 하

---

13 此爻是無德雖居于上 而不免于伐邑國之羞 故叶者 以剛處勢分之極 但仕不顯

或作縣宰軍官 蓋有邑之象也 雖艱難亦無大害 不叶者 一生剛狠 德不稱才 骨肉

寡合 多事爭鬪 或爲武卒公吏 歲運逢之 仕者有食邑之榮 常人有修造屋宇之喜

士子進取而道未光 其數之凶者 主有征伐爭訟之擧

는 부끄러움을 면할 수 없는 운이다. 그러므로 운이 맞는 사람은, 강함으로써 권세와 신분이 높으나, 단지 벼슬은 높지 못해서 혹 군수나 무관이 되니, 읍(조그만 고을)의 상이 있기 때문이다. 비록 어렵기는 하나 또한 큰 해는 없다.

운이 맞지 않는 사람은, 일생동안 강포하고 사나우며, 덕이 재주를 못 따라가서 친족이 화합하지 못하고 싸움만 일삼으니, 혹 하급 군인이나 순경이 된다.

세운을 만나면, 공직자는 식읍食邑을 받는 영광이 있고, 일반인은 집을 수리하거나 짓는 기쁨이 있으며, 구직자는 벼슬은 하지만 벼슬길이 빛나지는 못한다. 수가 흉한 사람은 전쟁에 참여하거나 소송을 일으키게 된다.

【글귀로 판단하면】

1 祿位雖臨險이나 名高自振然이라

師貞千里外하니 巨浪送歸船이라

복록과 지위가 비록 험한 데 임했으나/ 명성이 높으니 자연 떨치게 되었다/ 군사를 천리 밖에서 거느려 바르게 하고 있으니/ 큰 물결이 돌아오는 배 보내준다

2 成未成ㅣ 合未合하니

雲遮月暗하고 風吹葉落이라

이루려 해도 이뤄지지 않고/ 합하려 해도 합해지지 않으니/ 구름가리어 달 어둡고/ 바람 불어 잎새 떨어진다

坤上 離下 **地火明夷(36)**

지 화 명 이

명이괘 개요

【괘사와 대상전】 명이는 어려운 처지에서 바르게 함이 이로우니라. 상에 말하기를 밝은 것이 땅 속으로 들어가는 것이 명이괘니, 군자가 본받아서 뭇 사람에게 임할 때 어두움을 써서 밝게 하느니라.【明夷는 利艱貞하니라. 象曰 明入地中이 明夷니 君子 以하야 莅衆에 用晦而明하나니라.】

【총괄해서 판단하면】

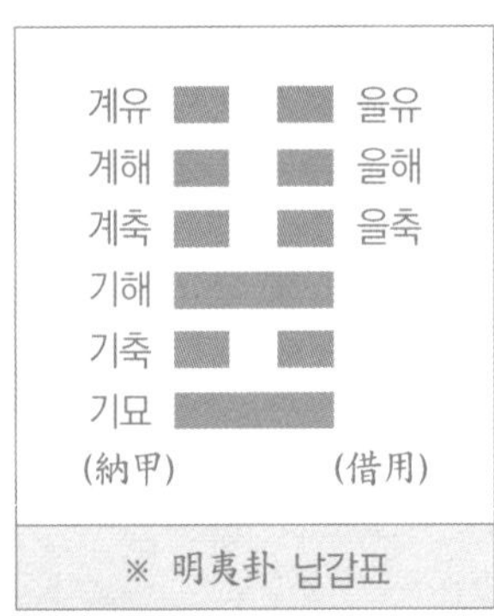

[1] 감궁의 4세괘(원래는 遊魂卦)로 8월에 속한다. 내괘의 납갑은 기묘·기축·기해이고, 외괘의 납갑은 계축·계해·계유인데, 을축·을해·을유를 빌려서도 쓴다. 8월에 태어난 사람과, 태어난 년도의 간지가 납갑의 간지 및 차용 납갑의 간지에 합치되는 사람은 부귀와 공명을 누리게 된다.[2]

운세로 보면① 지화명이괘(☷☲)는 상괘는 곤(☷)이고 하괘는 리(☲)이며,

---

[1] 坎宮四世 卦屬八月 納甲 是己卯己丑己亥 癸丑癸亥癸酉 借用乙丑乙亥乙酉 生於八月及納甲者 功名富貴人也

[2] 각 괘의 월月계산법은 중천건괘(1)와 중지곤괘(2) 항에서 설명하였다. 명이괘의 세효인 육사효는 음효이므로, 초효부터 사효까지 세면 유酉에서 끝난다(초효는 오, 이효는 미, 삼효는 신, 사효는 유). 지지의 유는 8월에 해당하므로, 진괘가 8월괘가 되는 것이다. 따라서 8월을 주관하는 괘가 되고, 8월에 태어난 사람은 때를 얻음이 된다.

호괘로는 감(☵)과 진(☳)이 있다. 해가 막 밝게 되어 화려하게 빛나고자 하나, 또한 우레가 치고 빗물이 흩날려 어둡게 된다. 이 괘는 음효가 많고 양효가 적으니, 양명陽明한 기운으로 하여금 사악한 기운을 막도록 하여야 하나, 음은 성하고 양은 쇠한 까닭에 자립하지 못하고 그 밝음이 상하게 된다. 해가 져서 평지에 떨어지는 상으로, 나에게 있는 빛남이 깊이 추락해 매몰되는 것이다. 군자가 이런 괘를 얻으면 밝음을 상하게 되는 상이다.

② 명이괘(䷣)는 어두운 집의 주인으로, 초효는 어둠과 어려움의 주인인 상육에서 제일 멀기 때문에, 군자가 삼가하며 행동해야 한다고 하였다. 오효는 어려움과 가장 가까우나 빠져들지는 않으므로, "기자箕子의 바름"이라고 하여 "밝음이 사라지지 않는다"고 하였다. 삼효는 해가 중천에 뜬 상으로 밝음이 극한 곳에 처했기 때문에, 이제 서쪽으로 지면 어두워진다. 그러므로 "남쪽으로 사냥 나가서 그 우두머리를 잡는다"고 하였다.

명이괘는 팔궁세혼법으로 볼 때, 감궁의 유혼괘(6변괘)로 제후諸侯괘에 해당한다. 즉 육사효(제후)가 세효世爻가 되고, 원사元士에 해당하는 초구효는 응효가 된다. 두 효가 모두 제자리를 얻었고, 또 음과 양으로 서로 응하니 모든 일이 순조로울 것 같으나, 육사효의 지지인 축(丑土)이 자신을 도와주는 응효(초구)의 지지인 묘(卯木)를 극하니, 자신의 힘을 스스로 멀리하는 것이며, 임금(육오효)은 암매하고 신하(육이효)는 현명하지만 유약하니, 임금에 의해 다치게 되는 것이다.

땅속으로 해가 들어가듯이 밝은 것이 빛을 잃고 상하는 운으로, 세상은 암담히고 가정은 불안하다. 재물이 있으면 재물로 인한 재난이 따르고, 남보다 지혜가 많으면 동료가 이를 시기한다. 자신이 갖고 있는 재물이나 지혜를 잘 감추어 두는 것이, 재난을 막는 길이다. 상식이 통하지 않는 때로, 큰 재주가 있어도 세상에 써 볼길이 없다. 사기당하지 않도록 주의해야 한다. 군자는 이러한 때에 겉으로는 어리석은 체하며 안으로 진리를 밝혀 나아간다.

① 因甚艱難無不成하니 時宜蒞衆晦時明이라

無傷尤有迤遭志하면 進步亨衢指日升이라

심히 어렵게 하고 조심해서 이뤄지지 않음이 없으니/ 무리에 임함에 감추고 모자란 체해야 밝아지는 때이다/ 상한 것 없고 더욱이 어렵게 처신해서 신중한 뜻 있으면/ 나아감에 뚫린 거리를 그 날로 오를 수 있다

② 驚重損失兩重灾하니 謹密須防暗內來하라

虎尾蛇頭如度得이면 身安尤自恐傷才라

무거운 손실과 두번 거듭되는 재앙에 놀라니/ 어두움 속에서 오는 것을 치밀하게 삼가하며 막아라/ 호랑이 꼬리(寅末)와 뱀 머리(巳初)를 건너게 되면/ 몸은 편안하지만 근본을 상하게 될까 더욱 두렵다

③ 人入地中伏하니 明夷事必傷이라

陽人須保衛니 疾病恐難量이라

사람이 땅속에 들어가 엎드리니/ 명이괘는 일이 반드시 상하게 되어있다/ 양년생陽年生 사람은 보호해야 하니/ 병이 헤아릴 수 없을까 두렵다

1.初九(☷→☷)

【효사와 소상전】 초구는 명이가 나는 데 그 날개를 드리움이니, 군자가 (녹을 버리고) 가는데 사흘을 먹지 못해서 간다고 함에 주인이 말이 있도다. 상에 말하기를 '군자가 감'은 의리가 녹을 먹지 아니함이라. 【初九는 明夷于飛에 垂其翼이니 君子于行에 三日不食하야 有攸往에 主人이 有言이로다. 象曰 君子于行은 義不食也라.】

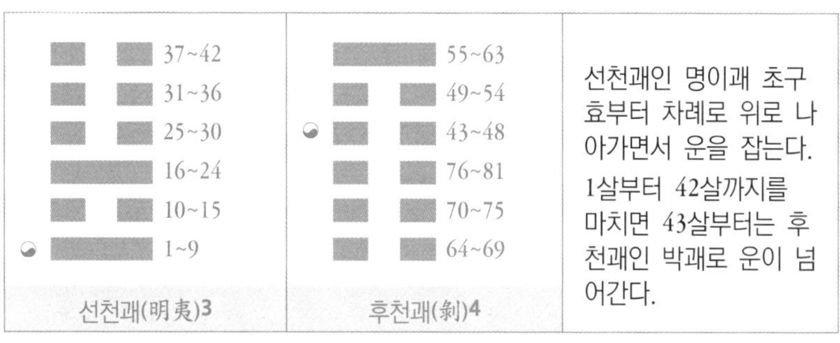

선천괘인 명이괘 초구 효부터 차례로 위로 나아가면서 운을 잡는다. 1살부터 42살까지를 마치면 43살부터는 후천괘인 박괘로 운이 넘어간다.

◈ 양년(갑·병·무·경·임년)일 경우 5

명이(36)6	풍(55)	소과(62)	항(32)	해(40)	사(7)	감(29)	환(59)	중부(61)
1	2	3	4	5	6	7	8	9

---

3 사주의 숫자로 괘를 만들어서 명이괘 초효에 원당이 있다면, 1~9살까지는 명이괘 초효 항을, 10~15살까지는 명이괘 이효 항을, …, 37~42살까지는 명이괘 상효 항을 가서 살펴 보면 된다.

4 43~48살까지는 후천괘인 박괘 사효 항을, 55~63살까지는 박괘 상효 항을, …, 76~81살까지는 박괘 삼효 항을 살펴보면 그 사람의 운이 된다(◐나 ●표시 한 곳이 해당하는 효를 가리키고, 밑에서부터 초효·이효·삼효·사효·오효·상효로 나눈다).

5 해마다의 운인 유년운의 진행은 양효(▬)일 때와 음효(▬ ▬)일 때가 다른데, 그 자세한 예는 중천건괘(1) 초구효, 중지곤괘(2) 초육효와 육이효, 수뢰둔괘(3) 초구효와 육삼효, 산수몽괘(4) 초육효와 육사효 항에 유년운에 속한 일운月運의 에와 힘께 실러 있으므로 참고하면 된다.

6 위의 도표에서 '명이(36)'이라고 한 것은 괘명은 명이괘明夷卦고 64괘 중에 36번째 괘라는 뜻이다. 나머지 괘도 이와같은 방식으로 본다. 따라서 앞의 목차에서 번호의 순서대로 찾으면, 해당하는 괘를 쉽게 찾을 수 있다. 또 월괘月卦에서 '태·11' 등으로 표시한 것도, 괘명은 태괘泰卦고 64괘 중에 11번째라는 뜻이다.

◈ 음년(을·정·기·신·계년)일 경우

겸(15)	소과(62)	풍(55)	대장(34)	귀매(54)	림(19)	절(60)	중부(61)	환(59)
1	2	3	4	5	6	7	8	9

◈ 월괘

태·11	수·5	림·19	손·41	귀매·54	해·40	태·58	수·17	리·10	건·1	송·6	환·59
1월	2월	3월	4월	5월	6월	7월	8월	9월	10월	11월	12월

◈ 일괘 7

명이(초구)	태·11	복·24	풍·55	기제·63	비·22
	6 5 4 3 2 1	12 11 10 9 8 7	18 17 16 15 14 13	24 23 22 21 20 19	30 29 28 27 26 25

【총괄해서 판단하면】

8 이 효는 조짐을 봐서 상하게 됨을 피해가는 운이다. 그러므로 운이 맞는 사람은, 명철해서 자기의 몸을 보호할 수 있고, 청렴하고 결백해서 자신의 행동을 바로 할 수 있으니, 나라가 잘 다스려지는 조정에서는 등용되고 난세에는 화를 면하게 된다.

---

7 그 날의 운(日運)과 더 세분해서 시운時運을 알고 싶으면, 앞의 일괘日卦와 시괘時卦 설명을 참조해서 계산하면 된다. 자세한 예는 건(1)~송(6)괘의 초효 항에 있으므로 참고바람.

8 此爻是見機以避傷者也 故叶者 明哲足以保其身 廉潔足以飾其行 見用於治朝 免禍於亂世 不叶者 志大心高 動必見挫 雖有功名 難於食祿 歲運逢之 在仕爲驄馬五馬之榮 大則爲股肱之臣 謹防暗主之傷 在士則有捷報之兆 在常人則有災眚手足之傷 數吉則富人進馬匹之應

운이 맞지 않는 사람은, 뜻이 크고 마음이 높으나 움직이면 반드시 좌절당하니, 비록 공명功名이 있으나 벼슬해서 살기는 어렵다.

세운을 만나면, 공직자는 총관이나 태수(지방장관)의 벼슬을 하는 영광을 얻고, 크게 되면 임금의 팔 다리 같은 신하가 되나, 어리석은 임금으로 인해 상하게 되는 것을 방비해야 한다. 구직자는 전쟁에서 승전보를 받을 징조가 있으며, 일반인은 재앙이 있어 수족을 다치게 될 것이고, 수가 길하면 말(馬)이 늘어나는 부유함을 더하게 될 것이다.

【글귀로 판단하면】

① 垂翼遙飛去하니 皆因避遠行이라

　一途涯際至하니 又是滿靑春이라

　날개를 드리우고 멀리 날아가니/ 모두가 피해서 멀리 가기 위함이다/

　길이 물가에까지 이르니/ 이 또한 푸르름 가득한 봄이다

② 一足踏兩船하고 一鏡照兩邊하니

　團圓眞費力이요 費力又團圓이라

　한 발로 두 배를 밟고/ 한 거울로 양쪽을 비추니/ 모두 원만하게 하려

　면 참으로 힘을 소비해야 하고/ 힘을 쓰니 또한 원만하게 된다

2. 六二(☷☷ → ☷☷)

【효사와 소상전】 육이는 명이의 때에 왼 다리를 상함이니, 구원하는 말이 건장하면 길하리라. 상에 말하기를 육이의 길함은, 순리로 하고 법칙으로써 하기 때문이다. 【六二는 明夷에 夷于左股니 用拯馬 壯하면 吉하리라. 象曰 六二之吉은 順以則也일새라.】

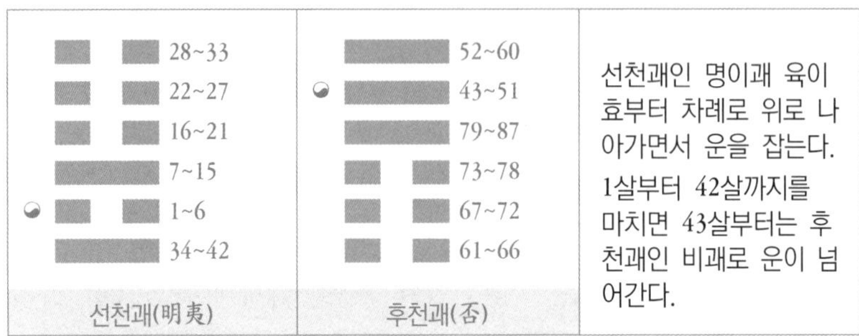

선천괘인 명이괘 육이효부터 차례로 위로 나아가면서 운을 잡는다.

1살부터 42살까지를 마치면 43살부터는 후천괘인 비괘로 운이 넘어간다.

◈ 양년 음년 똑같음

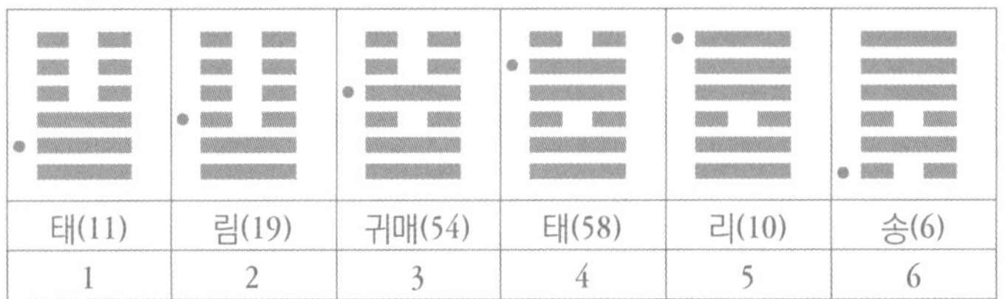

태(11)	림(19)	귀매(54)	태(58)	리(10)	송(6)
1	2	3	4	5	6

◈ 월괘

복·24	이·27	진·51	예·16	수·17	태·58	무망·25	동인·13	비·12	관·20	송·6	미제·64
1월	2월	3월	4월	5월	6월	7월	8월	9월	10월	11월	12월

◈ 일괘

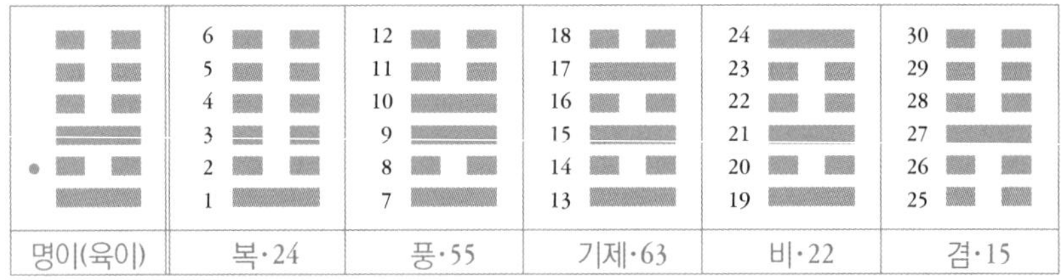

명이(육이)	복·24	풍·55	기제·63	비·22	겸·15

【총괄해서 판단하면】

9 이 효는 신하가 폭군을 토벌하는 상이고, 하늘의 명에 따라서 거사를

---

9 此爻是人臣伐暴之象 而戒以順天之擧也 故叶者 勇於進德 力於行道 威望重 權
勢大 得以專征伐之柄 以吊民安國 不叶者 多得志橫行 凌上海下 罪孽疊至 惟武
卒軍人 頗獲功利 歲運逢之 在仕當權 有閫帥之任 在士有得大魁之喜 在庶俗有

하라고 경계한 것이다. 그러므로 운이 맞는 사람은, 덕을 키우는데 용감하고 도를 행하는데 힘써서, 위엄과 명망이 무겁고 권세가 커진다. 정벌의 권한을 전적으로 얻으며, 포악한 임금으로부터 백성을 구제하여 나라를 편안히 한다.

운이 맞지 않는 사람은, 뜻을 얻으면 마음대로 해서 윗사람을 능멸하고 아랫사람을 업신여기는 사람이 많으니, 죄가 겹겹으로 온다. 오직 군인은 공과 이익을 얻는다.

세운을 만나면, 벼슬해서 권세를 잡고 있으면 원수元帥의 소임을 맡을 것이고, 구직자는 큰 시험에 장원을 하는 기쁨이 있다. 일반인은 운을 감당 못해 재앙을 부르게 될 것이다.

【글귀로 판단하면】

① 所傷猶未甚하니 速可救禳之라

　得時春光至면 災消福祿垂라

　아직 심하게 다치지 않았으니/ 빨리 가면 구원할 수 있다/ 때를 얻어 봄빛이 이르면/ 재앙은 사라지고 복록이 드리워지리라

② 左股忌夷傷하고 濃雲翳太陽이라

　乘騎千里去하니 憂重恐分張이라

　왼쪽 다리는 다쳐서 불편하고/ 짙은 구름은 태양을 가렸다/ 말을 타고 천리길을 가니/ 근심은 많고 나뉘어 흩어질까 두렵다

③ 若問行藏事면 行藏意可求라

　暗雲風捲盡하니 明月滿層樓라

　만약 진퇴를 묻는다면/ 진퇴가 뜻대로 되리라/ 어두운 구름을 바람이 다 걷으니/ 밝은 날이 높은 누대에 가득찼다

災眚之招

3. 九三 (䷣ → ䷏)

【효사와 소상전】 구삼은 명이의 때에 남쪽으로 사냥해서 그 큰 머리(괴수)를 얻으니, 빨리 바르게 할 수 없느니라. 상에 말하기를 남쪽으로 사냥하는 뜻을 크게 얻도다. 【九三은 明夷于南狩하야 得其大首니 不可疾貞이니라. 象曰 南狩之志를 乃大得也로다.】

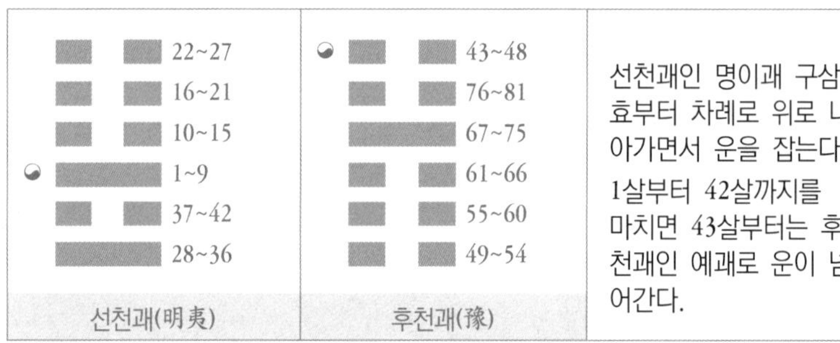

선천괘(明夷)	후천괘(豫)	
22~27	43~48	선천괘인 명이괘 구삼 효부터 차례로 위로 나아가면서 운을 잡는다. 1살부터 42살까지를 마치면 43살부터는 후천괘인 예괘로 운이 넘어간다.
16~21	76~81	
10~15	67~75	
1~9	61~66	
37~42	55~60	
28~36	49~54	

◈ 양년(갑·병·무·경·임년)일 경우

명이(36)	비(22)	이(27)	서합(21)	무망(25)	수(17)	취(45)	곤(47)	대과(28)
1	2	3	4	5	6	7	8	9

◈ 음년(을·정·기·신·계년)일 경우

복(24)	이(27)	비(22)	리(30)	동인(13)	혁(49)	함(31)	대과(28)	곤(47)
1	2	3	4	5	6	7	8	9

◈ 월괘

풍·55	소과·62	혁·49	쾌·43	동인·13	무망·25	돈·33	점·53	구·44	정·50	송·6	곤·47
1월	2월	3월	4월	5월	6월	7월	8월	9월	10월	11월	12월

명이(구삼)	풍·55	기제·63	비·22	겸·15	태·11
	6 5 4 3 2 1	12 11 10 9 8 7	18 17 16 15 14 13	24 23 22 21 20 19	30 29 28 27 26 25

【총괄해서 판단하면】

10 이 효는 윗사람이나 아랫사람이 모두 다쳐서, 밝은 빛이 막힘이 있는 상이라는 것이니, 만약 글이나 소송의 다툼이 아니면 또한 병이나 액운을 당해서 괴로움이 있다. 운이 맞는 사람은, 화공化工과 원기元氣가 모두 있으면 집을 수리하고 짓는 징조이다.

그 수가 맞지 않는 사람은 왼쪽 다리를 다치고, 혹 말을 타고 천리길을 가니, 반드시 같이 있던 사람과 떨어져 지내야 하는 근심 걱정이 있다.

【글귀로 판단하면】

1 向明爲得地니 大利有施爲나

　　凡事須當緩이니 輕恐致災危라

　　밝음을 향하는 것은 지위를 얻기 위함이니/ 베풀고 일하는 것이 크게 유리하나/ 모든 일은 마땅히 천천히 해야 하니/ 경솔하면 재앙과 위험이 올까 두렵다

2 一奔南北狩하니 多少事悲傷이라

　　得遇海南客이면 成名過北塘이라

　　한달음으로 달려 남쪽과 북쪽을 정벌하니/ 많고 적은 일들이 슬프기만 하다/ 바다 남쪽의 손님 만나면/ 명싱을 일어 북쪽 제방(塘)을 지날 것

---

10 此爻謂上下兩傷 而明照有碍之象也 若不見文訟之爭 亦有疾厄之苦 叶者有化工元氣之全 則有修屋宇造作之兆 不叶其數者 主左股有忌夷之所傷 或乘騎千里而去 必主有憂愁分張之應也

이다

③ 虛名虛擧久沉沉하니 祿馬當來未見眞이라

一片彩雲秋後至하니 舊時風物一時新이라

헛된 명성으로 헛되게 천거하여 오래도록 공적 발휘하지 못하니/ 참된 녹마(祿馬:녹과 賞)를 지금까지 받지 못했다/ 한조각 채색구름이 가을 이후에 이르니/ 옛날의 풍물이 일시에 새로와진다

4. 六四(☷☲ → ☲☲)

【효사와 소상전】 육사는 왼쪽 배에 들어가서 명이의 임금의 마음을 얻어서 문뜰로 나오도다. 상에 말하기를 '왼쪽 배에 들어간다' 함은, 임금의 마음과 뜻을 얻음이라. 【六四는 入于左腹하야 獲明夷之心하야 于出門庭이로다. 象曰 入于左腹은 獲心意也라.】

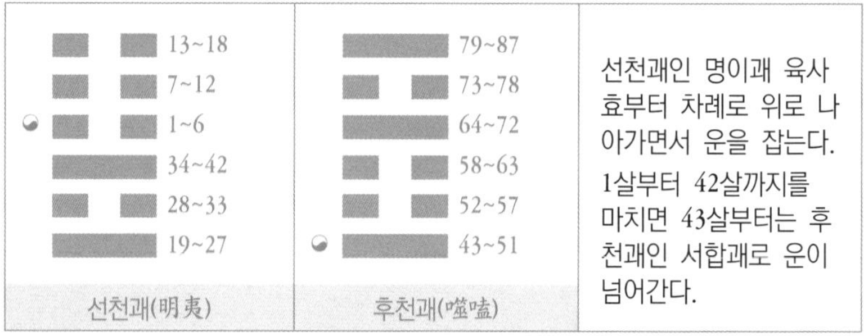

선천괘인 명이괘 육사 효부터 차례로 위로 나아가면서 운을 잡는다.

1살부터 42살까지를 마치면 43살부터는 후천괘인 서합괘로 운이 넘어간다.

◈ 양년 음년 똑같음

풍(55)	혁(49)	동인(13)	돈(33)	구(44)	송(6)
1	2	3	4	5	6

◈ 월괘

기제·63	수·5	가인·37	익·42	점·53	돈·33	손·57	고·18	환·59	감·29	송·6	리·10
1월	2월	3월	4월	5월	6월	7월	8월	9월	10월	11월	12월

◈ 일괘

	6 5 4 3 2 1	12 11 10 9 8 7	18 17 16 15 14 13	24 23 22 21 20 19	30 29 28 27 26 25
명이(육사)	기제·63	비·22	겸·15	태·11	복·24

【총괄해서 판단하면】

[11] 이 효는 어두운 곳에 있으나 아직 심하지 않으니, 멀리 가면 아직까지는 좋아질 수 있는 운이다. 그러므로 운이 맞는 사람은, 반드시 재주와 덕이 있고 일처리를 공정하게 하니, 정사를 담당하는 심복의 신하이고, 또한 문관은 오른쪽에 있고 무관은 왼쪽에 있는 법이니, 직책이 사문령司門令이나 황문黃門 등 무관의 높은 벼슬이다.

운이 맞지 않는 사람은, 덕행이 없는 사람이 많고, 거짓말하고 속이는데 마음을 써서 물건을 좀먹게 하며 백성을 해치니, 그 해로움을 헤아릴 수 없을 것이다.

세운을 만나면, 휴직했던 사람은 반드시 일을 맡게 될 것이고, 조정에 있던 사람은 반드시 지방으로 나가게 될 것이며, 오랫동안 실력을 기르고 숨어있던 사람은 나와서 이름을 날릴 것이다. 옥에 갇힌 사람은 반드시

---

[11] 此爻是居暗地而尙淺 而猶可得意於遠去者也 故叶者 則必有才德 履公正 或執政命而爲朝廷心腹之寵 又文有右 武有左 職司門令黃門之顯 不叶者 多無德行 立心詭譎 蠹物害民 不可測度 歲運逢之 在閑官必任事 在朝中者必出外郡 久於養晦者 必出身成名 淹於囹圄者 必脫身免禍 出外營謀者 必得心交之力 婦人有孕 必生子 凶者或生心腹之疾

나오게 될 것이고, 바깥에 나가서 일을 계획하고 수행하는 사람은 반드시 마음이 통하는 친구의 힘을 얻는다. 부인이 잉태를 했으면 반드시 아들을 낳는다. 수가 흉한 사람은 혹 심장이나 배에 병이 생길 것이다.

【글귀로 판단하면】

① 恐見傷心事不疑하니 月明兩片暗雲飛라

　門庭一女懷悲怨하니 成器榮身果子疑아

　마음 상할까 두려워 의심하지 않으니/ 달은 밝은데 두 조각 어두운 구름 떠있다/ 뜰(門庭)에서 한 여자가 슬픈 원한 품으니/ 그릇을 이뤄 몸이 영화롭게 됨을, 자네 과연 의심하는가?

② 陰貴相遭遇니　憂危已脫身이라

　更宜圖進用이니　名利得從心이라

　음은 서로 만나는 것을 귀하게 여기니/ 위험과 근심에서 이미 벗어났다/ 다시 나아가 쓰임이 마땅하니/ 명예와 이익이 뜻대로 되리라

③ 箭射簷前鵲하니　巢深子不傷이라

　一件惡煩惱나　翻成大吉祥이라

　화살로 처마 앞의 까치를 쏘니/ 둥지가 깊어서 새끼는 상하지 않았다/ 한 건의 나쁜 일로 번뇌를 하나/ 도리어 크게 길한 상서로움 이루었다

5. 六五(☷☷ → ☷☵)

【효사와 소상전】 육오는 기자의 밝음을 없앰이니, 바르게 함이 이로우니라. 상에 말하기를 기자의 바름은, 밝음은 쉴(없어질) 수 없느니라. 【六五는 箕子之明夷니 利貞하니라. 象曰 箕子之貞은 明不可息也라.】

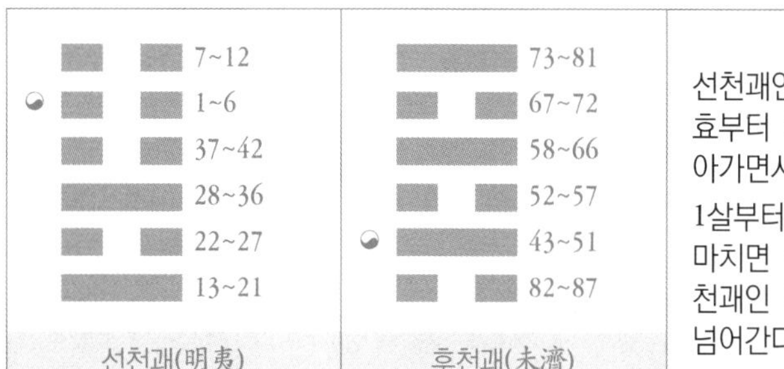

◈ 양년 음년 똑같음

기제(63)	가인(37)	점(53)	손(57)	환(59)	송(6)
1	2	3	4	5	6

◈ 월괘

비·22	이·27	간·52	려·56	고·18	손·57	몽·4	사·7	미제·64	규·38	송·6	비·12
1월	2월	3월	4월	5월	6월	7월	8월	9월	10월	11월	12월

◈ 일괘

명이(육오)	비·22	겸·15	태·11	복·24	풍·55
	6 5 4 3 2 1	12 11 10 9 8 7	18 17 16 15 14 13	24 23 22 21 20 19	30 29 28 27 26 25

【총괄해서 판단하면】

[12] 이 효는 내부의 환난을 당했으나, 자기의 뜻을 바르게 할 수 있는 사

---

[12] 此爻是當內難而能正其志者也 故叶者 有正大之機謀 而能明哲保身 不叶者 難
遇知己 常懷憂心 經營艱難 奔馳勞苦 歲運逢之 在仕當儉德避難 在士難逢知己
在常人必有家難之禍

람의 운이다. 그러므로 운이 맞는 사람은, 바르고 큰 기틀과 꾀가 있어서 명철하게 몸을 보호한다.

운이 맞지 않는 사람은, 자신을 알아주는 지기知己를 만나기 어렵고, 항상 근심하는 마음을 품고 있으니, 경영하기가 어렵고 뛰고 달리는 수고만 한다.

세운을 만나면, 공직자는 덕행이 훌륭하다는 명망이 나지 않도록 해서 어려움을 피해야 한다. 구직자는 지기를 만나기 어려우며, 보통사람은 반드시 가정의 환난으로 화를 입게 된다.

【글귀로 판단하면】

1 遇時方暗昧하니 當旦晦其明이라

　自守當貞正이면 終能保吉亨이라

　시절이 어두운 때이니/ 아침을 맞아도 그 현명함을 숨겨야 한다/ 스스로 곧고 바름을 지키면/ 마침내 길하고 형통함을 보존할 것이다

2 一登尊祿位나 不可望凌高라

　恐有夷傷日에 垂鈞阻餌鰲라

　한번에 높은 녹과 벼슬에 올랐으나/ 하늘 높이 오르기를 바라선 안된다/ 상하게 되는 날에/ 낚시를 드리워 자라 낚는 것 막힐까 두렵다

3 壟關深鎖閉하고 謹要小隄防이라

　若不知謹戒면 因循成大殃이라

　언덕 위 관문을 깊게 잠그고/ 조그마한 제방도 삼가해서 막아라/ 만약 삼가하고 경계하지 않으면/ 그럭저럭 하다가 큰 재앙 이룬다

6. 上六(䷗ → ䷳)

【효사와 소상전】 상육은 밝지 않아서 그믐이니, 처음엔 하늘에 오르고 뒤에는 땅으로 들어가도다. 상에 말하기를 '처음엔 하늘에 올랐다'는 것은 사방의

나라를 비춤이고, '뒤에는 땅으로 들어갔다'는 것은 법칙을 잃음이라. 【上六
은 不明하야 晦니 初登于天하고 後入于地로다. 象曰 初登于天은 照四國也
오 後入于地는 失則也라.】

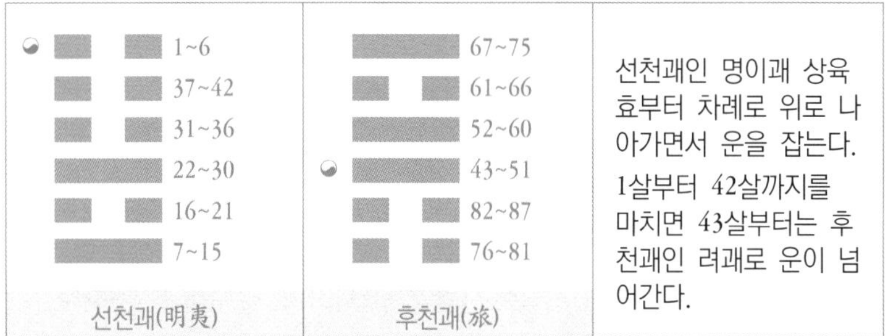

◐ ▤ 1~6	▤ 67~75	선천괘인 명이괘 상육
▤ 37~42	▤ 61~66	효부터 차례로 위로 나
▤ 31~36	▤ 52~60	아가면서 운을 잡는다.
▤ 22~30	◐ ▤ 43~51	1살부터 42살까지를
▤ 16~21	▤ 82~87	마치면 43살부터는 후
▤ 7~15	▤ 76~81	천괘인 려괘로 운이 넘
선천괘(明夷)	후천괘(旅)	어간다.

◈ 양년 음년 똑같음

비(22)	간(52)	고(18)	몽(4)	미제(64)	송(6)
1	2	3	4	5	6

◈ 월괘

겸·15	소과·62	승·46	정·48	사·7	몽·4	해·40	귀매·54	곤·47	취·45	송·6	구·44
1월	2월	3월	4월	5월	6월	7월	8월	9월	10월	11월	12월

◈ 일괘

명이(상육)	겸·15	태·11	복·24	풍·55	기제·63
	6	12	18	24	30
	5	11	17	23	29
	4	10	16	22	28
	3	9	15	21	27
	2	8	14	20	26
	1	7	13	19	25

【총괄해서 판단하면】

13 이 효는 덕이 없는 임금이기 때문에, 천하의 큰 지위를 보존할 수 없
는 사람의 운이다. 그러므로 운이 맞는 사람은, 뜻은 멀고 꾀는 커서, 높

은 자리에 있어도 능히 자리를 보존하고, 큰 어려움을 당해도 슬기롭게 피할 줄 안다. 또한 '하늘 천天'자는 '천부(天府:임금의 창고)·천조(天曹:관리)'의 '천'자로 해석할 수 있다.

운이 맞지 않는 사람은, 세력을 믿고 망령되이 행동해서, 다른 사람은 손해되게 하고 자신은 이롭게 하며, 젊은 나이에 미쳐 날뛰다가 만년에 거친 파도를 만나게 된다.

세운을 만나면, 공직자는 좌천되는 슬픔이 있고, 구직자는 하늘을 오르는 기세의 징조가 있으나 뒤에는 내쳐져 귀양갈 것이다. 일반인은 먼저는 형통하다가 뒤에는 막히며, 늙은 사람은 궁색하고 장수하지 못한다.

【글귀로 판단하면】

① 遠詔自天來하니 爭地事反覆이라

　人地不明時에 佳人水邊哭이라

　멀리서 조서가 천자로부터 내려오니/ 다투던 일이 도리어 뒤집혔다/ 사람과 땅이 구분 안되는 어두운 때에/ 아름다운 사람이 물가에서 울고 있다

② 莫道事難爲하라 美中事不宜라

　東風輕借力하야 吹了又芳菲라

　일하기 어렵다고 말하지 마라/ 아름다움 속에서도 마땅치 않은 일이 있다/ 봄바람의 힘 조금만 빌리면/ 바람 불면 또다시 꽃답고 아름답게 되리라

---

13 此爻是無德之君 故無以保天下之大位也 故叶者 志遠謀大 處高位而能保 當大難而知避 且天者 有天府天曹之兆 不叶者 恃勢妄行 損人利己 早歲猖獗 晚受波濤 歲運逢之 在仕防擯斥之嗟 在士有登天之兆 後必擯斥 庶人先達後阻 老者窘而不壽

가인괘 개요

【괘사와 대상전】 가인은 여자가 바르게 함이 이로우니라. 상에 말하기를 바람이 불로부터 나오는 것이 가인괘니, 군자가 본받아서 말함에 물건(진실)이 있고 행동함에 항상함이 있느니라. 【家人은 利女貞하니라. 象曰 風自火出이 家人이니 君子 以하야 言有物而行有恒하나니라.】

【총괄해서 판단하면】

[1] 손궁의 2세괘로 6월에 속한다. 내괘의 납갑은 기묘·기축·기해이고, 외괘의 납갑은 신미·신사·신묘니, 6월에 태어난 사람과, 태어난 년도의 간지가 납갑의 간지에 합치되는 사람은 부귀와 공명을 누리게 된다.[2]

운세로 보면 풍화가인괘(☴☲)는 상괘는 손(☴)이고 하괘는 리(☲)이며, 호괘로는 리(☲)와 감(☵)이 있다. 해와 달이 서로 교대하는 밝음으로, 사람으로 치면 총명하고 지식이 많은 사람이다. 크게

---

[1] 巽宮二世 卦屬六月 納甲 是己卯己丑己亥 辛未辛巳辛卯 若生於六月及納甲者 功名富貴人也

[2] 가인괘의 세효인 육이효는 음효이므로, 초효부터 이효까지 세면 미未에서 끝난다(초효는 오, 이효는 미). 지지의 미는 6월에 해당하므로, 가인괘가 6월괘가 되는 것이다. 따라서 6월을 주관하는 괘가 되고, 6월에 태어난 사람은 때를 얻음이 된다.

밝은 빛이 바람을 만나 더욱 선양되니, 그 불꽃이 더욱 치열해진다. 그러나 호괘에 물(坎)이 있어서 적절하게 조절하니, 물이 제방이 되는 것이다. 대개 막는다는 것은 막고 쉬게 하는 뜻이므로, 초구 효사에 "집에 있으면서 막으면"이라고 한 것이다. 군자가 이런 괘를 얻으면, 집안을 잘 다스리는 상이다.

가인괘는 팔궁세혼법으로 볼 때, 손궁의 2세괘로 대부大夫괘에 해당한다. 즉 육이효(대부)가 세효世爻가 되고, 임금에 해당하는 구오효는 응효가 된다. 두 효가 모두 제자리를 얻었고, 또 중정의 덕을 가진 두 효가 음과 양으로 서로 응하니, 모든 일이 쉽고 잘 풀리게 된다. 더욱이 응효의 지지인 사(巳火)가 세효의 지지인 축(丑土)을 생하니, 더욱 좋게 된다. 뿐만 아니라 내괘의 문명함을 외괘의 손순함으로 들어와 밝히니, 집안을 잘 다스리는 가인의 상이다. 다만 외호괘의 문명함(☲)을 내호괘의 험난함(☵)이 막으니, 조금의 어려움이 따르게 된다.

각기 자기 할일을 다하니, 집안이 서로 화목하고 편안하다. 특히 여인이 집안을 잘 다스리니, 여자가 하는 일은 일마다 길하다. 원하는 일도 조금 지체되기는 하나 뜻대로 이루어진다. 다만 너무 부드럽게 하면 친한 사이끼리 애정문제로 다투고, 구설수에 오를 염려가 있으니 주의해야 한다. 집안부터 다스려야 나라가 잘 되듯이, 가까운 곳이나 친한 사람부터 결속하여 충실히 다져나가면 일이 잘 풀린다. 새로운 일을 하는 것은 좋지 않다.

① 未亂先須謹이면 逢凶不見災라 立看東兎壯이면 好事又將來라
　어지러워지기 전에 먼저 삼가면/ 흉함을 만나도 재앙이 없을 것이다/ 동녘의 토끼(卯)가 씩씩해지면/ 좋은 일이 장차 올 것이다

② 良金美玉內含英이나 雕琢須憑巧匠成이라

大器年來方見用하니 渭川賢士秉台衡이라

좋은 금과 옥은 아름다움을 머금고 있으나/ 재주있는 장인匠人이 다듬어야 이루어진다/ 큰 그릇이 방금 쓰이게 되었으니/ 위수의 어진 선비(姜太公)가 정승자리 올랐다

③ 家道年來盛은 陰功在祖宗이라

沛恩澤二子하니 兩子又攀龍이라

집안이 근래에 성해지는 것은/ 음공(陰功)이 조상에게 있다/ 은택을 두 아들에게 쏟으니/ 두 아들이 또한 벼슬길에 올랐다

1. 初九(☰→☶)

【효사와 소상전】 초구는 집에서 법도로써 막고 익히면 후회가 없어지리라. 상에 말하기를 '집에서 법도로써 막고 익히면 후회가 없어짐'은 뜻이 변하지 않은 것이다. 【初九는 閑有家면 悔亡하리라. 象曰 閑有家는 志未變也라.】

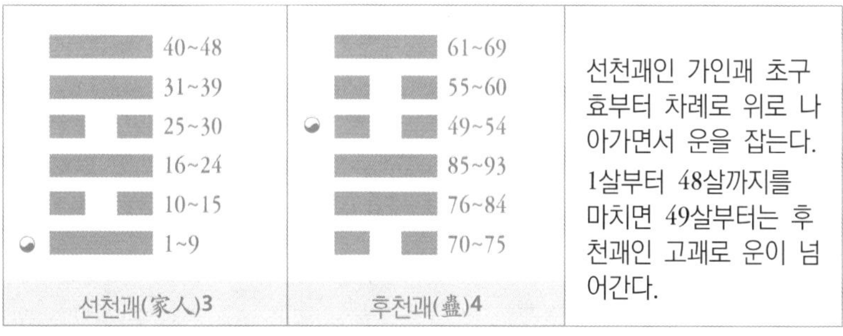

---

3 사주의 숫자로 괘를 만들어서 가인괘 초효에 원딩이 있다면, 1~9살까지는 가인괘 초효 항을, 10~15살까지는 가인괘 이효 항을, …, 40~48살까지는 가인괘 상효 항을 가서 살펴 보면 된다.

4 49~54살까지는 후천괘인 고괘 사효 항을, 61~69살까지는 고괘 상효 항을, …, 85~93살까지는 고괘 삼효 항을 살펴보면 그 사람의 운이 된다(◑나 ●표시 한 곳이 해당하는 효를 가리키고, 밑에서부터 초효·이효·삼효·사효·오효·상효로 나눈다).

◇ 양년(갑·병·무·경·임년)일 경우 [5]

가인(37)[6]	동인(13)	돈(33)	구(44)	송(6)	환(59)	몽(4)	사(7)	림(19)
1	2	3	4	5	6	7	8	9

◇ 음년(을·정·기·신·계년)일 경우

점(53)	돈(33)	동인(13)	건(1)	리(10)	중부(61)	손(41)	림(19)	사(7)
1	2	3	4	5	6	7	8	9

◇ 월괘

소축·9	대축·26	중부·61	절·60	리·10	송·6	규·38	서합·21	귀매·54	대장·34	해·40	사·7
1월	2월	3월	4월	5월	6월	7월	8월	9월	10월	11월	12월

◇ 일괘 [7]

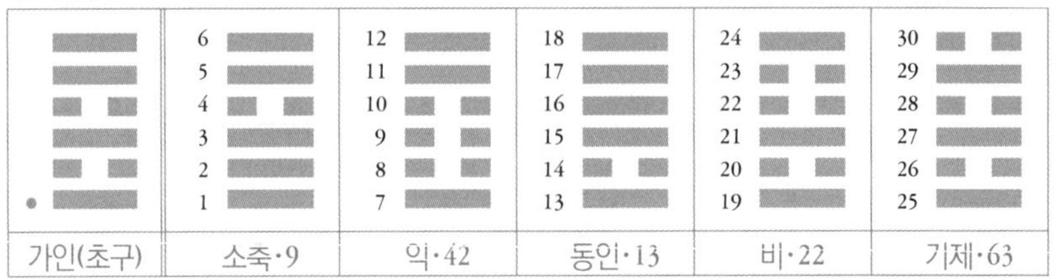

가인(초구)	소축·9	익·42	동인·13	비·22	기제·63

---

5 해마다의 운인 유년운의 진행은 양효(——)일 때와 음효(— —)일 때가 다른데, 그 자세한 예는 중천건괘(1) 초구효, 중지곤괘(2) 초육효와 육이효, 수뢰둔괘(3) 초구효와 육삼효, 산수몽괘(4) 초육효와 육사효 항에 유년운에 속한 월운月運의 예와 함께 실려 있으므로 참고하면 된다.

6 위의 도표에서 '가인(37)'이라고 한 것은 괘명은 가인괘家人卦고 64괘 중에 37번째 괘라는 뜻이다. 나머지 괘도 이와같은 방식으로 본다. 따라서 앞의 목차에서 번호의 순서대로 찾으면, 해당하는 괘를 쉽게 찾을 수 있다. 또 월괘月卦에서 '동인·13' 등으로 표시한 것도, 괘명은 동인괘同人卦고 64괘 중에 13번째라는 뜻이다.

【총괄해서 판단하면】

8 이 효는 집안이 잘 다스려져서, 가정이 어긋나거나 파괴되는 잘못이 없는 것이다. 그러므로 운이 맞는 사람은, 재주와 덕이 넓고 크며 생각이 깊고 멀리 보는 안목이 있어서, 잘 계획하고 경영해서 그 집안을 이룰뿐만 아니라, 또한 기강을 세워서 나라의 국체國體를 세울 수 있으니, 부유하고도 귀하며 복과 은택에 흠이 없다.

운이 맞지 않는 사람도 또한 신중한 사람으로, 집안이 풍족하고 사람도 많으며 일생을 안락하게 산다.

세운을 만나면, 벼슬했다가 휴직한 사람은 단계를 뛰어 넘어 대부大夫가 되고, 이미 공직자는 한가한 보직을 받게 되며, 구직자는 큰 시험은 불리하지만 작은 시험을 보는데는 이롭다. 일반인은 꾀하는 일이 성공하고, 장가를 들지 않은 사람은 장가를 들게 되며, 승려나 도인은 주지가 되나, 늙은 사람이 수명을 누리는데는 좋지 못하다.

【글귀로 판단하면】

① 正家原有道하니 所貴在隄防이라

　 成法宜先定이니 當於未變聞이라

　 집안을 바르게 함에 원래 도가 있으니/ 잘못을 막는 것이 귀중하다/ 마땅히 미리 법을 만들어 정해야 하니/ 변고가 들리기 전에 막아야 한다

② 桃李照門庭하고 溪山遶屋靑이라 天風疑不斷터니 風送逐時榮이라

---

7 그 날의 운(日運)과 더 세분해서 시운時運을 알고 싶으면, 앞의 일괘日卦와 시괘時卦 설명을 참조해서 계산하면 된다. 자세한 예는 건(1)~송(6)괘의 초효 항에 있으므로 침고바림.

8 此爻是盡正家之道 而家無乖戾之失者也 故叶者 才德廣大 思慮深遠 不惟能區劃營爲 以成其家業 亦且能立綱陳紀 以植其國體 富而且貴 福澤無虧 不叶者 亦是謹厚之士 家給人足 一生安樂 歲運逢之 在仕 閑官者 則超遷而爲大夫 已仕者 則官帶閑處 在士者進取則利於小試 庶俗謀事有成 未妻者有室家之好 僧道主住持 老者不利於壽

복숭아꽃 오얏꽃이 뜰을 장식하고/ 시내와 산이 집을 푸르게 둘렀다/ 하늘의 바람이 끊기지 않아 의심했더니/ 바람이 불어와 때에 따라 영화롭게 되었다

2. 六二(☵☲ → ☲)

【효사와 소상전】 육이는 이루는 바가 없고 집안에서 음식을 잘 먹이면 바르고 길하리라. 상에 말하기를 육이의 길함은 순하고 공손함으로써 하기 때문이다. 【六二는 无攸遂오 在中饋면 貞吉하리라. 象曰 六二之吉은 順以巽也일새라.】

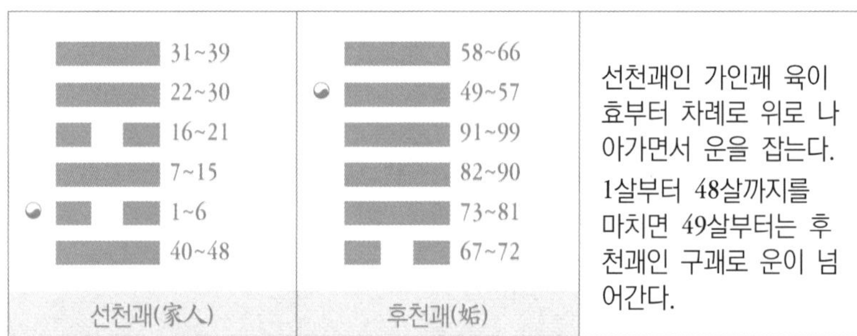

선천괘(家人)		후천괘(姤)		
	31~39		58~66	선천괘인 가인괘 육이 효부터 차례로 위로 나아가면서 운을 잡는다.
	22~30		49~57	
	16~21		91~99	
	7~15		82~90	1살부터 48살까지를 마치면 49살부터는 후천괘인 구괘로 운이 넘어간다.
	1~6		73~81	
	40~48		67~72	

◆ 양년 음년 똑같음

소축(9)	중부(61)	리(10)	규(38)	귀매(54)	해(40)
1	2	3	4	5	6

◆ 월괘

익·42	둔·3	무망·25	비·12	서합·21	규·38	진·51	풍·55	예·16	곤·2	해·40	곤·47
1월	2월	3월	4월	5월	6월	7월	8월	9월	10월	11월	12월

◈ 일괘

가인(육이)	익·42	동인·13	비·22	기제·63	점·53
	6	12	18	24	30
	5	11	17	23	29
	4	10	16	22	28
	3	9	15	21	27
	2	8	14	20	26
	1	7	13	19	25

【총괄해서 판단하면】

9 이 효는 아내의 도를 다함으로써, 집안을 마땅하게 한 공로를 얻는 운이다. 그러므로 운이 맞는 사람은, 유순한 덕이 있고 교만하지 않아서, 평이하게 백성과 가까이 하니 사랑하고 공경하는 사람이 많고, 가도家道가 융성하고 복과 은택이 많다. 여자는 남편과 아들을 돕고 유익하게 해서 내조의 공을 크게 이룬다.

운이 맞지 않는 사람도 의식이 풍족하니, 여유롭게 놀며 복을 누린다.

세운을 만나면, 벼슬한 이는 조정에 들어가 광록대부光祿大夫의 반열에 오르고, 일반인은 집안을 잘 경영하고 일으켜서 재화와 양곡이 늘어나며, 구직자는 공부하는 중간에 녹을 받는 기쁨이 있다.

【글귀로 판단하면】

1 食祿皆從女上逢하니 飄香玉桂逐西風이라

牛行別有生成路하니 遠漢雲間月正中이라

식록食祿을 다 여자 따라 만나게 되니/ 옥계수나무 향기 서풍 따라 날린다/ 소(丑)가 가면 특별히 생성하는 길 있으니/ 은하수 멀리 구름가에 달이 중천에 떴다

---

9 此爻是克盡婦道 而有以獲宜家之效者也 故叶者 有柔順之德 不驕不傲 平易近民 而愛敬者多 家道興隆 而福澤深 女命則相夫益子 而大成內助之功 不叶者 足衣足食 優游享福 歲運逢之 在仕則入朝中而有光祿之秩 常人必主營謀成家 而有貲糧之增 士寓學中 而有廩給之喜

② 一鏡破ㅣ 照兩人하니 凶中吉ㅣ 合同心이라

하나의 거울이 깨져서/ 두 사람 비추니/ 흉한 가운데 길하고/ 마음을
합하게 되었다

③ 處中能正順이면 家道自然成이라

所作皆如意하고 圖謀盡稱情이라

중앙(中)에 거처해서 바르고 순히 할 수 있으니/ 집안의 도가 자연히
이루어진다/ 하는 일이 다 뜻같이 되고/ 도모하는 것이 다 뜻에 맞는다

3. 九三(☲→☵)

【효사와 소상전】 구삼은 가인이 엄하게 하니 너무 엄하게 한 후회는 있으나
길하니, 부녀자가 희희덕거리면 마침내 인색하리라. 상에 말하기를 '가인이
엄하게 함'은 법도를 잃지 않음이고, '며느리가 희희덕 거림'은 집의 절도를
잃음이다. 【九三은 家人이 嗃嗃하니 悔厲나 吉하니 婦子 嘻嘻면 終吝하리
라. 象曰 家人嗃嗃은 未失也오 婦子嘻嘻는 失家節也라.】

	선천괘(家人)		후천괘(恒)	선천괘인 가인괘 구삼
	25~33	◐	49~54	효부터 차례로 위로 나
	16~24		88~93	아가면서 운을 잡는다.
	10~15		79~87	1살부터 48살까지를
◐	1~9		70~78	마치면 49살부터는 후
	43~48		61~69	천괘인 항괘로 운이 넘
	34~42		55~60	어간다.

◇ 양년(갑·병·무·경·임년)일 경우

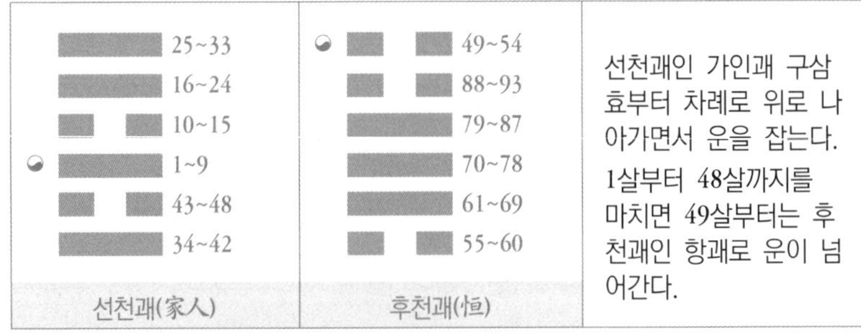

가인(37)	기제(63)	둔(3)	수(17)	진(51)	서합(21)	진(35)	미제(64)	정(50)
1	2	3	4	5	6	7	8	9

◇ 음년(을·정·기·신·계년)일 경우

익(42)	둔(3)	기제(63)	혁(49)	풍(55)	리(30)	려(56)	정(50)	미제(64)
1	2	3	4	5	6	7	8	9

◇ 월괘

동인·13	돈·33	리·30	대유·14	풍·55	진·51	소과·62	겸·15	항·32	대과·28	해·40	미제·64
1월	2월	3월	4월	5월	6월	7월	8월	9월	10월	11월	12월

◇ 일괘

가인(구삼)	동인·13	비·22	기제·63	점·53	소축·9

【총괄해서 판단하면】

10 이 효는 집안을 엄하게 다스리는 것을 취하고, 또한 너그럽게 해서 기강이 문란해짐을 경계한 것이다. 그러므로 운이 맞는 사람은, 엄하게 주변을 정리하여 엄숙한 위엄을 보이고, 강단있게 끊고 옳은 것으로써 제재한다. 정숙한 배우자를 얻게 되고, 사람들이 공경하고 두려워하니, 길하게 되고 일을 잘 마무리할 수 있다.

운이 맞지 않는 사람은, 기뻐하고 성냄이 항상하지 않으며, 높고 낮은 질

---

10 此爻是取其處家之嚴　而又以寬裕爲戒也　故叶者嚴整以肅其威　剛斷以制其義
配納整肅　人心祗畏　吉而有終　不叶者　喜怒不常　尊卑失序　縱欲敗度　家業凋零
歲運逢之　在仕嚴而少寬恕之恩　在士進取平等而未大　常人憂喜相半　謹防耽迷之
羌

서를 잃고 욕심 따라 법도를 무너뜨리니, 가정이 몰락한다.

세운을 만나면, 공직자는 엄하기만 하여 용서하며 너그럽게 하는 은혜를 베풀 줄 모르고, 구직자는 보통의 벼슬을 얻으나 크게 되지는 못한다. 일반인은 근심과 기쁨이 서로 반반이나, 미혹에 빠지는 병을 방비해야 한다.

【글귀로 판단하면】

① 殘花落地何曾悔오 蠟燭影紅可有圖라

治家不妨生悔吝이니 豬行犬吠悔應無라

시든 꽃이 땅에 떨어지는데 후회할 것 무엇 있나?/ 촛불 그림자 붉어지면 도모할 수 있게 된다/ 집안을 다스리는데 후회와 인색함이 생기는 것 상관 없으니/ 돼지(亥)가 다니고 개(戌)가 짖으면 후회없게 되리라

② 家人怨ㅣ 婦女嘻하니 凡事吉이나 少留遲라

집안 사람은 엄하다고 원망하고/ 부녀자는 즐기니/ 모든 일은 길하나/ 조금 지연된다

4. 六四(☲☴ → ☲☰)

【효사와 소상전】 육사는 집을 부유하게 하니 크게 길하니라. 상에 말하기를 '집을 부유하게 하니 크게 길함'은 일을 순리로 하면서 위位에 있기 때문이다. 【六四는 富家니 大吉하니라. 象曰 富家大吉은 順在位也일새라.】

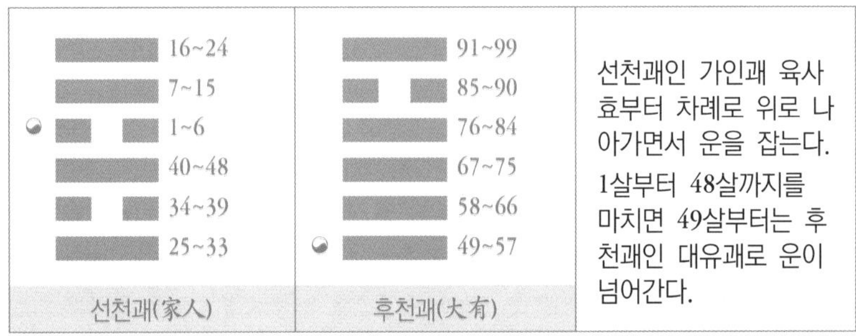

◈ 양년 음년 똑같음

동인(13)	리(30)	풍(55)	소과(62)	항(32)	해(40)
1	2	3	4	5	6

◈ 월괘

비·22	대축·26	명이·36	복·24	겸·15	소과·62	승·46	정·48	사·7	몽·4	해·40	귀매·54
1월	2월	3월	4월	5월	6월	7월	8월	9월	10월	11월	12월

◈ 일과

가인(육사)	비·22	기제·63	점·53	소축·9	익·42

【총괄해서 판단하면】

11 이 효는 나라를 부유하게 하고, 큰 덕이 있어 백성을 감동시키는 사람의 운이다. 그러므로 운이 맞는 사람은, 유순한 덕으로 윗자리에 거처해서 백성을 잘 다스리니, 재물을 모아서 나라의 근본을 견고하게 하고 백성의 생활이 향상되게 하며, 의리를 지키게 하고 화기和氣로 다스린다. 운이 맞지 않는 사람도 또한 재산이 풍부해서, 지방의 복 있는 사람이 된다.

---

11 此爻是能裕利於國 而有德以感之者也 故叶者 有柔順之德而居上位 善能理則
聚利 使邦本固而民生遂 理義興而和氣治 不叶者 亦粟帛豐厚 爲鄕里吉人 歲運
逢之 在仕則祿以馭富 而超遷有地 在士則受賞賚於考校之餘 在常人謀爲沾利
孤寡見親

세운을 만나면, 공직자는 복을 받아 부유하게 살고, 또 특진하여 봉지封
地를 받게 되며, 구직자는 시험을 잘 봐서 상을 탄다. 일반인은 사업에
이익이 있고, 과부나 고아처럼 외롭게 살던 사람은 친척을 만나게 된다.

【글귀로 판단하면】

① 有祿方成福하니 成名却是稽라

　　有人來引處는 水畔立金雞라

　　녹이 있고 복을 이루었으니/ 명성을 얻음을 알 수 있다/ 사람이 있어
　　끌어주는 곳은/ 물가에 쇠로 된 닭(辛酉)이 있는 곳이다

② 珠玉走盤中하니 日用足阜豊이라

　　休言望未遂하라 此去一時通이라

　　구슬이 소반 가운데서 구르니/ 날로 쓰는 것이 풍족하다/ 소망을 이루
　　지 못했다고 말하지 마라/ 지금부터 한 때 형통할 것이다

5. 九五(☴→☶)

【효사와 소상전】 구오는 왕이 가도家道를 세움에 지극함이니 근심하지 않아
서 길하리라. 상에 말하기를 '왕이 가도家道를 세움에 지극함'은 서로 사귀어
사랑하는 것이다. 【九五는 王假有家니 勿恤하야 吉하리라. 象曰 王假有家는
交相愛也라.】

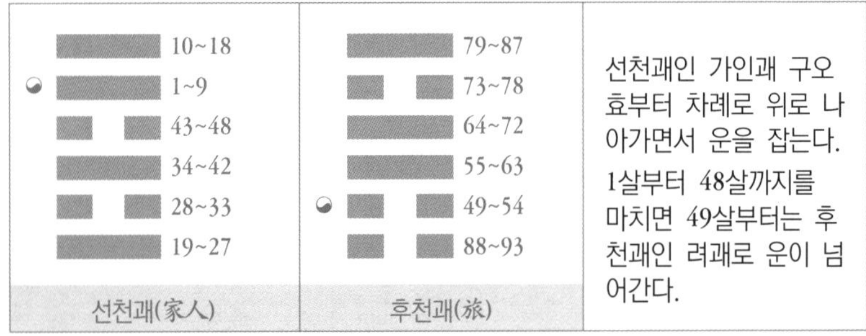

◈ 양년(갑·병·무·경·임년)일 경우

가인(37)	소축(9)	대축(26)	태(11)	승(46)	겸(15)	곤(2)	예(16)	취(45)
1	2	3	4	5	6	7	8	9

◈ 음년(을·정·기·신·계년)일 경우

비(22)	대축(26)	소축(9)	수(5)	정(48)	건(39)	비(8)	취(45)	예(16)
1	2	3	4	5	6	7	8	9

◈ 월괘

기제·63	둔·3	건·39	함·31	정·48	승·46	감·29	환·59	곤·47	태·58	해·40	예·16
1월	2월	3월	4월	5월	6월	7월	8월	9월	10월	11월	12월

◈ 일괘

가인(구오)	기제·63	점·53	소축·9	익·42	동인·13
	6 5 4 3 2 1	12 11 10 9 8 7	18 17 16 15 14 13	24 23 22 21 20 19	30 29 28 27 26 25

【총괄해서 판단하면】

12 이 효는 임금은 나라를 잘 다스리는 신하의 도움을 얻고, 가정에는 경사가 오는 운이다. 그러므로 운이 맞는 사람은, 언행을 바르게 해서 당시의 모범이 되니, 도와주는 사람과 힘이 있어서, 길하게 될 것을 걱정하지

---

12 此爻是大君獲內治之助 而深決其家之慶也 故叶者 言行以正 標準當時 扶助有人 助贊有力 勿恤其吉而吉自來也 不叶者 亦主粟帛豐盈 親眷和睦 歲運逢之 仕路最顯 進取成名 常人遇貴人提携 數凶者變賁于丘園 有入境土之兆也

않아도 자연히 길하게 된다.

운이 맞지 않는 사람도 또한 의식이 풍족하고 친척이 화목하다.

세운을 만나면, 벼슬길이 가장 높게 되고, 구직자는 나가서 이름을 날리며, 일반인은 귀한 사람이 끌어주게 된다. 수가 흉한 사람은 구오가 변하면 산화비괘의 "언덕과 동산을 꾸밈"의 상이 되니, 국경을 넘어가는 징조다.

【글귀로 판단하면】

① 中正居尊位하니 齊家愛六親이라

　自然家道順하니 勿恤亦安欣이라

　중정中正한 덕으로 높은 자리에 있으니/ 집안을 다스리고 친척(六親)을 사랑한다/ 자연히 집안의 도가 순조롭게 되니/ 걱정하지 않아도 기쁘고 편안할 것이다

② 位尊皆有喜하니 勿恤總成昌이라

　士走東西地하니 擡頭見太陽라

　지위는 높고 모두가 기뻐하니/ 걱정하지 않아도 모두 번창한다/ 선비가 동서쪽으로 달려가니/ 머리를 돌려 태양을 보게 되리라

③ 相愛相助하니 和氣盈前하고

　名成利就하니 不用憂煎이라

　서로 사랑하고 서로 도우니/ 화기가 앞날에 가득하고/ 명성을 이루고 이익을 얻으니/ 근심하고 속끓일 필요 없다

6. 上九(䷝ → ䷕)

【효사와 소상전】 상구는 믿음있고 위엄있게 하면 마침내 길하리라. 상에 말하기를 '위엄있게 해서 길함'은 자기 몸을 반성함을 말함이다. 【上九는 有孚코 威如면 終吉하리라. 象日 威如之吉은 反身之謂也라.】

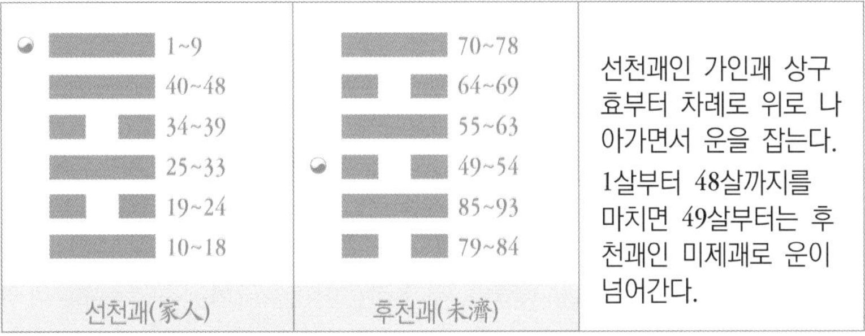

선천괘(家人)

	1~9
	40~48
	34~39
	25~33
	19~24
	10~18

후천괘(未濟)

	70~78
	64~69
	55~63
	49~54
	85~93
	79~84

선천괘인 가인괘 상구
효부터 차례로 위로 나
아가면서 운을 잡는다.
1살부터 48살까지를
마치면 49살부터는 후
천괘인 미제괘로 운이
넘어간다.

◈ 양년(갑·병·무·경·임년)일 경우

가인(37)	익(42)	둔(3)	비(8)	감(29)	정(48)	대과(28)	항(32)	정(50)
1	2	3	4	5	6	7	8	9

◈ 음년(을·정·기·신·계년)일 경우

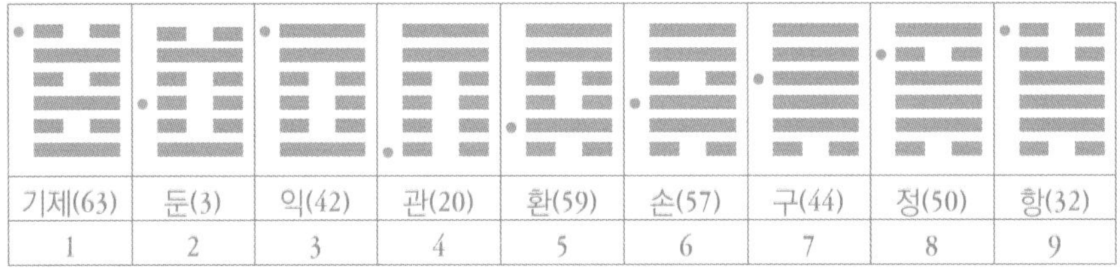

기제(63)	둔(3)	익(42)	관(20)	환(59)	손(57)	구(44)	정(50)	항(32)
1	2	3	4	5	6	7	8	9

◈ 월괘

점·53	돈·33	손·57	고·18	환·59	감·29	송·6	리·10	미제·64	진·35	해·40	항·32
1월	2월	3월	4월	5월	6월	7월	8월	9월	10월	11월	12월

◈ 일괘

	6	12	18	24	30
	5	11	17	23	29
	4	10	16	22	28
	3	9	15	21	27
	2	8	14	20	26
	1	7	13	19	25
가인(상구)	점·53	소축·9	익·42	동인·13	비·22

13 이 효는 끝까지 집안을 바르게 다스려서, 길함을 얻을 수 있는 사람의 운이다. 그러므로 운이 맞는 사람은, 문장이 세상에 뛰어나고, 위엄과 덕망이 사람을 굴복시키니, 위로는 조정의 기강을 엄숙하게 하고 아래로는 민속을 맑게 해서, 세상의 완전한 사람이 된다.

운이 맞지 않는 사람도 또한 강함과 부드러움이 잘 조화된 큰 선비로, 덕과 업적이 넓고 크며 복의 양이 넓고 크다.

세운을 만나면, 공직자는 지위가 높고 권세가 중해지며, 구직자는 나가서 이름이 나게 되고, 일반인은 경영하고 꾀하는 일이 뜻대로 되며, 부인婦人은 반드시 사대부外命婦의 부인이 되고, 또는 내명부內命婦의 벼슬을 얻는다.

[1] 名重威權重하니 先危後見昌이라

　　萬山松柏秀요 走馬履堅霜이라

　　명성도 무게 있고 권위도 무거우니/ 먼저는 위태하나 뒤에는 번창한다/ 여러 산에는 소나무 잣나무가 빼어났고/ 달리는 말은 굳은 서리 밟는다

[2] 心下事攸然하니 周全尚未全이라

　　遇龍終有慶이니 人月又團圓이라

　　마음쓰는 일이 유연하니/ 모두 완비되었지만 아직 온전하지 못하다/ 용(辰)을 만나면 마침내 경사 있으니/ 사람과 달이 또한 둥글게 되리라

---

13 此爻是能正家於其終 而吉可得者也 故叶者 文章高世 威望服人 上肅朝綱 下清民俗 而爲天地之全人 不叶者 亦是剛柔相濟之碩士 德業廣大 福量寬洪 歲運逢之 在仕位高權重 在士進取成名 其在庶俗之人 主營謀稱意 在婦人必主爲命婦

火澤睽(38)
離上 兌下
화 택 규

규괘 개요

【괘사와 대상전】 규는 작은 일은 길하리라. 상에 말하기를 위에는 불이 있고 아래는 못이 있는 것이 규괘니, 군자가 본받아서 같이 하되 다르게 하느니라. 【睽는 小事는 吉하리라. 象曰 上火下澤이 睽니 君子 以하야 同而異하나니라.】

【총괄해서 판단하면】

기사
기미
기유
정축
정묘
정사

※ 睽卦 납갑표

[1] 간궁의 4세괘로 2월에 속한다. 내괘의 납갑은 정사·정묘·정축이고 외괘의 납갑은 기유·기미·기사니, 2월에 태어난 사람과, 태어난 년도의 간지가 납갑의 간지에 합치되는 사람은 부귀와 공명을 누리게 된다.[2]

운세로 보면① 화택규괘(☲)는 상괘는 리(☲)이고 하괘는 태(☱)이며, 호괘로는 감(☵)과 리(☲)가 있다. 해와 달이 사귀어 같이 빛나는 상으로, 마땅히 만물로 하여금 화려하게 빛나게 한다. 그러

---

1 艮宮四世 卦屬二月 納甲 是丁巳丁卯丁丑 己未己酉己巳 如生於二月及納甲者 功名富貴人也

2 규괘의 세효인 구사효는 양효이므로, 초효부터 사효까지 세면 묘卯에서 끝난다(초효는 자, 이효는 축, 삼효는 인, 사효는 묘). 지지의 묘는 2월에 해당하므로, 규괘가 2월 괘가 되는 것이다. 따라서 2월을 주관하는 괘가 되고, 2월에 태어난 사람은 때를 얻음이 된다.

나 호괘로 감坎의 구덩이가 있어서 막으니, 두 기운이 교통하지 못하여 비색하게 막히고 지체된다. 또 못물(兌)이 어둡게 하는 기운으로 막으니, 온전히 밝아지지 않는다. 군자가 이런 괘를 얻으면, 어긋나고 이간질되는 상이다.

② 규괘(䷥)는 어긋나는 것이다. 어긋나는 가운데 통하게 되는 것이니, 리괘(☲)와 태괘(☱)가 끝나는 점인 상구효에서, 어긋난 것이 극하게 되어 합하게 된다. 극도로 다르면 하나로 합하게 되는 것이다. 그러므로 먼저는 괴물로 보였으나 뒤에는 의심이 풀렸다고 한 것이다.

규괘는 팔궁세혼법으로 볼 때, 간궁의 4세괘로 제후諸侯괘에 해당한다. 즉 구사효(제후)가 세효世爻가 되고, 원사元士에 해당하는 초구효는 응효가 된다. 구사효는 양효가 음자리를 얻었으니 제자리가 아니고, 더욱이 음과 양으로 서로 응하지도 못하므로 어렵고 힘들게 된다. 또한 초구효의 지지인 사(巳火)가 구사효의 지지인 유(酉金)를 극하니, 더욱 어려운 면이 있다. 그러나 구사가 극을 받아 바름을 찾으면, 제후의 역할을 다하여 리체(☲)의 밝음을 다해서 풀리게 된다. 더욱 상체는 리화離火고 하체는 태금兌金으로, 세효와 응효의 간지(巳火 및 酉金)와 일치하니, 더욱 풀리는 힘이 보태진다.

물과 불이 다투어 근심이 쌓이니, 서로 배반하고 배반당하기 쉽다. 유쾌하지 못한 일이나 논쟁이 있기 쉽고 또 지는 경우가 더 많으니, 외부로 다툴 생각을 말고 집안단속을 잘해야 한다. 때를 기다리며 조금씩 양보하면, 미움이 본래 사랑이었다는 것을 알게되고 대화합을 하게 된다. 간혹 작은 일은 이룰 수 있지만, 큰 일은 안된다. 은인자중하며 때를 기다리면, 말년에 이르러 서로의 오해를 풀고 한마음 한몸이 되어 화합하니, 늦은 감은 있지만 화평의 때를 만난다.

1 劉郎別後路滔滔하니 鴻雁來傳有信牢라

　欲問故園當日事인덴 東風依舊綻紅桃라

　유랑劉郎이 이별한 뒤에 물결이 도도하니/ 기러기가 전하는 서신마저 끊겼다/ 옛동산의 당일의 일을 묻고자 한다면/ 봄바람이 옛과 같아 붉은 복숭아꽃 피었다

2 睽背生離事可傷인데 孤鴻空外漫高翔이라

　一因酒食生荊棘하니 扶上危橋恐見傷이라

　어긋나고 등져서 떠나게 됐으니 일이 슬픈데/ 외로운 기러기는 공연히 높이 난다/ 술과 밥으로 인해서 서로 사이가 나빠진 것이니/ 위험한 다리를 붙들고 올라가면 다칠까 두렵다

1. 初九(䷥ → ䷿)

【효사와 소상전】 초구는 후회가 없어지니, 말을 잃고 쫓지 않아도 스스로 회복하니, 악한 사람을 만나면 허물이 없으리라. 상에 말하기를 '악한 사람을 만나면 허물이 없음'은 그렇게 함으로써 허물을 피하는 것이다. 【初九는 悔亡하니 喪馬하고 勿逐하야도 自復이니 見惡人하면 无咎리라. 象曰 見惡人은 以辟咎也라.】

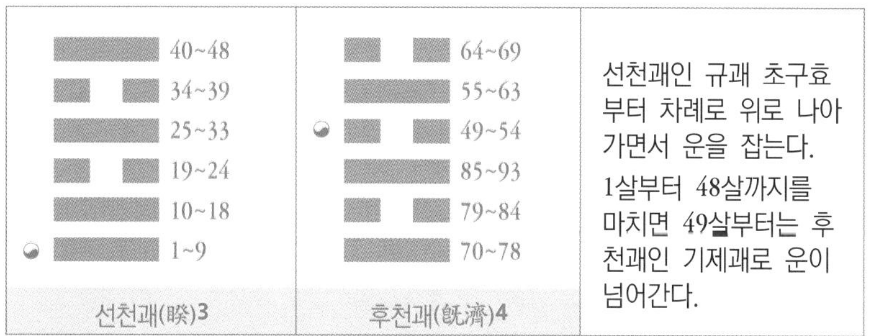

선천괘인 규괘 초구효부터 차례로 위로 나아가면서 운을 잡는다.
1살부터 48살까지를 마치면 49살부터는 후천괘인 기제괘로 운이 넘어간다.

---

3 사주의 숫자로 괘를 만들어서 규괘 초효에 원당이 있다면, 1~9살까지는 규괘 초효 항

◇ 양년(갑·병·무·경·임년)일 경우 5

규(38)6	손(41)	몽(4)	박(23)	간(52)	려(56)	돈(33)	함(31)	혁(49)
1	2	3	4	5	6	7	8	9

◇ 음년(을·정·기·신·계년)일 경우

미제(64)	몽(4)	손(41)	이(27)	비(22)	리(30)	동인(13)	혁(49)	함(31)
1	2	3	4	5	6	7	8	9

◇ 월괘

서합·21	무망·25	리·30	풍·55	비·22	간·52	가인·37	소축·9	기제·63	둔·3	건·39	함·31
1월	2월	3월	4월	5월	6월	7월	8월	9월	10월	11월	12월

을, 10~18살까지는 규괘 이효 항을, …, 40~48살까지는 규괘 상효 항을 가서 살펴보면 된다.

4 49~54살까지는 후천괘인 기제괘 사효 항을, 64~69살까지는 기제괘 상효 항을, …, 85~93살까지는 기제괘 삼효 항을 살펴보면 그 사람의 운이 된다(◐나 ●표시 한 곳이 해당하는 효를 가리키고, 밑에서부터 초효·이효·삼효·사효·오효·상효로 나눈다).

5 해마다의 운인 유년운의 진행은 양효(━)일 때와 음효(╍)일 때가 다른데, 그 자세한 예는 중천건괘(1) 초구효, 중지곤괘(2) 초육효와 육이효, 수뢰둔괘(3) 초구효와 육삼효, 산수몽괘(4) 초육효와 육사효 항에 유년운에 속한 월운月運의 예와 함께 실려 있으므로 참고하면 된다.

6 위의 도표에서 '규(38)'이라고 한 것은 괘명은 규괘睽卦고 64괘 중에 38번째 괘라는 뜻이다. 나머지 괘도 이와같은 방식으로 본다. 따라서 앞의 목차에서 번호의 순서대로 찾으면, 해당하는 괘를 쉽게 찾을 수 있다. 또 월괘月卦에서 '서합·21' 등으로 표시한 것도, 괘명은 서합괘噬嗑卦고 64괘 중에 21번째라는 뜻이다.

◇ 일괘 7

규(초구)		서합·21		대유·14		손·41		리·10		귀매·54	
	6		12		18		24		30		
	5		11		17		23		29		
	4		10		16		22		28		
	3		9		15		21		27		
	2		8		14		20		26		
	1		7		13		19		25		

【총괄해서 판단하면】

8 이 효는 비록 처음에는 대응이 잘못 되었으나, 다시 잘되게 되는 상의 운을 나타낸 것이다. 그러므로 운이 맞는 사람은, 덕망이 높아 사람들의 공경과 신뢰를 일으키고, 중정中正하게 행동하여 사람들의 포악하고 어긋난 것을 없앨 수 있으니, 초년에는 꾀하는 일이 발휘되기 힘드나, 만년에는 뜻하고 원하는 것을 크게 이룬다.

운이 맞지 않는 사람은, 태어난 환경이 어렵고 만남의 기회가 좋지 못하나, 먼저는 가난하고 뒤에는 가난하지 않으며, 먼저는 외로우나 뒤에는 외롭지 않게 된다.

세운을 만나면, 벼슬을 휴직했던 사람은 복직되고, 강등이나 귀양갔던 사람은 승진하며, 구직자는 자신을 알아주는 벗을 만나기 어렵고 나아가는 길(벼슬길)이 지체된다. 일반인은 먼저는 경영하는 것이 잘 안되나 뒤에는 잘되고, 사람의 관계에 있어서는 먼저는 어긋났다가 뒤에는 화합하게 되며, 가축의 손실과 흉악한 환란을 삼가해서 막아야 한다.

---

7 그 날의 운(日運)과 더 세분해서 시운時運을 알고 싶으면, 앞의 일괘日卦와 시괘時卦 설명을 참조해서 계신하면 된다. 자세한 예는 건(1)~송(6)괘의 초효 항에 있으므로 참고바람.

8 此爻是著其失應而復得之象也 故叶者 德望足以起人之敬信 中正足以消人之暴戾 謀猷難發於初年 志願大遂於晩景 不叶者 成立艱難 遭際不遇 先貧後不貧 善孤後不孤 歲運逢之 在仕閑官復職 降謫者復陞 在士難遇知己 而進取遲滯 在庶俗營爲先失而後得 人事先睽而後合 謹防六畜之損 凶惡之患

【글귀로 판단하면】

① 走馬西南地나 近音東北憂라

先憂後无咎하니 順水一孤舟라

말을 서남쪽 땅으로 달리나/ 근래의 소식은 동북쪽이 근심된다/ 먼저는 근심되나 뒤에는 탈이 없으니/ 물길따라 순히 가는 외로운 배다

② 兩尾牛ㅣ 一口鼠ㅣ

相撓同遇하니 得彼失此라

꼬리 둘 달린 소와/ 입이 하나인 쥐가/ 서로 흔들며 같이 만나니/ 저것을 얻으면 이것을 잃는다

③ 悔吝雖無有나 時乖道遇窮이라

惡人將害己나 終是不爲凶이라

비록 뉘우치고 인색함은 없으나/ 때가 어긋나니 앞길이 궁해진다/ 악한 사람이 장차 나를 해치려 하나/ 마침내 흉하게 되지는 않는다

2. 九二(☱ → ☲)

【효사와 소상전】 구이는 임금을 골목에서 만나면 허물이 없으리라. 상에 말하기를 '임금을 골목에서 만남'이 도를 잃음이 아니라. 【九二는 遇主于巷하면 无咎리라. 象曰 遇主于巷이 未失道也라.】

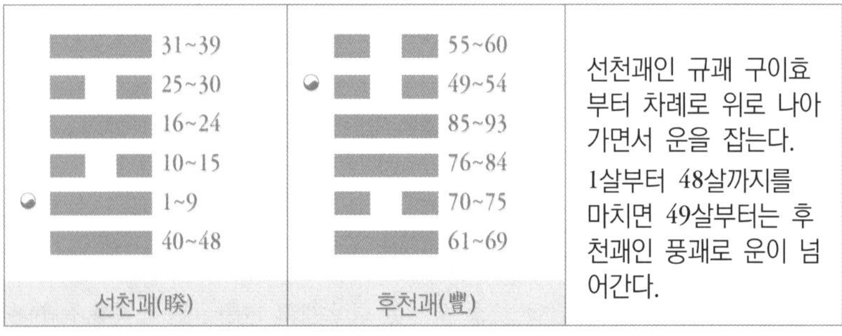

선천괘인 규괘 구이효부터 차례로 위로 나아가면서 운을 잡는다.
1살부터 48살까지를 마치면 49살부터는 후천괘인 풍괘로 운이 넘어간다.

◈ 양년(갑·병·무·경·임년)일 경우

규(38)	리(10)	무망(25)	동인(13)	가인(37)	비(22)	명이(36)	겸(15)	승(46)
1	2	3	4	5	6	7	8	9

◈ 음년(을·정·기·신·계년)일 경우

서합(21)	무망(25)	리(10)	건(1)	소축(9)	대축(26)	태(11)	승(46)	겸(15)
1	2	3	4	5	6	7	8	9

◈ 월괘

대유·14	대장·34	대축·26	고·18	소축·9	가인·37	수·5	절·60	정·48	대과·28	건·39	겸·15
1월	2월	3월	4월	5월	6월	7월	8월	9월	10월	11월	12월

◈ 일괘

규(구이)	대유·14	손·41	리·10	귀매·54	미제·64
	6	12	18	24	30
	5	11	17	23	29
	4	10	16	22	28
	3	9	15	21	27
	2	8	14	20	26
	1	7	13	19	25

【총괄해서 판단하면】

9 이 효는 정성을 다해서 임금을 섬기는 것이니, 신하의 도리에 흠점이 없는 사람의 운이다. 그러므로 운이 맞는 사람은, 충신과 의사義士가 된

---

9 此爻是盡誠以事君 斯於臣道無歉者也 故叶者 爲忠臣義士 上能格君心之非 下
能挽民俗之厚 功業建而志謀遂 不叶者 亦善通人情 而親輔贊相者多 幽居閭巷
榮辱不加 歲運逢之 在仕必遇明主 而陞遷有期 在士必遇主司 而震選有賴 在庶
俗必遇知己 而營謀遂意

다. 위로는 임금의 그릇된 마음을 바로잡고, 아래로는 백성들의 풍속을 두텁게 만드니, 공과 업적을 세우고 뜻하고 계획하는 것을 성취한다. 운이 맞지 않는 사람도 또한 사람들을 정으로 잘 사귀니 친하고 도와주는 사람이 많으며, 시골 마을에 숨어 살기 때문에 영화도 없고 욕됨도 없다. 세운을 만나면, 공직자는 반드시 현명한 임금을 만나서 등용 되고, 구직자는 반드시 시험관을 만나서 선발 시험에 덕을 보게 되며, 일반인은 반드시 지기知己를 만나서 계획하고 경영하는 일이 뜻과 같이 된다.

【글귀로 판단하면】

① 陷久人逢救하고 孤舟又遇舟라

此回宜自悔니 莫待又歸秋하라

빠진 지 오래 되니 구원하는 사람 만났고/ 외로운 배가 또 배를 만났다/ 이번에 놓치면 스스로 뉘우치게 되리니/ 돌아오는 가을까지 기다리지 말아라

② 捨一處ㅣ 就一處하니

事要委曲無不成이나 眼底時間兩分明이라

한 곳 버려두고/ 한 곳에 나가니/ 일을 치밀하게 하여 이루지 못함이 없으나/ 눈앞의 시간 둘로 쪼개서 써야 하는 것 확실하다

3. 六三(☷→☶)

【효사와 소상전】 육삼은 수레를 당기고 그 소가 받으며, 그 사람이 머리를 깎이고 또 코베임을 보니, 처음은 없고 마침은 있으리라. 상에 말하기를 '수레가 당겨짐'은 자리가 마땅하지 않은 것이고, '처음은 없고 마침은 있음'은 강한 이를 만났기 때문이다. 【六三은 見輿曳코 其牛 掣며 其人이 天且劓니 无初코 有終이리라. 象曰 見輿曳는 位不當也오 无初有終은 遇剛也일새라.】

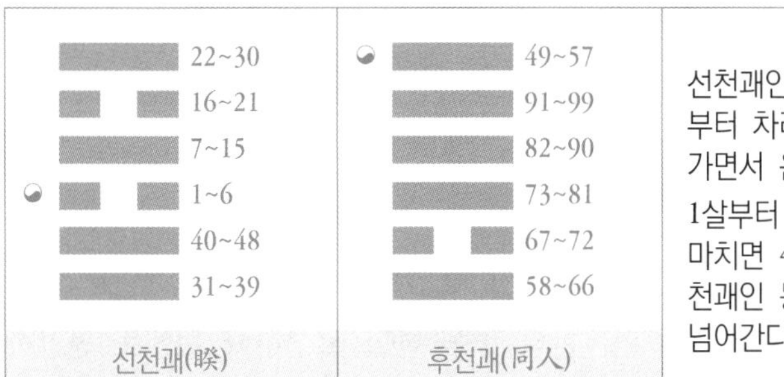

선천괘인 규괘 육삼효 부터 차례로 위로 나아가면서 운을 잡는다.
1살부터 48살까지를 마치면 49살부터는 후천괘인 동인괘로 운이 넘어간다.

◈ 양년 음년 똑같음

대유(14)	대축(26)	소축(9)	수(5)	정(48)	건(39)
1	2	3	4	5	6

◈ 월괘

손·41	몽·4	중부·61	익·42	절·60	수·5	감·29	곤·47	비·8	곤·2	건·39	점·53
1월	2월	3월	4월	5월	6월	7월	8월	9월	10월	11월	12월

◈ 일과

규(육삼)	손·41	리·10	귀매·54	미제·64	서합·21
	6 5 4 3 2 1	12 11 10 9 8 7	18 17 16 15 14 13	24 23 22 21 20 19	30 29 28 27 26 25

【총괄해서 판단하면】

10 이 효는 처음은 어긋나지만 나중에는 합해지는 운이다. 그러므로 운이

---

10 此爻是與始睽而終合者也 故叶者 稟性最敏 見事生疑 始雖見忤於人 而束縛其
施爲 終必見合於人 而求謀無不順 不叶者 多在車前馬後 驅役刑傷 先受勞苦 後
享安樂 歲運逢之 在仕防諛邪之阻 在士考校 則取於旣遺之後 而有登天府之兆

맞는 사람은, 타고난 성품이 매우 예민해서 일을 보면 의심부터 하니, 처음에는 비록 사람들에게 미움을 받지만, 그의 행동을 가다듬게 된 나중에는, 반드시 사람들과 합심하게 되고 계획하는 일이 모두 순조롭게 된다.

운이 맞지 않는 사람은, 수레의 앞이나 말 뒤에서 말을 몰다가 다치거나 형을 받는 사람이 많으며, 먼저는 노동을 하고 고생하나 뒤에는 편안하고 즐겁게 산다.

세운을 만나면, 공직자는 아첨하고 간사한 무리들 때문에 막히게 됨을 방비해야 되고, 구직자는 다른 사람을 다 쓰고 난 뒤에 등용되어 임금의 곳간(財務)을 맡게 될 징조다. 일반인은 진취적인 일과 희망하는 일에 장애가 있고, 험한 가운데서 편안함을 구하니, 먼저는 헤매지만 뒤에는 순조롭다. 수가 흉한 사람은 부모 형제나 자매가 형을 받거나 다치는 액운이 있다.

【글귀로 판단하면】

① 曳輿峻嶺多難阻하니 一樹桃花逢夜雨라

　　再把睽離成萃聚인덴 也憂芳蕊當春暮하라

　　수레를 끌고 높은 고개를 넘음에 어렵고 막히는 곳 많은데/ 복숭아꽃 한 그루가 밤비를 만났다/ 어긋난 것을 다시 모이도록 하려면/ 꽃들은 봄 저물 때 당하는 것을 근심해야 하리라

② 大災防不測이요 上下更交攻이라

　　離合皆常理니 無初却有終이라

　　큰 재앙이 예측하지 못하게 일어남을 막아야 하고/ 위와 아래가 다시 교대로 공격한다/ 떠나고 합쳐지는 것은 다 항상한 이치이니/ 처음은 없으나 마침은 좋을 것이다

③ 鼎沸起狂波하니 孤舟奈若何오

在庶俗進望有阻 險中求安 先迷後順 數凶者有骨肉刑傷之阨

巧中成拙事하니 人事轉奔波라

드센 파도가 솥끓듯이 일어나니/ 외로운 배 어찌할꼬?/ 교묘한 가운데
졸렬한 일 이뤘으니/ 사람 일이 도리어 파도 속으로 들어가게 되었다

4. 九四(☲☱ → ☶)

【효사와 소상전】 구사는 어긋남에 외로워서 착한 지아비를 만나서 미덥게
사귐이니, 위태하나 허물이 없으리라. 상에 말하기를 '미덥게 사귐이니, 위태
하나 허물이 없음'은 뜻이 행해지리라. 【九四는 睽孤하야 遇元夫하야 交孚니
厲하나 无咎리라. 象曰 交孚无咎는 志行也리라.】

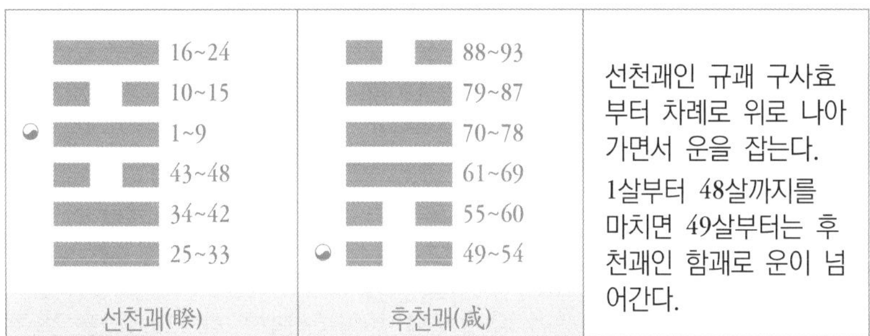

선천괘인 규괘 구사효
부터 차례로 위로 나아
가면서 운을 잡는다.
1살부터 48살까지를
마치면 49살부터는 후
천괘인 함괘로 운이 넘
어간다.

◈ 양년(갑·병·무·경·임년)일 경우

규(38)	미제(64)	몽(4)	환(59)	감(29)	절(60)	둔(3)	기제(63)	혁(49)
1	2	3	4	5	6	7	8	9

◈ 음년(을·정·기·신·계년)일 경우

손(41)	몽(4)	미제(64)	송(6)	곤(47)	태(58)	수(17)	혁(49)	기제(63)
1	2	3	4	5	6	7	8	9

◇ 월괘

리·10	무망·25	태·58	쾌·43	곤·47	감·29	취·45	예·16	함·31	돈·33	건·39	기제·63
1월	2월	3월	4월	5월	6월	7월	8월	9월	10월	11월	12월

◇ 일괘

규(구사)	리·10	귀매·54	미제·64	서합·21	대유·14
	6 5 4 3 2 1	12 11 10 9 8 7	18 17 16 15 14 13	24 23 22 21 20 19	30 29 28 27 26 25

【총괄해서 판단하면】

11 이 효는 만나는 사람을 잘 만났으나, 처신을 삼가라고 깊이 권장한 것이다. 그러므로 운이 맞는 사람은, 뛰어난 재주가 있고 교제를 잘한다. 어질고 유익한 벗의 도움을 얻어서 어지러웠던 일을 정리하여 다스려지게 하며, 어긋난 것을 돌이켜서 하나로 합치되게 하니, 일의 업적을 세우게 된다. 먼저는 외로우나 뒤에는 외롭지 않고, 먼저는 거스르나 뒤에는 거스르지 않는다. 여자가 얻으면 사대부의 부인이 되어 직첩(封號)을 받는다.

운이 맞지 않는 사람은, 외롭게 자립을 해서 겸손하고 공손하게 처신하니, 처음에는 어긋나고 떠나게 되나, 나중에는 서로 만나게 된다.

세운을 만나면, 공직자는 동지의 추천으로 발탁되고, 구직자는 시험관을 만나 등용된다. 혼인을 구하는 사람은 반드시 혼인하게 되고, 위험에 처했던 사람은 편안해지며, 한가롭게 있던 사람은 일을 맡아 자기 뜻을 펴

---

11 此爻是得其所遇 而深勉其愼所處也 故叶者 有拔萃之才 善於交際 得良朋益友之贊助 而撥亂反治 轉瞬合一之事業可立 先孤後不孤 先逆後不逆 女子得之 爲命婦受誥 不叶者 子然自立 謙恭持己 始雖暌離 終得際遇 歲運逢之 在仕得同志薦拔 在士則見遇於主司 求婚者必配 處危者身安 遇閑者志行 外圖者先阻後順

게 되고, 바깥에서 도모하는 일은 먼저는 막히나 뒤에는 순조롭게 된다.

【글귀로 판단하면】

① 獨立雖無援이나 相逢有故知라

自懷憂懼志면 亦可免灾危라

홀로 서서 비록 원조하는 이 없으나/ 서로 만나고 보니 옛날에 알던 사람이다/ 스스로 근심하고 두려워하는 마음 품으면/ 또한 재앙과 위험을 면할 수 있다

② 修道一遇時요 家信雲中至라

好問水邊人하면 音信從新利라

도를 닦아 한번 때를 만나니/ 집 소식을 구름 속에서 얻게 되었다/ 물가에 있는 사람에게 잘 물어 보면/ 새롭고 이로운 소식 있을 것이다

③ 心不足] 意不足하니

爲雲爲雨何翻覆고 一去一來方成福이라

마음도 부족하고/ 뜻도 부족하니/ 구름 되고 비 되어 어찌 엎치락 뒤치락 하는가?/ 한번 가고 한번 오니 바야흐로 복을 이루었다

5. 六五(☵ → ☵)

【효사와 소상전】 육오는 후회가 없어지니, 어진 사람(구이)이 뜻을 합해서 정치를 하면 나아감에 무슨 허물이 있으리오. 상에 말하기를 '어진 사람(구이)이 뜻을 합해서 정치를 함'은 감에 경사가 있으리라.【六五는 悔亡하니 厥宗이 噬膚면 往에 何咎리오. 象口 厥宗噬膚는 往有慶也리라.】

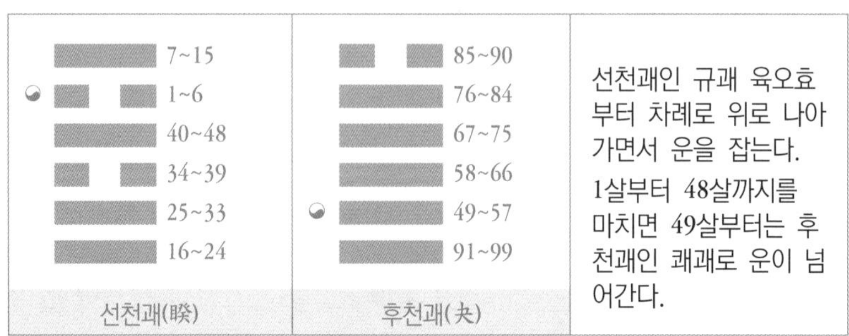

선천괘(睽)	후천괘(夬)	
7~15	85~90	선천괘인 규괘 육오효 부터 차례로 위로 나아 가면서 운을 잡는다. 1살부터 48살까지를 마치면 49살부터는 후 천괘인 쾌괘로 운이 넘 어간다.
1~6	76~84	
40~48	67~75	
34~39	58~66	
25~33	49~57	
16~24	91~99	

◈ 양년 음년 똑같음

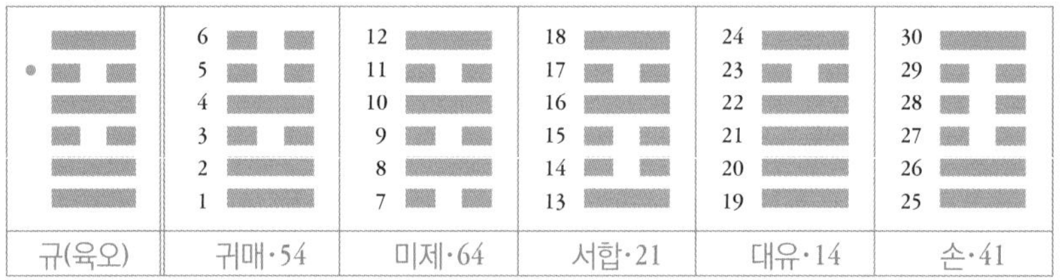

리(10)	태(58)	곤(47)	취(45)	함(31)	건(39)
1	2	3	4	5	6

◈ 월괘

귀매·54	대장·34	해·40	사·7	예·16	취·45	소과·62	려·56	겸·15	명이·36	건·39	정·48
1월	2월	3월	4월	5월	6월	7월	8월	9월	10월	11월	12월

◈ 일괘

규(육오)	귀매·54	미제·64	서합·21	대유·14	손·41
	6 5 4 3 2 1	12 11 10 9 8 7	18 17 16 15 14 13	24 23 22 21 20 19	30 29 28 27 26 25

【총괄해서 판단하면】

12 이 효는 임금과 신하가 쉽게 화합하니, 정치를 하는데 유리한 운이다.

---

12 此爻是君臣相合之易 而利有攸往者也 故叶者 德重位尊 謙恭下士 而得賢能輔
助 立功名 享富貴 不叶者 多承祖宗恩澤 生來受用 不勞己力 出而營謀 多遇知
己 但骨肉有噬嗑之傷 歲運逢之 在仕必有除拜之勞 在士必有登魁之應 庶俗經

그러므로 운이 맞는 사람은, 덕이 후중하고 지위가 높으며, 겸손하면서 공손하며, 선비들을 중히 여겨 어질고 능력있는 사람의 도움을 받으니, 공명을 세우고 부귀를 누린다.

운이 맞지 않는 사람은, 조상의 은혜를 입어서, 살아오는데 자기 힘을 들이지 않고, 나가서 일을 하는데 자신을 알아주는 친구를 많이 만나나, 다만 친족이 물어 뜯기는 상처를 입게 될 것이다.

세운을 만나면, 공직자는 반드시 관직에 제수되어 일할 것이고, 구직자는 반드시 장원급제로 등과할 것이다. 일반인은 경영하는 일에 이득을 얻고 발탁해주는 사람이 있을 것이며, 미혼인 사람은 배우자를 얻는다. 수가 흉한 사람은 친한 친구가 원망하고 미워하게 되며, 친족이 형을 받거나 상하고, 관청의 일에 연루된다.

【글귀로 판단하면】

1. 可惜成功未得名이요　山前有祿遇艱辛이라

   睽亡或見有成敗나　比往方成無禍侵이라

   공을 이뤘는데 이름 얻지 못한 것 아깝고/ 산앞에 복록이 있는데 만나기 어렵다/ 어긋남이 없어지면 혹 이루고 패망함이 있을 것이나/ 지난 것에 비하면 성공해서 화가 침범하지 않는다

2. 憂悶俱消散하니　先難後獲時라

   所行無不利하니　吉慶自相隨라

   근심과 번민이 함께 사라지니/ 먼저는 어려웠으나 뒤에는 때를 얻었다/ 행하는 일이 이롭지 않음이 없으니/ 길하고 경사스러움이 자연히 따른다

營獲利　抬擧有人　未婚者配　數凶者　親朋怨惡　骨肉刑傷　官事牽連

6. 上九(☲☱→☲☳)

【효사와 소상전】 상구는 어긋남에 외로워서, 돼지가 진흙을 짊어진 것과 귀신을 한 수레 실은 것을 봄이라. 먼저 활을 멕였다가 뒤에 활을 벗겨서, 도적질 하려는 것이 아니라 혼인을 하자는 것이니, 나아가서 비를 만나면(의심이 풀려 화합하면) 길하리라. 상에 말하기를 '비를 만나 길함'은 뭇 의심이 없어짐이라. 【上九는 睽孤하야 見豕負塗와 載鬼一車라. 先張之弧라가 後說之弧하야 匪寇라 婚媾니 往遇雨하면 則吉하리라. 象曰 遇雨之吉은 群疑 亡也라.】

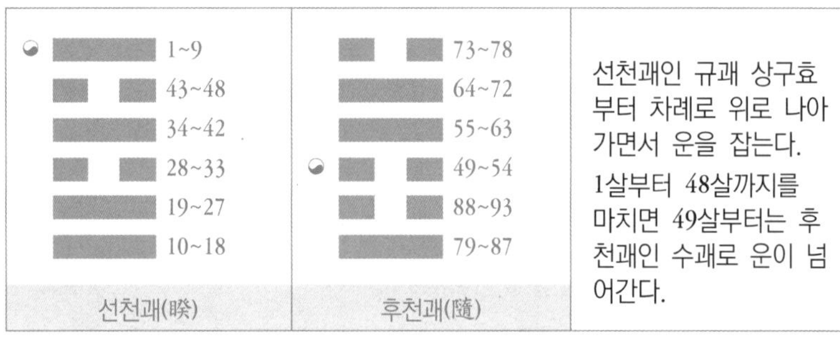

선천괘(睽)		후천괘(隨)		선천괘인 규괘 상구효부터 차례로 위로 나아가면서 운을 잡는다. 1살부터 48살까지를 마치면 49살부터는 후천괘인 수괘로 운이 넘어간다.
○	1~9		73~78	
	43~48		64~72	
	34~42		55~63	
	28~33	○	49~54	
	19~27		88~93	
	10~18		79~87	

◇ 양년(갑·병·무·경·임년)일 경우

규(38)	대유(14)	대장(34)	항(32)	소과(62)	예(16)	곤(2)	비(8)	관(20)
1	2	3	4	5	6	7	8	9

◇ 음년(을·정·기·신·계년)일 경우

귀매(54)	대장(34)	대유(14)	정(50)	려(56)	진(35)	박(23)	관(20)	비(8)
1	2	3	4	5	6	7	8	9

◈ 월괘

미제·64	몽·4	진·35	비·12	려·56	소과·62	간·52	비·22	점·53	손·57	건·39	비·8
1월	2월	3월	4월	5월	6월	7월	8월	9월	10월	11월	12월

◈ 일괘

규(상구)	미제·64	서합·21	대유·14	손·41	리·10
	6	12	18	24	30
	5	11	17	23	29
	4	10	16	22	28
	3	9	15	21	27
	2	8	14	20	26
	1	7	13	19	25

【총괄해서 판단하면】

[13] 이 효는 처음에는 어긋나 달리하지만 나중에는 뜻을 같이 하는 운이다. 그러므로 운이 맞는 사람은, 강하고 밝은 재주를 자부하여 지나치게 밝게 살핀다. 지나치게 살펴서 의심하게 되면, 처음은 어려움이 가로막지만 끝에 가서는 평이하게 된다. 혹 두 번 결혼하고, 혹 전쟁에 공을 세운다. 또한 '비(雨)'는 사람들에게 복과 은택을 주는 것이니, 물건을 이롭게 구제하는 징조다.

운이 맞지 않는 사람은, 고독하게 되고 더럽고 혼탁해지니, 헛소리만 하고 의리에 어긋난 일을 한다. 옳고 그름의 기준이 일정치 않으며, 모이고 흩어짐이 일정하지 않다.

세운을 만나면, 공직자는 비방하고 원망받다 귀양가게 되고, 선비의 벼슬 길은 먼저는 헤매다가 뒤에는 얻게 된다. 일반인은 더럽힘을 당하고 무고를 받아서, 먼저는 손해보지만 뒤에는 이익이 있게 된다.

---

[13] 此爻是與應始異而終同者也 故叶者 負剛明之才 過明而察 過察而疑 初涉艱難 終見平易 或重疊婚姻 或兵立功 又雨者福澤利人 濟物之兆 不叶者 爲孤獨 爲污濁 虛詐乖庚 是非不一 聚散無定 歲運逢之 在仕遭謗怨之謫 在士進取 先迷後得 在常人遭污受誣 先損後益

① 詭計無爲有하고 中心自欲遲나

忽然疑慮決이면 會合免睽違라

속이는 계책 없고/ 마음 속은 자연히 더뎌지나/ 홀연히 의심하는 생각

없어지게 되면/ 모이고 화합하여 어긋남을 면하리라

② 遇雨發旱苗하고 張弓箭又韜라

忽然疑慮決하니 後有好音緣라

비를 만나 가물었던 싹 돋아나고/ 당기려던 활의 화살 또한 감추었다/

홀연히 의심하는 생각 없어지니/ 뒤에 좋은 소식 따르게 된다

③ 恐懼正憂驚하니 虛空霹靂聲이라

須臾風雨過하니 圓月出層雲이라

두려워하고 근심하며 놀랐더니/ 허공의 벼락치는 소리이다/ 잠깐 사이

에 비바람 지나가니/ 둥근달이 층층구름 벗어났다

건괘 개요

【괘사와 대상전】 건은 서남이 이롭고 동북은 이롭지 않으며, 대인을 봄이 이로우니, 바르게 하면 길하리라. 상에 말하기를 산 위에 물이 있는 것이 건괘니, 군자가 본받아서 몸을 반성하고 덕을 닦느니라. 【蹇은 利西南하고 不利東北하며 利見大人하니 貞이면 吉하리라. 象曰 山上有水 蹇이니 君子 以하야 反身脩德하나니라.】

【총괄해서 판단하면】

무자
무술
무신
병신
병오
병진

※ 蹇卦 납갑표

[1] 태궁의 4세괘로 8월에 속한다. 내괘의 납갑은 병진·병오·병신이고 외괘의 납갑은 무신·무술·무자니, 8월에 태어난 사람과, 태어난 년도의 간지가 납갑의 간지에 합치되는 사람은 부귀와 공명을 누리게 된다.[2]

---

[1] 兌宮四世 卦屬八月 納甲 是丙午丙申丙辰 戊申戊戌戊子 如生於八月及納甲者 功名富貴人也

[2] 건괘의 세효인 육사효는 음효이므로, 초효부터 사효까지 세면 유酉에서 끝난다(초효는 오, 이효는 미, 삼효는 신, 사효는 유). 시시의 유는 8월에 해낭하브로, 건괘가 8월 괘가 되는 것이다. 따라서 8월을 주관하는 괘가 되고, 8월에 태어난 사람은 때를 얻음이 된다.

무·자戊·子년에 태어난 사람과 기·오己·午년에 태어난 사람은 이롭지 않음이 없음: 천간으로 무戊와 지지로 자子는 감(☵)의 원기이고, 천간으로 기(己)와 지지로 오午는 리(☲)의 원기이다.

운세로 보면① 수산건괘(䷃)는 상괘는 감(☵)이고 하괘는 간(☶)이며, 호괘로는 리(☲)와 감(☵)이 있다. 해와 달의 밝음이 있고, 물과 불이 서로 돕는 상이다. 이 괘는 못물이 흐르려고 하는데 간(☶)에게 그침을 당하고, 양명함이 떠오르려고 하는데 감의 함정에 빠지게 되니, 물은 험하고 막혀 통하지 않고, 해는 이그러지고 기울어져 밝지 않는다. 군자가 이런 괘를 얻으면, 다리를 절고 어렵게 되는 상이다.

② 건괘와 해괘를 논함(論蹇解二卦)

어떤 사람의 팔자를 환산해서 건괘(䷃)를 얻었을 때 어렵다고 판단하는 것은, 건괘(䷃)의 어려움이 끝나면 해괘(䷧)의 풀림이 있다는 것을 모르기 때문이다. 손실이 끝나면 이득을 보게 되는 것이니, 어찌 자세히 살피지 않을 수 있겠는가? 건괘는 안과 밖에 해(☲)와 달(☵)의 밝음이 있고, 리(☲)의 밝음이 그 속에 호괘로 숨겨져 있다.

봄과 여름에는 이롭지 못하고, 가을과 겨울에는 상당히 좋다. 감(☵)은 겨울의 화공이고, 리(☲)는 여름의 화공이니, 달은 겨울에 밝고 해는 여름에 밝은 것이다. 무·자戊·子년에 태어난 사람과 기·오己·午년에 태어난 사람은 이롭지 않음이 없다. 괘명이 비록 불리하더라도 이치는 좋은 것이 있으니, 효의 뜻을 밝히려 하지 않고 헛되이 괘명만을 추론할 것인가?

【팔궁세혼법으로 판단하면】

건괘는 팔궁세혼법으로 볼 때, 태궁의 4세괘로 제후諸侯괘에 해당한다. 즉 육사효(제후)가 세효世爻가 되고, 원사元士에 해당하는 초육효는 응효가 된다. 세효를 도와주는 원사가 바름을 얻지 못했고, 더욱이 음과 양으로 서로 응하지도 못하므로 어렵고 힘들게 된다. 초구효의 지지인 진(辰土)이 육사효의 지지인 신(申金)을 생해주나, 자신이 바름을 얻지 못했기 때문에 큰 힘은 되지 못한다. 더욱이 상괘의 험함(坎水)이 있고, 안으로는 나아가지 못하고 그쳐있어야 하니(艮土) 더욱 어려운 면이 있다. 오직 정성을 다하면서 때를 기다려야 한다.

모든 일에 산과 물의 험함이 가로막듯이 어려움과 고통이 많다. 한 어려움이 가면 또 어려움이 오고, 엎친데 덮친 격으로 일이 계속 생긴다. 현명한 사람에게 어려움을 이기는 방법을 묻고, 자신을 반성하며 바르게 행동하며, 무모한 짓을 삼가해야 한다. 어려움이 계속해서 겹치는 운으로, 이성과 지혜를 모아 현상유지를 하도록 노력해야 한다. 평생운에 이 괘를 얻었다면, 처자궁에 재액이 있는 격이니, 딸은 많은데 아들이 없거나, 재산은 있는데 자식이 귀하게 된다. 자신이 앞장서서 경영하기 보다는, 고용되어 월급을 받는 입장이 되는 것이 좋다.

【글귀로 판단하면】

1 一對鴛鴦水上棲요　茇荷風暖日方西라

山前山後故人會하니　始覺從玆路不迷라

한쌍의 원앙은 물 위에 깃들고/ 마름(茇)과 연(荷)에 바람 따스한데 해는 서쪽으로 진다/ 산 앞과 뒤에서 옛친구 만나니/ 지금부터 운이 열리게 됨을 알 것이다

2 蹇利西南吉이나　須防東北屯이라

德修名自顯이요　雲內一佳人이라

건괘蹇卦는 서남쪽이 이롭고 길하나/ 동북쪽의 어려움을 막아야 한다/ 덕을 닦아 명성이 저절로 드날리게 되고/ 구름속에 아름다운 사람 하나 있다

3 蹇躁有誰知아　逢羊始昃時라

螭頭方見立이면　終到鳳凰池라

힘닌하고 조급하니 누가 알겠는가?/ 양(未)을 민나면 기울기 시직하는 때이다/ 용의 머리(辰初)가 서는 것을 보면/ 마침내 봉황이 못에 이를 것이다

1. 初六(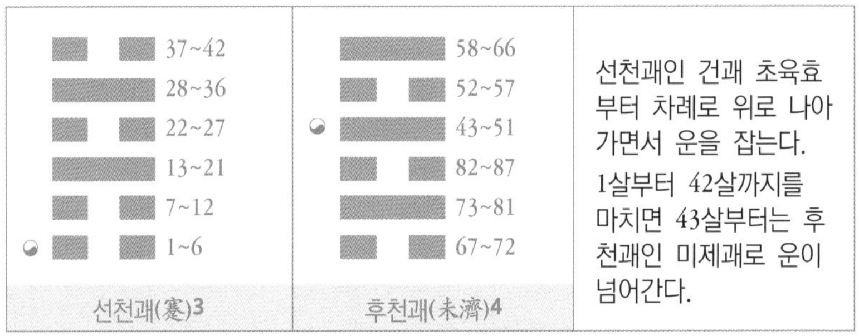)

【효사와 소상전】 초육은 나아가면 어렵고 오면 명예로우리라. 상에 말하기를 '나아가면 험난하고 오면 명예로움'은, 마땅히 기다려야 하는 것이니라.

【初六은 往하면 蹇코 來하면 譽리라. 象曰 往蹇來譽는 宜待也니라.】

37~42	58~66	선천괘인 건괘 초육효부터 차례로 위로 나아가면서 운을 잡는다.
28~36	52~57	
22~27	43~51	1살부터 42살까지를 마치면 43살부터는 후천괘인 미제괘로 운이 넘어간다.
13~21	82~87	
7~12	73~81	
1~6	67~72	
선천괘(蹇)**3**	후천괘(未濟)**4**	

◈ 양년 음년 똑같음 **5**

기제(63)**6**	수(5)	절(60)	태(58)	귀매(54)	규(38)
1	2	3	4	5	6

---

3 사주의 숫자로 괘를 만들어서 건괘 초효에 원당이 있다면, 1~6살까지는 건괘 초효 항을, 7~12살까지는 건괘 이효 항을, …, 37~42살까지는 건괘 상효 항을 가서 살펴 보면 된다.

4 43~51살까지는 후천괘인 미제괘 사효 항을, 58~66살까지는 미제괘 상효 항을, …, 82~87살까지는 미제괘 삼효 항을 살펴보면 그 사람의 운이 된다(◔나 ●표시 한 곳이 해당하는 효를 가리키고, 밑에서부터 초효·이효·삼효·사효·오효·상효로 나눈다).

5 해마다의 운인 유년운의 진행은 양효(━)일 때와 음효(╍)일 때가 다른데, 그 자세한 예는 중천건괘(1) 초구효, 중지곤괘(2) 초육효와 육이효, 수뢰둔괘(3) 초구효와 육삼효, 산수몽괘(4) 초육효와 육사효 항에 유년운에 속한 월운月運의 예와 함께 실려 있으므로 참고하면 된다.

6 위의 도표에서 '기제(63)'이라고 한 것은 괘명은 기제괘旣濟卦고 64괘 중에 63번째 괘라는 뜻이다. 나머지 괘도 이와같은 방식으로 본다. 따라서 앞의 목차에서 번호의

◇ 월괘

정·48	승·46	감·29	환·59	곤·47	태·58	해·40	예·16	미제·64	정·50	규·38	손·41
1월	2월	3월	4월	5월	6월	7월	8월	9월	10월	11월	12월

◇ 일괘 7

건(초육)	정·48	비·8	함·31	겸·15	점·53
	6	12	18	24	30
	5	11	17	23	29
	4	10	16	22	28
	3	9	15	21	27
	2	8	14	20	26
	1	7	13	19	25

【총괄해서 판단하면】

8 이 효는 나갈 수 없는 때이고, 사람이 또한 마땅히 나아가지 말고 그쳐야 하는 운이다. 그러므로 운이 맞는 사람은, 재주가 커서 맑고 명예로우며 역경을 당해도 잘 처신해서, 험한 것을 보고 그칠 줄 알고 밝게 몸을 보전한다. 처음은 비록 실패하고 어려움이 있으나, 나중에는 험난함을 건너가고 유능한 이를 만나게 될 것이다.

운이 맞지 않는 사람은, 주어진 길을 따르고 궤적을 따라서, 가난해도 마음을 편안히 하고 도를 즐기며 산다.

세운을 만나면, 공직자는 칭찬하고 권장하는 말도 듣게 되나, 제재하는

순서대로 찾으면, 해당하는 괘를 쉽게 찾을 수 있다. 또 월괘月卦에서 '정·48' 등으로 표시한 것도, 괘명은 정괘井卦이고 64괘 중에 48번째라는 뜻이다.

7 그 날의 운(日運)과 더 세분해서 시운時運을 알고 싶으면, 앞의 일괘日卦와 시괘時卦 설명을 참조해서 계산하면 된다. 자세한 예는 건(1)~송(6)괘의 초효 항에 있으므로 참고바람.

8 此爻是時 有不可進 而人亦所當止者也 故叶者 大才淸譽 善處逆境 見險能止 明哲保身 初雖倨寒 終有濟遇 不叶者 循途守轍 安貧樂道 歲運逢之 在仕來獎譽之加 而制諮之有待 在士則待時而進 在常俗則惟宜守舊安常

훈계도 기다리고 있으며, 구직자는 때를 기다려서 나아가 벼슬하게 되고, 일반인은 오직 옛 것을 지키고 평상의 삶에 만족하며 사는 것이 좋다.

【글귀로 판단하면】

① 往蹇重重慶하니 疑憂不用憂라

　利名兩遂志요 花卉又經秋라

　가면 험난하나 거듭거듭 경사 있으니/ 의심하고 근심할 것 없다/ 명예와 이익 둘다 뜻을 이루고/ 꽃과 풀이 또한 가을을 지났다

② 岸畔水深船易落이요 徑荒苔險路難行이라

　蛇行自有通津路나 目下幽朣日未明이라

　언덕가 물 깊으니 배가 뒤집어지기 쉽고/ 길은 거칠고 이끼는 험하니 길가기 어렵다/ 뱀(巳)이 가면 자연히 나루로 가는 길 있으나/ 지금은 창 어둡고 날 밝지 않았다

③ 人方防險難하니 戒勿强施爲하라

　美譽將來振이니 何如且待時아

　사람이 지금 막 험난함을 방비했으니/ 크게 일 벌리지 말아라/ 아름다운 칭송이 장래에 떨칠 것이니/ 때를 기다림이 어떠한가?

2. 六二(䷂ → ䷜)

【효사와 소상전】 육이는 왕의 신하가 건蹇의 때에 어려움이 자기의 연고가 아니다. 상에 말하기를 '왕의 신하가 건의 때에 어려움이 자기의 연고가 아님'은, 마침내 허물이 없으리라.【六二는 王臣蹇蹇이 匪躬之故라. 象曰 王臣蹇蹇은 終无尤也리라.】

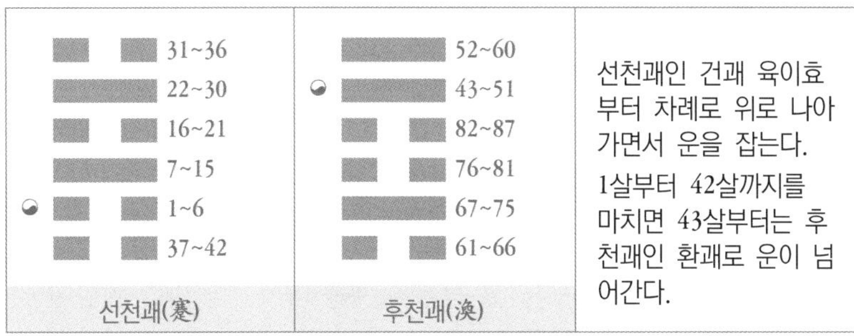

선천괘인 건괘 육이효부터 차례로 위로 나아가면서 운을 잡는다.
1살부터 42살까지를 마치면 43살부터는 후천괘인 환괘로 운이 넘어간다.

◈ 양년 음년 똑같음

정(48)	감(29)	곤(47)	해(40)	미제(64)	규(38)
1	2	3	4	5	6

◈ 월괘

비·8	관·20	취·45	수·17	예·16	해·40	진·35	려·56	서합·21	이·27	규·38	리·10
1월	2월	3월	4월	5월	6월	7월	8월	9월	10월	11월	12월

◈ 일괘

건(육이)	비·8	함·31	겸·15	점·53	기제·63
	6 5 4 3 2 1	12 11 10 9 8 7	18 17 16 15 14 13	24 23 22 21 20 19	30 29 28 27 26 25

【총괄해서 판단하면】

9 이 효는 정성을 다해서 임금을 섬기는 사람이다. 그러므로 운이 맞는

---

9 此爻是盡誠以事君者也 故叶者 孝親忠君 竭力效誠 豈菲才末技所能爲 不叶者
父子同受艱辛 夫妻共甘寂寞 潔身清慮 鄕里欽仰 歲運逢之 在仕則效忠貞之節
以靖國家 在士則所遇非時 而難進取 在庶俗則涉艱歷險 而營謀有阻 數凶者難

사람은, 어버이에게 효도하고 임금에게 충성하는 사람으로, 힘을 다해서 충성을 바치니, 천한 재주와 말단적인 기예로 할 수 있는 것이겠는가?

운이 맞지 않는 사람은, 부자父子가 같이 어려움을 겪고, 부부가 함께 쓸쓸하게 사는 것을 달게 여겨, 몸을 깨끗이 하고 생각을 맑게 하니, 동네 사람들이 공경하고 우러러 본다.

세운을 만나면, 공직자는 충성되고 곧은 절개를 바쳐서 국가를 편안히 하고, 구직자는 때를 만나지 못해서 벼슬하기가 어려우며, 일반인은 험난한 곳을 건너 지나게 되고, 경영하고 계획하는 것이 막히게 되니, 수가 흉한 사람은 몸을 보존하기도 어렵다.

【글귀로 판단하면】

1 寒中還遇寒하니 臣子盡忠謀라

　雖不成功業이나 終當無悔尤라

　어려운 가운데 또 어려움 만났으니/ 신하들이 충성과 지모를 다했다/

　비록 공과 업적은 못 이뤘으나/ 후회와 허물은 없게 된다

2 匪躬多蹇蹇이나 鴻雁折趨遷이라

　策馬西南去하니 先愁後喜歡이라

　자기 때문에 어려움 많은 것은 아니나/ 기러기 행렬이 혼란스럽게 끊겼다/ 말을 몰고 서남쪽으로 가니/ 먼저는 근심이나 뒤에는 기쁨일세

3 未動且安心하니 心安是坦平이라

　靜中心地大하니 喜色上眉稜이라

　움직이지 않고 또 마음 편히 하니/ 마음이 평안함에 모두 평탄해졌다/

　고요한 가운데 마음 관대해지니/ 기쁜빛이 눈썹가에 나타난다

以保身

3. 九三(䷜→䷆)

【효사와 소상전】 구삼은 나아가면 어렵고 아래로 오면 돌아오리라. 상에 말하기를 '나아가면 어렵고 아래로 오면 돌아온다'는 것은, 안에 있는 사람이 기뻐하기 때문이다. 【九三은 往하면 蹇코 來하면 反이리라. 象曰 往蹇來反은 內 喜之也일새라.】

선천괘(蹇)		후천괘(師)	
	25~30		43~48
	16~24		76~81
	10~15		70~75
	1~9		64~69
	37~42		55~63
	31~36		49~54

선천괘인 건괘 구삼효부터 차례로 위로 나아가면서 운을 잡는다.

1살부터 42살까지를 마치면 43살부터는 후천괘인 사괘로 운이 넘어간다.

◈ 양년(갑·병·무·경·임년)일 경우

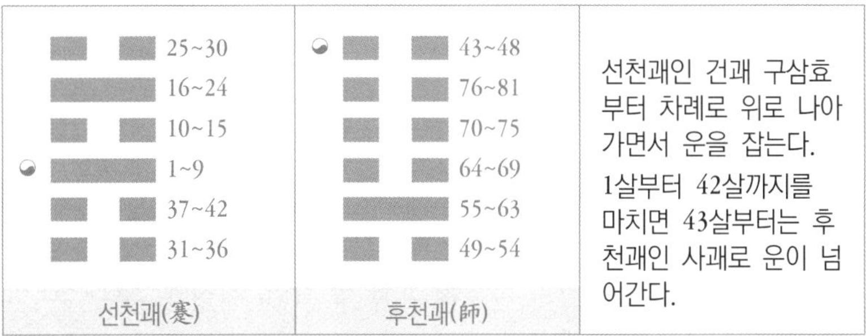

건(39)	점(53)	관(20)	비(12)	진(35)	예(16)	진(51)	귀매(54)	대장(34)
1	2	3	4	5	6	7	8	9

◈ 음년(을·정·기·신·계년)일 경우

비(8)	관(20)	점(53)	돈(33)	려(56)	소과(62)	풍(55)	대장(34)	귀매(54)
1	2	3	4	5	6	7	8	9

◈ 월괘

함·31	혁·49	소과·62	항·32	려·56	진·35	리·30	비·22	대유·14	건·1	규·38	귀매·54
1월	2월	3월	4월	5월	6월	7월	8월	9월	10월	11월	12월

◈ 일괘

	6	12	18	24	30
	5	11	17	23	29
	4	10	16	22	28
●	3	9	15	21	27
	2	8	14	20	26
	1	7	13	19	25
건(구삼)	함·31	겸·15	점·53	기제·63	정·48

【총괄해서 판단하면】

10 이 효는 때가 나갈 수 없는 때이고, 의리로 봐도 또한 마땅히 그쳐야 하는 운이다. 그러므로 운이 맞는 사람은, 기미를 보고 때를 살펴서 사람의 도움을 얻는다. 혹 내한·내사·중서성·치중·중순 등 문필文筆을 맡아 의논하고 간쟁하는 직책에 있으면서 편안하고 즐겁게 지낸다.

운이 맞지 않는 사람은, 자기의 허물을 고칠 줄 알며, 외지에 있다가 고향으로 돌아와서 조상들이 살던대로 살고, 혹 내조를 얻는다.

세운을 만나면, 공직자는 내직(중앙정부의 관서)으로 발령받고, 구직자는 조정에서 발탁하는 시험을 보면 이로우며, 지위가 높은 사람은 반드시 한림원이나 중서성 등의 문필을 맡아 행하는 벼슬을 한다. 일반인은 처자妻子로 인한 기쁨이 있으나, 수가 흉한 사람은 이 효가 변해서 비괘比卦의 육삼효가 되는 까닭에, 형을 받고 극을 받아 손상을 입게 된다.

【글귀로 판단하면】

① 進而逢遇險하니 蹇難見多端이라

內喜宜遄反이면 方能保所安이라

나아가 험한 것 만나니/ 험하고 어려운 여러가지 일 보게 되었다/ 안에

---

10 此爻是時不可進 而義亦所當止者也 故叶者 見幾相時 得人贊助 或居內翰內舍 中書省治中中順之職 而安樂自知 不叶者 改過自能 外立歸宗 守祖生涯 或得內 助 歲運逢之 在仕入朝 進取利會試 位高者必翰林中書 庶俗有妻子之喜 數凶者 變此六三刑剋損傷

는 기쁜 일이 있으니 빨리 돌아온다면/ 편안함을 보전할 수 있으리라

② 舟漏雖難濟나 危顚去莫前이라

往來多險阻나 猴遇祿安然이라

배가 새서 비록 건너기 어려우나/ 엎어질까 위태하니 앞으로 가지 못한다/ 가고 오는데 험하고 막히는 곳 많으나/ 원숭이(申) 만나면 복록 받고 편안하리라

③ 事慮淹留하고 人不出頭하며

往來閉塞하니 要見無繇라

일은 지체되는 것 근심스럽고/ 사람들은 나오지 않으며/ 가고 오는 것이 닫혀 막혔으니/ 보려고 해도 방법이 없다

4. 六四(☳→☶)

【효사와 소상전】 육사는 나아가면 어렵고 오면 연합되리라. 상에 말하기를 '나아가면 어렵고 오면 연합된다'는 것은, 당한 위位가 성실한 자리이기 때문이다. 【六四는 往하면 蹇코 來면 連이리라. 象曰 往蹇來連은 當位 實也일새라.】

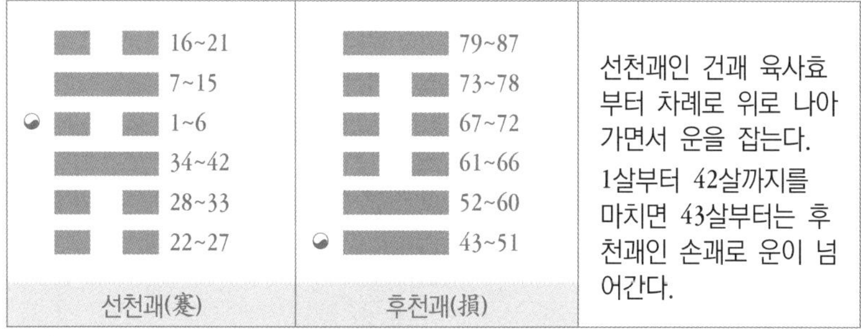

선천괘인 건괘 육사효부터 차례로 위로 나아가면서 운을 잡는다.
1살부터 42살까지를 마치면 43살부터는 후천괘인 손괘로 운이 넘어간다.

함(31)	소과(62)	려(56)	리(30)	대유(14)	규(38)
1	2	3	4	5	6

겸·15	승·46	간·52	박·23	비·22	리·30	대축·26	소축·9	손·41	림·19	규·38	미제·64
1월	2월	3월	4월	5월	6월	7월	8월	9월	10월	11월	12월

건(육사)	겸·15	점·53	기제·63	정·48	비·8

【총괄해서 판단하면】

11 이 효는 때가 비록 나갈 수 없는 때이지만, 의리상으로는 그만 둘 수 없기 때문에, 아랫사람과 연대하여 힘을 합해서 건너가는 것이다. 그러므로 운이 맞는 사람은, 어진이를 친히 하고 선비에게 낮추니, 마음을 같이 하는 사람이 많고 도와주는 이가 여럿이어서, 빠진 것을 건지고 어려운 것을 형통하게 하며, 쇠퇴한 것을 진흥시키고 어지러운 것을 다스리는데 도움을 받게 된다. 혹 위로는 할아버지의 사랑을 받고 아래로는 어진 자손을 두어서, 공명이 헛되지 않고 복록이 많게 된다.

---

11 此爻是時雖不可進 而義不容已 故連下合力以濟者也 故叶者 親賢下士 同心者 多 協力者衆 而拯溺亨屯 興衰撥亂之有賴 或上承祖愛 下續賢嗣 功名不虛 福祿 允當 不叶者 道克事實 得人贊助 平生安逸 或婚姻嗣接續 歲運逢之 在仕連接歷 陞之無阻 求名望利 皆有實而不虛 數凶者牽連訟非 動止寒難

운이 맞지 않는 사람도, 높은 도를 가지고 있으면서도 일은 실질적이어서, 사람의 도움을 받으니 평생동안 편안하다. 혹 혼인하면 후사를 이을 아들을 바로 낳게 된다.

세운을 만나면, 공직자는 연속적으로 승진을 해서 막힘이 없고, 바라는 명리는 다 실질이 있어 헛되지 않게 된다.

수가 흉한 사람은 송사나 비리에 연루되고, 행동거지가 어렵게 된다.

【글귀로 판단하면】

① 與人幹患難이나 其志不同謀라

　　大抵當誠實이니 方能濟難尤라

　　사람들과 환난을 수습하려 하나/ 그 뜻과 생각이 같지 않다/ 마땅히 성실하게 해야 하니/ 그러면 어렵고 허물될 일을 구제할 수 있으리라

② 海溟輕鮏躍타가 事急且回頭라

　　萬里方能進이니 守終名日優라

　　바다 속에서 작은 자가사리가 뛰다가/ 일이 급해서 또 머리를 돌린다/ 만리길을 나아갈 수 있게 되리니/ 끝까지 지키면 명성이 날로 높아지리라

③ 欲上青雲路未通하니 幾番思慮轉成空가

　　水邊音信重回轉이면 財利聲名有始終이라

　　벼슬하고자 하나 길이 통하지 않으니/ 몇번이나 생각하고 꾀한 것이 헛수고가 되었는가?/ 물가에서 소식이 거듭 돌아오면/ 재물과 명성이 처음부터 끝까지 있게 되리라

5. 九五(☵ → ☷)

【효사와 소상전】 구오는 크게 어려움에 벗이 오도다. 상에 말하기를 '대건붕래'는 중정中正한 절도로 하기 때문이다. 【九五는 大蹇에 朋來로다. 象曰 大

寒朋來는 以中節也라.】

양령(동지이후부터 하지까지)에 태어난 경우 의 후천괘 [12]		
선천괘(寒)	후천괘(剝)	선천괘인 건괘 구오효부터 차례로 위로 나아가면서 운을 잡는다. 1살부터 42살까지를 마치면 43살부터는 후천괘인 박괘로 운이 넘어간다.

선천괘(寒):
- 10~15
- 1~9
- 37~42
- 28~36
- 22~27
- 16~21

후천괘(剝):
- 67~75
- 61~66
- 55~60
- 49~54
- 43~48
- 76~81

음령(하지이후부터 동지까지)에 태어난 경우 의 후천괘		
선천괘(寒)	후천괘(謙)	선천괘인 건괘 구오효부터 차례로 위로 나아가면서 운을 잡는다. 1살부터 42살까지를 마치면 43살부터는 후천괘인 겸괘로 운이 넘어간다.

선천괘(寒):
- 10~15
- 1~9
- 37~42
- 28~36
- 22~27
- 16~21

후천괘(謙):
- 49~54
- 43~48
- 76~81
- 67~75
- 61~66
- 55~60

◈ 양년(갑·병·무·경·임년)일 경우

건(39)	정(48)	승(46)	고(18)	대축(26)	비(22)	이(27)	서합(21)	무망(25)
1	2	3	4	5	6	7	8	9

---

12 수산건괘는 3대 난괘의 하나로 후천괘로 변할 때에 예외가 있다. 즉 임금자리인 구오효와 음효의 주인자리인 상육효의 경우인데, 구오효의 경우 양령에 태어난 사람은 일반적인 방법에 의해서 위와 같이 후천괘로 바뀐다. 그러나 음령에 태어난 사람인 경우는 아래의 도표와 같이 양효는 음효로 되지만, 상괘와 하괘가 바뀌지 않는다.

◈ 음년(을·정·기·신·계년)일 경우

겸(15)	승(46)	정(48)	손(57)	소축(9)	가인(37)	익(42)	무망(25)	서합(21)
1	2	3	4	5	6	7	8	9

◈ 월괘

점·53	관·20	가인·37	동인·13	소축·9	대축·26	중부·61	절·60	리·10	송·6	규·38	서합·21
1월	2월	3월	4월	5월	6월	7월	8월	9월	10월	11월	12월

◈ 일괘

건(구오)	점·53	기제·63	정·48	비·8	함·31

【총괄해서 판단하면】

13 이 효는 임금이 큰 어려움을 당한 상태로, 도와주는 사람이 있음을 큰 경사로 생각하는 운이다. 그러므로 운이 맞는 사람은, 중도中道를 행하면서 자기의 마음을 비우고 바름을 지키며, 왕도王道를 밝게 하고 어진 벗과 따르는 이를 신임해서, 비색한 세상을 돌려 태평하게 만들고, 어지러운 세상을 바꿔서 다스려진 세상으로 만드니, 힘을 들이지 않아도 자연히 공을 이룬다. 또한 '중中'자의 뜻은 대중·중승·중서 등 중앙정부의 고

---

13 此爻是人君當蹇之重　而深慶其助之者也　故叶者　行道執中　虛己守正　明王道　信任良朋協從　而轉否爲泰　易亂爲治　不勞力而自成　且中字之義　則爲大中中丞　中書之兆　不叶者　身家雖困　常得良朋提携　幹事助力中節　先蹇後泰　歲運逢之　在仕外郡者必擇淸要　進取者多用關節而中式　或入大學之選　營謀者好人提擧　無往不利

위관리가 되는 징조다.

운이 맞지 않는 사람은, 몸과 집안이 비록 곤궁하나, 항상 어진 벗의 도움을 얻어, 일을 주관하거나 도와줌에 있어서 절도에 맞게 하니, 먼저는 어려우나 뒤에는 태평해진다.

세운을 만나면, 공직자는 외군外郡에 있던 사람은 반드시 중요한 요직에 발탁되고, 벼슬하려는 사람은 예절이나 의식을 주관하는 부서에 쓰이며, 혹 대학에 들어가기도 한다. 사업을 하는 사람은 이끌어주는 사람이 있으니, 가는 곳 마다 이롭다.

【글귀로 판단하면】

① 普地同來敬하니 西來更有期라

　 命將雙日至하니 好植帥師施라

　 온나라에서 같이 와 경배하니/ 서쪽에서 온다는 기약이 다시 있게 된다/ 명령받은 장수가 하루에 둘이나 오니/ 군사를 거느리고 공로를 세우기 좋게 됐다

② 道路足忻叶하고 風波一點無라

　 時間心緖亂하나 全仗貴人扶라

　 도로는 평탄하여 가기 좋고/ 바람과 물결은 한 점도 없다/ 때때로 마음이 어지러우나/ 전적으로 귀인의 도움에 의지한다

6. 上六(☷ → ☶)

【효사와 소상전】 상육은 나가면 어렵고 오면 커져서 길하리니, 대인을 봄이 이로우니라. 상에 말하기를 '나가면 어렵고 오면 크다'는 것은 뜻이 안에 있음이고, '대인을 봄이 이로움'은 귀한 것을 따르는 것이다. 【上六은 往하면 蹇코 來하면 碩이라 吉하리니 利見大人하니라. 象曰 往蹇來碩은 志在內也오 利見大人은 以從貴也라.】

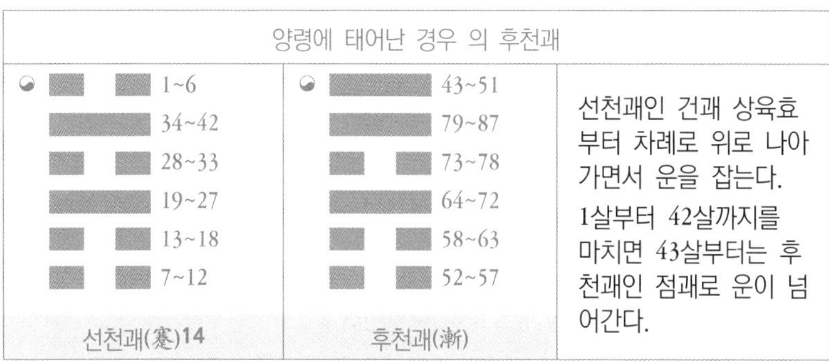

양령에 태어난 경우 의 후천괘		
1~6 34~42 28~33 19~27 13~18 7~12	43~51 79~87 73~78 64~72 58~63 52~57	선천괘인 건괘 상육효 부터 차례로 위로 나아 가면서 운을 잡는다. 1살부터 42살까지를 마치면 43살부터는 후 천괘인 점괘로 운이 넘 어간다.
선천괘(蹇)14	후천괘(漸)	

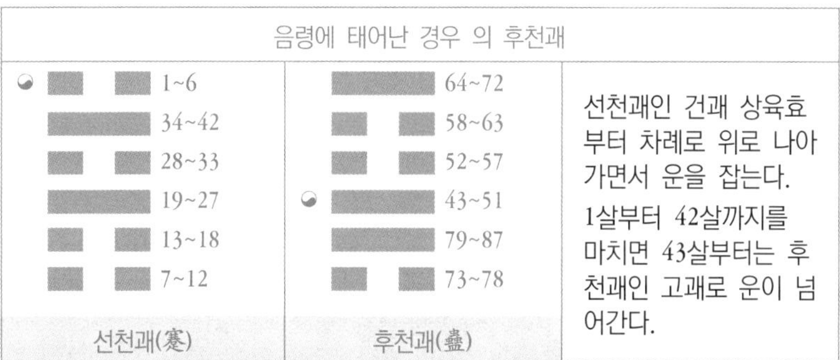

음령에 태어난 경우 의 후천괘		
1~6 34~42 28~33 19~27 13~18 7~12	64~72 58~63 52~57 43~51 79~87 73~78	선천괘인 건괘 상육효 부터 차례로 위로 나아 가면서 운을 잡는다. 1살부터 42살까지를 마치면 43살부터는 후 천괘인 고괘로 운이 넘 어간다.
선천괘(蹇)	후천괘(蠱)	

◈ 양년 음년 똑같음

점(53)	가인(37)	소축(9)	중부(61)	리(10)	규(38)
1	2	3	4	5	6

◈ 월괘

기제·63	혁·49	수·5	태·11	절·60	중부·61	태·58	곤·47	귀매·54	진·51	규·38	대유·14
1월	2월	3월	4월	5월	6월	7월	8월	9월	10월	11월	12월

14 구오효의 경우와 마찬가지로 수산건괘가 후천괘로 바뀌는 예외인 경우이다. 양령에 태어난 사람은 위의 도표를 활용하고, 음령에 태어난 사람은 아랫도표를 활용하면 된 다.

◈ 일괘

●	6 5 4 3 2 1	12 11 10 9 8 7	18 17 16 15 14 13	24 23 22 21 20 19	30 29 28 27 26 25
건(상육)	기제·63	정·48	비·8	함·31	겸·15

【총괄해서 판단하면】

15 이 효는 나아갈 수 있으나, 의리가 마땅히 임금을 따라 보필해야 하는 운이다. 그러므로 운이 맞는 사람은, 재주와 덕이 큰 사람으로, 임금을 섬기는 뜻이 돈독하여, 공과 업적이 당시에 나타나고 명예와 덕망이 만고에 빛난다.

운이 맞지 않는 사람은, 높고 귀한 사람에게 의지해서 의젓하게 살고, 부인이 내조를 잘해서 평생을 편안히 산다.

세운을 만나면, 공직자는 반드시 내태·내한 등 문필에 관련된 부서에 들어가고, 구직자는 벼슬해서 명성을 이루며, 일반인은 귀한 사람을 가까이 해서 이득을 얻는다.

【글귀로 판단하면】

1 一見東風日自昏이요 西風始有日輝瑩이라

蟾中丹桂須遠折이요 倒綴仙桃向禁庭이라

동풍을 한번 보면 날마다 자연히 혼미해지고/ 서풍에는 비로소 날로 빛나게 된다/ 달속에 있는 붉은 계수나무는 멀리서 꺾게 되고/ 거꾸로 매달린 선도복숭아는 임금의 뜰로 향한다

2 前進方迤遭하니 惟當順聽從이라

---

15 此爻是有可進 而義當從乎君者也 故叶者 大才碩德 篤志事君 勳業著于當時 譽望昭于千古 不叶者 依附尊貴 卓然生涯 內助有人 平生安逸 歲運逢之 在仕必入內台內翰 進取成名 庶俗近貴獲利

貴人相協助하니 轉禍可爲功이라

앞으로 나아감이 어렵게 되니/ 오직 어진이의 말을 듣고 따름이 마땅
하다/ 귀한 사람이 서로 협력해서 도와주니/ 화를 돌이켜 공이 되게 하
누나

③ 江闊水茫茫하니 執釣魚未收라

休言難捉摸하라 終久見因縶라

강은 넓고 물은 망망하니/ 낚싯대 잡았으나 고기 낚지 못했다/ 붙잡기
가 어렵다고 말하지 마라/ 오래되면 마침내 단서를 알게 되리라

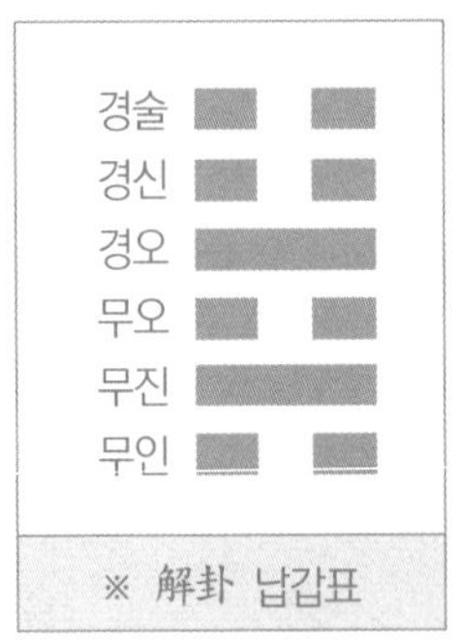

震上
坎下

雷水解(40)
뇌　수　해

【괘사와 대상전】해는 서남쪽이 이로우니 갈 바가 없기 때문에 와서 회복함이 길하니, 갈 바가 있거든 일찍하면 길하리라. 상에 말하기를 우레와 비가 일어나는 것이 해괘니, 군자가 본받아서 허물을 용서해주고 죄를 감해주느니라.【解는 利西南하니 无所往이라 其來復이 吉하니 有攸往이어든 夙하면 吉하리라. 象曰 雷雨作이 解니 君子 以하야 赦過宥罪하나니라.】

【총괄해서 판단하면】

1 진궁의 2세괘로 12월에 속한다. 내괘의 납갑은 무인·무진·무오이고, 외괘의 납갑은 경오·경신·경술이니, 12월에 태어난 사람과, 태어난 년도의 간지가 납갑의 간지에 합치되는 사람은 부귀와 공명을 누리게 된다. 또한 2월부터 8월은 우레와 비가 때를 만난 것이니 복이 많고, 9월부터 정월은 때를 잃은 것이니 복이 박하나, 본명의 월괘는 이것으로 논하지 않는다(우레와 비가 때를 만나고 만나지 못함으로 복의 후박을 논하나, 해괘가 해당하는 12월에 태어난 사람도 좋다는 말이다).2

경술
경신
경오
무오
무진
무인

※ 解卦 납갑표

---

1 震宮二世 卦屬十二月 納甲 是戊寅戊辰戊午 庚午庚戌庚申 生於十二月及納甲者 功名富貴人也 又二月及八月 雷雨及時 福重 九月至正月 失時 福淺 本命月卦 不在此論

2 해괘의 세효인 구이효는 양효이므로, 초효부터 이효까지 세면 축표에서 끝난다(초효

운세로 보면 뇌수해괘(䷧)는 상괘는 진(☳)이고 하괘는 감(☵)이며, 호괘로는 감(☵)과 리(☲)가 있다. 우레소리가 한번 남에 비가 내리고, 해는 밝고자 한다. 안과 밖에 다 함정(坎)이 있으나, 음과 양으로 하여금 서로 부딪히게 해 물과 이슬이 통행하니, 만물을 적시는 은혜를 준다. 그러므로 단전에 말하기를 "험하지만 능히 움직이고, 움직여서 험한데서 나온다"고 했다. 군자가 이런 괘를 얻으면, 환난을 풀어 없애는 상이다.

【팔궁세혼법으로 판단하면】

  해괘는 팔궁세혼법으로 볼 때, 진궁의 2세괘로 대부大夫괘에 해당한다. 즉 구이효(대부)가 세효世爻가 되고, 임금에 해당하는 육오효는 응효가 된다. 두 효가 모두 제자리를 얻지 못했으나, 음과 양으로 서로 응하고, 더욱이 구이효의 지지인 진(辰土)이 응효의 지지인 신(申金)을 생해주니, 대부로써 임금을 도와 나라를 잘 다스리는 것이다. 따라서 처음에는 바름을 얻지 못해 어려움이 있으나, 합심해서 일을 잘 풀어가는 뜻이 있다. 안은 험하고(坎險:☵) 밖으로는 움직여 나가니(震動:☳), 쌓이고 맺혔던 기운이 흩어지고 풀리는 뜻이다.

지금까지 고생 많던 사람이, 고난이 풀리며 점차 좋은 운으로 바뀐다. 결정을 늦춘다든지 느적느적 미룬다면 때를 잃을 수도 있으므로, 될 수 있는대로 빨리 결정하고 빨리 행해야 한다. 진정으로 자신을 돕는 사람을 만나 부진상태에 있던 일을 타개하여 나간다. '解解'자가 풀리고 흩어진다는 뜻에서, 좋은 운을 구가했던 사람은 해고, 전업, 계약취소가 될 수도 있다.

【글귀로 판단하면】

① 一徑西南別是家에 秋風吹謝滿園花라

  는 자, 이효는 축). 지지의 축은 12월에 해당하므로, 해괘가 12월괘가 되는 것이다. 따라서 12월을 주관하는 괘가 되고, 12월에 태어난 사람은 때를 얻음이 된다.

經綸又釣長江畔하니 若獲佳魚慶自賒라

서남쪽으로 길 나있는 별장에/ 동산에 가득한 꽃 가을 바람이 불어 떨어뜨렸다/ 낚싯줄을 손질하여 장강長江에서 낚시질 하니/ 만약 아름다운 고기 잡는다면 자연 경사가 많아질 것이다

② 本是龍門客이니 年來始跨鯨이라

瀛洲留不住하니 金殿綴公卿이라

본래 용궁의 손님이니/ 년내에 비로소 고래를 탈 것이다/ 신선 사는 영주에 머무르지 않으니/ 금빛 대궐에서 공경公卿벼슬 하리라

1. 初六(☷→☷)

【효사와 소상전】 초육은 허물이 없느니라. 상에 말하기를 강(양)과 유(음)가 사귐이다. 의리가 허물이 없느니라.【初六은 无咎하니라. 象曰 剛柔之際라 義无咎也니라.】

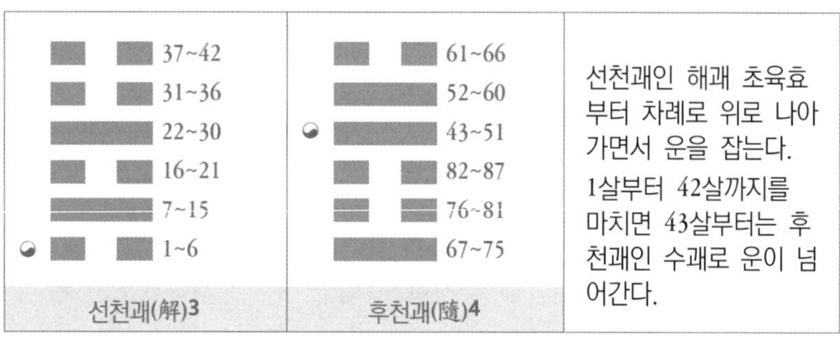

선천괘인 해괘 초육효부터 차례로 위로 나아가면서 운을 잡는다.
1살부터 42살까지를 마치면 43살부터는 후천괘인 수괘로 운이 넘어간다.

---

3 사주의 숫자로 괘를 만들어서 해괘 초효에 원당이 있다면, 1~6살까지는 해괘 초효 항을, 7~15살까지는 해괘 이효 항을, ⋯, 37~42살까지는 해괘 상효 항을 가서 살펴 보면 된다.

4 43~51살까지는 후천괘인 수괘 사효 항을, 61~66살까지는 수괘 상효 항을, ⋯, 82~87살까지는 수괘 삼효 항을 살펴보면 그 사람의 운이 된다(◐나 ●표시 한 곳이 해당하는 효를 가리키고, 밑에서부터 초효·이효·삼효·사효·오효·상효로 나눈다).

◈ 양년 음년 똑같음 5

귀매(54)6	진(51)	풍(55)	명이(36)	기제(63)	가인(37)
1	2	3	4	5	6

◈ 월괘

예·16	취·45	소과·62	려·56	겸·15	명이·36	건·39	정·48	점·53	관·20	가인·37	동인·13
1월	2월	3월	4월	5월	6월	7월	8월	9월	10월	11월	12월

◈ 일괘 7

해(초육)	예·16	항·32	사·7	곤·47	미제·64

【총괄해서 판단하면】

8 이 효는 서로 도와 건너갈 수 있는 덕이 있으니, 이것으로 허물을 적게

---

5 해마다의 운인 유년운의 진행은 양효(━)일 때와 음효(━ ━)일 때가 다른데, 그 자세한 예는 중천건괘(1) 초구효, 중지곤괘(2) 초육효와 육이효, 수뢰둔괘(3) 초구효와 육삼효, 산수몽괘(4) 초육효와 육사효 항에 유년운에 속한 월운月運의 예와 함께 실려 있으므로 참고하면 된다.

6 위의 도표에서 '귀매(54)'라고 한 것은 괘명은 귀매괘歸妹卦고 64괘 중에 54번째 괘라는 뜻이다. 나머지 괘도 이와같은 방식으로 본다. 따라서 앞의 목차에서 번호의 순서대로 찾으면, 해당하는 괘를 쉽게 찾을 수 있다. 또 월괘月卦에서 '예·16' 등으로 표시한 것도, 괘명은 예괘豫卦고 64괘 중에 16번째라는 뜻이다.

7 그 날의 운(日運)과 더 세분해서 시운時運을 알고 싶으면, 앞의 일괘日卦와 시괘時卦 설명을 참조해서 계산하면 된다. 자세한 예는 건(1)~송(6)괘의 초효 항에 있으므로 참고바람.

할 수 있다. 그러므로 운이 맞는 사람은, 강강과 유유가 서로 보완돼서 너그럽게 하고 사납게 함을 적절히 한다. 크고 묵직한 본체를 세우고 일을 많이 벌이나 백성을 어지럽히지 않을 수 있고, 또한 청렴하게 공을 세워서 일을 하지 않는다는 소리를 듣지 않으니, 재난이 해소되고 복과 은택이 깊다.

운이 맞지 않는 사람도, 마음을 평이하게 갖고 마땅하게 행동하니, 친구가 도와 주어서 생활이 궁색하지 않다.

세운을 만나면, 공직자는 덕과 벼슬이 서로 맞으니 승진할 기회가 있을 것이고, 구직자는 과거에 급제하는 기쁨이 있다. 미혼인 사람은 혼인하고, 사업은 잘 된다.

【글귀로 판단하면】

① 萬物從春發하고 一書遙送來라

　舊愁將遠盡이요 新喜始方回라

　만물은 봄을 따라 피고/ 서신 한통을 멀리서 보내왔다/ 옛날 근심은 장차 멀리 없어지고/ 새로운 기쁨이 돌아오기 시작한다

② 黑雲籠月桂하니 欲攀攀不得이라

　終後見團圓이나 時下定嗟惻이라

　검은 구름이 달의 계수나무를 덮으니/ 계수나무를 붙잡으려 해도 붙잡지 못한다/ 끝에 가면 잘될 것이나/ 현재는 한탄스럽고 측은하다

---

8 此爻是有相濟之德 斯可以寡過者也 故叶者 剛柔相濟 寬猛得宜 旣足以立渾厚之體 而不至多事以擾民 亦足以立淸名之功 而不至廢事 災難解而福澤深 不叶者 立心平易 擧措得宜 知己扶佐 受用無窘 歲運逢之 在仕德位相稱 而陞遷有機 在士有登科之喜 未婚者合 經營者濟

2. 九二(☷→☳)

【효사와 소상전】구이는 사냥해서 세 마리 여우를 잡아서 누런 화살을 얻으니, 곧고 바르게 해서 길하도다. 상에 말하기를 '구이가 사냥해서 세 마리 여우를 잡아서 누런 화살을 얻으니, 곧고 바르게 해서 길함'은, 중도를 얻었기 때문이다. 【九二는 田獲三狐하야 得黃矢니 貞하야 吉토다. 象曰 九二貞吉은 得中道也일새라.】

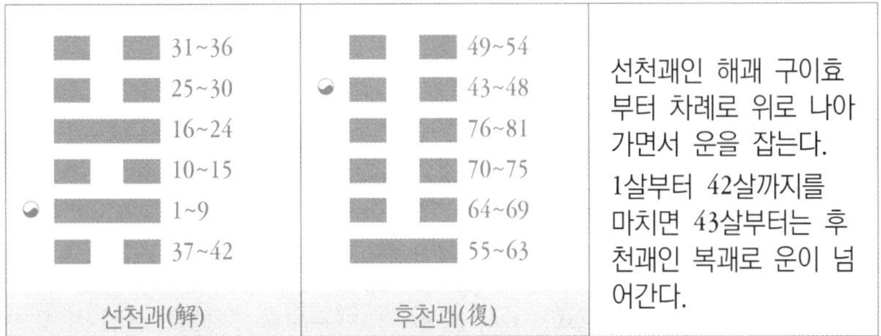

	31~36
	25~30
	16~24
	10~15
	1~9
	37~42

선천괘(解)

	49~54
	43~48
	76~81
	70~75
	64~69
	55~63

후천괘(復)

선천괘인 해괘 구이효부터 차례로 위로 나아가면서 운을 잡는다.
1살부터 42살까지를 마치면 43살부터는 후천괘인 복괘로 운이 넘어간다.

◈ 양년(갑·병·무·경·임년)일 경우

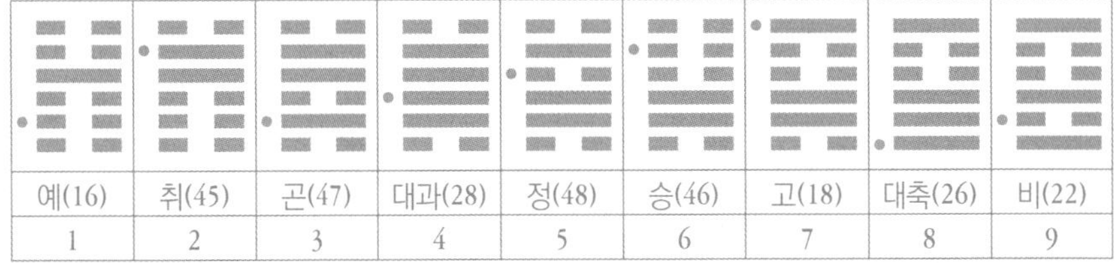

해(40)	곤(47)	취(45)	함(31)	건(39)	겸(15)	간(52)	비(22)	대축(26)
1	2	3	4	5	6	7	8	9

◈ 음년(을·정·기·신·계년)일 경우

예(16)	취(45)	곤(47)	대과(28)	정(48)	승(46)	고(18)	대축(26)	비(22)
1	2	3	4	5	6	7	8	9

◇ 월괘

항·32	정·50	승·46	태·11	정·48	건·39	손·57	환·59	소축·9	건·1	가인·37	비·22
1월	2월	3월	4월	5월	6월	7월	8월	9월	10월	11월	12월

◇ 일괘

해(구이)	항·32	사·7	곤·47	미제·64	귀매·54
	6	12	18	24	30
	5	11	17	23	29
	4	10	16	22	28
	3	9	15	21	27
	2	8	14	20	26
	1	7	13	19	25

【총괄해서 판단하면】

9 이 효는 간사함을 잘 제거한 것이다. 그러므로 운이 맞는 사람은, 중정中正하여 치우치지 않으며, 덕이 높고 인망이 중해서 간사한 사람을 물리치고 착한 사람들을 돕고 등용한다. 위로는 임금의 덕을 이루게 하고, 아래로는 백성의 풍속을 바로잡아서 한 시대의 원로가 된다.

운이 맞지 않는 사람도 또한 어진이와 친하게 지내고 간사한 이를 멀리한다. 농산물이 풍부하며, 유력인사와 혼인을 맺게 된다. 사냥꾼은 혹 사람을 잘못 쏘는 경우도 있으나, 또한 의식이 풍족하다.

세운을 만나면, 공직자는 삼고(少師, 少傅, 少保)·삼공·황문·황당 등 정승급 고위관리가 되는 징조고, 구직자는 이갑·삼갑·황방 등 계속 큰 시험에 응하게 된다. 또한 효사에서 말한 '화살(矢)'은 천거한다는 뜻이 있으니, 천거해서 발탁하거나 또는 천거되는 아름다움이 있다. 일반인은 농사

---

9 此爻是得去邪之善者也 故叶者 中正不偏 德高望重 擯斥奸邪 扶植善類 上有以
  成君德 下有以正民俗 而爲一代之元老 不叶者 亦能親賢遠奸 田産豐裕 婚姻重
  結 或虞夫矢人 亦足依足食 歲運逢之 在仕 有爲三孤三公黃門黃堂之兆 在士有
  爲二甲三甲黃榜之應 又矢者 薦也 有薦拔薦擧之佳 在庶俗有進田産之慶 或武
  將有征獵之擧 又利更改 三謀三就之吉事

를 지어 풍작이 되는 경사가 있고, 무장은 혹 토벌하러 가는 수가 있으며, 또한 일은 고쳐서 다시 하는 것이 이로우니, 세 번 꾀해서 세 번을 이루는 길함이 있다.

【글귀로 판단하면】

1 獲狐遂得矢하니 貞吉往優游라

　一箭付直遠이요 佳人在水頭라

　여우를 잡고 화살을 얻었으니/ 가서 노는 것이 바르고 길하게 되었다/ 화살 하나는 곧게 멀리 날아가고/ 아름다운 사람은 물 위에 있다

2 萬水波濤靜하고 一天風月閒이라

　利名無阻障하니 行客出重關이라

　모든 물에 파도 자고/ 하늘에는 바람과 달이 한가롭다/ 이익과 명예가 막힘이 없으니/ 길가는 손님이 거듭된 관문 벗어났다

3. 六三(☷☵ → ☴☳)

【효사와 소상전】 육삼은 지고 또 탐이라. 도적 옴을 이루게 했으니 바르더라도 인색하리라. 상에 말하기를 '지고 또 탐'이 또한 추하며, 자기로부터 도적을 이루게 했으니 또 누구를 허물하리오? 【六三은 負且乘이라 致寇至하니 貞이라도 吝이리라. 象曰 負且乘이 亦可醜也며 自我致戎이어니 又誰咎也리오.】

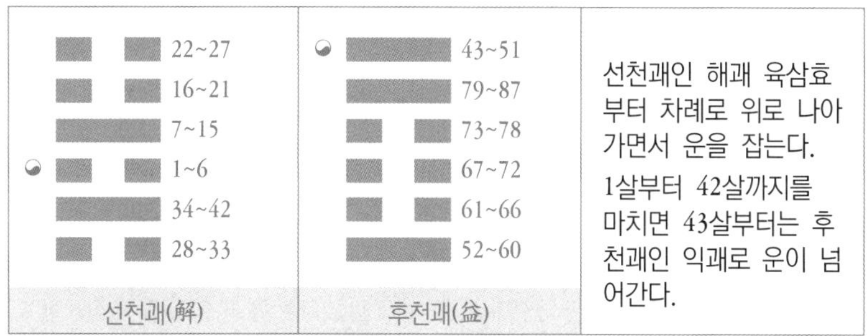

선천괘(解)		후천괘(益)		선천괘인 해괘 육삼효부터 차례로 위로 나아가면서 운을 잡는다.
	22~27	◐	43~51	1살부터 42살까지를 마치면 43살부터는 후천괘인 익괘로 운이 넘어간다.
	16~21		79~87	
	7~15		73~78	
◐	1~6		67~72	
	34~42		61~66	
	28~33		52~60	

◇ 양년 음년 똑같음

항(32)	승(46)	정(48)	손(57)	소축(9)	가인(37)
1	2	3	4	5	6

◇ 월괘

사·7	림·19	감·29	비·8	환·59	손·57	중부·61	리·10	익·42	이·27	가인·37	기제·63
1월	2월	3월	4월	5월	6월	7월	8월	9월	10월	11월	12월

◇ 일괘

해(육삼)	사·7	곤·47	미제·64	귀매·54	예·16

【총괄해서 판단하면】

[10] 이 효는 덕도 없이 지위를 차지함으로 인해서, 화를 면치 못하는 사람의 운이다. 그러므로 운이 맞는 사람은, 혹 낮고 미천한데서 일어나 부귀하게 되니, 주밀하고 견고하게 보존하면 (그 부귀를) 도적이 침범하기 어려울 것이다.

운이 맞지 않는 사람은, 전적으로 험한 일과 사기를 일삼고, 탐욕의 꾀를 몰래 남발해서 명예와 교화에 흠집을 내니, 추하고 욕되고 부끄러운 일이다. 허물을 부르고 틈을 생기게 하면서, 행동거지에 일정한 데가 없다.

---

[10] 此爻是無德而有位 禍不能免者也 故叶者 或起卑微而受富貴 保固周密 寇害難侵 不叶者 專行險詐 竊濫貪謀 有玷名敎 醜辱可恥 招尤啓釁 擧止無措 婦人值此 尤爲不堪 歲運逢之 在仕防擯斥之虞 在士防謫降之辱 在庶俗防寇盜訟非之擾 乘字 士人有中選者 但禍不旋踵

부인이 이러한 괘효를 만나면 더욱 감당할 수 없게 된다.

세운을 만나면, 공직자는 내쳐지게 되는 근심을 막아야 하고, 구직자는 귀양가게 되는 욕을 막아야 하며, 일반인은 도적맞고 소송당하며 비난받는 소란함을 막아야 한다. '乘乘'자는 선비가 선발됨을 말하는 것이나, 단 화禍가 발길을 돌릴 사이도 없이 따라올 것이다.

【글귀로 판단하면】

① 小人當負荷니 乘馬反爲憂라

　自我招戎寇하니 雖貞亦致羞라

　소인은 마땅히 밑에서 지고 메어야 하는 것인데/ 위에서 말을 타면 도리어 근심된다/ 스스로 도적을 불렀으니/ 비록 바르게 해도 또한 부끄러움 있게 된다

② 喜極怨還生하니 雖憂不足行이라

　二三逢九數면 水畔舞人乘이라

　기쁨이 극해서 도리어 원망이 생기니/ 비록 근심하나 갈 수가 없다/ 두세번 아홉수를 만나면/ 물가에서 춤추는 사람 탈 것이다

③ 指實無實하야 兩三勞役이나

　到了還休하니 無緖端的이라

　실질을 지향하려 하나 실질이 없어서/ 두세번 힘들여 일하나/ 실질적인 것에 이르면 도리어 쉬니/ 명확한 것이 없다

4. 九四(☷→☶)

【효사와 소상전】 구사는 너의 엄지 발가락(초육을 말함)을 풀면 벗이 와서 믿으리라. 상에 말하기를 '너의 엄지 발가락을 풀라'는 것은 자리가 마땅치 않기 때문이다. 【九四는 解而拇면 朋至하야 斯孚리라. 象曰 解而拇는 未當位也일새라.】

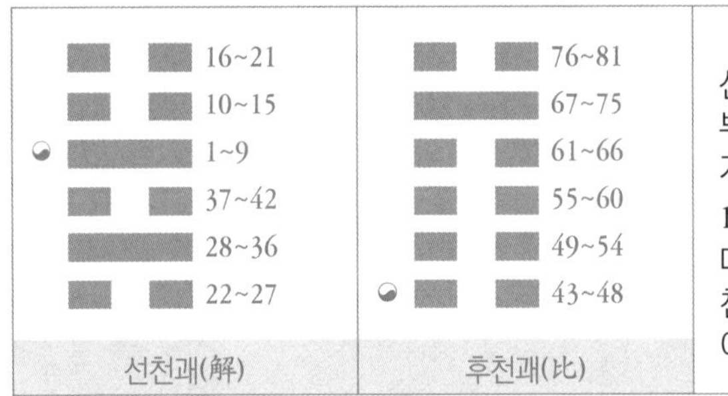

<table>
<tr><td colspan="2" style="text-align:center">16~21
10~15
1~9
37~42
28~36
22~27</td><td colspan="2" style="text-align:center">76~81
67~75
61~66
55~60
49~54
43~48</td><td rowspan="2">선천괘인 해괘 구사효부터 차례로 위로 나아가면서 운을 잡는다.
1살부터 42살까지를 마치면 43살부터는 후천괘인 비괘로 운이 넘어간다.</td></tr>
<tr><td colspan="2" style="text-align:center">선천괘(解)</td><td colspan="2" style="text-align:center">후천괘(比)</td></tr>
</table>

◈ 양년(갑·병·무·경·임년)일 경우

해(40)	귀매(54)	림(19)	절(60)	중부(61)	환(59)	관(20)	점(53)	돈(33)
1	2	3	4	5	6	7	8	9

◈ 음년(을·정·기·신·계년)일 경우

사(7)	림(19)	귀매(54)	태(58)	리(10)	송(6)	비(12)	돈(33)	점(53)
1	2	3	4	5	6	7	8	9

◈ 월괘

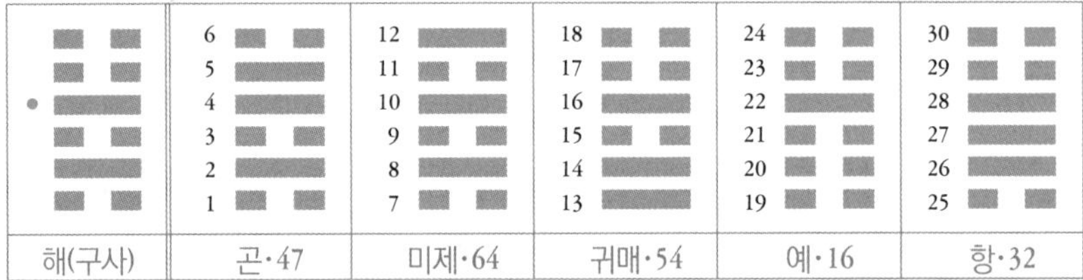

곤·47	취·45	송·6	구·44	리·10	중부·61	무망·25	서합·21	동인·13	혁·49	가인·37	점·53
1월	2월	3월	4월	5월	6월	7월	8월	9월	10월	11월	12월

◈ 일괘

해(구사)	곤·47	미제·64	귀매·54	예·16	항·32
	6 5 4 3 2 1	12 11 10 9 8 7	18 17 16 15 14 13	24 23 22 21 20 19	30 29 28 27 26 25

11 이 효는 엄하게 간사함을 끊은 것이니, 도를 향해가서 뜻을 합치되게 한 것이다. 그러므로 운이 맞는 사람은, 사람이 단정해서 사특한 무리를 멀리하여 끊고, 어진 사람들과 함께 묘당 위에서 서로 협력하여 도우니, 계획이 시행되지 않는 것이 없고, 시행하는 것이 이루어지지 않음이 없다.

운이 맞지 않는 사람은, 소인을 멀리하고 군자를 친히 하지 못하니, 그릇과 국량이 넓지 못하고 일과 공적에 한계가 있다.

세운을 만나면, 공직자는 붕당을 만들어서 자기들끼리만 스스럼없이 친하게 지내는 잘못됨을 막아야 하고, 구직자는 음탕한 벗이 덕을 깨는 손실을 방비해야 하며, 일반인은 간사한 무리가 일을 그르치는 허물을 막아야 한다.

【글귀로 판단하면】

1 萬里風波泛小船하니 相將達岸赴蓬山이라

山人宜涉親携手하니 觸目繁華處處鮮이라

만리 풍파에 작은 배 띄우니/ 서로 언덕에 오르려고 봉래산으로 달려간다/ 산속의 사람이 친히 손을 잡고 건너주니/ 눈 닿는 곳마다 번화하고 곳곳이 신선하다

2 解散羣邪黨하니 朋來正直人이라

信誠相應接하니 災散福來臻이라

뭇 사특한 무리를 해산시키니/ 정직한 사람이 벗하여 온다/ 믿음과 정성으로 서로 응대하니/ 재앙은 흩어지고 복이 오게 된다

---

11 此爻是嚴以絶邪 斯向道合志者也 故叶者 爲人正端 遠絶羣邪 而與良賢相協相助于廟廊之上 所謀無不遂 所行無不成 不叶者 不能遠小人以親君子 器宇不洪事功有限 歲運逢之 在仕防朋黨習狎之禍 在士防淫朋荒德之損 庶俗防奸黨失事之尤

③ 泛泛一孤舟가 飄然何處游아

若逢人與虎면 名利一時休라

외로운 배 한척이 둥둥 떠서/ 표연히 어느 곳으로 흘러가는가?/ 만약
사람이 호랑이(寅)와 같이 있는 것 만나면/ 명예와 이익이 일시에 없어
진다

5. 六五(☷ → ☵)

【효사와 소상전】 육오는 군자가 오직 풀음이 있으면 길하니, 소인을 처리하
는 데서 믿음(증험됨)이 있으리라. 상에 말하기를 '군자의 풀음이 있음'은 소
인이 물러가는 것이다. 【六五는 君子 維有解면 吉하니 有孚于小人이리라.
象曰 君子有解는 小人의 退也라.】

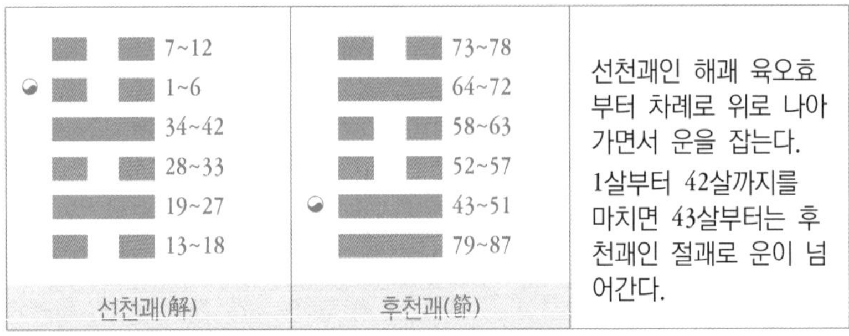

선천괘인 해괘 육오효
부터 차례로 위로 나아
가면서 운을 잡는다.
1살부터 42살까지를
마치면 43살부터는 후
천괘인 절괘로 운이 넘
어간다.

◈ 양년 음년 똑같음

곤(47)	송(6)	리(10)	무망(25)	동인(13)	가인(37)
1	2	3	4	5	6

◈ 월괘

미제·64	정·50	규·38	손·41	서합·21	무망·25	리·30	풍·55	비·22	간·52	가인·37	소축·9
1월	2월	3월	4월	5월	6월	7월	8월	9월	10월	11월	12월

◈ 일괘

	6 5 4 3 2 1	12 11 10 9 8 7	18 17 16 15 14 13	24 23 22 21 20 19	30 29 28 27 26 25
해(육오)	미제·64	귀매·54	예·16	항·32	사·7

【총괄해서 판단하면】

12 이 효는 군자가 악한 사람을 내치는데 성공한 것이고, 악한 사람을 제거하는데 힘이 많이 든다는 것을 보여준 것이다. 그러므로 운이 맞는 사람은, 공변되고 바르게 해서, 어진 사람을 내세우고 어질지 못한 이를 물러나게 하니, 국가는 맑고 편안하게 됐고 백성들의 생활은 편안히 살게 돼서, 그 공과 업적의 큼이 나라에 조금 도움이 되게 한 사람과는 비교할 수 없다.

운이 맞지 않는 사람도 정성스럽고 신실하여, 윗사람과는 마음과 화합할 수 있고, 아랫사람에게는 사랑과 은혜를 베풀어 비록 소인일지라도 그 힘을 보태니, 덕과 업적이 융성하며 복이 넓고 크다.

세운을 만나면, 공직자는 요로에 있으면서 간사한 사람을 물리치게 되고, 혹 전쟁에 있어 중한 권한을 가지고 공을 세운다. 구직자는 명성을 이루

---

12 此爻是君子黜惡之有獲 而因示其去惡之多力也 故叶者 秉公持正 進賢良 退不肖 國家賴以淸寧 生民賴以安息 而功業之大 非小補者比 不叶者 誠信足以協上人之心 慈惠足以得小人之力 德業隆盛 福量寬宏 歲運逢之 在仕多居要路 擯斥奸邪 或兵伐重權以立功 士子成名 常人獲利 訟者釋而疾者愈

고, 일반인은 이익을 얻으며, 송사는 풀리고 병든 사람은 낫는다.

【글귀로 판단하면】

① 一信自西至하니 佳音有祿來라

解中終得吉이니 進用莫疑猜하라

한 소식이 서쪽으로부터 오니/ 아름다운 소식에 복록이 온다/ 해괘解卦 가운데서 마침내 길함을 얻었으니/ 나아가 일하는 것을 의심하고 시기하지 마라

② 牛解借刀하고 衣剝借力하니

霧捲雲收하고 一輪紅日이라

칼을 빌려 소를 잡고/ 힘을 빌려 옷을 벗기니/ 안개 걷히고 구름 걷히며/ 둥글고 붉은 해가 나왔다

③ 險難今消散하니 雲開見日明이라

自然無阻隔하니 何事不光亨가

험난한 것 이제 사그러져 흩어지니/ 구름 열려 밝은 해 만났다/ 자연히 막히는 것 없어지니/ 어떤 일이 빛나고 형통하지 않겠는가?

6. 上六(䷧ → ䷟)

【효사와 소상전】 상육은 공이 새매를 높은 담 위에서 쏘아서 잡으니, 이롭지 않음이 없도다. 상에 말하기를 '공이 새매를 쏨'은 거스림을 푸는 것이다.

【上六은 公用射隼于高墉之上하야 獲之니 无不利로다. 象曰 公用射隼은 以解悖也라.】

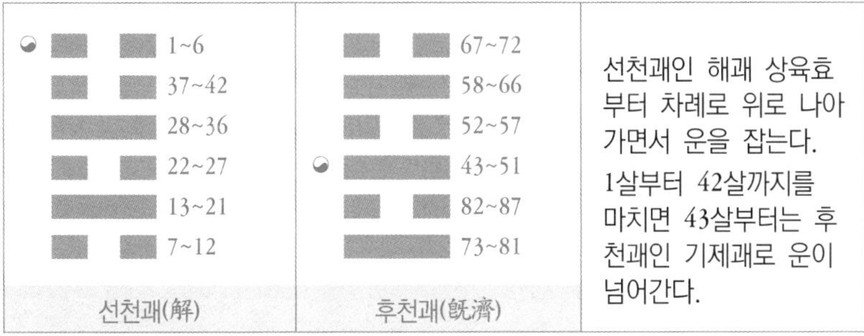

선천괘인 해괘 상육효부터 차례로 위로 나아가면서 운을 잡는다.

1살부터 42살까지를 마치면 43살부터는 후천괘인 기제괘로 운이 넘어간다.

◈ 양년 음년 똑같음

미제(64)	규(38)	서합(21)	리(30)	비(22)	가인(37)
1	2	3	4	5	6

◈ 월괘

귀매·54	림·19	진·51	수·17	풍·55	리·30	명이·36	겸·15	기제·63	수·5	가인·37	익·42
1월	2월	3월	4월	5월	6월	7월	8월	9월	10월	11월	12월

◈ 일괘

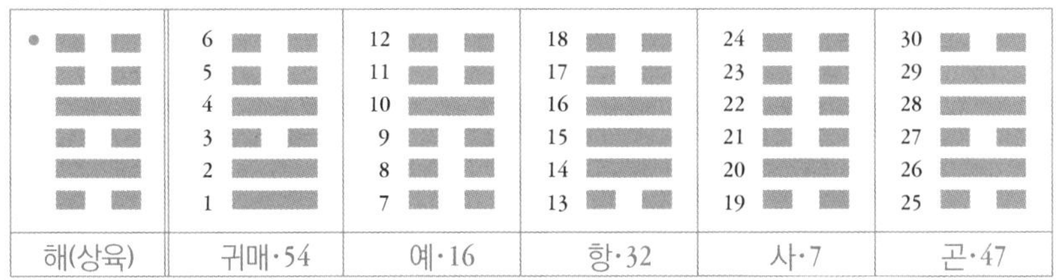

해(상육)	귀매·54	예·16	항·32	사·7	곤·47

【총괄해서 판단하면】

13 이 효는 어지러워진 것을 푸는 뜻을 비유해서 말하고, 그 푸는 뜻을

---

13 此爻是擬以解悖之義 而因以與之者也 故叶者 才大志高 望尊名重 有文以綏太平 有武以戡禍亂 而爲功勳之大臣 不叶者 亦高堂大廈 享福優游 上多君子之推重 下爲小人之畏承 歲運逢之 閑官超遷 兵師之功 士子中擧 有一鶚橫空之兆 常

칭찬한 것이다. 그러므로 운이 맞는 사람은, 재주가 크고 뜻이 높으며 덕망이 높고 명성이 중해서, 문관으로 치면 태평한 세대를 편안히 할 수 있고, 무관으로서는 환난을 진압시킬 수 있으니, 공훈이 있는 대신이 된다. 운이 맞지 않는 사람은, 또한 높은 마루 큰 집에서 복을 누리며 여유있게 노닌다. 위로는 군자의 추대하고 존중함을 많이 받고, 아래로는 소인들의 두려워하고 받들음을 받게 된다.

세운을 만나면, 휴직하고 있던 관원이 특진해서 전쟁의 공을 세우고, 구직자는 천거되고 등용돼서 독수리 한 마리가 공중을 비껴나르는 징조가 있다. 일반인은 문과 담장을 수리하고, 영업해서 이득을 보며, 벼슬길은 반드시 천거를 받아 빛나게 기용될 것이다.

【글귀로 판단하면】

① 藏器於身久하니 高墉可獲禽이라

　七年逢五數면 榮利總成名이라

　기구를 오랫동안 몸에 감추니/ 높은 담 위의 새를 잡을 수 있다/ 7년에 5수數를 만나면/ 영예와 이득이 모두 이름날 것이다

② 一箭青雲路하니 營求指望成이라

　許多閑口嘴는 反作笑嘻聲이라

　청운의 길을 향해 한번 활쏘니/ 경영하고 구하는 일이 곧바로 이뤄진다/ 허다한 한가한 말들은/ 도리어 웃고 즐기는 소리 되었다

人多葺門牆 謀以獲利 仕途必獲薦剡

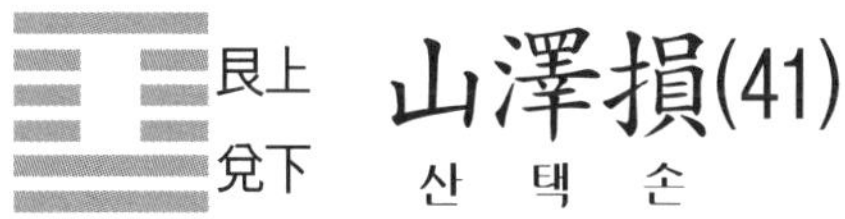

山澤損(41)
산 택 손

손괘 개요

【괘사와 대상전】손은 믿음이 있게 하면 크게 착하고 길하며 허물이 없어서, 바르고 굳게 할 수 있다. 나아가는 것이 이로우니, 무엇을 쓰리오? 두 대그릇으로 제사에 쓸 수 있느니라. 상에 말하기를 산 아래 못이 있는 것이 손괘니, 군자가 본받아서 성냄을 징계하고 욕심을 막느니라. 【損은 有孚면 元吉코 无咎하야 可貞이라. 利有攸往하니 曷之用이리오 二簋 可用享이니라. 象曰 山下有澤이 損이니 君子 以하야 懲忿窒欲하나니라.】

【총괄해서 판단하면】

※ 損卦 납갑표

1 간궁의 3세괘로 7월에 속한다. 내괘의 납갑은 정사·정묘·정축이고, 외괘의 납갑은 병술·병자·병인이니, 7월에 태어난 사람과, 태어난 년도의 간지가 납갑의 간지에 합치되는 사람은 부귀와 공명을 누리게 된다.2

운세로 보면 산택손괘(☶)는 상괘는 간(☶)이고 하

---

1 艮宮三世 卦屬七月 納甲 是丁巳丁卯丁丑 丙戌丙子丙寅 生於七月及納甲者 功名富貴人也

2 손괘의 세효인 육삼효는 음효이므로, 초효부터 삼효까지 세면 신申에서 끝난다(초효는 오, 이효는 미, 삼효는 신). 지지의 신은 7월에 해당하므로, 손괘가 7월괘가 되는 것이다. 따라서 7월을 주관하는 괘가 되고, 7월에 태어난 사람은 때를 얻음이 된다.

괘는 태(☱)이다. 호괘로는 곤(☷)과 진(☳)이 있는데, 우레가 땅속에 있는 지뢰복괘의 상으로, 우레가 아직 소리를 내지 못하니, 비와 이슬이 어떻게 성대하게 아래까지 내릴 수 있겠는가? 우레가 떨쳐야 비가 올 것인데, 땅 아래에 있으니, 산과 평지의 물상들이 더 이상 적셔지지 못해 마르게 될 것을 알 수 있다(상괘 간(☶)과 외호괘 곤(☷)이 내호괘 진(☳)보다 위에 있다). 군자가 이런 괘를 얻으면 줄어들고 손해보는 상이다.

【팔궁세혼법으로 판단하면】

손괘는 팔궁세혼법으로 볼 때, 간궁의 3세괘로 삼공三公괘에 해당한다. 즉 육삼효(삼공)가 세효世爻가 되고, 종묘에 해당하는 상구효는 응효가 된다. 두 효가 모두 제자리를 얻지 못했으나, 음과 양으로 서로 응하니, 어려움은 있으나 그런대로 풀리게 된다. 그러나 자신을 도와주어야 할 응효의 지지가 인(寅木)으로, 세효의 지지인 축(丑土)을 극하니, 응하는 가운데서도 잃게되는 아픔이 있다. 다만 외괘의 산(☶)은 내괘의 못(☱)이 깊이 파일수록 더욱 높아지게 되니, 잃음으로 인해 좋게 되는 뜻이 있다.

보호를 받아야 할 아래를 덜어 위를 더하므로 손損이다. 그러나 나쁜 것을 더는 것은 몸에 유익하니, 심신을 수양할 좋은 기회로 삼는다. 처음엔 물심양면으로 소모가 많고 전망도 밝지 않으므로 낙심하기 쉽다. 그러나 점점 호전되는 운세이니, 단념한다든지 노력을 게을리 하는 것은 성급한 판단이다.

손해를 볼 때는 물건을 아껴쓰라고 했다. 또 손해를 보고 가진 것이 없을수록 신의를 지켜야 하며, 쓰임새를 검소하고 간략히 하면서 바르게 살아가야 한다. 당장에는 손실과 소모로 인한 고통이 많고, 노력한 결과가 곧 나타나지 않으므로 마음고생이 심하다.

【글귀로 판단하면】

① 望斷浮雲事轉虛하니 相逢陌上意皆殊라

當時許我平生事나 及到終時不似初라

희망은 끊어지고 뜬구름 같아서 일은 오히려 헛되게 되었으니/ 언덕 위에서 서로 만났으나 뜻이 다 다르다/ 처음에는 나에게 평생의 일을 허락했으나/ 끝날 때 이르고 보니 처음과 같지 않다

② 旱沼魚逢雨요 雲龍際會中이라

有孚元吉在하니 明月五更鐘이라

가문 못의 고기가 비를 만났고/ 구름과 용이 교제하고 모이는 때다/ 믿음 있게 해서 크게 길하니/ 닭밝은 오경에 종소리 청아하다

③ 月下歡忻事는 翻成夢一場이라

散雲初散處에 日暮始光亨이라

달빛 아래의 즐겁고 기쁜 일은/ 바뀌어 한바탕 꿈이 되었다/ 흩어지는 구름 처음 흩어지는 곳에/ 날 저물어서야 빛나고 형통해진다

1. 初九(☱☶ → ☱☶)

【효사와 소상전】 초구는 일을 마치거든 공을 인정받으려 하지 말고 빨리 그 자리를 떠나야 허물이 없으리니, 참작하여 더느니라. 상에 말하기를 '일을 마치거든 공을 인정받으려 하지말고 빨리 그 자리를 떠남'은 윗사람과 뜻을 합하기 때문이다. 【初九는 已事어든 遄往이라아 无咎리니 酌損之니라. 象曰 已事遄往은 尚合志也일새라.】

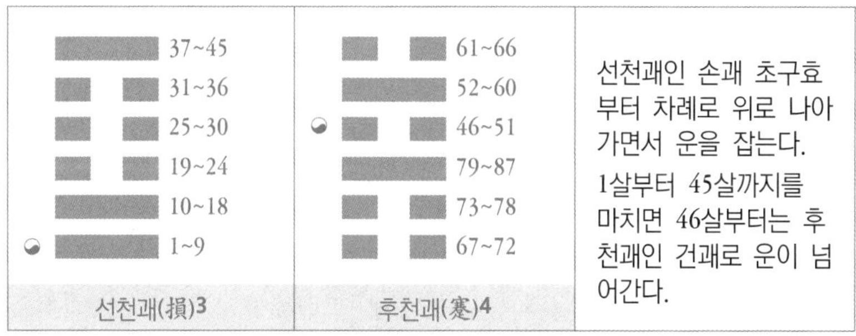

◇ 양년(갑·병·무·경·임년)일 경우 5

손(41)6	규(38)	미제(64)	진(35)	려(56)	간(52)	점(53)	건(39)	기제(63)
1	2	3	4	5	6	7	8	9

◇ 음년(을·정·기·신·계년)일 경우

몽(4)	미제(64)	규(38)	서합(21)	리(30)	비(22)	가인(37)	기제(63)	건(39)
1	2	3	4	5	6	7	8	9

3 사주의 숫자로 괘를 만들어서 손괘 초효에 원당이 있다면, 1~9살까지는 손괘 초효 항을, 10~18살까지는 손괘 이효 항을, …, 37~45살까지는 손괘 상효 항을 가서 살펴보면 된다.

4 46~51살까지는 후천괘인 건괘 사효 항을, 61~66살까지는 건괘 상효 항을, …, 79~87살까지는 건괘 삼효 항을 살펴보면 그 사람의 운이 된다(○나 ●표시 한 곳이 해당하는 효를 가리키고, 밑에서부터 초효·이효·삼효·사효·오효·상효로 나눈다).

5 해마다의 운인 유년운의 진행은 양효(━)일 때와 음효(━ ━)일 때가 다른데, 그 자세한 예는 중천건괘(1) 초구효, 중지곤괘(2) 초육효와 육이효, 수뢰둔괘(3) 초구효와 육삼효, 산수몽괘(4) 초육효와 육사효 항에 유년운에 속한 월운月運의 예와 함께 실려 있으므로 참고하면 된다.

6 위의 도표에서 '손(41)'이라고 한 것은 괘명은 손괘損卦고 64괘 중에 41번째 괘라는 뜻이며, '몽(4)'라고 한 것은 괘명은 몽괘蒙卦고 64괘 중에 4번째에 해당한다는 뜻이다. 나머지 괘도 이와같은 방식으로 본다. 따라서 앞의 목차에서 번호의 순서대로 찾으면, 해당하는 괘를 쉽게 찾을 수 있다. 또 월괘月卦에서 '이·27' 등으로 표시한 것도, 괘명은 이괘頤卦고 64괘 중에 27번째라는 뜻이다.

◇ 월괘

이·27	익·42	비·22	명이·36	리·30	려·56	동인·13	건·1	혁·49	수·17	함·31	건·39
1월	2월	3월	4월	5월	6월	7월	8월	9월	10월	11월	12월

◇ 일괘 [7]

손(초구)	이·27	대축·26	규·38	중부·61	림·19

【총괄해서 판단하면】

[8] 이 효는 돕는 도리를 다한 것을 아름답게 여기고, 충고의 말을 해준 것이다. 그러므로 운이 맞는 사람은, 조정에서 힘을 펴(자신의 공적을 내세워) 자기 몸의 편리함을 꾀하지 않고, 기회에 따라 변화에 대응해서 얕고 깊음의 마땅함을 잃지 않으니, 일의 공적이 월등히 높고 이름과 칭송이 현저하게 들린다.

운이 맞지 않는 사람은, 비록 재주와 덕이 있으나 베풀기가 어렵고, 다른 사람을 모략하는데는 교묘하고 자신이 하는 일은 졸렬해서, 나아가려 해도 통하지 않고 물러나려 해도 기회가 없으니, 입고 먹는데만 분주하며

---

[7] 그 날의 운(日運)과 더 세분해서 시운時運을 알고 싶으면, 앞의 일괘日卦와 시괘時卦 설명을 참조해서 계산하면 된다. 자세한 예는 건(1)~송(6)괘의 초효 항에 있으므로 참고바람.

[8] 此爻是嘉其友道之盡 而示以進言之機者也 故叶者 宣力王室 而不爲身謀之便 隨機應變 而不失其淺深之宜 事功顯越 名譽著聞 不叶者 雖有才德 設施亦難 巧於人謀 拙於自爲 欲進不達 欲退無機 奔走衣食 福量虧損 歲運逢之 在仕則國而忘家 而天寵之日加 在士則上人合志 而必得優選 在庶俗則會計允當 而利無不獲 數凶或因酒食費事

복이 줄어들게 된다.

세운을 만나면, 공직자는 나라 일에 바빠 집안 일을 잊으니 임금의 총애가 날로 더해지고, 구직자는 윗사람과 뜻이 화합되어서 반드시 좋은 자리로 선발될 것이며, 일반인은 계획을 잘 해서 이득을 얻지 못함이 없으나, 수가 흉하면 혹 술과 음식으로 인해서 일을 그르칠 것이다.

【글귀로 판단하면】

① 益人須損己나 事濟更宜休라

　　斟酌行中道하고 須防過後羞라

　　남을 유익하게 하려면 자기를 덜어야 하나/ 일이 끝났으면 그치는 것이 마땅하다/ 참작해 헤아려서 중도中道를 행하고/ 지나간 뒤에 부끄러움을 방비해야 한다

② 損己速益上이면 終迎一吉來라

　　鳳凰飛兩處하니 到了得和諧라

　　자기를 덜어서 급히 윗사람에게 더해주면/ 마침내 길함을 맞이할 것이다/ 봉황새가 두 곳에서 나니/ 날아와 화락함을 얻게 되었다

③ 喜喜喜나 還不美라

　　奪得驪龍頷下珠나 忽然失却還如水라

　　기쁘고 기쁘나/ 도리어 좋지 못하다/ 검은 용의 턱밑 구슬을 빼앗았으나/ 홀연히 잃어버려 다시 물에 빠뜨렸다

2. 九二(䷨ → ䷼)

【효사와 소상전】 구이는 바르고 굳게 함이 이롭고, 나아가면 흉하니, 덜지 말아야 더하게 하는 것이리라. 상에 말하기를 '구이가 바르게 함이 이로운 것'은 중도로써 뜻을 삼음이라. 【九二는 利貞코 征이면 凶하니 弗損이라아 益之리라. 象曰 九二利貞은 中以爲志也라.】

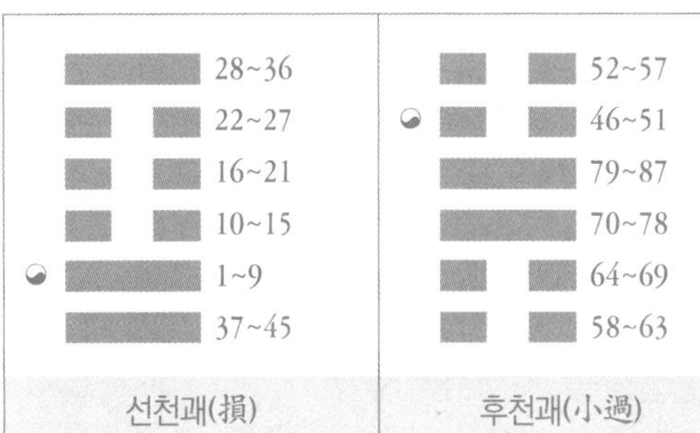

<table>
<tr><td colspan="2">28~36</td></tr>
<tr><td colspan="2">22~27</td></tr>
<tr><td colspan="2">16~21</td></tr>
<tr><td colspan="2">10~15</td></tr>
<tr><td>●</td><td>1~9</td></tr>
<tr><td colspan="2">37~45</td></tr>
</table>

선천괘(損)	후천괘(小過)

후천괘 오른쪽: 52~57 / ● 46~51 / 79~87 / 70~78 / 64~69 / 58~63

선천괘인 손괘 구이효부터 차례로 위로 나아가면서 운을 잡는다. 1살부터 45살까지를 마치면 46살부터는 후천괘인 소과괘로 운이 넘어간다.

◈ 양년(갑·병·무·경·임·계년)일 경우

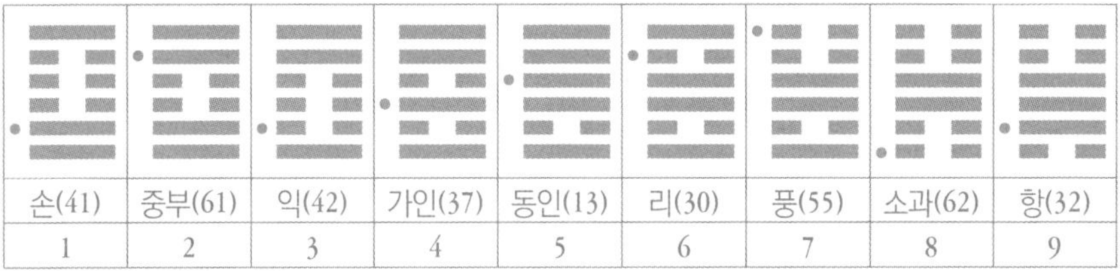

손(41)	중부(61)	익(42)	가인(37)	동인(13)	리(30)	풍(55)	소과(62)	항(32)
1	2	3	4	5	6	7	8	9

◈ 음년(을·정·기·신·계년)일 경우

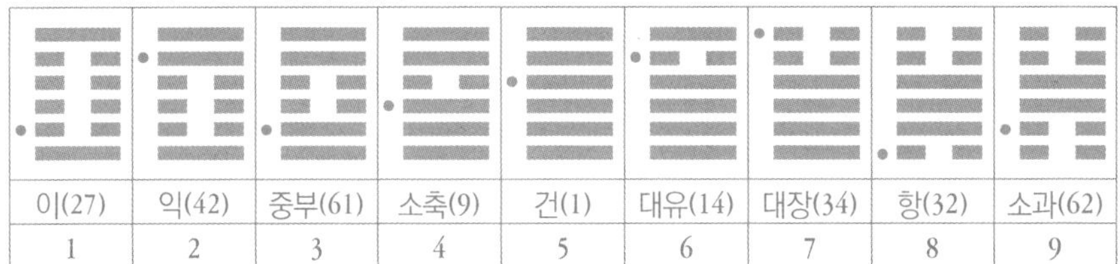

이(27)	익(42)	중부(61)	소축(9)	건(1)	대유(14)	대장(34)	항(32)	소과(62)
1	2	3	4	5	6	7	8	9

◈ 월괘

대축·26	태·11	대유·14	정·50	건·1	동인·13	쾌·43	태·58	대과·28	정·48	함·31	소과·62
1월	2월	3월	4월	5월	6월	7월	8월	9월	10월	11월	12월

◈ 일괘

손(구이)	대축·26	규·38	중부·61	림·19	몽·4
	6 5 4 3 2 1	12 11 10 9 8 7	18 17 16 15 14 13	24 23 22 21 20 19	30 29 28 27 26 25

【총괄해서 판단하면】

9 이 효는 바름을 지키는 방도를 보여줌으로써, 그 효험을 크게 하는 것이다. 그러므로 운이 맞는 사람은, 빛남을 머금어 감추고 바른 것을 지키며, 현 위치를 편안히 하고 어진 일을 돈독히 한다. 비록 도를 일으키고 다스림을 이루어서, 일의 공적을 조정朝廷에 높게 나타나게는 못하나, 또한 완악頑惡한 사람을 청렴하게 하고, 유약한 사람을 일으켜 세워 제몫을 하게 함으로써, 재야在野에서 풍속을 지탱시키게 한다.

운이 맞지 않는 사람은, 근본을 돈독히 하고 실질을 숭상하는 사람으로 헛된 화려함에 힘쓰지 않으니, 재물이 풍족해서 평생토록 손해가 없다.

세운을 만나면, 공직자는 자기의 직책은 굳게 지키나 새로운 직책으로 옮기기 어렵고, 구직자는 일상의 업은 확실히 지키나 벼슬하기 어려우며, 일반인은 보통의 법도는 삼가하며 지키나 먼 일을 꾀하기는 어렵다.

【글귀로 판단하면】

① 勿益元無損이니 交情戒妄求하라

居貞元有吉이요 躁進反成憂라

더하지 않아도 원래 손해 없으니/ 사귀는 정을 망령되이 구하지 마라/ 곧게 처신하면 착하고 길함 있을 것이며/ 조급하게 나가면 도리어 근심 이루게 된다

② 一關又一關하니 長道遠難還이라

看盡白雲影하니 心閑事未閑이라

한 관문 또 한 관문이니/ 긴 길이 멀어서 돌아오기 어렵다/ 흰구름 그림자 바라보고 있으니/ 마음은 한가하나 일은 한가하지 않다

③ 悔吝不宜前이니 洪濤泛上船이라

---

9 此爻是示以守正之道 而因大其效者也 故叶者 含章以守貞 安土以敦仁 雖不能 興道致治 以顯事功於朝廷 亦足以致頑者廉 懦者起 以維風俗於草野 不叶者 敦 本尚實 不務浮華 財用隨足 終身無損 歲運逢之 在仕固守己職而難遷 在士確守 常業而難進 庶俗則謹守常度而難於遠謀

中秋今夜月이 獨蝕不能圓이라

후회스럽고 인색하여 앞으로 나가는 것 마땅치 않으니/ 큰 파도가 배
를 덮쳤다/ 중추의 오늘밤 달이/ 월식을 해서 둥글지 못하다

3. 六三(䷨ → ䷠)

【효사와 소상전】 육삼은 세 사람이 감에는 한 사람을 덜고, 한 사람이 감엔
그 벗을 얻도다. 상에 말하기를 '한 사람이 감'은, 셋이면 의심하리라.【六三
은 三人行앤 則損一人코 一人行엔 則得其友로다. 象曰 一人行은 三이면 則
疑也리라.】

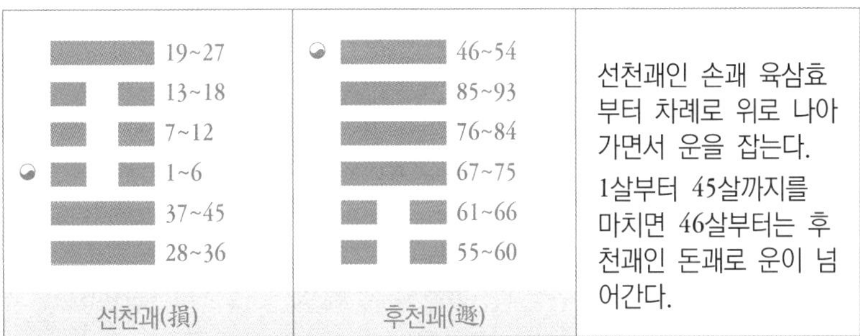

선천괘인 손괘 육삼효
부터 차례로 위로 나아
가면서 운을 잡는다.
1살부터 45살까지를
마치면 46살부터는 후
천괘인 돈괘로 운이 넘
어간다.

◈ 양년 음년 똑같음

대축(26)	대유(14)	건(1)	쾌(43)	대과(28)	함(31)
1	2	3	4	5	6

◈ 월괘

규·38	미제·64	리·10	무망·25	태·58	쾌·43	곤·47	감·29	취·45	예·16	함·31	돈·33
1월	2월	3월	4월	5월	6월	7월	8월	9월	10월	11월	12월

◆ 일괘

	6		12		18		24		30
	5		11		17		23		29
	4		10		16		22		28
	3		9		15		21		27
	2		8		14		20		26
	1		7		13		19		25
손(육삼)		규·38		중부·61		림·19		몽·4	이·27

【총괄해서 판단하면】

10 이 효는 벗을 많이 사귀되 그 부류部類를 가리는 것이다. 그러므로 운이 맞는 사람은, 어진 사람을 취해서 도움을 받고 착한 사람을 가려서 의지를 한다. 그러므로 함께 덕업을 이루니, 자기에게 유익할 뿐 아니라, 또한 위로는 함께 임금의 계획을 도움으로써 임금을 유익하게 한다.

운이 맞지 않는 사람도 또한 교제를 잘해서, 도와주는 이를 잘 얻어 경영하고 꾀하는 것을 쉽게 성취하니, 복과 은택에 손해가 없다.

세운을 만나면, 공직자는 모두 함께 힘을 합쳐 공경하고 공손해서 정사를 잘 다스리고, 구직자는 도가 같은 이끼리 벗이 되어 학문과 인격을 도야하는 유익함이 있으며, 혹 지기知己를 만나 도움을 받으면 발탁되어 벼슬자리에 오르게 되고, 일반인은 협력해 주는 사람이 많으며, 경영하고 꾀하는 것에 이득을 많이 얻고, 미혼인 사람은 배우자를 얻으며, 승려와 도인은 무리를 거느려 이끈다.

【글귀로 판단하면】

① 三鴈高飛一鴈傷이요　重山騎馬得良朋이라

　　佳人舞水宜先恐이요　平井橫刀此必强이라

---

10 此爻是交友多　擇其類者也　故叶者　取仁以爲輔　擇善以爲資　不惟能共成德業
而下有益於己　亦且共贊乎皇猷　而上有益於君　不叶者　亦善交際　扶助得人　而營
謀易就　福澤無損　歲運逢之　在仕同寅協恭　而政事擧　在士則同道爲朋　而有麗澤
之益　或遇知己　而進取陞騰之有賴　在庶俗　則協力者衆　而營謀獲利者多　未婚者
配合　僧道領衆

기러기 세마리 높이 나는데 한마리가 다쳤고/ 첩첩 산중에서 말타는데
좋은 벗 만났다/ 아름다운 사람이 물가에서 춤추면 마땅히 먼저 두려
워해야 하고/ 평화로운 우물가에서 칼 빗겨찼으면 이는 필시 강도이다

② 心未平ㅣ 事未圓이나

疑慮少ㅣ 始亨通이라

마음은 평안치 못하고/ 일은 원만하지 못하나/ 의심과 근심 적게 하면/
비로소 형통하다

③ 致志當專一이니 過三則有疑라

中心有定見하고 切戒妄依隨라

뜻을 이룸은 마땅히 전일專一해야 하니/ 셋을 넘으면 의심이 있게 된
다/ 마음 속에는 정해진 견해 있게 하고/ 절대로 망령되이 의지하고 따
르지 마라

4. 六四(☷☶ → ☱☶)

【효사와 소상전】 육사는 그 병을 덜되, 빨리하게 하면 기쁨이 있어서 허물이
없으리라. 상에 말하기를 '그 병을 더니' 역시 기뻐할 만하다. 【六四는 損其
疾호대 使遄이면 有喜하야 无咎리라. 象曰 損其疾하니 亦可喜也로다.】

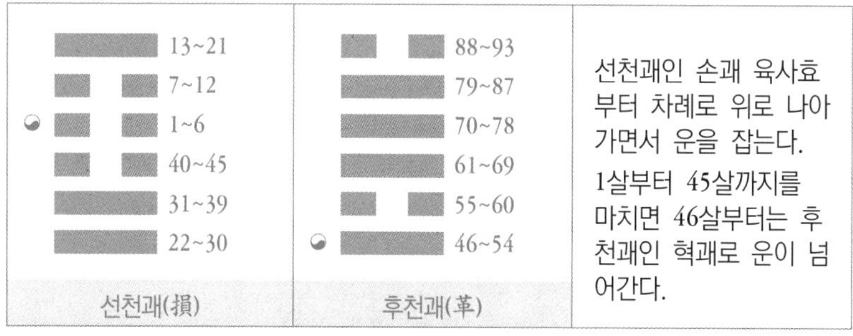

선천괘인 손괘 육사효
부터 차례로 위로 나아
가면서 운을 잡는다.

1살부터 45살까지를
마치면 46살부터는 후
천괘인 혁괘로 운이 넘
어간다.

◈ 양년 음년 똑같음

규(38)	리(10)	태(58)	곤(47)	취(45)	함(31)
1	2	3	4	5	6

◈ 월괘

중부·61	익·42	절·60	수·5	감·29	곤·47	비·8	곤·2	건·39	점·53	함·31	혁·49
1월	2월	3월	4월	5월	6월	7월	8월	9월	10월	11월	12월

◈ 일괘

손(육사)	중부·61	림·19	몽·4	이·27	대축·26

【총괄해서 판단하면】

11 이 효는 성품을 회복하는 학문을 보여주고, 빨리 도모하는 것의 귀중함을 말한 것이다. 그러므로 운이 맞는 사람은, 착한 것을 따르는데 용감하고, 허물을 고치는 것을 즐겁게 생각한다. 몸을 고명高明하고 정대正大한 곳에 두어 소인의 길로 빠져들지 않으니, 공과 명성을 성취하고 복과 은택이 깊고 두텁다.

운이 맞지 않는 사람도, 병이 있으면 빨리 치료하고 허물이 있으면 빨리

---

11 此爻是示人以反性之學 而因言敏以圖之爲貴也 故叶者 勇於從善 樂於改過 置身於高明正大之域 而不流於小人之歸 功名成就 福澤深厚 不叶者 有疾速醫 有過速改 早年艱遇 必晚景平康 歲運逢之 有災者免 有疾者愈 晦者明 憂者喜 閑官將起 士人有喜 庶俗獲利

고치니, 초년에는 어려움을 만나나 만년에는 반드시 평안해 진다.
세운을 만나면, 재앙이 있는 사람은 면하게 되고, 병이 있는 사람은 낫게
되며, 어두운 것은 밝아지고, 근심스러운 것은 기쁘게 된다. 휴직하고 있
던 관리는 기용되게 되고, 구직자는 기쁜 일이 있게 되며, 일반인은 이득
을 얻는다.

【글귀로 판단하면】

① 心事喜團圓하니 分明豈偶然가

　　借他良匠手하야 鑿出寶光鮮이라

　　마음 둔 일이 원만하게 된 것이 기쁘니/ 분명 이것이 어찌 우연이겠는
　　가?/ 훌륭한 장인匠人의 손을 빌려서/ 깎아내니 보배스러운 광채가 선
　　명하다

② 損疾已成思하니 遇之終非咎이라

　　天上一人逢하니 或在天風姤라

　　허물을 덜어내기로 이미 마음 먹었으니/ 사람과 만나더라도 끝내 허물
　　안된다/ 하늘 위에서 한 사람 만나니/ 혹 5월달에 만날 것이다

③ 心未平ㅣ 事未圓이나

　　疑慮久이니 始通亨이라

　　마음은 편치 못하고/ 일은 원만하지 못하나/ 의심하고 염려함이 오래
　　돼니/ 비로소 형통하게 되었다

5. 六五(▤▤ → ▤)

【효사와 소상전】 육오는 혹 더하면 열사람의 벗이 더한다. 거북점도 어기지
못하리니, 크게 착하고 길하니라. 상에 말하기를 '육오효가 크게 착하고 길함'
은 위로부터 돕는 것이다. 【六五는 或益之면 十朋之라. 龜도 弗克違하리니
元吉하니라. 象曰 六五元吉은 自上祐也라.】

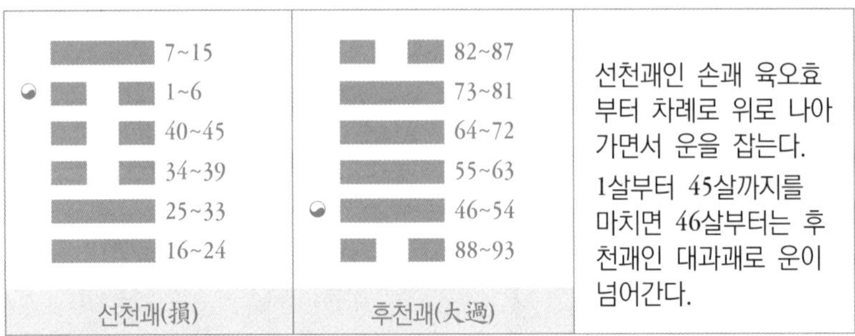

◈ 양년 음년 똑같음

중부(61)	절(60)	감(29)	비(8)	건(39)	함(31)
1	2	3	4	5	6

◈ 월괘

림·19	태·11	사·7	해·40	곤·2	비·8	겸·15	간·52	소과·62	풍·55	함·31	대과·28
1월	2월	3월	4월	5월	6월	7월	8월	9월	10월	11월	12월

◈ 일괘

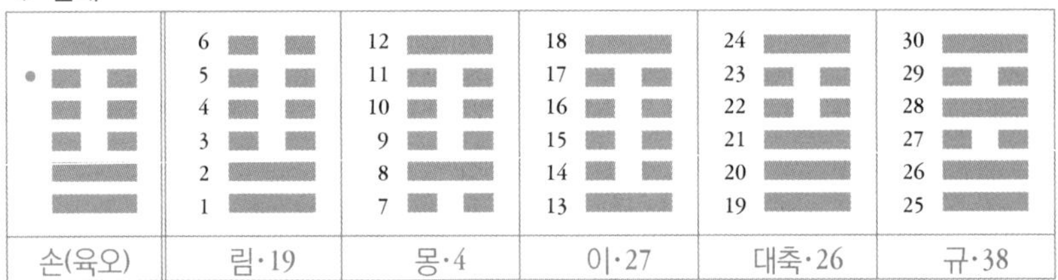

손(육오)	림·19	몽·4	이·27	대축·26	규·38

【총괄해서 판단하면】

12 이 효는 덕이 있는 자가 높은 자리에 있으니, 반드시 어진이를 얻게

---

12 此爻是以德而居尊位 而必著其得賢弘治之益者也 故叶者 虛中無物 得賢才之
協力 君心得而治道成 人心歸而天命眷 富貴福澤 爾熾爾昌 不叶者 亦有譽望出
羣 而爲鄉邦所景仰 榮身起家 慶祉並增 歲運逢之 在仕職美近天顏 士人進取 中

되어 넓게 다스리는 이익이 드러나는 운이다. 그러므로 운이 맞는 사람은, 마음을 비우고 물욕이 없어서, 어질고 재주 있는 이의 협력을 얻는다. 임금의 신임을 얻게 되고 정치가 잘 이루어지며, 인심이 모여들고 천명이 돌봐주니, 부귀와 복택이 성하고 번창한다.

운이 맞지 않는 사람도 또한 명예와 덕망이 뭇 사람 보다 뛰어나서, 그 지방은 물론 나라 전체에서 우러러 보게 되니, 몸은 영화롭고 집안을 일으키며 경사와 복이 아울러 증가한다.

세운을 만나면, 공직자는 직책이 좋아서 임금을 가까이 하게 되고, 구직자는 나가서 선발시험에 장원을 한다. 일반인은 큰 부자가 되고, 괘의 뜻과는 조금 다르나 부모 상을 당할 수 있으니 조심해야 한다.

【글귀로 판단하면】

① 先損後當益이니 良朋克元吉이라

　詢問雪中花면 相將迎暖日이라

　먼저는 손해보나 뒤에는 유익하게 되리니/ 좋은 벗 있어 크게 길하게 된다/ 눈 속에 꽃피는 것 묻는다면/ 장차 서로 따스한 날 맞게 되리라

② 鑿石見玉하고 撥土見珠하니

　眼前目下에 何用躊躇아

　돌을 깎아 옥을 발견하고/ 흙을 헤쳐 구슬을 발견하니/ 눈앞에/ 무엇을 주저하는가?

6. 上九(䷲ → ䷂)

【효사와 소상전】 상구는 덜지 말고 더하면(자기 것을 덜어내지 않고도 아랫사람을 더하면) 허물이 없고, 바르고 길하니, 나아가는 것이 이로우니, 신하

選占高魁 常人大發天財 與卦小異 須防孝服

를 얻음이 일정한 집(원근과 친소)이 없으리라. 상에 말하기를 '덜지 않고 더함'은 크게 뜻을 얻은 것이다. 【上九는 弗損코 益之면 无咎코 貞吉하니 利有攸往이니 得臣이 无家리라. 象曰 弗損益之는 大得志也라.】

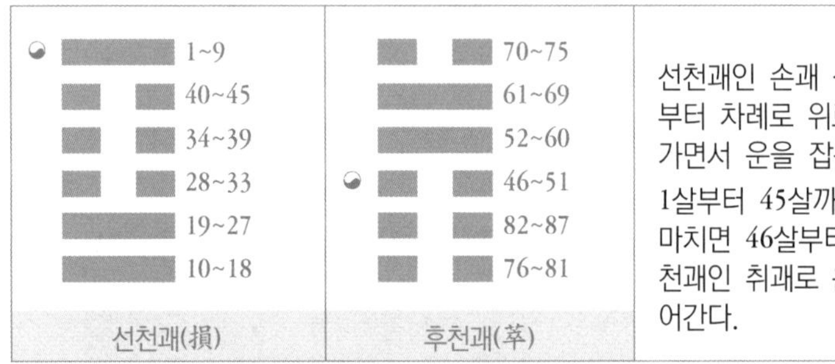

◈ 양년(갑·병·무·경·임년)일 경우

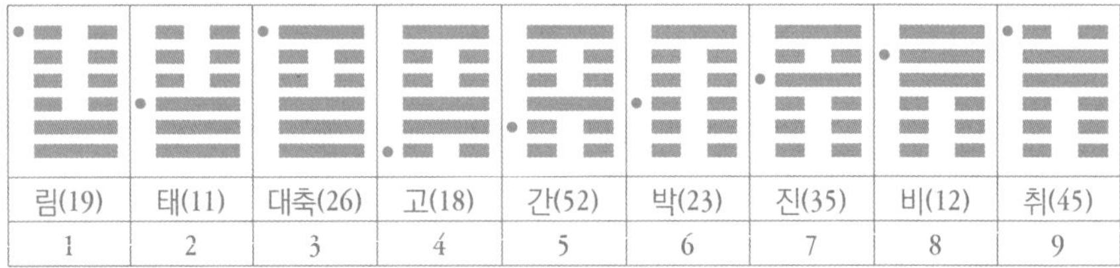

손(41)	대축(26)	태(11)	승(46)	겸(15)	곤(2)	예(16)	취(45)	비(12)
1	2	3	4	5	6	7	8	9

◈ 음년(을·정·기·신·계년)일 경우

림(19)	태(11)	대축(26)	고(18)	간(52)	박(23)	진(35)	비(12)	취(45)
1	2	3	4	5	6	7	8	9

◈ 월괘

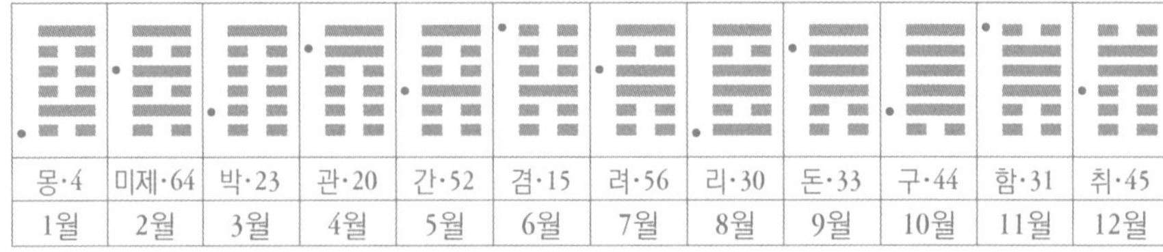

몽·4	미제·64	박·23	관·20	간·52	겸·15	려·56	리·30	돈·33	구·44	함·31	취·45
1월	2월	3월	4월	5월	6월	7월	8월	9월	10월	11월	12월

◈ 일괘

		6		12		18		24		30
●		5		11		17		23		29
		4		10		16		22		28
		3		9		15		21		27
		2		8		14		20		26
		1		7		13		19		25
손(상구)	몽·4		이·27		대축·26		규·38		중부·61	

【총괄해서 판단하면】

13 이 효는 아랫사람을 유익하게 하는 것을 칭찬함으로써, 바른 도를 힘써 행하도록 한 것이다. 그러므로 운이 맞는 사람은, 마음을 천하에 두고 궁한 백성을 도우려는 아름다운 뜻을 가지고 있으니, 덕은 공훈을 세울 만 하고 녹祿은 부귀를 누릴 수 있다.

운이 맞지 않는 사람은, 남의 것을 탐내지도 않고 빼앗으려고 꾀하지도 않으며, 자신의 것을 배불리 먹고 따뜻하게 입는다. 높고 귀한 사람을 친하고 가까이 해서 놀며 한담하는 것을 좋아하며, 혹 장사로 이득을 얻고, 혹 승려나 도인으로 일가를 이룬다.

세운을 만나면, 공직자는 민심을 얻고 임금의 총애가 굳어지며, 구직자는 뜻을 얻는 기쁨이 있다. 일반인은 땅에서의 이득을 많이 얻고, 귀인이 도와줘서 나고 드는데 더욱 이롭다.

【글귀로 판단하면】

① 惠而無所之하니 酌損得其宜라

人樂來歸己하니 安然福祿隨라

은혜를 베풀지만 손해된 것 없으니/ 참작해서 덜어냄이 마땅함을 얻은

---

13 此爻是與其益下之善 而勉以得正之道者也 故叶者 存心於天下 嘉志於窮民 德足以立功勳 祿足以享富貴 不叶者 不貪不謀 自得飽暖 親近尊貴 多好游談 或爲商旅獲利 或爲僧道成家 歲運逢之 在仕民歸心而天寵固 在士則有得志之喜 在庶俗則得地利之多 貴人扶持 出入尤利

것이다/ 사람이 나에게 즐겁게 돌아오니/ 편안하게 복록이 따라온다

2 二嶺一堆玉이요 雙飛四朶花라

好書天上至하니 別立外人家라

두 산마루에 한 무더기 옥있고/ 네떨기 꽃이 쌍으로 난다/ 좋은 글이
하늘 위에서 오니/ 따로 바깥 사람들의 집을 지었다

3 有月不沾雲하니 何須暗與明가

若逢龍與虎면 忻喜見前程이라

달이 구름에 젖지 않았으니/ 어둡고 밝을 것 무엇있는가?/ 만약 용(辰)
과 호랑이(寅)를 만나면/ 앞길에 기쁨 있을 것이다

익괘 개요

【괘사와 대상전】 익은 나아가는 것이 이로우며, 큰 내를 건넘이 이로우니라. 상에 말하기를 바람과 우레가 익괘니, 군자가 본받아서 착한 것을 보면 옮겨 가고 허물이 있으면 고치느니라. 【益은 利有攸往하며 利涉大川하니라. 象曰 風雷 益이니 君子 以하야 見善則遷하고 有過則改하나니라.】

【총괄해서 판단하면】

[1] 손궁의 3세괘로 7월에 속한다. 내괘의 납갑은 경자·경인·경진이고, 외괘의 납갑은 신미·신사·신묘니, 만약 본명이 7월에 태어난 사람과, 태어난 년도의 간지가 납갑의 간지에 합치되는 사람은 부귀와 공명을 누리게 된다. 또한 2월부터 8월까지 태어난 사람은 복이 많고 나머지는 복이 박하다.[2]

운세로 보면 풍뢰익괘(䷩)는 상괘는 손(☴)이고 하괘는 진(☳)이며, 호괘로는 간(☶)과 곤(☷)이 있다. 산 아래에 평지가 있고 평지 위에 산이 있

---

[1] 巽宮三世 卦屬七月 納甲 是庚子庚寅庚辰 辛未辛巳辛卯 若本命生於七月及納甲者 功名富貴人也 又二月至八月生者 福重 餘者福淺

[2] 익괘의 세효인 육삼효는 음효이므로, 초효부터 삼효까지 세면 신申에서 끝난다(초효는 오, 이효는 미, 삼효는 신). 지지의 신은 7월에 해당하므로, 익괘가 7월괘가 되는 것이다. 따라서 7월을 주관하는 괘가 되고, 7월에 태어난 사람은 때를 얻음이 된다.

으니, 그 땅의 두터움이 더욱 굳다. 위에 산이 있으니 높고 높아 고대高
大하고, 바람(巽)이 천지간에 불어 영화롭게 하며, 우레가 산과 평지 아
래에서 떨쳐 움직인다. 군자가 이런 괘를 얻으면 날로 나아가며 이익되
는 상이다.

익괘는 팔궁세혼법으로 볼 때, 손궁의 3세괘로 삼공三公괘에 해당한다.
즉 육삼효(삼공)가 세효世爻가 되고, 종묘에 해당하는 상구효는 응효가
된다. 두 효가 모두 제자리를 얻지 못했으나, 음과 양으로 서로 응하니,
어려움은 있으나 그런대로 풀리게 된다. 그러나 자신을 도와주어야 할
응효의 지지가 묘(卯木)로, 세효의 지지인 진(辰土)을 극하니, 응하는 가
운데서도 잃게 되는 아픔이 있다. 다만 괘가 목체(木體:손궁괘에 속하고,
상하괘 역시 모두 목체임)이므로, 진토(辰土)를 극해서 자라는 것이며,
또 내호괘가 곤(坤土,順:☷)이고 외호괘도 간(艮土,止:☶)이므로, 나무가
편안하게 그쳐 있으면서 흙에 뿌리를 깊이 내리는 뜻이 있다.
배를 타고 강을 건너는 상으로, 어려움 끝에 큰 이익을 얻는다. 자기를
유익하게 하거나 남에게 이익을 주는 것은 가만히 앉아서 되는게 아니
며, 크게 어려움을 겪어야 하는 것이다. 따라서 허물을 고치고 선을 행하
는 등 정신적 이익이 우선되어야 한다.
바람이나 우레가 모두 한 곳에 안정되지 않고 움직이는 괘이므로, 마음
이 불안정하고 과단성이 결여된 감이 있다. 또 형체가 없는 괘이므로 겉
으로만 화려하고 실속이 없는 경우가 많으며, 뿌리가 없는 형상이니 불
의의 재난이나 주변인물의 변심 등을 조심해야 하며, 의식주 및 금전 등
에 대한 지나친 욕심으로 인한 재난을 조심해야 한다. 친한 친구가 변심
하거나, 도장이나 문서 등으로 인한 사고가 나기 쉽다.

1 貴人暗相助하니 行藏且待時하라

莫愛花開早고 須知結實遲라

귀인이 은연중 서로 도와주니/ 가고 그침에 때를 기다려라/ 꽃이 일찍
피는 것 사랑하지 마라/ 결실이 늦게 됨을 알아야 할 것이다

② 益損之三爻ㅣ 見善則改遷이라

林鹿自春來하니 成榮多感慨라

익괘益卦와 손괘損卦의 세 효는/ 착하다고 생각되면 고치고 옮겨가야
한다/ 숲속에서 사슴이 봄되어 오니/ 영화 이루어 감개가 많다

③ 平地起雷聲하고 雲開月漸明이라

小人宜有恨이나 終又不相刑이라

평지에 우레소리 일어나고/ 구름이 개어 달이 점차 밝아진다/ 소인은
마땅히 한恨이 있으나/ 결국 서로 해치지는 않는다

1. 初九(☲☲ → ☲☲)

【효사와 소상전】 초구는 크게 일을 하는 것이 이로우니, 크게 착하게 해서
길해야 허물이 없으리라. 상에 말하기를 '크게 착하게 해서 길해야 허물이 없
음'은, 아랫 사람은 중대한 일을 할 수 없기 때문이다. 【初九는 利用爲大作
이니 元吉이라아 无咎리라. 象曰 元吉无咎는 下 不厚事也일새라.】

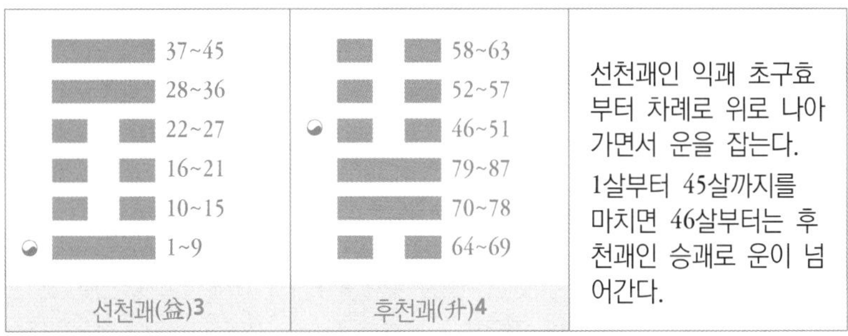

선천괘인 익괘 초구효
부터 차례로 위로 나아
가면서 운을 잡는다.
1살부터 45살까지를
마치면 46살부터는 후
천괘인 승괘로 운이 넘
어간다.

---

3 사주의 숫자로 괘를 만들어서 익괘 초효에 원당이 있다면, 1~9살까지는 익괘 초효 항

◈ 양년(갑·병·무·경·임년)일 경우 [5]

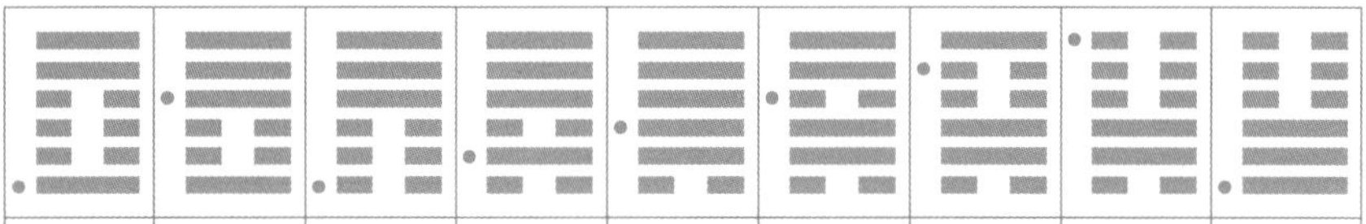

익(42)[6]	무망(25)	비(12)	송(6)	구(44)	손(57)	고(18)	승(46)	태(11)
1	2	3	4	5	6	7	8	9

◈ 음년(을·정·기·신·계년)일 경우

관(20)	비(12)	무망(25)	리(10)	건(1)	소축(9)	대축(26)	태(11)	승(46)
1	2	3	4	5	6	7	8	9

◈ 월괘

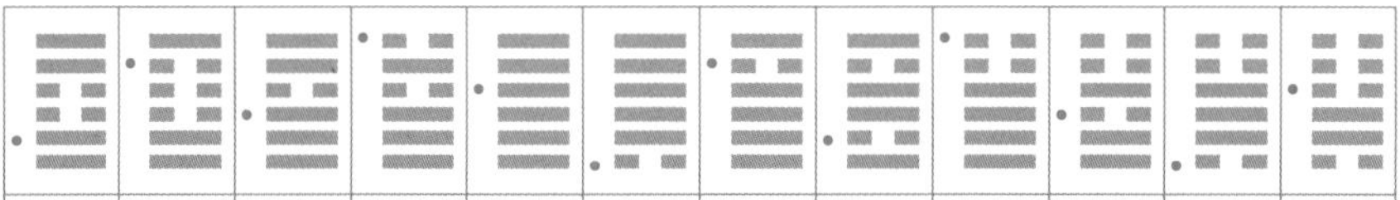

중부·61	손·41	소축·9	수·5	건·1	구·44	대유·14	리·30	대장·34	귀매·54	항·32	승·46
1월	2월	3월	4월	5월	6월	7월	8월	9월	10월	11월	12월

을, 10~15살까지는 익괘 이효 항을, …, 37~45살까지는 익괘 상효 항을 가서 살펴보면 된다.

4 46~51살까지는 후천괘인 승괘 사효 항을, 58~63살까지는 승괘 상효 항을, …, 79~87살까지는 승괘 삼효 항을 살펴보면 그 사람의 운이 된다(◒나 ●표시 한 곳이 해당하는 효를 가리키고, 밑에서부터 초효·이효·삼효·사효·오효·상효로 나눈다).

5 해마다의 운인 유년운의 진행은 양효(━)일 때와 음효(╍)일 때가 다른데, 그 자세한 예는 중천건괘(1) 초구효, 중지곤괘(2) 초육효와 육이효, 수뢰둔괘(3) 초구효와 육삼효, 산수몽괘(4) 초육효와 육사효 항에 유년운에 속한 월운月運의 예와 함께 실려 있으므로 참고하면 된다.

6 위의 도표에서 '익(42)'라고 한 것은 괘명은 익괘益卦이고 64괘 중에 42번째 괘라는 뜻이며, '관(20)'이라고 한 것은 괘명은 관괘觀卦고 64괘 중에 20번째에 해당한다는 뜻이다. 나머지 괘도 이와같은 방식으로 본다. 따라서 앞의 목차에서 번호의 순서대로 찾으면, 해당하는 괘를 쉽게 찾을 수 있다. 또 월괘月卦에서 '중부·61' 등으로 표시한 것도, 괘명은 중부괘中孚卦고 64괘 중에 61번째라는 뜻이다.

하락리수

【1】 천간에 수를 붙이는 법

천간	갑	을	병	정	무	기	경	신	임	계	중앙
수	6	2	8	7	1	9	3	4	6	2	5

【2】 지지에 수를 붙이는 법

지지	자	축	인	묘	진	사	오	미	신	유	술	해
수	1·6	5·10	3·8	3·8	5·10	2·7	2·7	5·10	4·9	4·9	5·10	1·6

【3】 소성괘를 짓는 법

(1) 일반적인 수 1 · 2 · 3 · 4 · 6 · 7 · 8 · 9

수	6	2	8	7	1	9	3	4	6	2	5
괘	건	곤	간	태	감	리	진	손	건	곤	·

(2) 중앙수 5

삼원	상원	중원	하원	상원	중원	하원	상원	중원	하원
년도	1504~1563	1564~1623	1624~1683	1684~1743	1744~1803	1804~1863	1864~1923	1924~1983	1984~2043
양남	간	간	리	간	간	리	간	간	리
음남	간	곤	리	간	곤	리	간	곤	리
양녀	곤	곤	태	곤	곤	태	곤	곤	태
음녀	곤	간	태	곤	간	태	곤	간	태

【4】 대성괘를 짓는 법

양명의 男 · 음명의 女	천수 ┅▶ 상괘	지수 ┅▶ 하괘
음명의 男 · 양명의 女	지수 ┅▶ 상괘	천수 ┅▶ 하괘

【5】 대성괘 이름 및 찾는 법

상괘 하괘	1坎	2坤	3震	4巽	6乾	7兌	8艮	9離
1坎	감 29	사 7	해 40	환 59	송 6	곤 47	몽 4	미제 64
2坤	비 8	곤 2	예 16	관 20	비 12	취 45	박 23	진 35
3震	둔 3	복 24	진 51	익 42	무망 25	수 17	이 27	서합 21
4巽	정 48	승 46	항 32	손 57	구 44	대과 28	고 18	정 50
6乾	수 5	태 11	대장 34	소축 9	건 1	쾌 43	대축 26	대유 14
7兌	절 60	림 19	귀매 54	중부 61	리 10	태 58	손 41	규 38
8艮	건 39	겸 15	소과 62	점 53	돈 33	함 31	간 52	려 56
9離	기제 63	명이 36	풍 55	가인 37	동인 13	혁 49	비 22	리 30

※ 「64괘 환산표」의 가로줄은 상괘를, 세로줄은 하괘를 나타내고,
　 괘의 그림 밑에 있는 글씨는 괘명과 괘의 순서를 나타내는 숫자이다.
　 상괘가 9리(☲)가 나오고 하괘가 6건(☰)이 나오면 화천대유괘가 된다.

손에 잡히는 경전 시리즈 총 16권

· 9×15cm / 288~336쪽 / 비닐커버 / 2도 인쇄 / 각권 10,000원 / 총 16권

● 암송을 하거나 틈틈이 음미하실 분들을 위해 만든 속이 알찬 손에 잡히는 경전 시리즈. 총 16권 출시. ● 대학/중용, 논어, 맹자, 사자소학/추구는 왼쪽 면에는 원문과 정음, 오른쪽 면에는 해석으로 구성. ● 주역관련도서는 주역점, 주역인해, 주역신기묘산으로 함께 보시면 더 좋습니다.

◐ 대유학당 서울시 성동구 성수동2가 280-1 SK V1센터 1동 814호
◑ 서적구매 www.daeyou.or.kr ◑ 연락처 02-2249-5630
◑ 계좌번호 국민 807-21-0290-497(윤상철)
◑ 자미두수, 육임 기문 프로그램 다운 받는 곳 www.webhard.co.kr
아이디 daeyoudang 패스워드 9966699
◑ 대유학당 블로그 ttps://blog.naver.com/daeyoudang

▸손에 잡히는 경전❶ 주역점	역학의 대가 대산 김석진의 결정판 주역점! 주역을 전혀 모르는 분들이나 초보자도 사용 가능. 주역 64괘에 대한 쉬운 설명과 점풀이. 17년 3월 5쇄
▸손에 잡히는 경전❷ 주역인해	주역의 원문과 토·정음·해석으로만 이루어진 작은 책. 부록 : 홍범·신도태을경·도록모음. 17년 5월 2판 3쇄
▸손에 잡히는 경전❸ 대학중용	원문을 싣고 주자주는 찾아가서 볼 수 있도록 만든 책. 부록으로 퇴계선생의 성학십도를 풀이. 16년 4월 2판 2쇄
▸손에 잡히는 경전❹ 경전주석인물사전	사서삼경 『소학』·『근사록』·『심경』·『명심보감』 등에 주석을 단 인물들을 시대·자·호·직업·학문배경·저서 등 정리. 이름·字·號로 색인 가능. 16년 2쇄
▸손에 잡히는 경전❺ 도덕경 음부경	도덕경과 음부경의 이본을 정리. 음부경 외에 비서삼전으로 알려진 황석공 소서와 제갈량 심서 실음. 11년 12월 2판
▸손에 잡히는 경전❻ 논어	작고 예뻐진 논어. 공자와 제자들의 인물사전, 제자일람표, 논어경문에 나오는 인물을 중심으로 인물색인, 그림으로 보는 공자의 행적도. 16년 3월 3쇄
▸손에 잡히는 경전❼ 절기체조	99년 발행되었던 절기맞춤체조를 손에 잡히는 시리즈로 재출간. 자연의 절기에 맞춘 체조로 건강한 삶을~. 11년 1월 2쇄
▸손에 잡히는 경전❽~❾ 맹자 1,2	총 2권. 각 장구 앞에 배경 설명을 두고, 인물과 한자에 각주를 달았다. 1권에 인물색인, 2권에 자구색인을 두어 찾아보기 쉽게 구성. 18년 1월 3쇄
▸손에 잡히는 경전❿ 주역신기묘산	각 효별로 17가지 항목에 대해 단답식 설명. 알고자 하는 부분의 명쾌한 판단이 가능해짐. 16년 4월 3쇄
▸손에 잡히는 경전 11 자미두수	이젠 자미두수를 가지고 다니면서 공부한다. 자미두수 입문을 재편집하여 찾기 쉽도록 만든 자미두수사전! 12년 3월 1쇄
▸손에 잡히는 경전 12 관세음보살	설정스님 편저. 천수경과 신묘장구대다라니, 42수 진언을 칼라로 된 그림과 함께 수록. 15년 6월 1쇄
▸손에 잡히는 경전 13 사자소학 추구	1280자의 사자소학과 1200자의 추구를 해석하고, 정음, 해석순서, 영문번역, 한자풀이를 넣어 가지고 다니면서 볼 수 있도록 한 책. 16년 5월 1쇄
▸손에 잡히는 경전 14~16 시경 1,2,3	1권 국풍, 2권 소아, 3권 대아·송!! 완벽한 색인, 연대표, 사서 인용시 표, 시 완성 지도 등 내용이 충실한 시경 번역서의 최고봉. 16년 8월 1쇄

전문가용 프로그램 – 하락리수, 자미두수, 육임

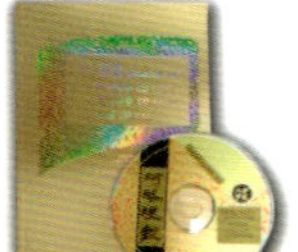

▶ 전문가용 하락리수 CD

· 가격 550,000원 / 총괄 : 윤상철
· 구성 : CD 1매, usb락, 프로그램 메뉴얼.

2018년 개정판 생년월일시를 입력하면 사주 간지와 선천운 후천운을 즉시 확인함은 물론 12조건에 따른 길흉을 클릭만으로 알 수 있습니다. 또 평생운·대상운·년운·월운·일운을 볼 수 있고, 참평결과 주역점, 궁합점수 등 종합 주역운세풀이입니다.

▶ 전문가용 자미두수 CD

· 가격 500,000원 / 총괄 : 김재윤
· 구성 : CD 1매, usb락, 프로그램 메뉴얼.

2018년 개정판 번들용과 다른 다양한 기능. 별에 대한 자세한 설명을 pdf로 볼 수 있으며, 삭망일 균시차 인명저장 별의 강약 사화를 조정할 수 있는 옵션. 기문과 육효 명리의 기본포국 제공. 윈도우 8, 10버전 사용 가능

▶ 전문가용 육임 CD

· 가격 150,000원 / 총괄 : 윤상철
· 구성 : CD 1매, usb락, 프로그램 메뉴얼.

2018년 개정판 삼전조식된 육임식반과 더불어 9종 10과체에 대한 간단한 설명. 720과에 대해 좋은 공명 가정 행인 투자 등 각 25개 항목으로 나누어 육임점의 길흉이 단답형으로 설명되어 있습니다. 인쇄, 저장 가능

[하락리수 2.015 버전업 특징]

첫째, 윈도우 64비트 지원으로, 윈도우즈 관계없이 사용 가능합니다.
둘째, 일일운세 강화입니다.
셋째, 후후천의 운세를 첨가하였습니다.
넷째, 개인간의 궁합을 선후천 비교에서 더 나아가, 년궁합, 월궁합, 일일궁합까지 확대하였습니다.

대유학당의 후원이 되시면 20% 할인된 가격에 프로그램을 구매하실 수 있습니다. 후원회원은 1년 10만원의 회비를 내시면 8가지 혜택을 누리실 수 있습니다.

[자미두수, 육임 2.015 버전업 특징]

첫째, 윈도우 64비트 지원으로, 윈도우즈 관계없이 사용 가능합니다.
둘째, 궁합을 볼 때 명반을 두 개 이상 띄우면 오류가 나는 현상을 해결했습니다.
셋째, 자미두수는 배치상 자시의 경우는 밤의 자시이건 새벽의 자시인건 같은 것으로 인식됩니다.
2.015버전에서는 밤 11시 30분이후 출생한 자시의 경우 다음달 자시로 명반을 수정하여 출력합니다.
넷째, 월덕, 금여, 유하의 별을 추가하고, 신년생 천괴 천월을 수정하였습니다.
다섯째, 한글세대를 위해 옵션에서 한글명반 보기를 추가하였습니다.
여섯째, 사용자의 편의를 위해 전문가용 육임과 명반을 함께 보도록 만들었습니다.
일곱째, 기문의 요약도 추가하여 간단히 볼 수 있도록 하였습니다.
여덟째, 기문 중궁지반 5토 처리에 있어, '출감일, 출건일'을 정하도록 하였습니다.

○ 프로그램 다운 받는 곳 www.webhard.co.kr   아이디 daeyoudang   패스워드 9966699

◈ 일괘 **7**

6	12	18	24	30	
5	11	17	23	29	
4	10	16	22	28	
3	9	15	21	27	
2	8	14	20	26	
1	7	13	19	25	
익(초구)	중부·61	가인·37	무망·25	이·27	둔·3

【총괄해서 판단하면】

8 이 효는 임금에게 보답하려면 크게 일을 해야 하고, 더욱이 한 일이 모두 잘됐어야 한다는 것을 설명했다. 그러므로 운이 맞는 사람은, 큰 일을 맡고 큰 공을 세우면서도, 모두 다 완전하고 오래갈 수 있는 좋은 계책을 실행하니, 위로는 임금에게 유익하게 하고 아래로는 백성을 유익하게 한다.

운이 맞지 않는 사람도, 또한 행실이 착하고 어진 재주를 가진 사람으로, 때에 잘 대응해서 순리대로 처신하여 혹 크게는 사업을 하며, 작게는 농지를 경작해서 집과 사업을 일으킨다.

세운을 만나면, 공직자는 반드시 발탁되어 자리를 옮기게 되고, 벼슬하려고 하는 구직자는 반드시 과거에 장원급제한다. 또한 '대大'자의 뜻은 조짐하는 바가 심히 많으니, 대부大夫·대사大師·대중大中 등의 고위벼슬을 뜻하며, 중이나 도인은 대덕大德·대사大師를 가리키고, 일반인은 크게 꾀하는 것(大謀)·크게 소유하는 것(大有)·크게 뜻대로 되는 것(大稱心) 등

---

7 그 날의 운(日運)과 더 세분해서 시운時運을 알고 싶으면, 앞의 일괘日卦와 시괘時卦 설명을 참조해서 계산하면 된다. 자세한 예는 건(1)~송(6)괘의 초효 항에 있으므로 참고바람.

8 此爻是報效於君 固多大有所爲 而尤多善有所爲也 故叶者 任大事 建大功 周悉萬全 而爲經久之良圖 上有以益於君 下有以利於民 不叶者 亦有善行良才 安時處順 或大有作爲 而小有耕作 而家典業擧 歲運逢之 在仕必有遷擢 進取者必中大魁 且大字之義 爲兆甚多 大夫大師大中是也 僧道則有大德大師之說 庶俗則有大謀大有大稱心之義

의 뜻이 된다.

① 乘時宜進用하니 大作可施爲라

得志亨衢上에 功成自有期라

때를 타서 나가 일함이 마땅하니/ 크게 일을 해야할 때다/ 뜻을 얻은
확트인 거리에서/ 공을 이룰 때가 오리라

② 大事可成榮이니 有益爲無咎라

雲內執鞭人이 富在三秋後라

큰 일을 하면 영화롭게 될 수 있으니/ 이익이 있고 허물이 없다/ 구름
속에 채찍을 잡고 있는 사람이/ 가을의 석달을 지낸 후 부자가 되리라

③ 風急上雲高요 鵬程六翮秋라

尺書天外至하니 名姓上鰲頭라

바람 급하게 부니 구름 높이 올라가고/ 붕새 높이 나니 가을이 되었다/
기쁜 소식 전하는 편지가 하늘밖에서 오니/ 장원급제하여 성명이 제일
첫머리에 올랐다

2. 六二(䷩ → ䷓)

【효사와 소상전】 육이는 혹 더하면 열 벗이 더한다. 거북점도 어기지 못하나
영원토록 바르게 하면 길하니, 왕이 상제께 제사 지내더라도 길하리라. 상에
말하기를 '혹 더한다는 것'은 밖으로부터 오는 것이다. 【六二는 或益之면 十
朋之라. 龜도 弗克違나 永貞이면 吉하니 王用享于帝라도 吉하리라. 象曰 或
益之는 自外來也라.】

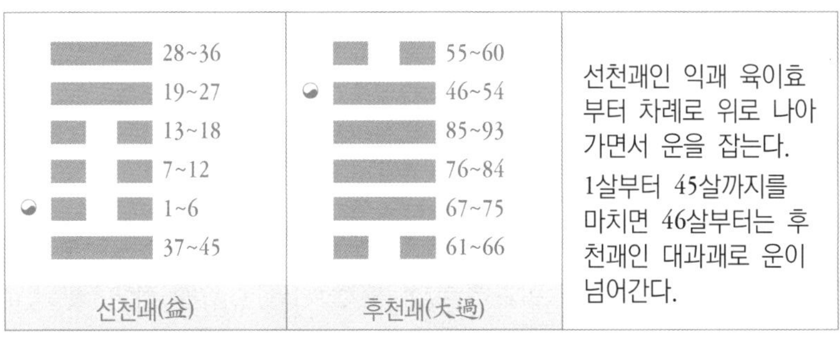

선천괘인 익괘 육이효부터 차례로 위로 나아가면서 운을 잡는다.
1살부터 45살까지를 마치면 46살부터는 후천괘인 대과괘로 운이 넘어간다.

◈ 양년 음년 똑같음

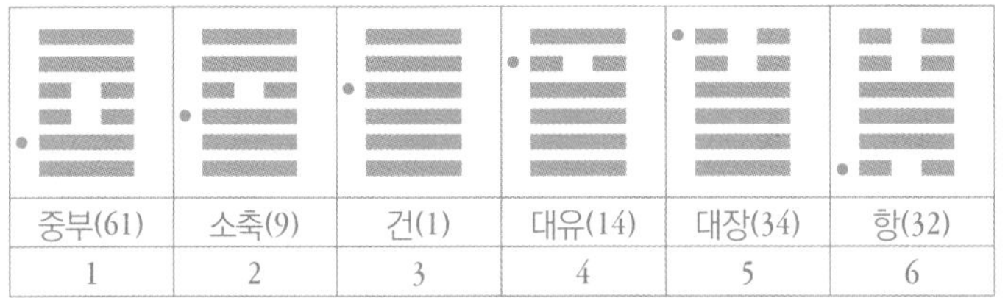

중부(61)	소축(9)	건(1)	대유(14)	대장(34)	항(32)
1	2	3	4	5	6

◈ 월괘

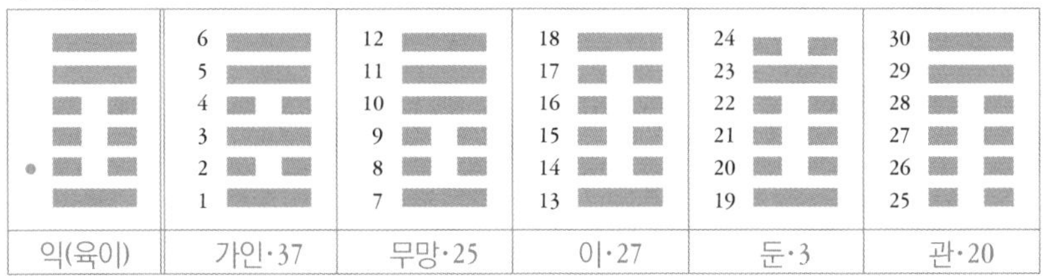

가인·37	기제·63	동인·13	돈·33	리·30	대유·14	풍·55	진·51	소과·62	겸·15	항·32	대과·28
1월	2월	3월	4월	5월	6월	7월	8월	9월	10월	11월	12월

◈ 일괘

익(육이)	가인·37	무망·25	이·27	둔·3	관·20
	6 5 4 3 2 1	12 11 10 9 8 7	18 17 16 15 14 13	24 23 22 21 20 19	30 29 28 27 26 25

【총괄해서 판단하면】

9 이 효는 임금과 신하가 더해준 것에 대한 복을 받는 것이다. 그러므로

---

9 此爻是君臣受益之善者也 故叶者 虛中無私 良朋類集 上爲君寵 下爲民慶 或得
王官 或得高年 或爲配享 不叶者 守己奉上 活計良久 利官近貴 受用頗足 歲運
逢之 仕途榮遷 在士進取成名 商賈獲利 享祀獲福

운이 맞는 사람은, 마음을 비우고 사사로운 욕심이 없어서 어진 벗끼리 모인다. 위로는 임금의 총애를 받고 아래로는 백성에게 경사가 있게 하니, 혹 왕에게 벼슬을 얻고, 혹 오래 살며, 혹 죽어서는 옛날 어진이와 같이 배향(配享)을 받는다.

운이 맞지 않는 사람도, 자기의 본분을 지키고 윗사람을 받들며, 생활계획이 좋고 장구하며, 관리를 이롭게 하고 귀한 이를 가깝게 하며, 받아서 쓰는 것이 넉넉하다.

세운을 만나면, 벼슬길은 영전하고, 구직자는 벼슬길에 나가서 이름을 이루게 된다. 장사는 이익을 얻고, 제사를 받들어 복을 얻게 된다.

【글귀로 판단하면】

① 不求元自益이니 龜策弗能違라

　　根本嚴禋祀하니 精神在此時라

　　구하지 않아도 원래 자연히 이익 있으니/ 거북의 책수(거북점)도 어긋나지 못한다/ 근본을 엄히 하고 정성스럽게 제사지내니/ 정신이 이때에 모이게 된다

② 得損還有益하니 獲寶可榮歸라

　　千里片帆遠이요 其中三雁飛라

　　손해를 보았는데도 도리어 이익이 있으니/ 보물을 얻어 영광스럽게 돌아온다/ 천리길에 조각배 멀어져 가고/ 그 가운데 기러기 세마리 날아간다

③ 欲動還穩하니 可羨可求라

　　水濱活計에 名利得宜라

　　움직이고자 하여 도리어 편해지니/ 부럽고 구할 만한 것이다/ 물가에서 살 계책 세우니/ 명예와 이익이 마땅함을 얻게 되리라

3. 六三(☲☳ → ☲☴)

【효사와 소상전】 육삼은 더해줌을 흉한 일에 쓰는 것은 허물이 없으려니와, 믿음이 있고 중도로 행해야 공(윗사람)에게 고하는데 도장을 쓰듯 하리라. 상에 말하기를 '더해줌을 흉한 일에 쓰는 것은 허물이 없으려니와, 믿음이 있고 중도로 행해야 공(윗사람)에게 고하는데 도장을 쓰듯 함'은 전적으로 맡기는 것이기 때문이다. 【六三은 益之用凶事엔 无咎어니와 有孚中行이라아 告公用圭리라. 象曰 益用凶事는 固有之也일새라.】

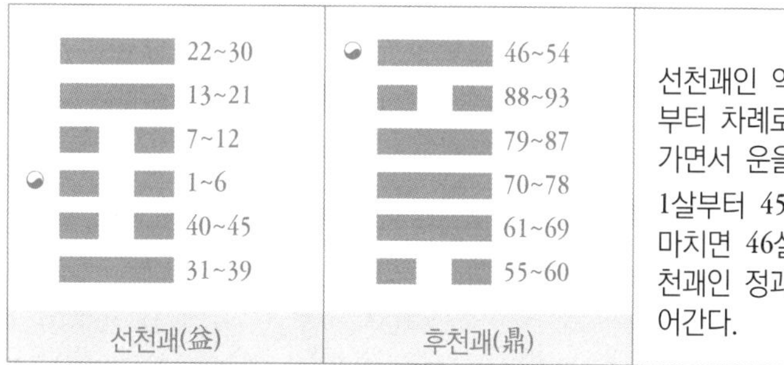

선천괘(益)		후천괘(鼎)	
	22~30	◐	46~54
	13~21		88~93
	7~12		79~87
◐	1~6		70~78
	40~45		61~69
	31~39		55~60

선천괘인 익괘 육삼효부터 차례로 위로 나아가면서 운을 잡는다.
1살부터 45살까지를 마치면 46살부터는 후천괘인 정괘로 운이 넘어간다.

◈ 양년 음년 똑같음

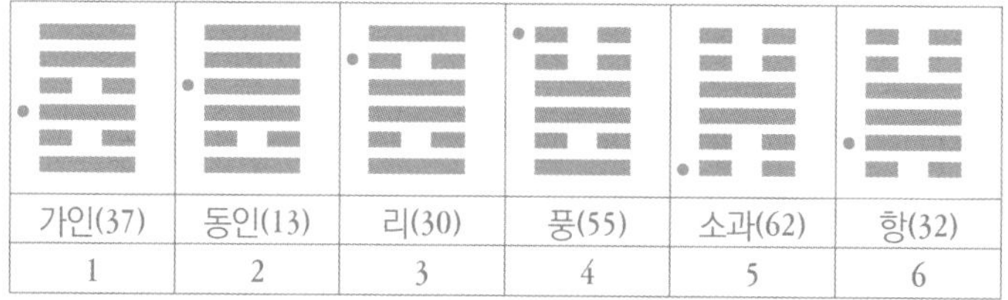

가인(37)	동인(13)	리(30)	풍(55)	소과(62)	항(32)
1	2	3	4	5	6

◈ 월괘

무망·25	비·12	서합·21	규·38	진·51	풍·55	예·16	곤·2	해·40	곤·47	항·32	정·50
1월	2월	3월	4월	5월	6월	7월	8월	9월	10월	11월	12월

◈ 일괘

익(육삼)	무망·25	이·27	둔·3	관·20	중부·61
6	12	18	24	30
5	11	17	23	29
4	10	16	22	28
3	9	15	21	27
2	8	14	20	26
1	7	13	19	25

【총괄해서 판단하면】

10 이 효는 신하의 도를 다함으로써, 임금의 마음을 위로하고 안심시킴을 보인 것이다. 그러므로 운이 맞는 사람은, 충신열사가 돼서, 위난危難을 당하면 마음과 힘을 다해서 민생을 유익하게 하고, 풍속과 교화를 유익하게 다스린다. '중中·공公·규圭'자의 뜻을 살펴보면 관직이 높아진다는 것이 확실하다.

운이 맞지 않는 사람도, 위험을 당하면 사려깊게 생각하고, 마음을 움직일 때 성질을 참아서, 험한 데서 빠져나와 평이한 데로 가고, 위험을 바꿔서 편안하게 만드니, 높고 귀한 사람이 믿고 쓰며, 복과 은택을 늦게까지 받는다.

세운을 만나면, 공직자는 조정에서 귀하게 되고 크게 쓰이며, 병권을 잡아 공을 세운다. 구직자는 명성을 날리고 뽑혀서 품계가 변동되며, 일반인은 이익을 얻는다.

수가 흉한 사람은 비상한 흉함이 있으니, 관재官災를 가장 꺼리는 것이다.

---

10 此爻是示以盡臣道而慰君心者也 故叶者 爲忠臣烈士 必當危難 而盡心竭力 有益於生民 有益於風教 考其中字公字圭字之義 而官職顯然矣 不叶者 操危慮深 動心忍性 出險爲夷 易危爲安 尊貴信用 福澤晚受 歲運逢之 在仕朝貴大用 兵將立功 士子成名 選人改秩 庶俗獲利 數凶者有非常之凶 官災最忌

【글귀로 판단하면】

① 薰心憂事亦防危니 有吉來言不必傳이라

　　一片石中逢巧匠이요 龍行佳報在身邊이라

　마음 태우고 일을 근심함은 위태함을 방비코자 함이니/ 길함이 있다는
　장래의 말은 전할 필요 없다/ 한조각 돌이 정교한 장인匠人 만났고/
　용(辰)이 행하는 날 아름다운 소식 신변에 있을 것이다

② 濟人於患難하고 孚信以中行이라

　　擧動皆由命하니 應無災咎生이라

　사람을 환난에서 구제하고/ 성실하고 믿음으로써 중도中道를 행한다/
　거동하는 것이 다 명에 의한 것이니/ 응당히 재앙과 허물이 생기지 않
　으리라

③ 動還靜ㅣ 靜還動하니

　　意非眞ㅣ 如春夢이라

　움직여야 할 때 도리어 고요히 하고/ 고요해야 할 때 도리어 움직이니/
　뜻이 참되지 않고/ 일장춘몽과 같도다

4. 六四(☴→☲)

【효사와 소상전】 육사는 중도로 행하면 공(윗사람)에게 고함에 윗사람이 따
를 것이니 윗사람에게 의지하며 나라를 옮김이 이로우니라. 상에 말하기를
'공(윗사람)에게 고함에 윗사람이 따른다'는 것은 유익하게 하려는 뜻이 있기
때문이다. 【六四는 中行이면 告公從하리니 利用爲依며 遷國이니라. 象曰 告
公從은 以益志也라.】

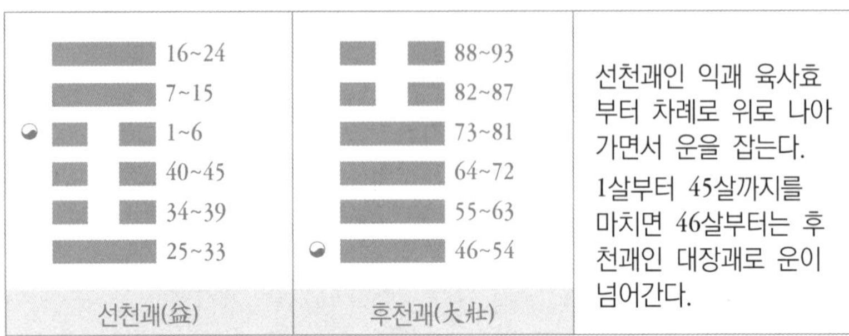

선천괘(益)	후천괘(大壯)	선천괘인 익괘 육사효 부터 차례로 위로 나아 가면서 운을 잡는다. 1살부터 45살까지를 마치면 46살부터는 후 천괘인 대장괘로 운이 넘어간다.
16~24 / 7~15 / 1~6 / 40~45 / 34~39 / 25~33	88~93 / 82~87 / 73~81 / 64~72 / 55~63 / 46~54	

◈ 양년 음년 똑같음

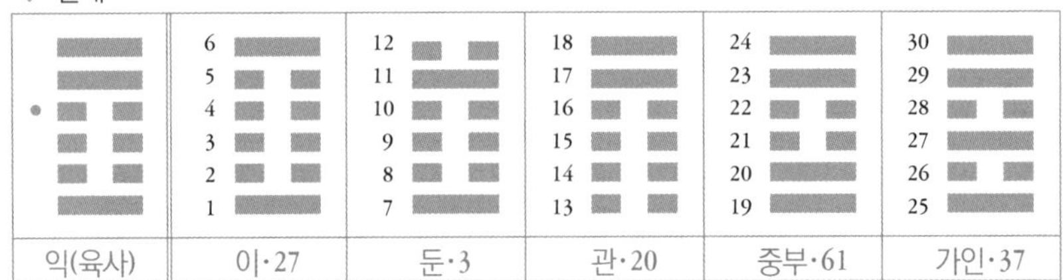

무망(25)	서합(21)	진(51)	예(16)	해(40)	항(32)
1	2	3	4	5	6

◈ 월괘

이·27	손·41	복·24	명이·36	곤·2	예·16	사·7	감·29	승·46	고·18	항·32	대장·34
1월	2월	3월	4월	5월	6월	7월	8월	9월	10월	11월	12월

◈ 일괘

	6 5 4 3 2 1	12 11 10 9 8 7	18 17 16 15 14 13	24 23 22 21 20 19	30 29 28 27 26 25
익(육사)	이·27	둔·3	관·20	중부·61	가인·37

【총괄해서 판단하면】

11 이 효는 신하가 아랫사람을 유익하게 하는 덕이 있어서, 임금과 백성

---

11 此爻是人臣有益下之德 而君民皆信從之者也 故叶者 公平正大 建功立業 上得
君寵 下副民望 而爲一世之勳臣 不叶者 亦能幹辨遂意 創業維新 歲運逢之 在仕
責任之重 而得君寵渥 在士則得上人薦擧 而名可成就 在庶俗則有修造遷移之喜

이 다 믿고 따르는 사람이다. 그러므로 운이 맞는 사람은, 공평하고 정대한 사람으로, 공을 세우고 업적을 세운다. 위로는 임금의 총애를 받고, 아래로는 백성의 바램에 부응해서 일세의 공신이 된다.

운이 맞지 않는 사람도, 또한 능히 일을 주관하고 분별해서, 뜻을 이루고 업적을 새로이 창조한다.

세운을 만나면, 공직자는 중책을 맡아 임금의 총애를 받을 것이고, 구직자는 윗사람의 천거를 얻어 이름을 성취할 수 있다. 일반인은 집을 수리하거나 지어서 이사가는 기쁨이 있고, 송사는 이롭게 되어 관에서 억울함을 풀게 된다.

【글귀로 판단하면】

① 桂子十分香이요 瓊瑤映玉堂이라

　一朝乘快便하야 枝折看翶翔이라

　계수나무 열매는 십분 향기롭고/ 구슬은 궁궐(玉堂)을 빛낸다/ 하루아침에 빠른 방편 얻으면/ 계수나무 가지 꺾어 높이 나는 것 볼 것이다

② 得中行正道하니 益下以爲功이라

　到處無相礙하니 何人不聽從가

　중中을 얻어 바른 도를 행하니/ 아랫사람을 더해 주는 것으로 공을 삼는다/ 이르는 곳마다 서로 장애됨이 없으니/ 어떤 사람이 듣고 따르지 않겠는가?

5. 九五(䷩ → ䷂)

【효사와 소상전】 구오는 은혜를 베푸는 마음을 지성으로 하는 것이다. 묻지 않아도 크게 착하고 길하니, 천하 사람이 믿음이 있어서 나의 덕을 은혜롭게

訟者利 官得伸

생각하리라. 상에 말하기를 '은혜를 베푸는 마음을 지성으로 함'이라 물을 것
도 없으며, '나의 덕을 은혜롭게 생각함'이 크게 뜻을 얻음이다. 【九五는 有
孚惠心이라. 勿問하야도 元吉하니 有孚하야 惠我德하리라. 象曰 有孚惠心이
라 勿問之矣며 惠我德이 大得志也라.】

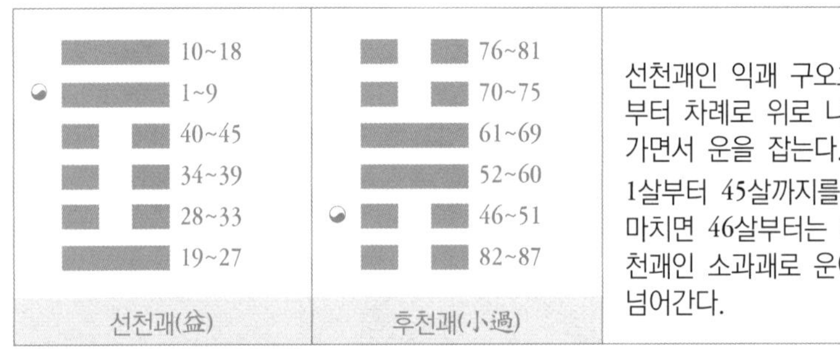

선천괘(益)		후천괘(小過)		선천괘인 익괘 구오효부터 차례로 위로 나아가면서 운을 잡는다. 1살부터 45살까지를 마치면 46살부터는 후천괘인 소과괘로 운이 넘어간다.
	10~18		76~81	
○	1~9		70~75	
	40~45		61~69	
	34~39		52~60	
	28~33	○	46~51	
	19~27		82~87	

◈ 양년(갑·병·무·경·임년)일 경우

익(42)	중부(61)	손(41)	림(19)	사(7)	곤(2)	겸(15)	소과(62)	함(31)
1	2	3	4	5	6	7	8	9

◈ 음년(을·정·기·신·계년)일 경우

이(27)	손(41)	중부(61)	절(60)	감(29)	비(8)	건(39)	함(31)	소과(62)
1	2	3	4	5	6	7	8	9

◈ 월괘

둔·3	기제·63	비·8	취·45	감·29	사·7	정·48	손·57	대과·28	쾌·43	항·32	소과·62
1월	2월	3월	4월	5월	6월	7월	8월	9월	10월	11월	12월

◈ 일괘

익(구오)	둔·3	관·20	중부·61	가인·37	무망·25

【총괄해서 판단하면】

12 이 효는 아랫사람을 유익하게 하는 사람이고, 그의 성심誠心에 정성껏 응하는 기틀을 나타낸 것이다. 그러므로 운이 맞는 사람은, 재주와 지모가 나라를 보필할 수 있고, 이익과 은택이 백성을 감동시킬 수 있으니, 공명과 이익이 있고 벼슬이 현달하며 복록이 풍성하다.

운이 맞지 않는 사람도, 또한 마음가짐을 후하고 어질게 해서 은혜를 베풀어 복이 두터우며, 혹 승려나 도인이 되어 총명하다는 칭찬을 듣게 되며, 혹 상인이 되어 자기의 이익을 가지고 은혜를 베풀기도 한다.

세운을 만나면, 공직자는 중요한 자리에 들어가서 밝은 임금을 만나고, 구직자는 벼슬길에 나가서 이름을 날리며, 일반인은 경영하고 꾀하는 것이 뜻대로 된다. 승려와 도인은 주지가 되고, 비천한 사람은 존귀한 사람을 알현하게 되고, 알아주는 이를 많이 만나게 된다.

【글귀로 판단하면】

1 持竿江上釣鰲魚하니 獲却金鱗一顆珠라

　青霄一箭宜推轂하니 名利雙全祿自殊라

　낚싯대 가지고 강에서 자라와 고기 낚으니13/ 금비늘 달린 고기와 한

---

12 此爻是益下者 而著其誠心誠應之機者也 故叶者 才猷足以輔國 利澤足以感民 功名利達 福祿豐盈 不叶者 亦厚仁存心 恩惠及物 有優游厚福 或爲僧道有聰惠之譽 或爲商賈有惠我之利 歲運逢之 在仕入要津 逢明主 在士進取者成名 常俗營謀稱意 僧道住持 卑賤謁尊貴 多有知遇

덩어리 구슬 얻었다/ 푸른 하늘에 화살 한대 쏘아 벼슬얻으니/ 명예와
이익을 둘다 얻고 복록 또한 뛰어나다

2 誠信施仁惠하니 何須問吉凶가

德心休且逸이면 天道亦相從이라

정성과 신의로 어진 은혜 베푸니/ 길하고 흉함을 물을 것 무엇있나?/
심덕心德이 아름답고 고상하니/ 하늘의 도(天道) 또한 서로 어기지 않
는다

3 子結花成蕊하고 花開枯木枝라

屋頭春意鬧하니 雙喜笑嘻嘻라

꽃 지고 나니 열매 맺었고/ 마른나무 가지에 꽃이 피었다/ 집안에 봄의
뜻이 요란하니/ 쌍쌍이 기뻐하고 웃음소리 화락하다

6. 上九(☷ → ☳)

【효사와 소상전】 상구는 더하는 이가 없느니라. 혹 치리니, 마음을 세움이
항상하지 않으니 흉하니라. 상에 말하기를 '더하는 이가 없다'는 것은 자기
욕심에 너무 치우쳤다는 말이고, '혹 친다'는 것은 칠 사람이 밖으로부터 오
는 것이다. 【上九는 莫益之라. 或擊之리니 立心勿恒이니 凶하니라. 象曰 莫
益之는 偏辭也오 或擊之는 自外來也라.】

---

13 벼슬길에 등용되는 것을 말한다. 자라는 과거시험에서 장원급제 하는 것(鰲頭)이고,
고기는 관리들이 물고기 모양의 황금(金鱗魚)을 차고 다닌데서 연유한다. 한 덩어리
구슬 역시 관리들이 차고다니는 옥, 특히 홀(笏)을 말한다

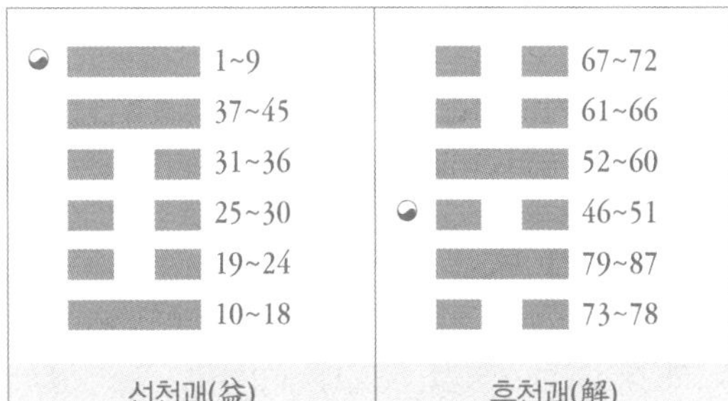

선천괘(益)		후천괘(解)	
	1~9		67~72
	37~45		61~66
	31~36		52~60
	25~30		46~51
	19~24		79~87
	10~18		73~78

선천괘인 익괘 상구효부터 차례로 위로 나아가면서 운을 잡는다. 1살부터 45살까지를 마치면 46살부터는 후천괘인 해괘로 운이 넘어간다.

◈ 양년(갑·병·무·경·임년)일 경우

익(42)	가인(37)	기제(63)	건(39)	정(48)	감(29)	곤(47)	해(40)	미제(64)
1	2	3	4	5	6	7	8	9

◈ 음년(을·정·기·신·계년)일 경우

둔(3)	기제(63)	가인(37)	점(53)	손(57)	환(59)	송(6)	미제(64)	해(40)
1	2	3	4	5	6	7	8	9

◈ 월괘

관·20	비·12	환·59	몽·4	손·57	정·48	구·44	건·1	정·50	려·56	항·32	해·40
1월	2월	3월	4월	5월	6월	7월	8월	9월	10월	11월	12월

◈ 일괘

익(상구)	관·20	중부·61	가인·37	무망·25	이·27

【총괄해서 판단하면】

14 이 효는 남에게 자신을 더해주기를 바라는 자이나, 상대방이 오히려 혹 치는데까지 이르는 것이니, 원한을 갚으려는 사람이 많은 것이다. 그러므로 운이 맞는 사람은, 재물을 탐하다가 물건을 손해보고, 명예를 도모하고 이익을 얻으려 한다. 마음가짐을 항상함이 있게 하면 화를 면할 수 있을 것이다.

운이 맞지 않는 사람은, 험하게 하고 사기쳐서, 자기를 이롭게 하고 남을 손해보게 하니, 재앙과 화가 아울러 와서 몸과 가정을 보존하기 어렵다. 세운을 만나면, 공직자는 재물을 탐하다가 귀양가게 되고, 구직자는 빼앗고 다투다가 욕을 보게 된다. 일반인은 이익을 혼자 차지하려다가 원망을 받는 화가 있고, 형벌받아 손상되는 참혹함이 있다.

【글귀로 판단하면】

① 求益不知止하니 人情恐惡盈이라

　立心無定止하니 外變忽然生이라

　이익만을 구하여 그칠 줄 모르니/ 사람들 마음이 미움으로 가득 찰까 두렵다/ 마음가짐이 정착하지 못하니/ 밖에서 변고가 홀연히 생긴다

② 遇益終無益하니 問津何處覓가

　旱海莫行船하라 何勞多費力가

　이익됨을 만나도 마침내 이익이 없으니/ 나루터를 물으나 어느 곳에서 찾을까?/ 물 마른 바다에 배 띄우지 마라/ 무엇 하려고 공연히 힘만 많이 소모하는가?

③ 當進逢凶이요 當退亡危라 水邊木上에 花殘月虧라

　나아가면 흉함을 만나고/ 물러나면 망하고 위태롭다/ 물가 나무 위에/ 꽃은 시들고 달은 이지러진다

---

14 此爻是求人之益者 而至於或擊之 則人之報怨者多矣 故叶者 貪才損物 圖名獲利 立心有恒 禍可苟免 不叶者 險詐 利己損人 灾禍並至 身家難保 歲運逢之 在仕有貪謀之謫 在士有奪競之辱 在庶俗有專利取怨之禍 刑尅損傷之慘

 兌上
乾下 澤天夬(43)
택 천 쾌

쾌괘 개요

【괘사와 대상전】 쾌는 왕의 뜰에서 드날림이니, 성심으로 호령해서 위태로운 듯 조심하니라. 읍으로부터 고하고(자기 자신으로부터 바르게 하고), 군사를 쓰는 것은 이롭지 아니하며, 나아가는 것이 이로우니라. 상에 말하기를 못이 하늘에 오르는 것이 쾌괘니, 군자가 본받아서 녹을 베풂이 아래에 미치며, 덕에 거처하여 금기사항을 법제화 하느니라. 【夬는 揚于王庭이니 孚號有厲니라. 告自邑이오 不利卽戎이며 利有攸往하니라. 象曰 澤上於天이 夬니 君子 以하야 施祿及下하며 居德하야 則忌하나니라.】

【총괄해서 판단하면】

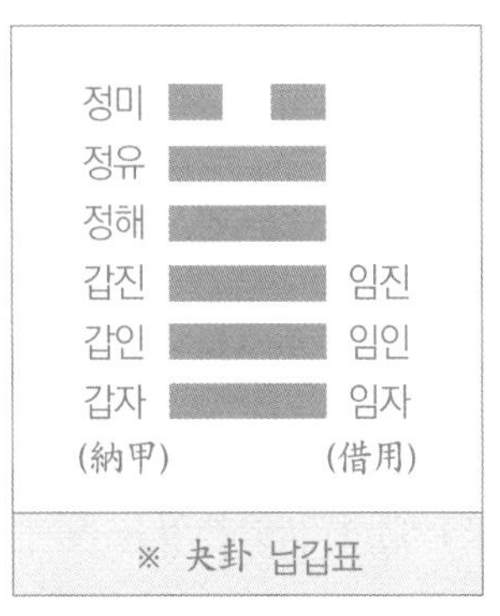

1 곤궁의 5세괘로 3월에 속한다. 내괘의 납갑은 갑자·갑인·갑진이고, 외괘의 납갑은 정해·정유·정미인데, 임자·임인·임진을 빌려서도 쓴다. 3월에 태어난 사람과, 태어난 년도의 간지가 납갑의 간지 및 차용납갑의 간지에 합치되는 사람은 부귀와 공명을 누리게 된다. 건괘(☰)·태괘(☱)의 두 괘체는 금에 속하니 만약 가을달에 났으면 또한 때에 맞는 것이 된다.2

---

1 坤宮五世 卦屬三月 納甲 是甲子甲寅甲辰 丁亥丁酉丁未 借用壬子壬辰壬寅 如生於三月及納甲者 功名富貴人也 乾兌二體屬金 若生於秋月 亦爲及時也

운세로 보면 택천쾌괘(䷪)는 상괘는 태(☱)이고 하괘는 건(☰)이며, 호괘로는 내호괘도 건(☰)이고 외호괘도 건(☰)이다. 양이 음을 결단하는 때에 다섯 양이 하나같이 드세졌고 하나 남은 음은 지극히 부드러워졌다. 양은 군자이고 음은 소인이 되는데, 이 괘는 양이 많고 음이 적으니, 소인이 없으면 군자를 봉양할 수 없고, 봉양하지 않으면 그 강건함을 행할 수가 없다. 또한 부드러운 덕이 없으면 다스릴 수가 없으니, 반드시 흉악하게 된다. 군자가 이런 괘를 얻으면 척결하고 결단하는 상이다.

【팔궁세혼법으로 판단하면】

쾌괘는 팔궁세혼법으로 볼 때, 곤궁의 5세괘로 임금괘에 해당한다. 즉 구오효(임금)가 세효世爻가 되고, 대부에 해당하는 구이효는 응효가 된다. 구이효가 제자리를 얻지 못했고, 또 음과 양으로 서로 응하지도 못했으니, 어렵고 잘 안풀리게 된다. 비록 상괘의 호수(☱)는 하괘인 하늘(☰)보다 작은 것이나, 구오효가 중정을 얻어 임금자리에 있고, 하늘괘인 하괘는 구이효가 대부로 있으면서 제자리를 얻지 못하고 있다. 더욱이 구오효의 지지인 유(酉金)가 구이효의 지지인 인(寅木)을 극하니, 큰 것이 작은 것에게 핍박당하는 화를 면치 못하게 되는 것이다. 그러나 양이 자라 곧 극성해지는 때이므로, 하나 남은 상육효의 음을 척결하여 하늘의 도(군자의 도)를 찾게 된다(☱ → ☰).

결단하고 결정하는 때이니, 모든 일에 결말을 내고 싶은 마음이 있고 또 그러할 때이다. 다만 결단함에 있어서는 정당한 명분과 공명정대한 방법으로 하여야 탈이 없다. 남의 의견을 듣지 않고 강행하면, 과실은 물론 재산상의 손실 그리고 구설수에 오르며, 능력 외의 여러가지 일을 벌이

---

2 쾌괘의 세효인 구오효는 양효이므로, 초효부터 오효까지 세면 진辰에서 끝난다(초효는 자, 이효는 축, 삼효는 인, 사효는 묘, 오효는 진). 지지의 진은 3월에 해당하므로, 쾌괘가 3월괘가 되는 것이다. 따라서 3월을 주관하는 괘가 되고, 3월에 태어난 사람은 때를 얻음이 된다.

면 파경을 맞는다. 처음에는 손실을 보고 나중에 이득을 보는 운으로, 기간사업을 중심으로 힘을 쓰고 곁가지는 잘라버리는 것이 좋다. 이사운도 있으며, 뜻을 같이했던 친구나 동업자와 절교하는 수도 있다.

【글귀로 판단하면】

① 主訟多豐足이나 施恩及下宜라

　大人宜相見이니 有勵不成危라

　송사에는 풍족함이 많으나/ 은혜를 아랫사람에게 베풀어야 한다/ 마땅히 대인을 만나야 하니/ 힘은 들어도 위태하지는 않을 것이다

② 綠楊堤畔貴人來하니 半是憂疑半是猜라

　好把舊謀重改變이니 莫敎空去却空回하라

　버드나무 푸른 언덕가에 귀인이 오니/ 반은 근심하고 의심하며 반은 시기한다/ 옛 계획 다시 변경함이 좋으니/ 공연히 갔다가 공연히 돌아오게 하지 마라

1. 初九(䷪ → ䷡)

【효사와 소상전】 초구는 발꿈치가 나아가는데 용감함이니, 가서 이기지 못하면 허물이 되리라. 상에 말하기를 '이기지 못하면서 나아감'이 허물이다. 【初九는 壯于前趾니 往하야 不勝이면 爲咎리라. 象曰 不勝而往이 咎也라.】

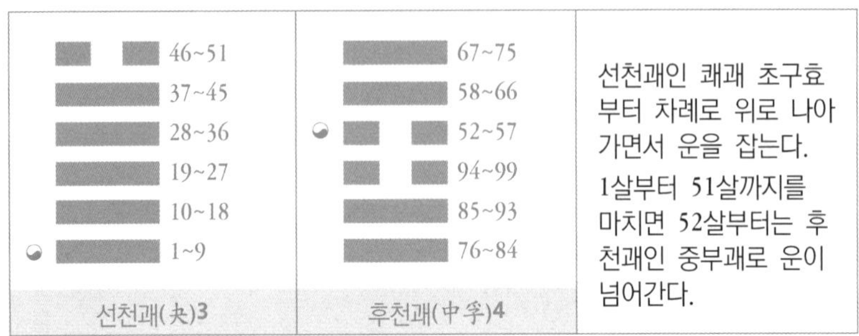

◈ 양년(갑·병·무·경·임년)일 경우 5

쾌(43)6	수(5)	정(48)	건(39)	비(8)	취(45)	예(16)	진(35)	서합(21)
1	2	3	4	5	6	7	8	9

---

3 사주의 숫자로 괘를 만들어서 쾌괘 초효에 원당이 있다면, 1~9살까지는 쾌괘 초효 항을, 10~18살까지는 쾌괘 이효 항을, …, 46~51살까지는 쾌괘 상효 항을 가서 살펴보면 된다.

4 52~57살까지는 후천괘인 중부괘 사효 항을, 67~75살까지는 중부괘 상효 항을, …, 94~99살까지는 중부괘 삼효 항을 살펴보면 그 사람의 운이 된다(◐나 ●표시 한 곳이 해당하는 효를 가리키고, 밑에서부터 초효·이효·삼효·사효·오효·상효로 나눈다).

5 해마다의 운인 유년운의 진행은 양효(━)일 때와 음효(╍)일 때가 다른데, 그 자세한 예는 중천건괘(1) 초구효, 중지곤괘(2) 초육효와 육이효, 수뢰둔괘(3) 초구효와 육삼효, 산수몽괘(4) 초육효와 육사효 항에 유년운에 속한 월운月運의 예와 함께 실려 있으므로 참고하면 된다.

6 위의 도표에서 '쾌(43)'이라고 한 것은 괘명은 쾌괘夬卦고 64괘 중에 43번째 괘라는 뜻이며, '대과(28)'이라고 한 것은 괘명은 대과괘大過卦고 64괘 중에 28번째에 해당한다는 뜻이다. 나머지 괘도 이와같은 방식으로 본다. 따라서 앞의 목차에서 번호의 순서대로 찾으면, 해당하는 괘를 쉽게 찾을 수 있다. 또 월괘月卦에서 '혁·49' 등으로 표시한 것도, 괘명은 혁괘革卦고 64괘 중에 49번째라는 뜻이다.

◇ 음년(을·정·기·신·계년)일 경우

대과(28)	정(48)	수(5)	기제(63)	둔(3)	수(17)	진(51)	서합(21)	진(35)
1	2	3	4	5	6	7	8	9

◇ 월괘

혁·49	풍·55	수·17	무망·25	둔·3	비·8	복·24	림·19	이·27	비·22	박·23	진·35
1월	2월	3월	4월	5월	6월	7월	8월	9월	10월	11월	12월

◇ 일괘 **7**

쾌(초구)	혁·49	태·58	수·5	대장·34	건·1
	6 · 5 · 4 · 3 · 2 · 1	12 · 11 · 10 · 9 · 8 · 7	18 · 17 · 16 · 15 · 14 · 13	24 · 23 · 22 · 21 · 20 · 19	30 · 29 · 28 · 27 · 26 · 25

【총괄해서 판단하면】

[8] 이 효는 군자가 이길 계획을 치밀하게 세우지 못해 소인을 척결하지 못함으로써, 급격한 변화의 위태함을 면할 수 없는 사람이다. 그러므로 운이 맞는 사람은, 때를 봐서 나가고 위험한 것을 보면 피하니, 비록 도를 실행해서 구제하지는 못하나 또한 몸을 보전하고 해로움을 멀리 할 수

---

[7] 그 날의 운(日運)과 더 세분해서 시운時運을 알고 싶으면, 앞의 일괘日卦와 시괘時卦 설명을 참조해서 계산하면 된다. 자세한 예는 건(1)~송(6)괘의 초효 항에 있으므로 참고바람.

[8] 此爻是君子不能慮勝以決小人　而不免有激變之危者也　故叶者觀時以尙往　見危而知避　雖不能行道濟世　亦能全身遠害　不叶者　無德而逞志誇能　處下而爭高自滿　禍患疊生　摧抑難支　歲運逢之　在仕遭躁動之斥　在士招倖圖之尤　在庶俗罹妄行之患

있다.

운이 맞지 않는 사람은, 덕은 없는데 뜻은 용감해서 능력을 과시하려 하고, 아래에 있으면서 높이 되려고 다투며 자만하니, 화와 근심이 거듭 생겨서, 꺾기고 억눌러서 지탱하기 어렵다.

세운을 만나면, 공직자는 조급하게 움직이다가 배척당하고, 구직자는 요행을 바라다가 허물을 부르며, 일반인은 망령되이 행동하다가 환난에 걸린다.

【글귀로 판단하면】

① 欲決未決하고 欲行未行하니

   爲吝尙多咎요 憂患氣盈門이라

   결단하고자 하나 결단을 못하고/ 가고자 하나 가지를 못하니/ 인색하고 허물이 많으며/ 근심과 환난의 기운이 문앞에 가득하다

② 暗中明ㅣ 明中暗하고

   去就兩無功하니 莫下餌魚線하라

   어두운 가운데 밝고/ 밝은 가운데 어두우며/ 물러나나 나아가나 공이 없으니/ 벼슬하려는 낚싯줄 내리지 마라

2. 九二(▤▤▤ → ▤▤▤)

【효사와 소상전】 구이는 두려워하며 호령함이니, 깊은 밤에 군사가 있더라도 근심치 말 것이로다. 상에 말하기를 '깊은 밤에 군사가 있더라도 근심치 말라'는 것은 중도를 얻었기 때문이다. 【九二는 惕號니 莫夜에 有戎이라도 勿恤이로다. 象曰 有戎勿恤은 得中道也일새라.】

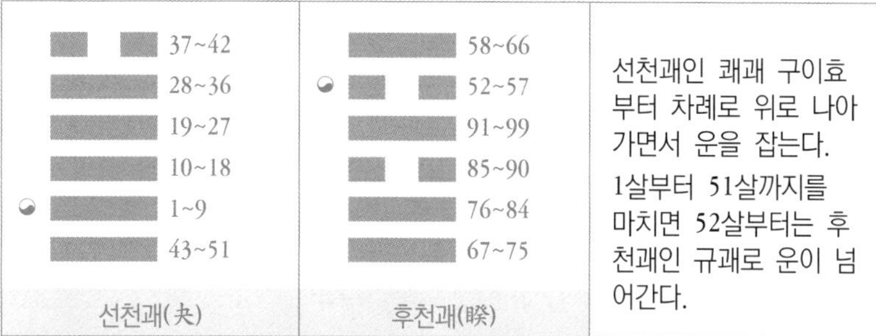

선천괘(夬)	후천괘(睽)	
37~42	58~66	선천괘인 쾌괘 구이효 부터 차례로 위로 나아 가면서 운을 잡는다.
28~36	52~57	
19~27	91~99	
10~18	85~90	1살부터 51살까지를 마치면 52살부터는 후 천괘인 규괘로 운이 넘 어간다.
1~9	76~84	
43~51	67~75	

◈ 양년(갑·병·무·경·임년)일 경우

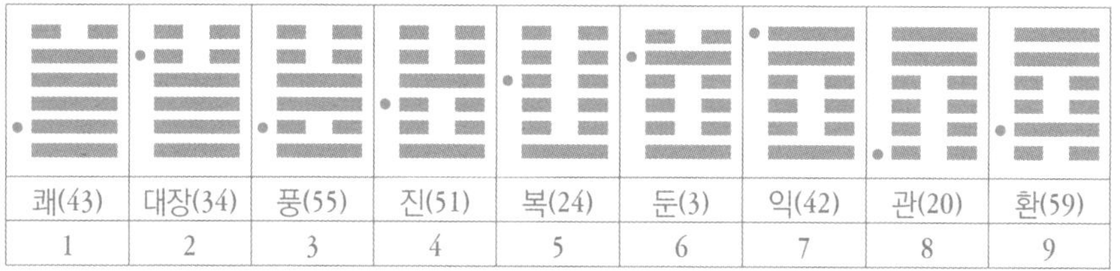

쾌(43)	대장(34)	풍(55)	진(51)	복(24)	둔(3)	익(42)	관(20)	환(59)
1	2	3	4	5	6	7	8	9

◈ 음년(을·정·기·신·계년)일 경우

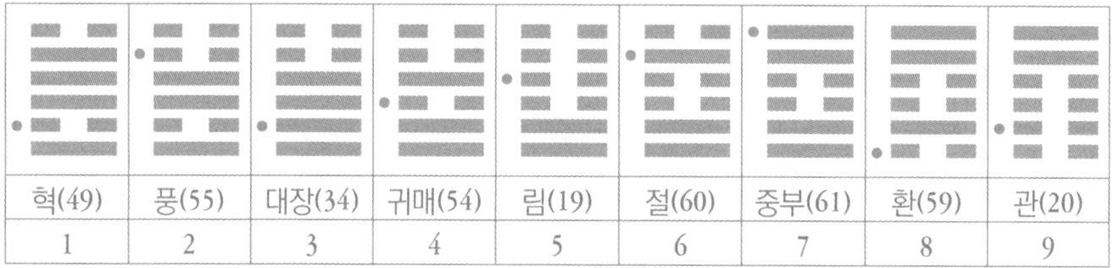

혁(49)	풍(55)	대장(34)	귀매(54)	림(19)	절(60)	중부(61)	환(59)	관(20)
1	2	3	4	5	6	7	8	9

◈ 월괘

태·58	리·10	절·60	감·29	림·19	복·24	손·41	대축·26	몽·4	미제·64	박·23	관·20
1월	2월	3월	4월	5월	6월	7월	8월	9월	10월	11월	12월

◈ 일괘

	6	12	18	24	30
	5	11	17	23	29
	4	10	16	22	28
	3	9	15	21	27
	2	8	14	20	26
	1	7	13	19	25
쾌(구이)	태·58	수·5	대장·34	건·1	대과·28

9 이 효는 미리 대비가 있어서 근심이 없는 것이다. 그러므로 운이 맞는 사람은, 어지러워지기 전에 정돈하고 다스려서, 나라가 위태해지기 전에 잘 보호한다. 도에 합치되어 무리를 굴복시킬 수 있고, 위엄과 명망이 사나운 자를 그치게 할 수 있으니, 문장으로도 이름을 날리고 무력으로도 공이 있게 된다.

운이 맞지 않는 사람은, 꾀하는 것이 많고 변화가 많아서, 근심과 기쁨이 항상하지 않으니, 혹 공으로 인해서 녹을 얻고, 혹 군사를 따라 이름을 얻는다.

세운을 만나면, 공직자는 병권을 장악하는 경우가 많고, 구직자는 벼슬길에 나서는데 무과武科라면 벼슬이 더욱 높아진다. 일반인은 놀라고 위험하며 근심스러워 호소하거나, 도적을 맞는 일이 있을 것이다.

① 惕若無憂懼니 號呼須自防이라

卒然防禍患이면 終可免災殃이라

두려워하지만 근심스럽고 두려울 일 없으니/ 대중에게 호소해서 스스로를 방위해야 한다/ 드디어 화와 근심 막게 되면/ 마침내 재앙을 면할 수 있으리라

② 浪內萍無定이요 山前木有凋라

穿窻生悔吝하니 無望鶴冲霄라

물결 속의 부평초(萍) 정처가 없고/ 산앞의 나무 말라만 간다/ 뚫어진 창에서 후회와 인색함 나오니/ 학이 하늘높이 오를 희망이 없다

---

9 此爻是有備 斯可以無患者也 故叶者 整治於未亂 保邦于未危 中道足以服衆 威望足以弭暴 文中成名 武中有功 不叶者 多謀多變 憂喜不常 或因功而得祿 或從戎而得名 歲運逢之 在仕多掌兵戎之權 在士進取 武選爲高 在庶俗多驚危憂號寇盜之事

③ 勿信暗中憂하라 到老展眉頭라

孤舟烟火靜이나 祇恐向中流라

어두움 속에서 근심스러운 일 걱정마라/ 노년에 가면 눈썹머리 펴지리라/ 외로운 배에 연기와 불 그쳤으나/ 다만 중류中流로 떠내려갈까 두렵다

3. 九三(☰☱ → ☱)

【효사와 소상전】 구삼은 강하고 용감한 것이 광대뼈에 나타나서 흉함이 있고, 홀로 가다가 비를 만나니 군자는 결단할 것을 결단한다. (소인을 싫어하기를 비에) 젖는 듯이 해서 성냄이 있으면 허물이 없으리라. 상에 말하기를 군자는 결단할 것을 결단하기 때문에, 마침내 허물이 없느니라. 【九三은 壯于頄하야 有凶코 獨行遇雨니 君子는 夬夬라 若濡有慍이면 无咎리라. 象曰 君子는 夬夬라 終无咎也니라.】

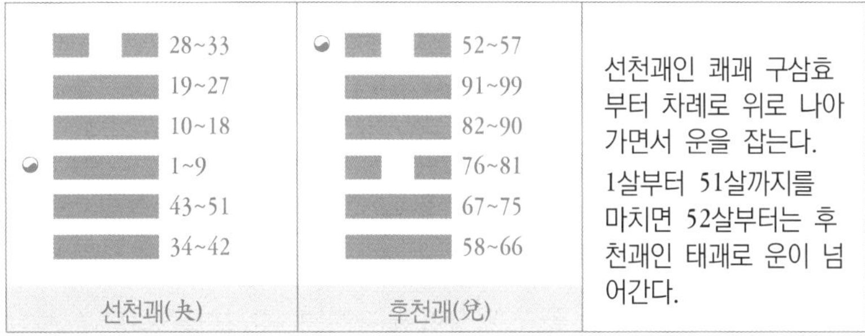

<table>
<tr><td colspan="2">선천괘(夬)</td><td colspan="2">후천괘(兌)</td><td rowspan="7">선천괘인 쾌괘 구삼효
부터 차례로 위로 나아
가면서 운을 잡는다.
1살부터 51살까지를
마치면 52살부터는 후
천괘인 태괘로 운이 넘
어간다.</td></tr>
</table>

선천괘(夬)
- 28~33
- 19~27
- 10~18
- 1~9
- 43~51
- 34~42

후천괘(兌)
- 52~57
- 91~99
- 82~90
- 76~81
- 67~75
- 58~66

선천괘인 쾌괘 구삼효부터 차례로 위로 나아가면서 운을 잡는다. 1살부터 51살까지를 마치면 52살부터는 후천괘인 태괘로 운이 넘어간다.

◇ 양년(갑·병·무·경·임년)일 경우

쾌(43)	건(1)	리(10)	중부(61)	손(41)	림(19)	사(7)	곤(2)	겸(15)
1	2	3	4	5	6	7	8	9

◈ 음년(을·정·기·신·계년)일 경우

태(58)	리(10)	건(1)	소축(9)	대축(26)	태(11)	승(46)	겸(15)	곤(2)
1	2	3	4	5	6	7	8	9

◈ 월괘

수·5	정·48	태·11	명이·36	대축·26	손·41	고·18	정·50	간·52	점·53	박·23	곤·2
1월	2월	3월	4월	5월	6월	7월	8월	9월	10월	11월	12월

◈ 일괘

괘(구삼)	수·5	대장·34	건·1	대과·28	혁·49
	6 5 4 3 2 1	12 11 10 9 8 7	18 17 16 15 14 13	24 23 22 21 20 19	30 29 28 27 26 25

【총괄해서 판단하면】

10 이 효는 소인을 척결하는데 지나칠 정도로 강하게 함으로써, 잘 처리하는 도를 보여준 것이다. 그러므로 운이 맞는 사람은, 재주가 크고 뜻이 강하며, 기틀이 깊고 멀리 생각한다. 위로는 나라를 위해 해악을 제거해서 조정에 도움이 있게 하고, 아래로는 백성을 위해서 폐단을 제거해서 풍속에 도움이 있게 하니, 공과 명성이 원대하며, 간사하고 사나운 사람을 제거해서 없앤다.

---

10 此爻是決小人過於剛 而因示以善處之道者也 故叶者 才大志剛 機深慮遠 爲國除害 而上有補於朝廷 爲民除弊 而下有補於風俗 功名遠大 奸暴消除 不叶者 好勇鬪狠 招尤啓釁 孤獨寡親 常懷憂懼 歲運逢之 在仕有除奸反噬之殃 在士有含慍違世之嗟 在庶俗有爭訟結搆之虞 大抵從正則吉 從邪則凶 宜見幾 初見艱難 終受安靜

운이 맞지 않는 사람은, 용감한 것만 좋아해서, 사납게 싸워서 허물을 부
르며, 사람 사이에 틈이 생기게 한다. 외롭고 홀로 되며 친한 이가 적어
지니, 항상 근심하고 두려워한다.

세운을 만나면, 공직자는 간사한 자를 제거하려다가 도리어 재앙이 있고,
구직자는 성내는 마음을 품고 세상과 어긋나게 되는 슬픔이 있으며, 일
반인은 송사로 다투고 서로 원수를 맺는 근심이 있다. 대개 바름을 따르
면 길하고 간사함을 따르면 흉하니, 기미를 잘 보는 것이 마땅하다. 처음
은 어려우나 마지막에는 안정하게 된다.

【글귀로 판단하면】

① 情慮生私愛니 除之決不疑하라

　時間雖慍怒나 終可免憂疑라

　인정의 생각은 사사로운 사랑을 낳으니/ 결단해서 제거함을 의심치 마
　라/ 때로는 비록 성내고 노하나/ 마침내 근심스러운 일 면할 수 있으리
　라

② 伏虎前來去莫狂하니 足生一疾去東方이라

　獨行遇雨期無咎면 滿日花開道路旁이라

　엎드린 호랑이 앞으로 오는데 광폭하지 않으니/ 발에 병이 나서 동쪽
　으로 간다/ 홀로 가다가 비를 만나 젖으나 허물이 없도록 하면/ 하루종
　일 도로가에 꽃이 가득 필 것이다

③ 人在舟中하야 幸得入海나

　到底無言하니 一時驚駭라

　사람이 배를 타고/ 다행히 바다에 들어왔으나/ 밑바닥에 이르도록 조
　심하란 말이 없으니/ 한 때 놀라게 되리라

4. 九四(☷ → ☵)

【효사와 소상전】 구사는 볼기에 살이 없으며 가는 걸음이 머뭇거리니, 양을 이끌면 뉘우침이 없으련마는, 말을 듣더라도 믿지 않으리라. 상에 말하기를 '가는 걸음이 머뭇거림'은 자리가 당치 않음이고, '말을 듣더라도 믿지 않음'은 귀밝음이 밝지 않음이라. 【九四는 臀无膚며 其行次且니 牽羊하면 悔亡하련만은 聞言하야도 不信하리로다. 象曰 其行次且는 位不當也오 聞言不信은 聰不明也라.】

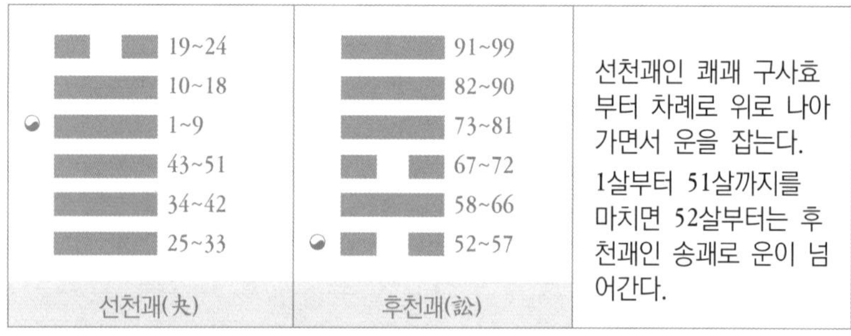

선천괘(夬)	후천괘(訟)	
19~24	91~99	선천괘인 쾌괘 구사효부터 차례로 위로 나아가면서 운을 잡는다.
10~18	82~90	
1~9	73~81	
43~51	67~72	1살부터 51살까지를 마치면 52살부터는 후천괘인 송괘로 운이 넘어간다.
34~42	58~66	
25~33	52~57	

◈ 양년(갑·병·무·경·임년)일 경우

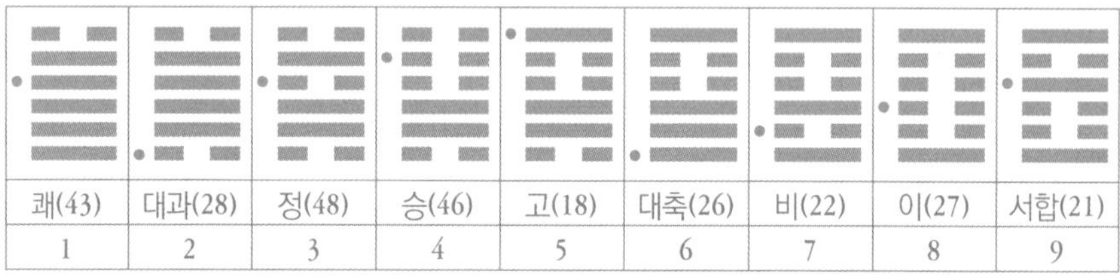

쾌(43)	대과(28)	정(48)	승(46)	고(18)	대축(26)	비(22)	이(27)	서합(21)
1	2	3	4	5	6	7	8	9

◈ 음년(을·정·기·신·계년)일 경우

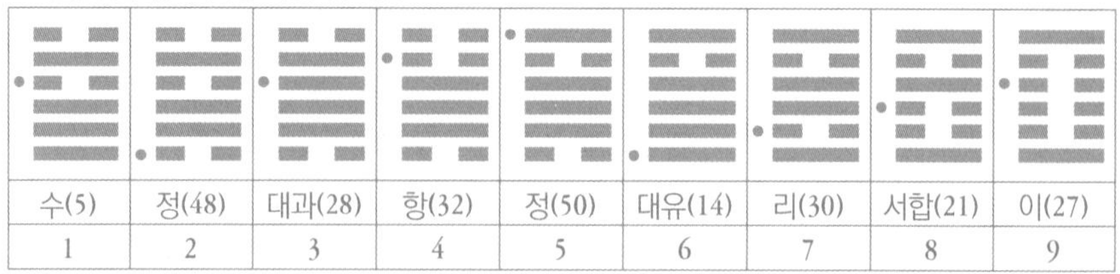

수(5)	정(48)	대과(28)	항(32)	정(50)	대유(14)	리(30)	서합(21)	이(27)
1	2	3	4	5	6	7	8	9

◈ 월괘

대장·34	풍·55	대유·14	규·38	정·50	고·18	려·56	돈·33	진·35	예·16	박·23	이·27
1월	2월	3월	4월	5월	6월	7월	8월	9월	10월	11월	12월

◈ 일괘

쾌(구사)	대장·34	건·1	대과·28	혁·49	태·58
	6 5 4 3 2 1	12 11 10 9 8 7	18 17 16 15 14 13	24 23 22 21 20 19	30 29 28 27 26 25

【총괄해서 판단하면】

11 이 효는 소인을 제거하려다가 하지 못한 것이고, 그로 인해서 잘 척결하는 술법을 보여준 것이다. 그러므로 운이 맞는 사람은, 재주와 덕이 높고 지식이 점차 커져서, 공을 세워도 능력을 뽐내며 앞서기를 다투지 않고, 착한 말을 즐겁게 듣고 믿음으로 따른다. 뜻하는 것이 얻어지고, 꾀하는 일이 이루어지니, 공을 이루고 이름을 드날린다.

운이 맞지 않는 사람은, 헤매기만 하고 현명하지 못해서, 꾀하는 것이 무너지고 좌절된다. 혹 귀머거리나 절름발이로 불편하고, 혹 가축이나 기르면서 살아간다.

세운을 만나면, 공직자는 재주와 힘이 모자라서 꾸지람을 듣게 되고, 구직자는 출세가 뒤떨어지나 오직 초반의 어전시험에서만은 유리하니, 대개 '둔臀'자에서 '월月'자를 빼면 대궐(殿)에서 머리한다는 조짐이 되기

---

11 此爻是去小人而未能 而因示以善決之術者也 故叶者 才德頗高 知識稍大 立功
  而不逞能以爭先 聞善而能樂聽以信從 志得謀遂 功成名擧 不叶者 執迷不明 謀
  爲頓挫 或聾跛不便 或牧養生涯 歲運逢之 在仕有才力不及之謫 在士進取落後
  惟初利於殿試 蓋臀字去月有殿頭之兆 在常人必有爭訟杖責之處 或瘡痍耳足之
  阨 蓋次且者 不前之意也

때문이다. 일반인은 반드시 소송으로 다투고 곤장을 맞게 되며, 혹 귀와 발에 부스럼이 나서 상하는 액이 있으니, '머뭇거림(次且)'이라는 효사의 말에, 앞으로 못 나간다는 뜻이 있기 때문이다.

【글귀로 판단하면】

① 牽生反次且하니 如何雲生澤가

悔吝有道貞이면 四九無咎責이라

이끌고 가야 하는데 도리어 머뭇거리니/ 어떻게 구름이 비 내릴까?/ 후회와 인색함을 도道로써 바르게 하면/ 구사효는 허물과 책망이 없게 되리라

② 意躊躇ㅣ 心怳惚나 一朝雲捲舒면 淸風和明月이라

뜻은 주저하고/ 마음은 황홀하나/ 하루아침에 구름이 서서히 걷히면/ 맑은 바람에 달마저 밝을 것이다

5. 九五(☱→☳)

【효사와 소상전】 구오는 현륙(상육과 같은 악인)을 결단하고 또 결단하면, 중도를 행함에 허물이 없으리라. 상에 말하기를 '중도를 행함에 허물이 없음'이나 중도가 빛나지는 못한다.【九五는 莧陸夬夬면 中行에 无咎리라. 象曰 中行无咎나 中未光也라.】

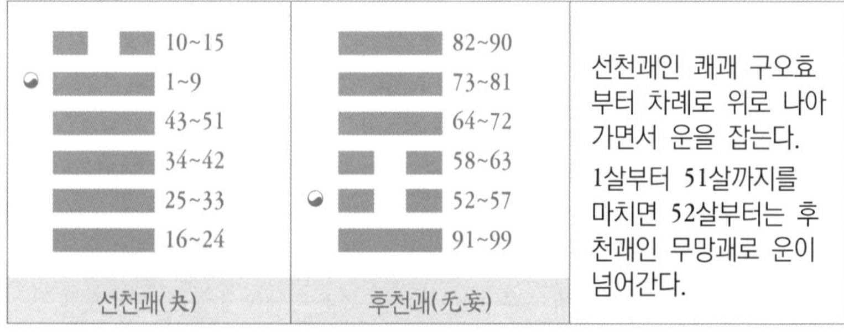

선천괘인 쾌괘 구오효부터 차례로 위로 나아가면서 운을 잡는다.

1살부터 51살까지를 마치면 52살부터는 후천괘인 무망괘로 운이 넘어간다.

◈ 양년(갑·병·무·경·임년)일 경우

쾌(43)	혁(49)	풍(55)	리(30)	려(56)	정(50)	미제(64)	몽(4)	환(59)
1	2	3	4	5	6	7	8	9

◈ 음년(을·정·기·신·계년)일 경우

대장(34)	풍(55)	혁(49)	동인(13)	돈(33)	구(44)	송(6)	환(59)	몽(4)
1	2	3	4	5	6	7	8	9

◈ 월괘

건·1	리·10	구·44	손·57	돈·33	려·56	비·12	취·45	관·20	익·42	박·23	몽·4
1월	2월	3월	4월	5월	6월	7월	8월	9월	10월	11월	12월

◈ 일괘

쾌(구오)	건·1	대과·28	혁·49	태·58	수·5
	6 5 4 3 2 1	12 11 10 9 8 7	18 17 16 15 14 13	24 23 22 21 20 19	30 29 28 27 26 25

【총괄해서 판단하면】

12 이 효는 임금이 소인을 척결하나 용감하게 못하는 것이고, 이로 인해

---

12 此爻是人君能決小人而不勇 而因戒以必決之僞善者也 故叶者 見明而不墮於小
人之奸 中道而不激乎小人之變 上肅朝綱 下淸民俗 事功宏大 福澤遠深 不叶者
畏縮而多欠乎果斷 偏僻而不合乎中道 好行小惠 灾眚莫測 歲運逢之 在仕防柔
邪之侵害 在士進取 小利而未光 久淹者心通 閑官者復任 在庶俗營謀遂意 訟者
伸 疾者愈

서 반드시 척결해야 (임금으로써) 착한 것이 된다고 경계한 것이다. 그러므로 운이 맞는 사람은, 밝게 봐서 소인의 간사함에 떨어지지 않고, 중도中道로 행동해서 소인의 변란을 격발시키지 않는다. 위로는 조정의 기강을 엄숙히 하고, 아래로는 백성의 풍속을 맑게 하니, 일의 공적이 크고 복과 덕택이 심원하다.

운이 맞지 않는 사람은, 두려워하고 기가 죽어서 과감하게 결단하지 못하고, 편벽돼서 중도에 합치되지 못하며, (해야할 큰 일은 접어두고) 조그마한 은혜 베풀기만을 좋아하니 재앙을 헤아릴 수 없다.

세운을 만나면, 공직자는 아첨하고 간사한 사람의 침해를 예방해야 하고, 구직자는 출세하는데는 조금 이로우나 빛나지는 못한다. 오랫동안 막혀 있던 사람은 마음이 통하게 되고, 휴직이나 직위해제 됐던 사람은 보직을 받게 되며, 일반인은 경영하고 꾀하는 것이 뜻대로 되며, 소송을 하는 사람은 이기고, 병든 사람은 낫는다.

【글귀로 판단하면】

① 處正攻邪佞하니　誰人敢抗衡가

　用剛無大過니　貴在得中行이라

　바른 데 거처해서 사특하고 아부하는 이를 치니/ 누가 감히 대항하겠는가?/ 강함을 지나치게 쓰면 안되니/ 중도中道로 행함이 귀중하다

② 大君爲立德이면　夬夬在中行라

　無咎樂日至하니　天然慶及庭이라

　임금이 덕을 세우려면/ 과감하게 중도中道로 행해야 한다/ 허물 없으면 즐거움 날로 오리니/ 자연히 경사가 뜰에 가득하다

③ 難難難ㅣ　忽然平地起波瀾나

　易易易ㅣ　談笑成功終有遂라

　어렵고 어려워/ 홀연히 평지에 풍파 일어나나/ 쉽고도 쉽게/ 마침내 공을 이루고 웃으며 말하게 된다

6. 上六(▦ → ▦)

【효사와 소상전】상육은 호소할 데가 없으니, 마침내 흉함이 있느니라. 상에 말하기를 '호소할 데가 없으니, 마침내 흉하게 됨'은 끝까지 오래하지 못하니라.【上六은 无號니 終有凶하니라. 象曰 无號之凶은 終不可長也니라.】

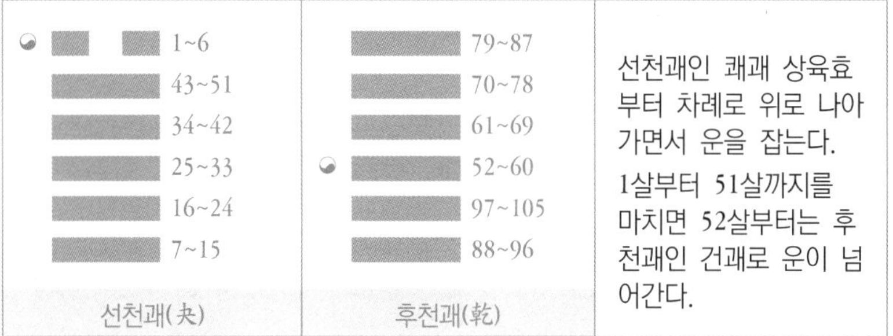

선천괘인 쾌괘 상육효부터 차례로 위로 나아가면서 운을 잡는다.

1살부터 51살까지를 마치면 52살부터는 후천괘인 건괘로 운이 넘어간다.

◈ 양년 음년 똑같음

건(1)	구(44)	돈(33)	비(12)	관(20)	박(23)
1	2	3	4	5	6

◈ 월괘

대과·28	정·48	함·31	소과·62	취·45	비·12	비·8	둔·3	곤·2	사·7	박·23	간·52
1월	2월	3월	4월	5월	6월	7월	8월	9월	10월	11월	12월

◈ 일괘

쾌(상육)	대과·28	혁·49	태·58	수·5	대장·34
	6	12	18	24	30
	5	11	17	23	29
	4	10	16	22	28
	3	9	15	21	27
	2	8	14	20	26
	1	7	13	19	25

【총괄해서 판단하면】

13 이 효는 소인의 무리가 이미 다 없어진 것으로, 소인은 재앙에서 빠져 나갈 수 없는 것이다. 그러므로 운이 맞는 사람은, 비록 부귀하게 되나, 높은 것만 믿고 대중을 탄압해서 물건을 도적질하고 권세를 희롱하며, 선량한 사람을 몰래 해치는 사람이 많으니, 끝내 원대하지는 못하고, 또한 변해서 건괘乾卦 상구효의 "지나치게 높은 용"이 되면 후회가 있게 된다.

운이 맞지 않는 사람은, 남과 서로 시기해서 눈길 닿는 곳에 친한 이가 없고, 움직이면 후회가 있게 되니, 끝내 오래가지는 못한다.

세운을 만나면, 공직자는 자리를 유지하기 힘드니 용감하게 물러나야 좋고, 구직자는 벼슬하기 어려우니 숨어서 도나 닦는 것이 더 낫다. 일반인은 경영하고 꾀하는 것이 어렵고, 보통 생활대로 편안히 있는 것이 좋다. 심하면 친족이 형을 받거나 극을 당하고, 시비가 생겨서 요란하며, 늙은 사람은 오래 살기 어렵다.

【글귀로 판단하면】

① 女泣江邊水하니 冥行終有凶이라 一逢西北去면 棄鹿却尋功이라

　여자가 강물가에서 우니/ 어리석게 행동하다가 마침내 흉함이 있다/ 한번 서북쪽으로 가게 되면/ 사슴(權勢)을 버리고 공만 찾게 되리라

② 千里共徘徊하니 休傾別後盃하라

　暮天人影散이요 遲日照松梅라

　천리를 함께 배회했으니/ 이별 뒤에 술잔 기울이지 마라/ 날은 저물어 사람 그림자 흩어지고/ 석양빛은 소나무와 매화에 비쳤다

---

13 此爻是小人之黨類已盡 而災不能退者也 故叶者 雖爲富貴 多恃高壓衆 盜物弄權 陰賊良善 終不遠大 且變爲亢龍亦有悔矣 不叶者 人己相忌 擧目無親 動則有悔 終不能久 歲運逢之 在仕難於久任 而勇退爲佳 在士難於進取 而藏修爲愈 在庶俗難於營謀 而安常爲美 甚則骨肉刑剋 是非括撓 老難於壽

乾上 / 巽下

天風姤(44)
천 풍 구

구괘 개요

【괘사와 대상전】 구는 여자가 건장함이니 여자를 취하지 말지니라. 상에 말하기를 하늘 아래 바람이 있는 것이 구괘니, 후(임금)가 본받아서 명을 베풀어 사방에 고하느니라. 【姤는 女壯이니 勿用取女니라. 象曰 天下有風이 姤니 后 以하야 施命誥四方하나니라.】

【총괄해서 판단하면】

※ 姤卦 납갑표

[1] 건궁의 1세괘로 5월에 속한다. 내괘의 납갑은 신축·신해·신유이고, 외괘의 납갑은 임오·임신·임술인데, 갑오·갑신·갑술을 빌려서도 쓴다. 5월에 태어난 사람과, 태어난 년도의 간지가 납갑의 간지 및 차용납갑의 간지에 합치되는 사람은 부귀와 공명을 누리게 된다.[2]

운세로 보면 천풍구괘(䷫)는 상괘는 건(☰)이고 하괘는 손(☴)이며, 외호

---

[1] 乾宮一世 卦屬五月 納甲 是辛丑辛亥辛酉 壬午壬申壬戌 借用甲申甲午甲戌 生於五月及納甲者 功名富貴人也

[2] 구괘의 세효인 초육효는 음효이므로, 그대로 오월午月이 된다(초효는 오). 지지의 오는 5월에 해당하므로, 구괘가 5월괘가 되는 것이다. 따라서 5월을 주관하는 괘가 되고, 5월에 태어난 사람은 때를 얻음이 된다.

괘도 건(☰)이고 내호괘도 건(☰)이다. 바람이 하늘 아래에서 불어 만물을 발동시키고 영화롭게 하니, 명령을 베풀어서 만민을 움직여 교화시킨다. 군자는 많고 소인은 적으니, 그 몸이 귀하게 되어 반드시 아름다움을 이룬다. 군자가 이런 괘를 얻으면 서로 만나서 도움을 주고받는 상이다.

【팔궁세혼법으로 판단하면】

구괘는 팔궁세혼법으로 볼 때, 건궁의 1세괘로 원사元士괘에 해당한다. 즉 초육효(원사)가 세효世爻가 되고, 제후에 해당하는 구사효는 응효가 된다. 두 효가 모두 제자리를 얻지 못했으나, 서로 음과 양으로 응하니, 어려운 가운데서 협조하는 뜻이 있다. 괘체가 건궁에 속하고 또 상괘가 건금(☰)이므로, 금기운이 약한 목(하체인 ☴)을 극하여 음(초육효)의 자람을 막고 있다. 그러나 음이 생겨 자라나는 때이고, 다섯양이 한 음을 좋아해서 위하는 마음이 있으니, 음효(初六)는 종중宗衆의 귀함을 누리며, 결국 양효들을 사그러뜨리게 된다. 더욱이 응효의 지지인 오(午火)가 세효의 지지인 축(丑土)을 생해주니, 그 기세가 더욱 성하게 된다.

우연한 기회에 우연한 장소에서 생각지 않게 만난다는 뜻이 있으므로, 원치도 않는 일에 봉착되는 경우가 많다. 예를 들면 사기꾼이 접근하거나, 불륜의 여자관계로 마음고생을 하거나 재산상의 손실을 보기 쉬우며, 가정내의 우환도 생길 수 있다.

곡식을 해치는 잡초를 처음에 제거하지 않아 농사를 망치듯, 초기에 해결하면 되는 일을 우유부단한 정때문에 방치하다가 거꾸로 당하는 꼴이다. 처음부터 조심하며 자신을 수양할 것을 요구하는 운이다. 세상사가 뜻대로 되지 않아 비관하기 쉬우나, 반대로 비천한 처지의 여자라면 높고 가문 좋은 남자에게 접근하는 운이기도 하다. 혹 여자의 도움으로 작은 일들은 그런대로 이루나, 큰 일은 오히려 방해한다.

【글귀로 판단하면】
① 嬰女方多不足憂니 巨濤歸去一孤舟라

馬行跡弛直無咎나 後命將施恐未周라

어린 여자가 많아짐을 근심할 것 없으니/ 큰 파도 속에 돌아가는 한 외로운 배다/ 말(午)의 행동 방자한 것에 직접적인 허물은 없으나/ 뒤의 운명 베풀어질 때 지장있을까 두렵다

② 天邊缺月又重圓하고 原上枯枝色更鮮이라

不識桃園歸去路하니 誰知今日遇神仙가

하늘에는 이지러진 달 다시 둥글고/ 언덕 위의 마른 가지에 색이 다시 선명하다/ 복숭아꽃 동산으로 돌아가는 길 모르니/ 누가 오늘 신선 만나는 것을 알 것인가?

1. 初六(▤▤ → ▤▤)

【효사와 소상전】 초육은 쇠말뚝에 매면 바른 도가 길하고, 나아가면 흉함을 보리니, 마른 돼지가 뛰고 또 뛰고 있다. 상에 말하기를 '쇠말뚝에 잡아 맴'은 유(음)의 도가 커나가기 때문이다. 【初六은 繫于金柅면 貞이 吉코 有攸往이면 見凶하리니 羸豕 孚蹢躅하니라. 象曰 繫于金柅는 柔道 牽也일새라.】

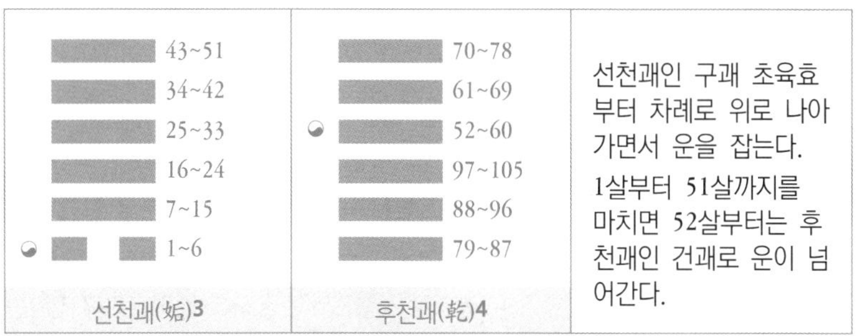

선천괘인 구괘 초육효부터 차례로 위로 나아가면서 운을 잡는다.
1살부터 51살까지를 마치면 52살부터는 후천괘인 건괘로 운이 넘어간다.

---

3 사주의 숫자로 괘를 만들어서 구괘 초효에 원당이 있다면, 1~6살까지는 구괘 초효 항을, 7~15살까지는 구괘 이효 항을, …, 43~51살까지는 구괘 상효 항을 가서 살펴 보면 된다.

◈ 양년 음년 똑같음 [5]

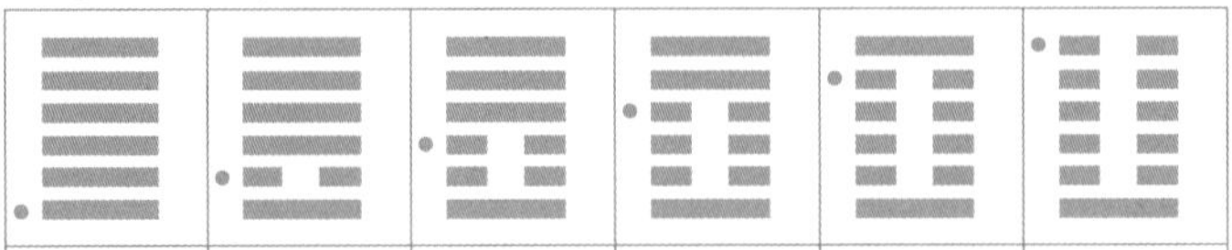

건(1)[6]	동인(13)	무망(25)	익(42)	이(27)	복(24)
1	2	3	4	5	6

◈ 월괘

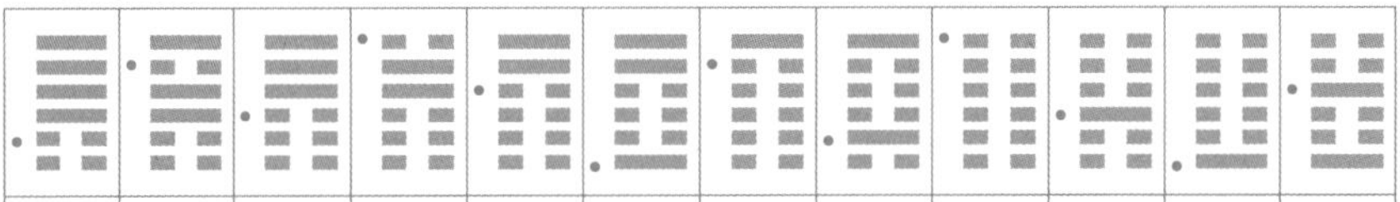

돈·33	려·56	비·12	취·45	관·20	익·42	박·23	몽·4	곤·2	겸·15	복·24	진·51
1월	2월	3월	4월	5월	6월	7월	8월	9월	10월	11월	12월

◈ 일괘 [7]

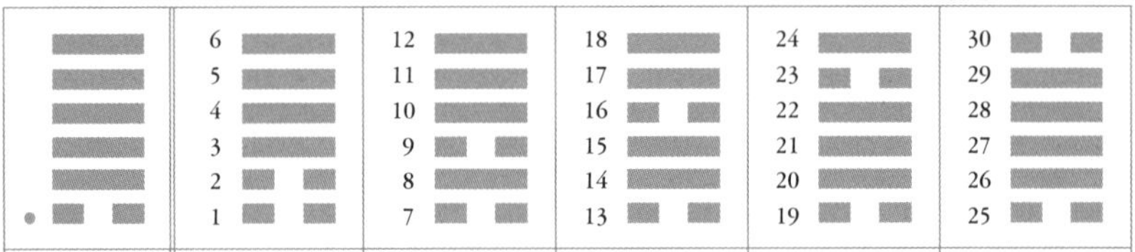

구(초육)	돈·33	송·6	손·57	정·50	대과·28

---

4 52~60살까지는 후천괘인 건괘 사효 항을, 70~78살까지는 건괘 상효 항을, …, 97~105살까지는 건괘 삼효 항을 살펴보면 그 사람의 운이 된다(◌나 ●표시 한 곳이 해당하는 효를 가리키고, 밑에서부터 초효·이효·삼효·사효·오효·상효로 나눈다).

5 해마다의 운인 유년운의 진행은 양효(━)일 때와 음효(╺ ╸)일 때가 다른데, 그 자세한 예는 중천건괘(1) 초구효, 중지곤괘(2) 초육효와 육이효, 수뢰둔괘(3) 초구효와 육삼효, 산수몽괘(4) 초육효와 육사효 항에 유년운에 속한 월운月運의 예와 함께 실려 있으므로 참고하면 된다.

6 위의 도표에서 '건(1)'이라고 한 것은 괘명은 건괘乾卦이고 64괘 중에 1번째 괘라는 뜻이며, '익(42)'라고 한 것은 괘명은 익괘益卦이고 64괘 중에 42번째에 해당한다는 뜻이다. 나머지 괘도 이와같은 방식으로 본다. 따라서 앞의 목차에서 번호의 순서대로 찾으면, 해당하는 괘를 쉽게 찾을 수 있다. 또 월괘月卦에서 '돈·33' 등으로 표시한 것도, 괘명은 돈괘遯卦고 64괘 중에 33번째라는 뜻이다.

7 그 날의 운(日運)과 더 세분해서 시운時運을 알고 싶으면, 앞의 일괘日卦와 시괘時卦 설명을 참조해서 계산하면 된다. 자세한 예는 건(1)~송(6)괘의 초효 항에 있으므

8 이 효는 소인이 마땅히 스스로 분수를 지켜야 함을, 경계해서 가르친 것이다. 그러므로 운이 맞는 사람은, 옛 것을 부지런히 배우고 도를 힘써 행한다. 비록 일을 해서 업적을 세우지는 못하나, 또한 잘 구별하고 계획해서 몸을 닦고 가문을 보존한다.

운이 맞지 않는 사람은, 재주는 짧고 힘은 미미해서 망령되이 행동하다가 곤하게 된다.

세운을 만나면, 공직자는 강등되고 귀양가는 근심이 있고, 구직자는 벼슬길에 나서기 어려운 근심이 있으며, 일반인은 혹 높고 귀한 사람이나 믿는 친구를 만나며, 혹 재산이 늘어나고, 혹 부인이 어린 아이를 낳아 기른다. 수가 흉한 사람은 질병과 소송에 대한 근심이 있고, 여인네에게 불결한 일이 있을 것을 예방해야 한다.

【글귀로 판단하면】

1 小人將道長하니 杜絕在防微라

　　靜正方爲吉이요 攸行終致非라

　　소인의 도가 장차 자라나니/ 막아 끊으려면 미미할 때 막아야 한다/ 고요하고 바르게 하면 길하게 되고/ 움직여 가면 결국 잘못되게 된다

2 謠言羸壯豕이 居卑却上尊라 見凶宜莫進이니 佳信復臨門이라

　　풍설에 마르고 씩씩한 돼지가/ 낮은 데 있지만 높은 이를 물리친다고 하였다/ 흉한 것을 알면 나아가지 않음이 마땅하니/ 아름다운 소식이 다시 문앞에 이르리라

로 참고바람.

8 此爻是戒小人當自守者也　故叶者　學古之勤　行道之力　雖不能設施以建立事業 亦善區劃而修身保家　不叶者　才短力微　妄行取困　歲運逢之　在仕有貶謫之虞　在士有難進之憂　在庶俗或遇尊貴信朋　或得金帛進入　或婦人必得生育　數凶者防疾訟憂虞陰人不潔之事

③ 動靜莫急하고 急路莫登하라 道途危且阻하니 來往絶行人이라

움직이고 고요함을 급하게 하지 말고/ 급한 길 오르지 마라/ 도로가 또
한 위험하고 막히니/ 왕래하는 행인이 끊어졌다

2. 九二(▤ → ▤)

【효사와 소상전】 구이는 고기가 꾸러미 속에 있는 것처럼 하면 허물이 없으
리니, 손님(賓)에게는 이롭지 아니하니라. 상에 말하기를 '고기가 꾸러미 속
에 있는 것처럼 함'은 의리가 손님에게 미치지 못함이라.【九二는 包有魚면
无咎하리니 不利賓하니라. 象曰 包有魚는 義不及賓也라.】

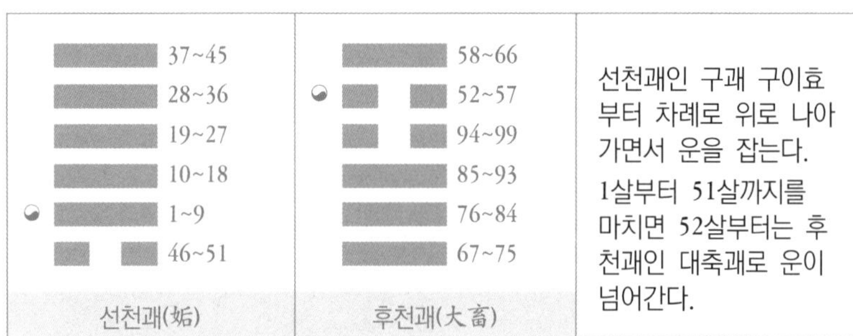

◈ 양년(갑·병·무·경·임년)일 경우

구(44)	정(50)	려(56)	진(35)	박(23)	관(20)	비(8)	둔(3)	절(60)
1	2	3	4	5	6	7	8	9

◈ 음년(을·정·기·신·계년)일 경우

돈(33)	려(56)	정(50)	미제(64)	몽(4)	환(59)	감(29)	절(60)	둔(3)
1	2	3	4	5	6	7	8	9

◈ 월괘

송·6	곤·47	환·59	중부·61	몽·4	박·23	사·7	승·46	림·19	귀매·54	복·24	둔·3
1월	2월	3월	4월	5월	6월	7월	8월	9월	10월	11월	12월

◈ 일괘

구(구이)	송·6	손·57	정·50	대과·28	건·1
	6	12	18	24	30
	5	11	17	23	29
	4	10	16	22	28
	3	9	15	21	27
	2	8	14	20	26
	1	7	13	19	25

【총괄해서 판단하면】

9 이 효는 군자가 소인을 만나는 것이나, 잘못된 행동을 그치게 하여 바르게 인도할 수 있는 사람이다. 그러므로 꾸러미에 고기가 있는 상이 된다. 운이 맞는 사람은, 재주가 크고 국량이 넓어서 물건을 용납하고 백성을 사랑하며, 어진이의 도움을 받으니, 민심이 복종하게 된다.

운이 맞지 않는 사람은, 더럽고 인색한 부자로, 손님과 벗을 좋아하지 않고, 남을 손해보게 하고 자기만 유익하게 하며, 고집불통이다.

세운을 만나면, 공직자는 영전해서 금고기나 은고기(고위 관직의 상징물)를 상으로 받을 징조이고, 구직자는 문하에 사람이 없어 인재를 선발하기 힘들며, 일반인은 금이나 비단 및 물에서 이익을 많이 볼 것이다. 혹 노비가 늘어나며, 부인이 임신을 하게 된다.

---

9 此爻是以君子而遇乎小人 以能止爲正者也 故有包魚之象 叶者有大才寬量 容物
愛民 得賢者佐助 民心服從 不叶者 鄙吝富人 不好賓朋 損人益己 固執不通 歲
運逢之 在仕則遷除 有錫金魚銀魚之兆 在士則門下無人 而難於賓典之選 在庶
俗有金帛水利之多 或進奴婢 婦人有孕

【글귀로 판단하면】

① 莫信光包月이요 宜知不利賓이라

　正身無奪犯하니 喜氣向江濱이라

　빛이 달을 싼 것 믿지 말고/ 마땅히 손님에게는 이롭지 않다는 것을
　알아야 한다/ 몸을 바로해서 뺏고 침범함이 없으니/ 기쁜 기운이 강가
　로 향한다

② 人方相會遇하니 其志在於專이라

　取舍繇諸己면 終爲無咎愆이라

　사람이 서로 모이고 만나게 되었으니/ 그 뜻이 전일專一해야 한다/ 버
　리고 취함을 나의 주관대로 하면/ 마침내 허물이 없을 것이다

3. 九三(☰ → ☷)

【효사와 소상전】 구삼은 볼기에 살이 없으나 가는 걸음은 머뭇거리니, 위태
롭게 여기면 큰 허물이 없으리라. 상에 말하기를 '가는 걸음은 머뭇거림'은
가는 걸음을 재촉하지 못하는 것이다. 【九三은 臀无膚나 其行은 次且니 厲
하면 无大咎리라. 象曰 其行次且는 行未牽也라.】

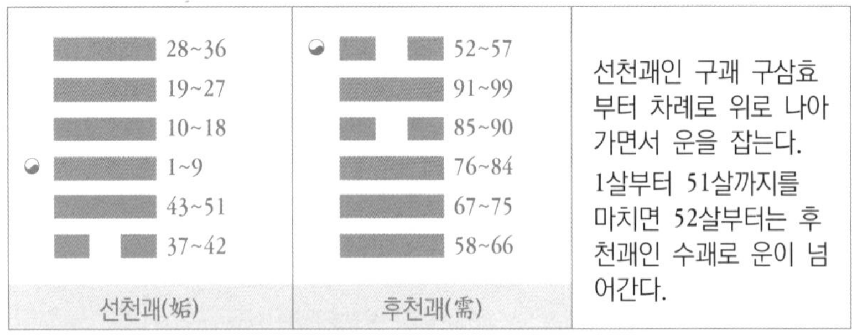

◈ 양년(갑·병·무·경·임년)일 경우

구(44)	대과(28)	곤(47)	감(29)	사(7)	몽(4)	손(41)	이(27)	비(22)
1	2	3	4	5	6	7	8	9

◈ 음년(을·정·기·신·계년)일 경우

송(6)	곤(47)	대과(28)	정(48)	승(46)	고(18)	대축(26)	비(22)	이(27)
1	2	3	4	5	6	7	8	9

◈ 월괘

손·57	소축·9	고·18	간·52	승·46	사·7	태·11	대장·34	명이·36	기제·63	복·24	이·27
1월	2월	3월	4월	5월	6월	7월	8월	9월	10월	11월	12월

◈ 일괘

	6 5 4 3 2 1	12 11 10 9 8 7	18 17 16 15 14 13	24 23 22 21 20 19	30 29 28 27 26 25
구(구삼)	손·57	정·50	대과·28	건·1	돈·33

【총괄해서 판단하면】

[10] 이 효는 강하게 하기 때문에 사람과 더불어서 만남이 없는 것이다. 그

---

[10] 此爻是以剛而與人無所遇也 故不免於屬焉 叶者以之求名則不足 以之榮家則有
餘 蓋變爲訟三爻 食舊德之象 或承祖恩 或守田業 無初有終 不叶者 孤立無助
作事艱辛 或腰足生疾 福量淺狹 歲運逢之 在仕退步遭謫 在士子進取惟利於殿
蓋臀字去月字 有殿頭之兆故也 庶俗則有災眚杖責之虞

러므로 위태함을 면하지 못하는 경우이다. 운이 맞는 사람은, 명예를 구하는 것은 적당하지 않으나, 집안을 일으키는데는 좋다. 변해서 천수송괘(䷅) 육삼효가 되면 옛날부터 내려오는 조상의 덕을 먹고 사는 상이니, 혹 조상의 은덕을 입게 되고, 혹 물려받은 농장에서 농사일을 하며, 처음은 어려우나 나중에는 성공한다.

운이 맞지 않는 사람은, 도와주는 이 없이 외롭게 혼자 있어서, 일을 하는데 어려움을 겪는다. 혹 허리나 발에 병이 나고, 포용할 줄 아는 아량이 없고 복도 없다.

세운을 만나면, 공직자는 물러나게 되거나 귀양가게 되고, 구직자는 오직 초반의 어전시험에서만 유리하고 뒤는 좋지 않으니, 대개 '둔臀'자에서 '월月'자를 빼면 대궐(殿)의 머리를 상징하기 때문이다. 일반인은 재앙이 생기고 곤장을 맞을 염려가 있다.

【글귀로 판단하면】

① 當行不可行하니 要行防小厲라 怯過無大咎나 小艇怕連繫라

　마땅히 행해야 할 때 하지 못하니/ 행하려거든 작은 위태함을 방비해야 한다/ 잘못을 겁내니 큰 허물 없으나/ 작은 배에 매여질까 두렵다

② 前進足次且하고 求安失所居라

　須危無大咎나 妄動有災危라

　앞으로 나가려하나 발이 주저하고/ 편안함을 구하나 거처할 데를 잃었다/ 위태하긴 해도 큰 허물 없으나/ 망령되이 움직이면 재앙과 위험있게 된다

4. 九四(䷅ → ䷂)

【효사와 소상전】 구사는 꾸러미 속에 물고기가 없으니 흉하게 되리라. 상에 말하기를 '물고기가 없어 흉함'은 백성을 멀리 하기 때문이다. 【九四는 包无

魚니 起凶하리라. 象曰 无魚之凶은 遠民也일새라.】

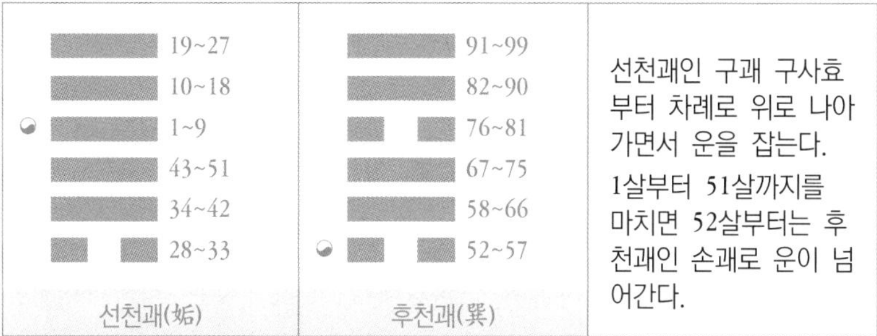

선천괘인 구괘 구사효부터 차례로 위로 나아가면서 운을 잡는다.

1살부터 51살까지를 마치면 52살부터는 후천괘인 손괘로 운이 넘어간다.

◈ 양년(갑·병·무·경·임년)일 경우

구(44)	건(1)	소축(9)	대축(26)	태(11)	승(46)	겸(15)	곤(2)	예(16)
1	2	3	4	5	6	7	8	9

◈ 음년(을·정·기·신·계년)일 경우

손(57)	소축(9)	건(1)	대유(14)	대장(34)	항(32)	소과(62)	예(16)	곤(2)
1	2	3	4	5	6	7	8	9

◈ 월괘

정·50	려·56	항·32	해·40	대장·34	태·11	풍·55	혁·49	진·51	서합·21	복·24	곤·2
1월	2월	3월	4월	5월	6월	7월	8월	9월	10월	11월	12월

◈ 일괘

구(구사)	정·50	대과·28	건·1	돈·33	송·6
	6 / 5 / 4 / 3 / 2 / 1	12 / 11 / 10 / 9 / 8 / 7	18 / 17 / 16 / 15 / 14 / 13	24 / 23 / 22 / 21 / 20 / 19	30 / 29 / 28 / 27 / 26 / 25

11 이 효는 백성을 만나려는 사람이 바른 도를 잃은 것이다. 그러므로 고기가 없어(백성이 따르지 않아) 흉하게 되는 운이다. 운이 맞는 사람은, 귀해도 지위가 없고 높아도 따르는 백성이 없는 격이니, 기미를 알고 굳게 지키면 재앙과 해되는 것을 면할 수 있다.

운이 맞지 않는 사람은, 명성과 잇속을 바라고 구하나 기회를 많이 잃고, 고립되고 더부는 사람이 적어서 노비들(밑에서 도와주는 사람)의 힘을 얻기 힘들다.

세운을 만나면, 공직자는 물리침을 당하는 재앙이 있고, 구직자는 벼슬길이 정체되거나 명예가 떨어지는 욕을 당하게 된다. 일반인은 송사하고 시비하는 요란함이 있고, 늙은 사람은 오래 살지 못한다.

【글귀로 판단하면】

① 民遠君臣俱失居하니 庖廚何必再緣魚아

　一朝風起防蛇大하니 遺却當年所得珠라

　백성을 멀리해서 임금과 신하가 다 거처를 잃었으니/ 푸줏간에서 다시 물고기 찾을 필요 무엇있나?/ 하루아침에 바람 일어나 뱀(巳) 크는 것 막으니/ 당년에 얻었던 구슬을 잃어버렸다

② 居上當親下니 人心易散離라

　事機從此失이면 萬事盡皆隳라

　위에 있으면 아랫사람을 친히 해야 하니/ 사람의 마음은 흩어지기 쉽구나/ 일의 기틀을 이로부터 잃게 되면/ 만사가 다 실패하게 되리라

③ 物失八體하니 慮在兩頭라

　雲烟相隔하니 心事淹留라

---

11 此爻是遇民者失其正 故有无魚之凶者也 故叶者貴而無位 高而無民 知機固守 可免災害 不叶者 求名望利 多失機會 孤立寡與 奴僕少力 歲運逢之 在仕有擯斥之殃 在士有停降之辱 在庶俗有爭訟是非之擾 在老者不利於壽

물건이 여덟가지 몸(肢體)을 잃으니/ 머리가 둘이라서 근심이 있다/ 구
름과 연기가 서로 막히니/ 마음 두고 있는 일 지체되게 된다

5.九五(☴→☲)

【효사와 소상전】 구오는 박달나무로써 오이를 쌈이니, 빛나는 것을 머금으
면 하늘로부터 떨어짐이 있으리라. 상에 말하기를 '구오가 빛나는 것을 머금
음'은 중정함이고, '하늘로부터 떨어짐이 있음'은 뜻이 천명을 버리지 않기 때
문이다. 【九五는 以杞包瓜니 含章이면 有隕自天이리라. 象曰 九五含章은
中正也오 有隕自天은 志不舍命也일새라.】

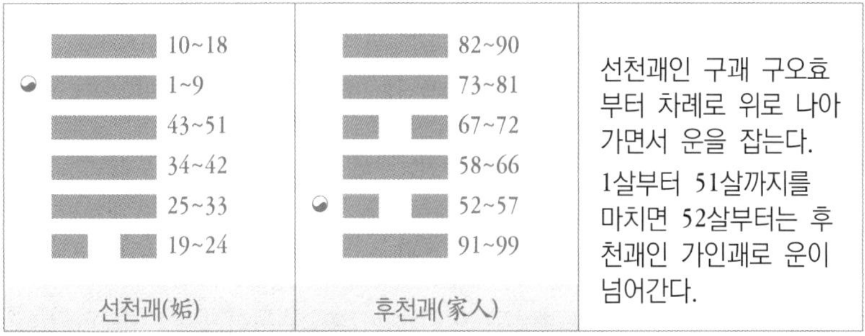

선천괘인 구괘 구오효
부터 차례로 위로 나아
가면서 운을 잡는다.
1살부터 51살까지를
마치면 52살부터는 후
천괘인 가인괘로 운이
넘어간다.

◈ 양년(갑·병·무·경·임년)일 경우

구(44)	돈(33)	려(56)	소과(62)	풍(55)	대장(34)	귀매(54)	림(19)	절(60)
1	2	3	4	5	6	7	8	9

◈ 음년(을·정·기·신·계년)일 경우

정(50)	려(56)	돈(33)	함(31)	혁(49)	쾌(43)	태(58)	절(60)	림(19)
1	2	3	4	5	6	7	8	9

◇ 월괘

대과·28	곤·47	쾌·43	수·5	혁·49	풍·55	수·17	무망·25	둔·3	비·8	복·24	림·19
1월	2월	3월	4월	5월	6월	7월	8월	9월	10월	11월	12월

◇ 일괘

	6 5 4 3 2 1	12 11 10 9 8 7	18 17 16 15 14 13	24 23 22 21 20 19	30 29 28 27 26 25
구(구오)	대과·28	건·1	돈·33	송·6	손·57

【총괄해서 판단하면】

12 이 효는 양이 음을 제재하는 것으로, 고요하게 제재하는 방법을 말한 것이다. 그러므로 운이 맞는 사람은, 넓고 너그러우며 국량이 커서 모든 생명있는 것을 포용해서 받아들이고, 문채와 빛이 쌓이게 된다. 뜻이 천명을 어기지 않아서, 부귀와 이익과 윤택함이 성하게하게 번창한다.

운이 맞지 않는 사람도, 또한 학문을 부지런히 하고 그릇이 커서, 비록 벼슬하고 녹을 받는 영광은 없어도 또한 집안이 부유하게 살 수 있다.

세운을 만나면, 공직자는 동량의 재목으로, '이以'자의 뜻은 품계가 올라가는 것이고, '장章'자는 평장사 등의 벼슬이름이 되는 것이며, '천天'자는 천부에 오르고(하늘의 곳간, 즉 왕실의 재정을 맡아 봄) 천은天恩을 받을 징조이다. 일반인은 반드시 높고 귀한 사람의 이끌어줌을 만나서 뜻밖에 얻는 것이 있고, 부인은 잉태해서 기르는 기쁨이 있으나, 수가 흉한 사람은 수명이 짧다.

---

12 此爻是以陽制陰 而示以靜制之道者也 故叶者寬洪大量 包納羣生 文章克積 志不舍命 而富貴利澤 爾熾爾昌 不叶者 亦學問之勤 器量之大 雖無爵祿之榮 亦可成其富有之業 歲運逢之 在仕棟梁之材 以者加秩 章字爲平章之類 天字有登天府受天恩之兆 常人必遇尊貴提携 而所獲出於非望 婦人有孕育之喜 數凶者損壽

【글귀로 판단하면】

1 中正居尊位有施하니 地基生杞自當時라

果然守正相逢遇하니 猴兎牛蛇再有輝라

중정함으로 높은 자리에 있으면서 베푸니/ 땅에서 박달나무 때맞춰 생겨난다/ 바른 것을 지켜 서로 만나니/ 원숭이(申)·토끼(卯)·소(牛)·뱀(巳)이 다시 빛나게 되었다

2 以尊而接下하니 附己以招延이라

爲蘊忠臣德하니 休祥降卽天이라

높음으로써 아래를 접대하니/ 자신뿐 아니라 다른 사람도 천거한다/ 충신의 덕을 쌓으니/ 아름다운 상서로움이 하늘로부터 내려온다

3 雞成鳳] 魚化龍하니 大器欲成就요 功名路必通이라

닭이 봉황되고/ 물고기가 용되니/ 큰 그릇은 성취되려 하고/ 공명의 길은 반드시 형통한다

6. 上九(☰☴ → ☰☰)

【효사와 소상전】 상구는 그 뿔에서 만남이라(자기를 낮춰서 만나려 하지 않고 높게만 하고 있음) 인색하니, 허물할 데가 없느니라. 상에 말하기를 '그 뿔에서 만남'은 위에서 궁하여 인색하기 때문이다. 【上九는 姤其角이라 吝하니 无咎니라. 象曰 姤其角은 上窮하야 吝也라.】

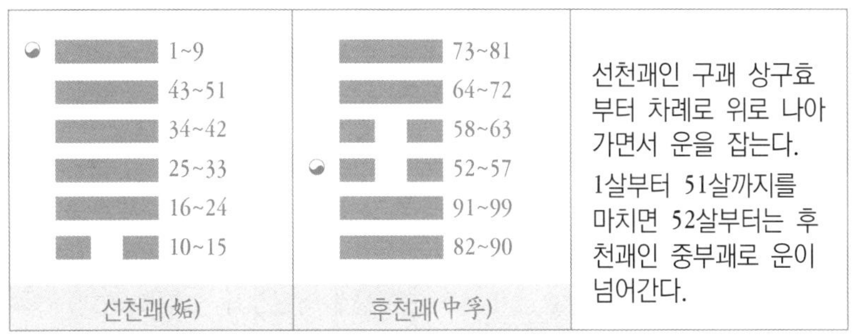

선천괘인 구괘 상구효부터 차례로 위로 나아가면서 운을 잡는다.
1살부터 51살까지를 마치면 52살부터는 후천괘인 중부괘로 운이 넘어간다.

◈ 양년(갑·병·무·경·임)일 경우

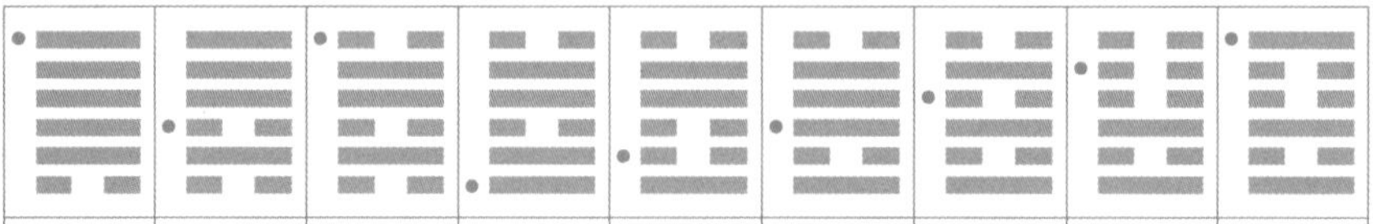

구(44)	송(6)	곤(47)	태(58)	수(17)	혁(49)	기제(63)	명이(36)	비(22)
1	2	3	4	5	6	7	8	9

◈ 음년(을·정·기·신·계년)일 경우

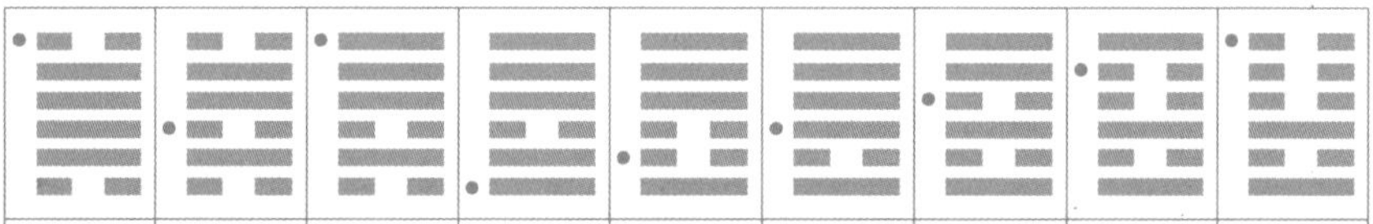

대과(28)	곤(47)	송(6)	리(10)	무망(25)	동인(13)	가인(37)	비(22)	명이(36)
1	2	3	4	5	6	7	8	9

◈ 월과

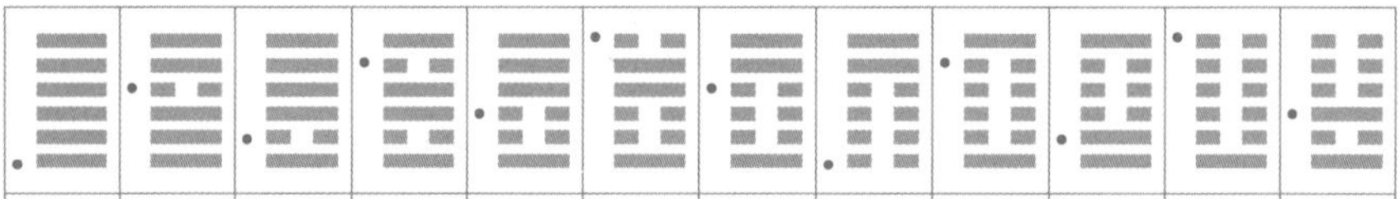

건·1	소축·9	동인·13	리·30	무망·25	수·17	익·42	관·20	이·27	손·41	복·24	명이·36
1월	2월	3월	4월	5월	6월	7월	8월	9월	10월	11월	12월

◈ 일과

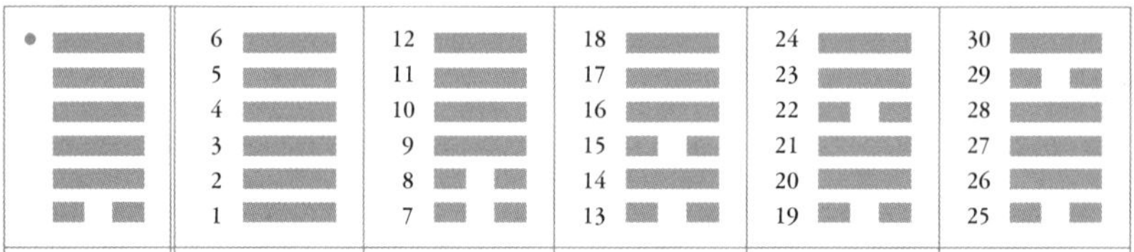

구(상구)	건·1	돈·33	송·6	손·57	정·50
	6 5 4 3 2 1	12 11 10 9 8 7	18 17 16 15 14 13	24 23 22 21 20 19	30 29 28 27 26 25

【총괄해서 판단하면】

13 이 효는 강하게 행동함으로써 사람과 더불어서 만나는 바가 없는 것

---

13 此爻是以剛而與人無所遇 故不免於咎者也 叶者 高名淸譽 出萃冠倫 忠言正論
多阻於邪議 而祿位不隱 不叶者 氣大志剛 不近人情 結仇搆怨 勞碌不暇 歲運逢
之 在仕必爲僚長 防過高之誚 在士進取 必居魁首 僧道住持 常人獨立無助 營謀
艱辛

이다. 그러므로 인색함을 면할 수 없는 사람이다. 운이 맞는 사람은, 높고 청아하다는 칭찬을 받으며 무리에 뛰어나나, 충성된 말과 바른 말이 간사한 비방에 막히는 수가 많아서, 벼슬과 녹이 편치 못하다.

운이 맞지 않는 사람은, 기는 세고 뜻은 강해서 사람들과 친하지 못하고, 원수지고 원망을 사게 되니, 자질구레하고 수고로운 일을 하기에 겨를이 없다.

세운을 만나면, 공직자는 반드시 동료 중에 우두머리가 될 것이나, 너무 높은 체한다는 비방을 들을 것이고, 구직자는 장원으로 급제하여 벼슬길에 오를 것이다. 일반인들은 돕는이 없이 홀로 있으니, 경영하고 꾀하는 일이 매우 어렵다.

【글귀로 판단하면】

1 志謀進非遇니 情深豈不悲아

有期何妬角가 時利奪疑基라

뜻하고 꾀하여도 만나지 못하니/ 정이 깊은데 어찌 슬프지 아니한가?/ 약속있는데 어찌 끝에 가서 만났는가?/ 의심의 뿌리를 뽑아야 이로울 때다

2 見不見하니 也須防背面이요

遇不遇하니 到底無憑據라

봐도 보이지 않으니/ 뒷면을 방비해야 하고/ 만나려 해도 만나지 못하니/ 끝까지 가도 의지할 데 없다

兌上
坤下
澤地萃(45)
택 지 취

취괘 개요

【괘사와 대상전】 취는 왕이 사당을 둠에 지극함이니 대인을 봄이 이롭고, 형통하니, 바르게 함이 이로우니라. 큰 희생을 씀이 길하니 나아가는 것이 이로우니라. 상에 말하기를 못이 땅 위에 올라가 있는 것이 취괘니, 군자가 본받아서 병장기를 수리하여 헤아리지 못할 일을 경계하니라. 【萃는 (亨)王假有廟니 利見大人하니 亨하니 利貞하니라. 用大牲이 吉하니 利有攸往하니라. 象曰 澤上於地 萃니 君子 以하야 除戎器하야 戒不虞하나니라.】

【총괄해서 판단하면】

1 태궁의 2세괘로 6월에 속한다. 내괘의 납갑은 을미·을사·을묘이고, 외괘의 납갑은 정해·정유·정미인데, 계미·계사·계묘를 빌려서도 쓴다. 6월에 태어난 사람과, 태어난 년도의 간지가 납갑의 간지 및 차용납갑의 간지에 합치되는 사람은 부귀와 공명을 누리게 된다.2

---

1 兌宮二世 卦屬六月 納甲 是乙未乙巳乙卯 丁亥丁酉丁未 借用癸未癸巳癸卯 生於踰月及納甲者 功名富貴人也

2 취괘의 세효인 육이효는 음효이므로, 초효부터 이효까지 세면 미월未月이 된다(초효는 오, 이효는 미). 지지의 미는 6월에 해당하므로, 취괘가 6월괘가 되는 것이다. 따라서 6월을 주관하는 괘가 되고, 6월에 태어난 사람은 때를 얻음이 된다.

운세로 보면 택지취괘(䷬)는 상괘는 태(☱)이고 하괘는 곤(☷)이며, 호괘로는 손(☴)과 간(☶)이 있다. 산과 평지가 서로 북돋아주고 심어주며, 태兌의 못물이 위로부터 아래로 내려와 물을 대주며 적셔주니, 초목의 뿌리가 더욱 굳어지고 가지와 잎새가 무성해진다. 다만 그 숲의 나무들이 너무 무성해서 모두 다 쓸 수는 없다. 군자가 이런 괘를 얻으면 모아들이는 상이다.

【팔궁세혼법으로 판단하면】

취괘는 팔궁세혼법으로 볼 때, 태궁의 2세괘로 대부大夫괘에 해당한다. 즉 육이효(대부)가 세효世爻가 되고, 임금에 해당하는 구오효는 응효가 된다. 두 효가 모두 제자리를 얻었고, 또 서로 음과 양으로 응하니, 모든 일이 쉽게 잘 풀리는 뜻이 있다. 그러나 육이효의 지지인 사(巳火)가 자신을 도와주는 응효(구오효)의 지지인 유(酉金)를 극하므로, 조금 어려움이 생긴다. 그러나 전체 괘상으로 태궁에 속하는데, 하체에 곤토(☷)가 있어서 상체인 태금(☱)과 전체 괘를 생해주므로, 물이 땅위에 모이듯이, 순한 가운데 기뻐하며 모여드는 뜻이 있다.

재물이 모이고 지위도 올라가니, 번창하는 기쁨에 성대히 잔치한다. 모든 것이 풍부할 때 사람들에게 많이 베푸니, 모인 사람들이 한마음으로 따른다. 그러나 사람이 많이 모이면, 그 중에는 나를 시기하고 해하고자 하는 사람도 있기 마련이니, 과신하다 큰 봉변을 당할 수도 있다. 마찬가지로 재물을 노리는 도둑과 사기꾼을 조심하여야 한다. 성급히 일을 추진하면, 구설이나 논쟁 및 비난에 휩싸이기 쉽다.

【글귀로 판단하면】

① 大人一見喜匆匆하니 萬里雲程好奮衝이라

缺月又圓雲翳散하니 自然門戶得春風이라

대인이 한번 보고 기쁨이 총총하니/ 만리의 구름길을 뽐내며 뚫고 간다/ 이지러진 달 둥글어지고 가렸던 구름 흩어지니/ 자연히 집안에 봄

바람 얻게 됐다

② 陰合陽來事未期요　造船經濟水邊危라

落花結實庭前果요　西北將行事有疑라

음이 양과 합하려고 오면 일이 기약없게 되고/ 배 만들어 건너는 것은
물가라 위험하다/ 꽃 떨어지니 뜰앞 과일나무 열매맺고/ 서북쪽으로
가게 되면 일에 의심있게 된다

1. 初六(☷→☷)

【효사와 소상전】초육은 미더움이 있으나, 끝까지 못하면 뜻이 어지러워져
서 망령되이 모일 것이다. 만일 울부짖어 정응正應을 찾으면 일제히 웃으리
니, 걱정하지 말고 찾아 가면 허물이 없으리라. 상에 말하기를 '뜻이 어지러
워져서 망령되이 모일 것이다'는 그 뜻이 어지럽기 때문이다. 【初六은 有孚
나 不終이면 乃亂乃萃하릴새 若號하면 一握爲笑하리니 勿恤코 往하면 无咎
리라. 象曰 乃亂乃萃는 其志亂也일새라.】

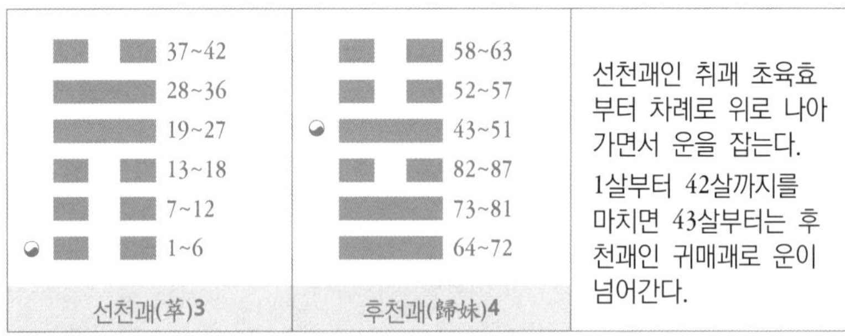

선천괘인 취괘 초육효
부터 차례로 위로 나아
가면서 운을 잡는다.
1살부터 42살까지를
마치면 43살부터는 후
천괘인 귀매괘로 운이
넘어간다.

---

3 사주의 숫자로 괘를 만들어서 취괘 초효에 원당이 있다면, 1~6살까지는 취괘 초효 항
을, 7~12살까지는 취괘 이효 항을, …, 37~42살까지는 취괘 상효 항을 가서 살펴 보
면 된다.

4 43~51살까지는 후천괘인 귀매괘 사효 항을, 58~63살까지는 귀매괘 상효 항을, …,
82~87살까지는 귀매괘 삼효 항을 살펴보면 그 사람의 운이 된다(◐나 ●표시 한 곳이

◈ 양년 음년 똑같음 5

수(17)	태(58)	쾌(43)	수(5)	태(11)	대축(26)6
1	2	3	4	5	6

◈ 월괘

곤·47	해·40	대과·28	구·44	정·48	수·5	승·46	겸·15	고·18	몽·4	대축·26	대유·14
1월	2월	3월	4월	5월	6월	7월	8월	9월	10월	11월	12월

◈ 일괘 7

취(초육)	곤·47	함·31	비·8	예·16	비·12

해당하는 효를 가리키고, 밑에서부터 초효·이효·삼효·사효·오효·상효로 나눈다).

5 해마다의 운인 유년운의 진행은 양효(━)일 때와 음효(━ ━)일 때가 다른데, 그 자세한 예는 중천건괘(1) 초구효, 중지곤괘(2) 초육효와 육이효, 수뢰둔괘(3) 초구효와 육삼효, 산수몽괘(4) 초육효와 육사효 항에 유년운에 속한 월운月運의 예와 함께 실려 있으므로 참고하면 된다.

6 위의 도표에서 '대축(26)'이라고 한 것은 괘명은 대축괘大畜卦고 64괘 중에 26번째 괘라는 뜻이며, '태(58)'라고 한 것은 괘명은 태괘兌卦고 64괘 중에 58번째에 해당한다는 뜻이다. 나머지 괘도 이와같은 방식으로 본다. 따라서 앞의 목차에서 번호의 순서대로 찾으면, 해당하는 괘를 쉽게 찾을 수 있다. 또 월괘月卦에서 '곤·47' 등으로 표시한 것도, 괘명은 곤괘困卦고 64괘 중에 47번째라는 뜻이다.

7 그 날의 운(日運)과 더 세분해서 시운時運을 알고 싶으면, 앞의 일괘日卦와 시괘時卦 설명을 참조해서 계산하면 된다. 자세한 예는 건(1)~송(6)괘의 초효 항에 있으므로 참고바람.

8 이 효는 무리를 따르지 않고 바른 것을 따르면, 망령되이 모이는 실수가 없을 것임을 가르친 것이다. 그러므로 운이 맞는 사람은, 자기의 주관을 가지고 그릇된 말을 판단하며, 허물을 고쳐서 바른 도를 따라가니, 광대한 업적을 근심걱정 없이 세우고 보존할 수 있다.

운이 맞지 않는 사람은, 근심과 기쁨이 무상하고, 간사함과 바르게 행동함이 일정하지 않으며, 덕은 박하고 행동은 착하지 못하니, 성공하고 입신하기가 어렵다.

세운을 만나면, 공직자는 반드시 강등되고 쫓겨나게 될 것이며, 구직자는 어려운 일을 만날 것이며, 일반인은 소인과 사귀어 속임을 당할 것이다. 대개 먼저는 흉하나 뒤에는 길해지니, 길하게 하기 위해서 이러한 경계를 한 것이다.

【글귀로 판단하면】

1 離明當道達이나 生涯未足通이라

　牛行防水屬니 迷此自無宗이라

　해가 밝으면 길은 통하게 될 것이나/ 생애는 아직 통하지 못한다/ 소(丑)가 가면 물의 위태로움 방비해야 하니/ 이것을 모르면 자연히 망하게 되리라

2 一心成兩心하고 一事成兩事하니

　成就也艱難이나 撫氣亦撫志하라

　한 마음이 두 마음 되고/ 한 일이 두 일 되니/ 성취하기가 어려우나/ 기운과 뜻을 잘 어루만져라

---

8 此爻是戒違衆以從正 則無妄聚之失矣 故叶者 執己見而聽乎訛言 改過而必從乎正道 廣大之業 可保於無虞 不叶者 憂喜不常 邪正不定 德薄行虧 成立艱辛 歲運逢之 在仕必遭貶逐 在士則遭蹇難 在庶俗有小人結搆受誣之危 大抵皆先凶後吉 戒之爲是

2. 六二(䷡ → ䷶)

【효사와 소상전】 육이는 구오와 서로 이끌어 모이면 길해서 허물이 없으리니, 정성스럽게 하면 간략한 제사를 올려도 이로우리라. 상에 말하길 '이끌어 모이면 길해서 허물이 없다' 함은 중도中道로 해서 변함이 없기 때문이다.

【六二는 引하면 吉하야 无咎하리니 孚乃利用禴이리라. 象曰 引吉无咎는 中하야 未變也일새라.】

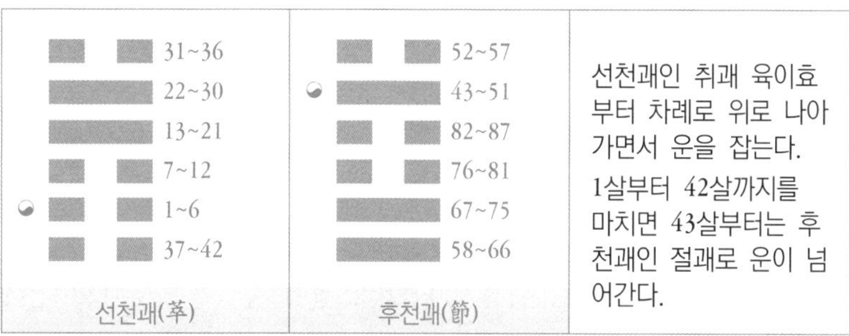

	31~36
	22~30
	13~21
	7~12
◐	1~6
	37~42

선천괘(萃)

	52~57
◐	43~51
	82~87
	76~81
	67~75
	58~66

후천괘(節)

선천괘인 취괘 육이효부터 차례로 위로 나아가면서 운을 잡는다.
1살부터 42살까지를 마치면 43살부터는 후천괘인 절괘로 운이 넘어간다.

◈ 양년 음년 똑같음

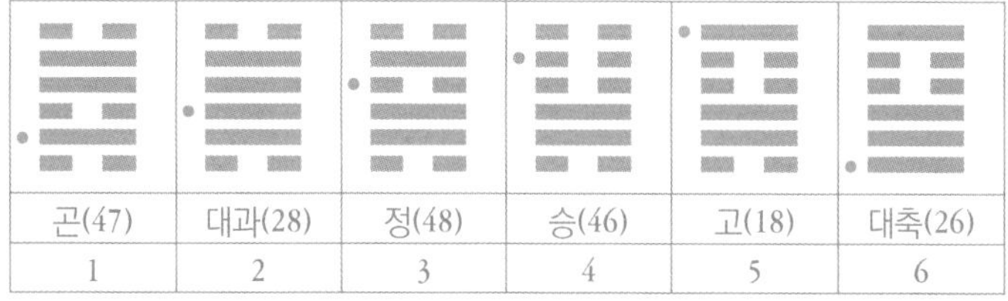

곤(47)	대과(28)	정(48)	승(46)	고(18)	대축(26)
1	2	3	4	5	6

◈ 월괘

함·31	돈·33	건·39	기제·63	겸·15	승·46	간·52	박·23	비·22	리·30	대축·26	소축·9
1월	2월	3월	4월	5월	6월	7월	8월	9월	10월	11월	12월

◇ 일괘

취(육이)	함·31	비·8	예·16	비·12	수·17
	6	12	18	24	30
	5	11	17	23	29
	4	10	16	22	28
	3	9	15	21	27
●	2	8	14	20	26
	1	7	13	19	25

【총괄해서 판단하면】

9 이 효는 임금을 섬기는 정성이 있는 것이고, 이 섬기는 정성을 제사지내는 점으로써 나타낸 것이다. 그러므로 운이 맞는 사람은, 그 국량이 너그럽고 넓은 사람으로, 그 마음이 충직해서 어진이를 밀어주고, 능력있는 이를 간택하며, 착한 이를 끌어주고, 덕 있는 이를 따라간다. 밝게는 임금을 섬길 수 있어서 덕이 닦이고 도가 행하게 되며, 그윽하게는 귀신을 감격시켜서 덕은 성하고 복은 높게 되니, 조정에 자취를 드러내고 천하에 향기로움을 흘리게 될 것이다.

운이 맞지 않는 사람도, 또한 마음이 성실해서 좋은 사람을 사귀고, 높고 귀한 이의 응접과 끌어줌을 많이 받는다. 꾀하는 일이 이롭고 형통하며 복과 은택이 많다.

세운을 만나면, 공직자는 사람의 추천과 끌어줌에 힘입어서 반드시 승진되니, '중中'자에는 대중大中·중순中順·중봉中奉·급사중給事中 등의 벼슬에 오르는 징조가 있기 때문이다. 구직자는 윗사람이 끌어줌에 힘입어 등용되고, 일반인은 좋은 사람이 도와 주어서 경영하고 꾀하는 일을 계획대로 이룬다.

---

9 此爻是得人事君之誠 而因著卜祭之占者也 故叶者 寬洪以擴其量 忠直以事其心 推賢簡能 引善率德 明足以事君 而德修道行 幽足以格神 而德盛福隆 廟廊著跡 海宇流芳 不叶者 亦存心誠實 交接好人 多得尊貴接引 謀爲利達 福澤無歝 歲運逢之 在仕得人引薦 必有陞除 中字有大中中順中奉給事中之兆 在士主得上人引援 而登庸有賴 在庶俗之人 營謀得好人提擧 謀爲遂意

【글귀로 판단하면】

① 萃大光亨耀里閭하니 利名有路笑聲徐라

有孚千里威名慕나 二犬方同一旦除라

모이는 도가 커서 온마을 비추니/ 이익과 명성의 길을 가게 되어 웃는 소리 여유롭다/ 믿음 있어 천리 먼 곳에서 위명威名을 사모하나/ 개(戌) 두마리 같이 있으면 하루 아침에 없어진다

② 人才多吉慶하니 守正位居中이라

薄菲將誠意면 神明亦可通이라

사람은 재주있고 길한 경사 많으니/ 바름을 지키고 지위는 가운데에(中) 자리했다/ 재주가 박하고 둔하지만 성의가 있으면/ 신명도 또한 통할 수 있다

③ 笑顔生不泣이나 內外生悲哭이라

雲散月光輝면 轉禍方成福이라

웃는 얼굴에는 울음이 생기지 않으나/ 안과 밖에서 슬프게 우는 소리 난다/ 구름 흩어지고 달빛 빛나면/ 화가 바뀌어 복을 이룰 것이다

3. 六三(☱☷ → ☴☷)

【효사와 소상전】 육삼은 모이다가 슬퍼하는 것이다. 이로운 바가 없으니, 나아가면 허물이 없거니와 조금 인색하니라. 상에 말하기를 '가면 허물이 없다' 함은 윗사람(上六)이 겸손하기 때문이다. 【六三은 萃如嗟如라 无攸利하니 往하면 无咎어니와 小吝하니라. 象曰 往无咎는 上이 巽也일새라.】

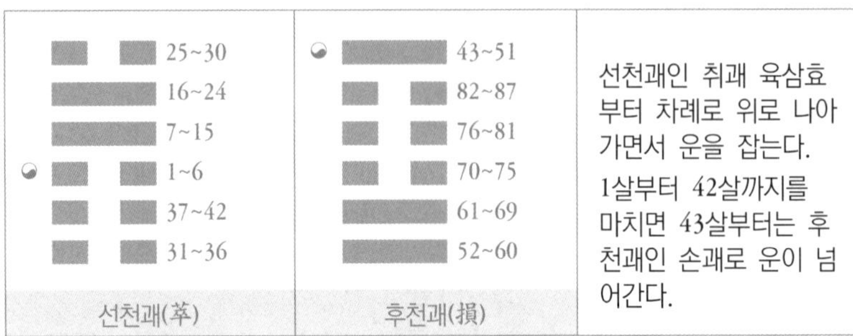

선천괘인 취괘 육삼효부터 차례로 위로 나아가면서 운을 잡는다.
1살부터 42살까지를 마치면 43살부터는 후천괘인 손괘로 운이 넘어간다.

◇ 양년 음년 똑같음

함(31)	건(39)	겸(15)	간(52)	비(22)	대축(26)
1	2	3	4	5	6

◇ 월괘

비·8	둔·3	곤·2	사·7	박·23	간·52	이·27	서합·21	손·41	중부·61	대축·26	태·11
1월	2월	3월	4월	5월	6월	7월	8월	9월	10월	11월	12월

◇ 일과

취(육삼)		비·8		예·16		비·12		수·17		곤·47	
	6		12		18		24		30		
	5		11		17		23		29		
	4		10		16		22		28		
	3		9		15		21		27		
	2		8		14		20		26		
	1		7		13		19		25		

【총괄해서 판단하면】

10 이 효는 밑의 두 음과 함께 모이는 것이니, 모임이 바른 것이 아니다.

---

10 此爻是革於二陰 革非其正也 故必往而勿恤其羞 故叶者 志謀遂而四海爲家 協

力者衆 而生涯利達 不叶者 六親冷淡 家業寂寥 離祖外立 方得遂志 歲運逢之

在仕難革於朝 而歷在遠方之爲艱 在士進取難逢佳會 在庶俗家不安寧 六親有損

그러므로 반드시 부끄러움을 근심하지 말고, 주관을 갖고 행동해야 한다.

운이 맞는 사람은, 뜻과 계획이 이루어져서 세상이 다 내집이 되고, 협력해주는 사람이 많아서 생애가 이롭고 형통하다.

운이 맞지 않는 사람은, 친척이 서로 냉담하고 가업이 별볼일 없으니, 조상의 근거지를 떠나 타향에서 자립을 해야 뜻을 이루게 된다.

세운을 만나면, 공직자는 조정에 있기 어려워 먼 지방을 다니게 되는 어려움이 있고, 구직자는 출세에 좋은 기회를 만나기 어렵다. 일반인은 집이 편안하지 못하고 친척이 손해를 보게 되며, 늙은이는 흉하다.

【글귀로 판단하면】

① 上下皆相應이나 中心自嘆嗟라

　求人無小吝이면 無咎亦無佳라

　위와 아래가 다 서로 응하나/ 마음속으로는 스스로 한탄한다/ 사람을 구함에 작은 인색함도 없게 하면/ 허물도 없고 아름다움도 없으리라

② 父母卦通日이면 利往涉大川이라

　佳音天外至하니 門外有聲傳이라

　부모괘가 통하는 때면/ 가서 큰 일을 하여도 이롭다/ 아름다운 소식이 하늘에서 오니/ 문밖에서 전하는 소식 있다

③ 細雨滿桃腮하니 離情莫恨猜라

　東風須着意면 花落又重開라

　가는 비가 복숭아뺨에 가득하니/ 떠나는 정 원망하고 시기하지 마라/ 동풍이 마음만 먹게 되면/ 꽃 떨어졌어도 또 거듭 피게 되리라

老者凶也

4. 九四(䷗→䷜)

【효사와 소상전】 구사는 크게 길하게 되야 허물이 없을 것이다. 상에 말하기를 '크게 길하게 되야 허물이 없다' 함은 위位가 마땅치 못하기 때문이다.

【九四는 大吉이라아 无咎리라. 象曰 大吉无咎는 位不當也일새라.】

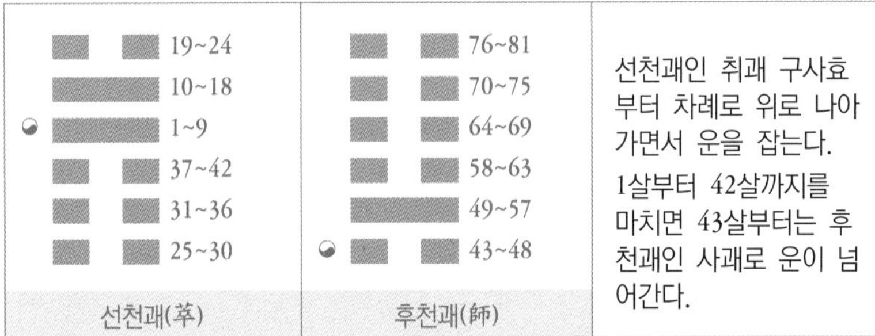

선천괘인 취괘 구사효부터 차례로 위로 나아가면서 운을 잡는다.
1살부터 42살까지를 마치면 43살부터는 후천괘인 사괘로 운이 넘어간다.

◈ 양년(갑·병·무·경·임년)일 경우

취(45)	수(17)	둔(3)	복(24)	이(27)	박(23)	몽(4)	고(18)	정(50)
1	2	3	4	5	6	7	8	9

◈ 음년(을·정·기·신·계년)일 경우

비(8)	둔(3)	수(17)	진(51)	서합(21)	진(35)	미제(64)	정(50)	고(18)
1	2	3	4	5	6	7	8	9

◈ 월괘

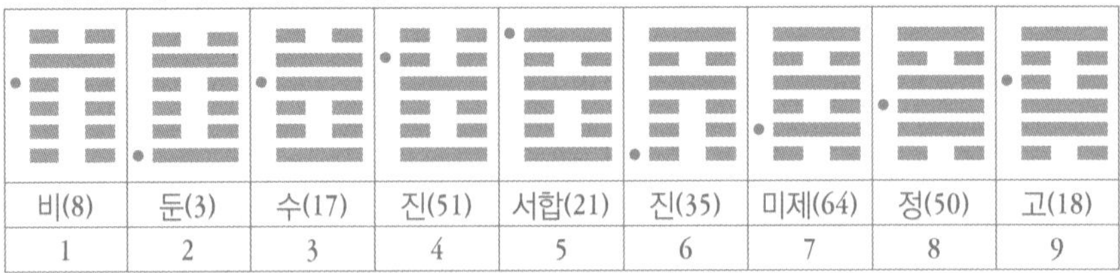

예·16	해·40	진·35	려·56	서합·21	이·27	규·38	리·10	대유·14	대장·34	대축·26	고·18
1월	2월	3월	4월	5월	6월	7월	8월	9월	10월	11월	12월

◈ 일괘

취(구사)	예·16	비·12	수·17	곤·47	함·31
	6	12	18	24	30
	5	11	17	23	29
	4	10	16	22	28
	3	9	15	21	27
	2	8	14	20	26
	1	7	13	19	25

【총괄해서 판단하면】

11 이 효는 위로 임금을 보필하고 아래로 백성을 다스릴 책임을 맡은 대신이니, 반드시 그 도를 다해야 질책을 막을 수 있다. 그러므로 운이 맞는 사람은, 재상자리에 앉아 정권을 잡아서 도를 펴고 교화를 넓힌다. 위로는 임금의 덕을 높이고 아래로는 백성에게 은택을 베풀어서, 크게 모여 번창하게 하고 또 허물이 없게 보존할 수 있다.

운이 맞지 않는 사람은, 비록 재주와 뜻이 있으나 덕이 없어 지킬 수 없으니, 나라를 흉하게 하지 않으면 반드시 집안을 해롭게 한다.

세운을 만나면, 공직자는 시기하고 비방하는 것을 막아야 하니, 높은 자리를 버리고 낮은 자리로 가든가, 빨리 용감하게 물러나는 것이 좋다. 구직자는 나가서 벼슬을 하면 부당한 흠을 얻고, 일반인은 도모하는 일이 정도를 따르지 않아서 모두 화를 면하기 어려우니, 오직 크게 덕이 있는 군자라야 허물을 고쳐 복을 얻을 수 있다.

【글귀로 판단하면】

① 韜光藏晦已多年이나 秋月當空喜見圓이라

　　待等雞鳴天日曉면 一封名字四方傳이라

---

11 此爻是大臣有君民之寄者也 必盡其道 而責斯塞焉 故叶者 秉鈞執政 敷道弘化 上有以致君 下有以澤民 而萃大之昌 可保於无咎 不叶者 雖有才志 無德可守 非 凶於國 必害於家 歲運逢之 在仕防猜忌之謗 棄高就下 急流勇退爲吉 在士進取 有不當之咎 在庶俗謀爲不從正道 皆難免禍 惟大德君子 方可改過得福

빛을 숨겨 감춘 지 이미 여러해 되었으나/ 가을 달이 공중에 떠 둥그니 기쁘다/ 닭 울어 날새는 때 기다리면/ 이름 글자 사방으로 전해지게 되리라

② 上下皆相會하니 斯爲大吉亨이라

必須當正道라야 方可免無屯이라

위와 아래가 다 서로 모이니/ 이것이 크게 길하고 형통함이라/ 반드시 바른 도에 합당하게 해야/ 어려움 없게 될 수 있으리라

③ 參商言語에 風波鼎沸라

事久名揚이나 時聞不利라

참고하고 상의하며 말하는 가운데/ 풍파가 솥끓듯 일어난다/ 일이 오래되면 이름을 날리게 되나/ 시간이 오래가서 불리하다

5. 九五(☲ → ☷)

【효사와 소상전】 구오는 모이는 데 지위가 있고 허물이 없으나 믿지 않으면 크게 착하고 영구히 하며 바르게 하면 후회가 없어지리라. 상에 말하기를 '췌유위(구오 효사의 내용 전체)'는 뜻이 빛나지 못하기 때문이다. 【九五는 萃有位코 无咎하나 匪孚어든 元永貞이면 悔 亡하리라. 象曰 萃有位는 志未光也일새라.】

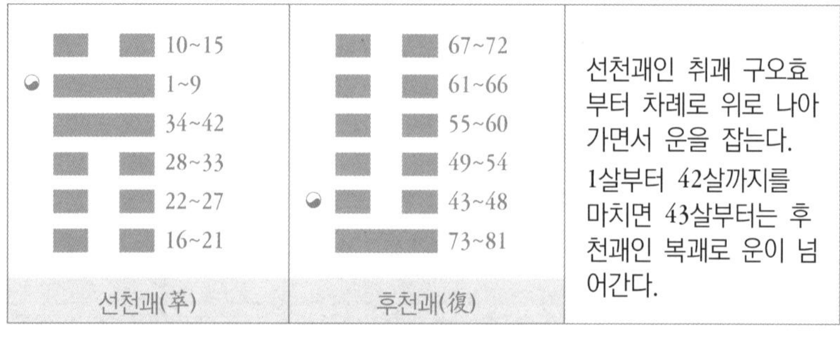

◇ 양년(갑·병·무·경·임년)일 경우

취(45)	곤(47)	해(40)	미제(64)	규(38)	서합(21)	리(30)	비(22)	가인(37)
1	2	3	4	5	6	7	8	9

◇ 음년(을·정·기·신·계년)일 경우

예(16)	해(40)	곤(47)	송(6)	리(10)	무망(25)	동인(13)	가인(37)	비(22)
1	2	3	4	5	6	7	8	9

◇ 월괘

비·12	돈·33	무망·25	익·42	리·10	규·38	건·1	쾌·43	소축·9	손·57	대축·26	비·22
1월	2월	3월	4월	5월	6월	7월	8월	9월	10월	11월	12월

◇ 일괘

취(구오)	비·12	수·17	곤·47	함·31	비·8

【총괄해서 판단하면】

12 이 효는 임금의 자리가 높음을 나타낸 것이니, 반드시 더욱 임금의 덕

---

12 此爻是著其君位之隆 尤必戒君德之修也 故叶者祿重位高 不以爲榮 士從民悅
不以爲樂 常存敬畏 富貴永久 不叶者 亦能反身修德 雖無爵士之榮 亦能致其家
業之興 歲運逢之 在仕則人心未孚而志未光 在士有道德未修之歉 在庶俗則人情
不合 而營謀有阻

을 닦을 것을 가르친 것이다. 그러므로 운이 맞는 사람은, 녹이 중하고 지위가 높은 것을 영화롭게 생각하지 않고, 선비가 따르고 백성이 기뻐하는 것을 즐거움으로 삼지 않아서, 항상 공경하고 두려운 마음을 가지니 부귀가 영구할 수 있다.

운이 맞지 않는 사람도, 몸을 반성하고 덕을 닦으니, 비록 벼슬하고 복록을 받는 영화로움은 없으나, 또한 가업을 일으킬 수 있다.

세운을 만나면, 공직자는 인심이 믿지 않아 뜻이 빛나지 못하고, 구직자는 도덕을 닦지 못한 흠이 있으며, 일반인은 사람들이 화합하지 못해서 경영하고 계획하는 일이 막히게 된다.

【글귀로 판단하면】

[1] 嗟如春着夢하야 無咎又生災라

　　星下牛居處에 雞鳴巳未成이라

　　봄에 꿈꾸는 것 같이/ 허물 없는데 또 재앙 생김이 슬프다/ 별 아래에 소(丑)가 사는 곳에/ 닭(酉)이 울면 뱀(巳)이 성공 못한다

[2] 月已圓ㅣ 花再發하니

　　事休休ㅣ 無合殺이라

　　달은 이미 둥글고/ 꽃은 다시 피니/ 일은 아름답고/ 살殺되는 것 없다

6.上六(☷→☶)

【효사와 소상전】 상육은 탄식하고 눈물 흘리니 허물할 데 없다. 상에 말하기를 '탄식하고 눈물 흘림'은 위(上)에서 편치 못한 것이다. 【上六은 齎咨涕洟니 无咎니라. 象曰 齎咨涕洟는 未安上也라.】

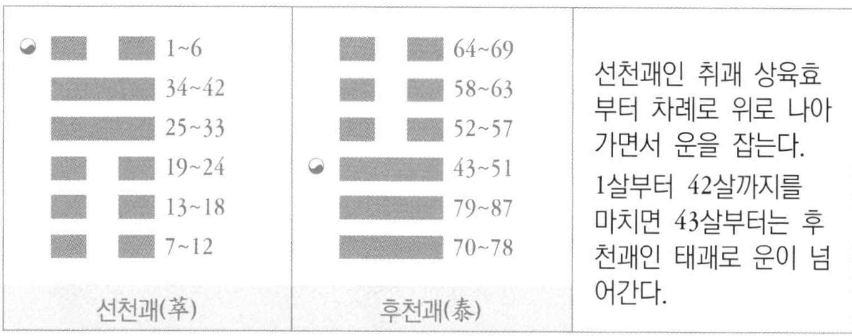

선천괘인 취괘 상육효 부터 차례로 위로 나아가면서 운을 잡는다.
1살부터 42살까지를 마치면 43살부터는 후천괘인 태괘로 운이 넘어간다.

◈ 양년 음년 똑같음

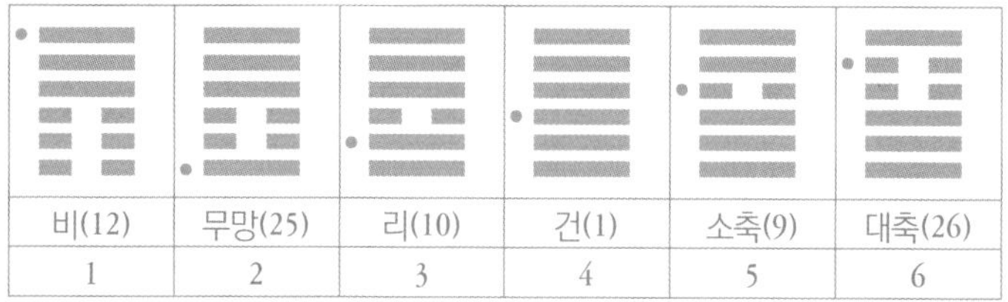

비(12)	무망(25)	리(10)	건(1)	소축(9)	대축(26)
1	2	3	4	5	6

◈ 월괘

수·17	둔·3	태·58	귀매·54	쾌·43	건·1	수·5	정·48	태·11	명이·36	대축·26	손·41
1월	2월	3월	4월	5월	6월	7월	8월	9월	10월	11월	12월

◈ 일괘

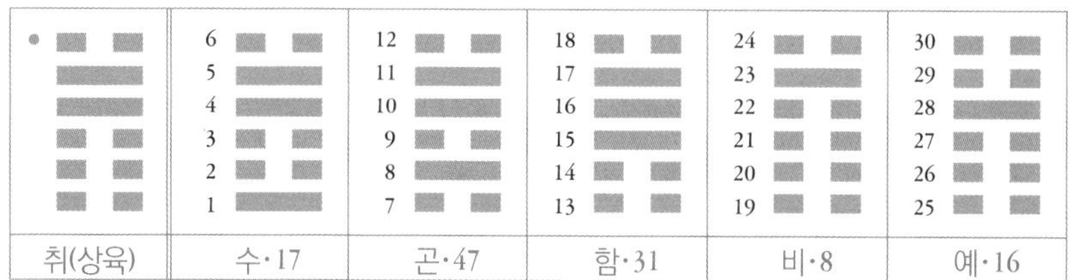

취(상육)	수·17	곤·47	함·31	비·8	예·16

【총괄해서 판단하면】

13 이 효는 재주도 없고 지위도 없으면서, 세상의 모임을 얻어 주재하는

---

13 此爻是無才無位 得天下之革者也 故不免於懼 叶者治而不忘亂 安而不忘危 雖
無所利而尤可以自保 雖無所利而尤可以免害 不叶者 懦弱無爲 憂愁度日 孤立
無助 碌碌小就 歲運逢之 在仕進前不穩 事多煩擾 不能安靜 或上下逼迫 長幼憂

것이다. 그러므로 두려움을 면치 못한다. 운이 맞는 사람은, 다스려져도 어지러운 때를 잊지 않고, 편안해도 위태한 때를 잊지 않으니, 비록 이익 되는 바는 없으나 자신을 보호할 수 있고, 더욱이 허물과 다치게 됨을 면할 수 있다.

운이 맞지 않는 사람은, 유약해서 하는 것 없이 근심걱정으로 날을 보내니, 고립돼서 도움이 없고 자질구레한 작은 일이나 이룬다.

세운을 만나면, 공직자는 승진하는 것이 여의치 않고, 일이 번잡하고 요란스러워서 안정을 못한다. 혹 윗사람과 아랫사람이 핍박을 해오고, 집안에 어른과 어린이가 근심 걱정을 한다. 일에 물러나서 후회하고 슬퍼하니 명예와 이익이 허사이며, 수명이 얼마 남지 않았다.

【글귀로 판단하면】

① 笑處起悲聲하고 園中過却新이라

  涕洟無大咎하니 天外一飛龍이라

  웃는 곳에 슬픈 소리 일어나고/ 동산 가운데는 새로움이 지나간다/ 눈물 콧물 흘려도 큰 허물 없으니/ 하늘 밖에서 용 한마리 날아간다

② 失中多災滯하고 所爲先有忌라

  路險風波事更疑하니 要得如心須借勢라

  중中을 잃으니 재앙과 막히는 것 많고/ 하는 일은 먼저 거리낌이 있다/ 길은 험한데 바람불고 물결치며 더욱이 일은 의심스러우니/ 마음같이 되도록 하려면 세력을 빌려야 한다

愁 退悔嗟悲 名利成虛 壽算不永

地風升(46)
지 풍 승

승괘 개요

【괘사와 대상전】 승은 원하고 형하니, 대인을 보되 걱정하지 말고 남으로 가면 길하리라. 상에 말하길 땅 속에 나무가 생하는 것이 승괘니, 군자가 본받아서 덕을 순히 닦아서 작은 것을 쌓음으로써 높고 크게 하느니라.【升은 元亨하니 用見大人호대 勿恤코 南征하면 吉하리라. 象曰 地中生木이 升이니 君子 以하야 順德하야 積小以高大하나니라.】

【총괄해서 판단하면】

1 진궁의 4세괘로 8월에 속한다. 내괘의 납갑은 신축·신해·신유이고, 외괘의 납갑은 계축·계해·계유인데, 을축·을해·을유를 빌려서도 쓴다. 8월에 태어난 사람과, 태어난 년도의 간지가 납갑의 간지 및 차용납갑의 간지에 합치되는 사람은 부귀와 공명을 누리게 된다.[2]

---

1 震宮四世 卦屬八月 納甲是辛丑辛亥辛酉 癸丑癸亥癸酉 借用乙丑乙亥乙酉 生於八月及納甲者 功名富貴人也

2 승괘의 세효인 육사효는 음효이므로, 초효부터 사효까지 세면 유월酉月이 된다(초효는 오, 이효는 미, 삼효는 신, 사효는 유). 지지의 유는 8월에 해당하므로, 승괘가 8월 괘가 되는 것이다. 따라서 8월을 주관하는 괘가 되고, 8월에 태어난 사람은 때를 얻음이 된다.

운세로 보면 지풍승괘(䷭)는 상괘는 곤(☷)이고 하괘는 손(☴)이며, 호괘로는 진(☳)과 태(☱)가 있다. 우레가 치고 바람이 불며 비와 이슬이 퍼부어 내리니, 땅위의 물상들이 그 윤택함을 받는다. 마른 것은 번영하고, 꽃핀 것은 열매 맺어, 모두가 결실을 맺어 걷어들이는 공을 이룬다. 군자가 이런 괘를 얻으면 위로 오르고 앞으로 나아가는(昇進) 상이다.

【팔궁세혼법으로 판단하면】

승괘는 팔궁세혼법으로 볼 때, 진궁의 4세괘로 제후諸侯괘에 해당한다. 즉 육사효(제후)가 세효世爻가 되고, 원사元士에 해당하는 초육효는 응효가 된다. 초육효가 제자리를 얻지 못했고, 또 서로 음과 양으로 응하지도 못하니, 일이 어렵고 힘들게 되는 뜻이 있다. 또 양이 음 아래에 있으므로 위로 올라가야하는데, 음의 세력이 커서 잘 올라가지 못하는 것이다. 그러나 육사효의 지지인 축(丑土)이 자신을 도와주는 응효(초육효)의 지지인 축(丑土)과 같은 토기운이기 때문에 도와주므로, 서로 힘을 모아 헤쳐나아가게 된다. 즉 처음에는 막히고 힘들지만, 정성으로 힘을 모으며 기다리고, 또 응원해주는 사람을 만나면 성공하게 되는 것이다.
땅속에서 나무가 나와 위로 성장하듯이, 작은 것을 쌓아 크게 된다. 남쪽으로 가면 귀인을 만나 뜻을 이루고 경사가 겹치니, 걱정말고 과단성있게 행동한다. 지금까지 풀리지 않고 감추어져 있던 일이 광명천지에 드러나는 때이니, 새로이 일을 계획하고 사업을 적극적으로 벌이는 것이 좋다. 자신의 능력발휘는 물론, 손윗사람의 도움을 얻어 일을 성사할 수 있는 좋은 시기이다.

【글귀로 판단하면】

① 積大先須小요 求升好在卑라
　積中雙李綻하고 明月滿天輝라
　큰 것을 쌓으려면 작은 것부터 쌓아야 하고/ 높이 오르려면 낮은 데 있는 것이 좋다/ 동산에서 오얏꽃은 쌍으로 피고/ 밝은 달은 하늘 가득

히 빛을 발한다

② 攸往利東南이요 淸天日正長이라

　命榮災自去하니 名利得成雙이라

가는 것은 동남쪽이 이롭고/ 맑은 하늘에 해는 길다/ 운이 좋아져서 재앙이 스스로 물러나니/ 명예와 이익을 둘 다 이룰 것이다

1. 初六(䷭ → ䷖)

【효사와 소상전】 초육은 믿고 올라감이니 크게 길하니라. 상에 말하기를 '믿고 올라감이니 크게 길함'은 위와 뜻을 합함이라. 【初六은 允升이니 大吉하니라. 象曰 允升大吉은 尙合志也라.】

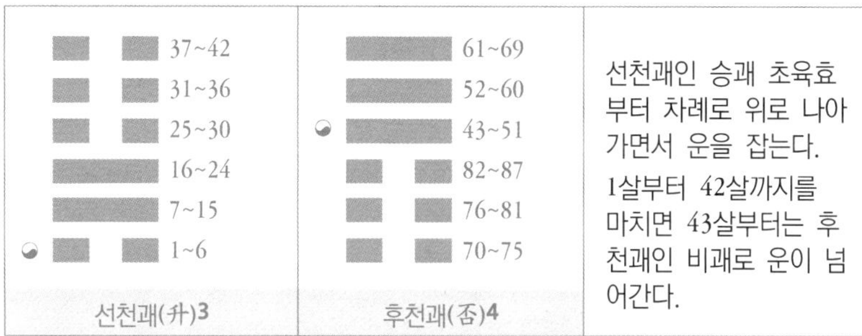

---

3 사주의 숫자로 괘를 만들어서 승괘 초효에 원당이 있다면, 1~6살까지는 승괘 초효 항을, 7~15살까지는 승괘 이효 항을, …, 37~42살까지는 승괘 상효 항을 가서 살펴 보면 된다.

4 43~51살까지는 후천괘인 비괘 사효 항을, 61~69살까지는 비괘 상효 항을, …, 82~87살까지는 비괘 삼효 항을 살펴보면 그 사람의 운이 된다(◐나 ●표시 한 곳이 해당하는 효를 가리키고, 밑에서부터 초효·이효·삼효·사효·오효·상효로 나눈다).

◈ 양년 음년 똑같음 [5]

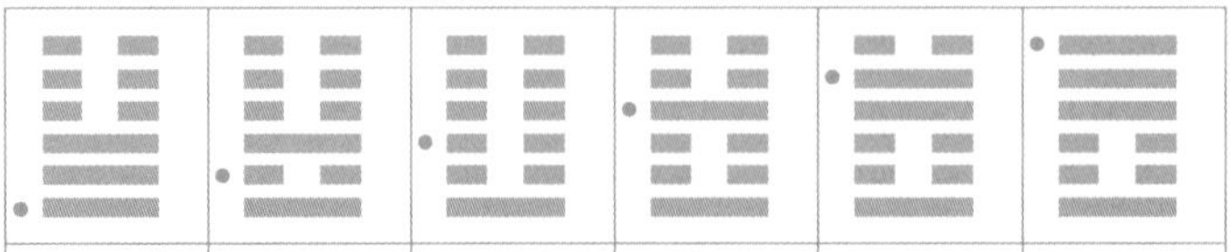

태(11)[6]	명이(36)	복(24)	진(51)	수(17)	무망(25)
1	2	3	4	5	6

◈ 월괘

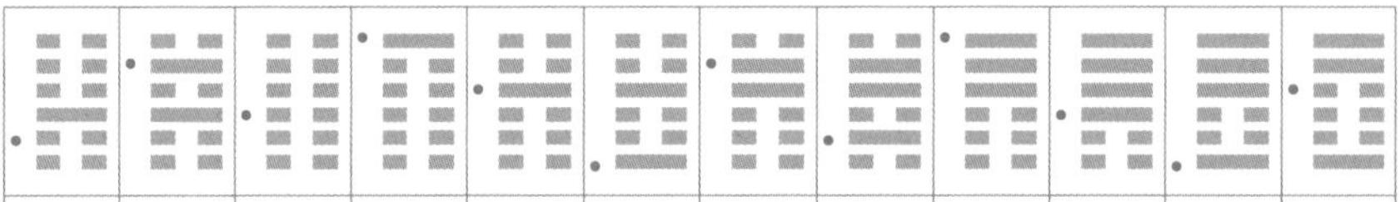

겸·15	건·39	곤·2	박·23	예·16	진·51	취·45	곤·47	비·12	돈·33	무망·25	익·42
1월	2월	3월	4월	5월	6월	7월	8월	9월	10월	11월	12월

◈ 일괘 [7]

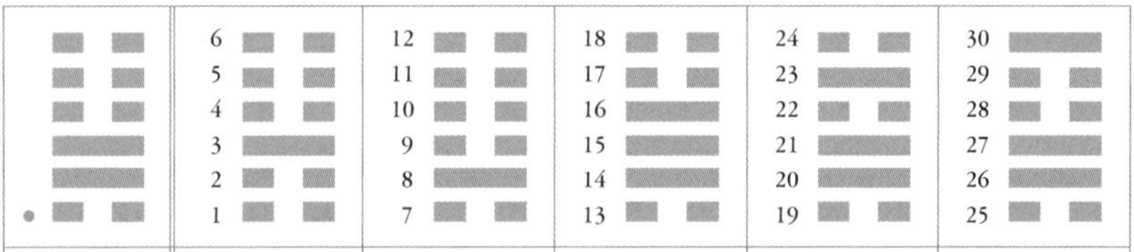

승(초육)	겸·15	사·7	항·32	정·48	고·18

5 해마다의 운인 유년운의 진행은 양효(━)일 때와 음효(╍)일 때가 다른데, 그 자세한 예는 중천건괘(1) 초구효, 중지곤괘(2) 초육효와 육이효, 수뢰둔괘(3) 초구효와 육삼효, 산수몽괘(4) 초육효와 육사효 항에 유년운에 속한 월운月運의 예와 함께 실려 있으므로 참고하면 된다.

6 위의 도표에서 '태(11)'이라고 한 것은 괘명은 태괘泰卦고 64괘 중에 11번째 괘라는 뜻이며, '진(51)'이라고 한 것은 괘명은 진괘震卦고 64괘 중에 51번째에 해당한다는 뜻이다. 나머지 괘도 이와같은 방식으로 본다. 따라서 앞의 목차에서 번호의 순서대로 찾으면, 해당하는 괘를 쉽게 찾을 수 있다. 또 월괘月卦에서 '겸·15' 등으로 표시한 것도, 괘명은 겸괘謙卦고 64괘 중에 15번째라는 뜻이다.

7 그 날의 운(日運)과 더 세분해서 시운時運을 알고 싶으면, 앞의 일괘日卦와 시괘時卦 설명을 참조해서 계산하면 된다. 자세한 예는 건(1)~송(6)괘의 초효 항에 있으므로 참고바람.

8 이 효는 나아가는 데 돕는 사람이 있는 것이니, 어진 임금을 만나 도를 펴게 되는 것을 매우 다행스럽게 여기는 것이다. 그러므로 운이 맞는 사람은, 겸손하고 공손한 덕이 있는 사람으로, 윗사람이 이끌어주는 도움을 얻으니, 공과 명예를 이루게 되고 반드시 국가의 동량이 된다.

운이 맞지 않는 사람도, 또한 사람들과 정을 잘 통해서 붙들어 도와주는 이가 많으니, 계획해서 하는 일이 뜻대로 되고 가업이 흥왕興旺해진다.

세운을 만나면, 공직자는 단계를 뛰어 특진하게 되고, 구직자는 높은 자리에 천거되며, 일반인은 경영하고 계획하는 일이 뜻대로 된다.

【글귀로 판단하면】

① 欲問前程路한덴 求謀不吉昌이나

　佳人候秋至하니 六合喜聲揚이라

　앞길을 묻고자 한다면/ 구하고 꾀함이 길하고 번창하지 못하나/ 아름다운 사람이 가을을 기다려 오니/ 온누리에 기쁜 소리 날린다

② 明月爲鉤하고 淸風作線하야

　擧網江波하니 錦鱗易見이라

　밝은 달로 갈고리 삼고/ 맑은 바람으로 줄을 만들어서/ 강물결에 그물 올리니/ 비단비늘 달린 고기를 쉽게 잡는다(벼슬길에 쉽게 오른다)

2. 九二(☶ → ☶)

【효사와 소상전】구이는 정성껏 간략한 제사를 지냄이 이로우니 허물이 없

---

8 此爻是進而有助者 而深幸其得君行道也 故叶者有謙恭之德 獲上人接引之助 功名利達 必爲國家棟樑 不叶者 亦善通人情 扶持者多 謀爲遂意 家業興旺 歲運逢之 在仕超遷 在士高薦 庶俗營謀稱心

으리라. 상에 말하길 '구이의 정성스러움'은 기쁨이 있음이라. 【九二는 孚乃
利用禴이니 无咎리라. 象曰 九二之孚는 有喜也라.】

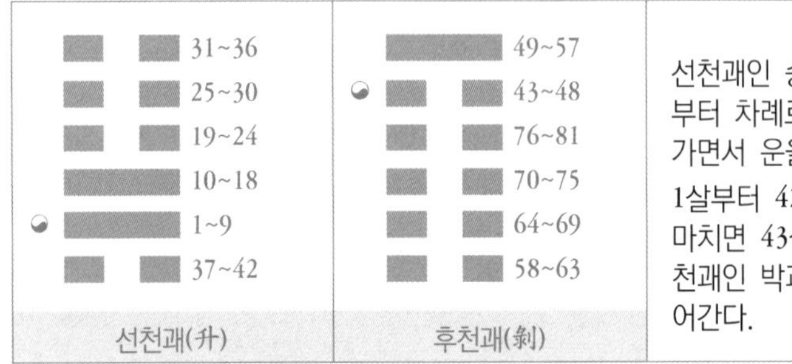

◈ 양년(갑·병·무·경·임년)일 경우

승(46)	정(48)	건(39)	비(8)	취(45)	예(16)	진(35)	서합(21)	규(38)
1	2	3	4	5	6	7	8	9

◈ 음년(을·정·기·신·계년)일 경우

겸(15)	건(39)	정(48)	감(29)	곤(47)	해(40)	미제(64)	규(38)	서합(21)
1	2	3	4	5	6	7	8	9

◈ 월괘

사·7	몽·4	해·40	귀매·54	돈·47	취·45	송·6	구·44	리·10	중부·61	무망·25	서합·21
1월	2월	3월	4월	5월	6월	7월	8월	9월	10월	11월	12월

◈ 일괘

승(구이)	사·7	항·32	정·48	고·18	태·11
	6	12	18	24	30
	5	11	17	23	29
	4	10	16	22	28
	3	9	15	21	27
	2	8	14	20	26
	1	7	13	19	25

【총괄해서 판단하면】

9 이 효는 성실하게 윗사람을 사귀는 상으로, 성심으로 제사지내는데 길한 점이라는 것을 나타낸 것이다. 그러므로 운이 맞는 사람은, 재주와 덕이 큰 사람으로 성실하고 중정中正하다. 위로는 임금의 마음을 얻고 아래로는 백성의 마음을 얻어서, 공과 업적이 크게 나타나고 뜻하고 원하는 것이 크게 행해진다.

운이 맞지 않는 사람도, 마음가짐이 정성스럽고 바른 사람을 사귀니, 맑은 이름이 날마다 드날리고 덕업이 융성한다.

세운을 만나면, 공직자는 승진을 하게 되니, 혹 좨주祭酒나 배향配享을 맡아하는 직책을 얻을 것이다. 구직자는 이름이 나고, 일반인은 기쁨이 있으며, 병든 사람은 낫고, 등용되는 사람은 앞길이 트인다. 수가 흉한 사람은 초상을 당해 제사를 지내게 되는 징조가 있다.

【글귀로 판단하면】

① 東風吹著樹梢鶯하니 幽谷高遷出上林이라

晴霽閑雲皆捲盡하니 秋江輪月十分明이라

봄바람이 나무가지 끝에 부니/ 꾀꼬리가 그윽한 골짜기 떠나 상림원

---

9 此爻是誠實上交之象 而著其享祀之吉占者也 故叶者 大才大德 誠實中正 上有
以得君 下有以得民 功業丕顯 志願大行 不叶者 立心以誠 結交以正 清名日著
德業興隆 歲運逢之 在仕有陞 或爲祭酒配享之職 士子成名 常人有喜 疾者安而
用者達 數凶者有喪祭之兆

(上林園)으로 옮겼네/ 맑게 개여 막았던 구름 다 걷히니/ 가을 강에 둥근 달이 온전하게 밝았다

② 處事無虛誕하니 常存誠敬心이라

非惟災可免이랴 隨有喜來臨이라

일처리에 허탄함이 없으니/ 항상 경건한 마음이 있다/ 어찌 재앙만 면할 뿐이랴?/ 뒤따라 기쁜 소식 올 것이다

3. 九三(☷→☷)

【효사와 소상전】 구삼은 빈 읍에 오름이로다. 상에 말하길 '빈 읍을 오른다'는 말은 의심하는 바가 없음이라. 【九三은 升虛邑이로다. 象曰 升虛邑은 无所疑也라.】

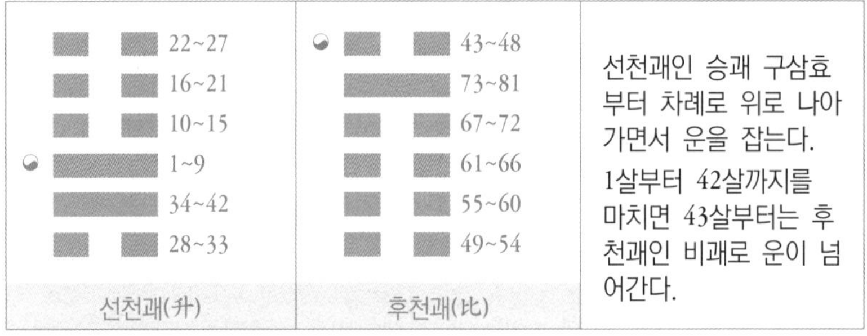

선천괘(升)		후천괘(比)		선천괘인 승괘 구삼효부터 차례로 위로 나아가면서 운을 잡는다. 1살부터 42살까지를 마치면 43살부터는 후천괘인 비괘로 운이 넘어간다.
	22~27		43~48	
	16~21		73~81	
	10~15		67~72	
	1~9		61~66	
	34~42		55~60	
	28~33		49~54	

◈ 양년(갑·병·무·경·임년)일 경우

승(46)	고(18)	몽(4)	미제(64)	송(6)	곤(47)	태(58)	수(17)	혁(49)
1	2	3	4	5	6	7	8	9

◈ 음년(을·정·기·신·계년)일 경우

사(7)	몽(4)	고(18)	정(50)	구(44)	대과(28)	쾌(43)	혁(49)	수(17)
1	2	3	4	5	6	7	8	9

◈ 월괘

항·32	대장·34	대과·28	함·31	구·44	송·6	건·1	소축·9	동인·13	리·30	무망·25	수·17
1월	2월	3월	4월	5월	6월	7월	8월	9월	10월	11월	12월

◈ 일괘

	6 5 4 3 2 1	12 11 10 9 8 7	18 17 16 15 14 13	24 23 22 21 20 19	30 29 28 27 26 25
승(구삼)	항·32	정·48	고·18	태·11	겸·15

【총괄해서 판단하면】

10 이 효는 쉽게 벼슬해서 순조롭게 나아가는 사람이다. 그러므로 운이 맞는 사람은, 앞으로 나가서 왕을 모시고 뜻을 펴는 일에 꺾임이 없고, 일에 분발해서 임금의 다스림을 빛내며 움직이는데 거칠 것이 없다. 크게는 요직을 차지할 것이고, 적게는 읍이나 군을 상으로 받아 다스릴 것이다.

운이 맞지 않는 사람도, 또한 계획하고 하는 일이 막힘없이 이루어지고,

---

10 此爻是仕進之易者也 故叶者南征以從王之事 而進無所摧 奮庸以熙帝之載 而動無所括 大則當要路 小則食邑郡 不叶者 亦謀爲遂而無所阻 家業興而無所虧 或道習淸虛 身居空洞 歲運逢之 在仕陞遷 必居大郡 在士成名 在庶俗營謀遂意 數凶者變爲師或興尸之象

가업이 흥왕해서 결함이 없다. 혹 신선의 도를 닦아서 신선이 사는 곳에 있기도 한다.

세운을 만나면, 공직자는 승진·영전되어 반드시 큰 고을에 있게 되고, 구직자는 명성을 날리며, 일반인은 경영하고 계획하는 일이 뜻대로 된다. 수가 흉한 사람은 변해서 지수사괘(䷆) 육삼효의 "여럿이 주장해서 흉하게 됨, 또는 싸움에서 패배해 시체를 한수레나 싣고 옴"의 뜻이 된다.

【글귀로 판단하면】

[1] 舟離古道月離雲하니 人出重關問遠程이라

好向月前求去處니 何須思慮兩三層가

배는 옛길 떠나고 달은 구름 떠나니/ 사람이 거듭된 관문 떠나 먼길을 묻고 있다/ 달 밝아 가는 길 찾기 좋으니/ 두세가지로 근심할 것 무엇 있으랴?

[2] 上下相交接하니 前程事事宜라

自然無阻滯하니 亨利更何如아

위와 아래가 서로 사귀어 만나니/ 앞길이 일마다 마땅하다/ 자연히 막히는 것 없으니/ 형통하고 이익됨이야 다시 어떻겠는가?

[3] 守北多屯塞이요 征南怕犬當라

雲端人着力하니 乘馬始升昌이라

북쪽 지키면 어려움 많고/ 남쪽으로 가면 개(戌) 만날까 두렵다/ 구름 가에서 사람이 힘을 쓰니/ 말(午)을 타면 비로소 올라가고 번창하게 되리라

4. 六四(䷖ → ䷲)

【효사와 소상전】 육사는 왕이 기산에서 형통하듯 하면 길하고 허물이 없으리라. 상에 말하길 '왕이 기산에서 형통하듯 함'은 일에 순함이라.【六四는

王用亨于岐山이면 吉코 无咎하리라. 象曰 王用亨于岐山은 順事也라.】

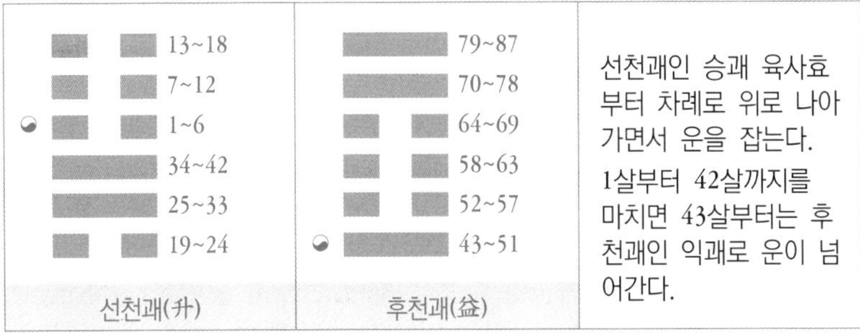

선천괘(升)		후천괘(益)		
	13~18		79~87	선천괘인 승괘 육사효부터 차례로 위로 나아가면서 운을 잡는다.
	7~12		70~78	
◐	1~6		64~69	1살부터 42살까지를 마치면 43살부터는 후천괘인 익괘로 운이 넘어간다.
	34~42		58~63	
	25~33		52~57	
	19~24	◑	43~51	

◆ 양년 음년 똑같음

항(32)	대과(28)	구(44)	건(1)	동인(13)	무망(25)
1	2	3	4	5	6

◆ 월괘

정·48	건·39	손·57	환·59	소축·9	건·1	가인·37	비·22	익·42	둔·3	무망·25	비·12
1월	2월	3월	4월	5월	6월	7월	8월	9월	10월	11월	12월

◆ 일괘

승(육사)	정·48	고·18	태·11	겸·15	사·7
	6	12	18	24	30
	5	11	17	23	29
	4	10	16	22	28
	3	9	15	21	27
	2	8	14	20	26
	1	7	13	19	25

【총괄해서 판단하면】

[11] 이 효는 왕이 신에게 정성스럽게 제사지내서 복을 받는 것이다. 그러

---

[11] 此爻是王者祀神之誠 而獲福者也 故叶者 柔順之至 誠信之極 明足以格君而得
恩光之隆 幽足以格神而得福澤之深 功名顯達 志願大遂 不叶者 誠實足以動人

므로 운이 맞는 사람은, 지극히 유순하고 정성스러우며 미더운 사람으로, 밝게는 임금을 바르게 해서 바른 정치로 인한 은혜의 빛을 융성하게 할 수 있고, 그윽하게는 신을 감격시켜 복과 은택을 깊게 얻을 수 있다. 공과 명예를 얻고 지위가 현달해지며, 뜻하고 원하는 것을 크게 이룬다. 운이 맞지 않는 사람도, 성실함이 사람을 감동시킬 수 있어서, 구하고 꾀하는 일이 막힘이 없고 가업이 융성해진다.

세운을 만나면, 공직자는 임금의 마음을 얻어 반드시 높이 승진하고, 구직자는 국빈(國賓, 또는 외국에서 큰 벼슬을 함)이 되어 이름을 날리며, 일반인은 반드시 산림山林으로 인한 이익을 얻는다. 은거하는 사람은 산수山水를 즐기며, 승려와 도인은 제사를 지내어 이익을 얻는다. 수가 흉한 사람은 산에 있는 무덤에 가서 제를 지내야 하는 조짐이 있다.

【글귀로 판단하면】

① 建國當門大吉亨하니 金人憂患不須更이라

　將來別立安家計면 禁在雷轟信始興이라

　나라 세워 가문이 크게 길하고 형통하니/ 금金에 속한 사람의 근심을 다시 않게 되었다/ 장래에 따로 집안 편히할 계책 세우면/ 금지됐던 천둥번개 반드시 일어나게 된다

② 順下兼親上하니 謙恭德有容이라

　皆爲無過吝하니 吉慶每相從이라

　아랫사람 순히 하고 윗사람 친히 하니/ 겸손하고 공손해서 포용하는 덕 있다/ 허물있고 인색한 일은 하지도 않으니/ 길하고 경사스러운 일이 매양 서로 따른다

③ 曲須直ㅣ 順不逆하고

　故舊從新하니 期傳消息이라

求謀無阻 家業興隆 歲運逢之 在仕得君而陞必高 在士用賓於王而名成 在庶俗
必得山林之利 隱者有山水之樂 僧道獲祭享之益 數凶者 有歸山塚進祭之兆

굽은 것 바르게 하고/ 거스리는 것 순히 하며/ 옛 것 새로이 하니/ 기한

되어 소식 온다

5. 六五(☷→☶)

【효사와 소상전】육오는 바르게 하여야 길하리니 섬돌에 오르도다. 상에 말
하길 '바르게 하여야 길하리니 섬돌에 오름'은 뜻을 크게 얻으리라. 【六五는
貞이라아 吉하리니 升階로다. 象曰 貞吉升階는 大得志也리라.】

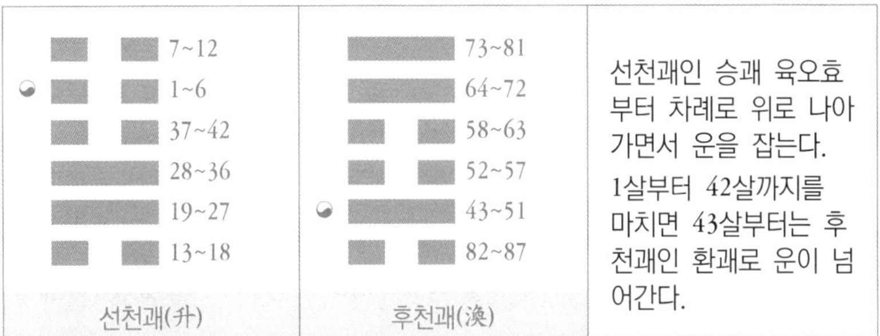

선천괘(升)	후천괘(渙)	선천괘인 승괘 육오효 부터 차례로 위로 나아 가면서 운을 잡는다. 1살부터 42살까지를 마치면 43살부터는 후 천괘인 환괘로 운이 넘 어간다.
7~12	73~81	
1~6	64~72	
37~42	58~63	
28~36	52~57	
19~27	43~51	
13~18	82~87	

◈ 양년 음년 똑같음

정(48)	손(57)	소축(9)	가인(37)	익(42)	무망(25)
1	2	3	4	5	6

◈ 월괘

고·18	몽·4	대축·26	대유·14	비·22	가인·37	이·27	복·24	서합·21	진·35	무망·25	리·10
1월	2월	3월	4월	5월	6월	7월	8월	9월	10월	11월	12월

◇ 일괘

		6		12		18		24		30	
●		5		11		17		23		29	
		4		10		16		22		28	
		3		9		15		21		27	
		2		8		14		20		26	
		1		7		13		19		25	
승(육오)		고·18		태·11		겸·15		사·7		항·32	

【총괄해서 판단하면】

12 이 효는 임금이 바름을 지극히 지키면서 백성에게 임함으로써, 천하를 순히 다스리는 사람이다. 그러므로 운이 맞는 사람은, 소년시절에 장원급제를 하고, 조정에 공과 업적을 세우는 사람으로, 뜻과 국량이 크고 복의 양이 넓고 크다.

운이 맞지 않는 사람도, 또한 도를 지키고 몸을 바로하는 사람으로, 나가서 일을 이루니, 움직임이 다 뜻에 맞고 덕과 업적이 날로 새로와진다. 세운을 만나면, 공직자는 단계를 뛰어 넘어 특진하여 영전하고, 구직자는 높은 자리에 천거되며, 일반인은 꾀하고 뜻하는 것이 마음대로 된다.

【글귀로 판단하면】

1 尊位委柔順하고 平剛居得欽이라

   一榮前道雨나 雨次後園春라

   높은 자리 있으면서 유순하게 하고/ 강한 자를 다스리니 평소 공경받는다/ 영화로운 앞길에 비가 오나/ 비온 뒤에 뒷동산 봄을 맞았다

2 佳人入門閭하니 欣欣見笑顔이라

   一旦飛騰去하니 凌雲上九天이라

   아름다운 사람이 마을 문으로 들어오니/ 기뻐서 얼굴에 웃음 머금는다

---

12 此爻是人君守至正以臨民 而有以致天下之順治者也 故叶者 科甲登於少年 功業建於朝廷 志量大得 福量寬洪 不叶者 亦守道立身 進取有爲 動皆合志 德業日新 歲運逢之 在仕超遷 在士高薦 庶人謀遂得志

/ 하루아침에 날아 오르게 되니/ 구름 뚫고 하늘에 올라갔다

6. 上六(䷭ → ䷎)

【효사와 소상전】 상육은 오르는 데 어두움이니, 쉬지 않는 바름이 이로우니라. 상에 말하길 '오르는 데 어두움'으로 위에 있으니, 사그러져서 부유하지 못함이라. 【上六은 冥升이니 利于不息之貞하니라. 象曰 冥升在上하니 消不富也로다.】

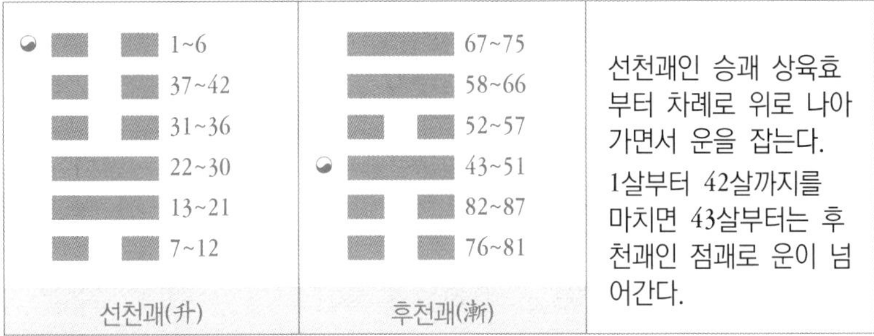

선천괘인 승괘 상육효부터 차례로 위로 나아가면서 운을 잡는다.
1살부터 42살까지를 마치면 43살부터는 후천괘인 점괘로 운이 넘어간다.

◈ 양년 음년 똑같음

고(18)	대축(26)	비(22)	이(27)	서합(21)	무망(25)
1	2	3	4	5	6

◈ 월괘

태·11	대장·34	명이·36	기제·63	복·24	이·27	진·51	예·16	수·17	태·58	무망·25	동인·13
1월	2월	3월	4월	5월	6월	7월	8월	9월	10월	11월	12월

◈ 일괘

6	12	18	24	30
5	11	17	23	29
4	10	16	22	28
3	9	15	21	27
2	8	14	20	26
1	7	13	19	25
승(상육)	태·11	겸·15	사·7	항·32	정·48

【총괄해서 판단하면】

13 이 효는 올라가는데만 빨리 하고, 그칠 줄을 모르는 사람이다. 그러므로 운이 맞는 사람은, 덕을 증진시키고 착한 업을 닦는 군자로, 충성되고 곧으며 깨끗하고 도道가 있다는 칭찬을 듣게 된다.

운이 맞지 않는 사람은, 이익을 심하게 탐하는 소인으로 몸이 욕을 보는 화를 면키 어렵다.

세운을 만나면, 공직자는 쉬게 되고, 구직자는 자기 몸을 반성하고 덕을 닦게 되며, 일반인은 탐심이 많은 자로 얻기를 싫어함이 없어서 화를 당한다. 수가 흉한 사람은 어둡고 혼미해서 잘못을 저지른다.

【글귀로 판단하면】

1 上六冥升利는 須還不息貞이라 知音來報信이면 又見墜流雲이라

상육효가 어둡게 올라가는데도 이로운 것은/ 쉬지 않고 바르게 하기 때문이다/ 아는 사람 소식 전하면/ 또한 흐르는 구름 걷히는 것 보게 되리라

2 陰雲不起하니 故日重輝하고 心中思慮ㅣ 事久無危라

어두운 구름 일지 않으니/ 해가 다시 빛나고/ 마음 속 생각하고 근심하는 것은/ 일이 오래되어 위험없다

---

13 此爻是速於上升而不知止者也 故叶者爲君子進德修業 有忠鯁淸道之美譽 不叶者 爲小人貪利之切 難免辱身之禍 歲運逢之 在仕告休 在士反身修德 庶俗有貪得不厭之禍 數凶者有幽冥之非

246

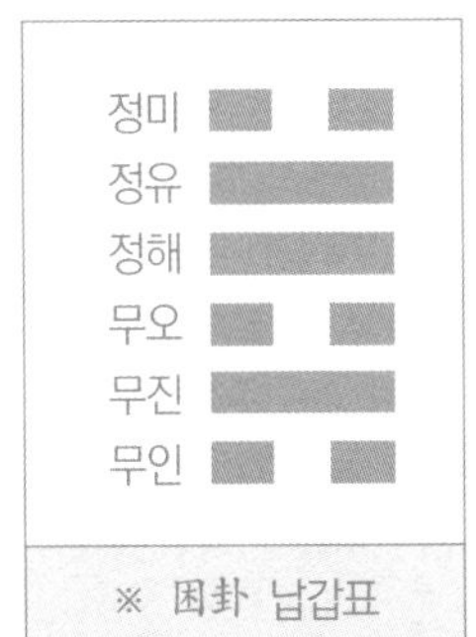

兌上
坎下
澤水困(47)
택 수 곤

곤괘 개요

【괘사와 대상전】 곤은 형통하고 바르니, 대인인지라 길하고 허물이 없으니, 말이 있으면 믿지 않으리라. 상에 말하길 못에 물이 없는 것이 곤괘니, 군자가 본받아서 천명을 다하여(朱子:목숨을 바쳐) 뜻을 이루느니라.【困은 亨코 貞하니 大人이라 吉코 无咎하니 有言이면 不信하리라. 象曰 澤无水 困이니 君子 以하야 致命遂志하나니라.】

【총괄해서 판단하면】

1 태궁의 1세괘로 5월에 속한다. 내괘의 납갑은 무인·무진·무오이고, 외괘의 납갑은 정해·정유·정미니, 5월에 태어난 사람과, 태어난 년도의 간지가 납갑의 간지에 합치되는 사람은 부귀와 공명을 누리게 된다.[2]

운세로 보면 택수곤괘(☱☵)는 상괘는 태(☱)이고 하괘는 감(☵)이며, 호괘로는 리(☲)와 손(☴)이 있다. 해가 비추고자 하나

---

1 兌宮一世 卦屬五月 納甲 是戊寅戊辰戊午 丁亥丁酉丁未 如生於五月及納甲者 功名富貴人也

2 곤괘의 세효인 초육효는 음효이므로, 그대로 오월午月괘가 된다(초효는 오). 지지의 오는 5월에 해당하므로, 곤괘가 5월괘가 되는 것이다. 따라서 5월을 주관하는 괘가 되고, 5월에 태어난 사람은 때를 얻음이 된다.

위와 아래에 응원하는 것이 없고, 빛을 통해서 조화의 공을 이루고자 하나 막히고 지체된다. 군자가 이런 괘를 얻으면, 곤해서 숨는 상이 된다.

【팔궁세혼법으로 판단하면】

곤괘는 팔궁세혼법으로 볼 때, 태궁의 1세괘로 원사元士괘에 해당한다. 즉 초육효(원사)가 세효世爻가 되고, 제후諸侯에 해당하는 구사효는 응효가 된다. 두 효가 모두 제자리를 얻지 못했으나, 서로 음과 양으로 응하니, 일이 어렵지만 풀리는 뜻이 있는 것처럼 보인다. 또 구사효의 지지인 해(亥水)가 세효(초육효)의 지지인 인(寅木)을 생해주니 더욱 그렇다. 그러나 세효와 응효외에는 응하는 효가 없고, 태궁의 태체(兌澤:☱) 물이 내괘인 감(☵)의 험함속으로 들어오니, 물길이 통하지 않게 되어 막히고 어렵게 된다. 따라서 얼핏 잘 풀릴 것 같지만, 어렵고 막히게 되는 뜻이다.

강을 만났으나 물이 없고, 메마른 땅에 햇볕만 뜨겁다. 화분에 심겨진 나무격으로, 스스로의 힘으로는 살아갈 수 없고 주변의 도움이 있어야만 된다. 현재는 곤란하고 부자유한 상태로, 모든 일에 힘만 들고 공은 없는 때이다. 불안하여 망동하기 쉬우나, 함부로 행동하면 대단히 위험하다. 능력이나 재력이 충분치 못하니 어려움이 따른다. 그러나 바른 마음으로 노력하면, 머지않은 장래에 난국을 탈출할 기회가 온다. 때를 기다리지 않고 성급하게 나아가면, 남의 원한을 사거나 절교를 당할 수가 있다.

【글귀로 판단하면】

① 一得防一失이요 一悲復一喜라

  惟困吾水澤이나 其中果本宜라

  하나를 얻으면 하나 잃는 것 방비해야 하고/ 한번 슬프면 다시 한번 기쁨 있다/ 오직 나의 물이 못 속에 갇혀 곤하나/ 그 가운데서 근본 닦음이 마땅하리라

② 因嗟涸轍困金鱗이나 未是西郊破密雲이라

得遇江河升斗水면 直須寅地見光輝라

수레바퀴 지나간 자리에 물이 말라 금비늘 달린 고기(벼슬길)가 곤해짐이 한탄스러우나/ 서쪽들의 **빽빽**한 구름이 비 되지 않는다/ 강과 하천에서 물 올라오게 되면/ 곧 인寅의 땅에서 빛나는 것 보리라

③ 天刑終不改하니 金木恐牽纏이라

鼠蠹雖無害나 災危在目前이라

천형(하늘의 형벌)이 종래 고쳐지지 않으니/ 쇠와 나무가 끌어당겨 얽어매는 것 두렵다/ 비록 쥐나 좀벌레(미천한 소인)의 해는 없으나/ 재앙과 위험이 눈앞에 있다

1. 初六(☰ → ☰)

【효사와 소상전】 초육은 엉덩이가 그루터기에 곤함이니, 그윽한 골짜기에 들어가 삼 년이 되어도 볼 수 없도다. 상에 말하길 '그윽한 골짜기에 들어갔다' 함은 그윽해서 밝지 못한 것이다. 【初六은 臀困于株木이라. 入于幽谷하야 三歲라도 不覿이로다. 象曰 入于幽谷은 幽不明也라.】

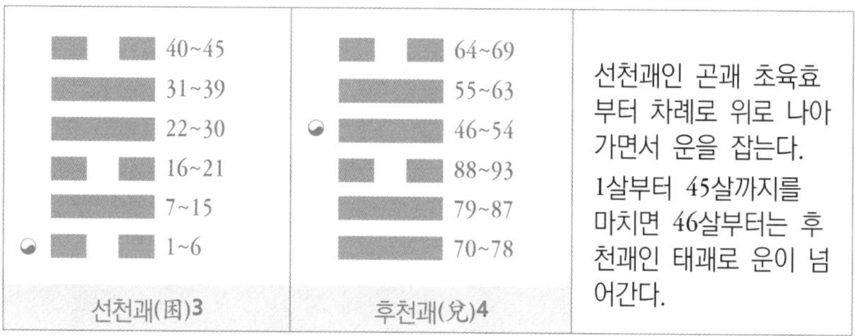

선천괘인 곤괘 초육효부터 차례로 위로 나아가면서 운을 잡는다.
1살부터 45살까지를 마치면 46살부터는 후천괘인 태괘로 운이 넘어간다.

---

3 사주의 숫자로 괘를 만들어서 곤괘 초효에 원당이 있다면, 1~6살까지는 곤괘 초효 항을, 7~15살까지는 곤괘 이효 항을, …, 40~45살까지는 곤괘 상효 항을 가서 살펴 보면 된다.

태(58)6	수(17)	혁(49)	기제(63)	명이(36)	비(22)
1	2	3	4	5	6

취·45	예·16	함·31	돈·33	건·39	기제·63	겸·15	승·46	간·52	박·23	비·22	리·30
1월	2월	3월	4월	5월	6월	7월	8월	9월	10월	11월	12월

곤(초육)	취·45	대과·28	감·29	해·40	송·6

---

4 46~54살까지는 후천괘인 태괘 사효 항을, 64~69살까지는 태괘 상효 항을, …, 88~93살까지는 태괘 삼효 항을 살펴보면 그 사람의 운이 된다(○나 ●표시 한 곳이 해당하는 효를 가리키고, 밑에서부터 초효·이효·삼효·사효·오효·상효로 나눈다).

5 해마다의 운인 유년운의 진행은 양효(━)일 때와 음효(━ ━)일 때가 다른데, 그 자세한 예는 중천건괘(1) 초구효, 중지곤괘(2) 초육효와 육이효, 수뢰둔괘(3) 초구효와 육삼효, 산수몽괘(4) 초육효와 육사효 항에 유년운에 속한 월운月運의 예와 함께 실려 있으므로 참고하면 된다.

6 위의 도표에서 '태(58)'이라고 한 것은 괘명은 태괘兌卦고 64괘 중에 58번째 괘라는 뜻이다. 나머지 괘도 이와같은 방식으로 본다. 따라서 앞의 목차에서 번호의 순서대로 찾으면, 해당하는 괘를 쉽게 찾을 수 있다. 또 월괘月卦에서 '기제·63' 등으로 표시한 것도, 괘명은 기제괘旣濟卦고 64괘 중에 63번째라는 뜻이다.

7 그 날의 운(日運)과 더 세분해서 시운時運을 알고 싶으면, 앞의 일괘日卦와 시괘時卦 설명을 참조해서 계산하면 된다. 자세한 예는 건(1)~송(6)괘의 초효 항에 있으므로 참고바람.

8 이 효는 곤궁함을 구제할 수 있는 재주가 없어서, 끝까지 곤하고 스스로 빠져 나오지 못하는 운이다. 그러므로 운이 맞는 사람은, 할 수 있는 역량도 있고 지킬 수도 있는 자로, 비록 세상에 쓰이지는 못하지만 또한 한세상의 높은 선비며, 그윽한 산골 바위 틈에 살아도 욕됨이 없다.

운이 맞지 않는 사람은, 유약한 재주와 어두운 자질이니, 앞을 내다보는 밝음이 없고, 곤궁한데서 빠져나올 수 있는 힘이 없다.

세운을 만나면, 공직자는 퇴직되고, 구직자는 때를 기다려야 하며, 일반인은 놀라게 근심할 일과 상복을 입을 우환이 있다.

【글귀로 판단하면】

① 困于水하야 入幽谷ㅣ 守三歲나 方見哭이라

물 때문에 곤하게 되어서/ 그윽한 골짜기에 들어가/ 삼년을 지켰으나/ 곡하는 소리 나게 됐다

② 前途未便退邊覓하니 休事宜高此意寬이라

此意此心君未見하니 雲間孤鴈信難傳이라

앞길이 편치 못해서 변두리로 물러나 찾아보니/ 일을 그만둠에 마음이 높고 너그럽게 되었다/ 이 뜻 이 마음을 그대가 알지 못하니/ 구름사이 외로운 기러기 소식 전하기 어렵다

③ 久困嗟沉滯하니 前途難又難이라

幽景宜固守니 始可漸圖安이라

오래 곤궁해서 침체된 것 한탄하니/ 앞길이 어렵고 또 어렵다/ 마땅히 한적한 경치를 굳게 지켜야 하니/ 비로소 점차로 편안함 도모할 수 있으리라

---

8 此爻是無濟困之才 終於困而不能自拔者也 故叶者 有爲有守 雖不能見用於世 亦爲一世之高士 而幽巖之無辱 不叶者 爲懦弱之才 爲昏暗之質 明不能以有見 困不能以自拔 歲運逢之 在仕退職 在士待時 庶俗有驚憂服制之患

2. 九二(☷☷ → ☷☵)

【효사와 소상전】 구이는 술과 밥에 곤하나, 주불(부르러 오는 임금의 행차)이 바야흐로 올 것이니, 제사를 지냄이 이로우니, 나아가면 흉하니 허물할 데 없느니라. 상에 말하기를 '술과 밥에 곤함'은 중도로 하기 때문에 경사가 있을 것이다. 【九二는 困于酒食이나 朱紱이 方來하리니 利用亨祀니 征이면 凶하니 无咎니라. 象曰 困于酒食은 中이라 有慶也리라.】

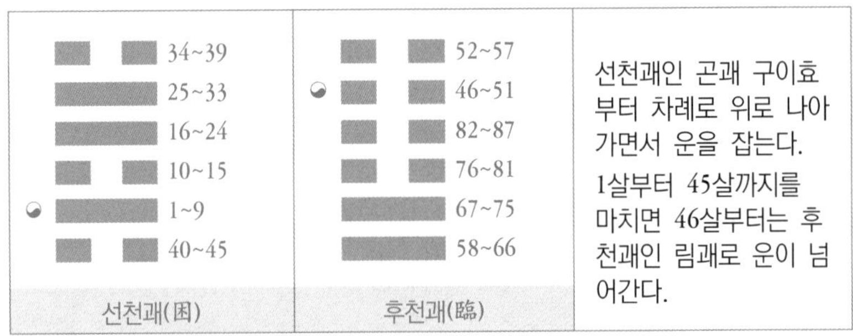

	선천괘(困)			후천괘(臨)
	34~39			52~57
	25~33	◑		46~51
	16~24			82~87
	10~15			76~81
◑	1~9			67~75
	40~45			58~66

선천괘인 곤괘 구이효부터 차례로 위로 나아가면서 운을 잡는다.
1살부터 45살까지를 마치면 46살부터는 후천괘인 림괘로 운이 넘어간다.

◈ 양년(갑·병·무·경·임년)일 경우

곤(47)	해(40)	예(16)	소과(62)	겸(15)	건(39)	점(53)	가인(37)	소축(9)
1	2	3	4	5	6	7	8	9

◈ 음년(을·정·기·신·계년)일 경우

취(45)	예(16)	해(40)	항(32)	승(46)	정(48)	손(57)	소축(9)	가인(37)
1	2	3	4	5	6	7	8	9

◇ 월괘

대과·28	규·44	정·48	수·5	승·46	겸·15	고·18	몽·4	대축·26	대유·14	비·22	가인·37
1월	2월	3월	4월	5월	6월	7월	8월	9월	10월	11월	12월

◇ 일괘

곤(구이)	대과·28	감·29	해·40	송·6	태·58

【총괄해서 판단하면】

9 이 효는 강건하고 중도로 하는 덕이 있으나 때를 못 만난 것이다. 그러므로 곤한 것을 구제하는 공을 이루지 못한다. 운이 맞는 사람은, 재주도 있고 덕도 있는 사람으로, 반드시 높은 자리에 있고 후한 녹을 받는다. 밝게는 임금의 마음을 감동시켜 얻을 수 있고, 그윽하게는 신명神明을 감동시킬 수 있으니, 비록 곤한데 빠진 것을 건질 수 있는 힘은 없으나, 또한 환난을 범하는 흉함은 면할 수 있다.

운이 맞지 않는 사람은, 성질이 편벽됨이 많고 먹는 것을 탐내고 술을 좋아하는 사람으로, 반드시 권력있는 집이나 부자집에 붙어서 산다. 혹 무당이 돼서 의식이 족하나, 미래의 먼 계획을 하거나 크게 성공하지는 못한다.

---

9 此爻是有剛中之德而無其時 故不能以成濟困之功 叶者有才有德 必居高位 必享厚祿 明足以感結乎人君 幽足以感格乎神明 雖無拯溺之力 亦免犯難之凶 不叶者 性多偏僻 貪食好酒 必依附於朱門 或爲師巫 足食足衣 但不能遠謀大成 歲運逢之 在仕陞遷 或爲祭酒方面配享 中丞中奉中書之類 閑官必起 天書自來 士人有慶 庶俗得貴人提携 營謀獲利 靜吉動凶 數凶者有喪祭之兆

세운을 만나면, 공직자는 승진되어 영전하고, 혹 좨주祭酒 등의 배향配享하는 일을 하고, 중승中丞·중봉中奉·중서中書 등의 벼슬을 하며, 한직에 있던 사람은 반드시 기용되는 임금의 조서가 자연히 온다. 구직자는 경사가 있고, 일반인은 귀인의 이끌어줌에 힘입어서 경영하고 계획하는 일에 이득을 본다. 고요히 있으면 길하고 움직이면 흉하며, 수가 흉한 사람은 상을 당해 제사지낼 조짐이 있다.

【글귀로 판단하면】

1 一杯酒上帶愁來나 祀享何須善用猜가

　大抵凶中未爲利니 風波萬里一帆開라

　한잔의 술에 근심을 띠고 오나/ 제사를 지내는데야 시기할 것 있겠는가?/ 모든 것이 흉하고 이롭지 않으니/ 바람불고 물결치는 만리길을 돛단배 하나로 떠간다

2 暫時遭困厄하니 貴祿待將來라

　天道相交感이니 征行必致災라

　잠시 곤한 액운을 만났으니/ 기다리면 귀한 복록이 올 것이다/ 하늘의 도는 서로 사귀어 감응하는 것이니/ 나아가 일하면 반드시 재앙이 온다

3. 六三(☷→☶)

【효사와 소상전】 육삼은 돌에 곤하며 가시나무에 거처함이라. 그 집에 들어가도 아내를 볼 수 없으니 흉하다. 상에 말하기를 '가시나무에 거처한다' 함은 강을 탔기 때문이고, '집에 들어가도 처를 볼 수 없다' 함은 상서롭지 못한 것이다. 【六三은 困于石하며 據于蒺藜라. 入于其宮이라도 不見其妻니 凶토다. 象曰 據于蒺藜는 乘剛也일새오 入于其宮不見其妻는 不祥也라.】

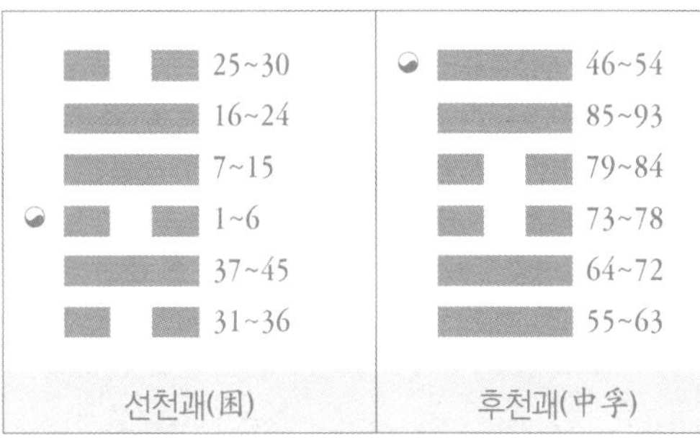

25~30		46~54
16~24		85~93
7~15		79~84
1~6		73~78
37~45		64~72
31~36		55~63
선천괘(困)		후천괘(中孚)

선천괘인 곤괘 육삼효부터 차례로 위로 나아가면서 운을 잡는다.

1살부터 45살까지를 마치면 46살부터는 후천괘인 중부괘로 운이 넘어간다.

◇ 양년 음년 똑같음

대과(28)	정(48)	승(46)	고(18)	대축(26)	비(22)
1	2	3	4	5	6

◇ 월괘

감·29	절·60	사·7	곤·2	몽·4	고·18	손·41	규·38	이·27	익·42	비·22	명이·36
1월	2월	3월	4월	5월	6월	7월	8월	9월	10월	11월	12월

◇ 일괘

곤(육삼)	감·29	해·40	송·6	태·58	취·45
	6, 5, 4, 3, 2, 1	12, 11, 10, 9, 8, 7	18, 17, 16, 15, 14, 13	24, 23, 22, 21, 20, 19	30, 29, 28, 27, 26, 25

【총괄해서 판단하면】

10 이 효는 재주와 덕이 없어 곤궁함을 구제하지 못하고, 몸도 보존할 수

---

10 此爻是無才德以濟困 而身不能保者也 故吽者 多栖身山林 與木石居 或入於宮
門而爲閽人 雖無妻者之慶 尤得保身之術 不吽者 無才無德 出入頓挫 身孤勢危
大困急迫 歲運逢之 在仕有入淸禁之兆 在士有入棘闈之喜 但恐遭妻妾之變 數

없는 사람의 운이다. 그러므로 운이 맞는 사람은, 대개 산속에서 사는 사람으로 나무와 돌을 즐기며 살고, 혹 궁궐에 들어가 환관宦官이 되니, 비록 처자와 같이 사는 경사는 없으나, 자기의 몸은 보존한다.

운이 맞지 않는 사람은, 재주도 없고 덕도 없어서, 나가나 들어가나 바로 좌절하게 되고, 몸은 외롭고 형세는 위태하니 크게 곤궁함으로 인해 급박해진다.

세운을 만나면, 공직자는 궁중에 들어갈 징조이고, 구직자는 과거에 등과하는 기쁨이 있으나, 단지 아내(처나 첩 등)의 변고를 만날까 두렵다. 수가 흉한 사람은 이름이 욕되고 몸이 위태해서, 곧 죽을 기일이 오게 되니, 처자인들 볼 수 있겠는가?

【글귀로 판단하면】

① 旣困於石하고 據於蒺藜하야

　妻猶不見하니 不祥可知라

　이미 돌때문에 곤하고/ 가시밭에 거처해서/ 처妻도 보지 못하니/ 상서롭지 못함을 알 수 있다

② 據困當謙下어늘 乘剛更强爲라

　至家難保守요 名辱更身危라

　곤한데 거처하면 겸손하고 낮춰야 하는데/ 강한 것을 올라탄데다 강하게 행동한다/ 가정을 보존해 지키기 어렵고/ 이름은 욕되고 더욱이 몸조차 위태롭다

4. 九四 (☷ → ☵)

【효사와 소상전】 구사는 오기를 천천히 하는 것은 쇠수레에 곤함이니, 인색

凶者名辱身危 死期將至 況有妻子之可見乎

하나 마침이 있으리라. 상에 말하기를 '오는 것이 천천히 한다' 함은 뜻이 아
래에 있음이니, 비록 자리가 마땅치 않으나 더불어 함이 있느니라. 【九四는
來徐徐는 困于金車일새니 吝하나 有終이리라. 象曰 來徐徐는 志在下也니
雖不當位나 有與也니라.】

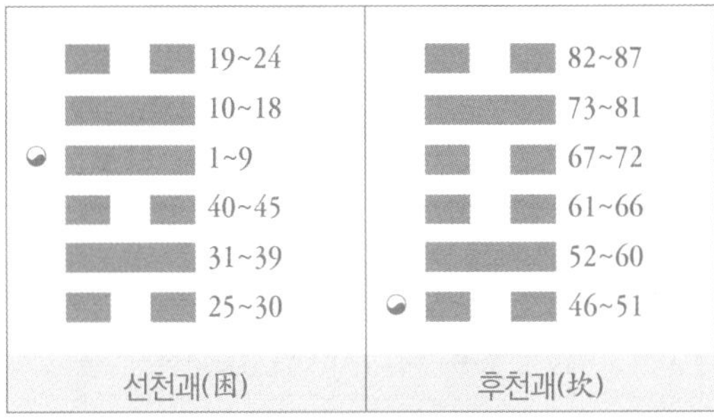

선천괘(困)		후천괘(坎)		
	19~24		82~87	선천괘인 곤괘 구사효 부터 차례로 위로 나아가면서 운을 잡는다.
	10~18		73~81	1살부터 45살까지를 마치면 46살부터는 후천괘인 감괘로 운이 넘어간다.
☯	1~9		67~72	
	40~45		61~66	
	31~39		52~60	
	25~30	☯	46~51	

◈ 양년(갑·병·무·경·임년)일 경우

곤(47)	태(58)	절(60)	림(19)	손(41)	몽(4)	박(23)	간(52)	려(56)
1	2	3	4	5	6	7	8	9

◈ 음년(을·정·기·신·계년)일 경우

감(29)	절(60)	태(58)	귀매(54)	규(38)	미제(64)	진(35)	려(56)	간(52)
1	2	3	4	5	6	7	8	9

◈ 월괘

해·40	예·16	미제·64	정·50	규·38	손·41	서합·21	무망·25	리·30	풍·55	비·22	간·52
1월	2월	3월	4월	5월	6월	7월	8월	9월	10월	11월	12월

◇ 일괘

6	12	18	24	30
5	11	17	23	29
4	10	16	22	28
3	9	15	21	27
2	8	14	20	26
1	7	13	19	25
곤(구사)	해·40	송·6	태·58	취·45	대과·28

【총괄해서 판단하면】

11 이 효는 재주가 약해서 (자신과 응하는 효인) 초육효의 곤함을 구제할 수 없으나, 마침내 서로 더부는 운수이다. 그러므로 운이 맞는 사람은, 이름은 비록 일찍 드러났으나 녹을 먹는 것은 더뎌서, 위로 승진해 올라가는 것이 빠르기 어렵고, 가까운데서 유익한 친구를 만나기 어렵다. '금金'자의 뜻은 금방金榜·금문金門·금뜰金階 등 궁궐에 대한 징조가 있다.

운이 맞지 않는 사람은, 먼저는 어려우나 뒤에는 쉬워진다. 혹 권세에 빌붙어 뒤에 입신을 하고, 혹 높고 귀한 사람에게 제재를 받아 높아지지 못하며, 꾀하는 것이 막히나 나중에는 쓰이게 된다.

세운을 만나면, 한직에 있던 사람은 단계를 뛰어 특진해서 일과 권력을 겸해서 갖게 되나, 감당하지 못해서 좌절될까 근심되고, 구직자는 과거시험에 많이 합격될 것이다. 일반인은 꾀하고 바라는 것이 갑자기 좌절되는 화를 당하나, 결국은 험한데서 나오는 기쁨이 있으며, 장사하는 사람은 쇠수레로 인해 곤함을 만난다.

【글귀로 판단하면】

1 人方防困厄이나 猶豫未能睭라

---

11 此爻是才弱不足以濟初之困 而終有相與之分也 故叶者成名雖早 食祿尤遲 上進有難於速 得遇有難於近 其金字之義 有金榜金門金階之兆 不叶者 先難後易 或依附權勢 而後有立 或受制尊貴 而不得自尊 謀爲阻節 終有受用 歲運逢之 閑官超越 事有兼權 而不勝其叢挫之憂 在士進取 多綴朱榜 在庶俗謀望有頓挫之禍 而終有出險之喜 爲商者爲金車而遭困

處正雖終吉이나 時間小吝羞라

사람들이 곤궁한 액운을 막아야 하나/ 이럴까 저럴까 결정하지를 못한다/ 바르게 처신하면 끝에 가서 길하게 되나/ 그 사이에 조금은 인색하고 부끄럽다

② 處位不當하니 安得濟物가

果決而行이면 救災拯溺하라

거처하는 자리가 마땅치 않으니/ 어떻게 물건을 구제하겠는가?/ 과감하게 결단하여 행하면/ 재난을 구제하고 빠진 것을 건지리라

5. 九五(☵→☵)

【효사와 소상전】 구오는 코베고 발꿈치를 베임이니 적불(신하의 행차)에 곤하나, 천천히 기쁨이 있을 것이니, 제사를 씀이 이로우니라. 상에 말하기를 '코베고 발꿈치를 베임'은 뜻을 얻지 못함이고, '천천히 기쁨이 있다' 함은 중도로 하고 곧기 때문이며, '제사를 씀이 이롭다' 함은 복을 받으리라. 【九五는 劓刖이니 困于赤紱하나 乃徐有說하리니 利用祭祀니라. 象曰 劓刖은 志未得也오 乃徐有說은 以中直也오 利用祭祀는 受福也리라.】

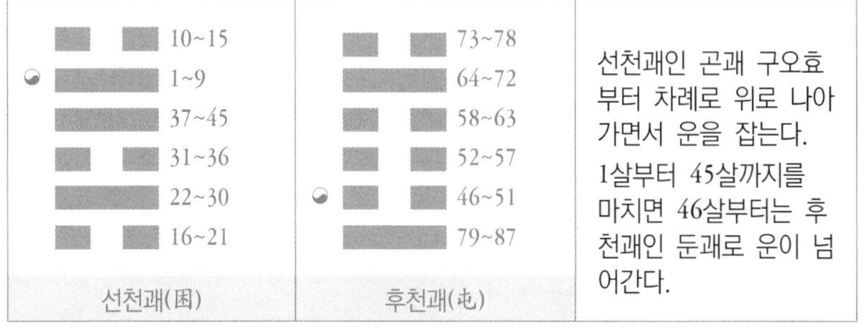

선천괘인 곤괘 구오효부터 차례로 위로 나아가면서 운을 잡는다.
1살부터 45살까지를 마치면 46살부터는 후천괘인 둔괘로 운이 넘어간다.

◈ 양년(갑·병·무·경·임년)일 경우

곤(47)	취(45)	예(16)	진(35)	서합(21)	규(38)	대유(14)	대축(26)	소축(9)
1	2	3	4	5	6	7	8	9

◈ 음년(을·정·기·신·계년)일 경우

해(40)	예(16)	취(45)	비(12)	무망(25)	리(10)	건(1)	소축(9)	대축(26)
1	2	3	4	5	6	7	8	9

◈ 월괘

송·6	구·44	리·10	중부·61	무망·25	서합·21	동인·13	혁·49	가인·37	점·53	비·22	대축·26
1월	2월	3월	4월	5월	6월	7월	8월	9월	10월	11월	12월

◈ 일괘

곤(구오)		송·6		태·58		취·45		대과·28		감·29	
	6		12		18		24		30		
	5		11		17		23		29		
	4		10		16		22		28		
	3		9		15		21		27		
	2		8		14		20		26		
	1		7		13		19		25		

【총괄해서 판단하면】

[12] 이 효는 본래 그 덕이 곤궁함을 구제할 수 있으며, 아울러 그 정성이

---

12 此爻是本其德之足以濟困 與其誠之足以格神也 故叶者勤於學古 力於行道 始
  焉進取艱阻 終則機會適逢 或居言路以罄其中直 或爲大臣以配享其祭祀 不叶者
  亦先受艱辛 後享安逸 或骨肉有刑 或身體有虧 歲運逢之 在仕則先阻後順 或爲
  奉直 中奉社令祭酒祭祀之職 士子進取 先逆後順 庶俗營謀 先挫後獲 數凶者有
  訟刑之擾 喪祭之兆

신을 감격시킬 수 있는 운이다. 그러므로 운이 맞는 사람은, 부지런히 옛것을 배우고 도를 힘써 행하는 사람으로, 처음에는 일의 성취가 어렵고 막히나, 나중에는 기회를 만나게 된다. 혹 언로를 책임지는 자리에 있어서 바르고 곧은 말을 하고, 혹 대신이 돼서 종묘제사에 배향된다.

운이 맞지 않는 사람도, 또한 먼저는 어렵고 고생을 하나 뒤에는 편안해지며, 혹 근친이 형벌을 당하고, 혹 신체에 결함이 있다.

세운을 만나면, 공직자는 먼저는 막히나 뒤에는 순해서, 혹 봉직奉直·중봉中奉·사령社令·좨주祭酒 등 제사祭祀에 관한 직책을 맡게 된다. 선비가 벼슬길에 오르는 것은 먼저는 잘 안되나 뒤에는 순조롭고, 일반인은 경영하고 꾀하는 것이 먼저는 좌절되나 뒤에는 얻게 된다. 수가 흉한 사람은 송사와 형벌을 받는 소란이 있고, 상을 당해 제사를 지낼 징조이다.

【글귀로 판단하면】

① 用剛當致弱이요 求益反多虧라

　　同德相資助면 斯爲受福基라

　　강함을 쓰면 마땅히 약해질 것이고/ 이익만 구하면 도리어 손해가 많다/ 덕이 같은 사람끼리 서로 도와주면/ 이것이 복을 받는 터전이 된다

② 上劓而下刖하니 何當困益深가

　　若能恭祭祀면 福慶自然臻이라

　　위에서는 코를 베고 아래서는 발꿈치를 베니/ 어찌 곤함이 더욱 깊어지는가?/ 만약 공손하게 제사를 지내면/ 자연히 복과 경사가 이를 것이다

6. 上六(䷮ → ䷟)

【효사와 소상전】 상육은 칡넝쿨에 얽히고 위태함에 곤함이니, 움직이면 후회가 된다는 것을 생각해서 뉘우침이 있으면, 가서 길할 것이다. 상에 말하기

를 '칡넝쿨에 얽히고 위태함에 곤함'은 마땅하지 못함이고, '움직이면 후회가 된다고 생각해서 뉘우침이 있음'은 길하게 행동하는 것이다. 【上六은 困于 葛藟와 于臲卼이니 曰動悔라하야 有悔면 征하야 吉하리라. 象曰 困于葛藟는 未當也오 動悔有悔는 吉行也라.】

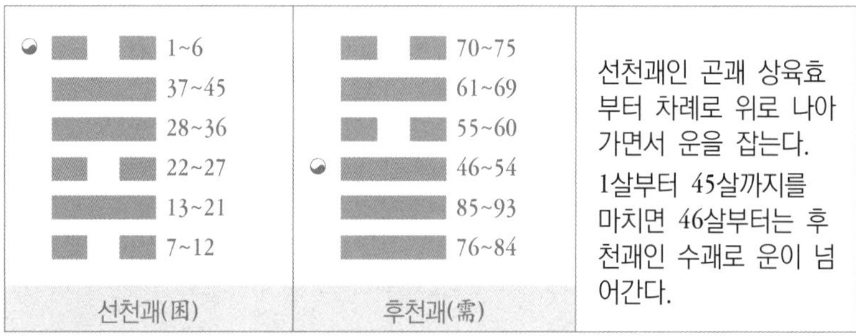

선천괘인 곤괘 상육효부터 차례로 위로 나아가면서 운을 잡는다.
1살부터 45살까지를 마치면 46살부터는 후천괘인 수괘로 운이 넘어간다.

◈ 양년 음년 똑같음

송(6)	리(10)	무망(25)	동인(13)	가인(37)	비(22)
1	2	3	4	5	6

◈ 월괘

태·58	절·60	수·17	진·51	혁·49	동인·13	기제·63	건·39	명이·36	태·11	비·22	이·27
1월	2월	3월	4월	5월	6월	7월	8월	9월	10월	11월	12월

◈ 일괘

곤(상육)	태·58	취·45	대과·28	감·29	해·40
	6	12	18	24	30
	5	11	17	23	29
	4	10	16	22	28
	3	9	15	21	27
	2	8	14	20	26
	1	7	13	19	25

【총괄해서 판단하면】

13 이 효는 곤궁함을 구제할 재주와 덕이 없기 때문에, 마음을 잘 반성하

는 도를 보여준 것이다. 그러므로 운이 맞는 사람은, 허물을 고쳐서 착한 데로 회복하고, 악한 것을 바꿔서 중도中道에 이르는 사람으로, 재주는 위태함을 구원할 수 있고, 덕은 곤궁함을 구제할 수 있다.

운이 맞지 않는 사람은, 마음이 지극히 약하고 어두우며, 몸은 극도로 곤한데 거처하는 사람으로, 묶이고 얽혀서 풀지 못하고, 위태롭고 두려워서 편안히 하지 못한다. 혹 조상의 터전을 떠나 멀리가면, 성공해서 자립할 수 있다.

세운을 만나면, 공직자는 형벌받고 구속당하는 근심을 방비해야 하고, 구직자는 정체되고 굴복하는 욕을 방비해야 하며, 일반인은 놀라고 근심하며 상복을 입게 되는 위험을 방비해야 한다. 오직 장사나 여행하는 사람은 일을 시작하거나 추진해 나가는 것이 이롭다.

【글귀로 판단하면】

① 前路雖難進이나 安居事未成이라

　窮當思變動이니 動則百而亨이라

　앞길이 비록 나아가기 어려우나/ 편안히 있으면 일이 이뤄지지 않는다
/ 궁하면 마땅히 변통을 생각해야 하니/ 움직이면 백가지가 형통하다

② 葛藟非宜困이니 君當識變遷이라

　莫貪鞶帶錫하라 有悔福無邊이라

　칡넝쿨 때문에 곤함은 마땅치 않으니/ 그대는 마땅히 변해서 옮길 줄 알아야 한다/ 큰 띠(큰 벼슬) 주는 것 탐내지 마라/ 뉘우치면 끝없는 복이 있을 것이다

---

13 此爻是無濟困之才德 而示以善反之道者也 故叶者 改過以復於善 易惡以至於中 才足以援其危 德足以濟其困 不叶者心至柔暗 身處困極 縛束而不能解 危懼而不能安 或離祖遠方 方可成立 歲運逢之 在仕防刑罰縛束之虞 在士防停降之辱 在庶俗防憂驚服制之危 惟商旅則利有攸往

坎上
巽下　　**水風井**(48)
수　풍　정

정괘 개요

【괘사와 대상전】 정은 읍은 고치되 우물은 고치지 못하니, 얻음도 없고 잃음도 없으며, 가는 이와 오는 이가 우물을 푸고 우물 물을 마시나니, 거의 이르렀다해도 또한 우물에 닿지 못함이니, 그 병을 깨면 흉하니라. 상에 말하기를 나무 위에 물이 있는 것이 정괘니, 군자가 본받아서 백성을 위로하고 서로 돕게 권하느니라. 【井은 改邑호대 不改井이니 无喪无得하며 往來 井井하나니 汔至亦未繘井이니 羸其瓶이면 凶하니라. 象曰 木上有水 井이니 君子 以하야 勞民勸相하나니라.】

【총괄해서 판단하면】

1 진궁의 5세괘로 3월에 속한다. 내괘의 납갑은 신축·신해·신유이고, 외괘의 납갑은 무신·무술·무자니, 3월에 태어난 사람과, 태어난 년도의 간지가 납갑의 간지에 합치되는 사람은 부귀와 공명을 누리게 된다.[2]

---

1 震宮五世 卦屬三月 納甲 是辛丑辛亥辛酉 戊申戊戌戊子 如生於三月及納甲者 功名富貴人也

2 정괘의 세효인 구오효는 양효이므로, 초효부터 오효까지 세면 진월辰月이 된다(초효는 자, 이효는 축, 삼효는 인, 사효는 묘, 오효는 진). 지지의 진은 3월에 해당하므로, 정괘가 3월괘가 되는 것이다. 따라서 3월을 주관하는 괘가 되고, 3월에 태어난 사람은 때를 얻음이 된다.

운세로 보면 수풍정괘(䷯)는 상괘는 감(☵)이고 하괘는 손(☴)이며, 호괘로는 리(☲)와 태(☱)가 있다. 우물 속에 물이 있고 길어 먹어도 고갈되지 않는다. 우물이 깊고 수맥이 장구하면 해(日)가 화려한 것이고, 봄의 물이 따뜻하면 바람이 따뜻하며, 여름의 물이 뜨거우면 바람이 후덥지근하며, 가을의 물이 차가우면 바람이 맑고, 겨울의 물이 얼어붙는 듯 하면 바람이 맵다. 우물의 덕은 항상하게 지키는 바를 변치 않는데 있다. 군자가 이런 괘를 얻으면 우물과 같은 덕이 있는 상이다.

정괘는 팔궁세혼법으로 볼 때, 진궁의 5세괘로 임금괘에 해당한다. 즉 구오효(임금)가 세효世爻가 되고, 대부大夫에 해당하는 구이효는 응효가 된다. 구이효가 제자리를 얻지 못했고, 또 서로 음과 양으로 응하지도 못하니, 일이 어렵고 잘 안풀리는 뜻이 있다. 그러나 구오효의 지지인 술(戌土)이 세효(구이효)의 지지인 해(亥水)를 극하여 바르게 하면, 그동안 막히고 어려웠던 뜻이 사라지게 된다. 또 상괘인 감수坎水가 하괘 및 진궁에 속한 괘체를 생해주니, 그 덕이 크게 자라난다.
우물을 파고 두레박으로 물을 긷는 동안의 초창기에는 어려움이 따르나, 일단 물을 길으면 모든 사람이 즐겁게 된다. 만인을 육성하고 구제하느라 바쁘고, 오가는 사람이 문전성시를 이룬다. 먹어도 먹어도 풍부하다. 그러나 아홉길을 파서 샘에 이르지 못하면, 우물을 버리는 것과 같으니, 중도에 포기하지 말고 끝까지 노력해야 된다.
전업하거나 새로운 사업을 하는 것은 지금까지의 노력을 헛되이 만든다. 윗사람의 도움과 주변의 도움으로 크게 성공하고, 또한 여러 사람을 위해 자신의 부를 나누어준다.

① 井居無善地하니 冬嶺秀孤松이라
　　林內生金粟하니 其中一綴荷라

우물(井)이 거처할 데 좋은 곳 없으니/ 겨울산 고개마루에 외로운 소나무 빼어났다/ 숲속에 금속金粟3이 나니/ 그중에 한묶음을 지고 간다

② 九仞居成後하니 千山歲不勞라

要逢欣樂地인덴 先必見咷號라

아홉길을 쌓는데 마무리 단계에 있으니/ 모든 산 만드는데 수고롭지 않다/ 기쁘고 즐거운 땅 만나려 하면/ 먼저 울부짖고 호소해야 할 것이다

1. 初六(☵☴ → ☵☲)

【효사와 소상전】 초육은 우물에 진흙이 있어 먹지 못함이라. 옛 우물에 새가 없도다. 상에 말하기를 '우물에 진흙이 있어 먹지 못함'은 밑에 있기 때문이고, '옛 우물에 새가 없다' 함은 때가 초육을 버린 것이다. 【初六은 井泥不食이라 舊井에 无禽이로다. 象曰 井泥不食은 下也일새오 舊井无禽은 時舍也라.】

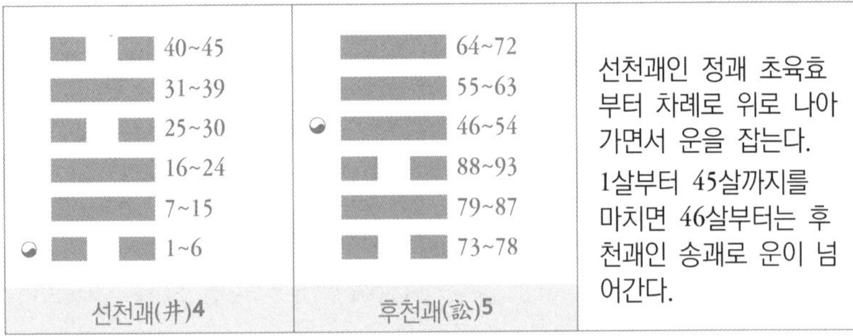

선천괘인 정괘 초육효부터 차례로 위로 나아가면서 운을 잡는다.
1살부터 45살까지를 마치면 46살부터는 후천괘인 송괘로 운이 넘어간다.

---

3 금과 곡식, 또는 월계화月桂花, 또는 국화菊花를 이르는 말.

4 사주의 숫자로 괘를 만들어서 정괘 초효에 원당이 있다면, 1~6살까지는 정괘 초효 항을, 7~15살까지는 정괘 이효 항을, …, 40~45살까지는 정괘 상효 항을 가서 살펴 보면 된다.

◈ 양년 음년 똑같음 6

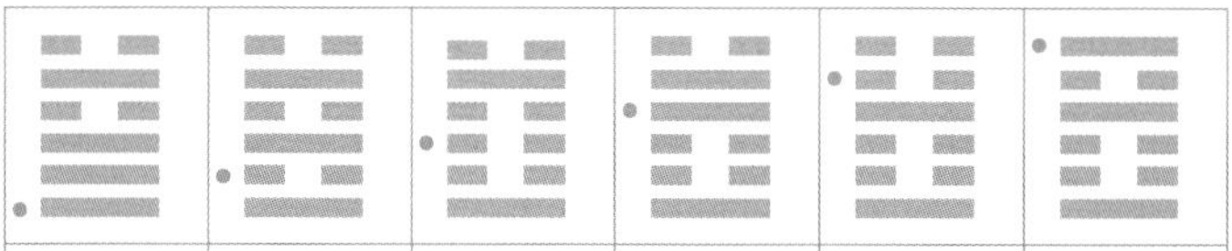

수(5)7	기제(63)	둔(3)	수(17)	진(51)	서합(21)
1	2	3	4	5	6

◈ 월괘

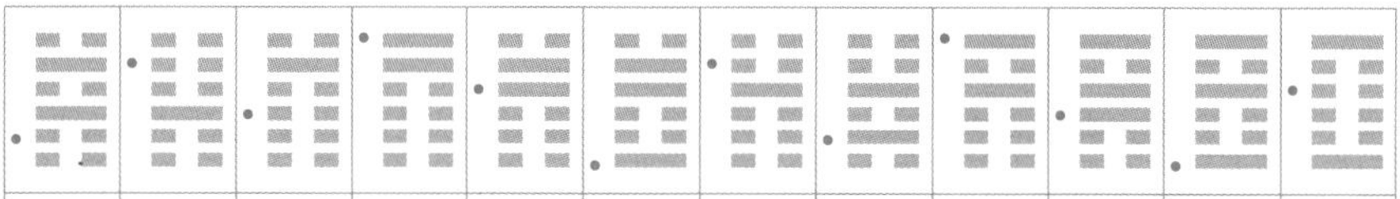

건·39	겸·15	비·8	관·20	취·45	수·17	예·16	해·40	진·35	려·56	서합·21	이·27
1월	2월	3월	4월	5월	6월	7월	8월	9월	10월	11월	12월

◈ 일괘 8

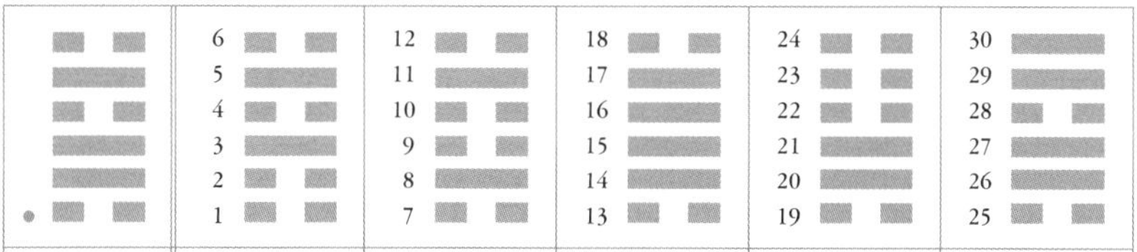

정(초육)	건·39	감·29	대과·28	승·46	손·57

5 46~54살까지는 후천괘인 송괘 사효 항을, 64~72살까지는 송괘 상효 항을, …, 88~93살까지는 송괘 삼효 항을 살펴보면 그 사람의 운이 된다(○나 ●표시 한 곳이 해당하는 효를 가리키고, 밑에서부터 초효·이효·삼효·사효·오효·상효로 나눈다).

6 해마다의 운인 유년운의 진행은 양효(━)일 때와 음효(╌)일 때가 다른데, 그 자세한 예는 중천건괘(1) 초구효, 중지곤괘(2) 초육효와 육이효, 수뢰둔괘(3) 초구효와 육삼효, 산수몽괘(4) 초육효와 육사효 항에 유년운에 속한 월운月運의 예와 함께 실려 있으므로 참고하면 된다.

7 위의 도표에서 '수(5)'라고 한 것은 괘명은 수괘需卦고 64괘 중에 5번째 괘라는 뜻이다. 나머지 괘도 이와같은 방식으로 본다. 따라서 앞의 목차에서 번호의 순서대로 찾으면, 해당하는 괘를 쉽게 찾을 수 있다. 또 월괘月卦에서 '건·39' 등으로 표시한 것도, 괘명은 건괘蹇卦고 64괘 중에 39번째라는 뜻이다.

8 그 날의 운(日運)과 더 세분해서 시운時運을 알고 싶으면, 앞의 일괘日卦와 시괘時卦 설명을 참조해서 계산하면 된다. 자세한 예는 건(1)~송(6)괘의 초효 항에 있으므로 참고바람.

9 이 효는 덕이 없어서 세상의 버림을 받은 것이다. 그러므로 운이 맞는 사람은, 재주가 있고 덕이 있으나, 기회를 만나기 어려워서 명리名利를 이루지 못하니, 항상 자신의 도덕道德을 써먹지 못하게 됨을 한탄한다. 운이 맞지 않는 사람은, 몸이 낮고 천해서 더럽고 혼탁한 사람으로, 성패를 알 수 없고 결국에는 버려진 사람이 된다. 심하면 아래로는 이질을 앓게 되고, 위로는 기氣가 막혀서 죽게 된다.

세운을 만나면, 공직자는 물러나야 하고, 이름을 얻으려는 사람은 이루어지지 않으며, 경영하고 꾀하는 일은 막히고 지체된다. 수가 흉한 사람은 세상의 버림을 받는다.

【글귀로 판단하면】

1 不留居衆惡하고 舊習絶成功이라

　　時舍人皆棄하니 修藏免致凶이라

　　모든 악을 남겨놓지 않고/ 옛습관 끊어야 공을 이루게 된다/ 때가 좋지 않아 사람들이 다 버리니/ 자기 몸을 닦고 숨기면 흉함을 면하리라

2 井泉浮混濁하고 山峯疊翠多라

　　一成還一退하니 輕艇泛風波라

　　샘물에는 혼탁한 것이 뜨고/ 산봉우리는 첩첩이 푸르러진다/ 한번 이루면 한번 물러나게 되니/ 가벼운 배가 풍파에 떠 있다

3 月在雲中하니 昏蒙道路나

　　雲散月明하니 且宜退步라

　　달이 구름 가는데 있으니/ 길이 어두워졌으나/ 구름 흩어지고 달 밝으니/ 또한 물러나기 좋다

---

9 此爻是無德而爲世所棄也 故叶者有才有德 而難逢機會 未見其名利之遂 恒嗟其道德之窮 不叶者 身處卑下 汚濁昏昏 成敗無定 終爲廢才 甚則下有痢疾 上有隔氣之終壽 歲運逢之 在仕退閒 求名者不遂 營謀者阻滯 數凶者棄世

2. 九二(☵ → ☶)

【효사와 소상전】 구이는 우물이 골짜기인지라 미물에게나 쏟음이고, 항아리가 깨져 새도다. 상에 말하기를 '우물이 골짜기인지라 미물에게나 쏟는다' 함은 더불어 하는 이가 없기 때문이다.【九二는 井谷이라 射鮒오 甕敝漏로다. 象曰 井谷射鮒는 无與也일새라.】

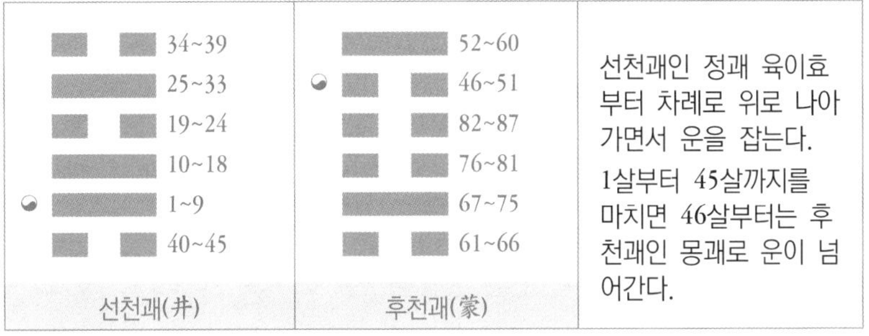

◈ 양년(갑·병·무·경·임년)일 경우

정(48)	승(46)	겸(15)	곤(2)	예(16)	취(45)	비(12)	무망(25)	리(10)
1	2	3	4	5	6	7	8	9

◈ 음년(을·정·기·신·계년)일 경우

건(39)	겸(15)	승(46)	사(7)	해(40)	곤(47)	송(6)	리(10)	무망(25)
1	2	3	4	5	6	7	8	9

◈ 월괘

감·29	환·59	곤·47	태·58	해·40	예·16	미제·64	정·50	규·38	손·41	서합·21	무망·25
1월	2월	3월	4월	5월	6월	7월	8월	9월	10월	11월	12월

◆ 일괘

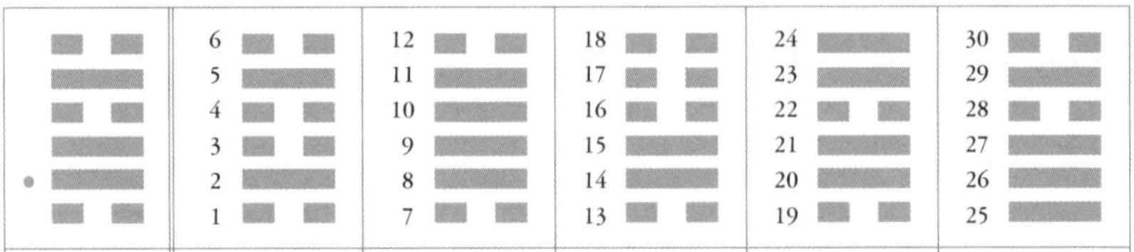

		6		12		18		24		30
		5		11		17		23		29
		4		10		16		22		28
		3		9		15		21		27
		2		8		14		20		26
		1		7		13		19		25
정(구이)		감·29		대과·28		승·46		손·57		수·5

【총괄해서 판단하면】

[10] 이 효는 덕을 몸에 갖추고 있으나, 힘이 부족해서 사물에 끼칠 수 없는 것이다. 그러므로 운이 맞는 사람은, 문장과 도덕을 곤궁한 때에 펴지 못하고 밝은 임금을 만나지 못하니, 도를 기르고 참된 성품을 온전히 해서 하늘을 즐기고 천명을 알 뿐이다.

운이 맞지 않는 사람은, 배움이 적고 명리名利가 없는 사람으로, 혹 나쁜 버릇이 있고, 혹 질투를 해서 손해를 많이 보나, 겨우 생활은 할 수 있다.

세운을 만나면, 공직자는 물러나서 수양이나 해야 하고, 구직자는 실력을 감추고 때를 기다려야 하며, 일반인은 삼가하고 분수를 잘 지켜서 화를 피해야 한다.

【글귀로 판단하면】

① 安靜雖平吉이나 空中雁影秋라

　　花開逢驟雨하니 水畔女顔愁라

　　안정되어 비록 평안하고 길하나/ 공중에는 기러기 날아 가을이 왔다/

　　꽃이 피었는데 소낙비 만나니/ 물가에 있는 여자의 안색에 근심띠었다

② 居貞無應援하니 困辱更何尤아

　　井以淸爲貴니 人常戒妄求하라

---

10 此爻是德足於己 而力不足以及物者也 故叶者 文章道德 屈處困時 難逢明主
　　養道全眞 樂天知命 不叶者 學業之寡 名利之薄 或生癖疾 或見妬忌 損漏之多
　　僅能養家 歲運逢之 在仕宜退處以自養 在士宜藏器以待時 在庶俗宜謹守以避禍

바른데 거처하고 있지만 응원이 없으니/ 곤하고 욕된들 무슨 허물이 랴?/ 샘은 맑은 것을 귀하게 여기니/ 사람은 항상 망령되이 구함을 경 계해야 한다

3. 九三(☵→☷)

【효사와 소상전】구삼은 우물이 깨끗하되 먹이지 못해 내 마음을 슬프게 한 다. 길어서 쓸 수 있으니, 왕이 밝으면 같이 복을 받을 것이다. 상에 말하기 를 '우물이 깨끗하되 먹이지 못해 내 마음을 슬프게 함'은 도가 행하지 못함 을 슬퍼함이고, 왕의 밝음을 찾는 것은 복을 받음이라. 【九三은 井渫不食하 야 爲我心惻하야 可用汲이니 王明하면 竝受其福하리라. 象曰 井渫不食은 行을 惻也오 求王明은 受福也라.】

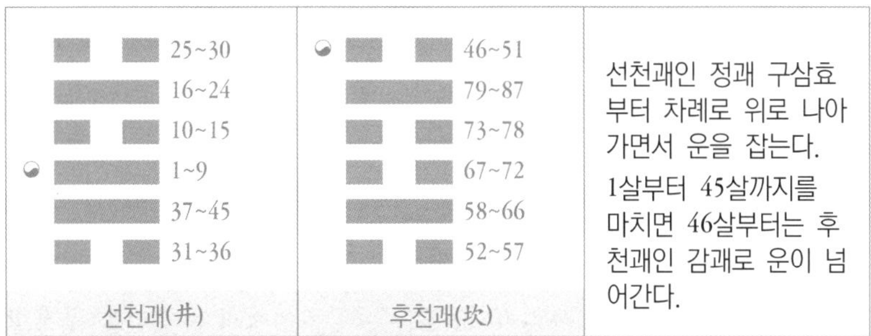

선천괘(井)		후천괘(坎)	
	25~30	●	46~51
	16~24		79~87
	10~15		73~78
●	1~9		67~72
	37~45		58~66
	31~36		52~57

선천괘인 정괘 구삼효 부터 차례로 위로 나아 가면서 운을 잡는다.
1살부터 45살까지를 마치면 46살부터는 후 천괘인 감괘로 운이 넘 어간다.

◈ 양년(갑·병·무·경·임년)일 경우

정(48)	손(57)	환(59)	송(6)	미제(64)	해(40)	귀매(54)	진(51)	풍(55)
1	2	3	4	5	6	7	8	9

감(29)	환(59)	손(57)	구(44)	정(50)	항(32)	대장(34)	풍(55)	진(51)
1	2	3	4	5	6	7	8	9

◈ 월괘

대과·28	쾌·43	항·32	소과·62	정·50	미제·64	대유·14	대축·26	리·30	동인·13	서합·21	진·51
1월	2월	3월	4월	5월	6월	7월	8월	9월	10월	11월	12월

◈ 일괘

정(구삼)	대과·28	승·46	손·57	수·5	건·39

【총괄해서 판단하면】

11 이 효는 세상에 쓰이지 못함을 애석하게 여겨, 반어적反語的으로, 세상에 쓰이게 되면 나타나는 공훈을 말한 것이다. 그러므로 운이 맞는 사람은, 덕은 밝은 임금에게 쓰일 수 있고, 은혜는 백성의 곤궁함을 구제할 수 있으니, 공과 이름이 이루어지고 복과 은택이 풍성하고 높다.

운이 맞지 않는 사람은, 귀해도 벼슬을 못하고, 부유해도 베풀지를 못해서, 하나의 계책도 펴지 못하니 항상 근심하고 슬퍼한다.

세운을 만나면, 공직자는 밝은 임금을 만나지 못하니 기회를 봐서 물러나

---

11 此爻是惜其未爲世用 而逆許其見用之功也 故叶者 德足以來明主之用 惠足以
濟斯民之窮 功名利達 福澤豊隆 不叶者 貴不受祿 富不受用 一籌莫展 常懷憂戚
歲運逢之 在仕難逢明主 而見機解組之爲佳 在士難逢佳會 而養晦之時之爲美
在庶俗安常守分之爲吉 値數之凶者 主有憂惨之兆

는 것이 좋고, 구직자는 기회를 만나기 어려우니 숨기고 실력을 길러서 때를 기다리는 것이 좋으며, 일반인은 평상시대로 분수를 지키는 것이 길하다. 흉한 수를 만난 사람은 근심스럽고 비참한 일이 있을 징조다.

【글귀로 판단하면】

1 有求皆濟急이요 時可大施爲라

一旦逢知己면 期爲受福基라

하려는 일이 다 급함을 구제하려는 것이고/ 크게 일을 할 수 있는 때이다/ 하루아침에 나를 알아주는 이 만나면/ 복을 받는 터전 만들게 되리라

2 春色到枝頭하니 芬芳映玉樓라

行藏猶可待니 紅紫笑談收라

봄빛이 가지 끝에 오니/ 꽃다운 빛이 옥루玉樓에 비춘다/ 행하고 감추는 것은 아직 기다려야 하니/ 머지않아 홍자색의 관복을 웃으며 거둬들이리라

4. 六四(☵ → ☱)

【효사와 소상전】 육사는 우물을 치면 허물이 없으리라. 상에 말하기를 '우물을 치면 허물이 없음'은 우물을 수리하기 때문이다. 【六四는 井甃면 无咎리라. 象曰 井甃无咎는 脩井也일새라.】

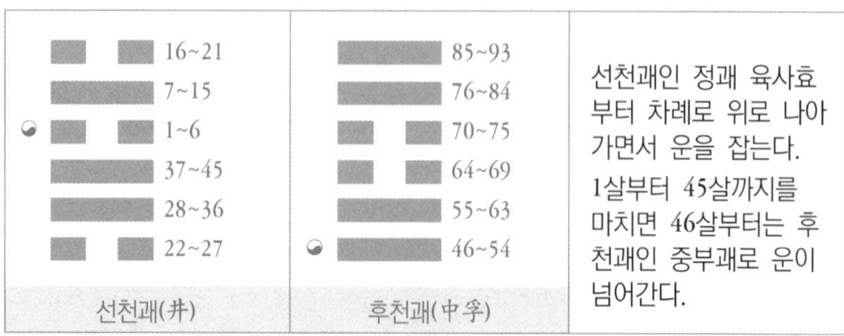

◈ 양년 음년 똑같음

대과(28)	항(32)	정(50)	대유(14)	리(30)	서합(21)
1	2	3	4	5	6

◈ 월괘

승·46	겸·15	고·18	몽·4	대축·26	대유·14	비·22	가인·37	이·27	복·24	서합·21	진·35
1월	2월	3월	4월	5월	6월	7월	8월	9월	10월	11월	12월

◈ 일과

정(육사)	승·46	손·57	수·5	건·39	감·29

【총괄해서 판단하면】

12 이 효는 오직 스스로만을 닦을 줄 아는 상이니, 겨우 혼자만이 잘하는

---

12 此爻是惟知自修之象 而僅許其得獨善之道者也 故叶者 有謹厚之德 無果斷之
才 雖未能建功立業 以鳴國家之盛 亦能存心養性 以盡成己之美 不叶者 善於會
計 難於際遇 外節雖可觀 內虛則可憫 歲運逢之 在仕儔陳利害 而修政立事之爲

도를 얻은 것을 설명한 것이다. 그러므로 운이 맞는 사람은, 삼가고 후중한 덕이 있으나 과단성이 있는 재주는 없는 사람으로, 공과 업적을 세워서 나라에 울려 퍼지게 하는 성함은 없으나, 또한 마음을 보존하고 성품을 길러서 자기의 수양을 쌓아 이루는 아름다움이 있다.

운이 맞지 않는 사람은, 계획은 잘하지만 교제를 잘하지 못하여, 겉으로 드러나는 예절은 비록 볼만하나 속으로는 비어 있으니 불쌍하다.

세운을 만나면, 공직자는 조목조목 이해를 따져서 정사政事를 가다듬으며 일을 하고, 구직자는 경서를 연구하고 옛적의 좋은 행실을 배워서 쓰일 때를 기다린다. 일반인은 밭을 갈고 샘을 파서 생활을 윤택하게 하고, 혹 집을 짓거나 보수하여 튼튼히 할 징조다.

【글귀로 판단하면】

① 開屋重修整하니 看看巧匠逢이라

　青松四時秀하니 不畏雪霜風이라

　집을 열어 다시 수리하고 정돈하니/ 자세히 보니 교묘한 장인匠人 만났구나/ 푸른 소나무는 사시에 빼어났으니/ 눈서리 찬바람 두렵지 않다

② 人留物｜ 物留人하야

　人留事掛心하니 分付水邊人하라

　사람은 물건을 머무르게 하고/ 물건은 사람을 머무르게 하여/ 마음에 걸어두고 있으니/ 물 수(水, 氵,氺)자 변 들어가는 사람에게 부탁하라

尙 在士則窮經學古以待用 常人則耕田鑿井以厚生 或有造屋修築之兆

5. 九五(☵→☴)

【효사와 소상전】 구오는 우물이 맑아서 찬 샘물을 먹는도다. 상에 말하기를 '찬 샘물을 먹는다' 함은 중정하기 때문이다. 【九五는 井洌寒泉食이로다. 象日 寒泉之食은 中正也일새라.】

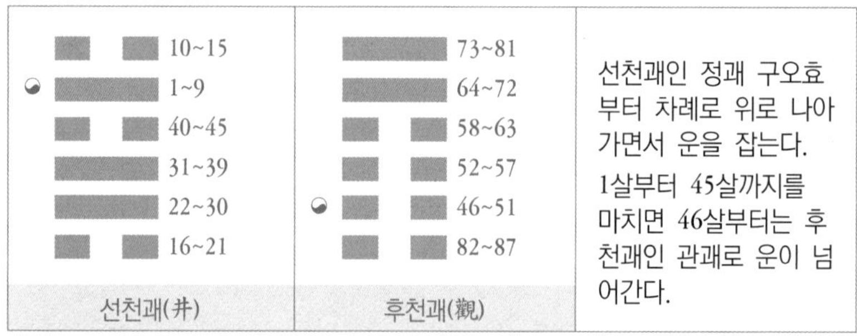

선천괘(井)	후천괘(觀)	선천괘인 정괘 구오효부터 차례로 위로 나아가면서 운을 잡는다. 1살부터 45살까지를 마치면 46살부터는 후천괘인 관괘로 운이 넘어간다.

◈ 양년(갑·병·무·경·임년)일 경우

정(48)	건(39)	겸(15)	간(52)	비(22)	대축(26)	손(41)	규(38)	리(10)
1	2	3	4	5	6	7	8	9

◈ 음년(을·정·기·신·계년)일 경우

승(46)	겸(15)	건(39)	점(53)	가인(37)	소축(9)	중부(61)	리(10)	규(38)
1	2	3	4	5	6	7	8	9

◈ 월괘

손·57	환·59	소축·9	건·1	가인·37	비·22	익·42	둔·3	무망·25	비·12	서합·21	규·38
1월	2월	3월	4월	5월	6월	7월	8월	9월	10월	11월	12월

◇ 일괘

정(구오)	손·57	수·5	건·39	감·29	대과·28
	6	12	18	24	30
	5	11	17	23	29
	4	10	16	22	28
	3	9	15	21	27
	2	8	14	20	26
	1	7	13	19	25

【총괄해서 판단하면】

13 이 효는 몸에 덕을 온전히 갖추어서 공을 세우니, 그 공이 모든 사람에게 미치게 되는 것이다. 그러므로 운이 맞는 사람은, 나라를 다스릴 수 있는 실력이 본래부터 몸에 갖춰져 있는 사람으로, 덕택의 베풂이 사람들에게 널리 미치는 것이니, 공명과 부귀가 모두 융성해서 흠난 데가 없다.

운이 맞지 않는 사람도, 밝은 재주가 있고 도에 통달한 사람으로, 의리를 지키고 가난한 것을 편안히 여긴다.

세운을 만나면, 공직자는 덕과 지위가 모두 높아 임금의 총애를 받고, 구직자는 명예와 이익을 둘다 얻게 되고 천거되어 등용받는 아름다움이 있으며, 일반인은 경영하고 꾀하는 것이 이루어져 이익을 얻는다.

【글귀로 판단하면】

① 能存淸儉德이면 天必降休祥이라

　　人自成諸己하니 施爲萬事昌이라

　　맑고 검소한 덕 보존하면/ 하늘이 반드시 아름답고 상서로운 일 내릴 것이다/ 사람들이 스스로 나를 성취시키니/ 하고 있는 만가지 일이 번창하게 된다

---

13 此爻是德全於己 而功及於物者也 故叶者經濟之術 素具於己 而德澤之施 普及於物 功名富貴 竝隆無虧 不叶者 淸才達道 守義安貧 歲運逢之 在仕則德位兼隆 而膺天寵 在士則名利兩全 而有登薦之美 在庶俗則營謀遂而獲利

② 寒泉冽可食이요 曉月又升東이라

分派東流去하니 山前聳翠峰이라

우물이 차고 깨끗해서 먹을 수 있고/ 새벽달이 또한 동쪽에 떴다/ 물줄기 갈라져 동쪽으로 흘러가니/ 산앞에 푸른 봉우리 솟았다

③ 始有終ㅣ 終有始하고

美中甘ㅣ 甘中美라

시작은 끝이 있고/ 끝은 시작이 있으며/ 아름다운 가운데 감미롭고/ 감미로운 가운데 아름답다

6. 上六(䷯ → ䷸)

【효사와 소상전】상육은 우물을 길어 취하고, 남이 못먹게 덮지 않으며, 믿음이 있다. 크게 착하고 길하니라. 상에 말하기를 크게 착한 것으로 위에 있음이 크게 성공함이다. 【上六은 井收勿幕고 有孚라. 元吉이니라. 象曰 元吉在上이 大成也라.】

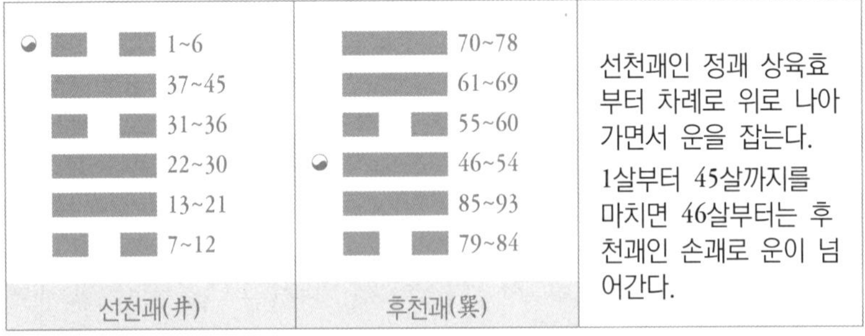

	선천괘(井)		후천괘(巽)	
	1~6		70~78	
	37~45		61~69	
	31~36		55~60	
	22~30		46~54	
	13~21		85~93	
	7~12		79~84	

선천괘인 정괘 상육효부터 차례로 위로 나아가면서 운을 잡는다.

1살부터 45살까지를 마치면 46살부터는 후천괘인 손괘로 운이 넘어간다.

◇ 양년 음년 똑같음

손(57)	소축(9)	가인(37)	익(42)	무망(25)	서합(21)
1	2	3	4	5	6

◈ 월괘

수·5	쾌·43	기제·63	명이·36	둔·3	익·42	수·17	취·45	진·51	귀매·54	서합·21	리·30
1월	2월	3월	4월	5월	6월	7월	8월	9월	10월	11월	12월

◈ 일괘

정(상육)	수·5	건·39	감·29	대과·28	승·46
	6 5 4 3 2 1	12 11 10 9 8 7	18 17 16 15 14 13	24 23 22 21 20 19	30 29 28 27 26 25

【총괄해서 판단하면】

14 이 효는 덕택이 사물에 두루 미침을 나타냄으로써, 근본이 있는 다스림을 보여준 것이다. 그러므로 운이 맞는 사람은, 충실한 덕이 자기 몸에 넉넉히 갖춰져 있는 사람이다. 근본있는 다스림을 베풂으로써 윤택한 은혜를 널리 펼 수 있고, 마음이 지극히 정성스러워 본체가 있는 쓰임을 베풂으로써 호탕한 교화를 펼 수 있으니, 일의 공적이 한 시대에 융성하고 명예가 만고에 드날리게 된다.

운이 맞지 않는 사람도, 또한 학덕을 풍부하게 기르고 두텁게 쌓아서, 비록 벼슬해서 녹을 먹는 영예로움은 없으나, 도주공陶朱公**15**과 같은 부자

---

14 此爻是著其德澤及物之普 而示以有本之治者也 故叶者 實德裕於己 有本之治 自足以溥潤澤之恩 至誠根於心 而有體之用 自足以敷浩蕩之化 事功隆於當時 而名譽昭於千古 不叶者 亦養之裕而積之厚 雖無鐘鼎之榮 亦有陶朱之産 歲運 逢之 在仕則功高德厚而高遷 在士則道全德備而名成 在庶俗則才用充足而謀遂

15 중국 전국시대에 월越나라의 대부로, 자는 소백少伯이고, 이름은 범려范蠡이다. 월왕 구천句踐을 도와 오나라를 멸한 후, 신하로서 너무 큰 명예와 부를 누렸다고 생각하고는, 구천의 후대를 뿌리치고 제나라로 피해가서 성과 이름을 바꾸고 큰 재산을 모았다. 제나라에서도 상국相國으로 모시려 하자, 이를 뿌리치고 도陶 땅에 가서 또 큰 재산을 모으고 살았다. 나아가고 물러날 때를 잘 알고, 또한 큰 경륜과 처세술을

가 된다.

세운을 만나면, 공직자는 공은 높고 덕은 두터워서 높이 승진하게 되고, 구직자는 도와 덕을 겸비해서 이름이 나게 되며, 일반인은 재주있고 재산도 풍족해서 계획하는 것이 이루어진다.

【글귀로 판단하면】

① 博施無慳吝하니 中心貫信誠이라

  有常休厭倦이면 元吉大通亨이라

  넓게 베풀어 인색하거나 아끼지 않으니/ 마음속이 신의와 성실로 일관되었다/ 항상함이 있으면서 싫어하거나 게으름 없으면/ 크게 길하고 형통하리라

② 屋外東風急하니 山前峯又靑이라

  烟橫逬已解요 井靜水華淸이라

  집밖에 봄바람 급히 부니/ 산 앞에 봉우리 또 푸르렀다/ 연기가 옆으로 비껴가니 어려움 이미 풀렸고/ 우물은 고요하고 물은 맑고 빛난다

③ 可儲可蓄이니 尺土寸珠ㅣ

  停停穩穩하고 前去良圖라

  모이고 쌓을 수 있으니/ 한 자(尺)의 땅 마디만한 구슬(寸珠)이/ 안온하게 수북이 쌓여 가고/ 앞으로 가면 모든 일 잘 될 것이다

겸비한 사람으로 널리 알려졌다.

혁괘 개요

【괘사와 대상전】 혁은 날이 마쳐야 믿으리니, 크게 형통하고 바르게 함이 이로워서 뉘우침이 없어지느니라. 상에 말하길 못 가운데 불이 있는 것이 혁괘니, 군자가 본받아서 역(책력)을 다스려서 때를 밝히느니라. 【革은 己日이라아 乃孚하리니 元亨코 利貞하야 悔 亡하니라. 象曰 澤中有火 革이니 君子 以하야 治歷明時하나니라.】

【총괄해서 판단하면】

정미
정유
정해
기해
기축
기묘

※ 革卦 납갑표

1 감궁의 4세괘로 2월에 속한다. 내괘의 납갑은 기묘·기축·기해이고, 외괘의 납갑은 정해·정유·정미니, 2월에 태어난 사람과, 태어난 년도의 간지가 납갑의 간지에 합치되는 사람은 부귀와 공명을 누리게 된다.2

운세로 보면 택화혁괘()는 상괘는 태()이고 하괘는 리()이며, 호괘로는 건()과 손()이 있는데, 하늘 아래에 바람

---

1 坎宮四世 卦屬二月 納甲 是己卯己丑己亥 丁酉丁亥丁未 如生於二月及納甲者 功名富貴人也

2 혁괘의 세효인 구사효는 양효이므로, 초효부터 사효까지 세면 묘월卯月이 된다(초효는 자, 이효는 축, 삼효는 인, 사효는 묘). 지지의 묘는 2월에 해당하므로, 혁괘가 2월 괘가 되는 것이다. 따라서 2월을 주관하는 괘가 되고, 2월에 태어난 사람은 때를 얻음이 된다.

이 불어 발양시키니 만물이 생장하는 것으로, 천풍구괘의 상이 된다. 하늘 위에 못(호수)이 있어서 흡족하게 적셔주고, 하늘 아래에 바람이 불고 햇빛이 나서 융화시키고 뻗어 나간다. 가령 봄·여름·가을에 태어난 사람은 가장 길하니, 만물이 새롭게 늘어나고 옛모습을 고쳐 나간다. 만약에 몸이 건(외호괘)의 강한 곳에 안주하고자 한다면, 흉함을 부르는 일이 많을 것이다. 군자가 이런 괘를 얻으면, 고치고 혁신하는 상이 있다.

혁괘는 팔궁세혼법으로 볼 때, 감궁의 4세괘로 제후괘에 해당한다. 즉 구사효(제후)가 세효世爻가 되고, 원사元士에 해당하는 초구효는 응효가 된다. 구사효가 제자리를 얻지 못했고, 또 서로 음과 양으로 응하지도 못하니, 일이 어렵고 잘 안풀리는 뜻이 있다. 그러나 구사효의 지지인 해(亥水)가 응효(초구효)의 지지인 묘(卯木)를 생하고, 구오효와 육이효가 모두 중정을 얻어 서로 도우면서 잘 풀어나가며, 상하괘가 모두 음괘로 약하나 그 중심되는 효는 모두 강건하니, 어렵고 막힌 것을 고쳐 새롭게 쇄신하는 뜻이 있다.

고쳐서 새롭게 하는 운이니, 기쁨과 부귀가 따른다. 사람의 기대를 한 몸에 받는다고 혼자 판단할 것이 아니라, 깊이 생각하고 여러 사람의 뜻을 모으는 일이 중요하다. 주거이동, 영업방침의 전환, 전업 등으로 인하여 좋은 결과를 얻을 수 있다.

1 久亂須當振이니 謀安一阜無라

　治明無晦暗이면 滿目自鮮姸이라

　어지러움이 오래가면 마땅히 진작시켜야 하니/ 안일함만 꾀한다면 한 점의 번성도 없을 것이다/ 밝게 다스려 어두움 없애면/ 눈에 들어오는 것 모두가 신선하고 고우리라

2 本是迤遭下니 雖憂不足疑라

取新宜去舊니 方得兩相宜라

본래 어렵고 힘든 데 있었으니/ 비록 근심한다 해도 의심할 것 못된다/
새 것을 취하고 옛 것을 버려야 하니/ 그렇게 하면 둘다 마땅함을 얻을
것이다

③ (陰) 革故仍還新하니 施爲利變更이라

東南爲穩當이요 西北是深坑이라

(음) 옛 것을 고쳐 새롭게 되었으니/ 하는 일을 변경해야 이롭다/ 동남
쪽이 편안하고 마땅하며/ 서북쪽은 깊은 구덩이다

1. 初九(☱☲ → ☶☲)

【효사와 소상전】 초구는 묶되 누런 소의 가죽(단단하고 질긴 가죽)을 쓰니
라. 상에 말하길 '묶되 누런 소를 씀'은 일을 할 수 없기 때문이다. 【初九는
鞏用黃牛之革이니라. 象曰 鞏用黃牛는 不可以有爲也일새라.】

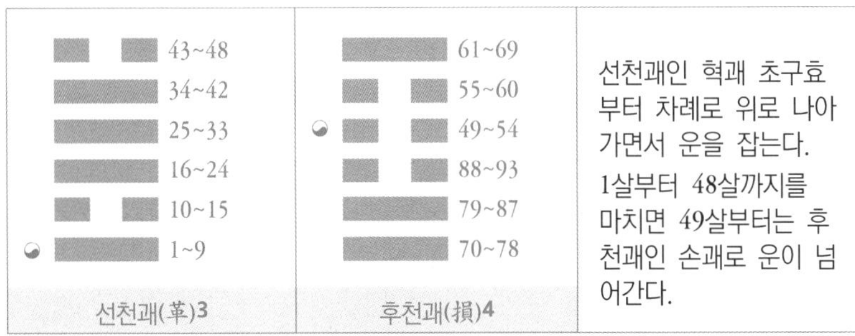

---

3 사주의 숫자로 괘를 만들어서 혁괘 초효에 원당이 있다면, 1~9살까지는 혁괘 초효 항
  을, 43~48살까지는 혁괘 상효 항을 가서 살펴 보면 된다.

4 49~54살까지는 후천괘인 손괘 사효 항을, 61~69살까지는 손괘 상효 항을, …,
  88~93살까지는 손괘 삼효 항을 살펴보면 그 사람의 운이 된다(○나 ●표시 한 곳이
  해당하는 효를 가리키고, 밑에서부터 초효·이효·삼효·사효·오효·상효로 나눈다).

◈ 양년(갑·병·무·경·임년)일 경우 5

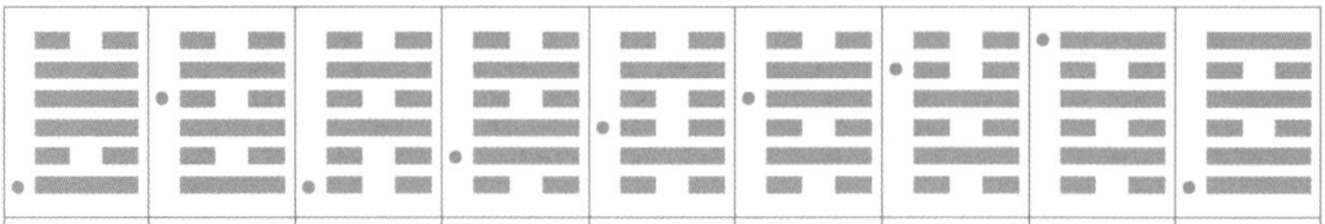

혁(49)6	기제(63)	건(39)	정(48)	감(29)	곤(47)	해(40)	미제(64)	규(38)
1	2	3	4	5	6	7	8	9

◈ 음년(을·정·기·신·계년)일 경우

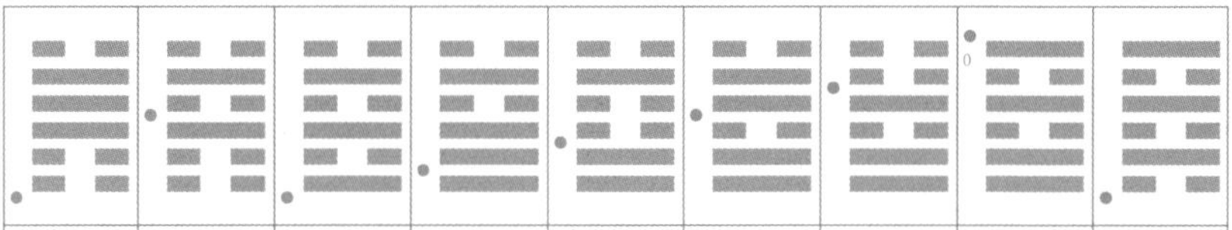

함(31)	건(39)	기제(63)	수(5)	절(60)	태(58)	귀매(54)	규(38)	미제(64)
1	2	3	4	5	6	7	8	9

◈ 월괘

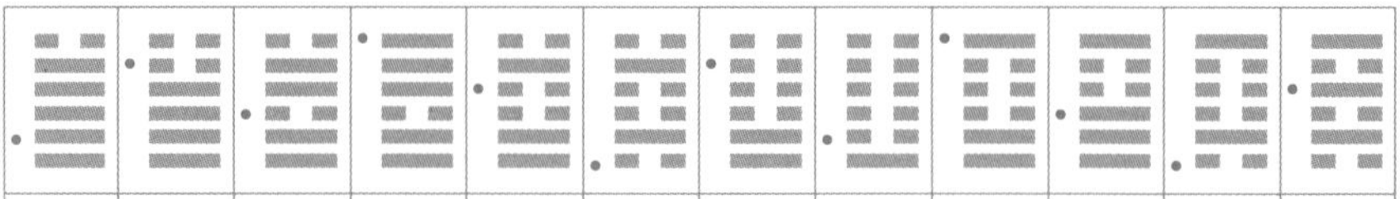

쾌·43	대장·34	태·58	리·10	절·60	감·29	림·19	복·24	손·41	대축·26	몽·4	미제·64
1월	2월	3월	4월	5월	6월	7월	8월	9월	10월	11월	12월

---

5 해마다의 운인 유년운의 진행은 양효(━)일 때와 음효(▬▬)일 때가 다른데, 그 자세한 예는 중천건괘(1) 초구효, 중지곤괘(2) 초육효와 육이효, 수뢰둔괘(3) 초구효와 육삼효, 산수몽괘(4) 초육효와 육사효 항에 유년운에 속한 월운月運의 예와 함께 실려 있으므로 참고하면 된다.

6 위의 도표에서 '혁(49)'라고 한 것은 괘명은 혁괘革卦고 64괘 중에 49번째 괘라는 뜻이다. 나머지 괘도 이와같은 방식으로 본다. 따라서 앞의 목차에서 번호의 순서대로 찾으면, 해당하는 괘를 쉽게 찾을 수 있다. 또 월괘月卦에서 '대장·34' 등으로 표시한 것도, 괘명은 대장괘大壯卦고 64괘 중에 34번째라는 뜻이다.

◈ 일괘 7

	6		12		18		24		30	
	5		11		17		23		29	
	4		10		16		22		28	
	3		9		15		21		27	
	2		8		14		20		26	
●	1		7		13		19		25	
혁(초구)		쾌·43		수·17		기제·63		풍·55		동인·13

【총괄해서 판단하면】

8 이 효는 변혁의 책임이 맡겨지지 않은 사람이기 때문에, 변혁하지 않음으로써 변혁하는 사람을 설명한 것이다. 그러므로 운이 맞는 사람은, 비록 재주와 꾀가 있으나 직책을 못 얻어 발휘하지 못하니, 일상생활에 편안히 있으면서 분수를 지키고, 평이하게 거처하면서 명을 기다린다.

운이 맞지 않는 사람은, 낮고 밑에 있으면서 고집불통이니, 비록 화와 근심은 없으나 비루하고 부끄럽다.

세운을 만나면, 공직자는 자리나 보존하면서 승진할 생각은 말아야 하고, 구직자는 몸이나 편안히 하고 있어야지 요행을 바라고 벼슬할 생각을 해서는 안된다. 일반인은 보통의 생활을 삼가면서 지켜야 하고, 망령되이 무엇을 하려는 생각을 해서는 안된다.

【글귀로 판단하면】

① 乘牛一向乘前去하니 跨馬何須問後津가

　　逢著水邊人有力하니 此時名利一番新이라

---

7 그 날의 운(日運)과 더 세분해서 시운時運을 알고 싶으면, 앞의 일괘日卦와 시괘時卦 설명을 참조해서 계산하면 된다. 자세한 예는 건(1)~송(6)괘의 초효 항에 있으므로 참고바람.

8 此爻是無變革之任 故以不革爲革者也 故叶者雖有才猷 而多阻於職業之未就 安常守分 居易以俟命 不叶者 自處卑下 執一不通 雖無禍患 鄙陋可恥 歲運逢之 在仕保位 不可懷出位之思 在士安己 不可圖倖進之擧 在庶俗謹守常度 不可存妄作之念

소를 타고 한결같이 앞을 향해 가는데/ 말을 탄 사람이 어찌 뒤에 쳐진 나루터를 묻는가?/ 물 수(水, 氵, 氺)자 변 들어가는 힘있는 사람 만나니/ 이 때에 명예와 이익이 새로와진다

② 堅心宜固守나 小利有施爲라

切莫輕更改하라 安身自免危라

마음을 굳게 갖고 고집스레 움직이지 말아야 마땅하나/ 작은 일 정도는 이익 볼 수 있어 괜찮다/ 절대로 가벼이 고치지 마라/ 몸 편안히 움직이지 않으면 자연히 위험을 면한다

③ 意違事不違하고 事寬心不寬이라

欲知端的信인덴 猶隔兩重關이라

뜻은 어긋났으나 일은 어긋나지 않았고/ 일은 관대하지만 마음은 관대하지 않다/ 확실한 소식 알려고 한다면/ 아직도 두 개의 무거운 관문이 막혔다

2. 六二(☱ → ☱)

【효사와 소상전】 육이는 날이 마쳐야 고치리니, 나아가면 길해서 허물이 없으리라. 상에 말하길 '날이 마쳐야 고침'은 행함에 아름다움이 있음이라.【六二는 己日이어야 乃革之니 征이면 吉하야 无咎하리라. 象曰 己日革之는 行有嘉也라.】

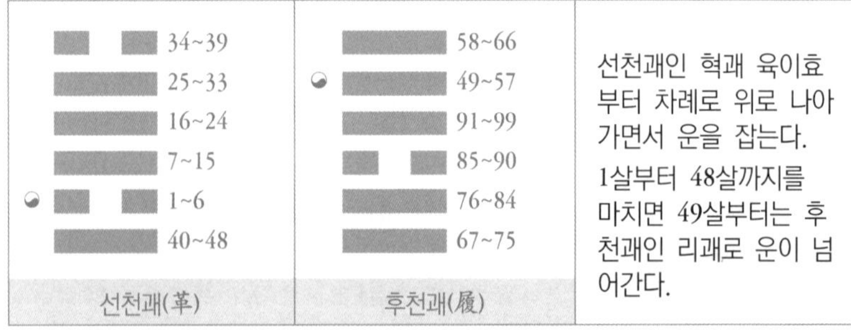

	34~39
	25~33
	16~24
	7~15
●	1~6
	40~48

선천괘(革)

	58~66
●	49~57
	91~99
	85~90
	76~84
	67~75

후천괘(履)

선천괘인 혁괘 육이효부터 차례로 위로 나아가면서 운을 잡는다.
1살부터 48살까지를 마치면 49살부터는 후천괘인 리괘로 운이 넘어간다.

◈ 양년 음년 똑같음

쾌(43)	태(58)	절(60)	림(19)	손(41)	몽(4)
1	2	3	4	5	6

◈ 월괘

수·17	무망·25	둔·3	비·8	복·24	림·19	이·27	비·22	박·23	진·35	몽·4	환·59
1월	2월	3월	4월	5월	6월	7월	8월	9월	10월	11월	12월

◈ 일괘

혁(육이)	수·17	기제·63	풍·55	동인·13	함·31

【총괄해서 판단하면】

9 이 효는 조용히 변화를 살펴봐서 따르는 것이니, 변화에 잘 적응하는 도를 얻은 것이다. 그러므로 운이 맞는 사람은, 시세를 살피고 일의 기틀을 밝히는 사람이다. 변화에 통달해서 백성에게 마땅하게 시행했기 때문에, 한 사람이 창안해서 세상에 유통시켜도 어긋나지 않고, 교화를 다시 해서 잘 다스리기 때문에, 한 때의 제도를 세워서 만세에 전해도 잘못됨이 없다. 위로는 임금의 총애를 받고, 아래로는 백성들의 우러름을 얻게

---

9 此爻是從容以觀變 得善變之道者也 故叶者 能察乎時勢 能燭乎事機 通變以宜民 創立於一人 達諸四海而不悖 更化以善治 建立於一時 傳諸萬世而無窮 上承君寵 下係民望 不叶者 亦存心忠厚 處事得宜 革先人之弊緒 成一代之規模 在仕遷職 士子成名 庶俗多喜事之作

된다.

운이 맞지 않는 사람도, 또한 마음이 충후忠厚하고 일처리를 마땅하게 하는 사람으로, 옛사람들의 폐단이 되는 단서를 개혁해서 한 시대의 법을 만든다.

세운을 만나면, 공직자는 전근되고, 구직자는 이름이 나며, 일반인은 기쁜 일이 많이 일어난다.

【글귀로 판단하면】

1 革故逢秋巳地好하니 看他來處待蛇行이라

白馬行防有阻擋이나 孤鴻飛去自無迹이라

옛 것을 개혁하는 가을 만나려면 뱀(巳)의 땅이 좋으니/ 오는 곳 보려거든 뱀(巳)이 지날 때 기다려라/ 흰 말(庚午) 가는데 막힘이 있으나/ 외로운 기러기 날적에 어려움이 없어진다

2 改革宜從緩이니 非宜遽變更이라

前程無阻隔하니 吉慶保元亨이라

개혁하는 것은 천천히 해야 마땅하니/ 급하게 변경함은 옳지 않다/ 앞길에 막힘이 없으니/ 길하고 경사스러워 크게 형통함이 있으리라

3 煖日當庭樹色新이나 望中家信事難眞이라

舟行或達應非晚이니 從此欣欣四季榮이라

날 따스하니 뜰의 나무색 새로와지나/ 바라던 집 소식은 참된 소식이기 어렵다/ 배가 혹 오게 되면 늦은 것 아니니/ 이때부터 기쁜 일 있어 사계절이 다 영화롭다

3. 九三(☵ → ☵)

【효사와 소상전】 구삼은 나아가면 흉하니, 곧고 바르게 하며 위태롭게 여겨야 할 것이니, 고친다는 말이 세 번 이루어지면 미더움이 있으리라. 상에 말

하길 '고친다는 말이 세 번 이루어짐'이니 고치지 않고 또 어디를 가리오?

【九三은 征이면 凶하니 貞屬할지니 革言이 三就면 有孚리라. 象曰 革言三就어니 又何之矣리오.】

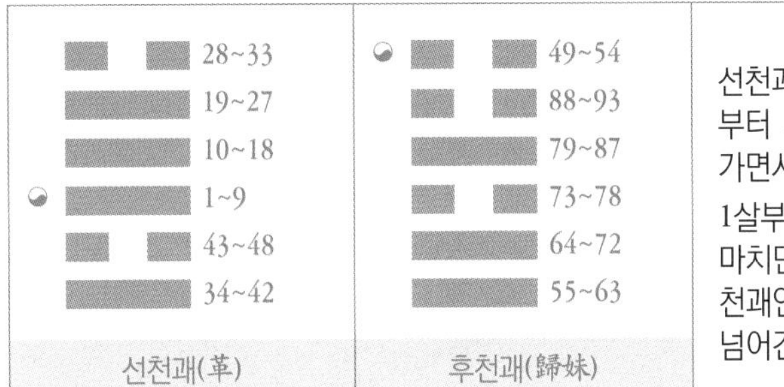

선천괘인 혁괘 구삼효부터 차례로 위로 나아가면서 운을 잡는다.
1살부터 48살까지를 마치면 49살부터는 후천괘인 귀매괘로 운이 넘어간다.

◈ 양년(갑·병·무·경·임년)일 경우

혁(49)	동인(13)	무망(25)	익(42)	이(27)	복(24)	곤(2)	사(7)	승(46)
1	2	3	4	5	6	7	8	9

◈ 음년(을·정·기·신·계년)일 경우

수(17)	무망(25)	동인(13)	가인(37)	비(22)	명이(36)	겸(15)	승(46)	사(7)
1	2	3	4	5	6	7	8	9

◈ 월괘

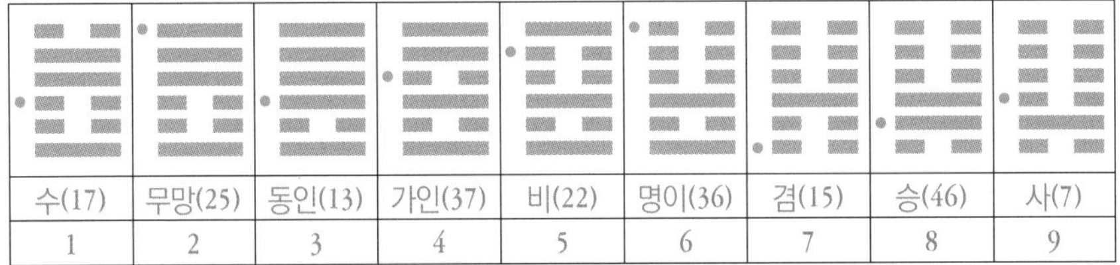

기제·63	건·39	명이·36	태·11	비·22	이·27	간·52	려·56	고·18	손·57	몽·4	사·7
1월	2월	3월	4월	5월	6월	7월	8월	9월	10월	11월	12월

◇ 일괘

혁(구삼)	기제·63	풍·55	동인·13	함·31	쾌·43
	6 5 4 3 2 1	12 11 10 9 8 7	18 17 16 15 14 13	24 23 22 21 20 19	30 29 28 27 26 25

【총괄해서 판단하면】

10 이 효는 개혁하는 소임을 맡은 것으로, 조급하게 하면 병폐가 되고, 잘 살펴서 함이 귀한 것임을 설명한 것이다. 그러므로 운이 맞는 사람은, 조용하고 주밀한 사람으로, 때를 봐서 그 폐단을 고치고 신중하게 그 변화를 자세히 살핀다. 일과 공적을 높이 세우고, 공과 명예가 원대하며, 뭇사람들과 인정이 통해서 믿고 협력하여 만대에 추앙을 받는다.

운이 맞지 않는 사람은, 경거망동해서, 이루는 것은 적고 패망하는 것이 많으니, 우뚝 서기가 어려우며, 경영하고 도모하는 일이 일시에 좌절된다.

세운을 만나면, 공직자는 조급히 움직이다가 실정을 해서 꾸지람을 듣게 되고, 구직자는 세 번 다시 시험을 봐서 과거에 합격하며, 일반인은 분주하고 화려하며 요란스럽다. 수가 흉한 사람은 요절한다.

【글귀로 판단하면】

1 躁進輕更革이면 攸行反致凶이라

　當懷危懼志하고 正順以從公이라

　조급하게 나가서 경솔하게 개혁하면/ 개혁이 도리어 흉함을 이룬다/

---

10 此爻是當革之任 病於躁而貴於審者也 故叶者 從容周密 相時以更其弊 持重詳審以觀其變 事功崇高 功名遠大 羣情允協 百代欽仰 不叶者 輕擧妄動 成少敗多 卓立艱辛 營謀頓挫 歲運逢之 在仕有躁動失政之譏 在士有復試三就之擧 在庶俗多紛華之擾 數凶者夭折

위태롭게 여기고 두려워하는 생각 가져야 마땅하고/ 바르고 순리대로
하되 공평하게 하라

② 一成復一廢하고 一靜忌仍遷이라

萬事征逢遠하니 言孚恐不全이라

하나가 이루어지면 다시 하나가 폐하게 되고/ 한번 안정되면 옮기는
것 꺼린다/ 만가지 일의 가는 길이 머니/ 믿음이 온전하지 못할까 두렵
다

③ 黑白滔光하고 往來不通하니

雲捲未分明이나 雲開方見月이라

검은빛 흰빛 넘치고/ 왕래가 통하지 않으니/ 구름 걷히는 것 분명하지
않으나/ 구름 개이면 달을 보게 되리라

4. 九四(䷰→䷿)

【효사와 소상전】 구사는 뉘우침이 없어지니, 미더움이 있으면 개혁해서 길
하리라. 상에 말하길 '개혁해서 길함'은 뜻을 믿기 때문이다. 【九四는 悔亡하
니 有孚면 改命하야 吉하리라. 象曰 改命之吉은 信志也일새라.】

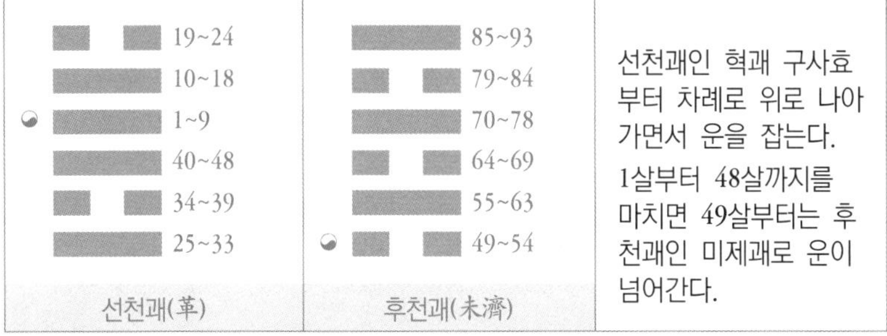

선천괘인 혁괘 구사효
부터 차례로 위로 나아
가면서 운을 잡는다.
1살부터 48살까지를
마치면 49살부터는 후
천괘인 미제괘로 운이
넘어간다.

◇ 양년(갑·병·무·경·임년)일 경우

혁(49)	함(31)	건(39)	겸(15)	간(52)	비(22)	대축(26)	손(41)	규(38)
1	2	3	4	5	6	7	8	9

◇ 음년(을·정·기·신·계년)일 경우

기제(63)	건(39)	함(31)	소과(62)	려(56)	리(30)	대유(14)	규(38)	손(41)
1	2	3	4	5	6	7	8	9

◇ 월괘

풍·55	대장·34	리·30	서합·21	려·56	간·52	정·50	구·44	미제·64	해·40	몽·4	손·41
1월	2월	3월	4월	5월	6월	7월	8월	9월	10월	11월	12월

◇ 일괘

혁(구사)	풍·55	동인·13	함·31	쾌·43	수·17

【총괄해서 판단하면】

11 이 효는 민심의 도움을 얻어서 정치를 개혁하는 것이니, 다스리는 도

---

11 此爻是協民心以革政 斯治道維新者也 故叶者 道大德宏 謀遠志高 補弊救偏以
成莫大之功名 革故鼎新以成可久之制度 上有以叶君心 下有以孚平民情 命字有
爵命壽命之吉兆 不叶者 宅心忠厚 區劃有方 先難後易 改祖外立 生涯乃久 歲運
逢之 在仕有陞遷之驟 在士有登薦之榮 在庶俗有增美之吉 改命二字 亦有深意

가 새로워지는 것이다. 그러므로 운이 맞는 사람은, 도道와 덕이 크고, 계획을 원대하게 하고 뜻이 높은 사람이다. 폐단을 보완하고 치우친 것을 바로 잡아, 막대한 공과 명예를 이루며, 옛 것을 새로이 개혁해서 오래가는 제도를 만든다. 위로는 임금의 마음과 합치되고, 아래로는 백성이 마음으로부터 믿어 안심토록 한다. '명命'자에는 벼슬의 명령(爵命)이나 수명壽命의 길한 조짐이 있다.

운이 맞지 않는 사람도, 또한 마음가짐이 충성되고 후중하며, 계획하는 것에 법도가 있으니, 먼저는 어려우나 뒤에는 쉬워진다. 조상의 세업을 바꿔 외지에 가서 성공하며, 생애가 장구하다.

세운을 만나면, 공직자는 빠른 승진을 해서 자리를 옮기고, 구직자는 천거를 받아 등용되는 영광이 있으며, 일반인은 일이 잘되어 아름다움이 더해지는 길함이 있다. '개명改命'의 두 글자에는 또한 깊은 뜻이 있다(예를 들어 혁명).

【글귀로 판단하면】

① 利害紛紛際요 施爲更變時라

   事宜先有斷이니 閑語總成非라

   이해가 분분한 때고/ 일하는 것 변경할 때다/ 일은 먼저 결단함이 좋으니/ 한가로이 말만하면 다 잘못될 것이다

② 改革原危險이니 安中家吉康이라

   雲端逢月處에 冬嶺秀孤松이라

   개혁은 원래 위험한 것이니/ 안을 편안히 하면 집안이 길하고 편안하다/ 구름 끝나 달 만나는 곳에/ 겨울 산마루에 외로운 소나무 빼어났다

③ 革故始知期하니 更新事更宜라

   東風傳信息이면 春色上花枝라

   옛 것을 개혁할 시기가 되었으니/ 새로이 고치면 일이 다시 마땅해진다/ 봄바람이 소식 전하면/ 봄빛이 꽃가지에 오를 것이다

5.九五(☲→☳)

【효사와 소상전】 구오는 대인이 호랑이 문채와 같이 변하는 것이니, 점치지 아니해도 미더움이 있느니라. 상에 말하길 '대인이 호랑이로 변함'은 그 무늬가 빛남이라. 【九五는 大人이 虎變이니 未占애 有孚니라. 象曰 大人虎變은 其文이 炳也라.】

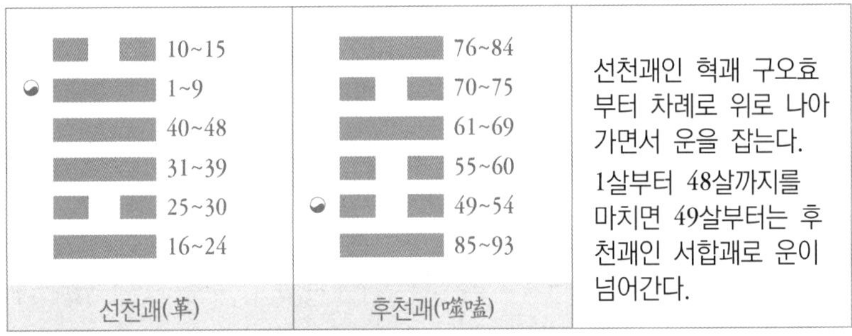

10~15		76~84	선천괘인 혁괘 구오효
1~9		70~75	부터 차례로 위로 나아
40~48		61~69	가면서 운을 잡는다.
31~39		55~60	1살부터 48살까지를
25~30		49~54	마치면 49살부터는 후
16~24		85~93	천괘인 서합괘로 운이
선천괘(革)		후천괘(噬嗑)	넘어간다.

◇ 양년(갑·병·무·경·임년)일 경우

혁(49)	쾌(43)	대장(34)	대유(14)	정(50)	려(56)	진(35)	박(23)	관(20)
1	2	3	4	5	6	7	8	9

◇ 음년(을·정·기·신·계년)일 경우

풍(55)	대장(34)	쾌(43)	건(1)	구(44)	돈(33)	비(12)	관(20)	박(23)
1	2	3	4	5	6	7	8	9

◇ 월괘

동인·13	무망·25	돈·33	점·53	구·44	정·50	송·6	곤·47	환·59	중부·61	몽·4	박·23
1월	2월	3월	4월	5월	6월	7월	8월	9월	10월	11월	12월

◇ 일괘

	6		12		18		24		30	
•	5		11		17		23		29	
	4		10		16		22		28	
	3		9		15		21		27	
	2		8		14		20		26	
	1		7		13		19		25	
혁(구오)	동인·13		함·31		쾌·43		수·17		기제·63	

【총괄해서 판단하면】

12 이 효는 개혁해서 평정하는 상이 있고, 백성의 마음을 따라 개혁함으로써 백성이 따르게 됨을 보여준 것이다. 그러므로 운이 맞는 사람은, 기특한 재주와 두터운 촉망을 받는 사람으로, 뭇 사람보다 뛰어나서 예절과 음악을 만들어 백대의 규범을 완성하고, 제도를 고치고 보완하며 법령을 밝게해서 여러 성왕聖王들의 비밀스러운 법을 밝히는 큰 일을 하니, 평상시의 문·무과에 급제하여 출세하는 일 등은 이 사람에게는 여분의 일일 뿐이다.

운이 맞지 않는 사람도, 복이 두텁고 성가가 높아서, 일을 보면 의심하지 않고, 실행을 하면 뜻과 어긋나지 않는다.

세운을 만나면, 공직자는 단계를 뛰어올라 높은 자리로 옮기는 영광이 있고, 구직자는 높이 천거되는 기쁨이 있으며, 일반인은 일을 처리하는데 선조들의 하던 것을 변혁해서 좋게 만든다. 오직 천한 사람과 여자는 이롭지 않고, 그 나머지는 다 길하다.

【글귀로 판단하면】

1 魚龍變化莫蹉跎하라 頃刻之間奮勇過라

---

12 此爻是有革命之象 而因示以順民之情者也 故叶者 奇才重望 出類超羣 制禮作樂 以成百代之規 修改明刑 以闡百王之秘 虎榜龍池 特其餘事 不叶者 福力之厚 聲價之高 見事無疑 行不負志 歲運逢之 在仕有遷超之榮 在士有高薦之喜 在庶俗幹爲有變通先顯之休 惟賤士陰人不利 餘皆吉兆

傳與時人一嗟怨하니 天生資質冀風流라

물고기가 용되는 변화 놓치지 마라/ 잠깐 사이에 빨리 지나간다/ 말을
전하는 그 당시 사람 한탄하는데/ 천생의 자질이 풍류를 즐겼네

② 幸遇文明世하니 方當虎變時라

所行無不利하니 何必問蓍龜아

다행히 문명한 세상 만나니/ 호랑이 털갈아 변하듯이 할 때를 맞았다/
행하는 일이 이롭지 않음이 없으니/ 시초점과 거북점에 물을 것 무엇
있는가?

③ 豹變南山別有期나 主人目下尚狐疑라

雁音嘹喨黃花晚하니 從此光明變俊儀라

남산의 표범 털갈아 변하는 것 따로 기약 있으나/ 주인이 아직 의심하
여 정하지 못했다/ 기러기 소리 영롱한데 국화꽃은 늦게 피니/ 이로부
터 광명하여 준수한 모습으로 변한다

6. 上六(䷰ → ䷛)

【효사와 소상전】 상육은 군자는 표범의 문채와 같이 변함이고, 소인은 낯만
고치니, 가면 흉하고, 바른 데 거처하면 길하리라. 상에 말하길 '군자가 표범
으로 변함'은 그 무늬가 성함이고, '소인이 얼굴만 고침'은 순하게 임금을 좇
음이라. 【上六은 君子는 豹變이오 小人은 革面이니 征이면 凶코 居貞이면
吉하리라. 象曰 君子豹變은 其文이 蔚也오 小人革面은 順以從君也라.】

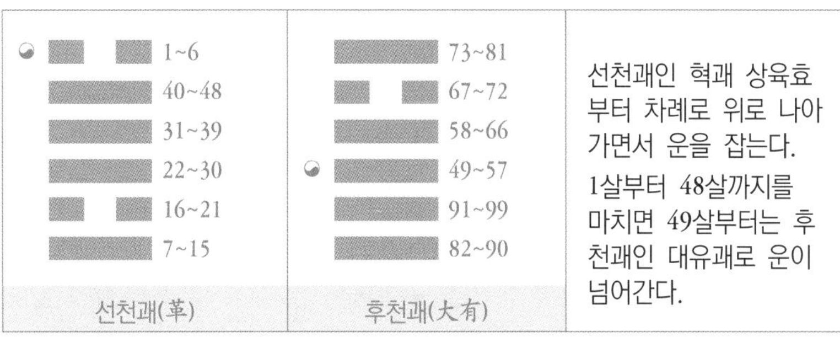

선천괘(革)	후천괘(大有)	
1~6	73~81	선천괘인 혁괘 상육효 부터 차례로 위로 나아가면서 운을 잡는다.
40~48	67~72	
31~39	58~66	1살부터 48살까지를 마치면 49살부터는 후천괘인 대유괘로 운이 넘어간다.
22~30	49~57	
16~21	91~99	
7~15	82~90	

◈ 양년 음년 똑같음

동인(13)	돈(33)	구(44)	송(6)	환(59)	몽(4)
1	2	3	4	5	6

◈ 월괘

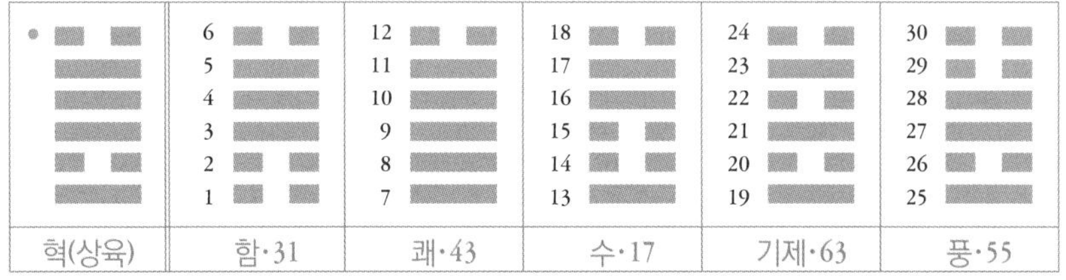

함·31	건·39	대과·28	항·32	곤·47	송·6	감·29	절·60	사·7	곤·2	몽·4	고·18
1월	2월	3월	4월	5월	6월	7월	8월	9월	10월	11월	12월

◈ 일괘

혁(상육)	함·31	쾌·43	수·17	기제·63	풍·55
	6 · 5 · 4 · 3 · 2 · 1	12 · 11 · 10 · 9 · 8 · 7	18 · 17 · 16 · 15 · 14 · 13	24 · 23 · 22 · 21 · 20 · 19	30 · 29 · 28 · 27 · 26 · 25

【총괄해서 판단하면】

[13] 이 효는 이미 변혁한 뒤에 개혁의 도가 이루어진 것이니, 그 점괘가

---

[13] 此爻是變革之后 革道之成也 而其占必欲其居貞焉 故叶者 下修己德 文章有豹
變之美 上從君命 爵祿有榮膺之休 不叶者 作聰罔法 率意妄爲 强貪不厭 禍患迭
生 世運逢之 未仕者進秩 已仕者退閑 在士有文蔚之喜 而名必成 庶俗有守法之

반드시 바르게 함을 원하는 것이다. 그러므로 운이 맞는 사람은, 아래로는 자기의 덕을 닦아서, 문채나고 빛남이 표범이 털갈이 한 것 같이 아름답게 되고, 위로는 임금의 명령을 따라서, 벼슬하고 녹을 받는 영화로움이 있다.

운이 맞지 않는 사람은, 총명한 것만을 믿고 법을 무시하며 제멋대로 망령되이 행동해서, 강압强壓과 탐욕을 싫어하지 않으니, 화와 근심이 앞다투어 생긴다.

세운을 만나면, 아직 벼슬의 보직을 받지 못한 사람은 품계가 올라가고, 벼슬을 하고 있는 사람은 물러나 쉬게 된다. 구직자는 문장이 아름답고 성해지는 기쁨이 있어 반드시 이름이 나고, 일반인은 법을 지키는 마음이 있어 환난과 해를 면하나, 마음 속으로 고치지 않고 겉 표정만 고치기 때문에 시비가 일어난다.

【글귀로 판단하면】

① 君子更新日하니 他人亦面從이라

　 但宜居正吉이요 征治反爲凶이라

　 군자가 날마다 새롭게 하니/ 다른 사람도 또한 겉으로나마 따른다/ 다만 바른데 거처하면 길하고/ 정벌하여 굴복시키고 다스리려 하면 도리어 흉하게 된다

② 革終須豹變이니 墻內一更高라 羣雁東西失이나 孤鴻自笑翔이라

　 개혁의 끝은 표범 변하듯 해야 하니/ 담장안이 다시 한번 높게 됐다/ 뭇 기러기들은 동서로 길 잃었으나/ 외로운 큰 기러기는 스스로 웃으며 날아간다

③ 只可後ㅣ 不可前이니 樓上月ㅣ 缺未圓이라

　 다만 뒤에 처진 것이 좋고/ 앞장서는 것은 좋지 않으니/ 누대 위에 뜬 달이/ 이지러진 후 아직 둥글지 못했다

心 而患害免 革面主是非

火風鼎(50)
화 풍 정

정괘 개요

【괘사와 대상전】 정은 크게 착하고 형통하니라. 상에 말하길 나무 위에 불이 있음이 정괘니, 군자가 본받아서 위位를 바로 해서 명을 후중하게 하느니라. 【鼎은 元(吉)亨하니라. 象曰 木上有火 鼎이니 君子 以하야 正位하야 凝命하나니라.】

【총괄해서 판단하면】

※ 鼎卦 납갑표

[1] 리궁의 2세괘로 12월에 속한다. 내괘의 납갑은 신축·신해·신유이고, 외괘의 납갑은 기유·기미·기사니, 12월에 태어난 사람과, 태어난 년도의 간지가 납갑의 간지에 합치되는 사람은 부귀와 공명을 누리게 된다.[2]

운세로 보면 화풍정괘(䷱)는 상괘는 리(☲)이고 하괘는 손(☴)이며, 호괘로는 건(☰)과 태(☱)가 있다. 하늘 위에 못(호수)과 해가 있고, 하늘의 아래에 바람이 진작시켜 영화롭다. 드넓은 하늘 아

---

[1] 離宮二世 卦屬十二月 納甲 是辛丑辛亥辛酉 己酉己未己巳 如生於十二月及納甲者 功名富貴人也

[2] 정괘의 세효인 구이효는 양효이므로, 초효부터 이효까지 세면 축월丑月이 된다(초효는 자, 이효는 축). 지지의 축은 12월에 해당하므로, 정괘가 12월괘가 되는 것이다. 따라서 12월을 주관하는 괘가 되고, 12월에 태어난 사람은 때를 얻음이 된다.

래에 강과 하천 및 산이 있고, 양명陽明함이 곱게 비추며, 비와 이슬이 적셔주고, 바람이 생장함을 도와주니, 정신이 수려하고 기상을 새롭게 고쳐 나간다. 군자가 이런 괘를 얻으면 솥에 곡식을 넣어 음식을 만들듯이, 더욱 새롭게 만드는 상이 있다.

정괘는 팔궁세혼법으로 볼 때, 리궁의 2세괘로 대부괘에 해당한다. 즉 구이효(大夫)가 세효世爻가 되고, 임금에 해당하는 육오효는 응효가 된다. 두 효가 모두 제자리를 얻지 못했으나 중을 얻었고, 또 서로 음과 양으로 응하니, 일이 쉽게 잘 풀리는 뜻이 있다. 또 응효의 지지인 미(未土)가 세효(구이효)의 지지인 해(亥水)를 극하나, 중을 얻은 구이효가 이를 잘 받아들여 자신의 잘못을 고치는데 쓰니 이롭게 된다. 더욱이 내괘인 나무(☴)가 외괘 및 전체괘(리궁에 속함)의 불(☲)을 생해주니 더욱 번창하게 된다.

명문장에 명필이니, 큰 영웅은 아니더라도 당대에는 이름을 날린다. 옛것과 새로운 문물을 연결하여 조화롭게 한다. 자신의 능력을 바탕삼아 안으로는 게으르지 않고 밖으로는 일을 성사하니, 모든 사람이 즐거워한다. 과거를 혁신시켜 새롭게 하되, 체제를 바꾸는 등 외부적인 틀을 개혁하는 것이 아니고, 회사방침을 바꾸는 것을 비롯한 내용혁신과 취급상품 또는 거래처 변동 등 주로 내부혁신을 꾀하여 좋게 되는 때다. 또 자기쪽만 이익을 보려고 하지 말고 상대편에도 이득을 주도록 해야 잘 된다. 한편 인감이나 문서 등을 조심해야 한다.

1 革故取新鼎初生하니 王器須知長子榮이라

　三足若全須大用이니 他年調鼎一時新이라

　옛 것을 개혁해서 새로움 취하는 솥이 처음 생기니/ 임금의 그릇은 맏아들이 영화롭다는 것을 알아야 한다(장자가 계승함)/ 솥의 세 발이 온

전하다면 크게 쓰이게 되니/ 때를 만난 다른 해에 솥으로 조리하면 일
시에 새로와진다

② 調羹須用鼎이니 三足特時安이라

一擧鵬程翅면 何妨徹廣寒가

국을 끓이려면 솥을 써야 하니/ 세 발이 특히 안전해야 한다/ 한번 붕
새가 날개 들어 길 떠나면/ 넓고 추운 곳 통과함에 방해될 것 무엇있으
랴?

1. 初六(䷱ → ䷌)

【효사와 소상전】 초육은 솥의 발이 엎어지나 비색한 것을 내놓게 되어 이로
우니, 첩을 얻으면 그 주인이 허물이 없어지리라. 상에 말하길 '솥의 발이 엎
어짐'이나 거스리지 않는 것이고, '비색한 것을 내놓게 되어 이로움'은 귀한
것을 따르는 것이다. 【初六은 鼎이 顚趾나 利出否하니 得妾하면 以其子无
咎리라. 象曰 鼎顚趾나 未悖也오 利出否는 以從貴也라.】

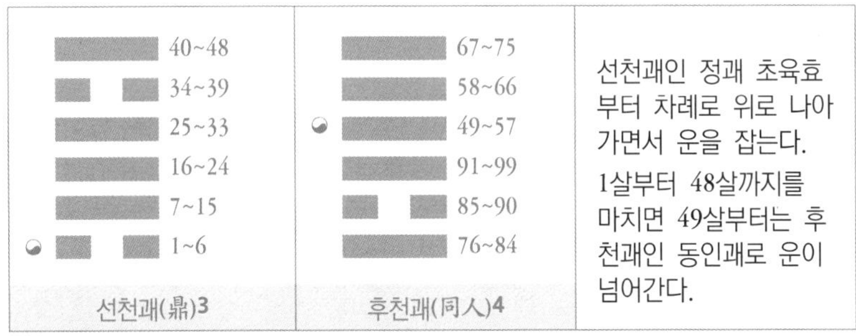

---

3 사주의 숫자로 괘를 만들어서 정괘 초효에 원당이 있다면, 1~6살까지는 정괘 초효 항
을, 7~15살까지는 정괘 이효 항을, …, 40~48살까지는 정괘 상효 항을 가서 살펴 보
면 된다.

4 49~57살까지는 후천괘인 동인괘 사효 항을, 67~75살까지는 동인괘 상효 항을, …,
91~99살까지는 동인괘 삼효 항을 살펴보면 그 사람의 운이 된다(◖나 ●표시 한 곳이

◈ 양년 음년 똑같음 5

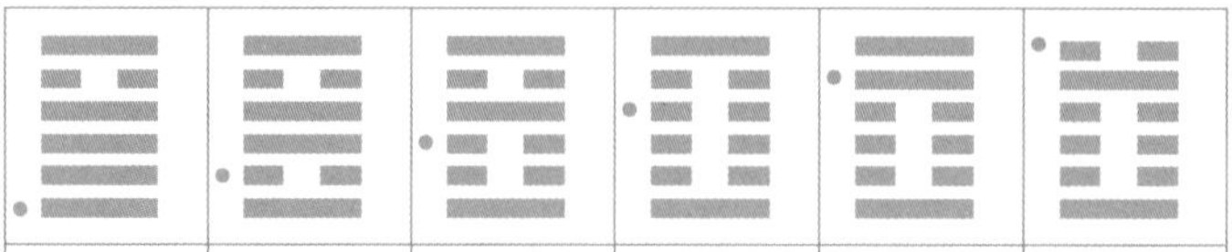

대유(14)6	리(30)	서합(21)	이(27)	익(42)	둔(3)
1	2	3	4	5	6

◈ 월괘

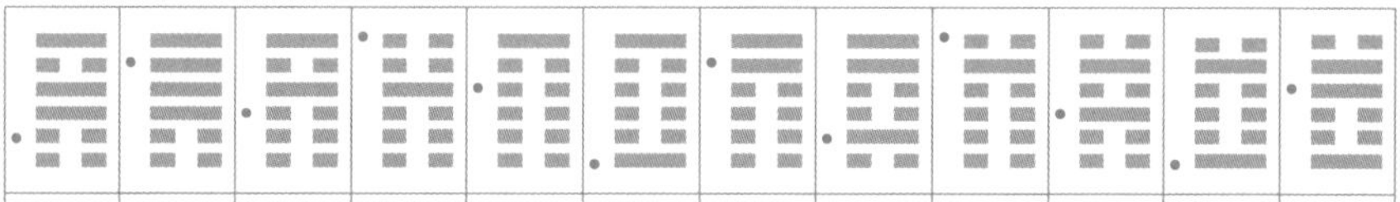

려·56	돈·33	진·35	예·16	박·23	이·27	관·20	환·59	비·8	건·39	둔·3	수·17
1월	2월	3월	4월	5월	6월	7월	8월	9월	10월	11월	12월

◈ 일괘 7

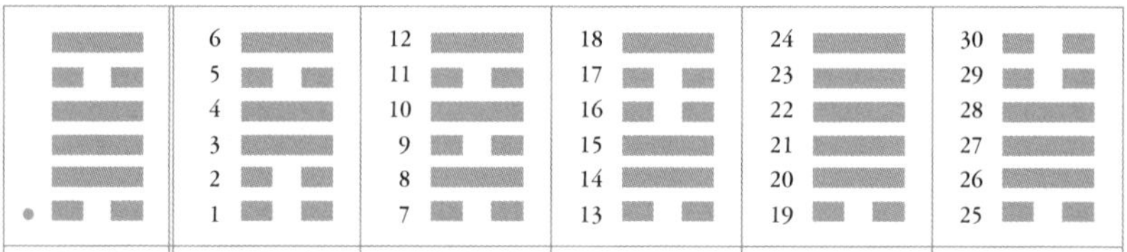

	6	12	18	24	30
	5	11	17	23	29
	4	10	16	22	28
	3	9	15	21	27
	2	8	14	20	26
	1	7	13	19	25
정(초육)	려·56	미제·64	고·18	구·44	항·32

해당하는 효를 가리키고, 밑에서부터 초효·이효·삼효·사효·오효·상효로 나눈다).

5 해마다의 운인 유년운의 진행은 양효(━)일 때와 음효(╍)일 때가 다른데, 그 자세한 예는 중천건괘(1) 초구효, 중지곤괘(2) 초육효와 육이효, 수뢰둔괘(3) 초구효와 육삼효, 산수몽괘(4) 초육효와 육사효 항에 유년운에 속한 월운月運의 예와 함께 실려 있으므로 참고하면 된다.

6 위의 도표에서 '대유(14)'라고 한 것은 괘명은 대유괘大有卦고 64괘 중에 14번째 괘라는 뜻이다. 나머지 괘도 이와같은 방식으로 본다. 따라서 앞의 목차에서 번호의 순서대로 찾으면, 해당하는 괘를 쉽게 찾을 수 있다. 또 월괘月卦에서 '려·56' 등으로 표시한 것도, 괘명은 려괘旅卦이고 64괘 중에 56번째라는 뜻이다.

7 그 날의 운(日運)과 더 세분해서 시운時運을 알고 싶으면, 앞의 일괘日卦와 시괘時卦 설명을 참조해서 계산하면 된다. 자세한 예는 건(1)~송(6)괘의 초효 항에 있으므로 참고바람.

8 이 효는 덕이 훌륭해서 옛 것을 개혁하여 새 것을 따를 수 있는 사람이다. 그러므로 운이 맞는 사람은, 자기 주장을 놓아두고 다른 사람을 따르며, 자기를 굽혀서 착한 것을 받아들이며, 덕을 증진시키고 업을 닦는 일로 자신을 책망해서 자기의 몸과 마음을 착하게 하며, 또한 폐단을 개혁하고 옛 것을 고쳐서 세상의 귀와 눈을 새롭게 한다. 소년시절부터 문장으로 이름이 나고, 말년에는 복록이 융성하다.

운이 맞지 않는 사람은, 성씨를 바꾸고 외지에서 입신하니, 처음은 역경이 있으나 뒤에는 순조롭다. 명예를 가볍게 여기고 이득을 중히 여기며, 첩도 있고 아들도 있다.

세운을 만나면, 공직자는 실패가 도리어 공을 세우게 되는 아름다움이 있어 직책을 옮기게 되고, 구직자는 천한 것으로 인해서 귀하게 되어 이름이 나며, 일반인은 남의 도움으로 일이 이루어지는 이익을 본다. 혹 첩을 얻고, 혹 아들을 낳으며, 근심하던 사람은 기뻐지고 천한 사람은 귀해진다.

【글귀로 판단하면】

1 鼎顚傾出否하니 因敗已成功이라

得妾以其子하니 還如顚趾同이라

솥이 엎어져서 더러운 찌꺼기 내보내니/ 패함(솥이 엎어짐)으로 인해 공을 이미 이루었다/ 첩을 얻어 아들을 낳았으니/ 마치 솥 발이 엎어진 것과 같이 좋게 됐다

2 少女出門庭하고 青史出四經이라

---

8 此爻是德足以革故而從新者也 故叶者 舍己以從人 屈其人受善 非於進德受業 以淑在我之身心 且能革弊改舊 以新天下之耳目 文章發於少年 福祿隆於晚景 不叶者 多改祖外立 先逆後順 名輕利重 有妾有子 歲運逢之 在仕有因敗致功之 美而遷職 在士有因賤致貴之休而成名 在庶俗有因人成事之益 或得妾 或生子 憂者喜 賤者貴

莫愁顚倒慮하라 花謝子還成이라

소녀가 가정을 나갔고/ 역사는 네가지 법도를 벗어났다/ 그러나 엎어
진 것을 근심마라/ 꽃 떨어지면 씨가 다시 이룬다

2. 九二(☴→☴)

【효사와 소상전】 구이는 솥에 내용물이 있으나, 내 짝이 병이 있으니, 내게
다가오지 못하게 하면 길하리라. 상에 말하길 '솥에 내용물이 있음'이나 가는
바를 삼가하니, '내 짝이 병이 있음'은 마침내 허물이 없어지리라. 【九二는
鼎有實이나 我仇 有疾하니 不我能卽이면 吉하리라. 象曰 鼎有實이나 愼所
之也니 我仇有疾은 終无尤也리라.】

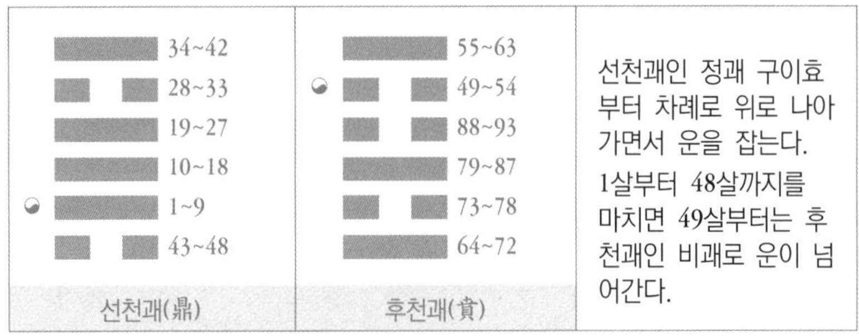

<table>
<tr><td colspan="2">34~42</td><td></td><td colspan="2">55~63</td><td rowspan="6">선천괘인 정괘 구이효
부터 차례로 위로 나아
가면서 운을 잡는다.
1살부터 48살까지를
마치면 49살부터는 후
천괘인 비괘로 운이 넘
어간다.</td></tr>
<tr><td colspan="2">28~33</td><td></td><td colspan="2">49~54</td></tr>
<tr><td colspan="2">19~27</td><td></td><td colspan="2">88~93</td></tr>
<tr><td colspan="2">10~18</td><td></td><td colspan="2">79~87</td></tr>
<tr><td colspan="2">1~9</td><td></td><td colspan="2">73~78</td></tr>
<tr><td colspan="2">43~48</td><td></td><td colspan="2">64~72</td></tr>
<tr><td colspan="2">선천괘(鼎)</td><td></td><td colspan="2">후천괘(賁)</td></tr>
</table>

◈ 양년(갑·병·무·경·임년)일 경우

정(50)	구(44)	돈(33)	비(12)	관(20)	박(23)	곤(2)	복(24)	림(19)
1	2	3	4	5	6	7	8	9

◈ 음년(을·정·기·신·계년)일 경우

려(56)	돈(33)	구(44)	송(6)	환(59)	몽(4)	사(7)	림(19)	복(24)
1	2	3	4	5	6	7	8	9

◈ 월괘

미제·64	해·40	몽·4	손·41	환·59	관·20	감·29	정·48	절·60	태·58	둔·3	복·24
1월	2월	3월	4월	5월	6월	7월	8월	9월	10월	11월	12월

◈ 일괘

정(구이)	미제·64	고·18	구·44	항·32	대유·14
	6 5 4 3 2 1	12 11 10 9 8 7	18 17 16 15 14 13	24 23 22 21 20 19	30 29 28 27 26 25

【총괄해서 판단하면】

9 이 효는 도로써 스스로를 지킬 수 있는 사람이니, 그 상을 나타내서 점괘를 좋게 말한 것이다. 그러므로 운이 맞는 사람은, 양강한 재주와 덕이 있으면서, 대신의 바른 자리에 있는 자이다. 솥에 있는 밥으로 상제께 제사지내고, 왕공王公에게 바치며, 천하 사람을 기르는 것과 같으니, 종묘宗廟의 중요한 그릇과 같은 역할이 된다.

운이 맞지 않는 사람도, 성품이 돈독하고 후중한 사람으로, 꾀하는 일을

---

9 此爻是能以道而自守 必著其象而善其占者也 故叶者 有陽剛之才德 居大臣之正位 如鼎之實 可薦於上帝 奉王公 養天下 所以爲宗廟之重器也 不叶者 秉性敦厚 謀爲篤實 家基豊富 得人妬忌 歲運逢之 在士執政秉公 謹防讒邪之謗 在士雖有學而難逢知己 營利者雖有獲 亦當防外擾下人侵害之禍 或時沾小疾而無害

독실히 해서 집안의 기틀을 풍부히 다지나, 사람들이 시기를 한다.
세운을 만나면, 공직자는 정사를 공평하게 집행하나, 참소와 간사한 사람의 헐뜯음을 방비해야 하고, 구직자는 학문이 있지만 자기를 알아주는 이를 만나기 어렵다. 영리를 도모하는 사람은 비록 이익을 얻기는 하나, 또한 외부의 흔들음이나 밑의 사람이 침범하고 해치는 화를 막아야하며, 혹 때로 작은 병에 걸리지만 해는 없다.

【글귀로 판단하면】

1　久困待時時未起하니　鼎中有疾二三止라

　　缺月明時便更催나　急處到頭停未已라

　　오랫동안 곤궁하게 때를 기다렸으나 오지 않으니/ 솥 속에 병(疾病)이 있어 두세번 멈추었다/ 이지러진 달 둥글 때를 재촉하나/ 급한데 오는 걸음 멈칫거리고 있다

2　去處徘徊未稱心하니　須防欣喜還成嗔이라

　　相仇相疾非眞實이요　頃刻逢花不稱情이라

　　가는 곳 배회하여 마음에 맞지 않으니/ 기쁨이 도리어 꾸짖는 일 됨을 막아야 한다/ 서로 원수되고 서로 미워함이 진실된 일 아니고/ 잠깐동안 꽃을 만나나 뜻에 맞는 것 아니다

3　我仇當遠去요　不可令相欺라

　　自守能中正이면　終當吉慶臨이라

　　나의 원수는 마땅히 멀리 떨어져야 하고/ 서로 속이게 해서는 안된다/ 스스로 중정을 지킬 수 있으면/ 마침내 길하고 경사스러운 일 오게 되리라

3. 九三(☴ → ☵)

【효사와 소상전】 구삼은 솥귀가 변혁돼서 그 가는 길이 막혀서 꿩의 기름을 먹지 못하나, 바야흐로 비가 내려서 부족하게 되었던 뉘우침이 마침내 길하게 되리라. 상에 말하길 '솥귀가 변혁됨'은 그 의리를 잃었기 때문이다. 【九三은 鼎耳 革하야 其行이 塞하야 雉膏를 不食하나 方雨하야 虧悔 終吉이리라. 象曰 鼎耳革은 失其義也일새라.】

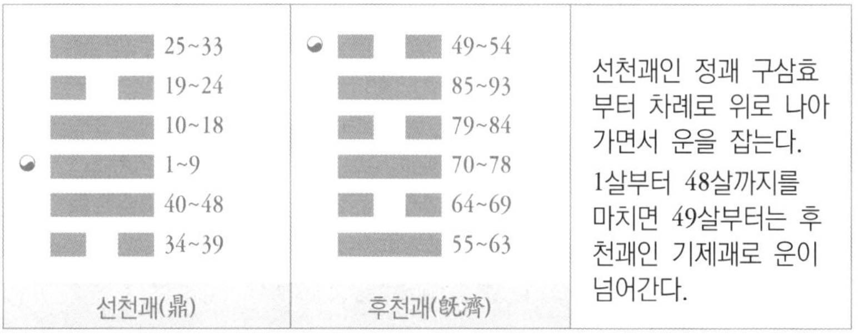

<table>
<tr><td colspan="2">선천괘(鼎)</td><td colspan="2">후천괘(旣濟)</td></tr>
</table>

선천괘(鼎)	후천괘(旣濟)
25~33	49~54
19~24	85~93
10~18	79~84
1~9	70~78
40~48	64~69
34~39	55~63

선천괘인 정괘 구삼효부터 차례로 위로 나아가면서 운을 잡는다.
1살부터 48살까지를 마치면 49살부터는 후천괘인 기제괘로 운이 넘어간다.

◈ 양년(갑·병·무·경·임년)일 경우

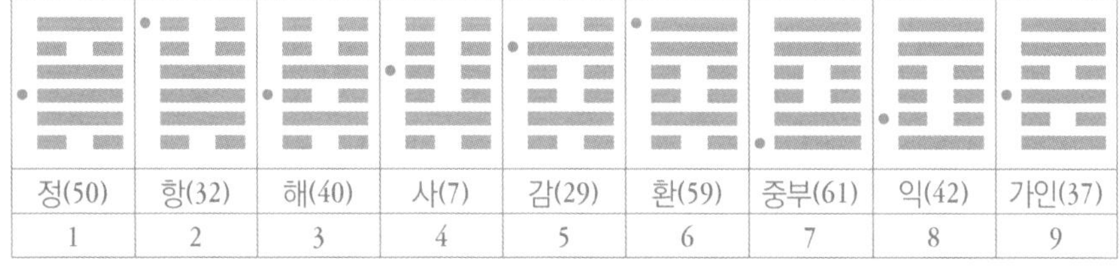

정(50)	항(32)	해(40)	사(7)	감(29)	환(59)	중부(61)	익(42)	가인(37)
1	2	3	4	5	6	7	8	9

◈ 음년(을·정·기·신·계년)일 경우

미제(64)	해(40)	항(32)	승(46)	정(48)	손(57)	소축(9)	가인(37)	익(42)
1	2	3	4	5	6	7	8	9

◇ 월괘

고·18	대축·26	손·57	점·53	정·48	감·29	수·5	쾌·43	기제·63	명이·36	둔·3	익·42
1월	2월	3월	4월	5월	6월	7월	8월	9월	10월	11월	12월

◇ 일괘

정(구삼)	고·18	구·44	항·32	대유·14	려·56
	6	12	18	24	30
	5	11	17	23	29
	4	10	16	22	28
	3	9	15	21	27
	2	8	14	20	26
	1	7	13	19	25

【총괄해서 판단하면】

10 이 효는 솥에 담은 물건이, 처음에는 어긋났다가 나중에는 합해지는 것이다. 그러므로 운이 맞는 사람은, 평소 자기 몸에 덕을 쌓아 채워 놓았으나, 다만 좋은 기회를 만나기 어려워서 초년에는 과거를 보아도 막힘이 많다. 그러나 큰 덕을 가진 사람은 폐기되지 않으니, 말년에는 벼슬과 녹이 오게 된다.

운이 맞지 않는 사람은, 덕이 있어도 쓰이지 못하고, 재주가 있어도 시행을 못한다. 혹 발에 병이 있어 걷기 어렵고, 혹 의리를 버리고 이익만을 추구한다. 초년에는 고생하나 만년에는 편안하다.

세운을 만나면, 공직자는 처음에는 간사한 말에 많이 막히고 꺾이지만 뒤에는 뜻을 얻게 되고, 구직자는 출세하기 어렵다. 일반인은 경영하고 계

---

10 此爻是鼎之實 擬其睽於始而合於終者也 故叶者德蘊於己 而充積之有素 但嘉會難遇 而科第多阻於初年 然大德不廢 爵祿終膺於晚景 不叶者 有德不能見用 有才不能施行 或足疾而艱於步 或悖義而專於利 早歲艱辛 晚景安逸 歲運逢之 在仕多阻於邪議 而始摧終得 在士則難於進取 在庶俗營謀多無初有終 老者受福 幼者少遂

획하는 것이 처음은 안되고 나중은 잘 되며, 늙은 사람은 복을 받고, 젊은 사람은 잘 이루어지지 않는다.

【글귀로 판단하면】

① 有物不能食하고 有馬不能騎라

　悔吝終防有면 其中月露兮라

　물건이 있는데 먹지 못하고/ 말이 있는데 타지 못한다/ 후회스럽고 인색한 일 끝까지 막으면/ 그 가운데서 밝은 달이 나올 것이다

② 風雨阻長途하니 行人防有阻라

　客歸還未歸하니 已許還未許라

　바람과 비가 먼 길을 막으니/ 행인이 막히고 저지 당했다/ 돌아오는 객들이 돌아오지 못하니/ 이미 허락했어도 오히려 허락 않은 것이다

4. 九四(▤ → ▤)

【효사와 소상전】 구사는 솥이 다리가 부러져서 공의 밥을 엎으니, 그 얼굴이 땀으로 젖음이라 흉토다. 상에 말하길 '공의 밥을 엎음'이니, 신용이 어떠하겠는가? 【九四는 鼎이 折足하야 覆公餗하니 其形이 渥이라 凶토다. 象曰 覆公餗하니 信如何也오.】

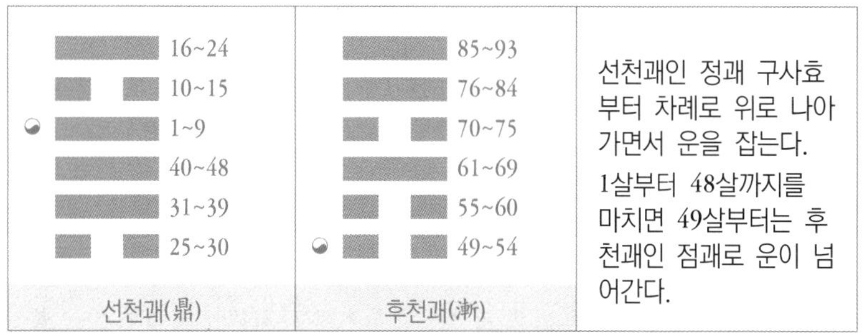

◈ 양년(갑·병·무·경·임년)일 경우

정(50)	대유(14)	대축(26)	소축(9)	수(5)	정(48)	건(39)	비(8)	취(45)
1	2	3	4	5	6	7	8	9

◈ 음년(을·정·기·신·계년)일 경우

고(18)	대축(26)	대유(14)	건(1)	쾌(43)	대과(28)	함(31)	취(45)	비(8)
1	2	3	4	5	6	7	8	9

◈ 월괘

구·44	돈·33	대과·28	곤·47	쾌·43	수·5	혁·49	풍·55	수·17	무망·25	둔·3	비·8
1월	2월	3월	4월	5월	6월	7월	8월	9월	10월	11월	12월

◈ 일괘

	6 5 4 3 2 1	12 11 10 9 8 7	18 17 16 15 14 13	24 23 22 21 20 19	30 29 28 27 26 25
정(구사)	구·44	항·32	대유·14	려·56	미제·64

【총괄해서 판단하면】

11 이 효는 대신이 사람을 잘못 써서 나라를 망치는 것이다. 그러므로 운
이 맞는 사람은, 대신의 귀한 자리에 앉으나, 다만 사람을 잘못 써서 반드

---

11 此爻是大臣用人之非 以傾覆國家者也 故叶者 貴爲大臣 但委任非人 必有累己
之禍 不叶者 有才無德 棄正從邪 恃强妄作 成敗無常 破祖外立 聚散不一 歲運
逢之 在仕有貶逐之虞 在士有難進之失 在庶俗有破損之灾 或生足疾 數凶者折
壽

시 화에 연루되게 된다.

운이 맞지 않는 사람은, 재주는 있으나 덕이 없어서 바른 것을 버리고 간사한 것을 따르며, 강함만을 믿고 망령되이 행동하니 성패가 무상하다. 조상의 가업을 깨트리고 외지에서 입신을 하나, 모이고 흩어짐이 일정치 않다.

세운을 만나면, 공직자는 강등되어 쫓기나는 근심이 있고, 구직자는 벼슬하기 어렵게 되는 실수가 있으며, 일반인은 재물과 집안이 파손되는 재앙이 있고, 혹 발에 병이 나며, 수가 흉한 사람은 죽는다.

【글귀로 판단하면】

① 不堪勝重任하니 覆餗反招凶이라

　力小圖謀大하니 將來不克終이라

　무거운 책임을 이기지 못하니/ 밥을 엎어서 도리어 흉함을 부른다/ 힘은 적은데 일은 크게 도모하니/ 장래에 제대로 끝맺지 못할 것이다

② 去舊欲自新이나 革故阻防病이라

　其渥則匪凶이면 四八落瘴厲라

　옛 것을 버리고 새로이 하고자 하나/ 옛 것을 개혁하는데 막고 방해하는 병(病)이 있다/ 두려워 식은 땀 흘림이 흉하게 되지 않으면/ 사방팔방이 장기(열을 수반하는 풍토병)에 떨어져 위태하리라

③ 鼎折足ㅣ 車脫輻하고

　有二人ㅣ 重整犢이라

　솥은 발이 부러졌고/ 수레는 바퀴가 빠졌으며/ 사람 둘이/ 송아지를 손보고 있다

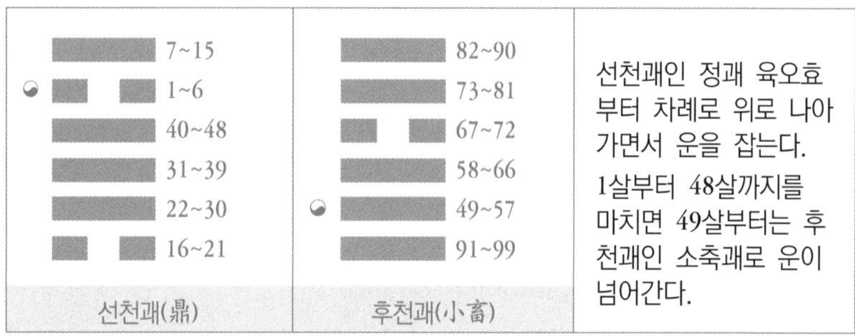

5.六五(䷱ → ䷈)

【효사와 소상전】 육오는 솥이 누런 귀에 금 고리니 바르게 함이 이로우니라.
상에 말하길 '솥이 누런 귀'는 가운데 해서 실질이 있음이라.【六五는 鼎黃
耳金鉉이니 利貞하니라. 象曰 鼎黃耳는 中以爲實也라.】

선천괘(鼎)	후천괘(小畜)
7~15 / 1~6 / 40~48 / 31~39 / 22~30 / 16~21	82~90 / 73~81 / 67~72 / 58~66 / 49~57 / 91~99

선천괘인 정괘 육오효부터 차례로 위로 나아가면서 운을 잡는다.
1살부터 48살까지를 마치면 49살부터는 후천괘인 소축괘로 운이 넘어간다.

◈ 양년 음년 똑같음

구(44)	대과(28)	쾌(43)	혁(49)	수(17)	둔(3)
1	2	3	4	5	6

◈ 월괘

항·32	해·40	대장·34	태·11	풍·55	혁·49	진·51	서합·21	복·24	곤·2	둔·3	절·60
1월	2월	3월	4월	5월	6월	7월	8월	9월	10월	11월	12월

◈ 일괘

정(육오)	항·32	대유·14	려·56	미제·64	고·18
	6 5 4 3 2 1	12 11 10 9 8 7	18 17 16 15 14 13	24 23 22 21 20 19	30 29 28 27 26 25

【총괄해서 판단하면】

12 이 효는 어진 사람에게 맡겨 나라를 다스리는 상에 비유해서, 끝까지 미더운 덕을 닦으라고 격려한 점괘이다. 그러므로 운이 맞는 사람은, 덕이 무겁고 지위가 높은 사람으로, 마음을 비워 어진이를 맞아들인다. 따라서 위로는 임금의 총애를 받고, 아래로는 백성의 여망에 부응한다. 운이 맞지 않는 사람도 또한 성품이 충직해서 사람들과 정으로 잘 통하니, 가업이 풍성해지고 복이 많아진다.

세운을 만나면, 공직자는 곧 승진하는 길한 징조가 심히 많으니, 대개 '정鼎'자에는 삼태(三台:여기서는 三政丞을 말함)의 상이 있고, '황黃'자에는 황방黃榜·황갑黃甲·황당黃堂 등의 의미가 있으며, '금金'자는 금어金魚·금방金榜·금자金紫 등의 뜻이 있고, '중中'자는 중봉中奉·대중大中·급사중給事中 등의 징조가 있으며, 치중治中·중서성中書省의 벼슬(과거에 장원급제하여 이름을 날리거나, 문필을 쓰는 직책 또는 재정을 담당하는 직책에 쓰인다)에 대한 징조가 있기 때문이다. 장사하는 사람은 이득을 얻고, 승려와 도인은 주지가 된다.

【글귀로 판단하면】

1 鼎新中有實하니 調羹獲全功이라

  幸遇文明世하야 明良千載逢이라

  솥은 새 것이고 속에 내용물 있으니/ 국을 끓여 공을 이루게 되었다/ 다행히 문명한 세상 만나서/ 밝은 임금과 어진 신하 천년만에 만나게 되었다

2 和氣藹門庭하니 乘風萬物榮이라

  化工施妙手하니 花卉一時新이라

---

12 此爻是儗其任賢圖治之象 而勉以克終允德之占焉 故叶者 德重位尊 虛己納賢
  上以承天寵 下以係民望 不叶者 亦秉性忠直 善通人情 家業豐厚 福量寬洪 歲運
  逢之 在仕則進 吉兆甚多 蓋鼎有三台之象 黃字有黃榜黃甲黃堂 金字有金魚金
  榜金紫 中字有中奉大中給事中之兆 治中中書省之應 商賈獲利 僧道住持

화기가 뜰안에 가득하니/ 바람타고 만물이 번영한다/ 조물주가 묘한
솜씨 베푸니/ 꽃과 풀이 일시에 새로워졌다

6.上九(☰→☷)

【효사와 소상전】 상구는 솥이 옥 솥고리이니, 크게 길해서 이롭지 아니함이
없느니라. 상에 말하길 '옥 솥고리가 위에 있음'은 강·유가 잘 조절되기 때문
이다. 【上九는 鼎玉鉉이니 大吉하야 无不利니라. 象曰 玉鉉在上은 剛柔 節
也일새라.】

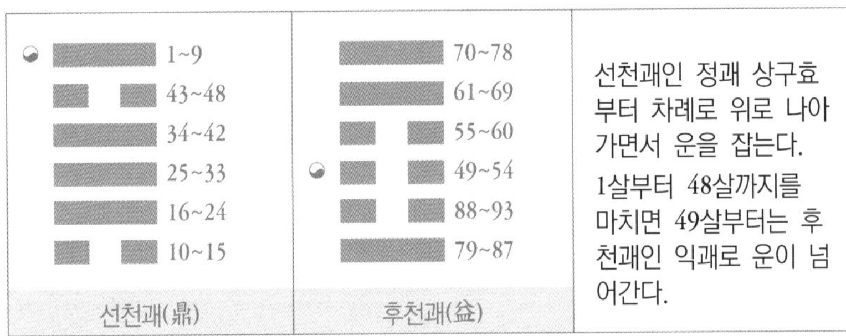

선천괘인 정괘 상구효부터 차례로 위로 나아가면서 운을 잡는다.
1살부터 48살까지를 마치면 49살부터는 후천괘인 익괘로 운이 넘어간다.

◈ 양년(갑·병·무·경·임년)일 경우

정(50)	미제(64)	해(40)	귀매(54)	진(51)	풍(55)	명이(36)	기제(63)	가인(37)
1	2	3	4	5	6	7	8	9

◈ 음년(을·정·기·신·계년)일 경우

항(32)	해(40)	미제(64)	규(38)	서합(21)	리(30)	비(22)	가인(37)	기제(63)
1	2	3	4	5	6	7	8	9

◈ 월괘

대유·14	대축·26	리·30	동인·13	서합·21	진·51	이·27	박·23	익·42	중부·61	둔·3	기제·63
1월	2월	3월	4월	5월	6월	7월	8월	9월	10월	11월	12월

◈ 일괘

정(상구)	대유·14	려·56	미제·64	고·18	구·44

【총괄해서 판단하면】

13 이 효는 솥의 위에 있는 것으로, 덕이 아름다움을 상징하고 공이 이루어지는데 중요한 것이다. 그러므로 운이 맞는 사람은, 부자가 되고 귀하게 되며, 나갈 줄 알고 물러날 줄도 알아서 문관으로는 한림원翰林院의 벼슬을 하게 될 것이고, 무관으로는 절제사가 될 것이며, 여자는 내명부나 외명부에 들어가는 귀한 부인이 될 수 있을 것이다.

운이 맞지 않는 사람은, 이름이 맑고 명망이 중해서, 바위틈 산골에 숨어 살아도 재물이 많고 복과 은택이 심원하다.

세운을 만나면, 벼슬은 했으나 직책을 못 받은 사람은 직책을 받게 되고, 이미 벼슬하고 있는 사람은 물러나 쉬게 된다. 구직자는 높게 천거되는 기쁨이 있고, 일반인은 편안하고 돈을 잘 벌며 꾀하는 일이 성취된다. 수가 흉한 사람은 죽게 되는데, 덕이 적은 사람은 이러한 운을 감당할 수

---

13 此爻是鼎之居上者 象其德之美而要其功之成也 故叶者 爲富爲貴 知進知退 左選則爲玉堂 右選則爲建節 女子可爲節婦命婦 不叶者 淸名重望 隱避巖谷 金玉滿籯 福澤深遠 歲運逢之 在仕未仕者進職 已仕者退閑 在士子有高薦之喜 在庶俗安穩利達而謀成 數凶者身亡 但德小者不能當之故也

없기 때문이다.

【글귀로 판단하면】

① 堪求堪避不須疑하라 桂子飄香榮地歸라

　一去網羅人奪利하니 追蛇逐兔到天輝라

　찾기도 하고 피하기도 하지만 의심하지 마라/ 계수나무 열매 향기 날리니 영화로운 땅 돌아온다/ 한번 그물 벗어나니 사람들이 이익 다투는데/ 뱀(巳) 쫓고 토끼(卯) 쫓아 날 밝을 때까지 왔다

② 貴客自相親하니 功名刺指成이라

　扶搖搏九萬하니 穩步上靑雲이라

　귀한 손님이 자연히 서로 친하니/ 공명을 바로 이루게 된다/ 북돋아 구만리를 날개쳐 오르니/ 편안한 걸음으로 푸른 구름(벼슬길)에 오르게 됐다

③ 溫溫君子德이 居上見宜民이라

　大展經綸手하니 皇家鼎鼐臣이라

　따스한 군자의 덕이 위에 있어/ 백성 잘 다스리는 것 보고 있다/ 크게 경륜의 수완 펼치니/ 황실皇室의 큰 신하 재상이로다

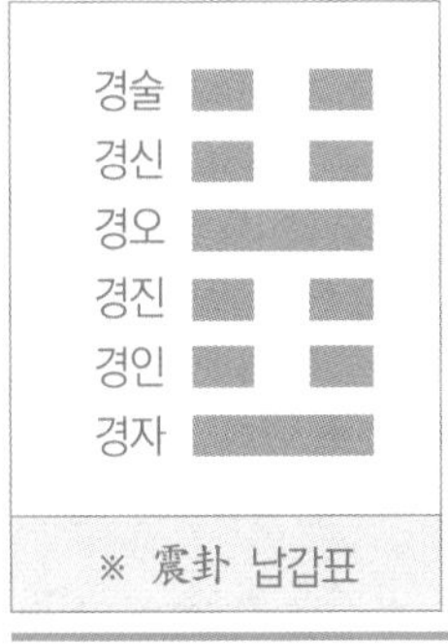

震上　震下

重雷震(51)
중　뢰　진

진괘 개요

【괘사와 대상전】진은 형통하니, 우레가 옴에 놀라고 두려워하면 웃는 소리가 깔깔거리게 될 것이니, 우레가 백리를 놀라게 함에 제사지내는 숟가락과 술잔을 잡는 이(長子:祭主)는 정성을 잃지 않느니라(하늘도 정성을 뺏지 못하느니라). 상에 말하길 거듭한 우레가 진괘니, 군자가 본받아서 놀라고 두려워하여 수양하고 반성하느니라.【震은 亨하니 震來에 虩虩이면 笑言이 啞啞이리니 震驚百里에 不喪匕鬯하나니라. 象曰 洊雷 震이니 君子 以하야 恐懼脩省하나니라.】

【총괄해서 판단하면】

1 진궁의 본궁수괘本宮首卦로 10월에 속한다. 내괘의 납갑은 경자·경인·경진이고, 외괘의 납갑은 경오·경신·경술이니, 10월에 태어난 사람과, 태어난 년도의 간지가 납갑의 간지에 합치되는 사람은 부귀와 공명을 누리게 된다.[2]

경술

경신

경오

경진

경인

경자

※ 震卦 납갑표

---

1 震宮一世 卦屬十月 納甲是庚子庚寅庚辰 庚午庚申庚戌 如生於十月及納甲者 功名富貴人也

2 진괘의 세효인 상육효는 음효이므로, 초효부터 상효까지 세면 해월亥月이 된다(초효는 오, 이효는 미, 삼효는 신, 사효는 유, 오효는 술, 상효는 해). 지지의 해는 10월에 해당하므로, 진괘가 10월괘가 되는 것이다. 따라서 10월을 주관하는 괘가 되고, 10월에 태어난 사람은 때를 얻음이 된다.

운세로 보면 중뢰진괘(䷲)는 상괘와 하괘가 모두 진(☳)이고, 호괘로는 감(☵)과 간(☶)이 있다. 우레가 놀라게 하고 분발시키니, 명령을 베풂에 위엄있는 소리가 널리 퍼져가고, 우레소리가 한번 떨침에 산악山嶽이 동요한다. 이 괘는 한 괘에 우레가 둘로 너무 많으니, 그 소리가 떨치면 100리씩이나 놀라게 한다. 때를 얻지 못하면 재앙이 있을까 두렵다. 또 명성이 떨쳐 드날리고, 빛나는 재주가 온후溫厚함을 말한다. 군자가 이런 괘를 얻으면, 우레처럼 떨치는 상이 된다.

【팔궁세혼법으로 판단하면】

진괘는 팔궁세혼법으로 볼 때, 진궁의 본궁수괘로 종묘宗廟괘에 해당한다. 즉 상육효(종묘)가 세효世爻가 되고, 삼공에 해당하는 육삼효는 응효가 된다. 육삼효가 제자리를 얻지 못했고, 또 서로 음과 양으로 응하지도 못하니, 일이 어렵고 잘 안풀리는 뜻이 있다. 또 세효의 지지인 술(戌土)과 응효(육삼효)의 지지인 진(辰土)이 서로 상비관계이나, 진과 술은 상충하는 지지이므로, 다툼이 있게 된다. 그러나 호괘로 물(☵)과 흙(☶)이 있어서, 다투는 가운데 나무(본궁괘와 상하체괘)가 뿌리를 내리고 발아할 수 있다.

천지가 진동함에 만인이 두려워하나, 그 무서움이 지나면 안도의 웃음을 웃는다. 분발해서 적극적으로 움직이는 때이나, 잘못 급히 움직여 실패할 수가 있으니 조심해야 한다. 놀라운 일이나 급격히 벌어지는 일이 있고, 혹 도난을 맞는다. 열심히 하나 상대방이 잘 움직여 주지 않고, 혹 해를 끼칠 수 있으니 주의를 요한다. 장남이 제주(祭主)가 되고 가통을 잇는 격으로, 총명하고 예술적이어서 사방에 이름이 나고, 임기응변에 능하다. 다른 일을 하고 싶더라도, 장남이 가업을 잇듯이 현재의 일을 고수하여야 좋다. 자신을 반성하며 되돌아보지 않고 앞만 보고 나아가면, 망동·망발로 인한 논쟁이 일고, 그렇지 않더라도 속빈강정이 되기 쉽다.

【글귀로 판단하면】

① 月桂飄香七里聞이요 雲中人至矢竊彎이라

半空鵬翼未爲易요 更有清高漸漸閑이라

달속의 계수나무 향기는 7리까지 날리고/ 구름 속 사람와서 활시위 몰래 당겼다/ 반 공중의 붕새 날개짓 쉬운 일 아닌데/ 다시 맑고 고상함 있으니 점차로 한가해진다

② 紫府門闌特地開하니 恩波逐一向陽來라

乘豬跨鼠當無日이면 從此亨光綴上台라

자부선생의 문틀 위에 특별한 땅 열리니/ 은혜의 물결 한결같이 볕을 향해 온다/ 돼지(亥)타고 쥐(子)타는 것 없어지는 날 당하면/ 이로부터 형통한 빛이 없어질 것이다

1. 初九(☳☳→☷☳)

【효사와 소상전】 초구는 우레가 옴에 놀라고 두려워해야 뒤에 웃는 소리가 깔깔거릴 것이니 길하니라. 상에 말하길 '우레가 옴에 놀라고 두려워함'은 두려워하여 복을 이룸이고, '웃는 소리가 깔깔거림'은 뒤에 법칙이 있음이라.

【初九는 震來虩虩이라아 後에 笑言啞啞이리니 吉하니라. 象曰 震來虩虩은 恐致福也오 笑言啞啞은 後有則也라.】

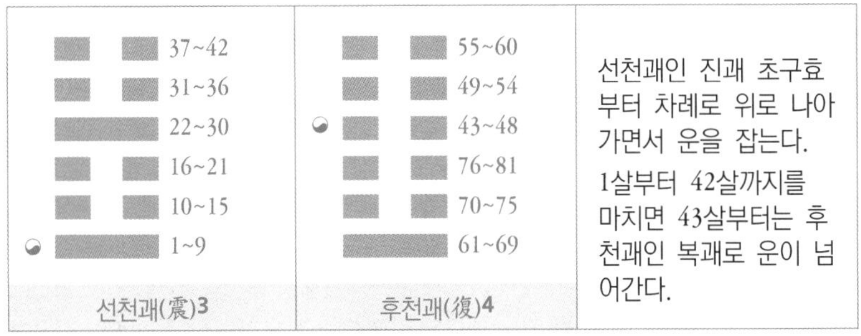

	37~42		55~60
	31~36		49~54
	22~30	○	43~48
	16~21		76~81
	10~15		70~75
○	1~9		61~69
선천괘(震)3		후천괘(復)4	

선천괘인 진괘 초구효부터 차례로 위로 나아가면서 운을 잡는다.
1살부터 42살까지를 마치면 43살부터는 후천괘인 복괘로 운이 넘어간다.

---

3 사주의 숫자로 괘를 만들어서 진괘 초효에 원당이 있다면, 1~9살까지는 진괘 초효 항

◈ 양년(갑·병·무·경·임년)일 경우 **5**

진(51)	복(24)	곤(2)	사(7)	승(46)	항(32)	대과(28)**6**	구(44)	건(1)
1	2	3	4	5	6	7	8	9

◈ 음년(을·정·기·신·계년)일 경우

예(16)	곤(2)	복(24)	림(19)	태(11)	대장(34)	쾌(43)	건(1)	구(44)
1	2	3	4	5	6	7	8	9

◈ 월괘

귀매·54	태·58	대장·34	대유·14	태·11	승·46	수·5	기제·63	소축·9	주읍·61	손·57	구·44
1월	2월	3월	4월	5월	6월	7월	8월	9월	10월	11월	12월

을, 37~42살까지는 진괘 상효 항을 가서 살펴 보면 된다.

4 43~48살까지는 후천괘인 복괘 사효 항을, 55~60살까지는 복괘 상효 항을, …, 76~81살까지는 복괘 삼효 항을 살펴보면 그 사람의 운이 된다(◔나 ●표시 한 곳이 해당하는 효를 가리키고, 밑에서부터 초효·이효·삼효·사효·오효·상효로 나눈다).

5 해마다의 운인 유년운의 진행은 양효(━)일 때와 음효(╸╸)일 때가 다른데, 그 자세한 예는 중천건괘(1) 초구효, 중지곤괘(2) 초육효와 육이효, 수뢰둔괘(3) 초구효와 육삼효, 산수몽괘(4) 초육효와 육사효 항에 유년운에 속한 월운月運의 예와 함께 실려 있으므로 참고하면 된다.

6 위의 도표에서 '대과(28)'이라고 한 것은 괘명은 대과괘大過卦고 64괘 중에 28번째 괘라는 뜻이며, '구(44)'라고 한 것은 괘명은 구괘姤卦고 64괘 중에 44번째에 해당한다는 뜻이다. 나머지 괘도 이와같은 방식으로 본다. 따라서 앞의 목차에서 번호의 순서대로 찾으면, 해당하는 괘를 쉽게 찾을 수 있다. 또 월괘月卦에서 '귀매·54' 등으로 표시한 것도, 괘명은 귀매괘歸妹卦고 64괘 중에 54번째라는 뜻이다.

◆ 일괘 **7**

	6		12		18		24		30
	5		11		17		23		29
	4		10		16		22		28
	3		9		15		21		27
	2		8		14		20		26
●	1		7		13		19		25
진(초구)		귀매·54		풍·55		복·24		수·17		서합·21

【총괄해서 판단하면】

8 이 효는 두려워 할 것을 알아서 두려워하는 것이다. 따라서 뒤에 법칙이 있을 수 있다. 그러므로 운이 맞는 사람은, 강하고 큰 재주를 타고 난 사람으로, 문장은 임금을 도울 수 있고, 위엄과 신망은 무리를 굴복시킬 수 있으니, 일의 공적이 원대하고 벼슬과 녹이 높다.

운이 맞지 않는 사람도, 또한 두려워해서 수양하고 반성하니, 처음에는 고생을 하나 뒤에는 복을 누린다. 그 보다 못한 사람은 혹 실족을 해서 식물인간이 되거나 벙어리가 되는 수도 있다.

세운을 만나면, 공직자는 먼저는 놀라지만 뒤에는 기뻐하는 징조고, 구직자는 한 번 세상에 나서면 사람을 놀라게 하며, 현령이나 사령社令 및 제사를 주제하는 직책을 받게 된다. 일반인은 헛되이 놀라는 수가 많으나, 나중에는 기쁜 일이 있다.

【글귀로 판단하면】

① 獨步山陵多見阻요 雁字成行陣陣傷이라

---

7 그 날의 운(日運)과 더 세분해서 시운時運을 알고 싶으면, 앞의 일괘日卦와 시괘時卦 설명을 참조해서 계산하면 된다. 자세한 예는 건(1)~송(6)괘의 초효 항에 있으므로 참고바람.

8 此爻是知所懼而懼焉 故後可以有則也 故叶者稟剛大之才 文章足以補袞 威望足以服衆 事功遠大 爵祿崇高 不叶者 亦能恐懼修省 先涉艱辛 後享福祉 次則或足失爲暗啞 歲運逢之 在仕有先驚後喜之應 在士有一鳴驚人之兆 有爲縣宰社令主祭之職 在庶俗多有虛驚 后或進喜

亦有路凶防惡犬이요 到頭斷處亦須防이라

홀로 산모퉁이 걸으니 막히는 곳 많고/ 새끼 밴 기러기 행렬 간혹 끊겨
슬프다/ 가는 길 또한 흉하니 악한 개(戌) 방비해야 하고/ 가는 데마다
끊기는 곳 있으니 이 또한 방비해야 한다

② 號號方震懼하니 周旋要謹防하라

笑言還自適이면 災禍變爲祥이라

천둥번개가 두렵고 놀랍게 치니/ 두루 살피고 방비를 엄하게 하라/ 도
리어 웃고 말하며 스스로 여유있게 하면/ 재앙과 화가 변해서 상서로
움 되리라

③ 霹靂暗中聞하니 知音不見形이라

交加猶未信이나 口口稱人心이라

어두움 속에 벼락치는 소리 들리니/ 소리만 듣고 형체는 보지 못했다/
사귀어 서로 왕래해도 아직 믿지 않지만/ 입에서 입으로 칭송하게 되
리라

2 . 六二(䷲ → ䷶)

【효사와 소상전】 육이는 우레가 옴에 위태함이라. 재물 잃을 것을 염려해서
구릉에 오름이니, 쫓지 아니하면 칠일에 얻으리라. 상에 말하길 '우레가 옴에
위태함'은 강한 것을 탔기 때문이다. 【六二는 震來厲라. 億喪貝하야 躋于九
陵이니 勿逐하면 七日得하리라. 象曰 震來厲는 乘剛也일새라.】

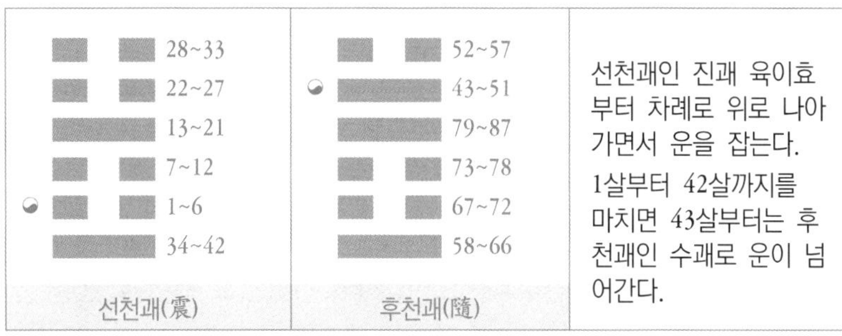

선천괘인 진괘 육이효부터 차례로 위로 나아가면서 운을 잡는다.
1살부터 42살까지를 마치면 43살부터는 후천괘인 수괘로 운이 넘어간다.

◇ 양년 음년 똑같음

귀매(54)	대장(34)	태(11)	수(5)	소축(9)	손(57)
1	2	3	4	5	6

◇ 월괘

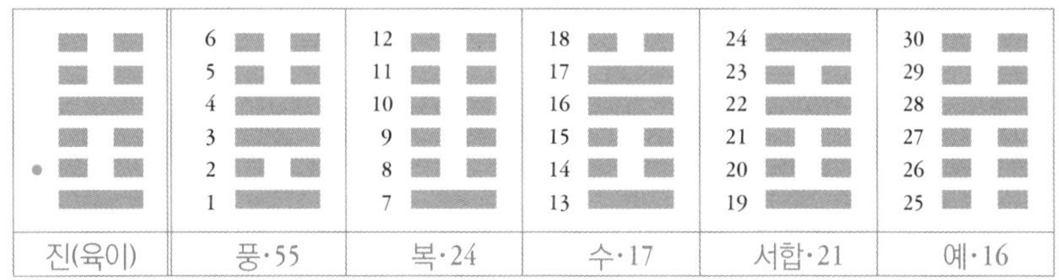

풍·55	리·30	명이·36	겸·15	기제·63	수·5	가인·37	익·42	점·53	돈·33	손·57	고·18
1월	2월	3월	4월	5월	6월	7월	8월	9월	10월	11월	12월

◇ 일괘

진(육이)	풍·55	복·24	수·17	서합·21	예·16
	6 5 4 3 2 1	12 11 10 9 8 7	18 17 16 15 14 13	24 23 22 21 20 19	30 29 28 27 26 25

【총괄해서 판단하면】

9 이 효는 두려워할 것을 알고 두려워하기 때문에, 나중에는 얻을 수 있

---

9 此爻是知所懼而懼 故終可以有得者也 故叶者有才重望深 思長慮遠 遭事變而有
轉移之術 罹禍害而有區劃之謀 雖不能創立新居 亦能保守舊業 不叶者 履危險
而不知避 貪貨貝而不能舍 常慮常憂 奔馳四野 先逆後順 先危後安 歲運逢之 在

는 것이다. 그러므로 운이 맞는 사람은, 재주가 좋고 소망이 깊으며 생각이 원대해서, 변란을 만나더라도 잘 처리하는 방법이 있고, 재앙과 해로움을 만나더라도 탈출하는 지모가 있다. 비록 새로운 터전을 창립하지는 못하나, 또한 옛날부터 내려온 가업을 보존하고 지킬 수는 있다.

운이 맞지 않는 사람은, 위험한 것을 밟고도 피할 줄 모르고, 재물을 탐내서 놓을 줄 모르니, 항상 근심과 걱정이 돼서 사방으로 뛰어 다닌다. 그러나 처음은 뜻대로 안되지만 뒤에는 순조롭게 되고, 먼저는 위태하나 뒤에는 편안해진다.

세운을 만나면, 공직자는 음험하고 간사한 사람을 만날 염려가 있고, 구직자는 먼저는 헤매다가 뒤에는 안정되는 징조가 있으며, 일반인은 송사를 해서 패소되며 재물을 잃는 걱정이 있다. 늙은 사람은 수명이 위험하고, 젊은 사람은 놀랄 일이 생긴다. '칠일七日'이라는 것은 응하게 되는 시각이다(7시간, 7일, 7개월… 등).

【글귀로 판단하면】

① 震動方驚懼하니 逢財恐有亡이라

　　升高宜遠避면 事遇復如常이라

　　우레쳐서 놀라고 두려워하니/ 재물이 없어질까 두렵다/ 높은 데 올라가서 멀리 피하면/ 일이 다시 평상시 같이 될 것이다

② 滄海波濤湧하니 輕舟未保存이라

　　神人輕助力이면 好好進求名이라

　　바다의 파도 솟구치니/ 가벼운 배 보존할 수 없다/ 신인(神人)이 조금만 도와주면/ 나가서 명성을 구해도 좋을 것이다

③ 無踪亦無跡하니 猛省中難覓이라

　　平地起風波하니 似笑還成泣이라

仕有遭陰險奸邪之虞 在士有先迷後得之兆 在庶俗有爭訟失脫之虞 老者壽險 少者心驚 七日者 乃刻期之應

아무 종적이 없으니/ 금방 찾기 어려운 것 알았다/ 평지에 풍파가 일어나니/ 웃는 것 같지만 도리어 울음 터뜨렸다

3. 六三(☶☳ → 罒)

【효사와 소상전】 육삼은 우레쳐서 까무러침이니, 움직여 행하면 재앙이 없으리라. 상에 말하길 '우레쳐서 까무러침'은 자리가 당치 않기 때문이다. 【六三은 震蘇蘇니 震行하면 无眚하리라. 象曰 震蘇蘇는 位不當也일새라.】

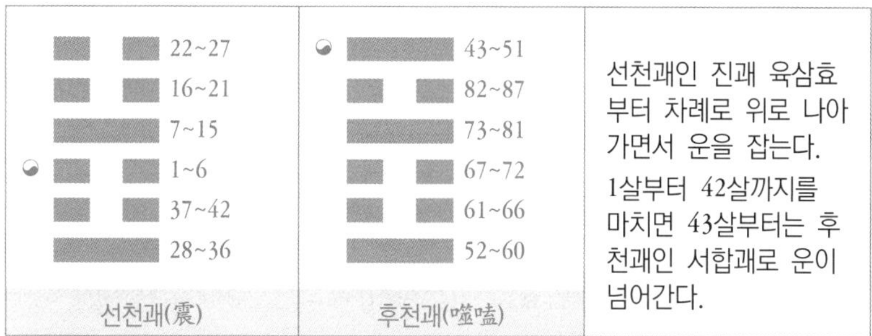

선천괘(震)		후천괘(噬嗑)		
22~27		43~51		선천괘인 진괘 육삼효 부터 차례로 위로 나아가면서 운을 잡는다.
16~21		82~87		1살부터 42살까지를 마치면 43살부터는 후천괘인 서합괘로 운이 넘어간다.
7~15		73~81		
1~6		67~72		
37~42		61~66		
28~36		52~60		

◈ 양년 음년 똑같음

풍(55)	명이(36)	기제(63)	가인(37)	점(53)	손(57)
1	2	3	4	5	6

◈ 월괘

복·24	곤·2	둔·3	절·60	익·42	가인·37	관·20	비·12	환·59	몽·4	손·57	정·48
1월	2월	3월	4월	5월	6월	7월	8월	9월	10월	11월	12월

◆ 일괘

진(육삼)	복·24	수·17	서합·21	예·16	귀매·54
6	12	18	24	30	
5	11	17	23	29	
4	10	16	22	28	
3	9	15	21	27	
2	8	14	20	26	
1	7	13	19	25	

【총괄해서 판단하면】

10 이 효는 덕이 없어 화를 이루는 상으로, 허물을 고치는 단서를 보여준 것이다. 그러므로 운이 맞는 사람은, 편안해도 위태함을 잊지 않고, 다스려졌어도 어려웠을 때를 잊지 않는다. 비록 분발하고 용감히 일을 해서 그 사업을 확대하지는 못하나, 또한 두려워하고 반성하며 닦아서, 자기의 분수를 보존하고 자기의 위치에 알맞는 일을 행하며, 맑게 수련해서 날마다 진전이 있게 된다.

운이 맞지 않는 사람은, 유약해서 자립을 못하며, 놀라고 당황해서 자기의 뜻을 잃게 되며, 나가고 돌아옴이 일정하지 않으니, 명예와 이익이 모두 허사다.

세운을 만나면, 공직자는 직위만 차지하고 책임을 다하지 못함으로 인한 꾸지람을 당하며, 구직자는 공부를 하지 못하는 걱정이 있게 된다. 일반인은 재앙과 손해가 있고, 근심스럽고 두려운 일이 있게 될 것이니, 삼가서 경계해야 흉함을 면할 것이다.

【글귀로 판단하면】

① 行人不久住하니 久住不行人이라

---

10 此爻是無德致禍以象 而示以改過之端者也 故叶者安而不忘危 治而不忘亂 雖不能奮發勇爲 以擴大其事業 亦能恐懼修省 以保全其常分 素位而行 清修日著 不叶者 柔懦不能立 驚惶失志 進退無定 利名皆虛 歲運逢之 在仕有尸位之誚 在士有廢業之患 在庶俗有灾害憂懼之損 謹戒之 免凶耳

紅輪西沒月東出하니 好看雲山改更行이라

행인은 오랫동안 머무르지 않으니/ 오래 머무른다면 가지 않는 사람이
다/ 붉은 해 서쪽으로 지고 달이 동쪽에서 나오니/ 구름과 산 구경하며
다시 갈 수 있어 좋다

② 展輪千里去하니 擧步正艱辛이라

二鼠大東憂나 中年事必成이라

수레바퀴 굴리며 천리를 달리니/ 걸을 때마다 어렵고 고생스럽다/ 쥐
(子) 두마리 동쪽에서 커 근심스러우나/ 중년에 일이 반드시 이뤄질 것
이다

4. 九四(☳☳ → ☷☳)

【효사와 소상전】 구사는 우레가 드디어 빠짐이라. 상에 말하길 '우레가 드디
어 빠진다' 함은 빛나지 못함이로다. 【九四는 震이 遂泥라. 象曰 震遂泥는
未光也로다.】

<table>
<tr><td colspan="2">16~21</td><td colspan="2">76~81</td><td rowspan="6">선천괘인 진괘 구사효
부터 차례로 위로 나아
가면서 운을 잡는다.
1살부터 42살까지를
마치면 43살부터는 후
천괘인 예괘로 운이 넘
어간다.</td></tr>
<tr><td colspan="2">10~15</td><td colspan="2">70~75</td></tr>
<tr><td colspan="2">1~9</td><td colspan="2">61~69</td></tr>
<tr><td colspan="2">37~42</td><td colspan="2">55~60</td></tr>
<tr><td colspan="2">31~36</td><td colspan="2">49~54</td></tr>
<tr><td colspan="2">22~30</td><td colspan="2">43~48</td></tr>
<tr><td colspan="2">선천괘(震)</td><td colspan="2">후천괘(豫)</td></tr>
</table>

◇ 양년(갑·병·무·경·임년)일 경우

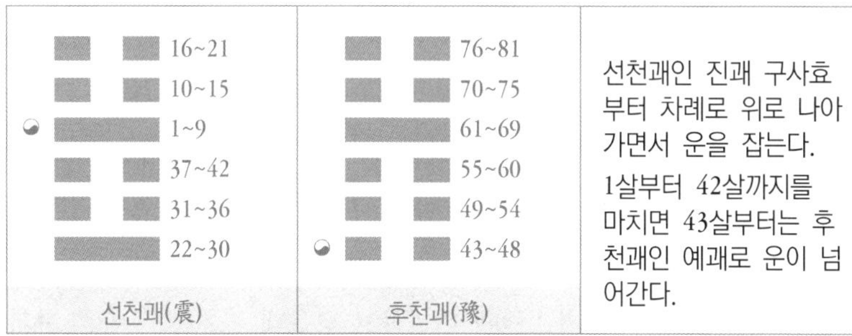

진(51)	예(16)	곤(2)	비(8)	관(20)	익(42)	중부(61)	소축(9)	건(1)
1	2	3	4	5	6	7	8	9

◇ 음년(을·정·기·신·계년)일 경우

복(24)	곤(2)	예(16)	취(45)	비(12)	익(42)	리(10)	건(1)	소축(9)
1	2	3	4	5	6	7	8	9

◇ 월괘

수·17	태·58	무망·25	동인·13	비·12	관·20	송·6	미제·64	구·44	대과·28	손·57	소축·9
1월	2월	3월	4월	5월	6월	7월	8월	9월	10월	11월	12월

◇ 일괘

진(구사)	수·17	서합·21	예·16	귀매·54	풍·55

【총괄해서 판단하면】

11 이 효는 욕심을 따라가서 위태한 사람의 운이다. 그러므로 운이 맞는 사람은, 욕심을 절제해서 방탕하지 않고, 그 허물을 덜어서 잘못된 길로 빠지는데까지 이르지 않는다. 비록 일을 꾸며서 빛나고 큰 업적을 이루지는 못하나, 또한 자신을 보존해서 험한 데 빠지고 허물어지는 위험을 막을 수 있다.

운이 맞지 않는 사람은, 구차스럽게 비열하고 낮은데 거처해서 바른 몸가짐을 잃으니, 진흙 속에 빠져 잠긴 격으로 생애가 메마르다.

---

11 此爻是從欲惟危者也 故叶者 節其欲而不至於流 損其過而不至於溺 雖不能設施以成其光大之業 亦可以圖存而保其陷溺之危 不叶者 苟處卑下 乖失正體 塵泥汨沒 生涯淡薄 歲運逢之 在仕有貶逐之危 在士有停降之禍 在庶俗卑汚苟賤而一籌莫展 甚至縲綫拘係 而無光亨之日

세운을 만나면, 공직자는 강등되어 쫓겨가는 위험이 있고, 구직자는 정체되고 굴복하는 화가 있다. 일반인은 비열하고 더러우며 구차하고 천해서 하나의 계획도 펴지 못하고, 심지어는 구속되고 옥에 갇혀서 햇빛 볼 날이 없게 된다.

【글귀로 판단하면】

① 去處皆無屬나 居遷總未宜라 長空明月上에 順水片帆歸라

가는 곳이 다 위험 없으나/ 머물고 옮겨감이 다 마땅치 않다/ 높은 하늘 달 밝은데/ 물결따라 조각배 들어온다

② 白玉隱塵泥하고 黃金埋糞土라 久久自光輝나 也湏人相擧라

흰 옥이 진흙 속에 숨었고/ 황금이 더러운 땅속에 묻혔다/ 오래되면 스스로 빛이 날 것이나/ 사람이 서로 천거해 주면 더 쉽게 될 것이다

5. 六五(䷲ → ䷵)

【효사와 소상전】 육오는 우레가 가고 옴이 위태로우니, 잘 헤아려서 일을 망치지 않게 해야 할 것이니라. 상에 말하길 '우레가 가고 옴이 위태로움'은 행해 나가는 것이 위태함이고, 그 일을 중도로 처리하고 있으니 크게 잃음이 없느니라. 【六五는 震이 往來 屬하니 億하야 无喪有事니라. 象日 震往來屬는 危行也오 其事 在中하니 大无喪也니라.】

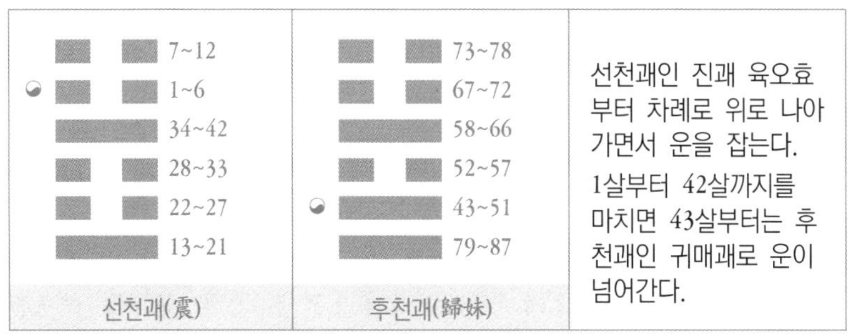

선천괘인 진괘 육오효부터 차례로 위로 나아가면서 운을 잡는다.

1살부터 42살까지를 마치면 43살부터는 후천괘인 귀매괘로 운이 넘어간다.

◈ 양년 음년 똑같음

수(17)	무망(25)	비(12)	송(6)	구(44)	손(57)
1	2	3	4	5	6

◈ 월괘

서합·21	리·30	진·35	박·23	미제·64	송·6	정·50	항·32	고·18	대축·26	손·57	점·53
1월	2월	3월	4월	5월	6월	7월	8월	9월	10월	11월	12월

◈ 일괘

진(육오)	서합·21	예·16	귀매·54	풍·55	복·24

【총괄해서 판단하면】

12 이 효는 재주가 없어서 위태함을 면할 수 없는 자나, 덕 있는 사람에게 구원을 청하게 되면 두려움을 깨우치게 되는 것이다. 그러므로 운이 맞는 사람은, 재주는 부족하지만 덕은 남음이 있어서, 옛부터 내려오는 터전과 업적을 보존하고 세상을 바꾸는 치적을 도모하니, 높이 현달할 수 있다.

운이 맞지 않는 사람도, 마음을 충성되고 후중하게 가져서, 굳게 보존함을 도모한다. 초년에는 분주하게 뛰어다니나, 말년에는 편안하다.

---

12 此爻是無才固不免於厲矣 而求之有德 則能知懼者也 故叶者才不足而德有餘
能保其前日之業 圖治匡世之績 足以振丕顯 不叶者 存心忠厚 保固圖存 早年奔
馳 晚景安逸 歲運逢之 在仕常職可保 在士守其固有 在庶俗有虞 或手足之憂

세운을 만나면, 공직자는 현재의 직책을 보존할 수 있고, 구직자는 평상시의 일을 그대로 지켜야하며, 일반인은 근심이 있고, 혹 손과 발에 병이 생기는 우환이 있다.

【글귀로 판단하면】

① 處世驚危志는 心飛若火刀라

佳人試言事는 有約在坤爻라

세상에 거처하며 놀라고 위태로워하는 뜻은/ 마음이 불칼 같이 급하기만 하다/ 아름다운 사람이 말한 일은/ 곤효(坤爻:음효로, 여기서는 오효)에서 이뤄진다

② 心若千圍甑이나 底事明如鏡이라

進退有猜疑하니 風波猶未定이라

마음은 천겹으로 둘러싸인 시루같으나/ 그 밑의 일은 밝기가 거울같다 / 나가고 물러가는데 시기하고 의심하는 이 있으니/ 풍파가 아직 가라앉지 않았다

6. 上六(☷☳ → ☲☳)

【효사와 소상전】 상육은 우레가 흩어져서 눈을 두리번거림이니, 가면 흉하니, 우레가 자기 몸에 맞지 않고 그 이웃에 맞았을 때 두려워해서 조심하면 허물이 없으리니, 혼구(자기와 친근했던 사람)는 원망하는 말이 있으리라. 상에 말하길 '우레가 흩어짐'은 중을 얻지 못했기 때문이고, 비록 흉하나 허물이 없음은 이웃이 징계됨을 보고 두려워함이라. 【上六은 震이 索索하야 視矍矍이니 征이면 凶하니 震不于其躬이오 于其隣이면 无咎리니 婚媾는 有言이리라. 象曰 震索索은 中未得也일새오 雖凶无咎는 畏隣戒也일새라.】

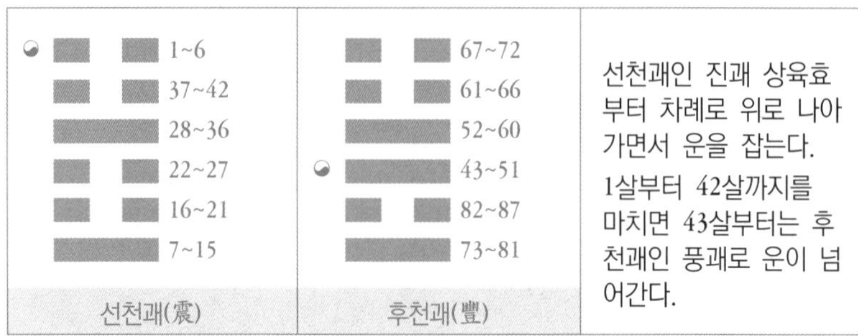

<table>
<tr><td colspan="2">선천괘(震)</td><td>후천괘(豐)</td></tr>
</table>

선천괘(震)		후천괘(豐)		
	1~6		67~72	선천괘인 진괘 상육효부터 차례로 위로 나아가면서 운을 잡는다.
	37~42		61~66	
	28~36		52~60	
	22~27		43~51	1살부터 42살까지를 마치면 43살부터는 후천괘인 풍괘로 운이 넘어간다.
	16~21		82~87	
	7~15		73~81	

◈ 양년 음년 똑같음

서합(21)	진(35)	미제(64)	정(50)	고(18)	손(57)
1	2	3	4	5	6

◈ 월괘

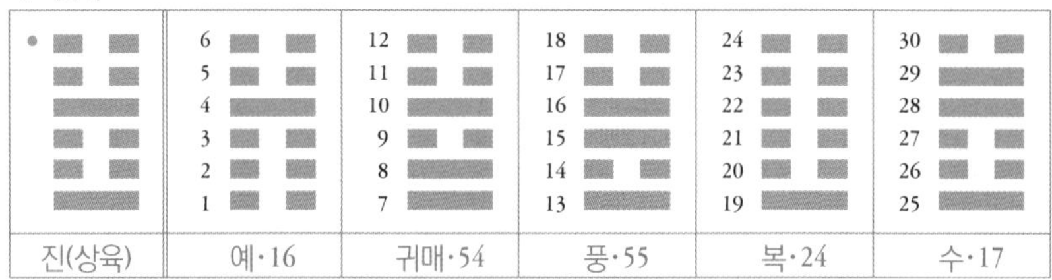

예·16	곤·2	해·40	곤·47	항·32	정·50	승·46	태·11	정·48	건·39	손·57	환·59
1월	2월	3월	4월	5월	6월	7월	8월	9월	10월	11월	12월

◈ 일괘

진(상육)	예·16	귀매·54	풍·55	복·24	수·17
	6 5 4 3 2 1	12 11 10 9 8 7	18 17 16 15 14 13	24 23 22 21 20 19	30 29 28 27 26 25

【총괄해서 판단하면】

13 이 효는 재주가 없어서 흉한 것을 면할 수 없다. 그러므로 운이 맞는

---

13 此爻是無才固不免於凶矣 故叶者患未至而先備 害未來而先防 威望服於鄕隣 而身家可保 不叶者 不能謹畏 强很招禍 妻妾不和 狀貌委靡 歲運逢之 在仕防謫貶 在士防停降 庶俗有防 則免禍害震驚之憂 修之則吉 或夫婦有刑 親隣遭難

사람은, 근심이 이르기 전에 먼저 방비하고, 해로움이 오기 전에 먼저 막는다. 따라서 위엄과 명망이 지방과 이웃 사람을 굴복시키고, 몸과 가문을 보호할 수 있다.

운이 맞지 않는 사람은, 삼가고 두려워하지 않으며 강하고 사납게하여 화를 부르니, 처와 첩이 서로 화목하지 못하고, 얼굴의 모양새가 초라하다.

세운을 만나면, 공직자는 강등되고 귀양가는 것을 근심해야 하고, 구직자는 정체되고 굴복하는 것을 방비해야 한다. 일반인은 조심해서 방비하면, 재앙과 해로움이 되는 일과 놀라게 되는 근심을 면할 수 있고, 몸과 마음을 수양하면 길하다. 혹 부부가 형극荊棘을 하게 되고, 친한 이웃이 환난을 만난다.

【글귀로 판단하면】

1 風打淸江若遇艟하니 孤舟捉網浪波衝이라

　私情招望安居處면 須待爲人好借風이라

　바람이 맑은 강에 몰아쳐 싸움배 만난 것 같으니/ 외로운 배 그물잡고 파도 헤치며 간다/ 사사로운 정 불러 편안히 거처할 곳 바라면/ 사람위해 좋은 바람 빌릴 때까지 기다려라

2 災憂將及己하니 前進却爲難이라

　修省雖無咎나 姻緣亦有言이라

　재앙과 근심이 장차 몸에 미치니/ 앞으로 나가는 것 어렵다/ 마음을 닦고 성찰하면 비록 허물 없으나/ 혼인에는 또한 구설수가 있다

3 烟雨日濛濛하니 江邊路未通이라

　道途人未達하니 憑仗借東風이라

　연기와 비에 해가 흐릿하니/ 강가에 길이 통하지 못했다/ 도로에 사람이 다니지 못하니/ 동풍을 빌려야 할 것이다

☶ 艮上 / ☶ 艮下 **重山艮**(52)
중 산 간

간괘 개요

【효사와 소상전】 그 등에 그치면 그 몸을 얻지(보지) 못하며, 그 뜰에 행하여도 그 사람을 보지 못하여 허물이 없으리라. 상에 말하길 산이 아울러 있는 것이 간괘니, 군자가 본받아서 생각이 그 분수(位)를 벗어나지 아니하느니라.

【艮其背면 不獲其身하며 行其庭하야도 不見其人하야 无咎리라. 象曰 兼山이 艮이니 君子 以하야 思不出其位하나니라.】

【총괄해서 판단하면】

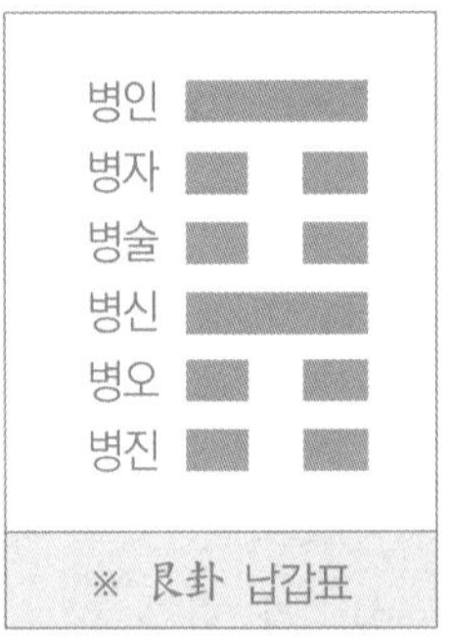

병인	
병자	
병술	
병신	
병오	
병진	

※ 艮卦 납갑표

1 간괘는 (간궁의 본궁수괘로) 4월에 속한다. 내괘의 납갑은 병진·병오·병신이고, 외괘의 납갑은 병술·병자·병인이니, 4월에 태어난 사람과, 태어난 년도의 간지가 납갑의 간지에 합치되는 사람은 부귀와 공명을 누리게 된다.2

운세로 보면 중산간괘(☶)는 상괘와 하괘가 모두 간(☶)이고, 호괘로는

---

1 此艮卦屬四月 納甲 是丙辰丙午丙申 丙戌丙子丙寅 生於四月及納甲者 功名富貴人也

2 간괘의 세효인 상구효는 양효이므로, 초효부터 상효까지 세면 사월巳月이 된다(초효는 자, 이효는 축, 삼효는 인, 사효는 묘, 오효는 진, 상효는 사). 지지의 사는 4월에 해당하므로, 간괘가 4월괘가 되는 것이다. 따라서 4월을 주관하는 괘가 되고, 4월에 태어난 사람은 때를 얻음이 된다.

진(☳)과 감(☵)이 있다. 우레가 험한 곳에서 움직이고 있으며, 또 간(艮)이 그치게 하니, 소리를 발해 위엄있게 하려해도 그 명령을 시행하지 못한다. 안과 밖이 다 막혀있고, 중간에도 험하고 함정이 있다. 군자가 이런 괘를 얻으면, 그치는 상이 된다.

간괘는 팔궁세혼법으로 볼 때, 간궁의 본궁수괘로 종묘宗廟괘에 해당한다. 즉 상구효(종묘)가 세효世爻가 되고, 삼공에 해당하는 구삼효는 응효가 된다. 상구효가 제자리를 얻지 못했고, 또 서로 음과 양으로 응하지도 못하니, 일이 어렵고 잘 안풀리는 뜻이 있다. 또 응효의 지지인 신(申金)이 세효(상구효)의 지지인 인(寅木)을 상충하며 극하니, 더욱 막히게 된다. 그러나 상구효가 극함을 받는 것을, 자신의 잘못을 다스리는데 쓰면서 제자리를 잘 다지면, 그런대로 꾸려나갈 수 있는 운이다. 수도하는 사람에게 좋다.

내괘와 외괘가 모두 산이고, 그 안에 내호괘로 물이 있어 나무가 모여 자란다. 그쳐서 움직이지 않는 덕이 있어 절로 빛이 나며, 그침과 행함을 때에 맞추어 하니 자기 분수를 벗어나지 않는다. 움직여서 하면 무엇인가 성사될 것 같지만, 그때마다 꺼리는 것이 생겨 결국 움직이지 못한다. 고상한 정신과 움직이지 않는 마음으로 동요가 없다.

후중厚重하게 그쳐있는 상이므로, 수도자에게는 길한 괘이지만, 일반 사회인에게는 지체되어 막히는 운이다. 그러나 점차 좋아지는 뜻이 있으니, 서서히 진출 기회를 기다리되 한가지 일에만 전심하라.

1 征行趨北又趨東이면 干祿求財事事通이라

　去就朝天終有路하니 不惟成始又成終이라

　북쪽으로 가고 또 동쪽으로 가면/ 녹을 구하고 재물을 구함에 일마다

　형통하다/ 벼슬길 나가도 마침내 길있게 되니/ 처음만 이루는 것이 아

니라 마지막도 이루게 된다

② 宜取山中鹿이요 休推水上車라

行也終須聲이요 鎭位慶時佳라

산속의 사슴 취하는 것 마땅하고/ 물 위에서 수레를 밀지 마라/ 나가면
마침내 명성얻고/ 벼슬자리에 앉아 경사스럽고 아름답다

1. 初六(☶→☶)

【효사와 소상전】 초육은 그 발꿈치에 그침이라 허물이 없으니, 영구하게 하
고 바르게 함이 이로우니라. 상에 말하길 '발꿈치에 그침'은 바름을 잃지 아
니함이라.【初六은 艮其趾라 无咎하니 利永貞하니라. 象曰 艮其趾는 未失
正也라.】

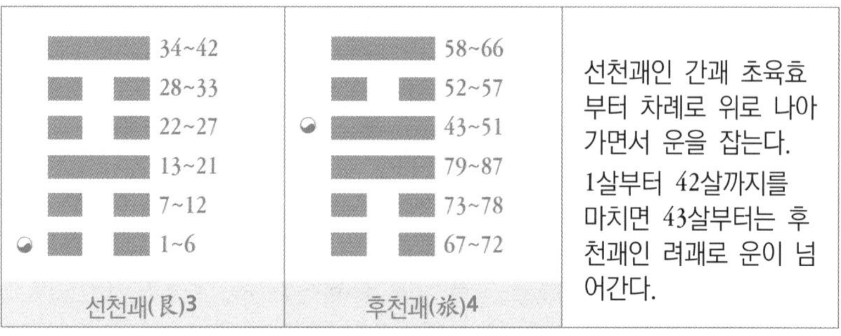

---

3 사주의 숫자로 괘를 만들어서 간괘 초효에 원당이 있다면, 1~6살까지는 간괘 초효 항
을, 7~12살까지는 간괘 이효 항을, …, 34~42살까지는 간괘 상효 항을 가서 살펴 보
면 된다.

4 43~51살까지는 후천괘인 려괘 사효 항을, 58~66살까지는 려괘 상효 항을, …,
79~87살까지는 려괘 삼효 항을 살펴보면 그 사람의 운이 된다(◐나 ●표시 한 곳이
해당하는 효를 가리키고, 밑에서부터 초효·이효·삼효·사효·오효·상효로 나눈다).

◈ 양년 음년 똑같음 [5]

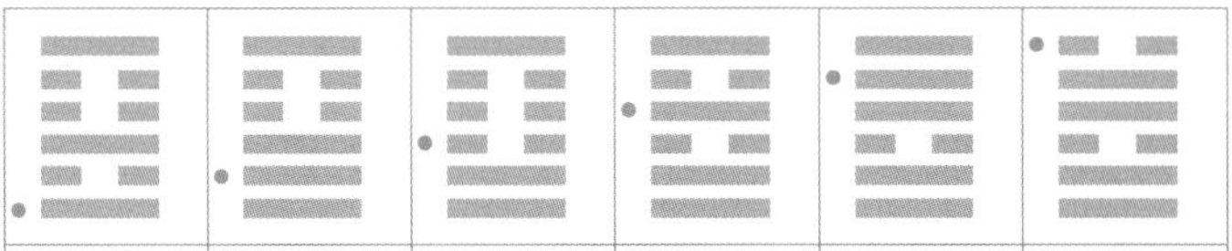

비(22)[6]	대축(26)	손(41)	규(38)	리(10)	태(58)
1	2	3	4	5	6

◈ 월괘

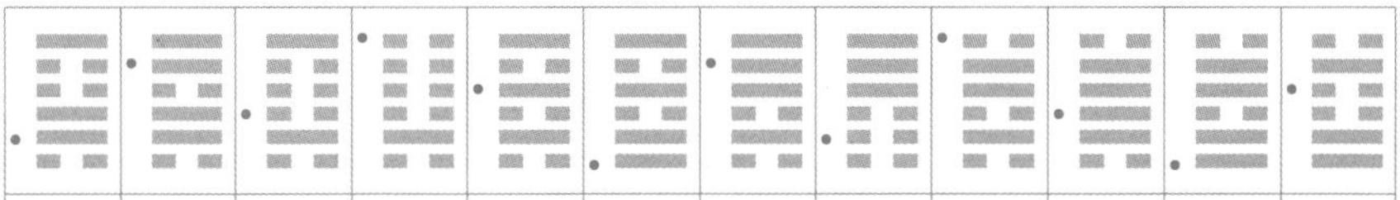

고·18	손·57	몽·4	사·7	미제·64	규·38	송·6	비·12	곤·47	대과·28	태·58	절·60
1월	2월	3월	4월	5월	6월	7월	8월	9월	10월	11월	12월

◈ 일괘 [7]

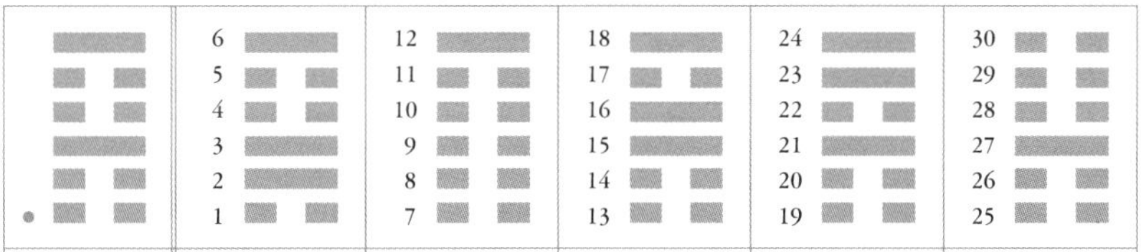

간(초육)	고·18	박·23	려·56	점·53	겸·15

【총괄해서 판단하면】

[8] 이 효는 바름을 지키는 도를 얻은 사람이다. 그러므로 운이 맞는 사람

---

[5] 해마다의 운인 유년운의 진행은 양효(━)일 때와 음효(╌)일 때가 다른데, 그 자세한 예는 중천건괘(1) 초구효, 중지곤괘(2) 초육효와 육이효, 수뢰둔괘(3) 초구효와 육삼효, 산수몽괘(4) 초육효와 육사효 항에 유년운에 속한 월운月運의 예와 함께 실려 있으므로 참고하면 된다.

[6] 위의 도표에서 '비(22)'라고 한 것은 괘명은 비괘賁卦고 64괘 중에 22번째 괘라는 뜻이다. 나머지 괘도 이와같은 방식으로 본다. 따라서 앞의 목차에서 번호의 순서대로 찾으면, 해당하는 괘를 쉽게 찾을 수 있다. 또 월괘月卦에서 '고·18' 등으로 표시한 것도, 괘명은 고괘蠱卦고 64괘 중에 18번째라는 뜻이다.

[7] 그 날의 운(日運)과 더 세분해서 시운時運을 알고 싶으면, 앞의 일괘日卦와 시괘時卦 설명을 참조해서 계산하면 된다. 자세한 예는 건(1)~송(6)괘의 초효 항에 있으므로 참고바람.

은, 바른 것을 따라가서, 거스르는 것을 따라감으로 생기는 흉함이 없으며, 굳게 지켜서 끝냄을 잘 할 수 있는 도를 얻는다. 비록 크게 발달하는 아름다움은 없으나, 또한 실패하고 위태해지는 근심은 없다.

운이 맞지 않는 사람도, 겸손하고 낮추는 처신을 하고, 삼가하며 중후하게 지키니, 재앙과 해로움이 생기지 않고 몸과 가문을 보호할 수 있다.

세운을 만나면, 공직자는 자기의 직책을 잘 지켜서 잃지 않고, 구직자는 벼슬길에 오른 뒤에 뒤떨어진다. 일반인은 평상시대로 분수를 지키므로 욕심으로 인한 위태로움에 빠지지 않는다.

【글귀로 판단하면】

① 非理宜循理니 安居不用遷이라

　　己久書到屋이면 佳信自來傳이라

　　이치가 아니라면 마땅히 이치로 돌아와야 하니/ 편안히 거처하고 옮기지 말아야 한다/ 오래되어 서신이 집에 도착하면/ 좋은 소식 전해질 것이다

② 一往悠悠하니 兩志未週라

　　有終有始나 只恐遲留라

　　한번 가고 아무 소식 없으니/ 두 사람 뜻이 통하지 못한다/ 마침이 있고 처음도 있을 것이나/ 다만 지체될까 염려된다

2. 六二(☷ → ☶)

【효사와 소상전】 육이는 그 장딴지에 그침이니, 구원하지 못하고 따르기 때

---

8 此爻是得其守正之道者也 故叶者 從之正而無從逆之凶 守之固而得厚終之道 雖無發達之美 亦免傾危之憂 不叶者 謙卑是持 謹厚是守 災害不生 身家可保 歲運逢之 在仕保守己職而無失 在士進取落後 庶俗安常守分 而不陷於從欲之危

문에, 그 마음이 유쾌하지 아니하도다. 상에 말하길 '구원하지 못하고 따르기 때문에, 그 마음이 유쾌하지 아니함'은 윗사람이 물러나 육이의 말을 듣지 아니하기 때문이다. 【六二는 艮其腓니 不拯其隨라 其心不快로다. 象曰 不拯 其隨는 未退聽也일새라.】

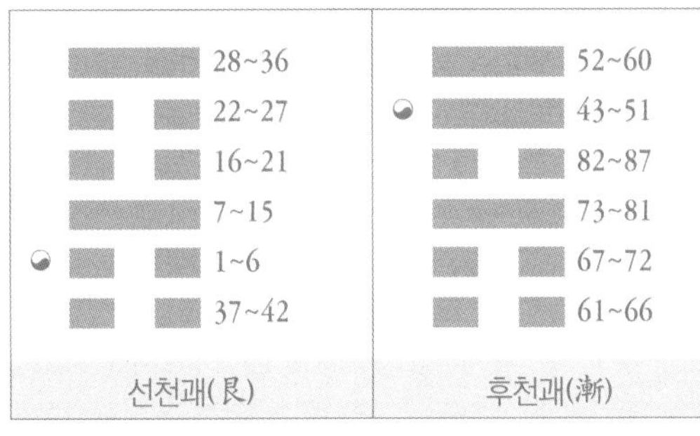

선천괘(艮)		후천괘(漸)	
	28~36		52~60
	22~27		43~51
	16~21		82~87
	7~15		73~81
	1~6		67~72
	37~42		61~66

선천괘인 간괘 육이효부터 차례로 위로 나아가면서 운을 잡는다.
1살부터 42살까지를 마치면 43살부터는 후천괘인 점괘로 운이 넘어간다.

◈ 양년 음년 똑같음

고(18)	몽(4)	미제(64)	송(6)	곤(47)	태(58)
1	2	3	4	5	6

◈ 월괘

박·23	곤·2	진·35	서합·21	비·12	송·6	취·45	함·31	수·17	둔·3	태·58	귀매·54
1월	2월	3월	4월	5월	6월	7월	8월	9월	10월	11월	12월

◈ 일괘

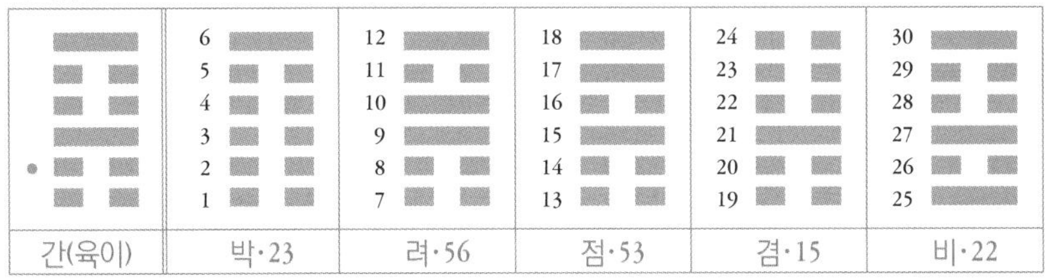

간(육이)	박·23	려·56	점·53	겸·15	비·22
	6 5 4 3 2 1	12 11 10 9 8 7	18 17 16 15 14 13	24 23 22 21 20 19	30 29 28 27 26 25

【총괄해서 판단하면】

⁹ 이 효는 겨우 자기 몸은 다스리나 다른 사람을 다스리기에는 부족한

운이다. 그러므로 운이 맞는 사람은, 중정中正한 사람으로 재주와 덕이 매우 높다. 뜻이 있어 임금을 섬기나, 그 지모가 오히려 쓰여지기 어렵고, 또한 권력에 막혀서 마음이 항상 만족하지 못한다. 비록 세상에 공을 세우지는 못해도, 또한 후세의 자랑스러운 사람 정도는 된다.

운이 맞지 않는 사람은, 마음에 정해진 견해가 없고, 간사함과 바름이 서로 뒤섞여서, 집안이 환난을 당해도 물리치지 못하고, 아버지가 일을 잘못해도 바로잡지 못하니, 우뚝 서기 힘들고 마음이 흔들리고 종잡을 수 없다.

세운을 만나면, 공직자는 나라의 위태함을 붙들거나 엎어지는 것을 바로잡는 재주가 없으며, 구직자는 좋은 기회가 없고, 일반인은 꾀하고 구하는 것이 이루어지지 않는다. 혹 다른 지역(郡)으로 가서 부역하느라 괴롭고, 혹 발에 병이 나서 움직이고 그침이 편치 못하며, 혹 가정에 우환이 있어 마음이 불쾌하다.

【글귀로 판단하면】

① 從正於其損益中하니 宜居中道終成吉이라

　良心不放少年人하니 別有生涯到頭出이라

　손손과 익益가운데 바른 것을 따르니/ 중도中道로 행하면 마침내 길해진다/ 양심이 젊은 소년 놓아주지 않으니/ 특별한 생애가 가는 곳마다 나오게 된다

② 躁進輕施用이면 時間未快心이라

　陽春回煖律하니 東北遇知音이라

　조급하게 나가서 경솔하게 일하면/ 때로 마음에 좋지 않은 일 생긴다/

---

9 此爻是僅能成己 而歉於成物者也 故叶者 乃是中正之人 才德甚高 有志事君 而其謀猶難以進用 且阻於權樞 而其心常懷不歉 然雖不能建於世 而亦爲後世所矜式 不叶者 心無定見 邪正相混 家難而不知排遣 父蠱而不知幹治 卓立艱難 心緒撓括 歲運逢之 在仕無扶危持顚之才 在士無機會之美 在庶俗無求謀之遂 或馳他郡而苦于勞役 或有足疾而動止難安 或爲家患而心有不快

양춘을 맞아 따스한 주기 돌아오니/ 동북쪽에서 지기知己를 만나게 된
다

③ 人進退ㅣ 事交加하니

渾如春夢ㅣ 有似梅花라

사람은 나아갔다 물러났다 하고/ 일은 왔다 갔다 하니/ 봄꿈속에서/ 매
화보는 것 같이 혼몽하다

3 . 九三(☶→☷)

【효사와 소상전】 구삼은 그 허리에 그친지라, 그 등뼈를 벌림이니, 위태하여
마음이 찌는 듯 하도다. 상에 말하길 그 허리에 그쳤기 때문에, 위태로움에
마음이 찌도다. 【九三은 艮其限이라 列其夤이니 厲 薰心이로다. 象曰 艮其
限이라 危 薰心也라.】

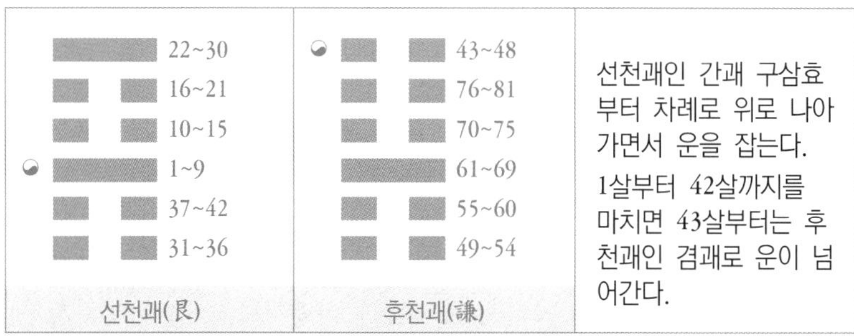

	22~30
	16~21
	10~15
	1~9
	37~42
	31~36

선천괘(艮)

	43~48
	76~81
	70~75
	61~69
	55~60
	49~54

후천괘(謙)

선천괘인 간괘 구삼효
부터 차례로 위로 나아
가면서 운을 잡는다.
1살부터 42살까지를
마치면 43살부터는 후
천괘인 겸괘로 운이 넘
어간다.

◈ 양년(갑·병·무·경·임년)일 경우

간(52)	겸(15)	곤(2)	예(16)	취(45)	비(12)	무망(25)	리(10)	건(1)
1	2	3	4	5	6	7	8	9

박(23)	곤(2)	겸(15)	소과(62)	함(31)	돈(33)	동인(13)	건(1)	리(10)
1	2	3	4	5	6	7	8	9

◈ 월괘

려·56	리·30	돈·33	구·44	함·31	취·45	혁·49	기제·63	쾌·43	대장·34	태·58	리·10
1월	2월	3월	4월	5월	6월	7월	8월	9월	10월	11월	12월

◈ 일괘

간(구삼)	려·56	점·53	겸·15	비·22	고·18
	6 5 4 3 2 1	12 11 10 9 8 7	18 17 16 15 14 13	24 23 22 21 20 19	30 29 28 27 26 25

【총괄해서 판단하면】

10 이 효는 마땅히 그치지 않아야 할 데 그치는 것이니, 때를 극도로 잃은 것이다. 그러므로 운이 맞는 사람은, 반드시 높은 벼슬을 해서 권세를 잡으나, 탐내고 얻는 것을 항시 부족히 여겨, 임금을 패망시키고 나라를 그릇되게 한다. 바른 길을 막아서 윗사람과 아랫사람의 정이 통하지 못하게 하니, 나라를 무너뜨리고 거스른 죄를 면하기 어렵다.

운이 맞지 않는 사람은, 부자가 되어 재산을 모으려면 반드시 강경한 일

---

10 此爻是不當止而止 失時之極者也 故叶者必爲顯官執柄 貪得不足 敗君誤國 阻隔正路 而上下之情不通 敗逆之罪難逭 不叶者 富藏金谷 必起强梗 惡事常行 善緣不作 歲運逢之 在仕顯者必遷要津 邊閫選人 立班改職 士子前則成名 庶俗强梗不順 破損不寧 危屬不安 數凶者老幼或爲心病 或患眼 或腰疾 或阻碍 刑孝破家

을 해야 하니, 악한 일을 항시 행하고 착한 일을 하지 않게 된다.
세운을 만나면, 높은 공직자는 반드시 요직으로 옮기고, 변방에서 기용된
사람은 반열에 들게 되어 직위가 바뀔 것이다. 구직자는 벼슬길에 나가
면 이름을 이룰 것이고, 일반인은 강경하고 순하지 못해서 재산과 가정
을 파손하니, 편치 못하고 위태하며 불안하다. 수가 흉한 사람은 늙은이
와 어린이는 혹 심장병이 있고, 혹 눈병이 있으며, 혹 허리에 병이 있고,
혹 모든 것이 막히고, 형벌을 받거나 부모상을 당하여 가정이 파괴된다.

【글귀로 판단하면】

① 亂事心燻爍하니 事後不見人이라

　守憂心利主하니 其祿位來迎이라

　일은 어지럽고 마음은 찌는 것 같으니/ 일 뒤에 사람 볼 수 없다/ 바름
을 지키며 주인 이롭게 할 걱정하니/ 복녹과 벼슬이 와서 맞이한다

② 深潭月ㅣ 明鏡影은

　一場空ㅣ 報于信이라

　깊은 못 가운데 달과/ 밝은 거울의 그림자는/ 일종의 헛된 것이나/ 믿
음으로 보답하네

③ 憂在蕭牆內하니 將來必見傷이라

　豫防于未見이면 可變禍爲祥이라

　근심이 집담장 안에 있으니/ 장래에 반드시 다치게 된다/ 나타나기 전
에 예방하면/ 화를 바꿔서 상서로움 만들 것이다

4. 六四(☶ → ☷)

【효사와 소상전】 육사는 그 몸에 그침이니 허물이 없느니라. 상에 말하길
'그 몸에 그침'은 제 몸에만 그침이라. 【六四는 艮其身이니 无咎니라. 象曰
艮其身은 止諸躬也라.】

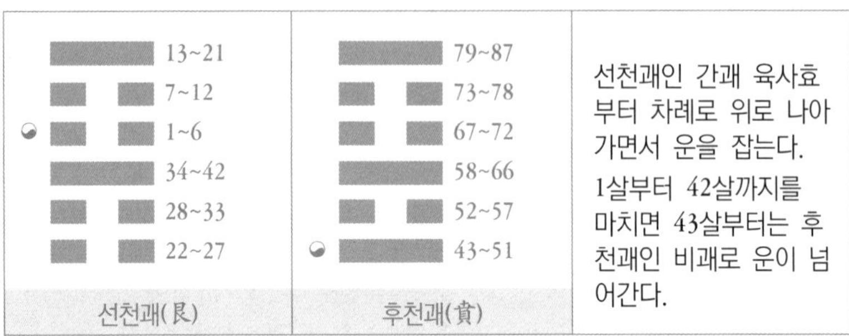

선천괘(艮)		후천괘(賁)		선천괘인 간괘 육사효 부터 차례로 위로 나아 가면서 운을 잡는다. 1살부터 42살까지를 마치면 43살부터는 후 천괘인 비괘로 운이 넘 어간다.
	13~21		79~87	
	7~12		73~78	
◑	1~6		67~72	
	34~42		58~66	
	28~33		52~57	
	22~27	◑	43~51	

◈ 양년 음년 똑같음

려(56)	돈(33)	함(31)	혁(49)	쾌(43)	태(58)
1	2	3	4	5	6

◈ 월괘

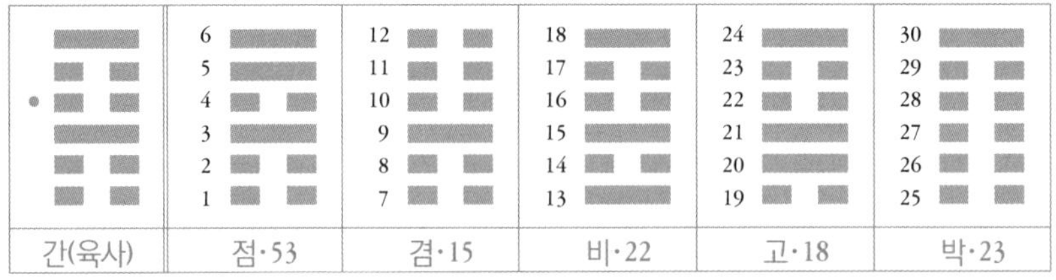

점·53	손·57	건·39	비·8	기제·63	혁·49	수·5	태·11	절·60	중부·61	태·58	곤·47
1월	2월	3월	4월	5월	6월	7월	8월	9월	10월	11월	12월

◈ 일괘

간(육사)	점·53	겸·15	비·22	고·18	박·23
	6	12	18	24	30
	5	11	17	23	29
	4	10	16	22	28
	3	9	15	21	27
	2	8	14	20	26
	1	7	13	19	25

【총괄해서 판단하면】

11 이 효는 그쳐야 할 때에 그치니, 망령되이 움직이지 않는 뜻이 있다.

---

11 此爻是時止而止 有不妄動之義者也 故叶者鎭靖安穩 藏修謹厚 雖不能兼善天
下 而亦可以成獨善之志 雖不能以濟時 而亦可以無償事之怨 不叶者 單身自謀
適己自便 或爲僧道 歲運逢之 在仕安職 不可懷出位之思 未仕者不可圖倖進之

그러므로 운이 맞는 사람은, 진정하고 안온하며 숨기고 수양함을 삼가고 후중하게 하는 사람이다. 비록 세상을 모두 착하게 하지는 못하나, 또한 자기 자신의 착한 뜻을 이루며, 비록 한 때를 구제하지는 못하나, 또한 일을 어그러뜨리는 허물은 없다.

운이 맞지 않는 사람은, 스스로 자기의 편안한 것만 꾀하여 이루고, 혹 승려나 도인이 된다.

세운을 만나면, 공직자는 현 직책에 만족하며 있어야 하니, 승진할 생각을 해서는 안되며, 벼슬하지 못한 사람은 요행으로 벼슬길에 나서려는 학문을 해서는 안된다. 일반인은 분수를 편안히 해야 하니, 분에 넘치는 일을 도모해서는 안된다.

【글귀로 판단하면】

① 身居臣位亨하니 正靖自無咎라

  在外獲嘉祥하니 名利都成就라

  몸이 신하의 벼슬에 있어 형통하니/ 바르고 편안하게 해서 자연히 허물이 없다/ 밖에서 아름다운 상서로움 얻으니/ 명예와 이익을 모두 성취했다

② 所爲無悔吝은 惟是反諸身이라

  若遇豬雞貴면 春來喜事新이라

  하는 바가 후회와 인색함 없음은/ 오직 자신을 반성하기 때문이다/ 만약 돼지(亥)와 닭(酉)을 만나 귀하게 되면/ 봄이 와서 기쁜 일 새로이 올 것이다

  學 在庶俗安分 不可懷越分之謀

5.六五(䷳→䷑)

【효사와 소상전】육오는 그 볼때기에 그침이라. 말이 차례(조리)가 있음이니 후회가 없어지리라. 상에 말하길 '볼때기에 그침'은 중도로써 바르게 하는 것이다. 【六五는 艮其輔라 言有序니 悔亡하리라. 象曰 艮其輔는 以中으로 正也라.】

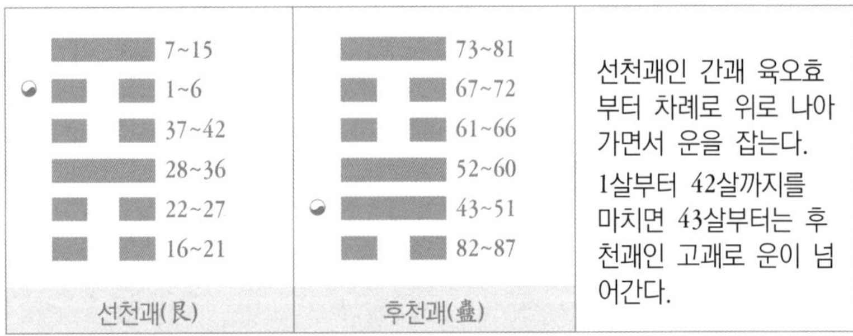

선천괘인 간괘 육오효부터 차례로 위로 나아가면서 운을 잡는다. 1살부터 42살까지를 마치면 43살부터는 후천괘인 고괘로 운이 넘어간다.

◈ 양년 음년 똑같음

점(53)	건(39)	기제(63)	수(5)	절(60)	태(58)
1	2	3	4	5	6

◈ 월괘

겸·15	곤·2	명이·36	풍·55	태·11	수·5	림·19	손·41	귀매·54	해·40	태·58	수·17
1월	2월	3월	4월	5월	6월	7월	8월	9월	10월	11월	12월

◈ 일괘

간(육오)	겸·15	비·22	고·18	박·23	려·56
	6 5 4 3 2 1	12 11 10 9 8 7	18 17 16 15 14 13	24 23 22 21 20 19	30 29 28 27 26 25

【총괄해서 판단하면】

12 이 효는 말에 허물이 적은 사람이다. 그러므로 운이 맞는 사람은, 덕도 있고 말솜씨도 있는 사람으로, 크게는 재상이 되고 간관諫官이 되며, 대중大中·중봉中奉·급사중給事中·중서성中書省 등의 언로에 있는 직책을 맡으며, 작게는 서수序首·상서庠序 등의 가르치는 직책을 맡게 된다.

운이 맞지 않는 사람은, 감정을 달래고 시나 읊으며 옛날과 지금을 담론하는 숨은 선비며, 혹 벗들이 도와주고 같이 공부한다. 생활은 자기 몸은 먹고 살만 하다.

세운을 만나면, 벼슬하여 높이 된 사람은 반드시 대신의 지위에 있어서 조회에 참석하는 직책에 있고, 그 보다 낮은 사람은 간관이 된다.

구직자는 한 마디 말로 시험관의 마음에 들어서 과거에 이름이 나게 되고, 일반인은 공평한 말로 사람들의 마음을 얻으며, 꾀하고 바라는 것이 뜻대로 된다. 그러나 만약 소인이 이런 효를 만나면, 도리어 말을 잘못해서 허물이 있게 되고, 늙은이와 아이들을 봉양하고 기르기 힘들다.

【글귀로 판단하면】

1 言皆中正理하니 悔吝自然亡이라

　　莫嘆成功晩이나 春來福祿昌이라

　　말하는 것이 모두 바른 이치에 맞으니/ 후회와 인색함이 자연히 없어진다/ 성공이 늦다고 탄식마라/ 봄오면 복록이 번창하리라

52
중산간
五

---

12 此爻是於其言而寡尤者也 故叶者有德有言 大則爲輔相 爲言路 爲大中中奉給事中中書省 小則爲序首庠序之職 不叶者 而爲陶情吟哦談今說古之幽人 或得朋友親輔麗澤之功 而活計可以養身 歲運逢之 在仕顯者必獲大位 居朝堂之職 未顯者則爲言路之官 在士則一言而合主司 科名成就 在庶俗則公言足以合人情 而謀望遂意 若小人當此 則反有唇吻之咎 老少難於頤養

347

【효사와 소상전】 상구는 돈독하게 그침이니 길하니라. 상에 말하길 '돈독하게 그쳐서 길함'은 마침을 두텁게 하기 때문이다. 【上九는 敦艮이니 吉하니라. 象曰 敦艮之吉은 以厚終也일새라.】

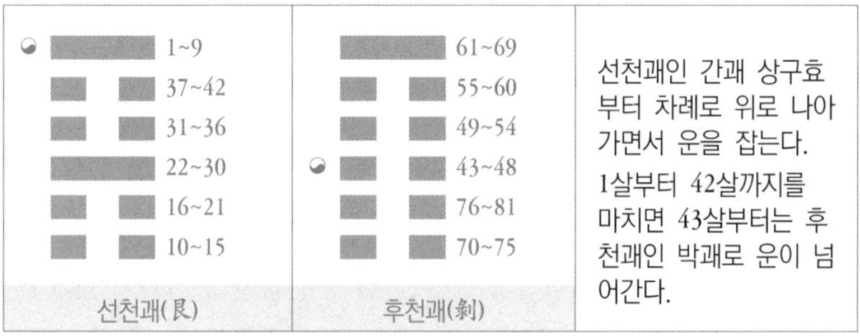

선천괘(艮)		후천괘(剝)		
	1~9		61~69	선천괘인 간괘 상구효부터 차례로 위로 나아가면서 운을 잡는다.
	37~42		55~60	
	31~36		49~54	1살부터 42살까지를 마치면 43살부터는 후천괘인 박괘로 운이 넘어간다.
	22~30		43~48	
	16~21		76~81	
	10~15		70~75	

◈ 양년(갑·병·무·경·임년)일 경우

간(52)	박(23)	곤(2)	복(24)	림(19)	태(11)	대장(34)	쾌(43)	건(1)
1	2	3	4	5	6	7	8	9

◈ 음년(을·정·기·신·계년)일 경우

겸(15)	곤(2)	박(23)	이(27)	손(41)	대축(26)	대유(14)	건(1)	쾌(43)
1	2	3	4	5	6	7	8	9

◈ 월괘

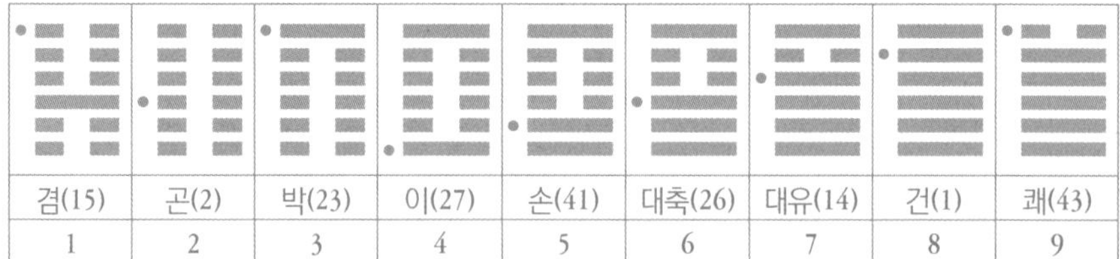

비·22	리·30	대축·26	소축·9	손·41	림·19	규·38	미제·64	리·10	무망·25	태·58	쾌·43
1월	2월	3월	4월	5월	6월	7월	8월	9월	10월	11월	12월

		6		12		18		24		30	
●		5		11		17		23		29	
		4		10		16		22		28	
		3		9		15		21		27	
		2		8		14		20		26	
		1		7		13		19		25	
간(상구)		비·22		고·18		박·23		려·56		점·53	

【총괄해서 판단하면】

13 이 효는 지극히 착한 데 그치는 사람이다. 그러므로 운이 맞는 사람은, 풍도(風道:德化와 도덕)가 높고 절개가 강하니, 반드시 대인 군자가 되어 당시의 표상이 되고, 복과 은택이 심후하다.

운이 맞지 않는 사람은, 성실하고 허황되지 않아서 혹 농사를 늘려서 경작하고, 수명이 길다.

세운을 만나면, 공직자는 직책이 옮겨지고, 구직자는 이름을 날린다. 농사짓는 집은 농장이 흥왕하고, 장사는 이득을 본다. 일반인은 복을 얻으나, 다만 변해서 지산겸괘(䷍) 상육이 되면 뜻은 있어도 펴지 못하는 징조니, 수가 흉한 사람은 또한 방비해야 한다.

【글귀로 판단하면】

① 敦厚眞君子가 淹留未濟間이라

忽逢通大運이면 爵祿喜高遷이라

돈후한 참 군자가/ 일이 안되어 정체되어 있다/ 홀연히 큰 운수 통하게 되면/ 벼슬과 복록의 기쁨이 높게 옮겨지리라

---

13 此爻是止於至善者也 故叶者高風勁節 必爲大人君子 而標準當時 福澤厚深 不叶者 主誠實 不浮華 或田業之廣 壽算之高 歲運逢之 在仕遷職 在士成名 農家 進田業 商賈獲利 在庶俗獲福 但變得謙上爻 有志未得伸之兆 數凶者亦防之

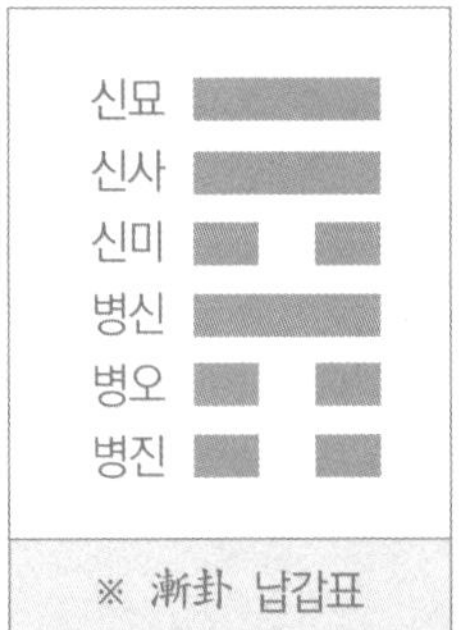

巽上 艮下 **風山漸**(53)
풍 산 점

점괘 개요

【괘사와 대상전】 점은 여자가 시집가는 것이 길하니, 바름이 있기 때문에 이로우니라. 상에 말하길 산 위에 나무가 있음이 점괘니, 군자가 본받아서 어진 덕에 거처해서 풍속을 착하게 하느니라. 【漸은 女歸 吉하니 利貞이니라. 象曰 山上有木이 漸이니 君子 以하야 居賢德하야 善俗하나니라.】

【총괄해서 판단하면】

| 신묘 |
| 신사 |
| 신미 |
| 병신 |
| 병오 |
| 병진 |

※ 漸卦 납갑표

[1] 간궁 3세괘로(원래는 7변괘인 귀혼괘) 정월에 속한다. 내괘의 납갑은 병진·병오·병신이고, 외괘의 납갑은 신미·신사·신묘니, 정월에 태어난 사람과, 태어난 년도의 간지가 납갑의 간지에 합치되는 사람은 부귀와 공명을 누리게 된다.[2]

운세로 보면 풍산점괘는 상괘는 손(☴)이고 하괘는 간(☶)이다. 호괘로는 감(☵)과 리(☲)가 있어서, 해와 달의 밝음으로 총명하고 빛을 발한다. 물이 험한 곳에서 흐르고, 또 간이 그치게 하

---

[1] 艮宮三世 卦屬正月 納甲是丙辰丙午丙申 辛未辛巳辛卯 如生於正月及納甲者 功名富貴人也

[2] 점괘의 세효인 구삼효는 양효이므로, 초효부터 삼효까지 세면 인월寅月이 된다(초효는 자, 이효는 축, 삼효는 인). 지지의 인은 정월에 해당하므로, 점괘가 정월괘가 되는 것이다. 따라서 정월을 주관하는 괘가 되고, 정월에 태어난 사람은 때를 얻음이 된다.

나, 바람이 화창하고 해가 따뜻하니 때가 적당하여, 비와 물을 널리 베풀어 생장의 공을 이루게 한다. 만물이 그 이로움을 받아서 이로부터 성공하게 된다. 군자가 이런 괘를 얻으면 점차 나아가는 상이 있다.

【팔궁세혼법으로 판단하면】

점괘는 팔궁세혼법으로 볼 때, 간궁의 7변괘인 귀혼괘歸魂卦로 삼공三公괘에 해당한다. 즉 구삼효(삼공)가 세효世爻가 되고, 종묘에 해당하는 상구효는 응효가 된다. 상구효가 제자리를 얻지 못했고, 또 서로 음과 양으로 응하지도 못하니, 일이 어렵고 잘 안풀리는 뜻이 있다. 그러나 구삼효의 지지인 신(申金)이 응효(상구효)의 지지인 묘(卯木)를 극하여 바르게 고치니 좋게 된다. 더욱이 구오효와 육이효가 모두 중정을 얻어 서로 응하며, 상괘인 나무(☴)가 하괘인 흙(☶)에 뿌리를 내리고, 호괘인 물(☵)과 햇빛(☲)을 받으며 자라나니, 막히고 어려웠던 것이 점차 풀리게 된다.

산 위의 나무라 점차 커지니, 어려움은 지나가고 길한 운이 다가온다. 성급함과 경솔함을 경계하며, 반드시 단계를 밟아 나가야 한다. 이성문제 특히 혼사에 있어서는 예의에 어긋나지 않도록 정도를 따르면 반드시 크게 길하다. 여자는 육례六禮의 절차를 밟아 출가하고, 공부하던 사람은 출세를 한다.

【글귀로 판단하면】

① 己達平安地하니 前途好進程이라

　綠楊芳草地에 風快馬蹄輕이라

　이미 평안한 땅에 도달했으니/ 앞으로 나가는 길이 좋다/ 버들 푸르고 풀 아름다운 곳에/ 바람은 경쾌하고 말발굽 가볍다

② 幾度江邊釣에 遊魚未上鉤아

　瀟湘一片景은 將久快心頭라

　몇번이나 강변 낚시질에/ 노니는 고기 잡지 못했는가?/ 소상강의 한조

각 경치는/ 장차 오랫동안 마음을 상쾌하게 할 것이다

1. 初六(☴ → ☶)

【효사와 소상전】 초육은 기러기가 물가에 나아감이니, 소인과 어린 아이는 위태해서 말이 있으나, 허물이 없느니라. 상에 말하길 소인과 어린 아이는 위태하나, 의리가 허물이 없느니라. 【初六은 鴻漸于干이니 小子 厲하야 有言이나 无咎니라. 象曰 小子之厲나 義无咎也니라.】

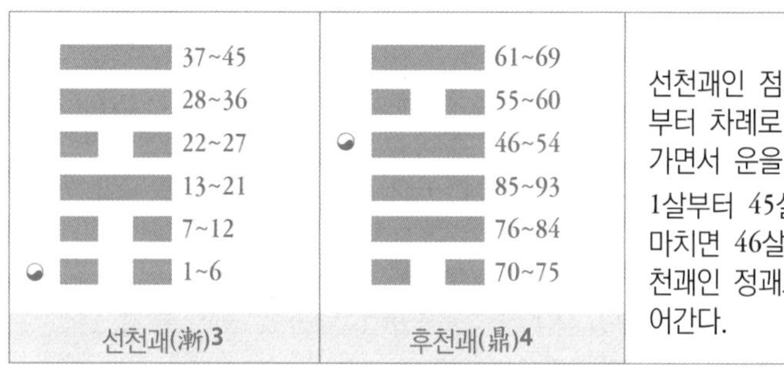

선천괘(漸)**3**	후천괘(鼎)**4**	선천괘인 점괘 초육효부터 차례로 위로 나아가면서 운을 잡는다. 1살부터 45살까지를 마치면 46살부터는 후천괘인 정괘로 운이 넘어간다.

◈ 양년 음년 똑같음 **5**

가인(37)**6**	소축(9)	중부(61)	리(10)	규(38)	귀매(54)
1	2	3	4	5	6

---

3 사주의 숫자로 괘를 만들어서 점괘 초효에 원당이 있다면, 1~6살까지는 점괘 초효 항을, 7~12살까지는 점괘 이효 항을, …, 37~45살까지는 점괘 상효 항을 가서 살펴 보면 된다.

4 46~54살까지는 후천괘인 정괘 사효 항을, 61~69살까지는 정괘 상효 항을, …, 85~93살까지는 정괘 삼효 항을 살펴보면 그 사람의 운이 된다(◑나 ●표시 한 곳이 해당하는 효를 가리키고, 밑에서부터 초효·이효·삼효·사효·오효·상효로 나눈다).

5 해마다의 운인 유년운의 진행은 양효(━)일 때와 음효(╸╸)일 때가 다른데, 그 자세

손·57	고·18	환·59	감·29	송·6	리·10	미제·64	진·35	해·40	항·32	귀매·54	림·19
1월	2월	3월	4월	5월	6월	7월	8월	9월	10월	11월	12월

◈ 일괘 7

	6 / 5 / 4 / 3 / 2 / 1	12 / 11 / 10 / 9 / 8 / 7	18 / 17 / 16 / 15 / 14 / 13	24 / 23 / 22 / 21 / 20 / 19	30 / 29 / 28 / 27 / 26 / 25
점(초육)	손·57	관·20	돈·33	간·52	건·39

【총괄해서 판단하면】

8 효는 편안한 곳을 얻지 못했으나, 때를 얻지 못해서 편안한 곳으로 나아갈 수 없는 운이다. 그러므로 운이 맞는 사람은, 청렴하고 재주있고 어

한 예는 중천건괘(1) 초구효, 중지곤괘(2) 초육효와 육이효, 수뢰둔괘(3) 초구효와 육삼효, 산수몽괘(4) 초육효와 육사효 항에 유년운에 속한 월운月運의 예와 함께 실려 있으므로 참고하면 된다.

6 위의 도표에서 '가인(37)'이라고 한 것은 괘명은 가인괘家人卦고 64괘 중에 37번째 괘라는 뜻이다. 나머지 괘도 이와같은 방식으로 본다. 따라서 앞의 목차에서 번호의 순서대로 찾으면, 해당하는 괘를 쉽게 찾을 수 있다. 또 월괘月卦에서 '손·57' 등으로 표시한 것도, 괘명은 손괘巽卦고 64괘 중에 57번째라는 뜻이다.

7 그 날의 운(日運)과 더 세분해서 시운時運을 알고 싶으면, 앞의 일괘日卦와 시괘時卦 설명을 참조해서 계산하면 된다. 자세한 예는 건(1)~송(6)괘의 초효 항에 있으므로 참고바람.

8 此爻是不得所安 無其時而不能進者也 故叶者淸才賢德 入仕以漸而有序 非但登科及第 而且入言路以爲去奸逐佞之臣 不叶者 亦起立生涯 自微積累 或涉艱辛 或憑口舌 如小子之行不躓等 歲運逢之 在仕多作正言 或條陳利害 或上本諫諍 而爲文訟論謫 在士無應援汲引之人 而進取阻於時 在庶俗多遭其窮阨而謀爲不利

진 덕이 있는 사람으로, 벼슬해서 순서있게 점차로 나아간다. 과거에 급제하여 벼슬길에 오를 뿐만 아니라, 또한 언로言路에 들어가서 간사하고 아첨하는 신하를 쫓아낸다.

운이 맞지 않는 사람도, 또한 자립해서 입신하는 생애로, 작은 것으로부터 점차 많이 쌓아간다. 혹 역경을 건너고, 혹 구설수에 오르기도 하나, 어린 아이가 건너뛰지 않고 차근차근 한발짝씩 가는 것과 같이 나아간다. 세운을 만나면, 공직자는 언관言官인 정언正言이 돼서, 혹 이해득실을 조목조목 진술하고, 혹 상소를 올려 간해서 글로 송사를 하고 귀양을 보내게 한다. 구직자는 응원하고 끌어주는 사람이 없어서 벼슬길이 일시적으로 막히고, 일반인은 궁한 액을 많이 만나고 꾀하는 일에 이로움이 없다.

【글귀로 판단하면】

① 養志在林泉하니 休聽讒佞言이라

　　如雲浮白日이면 君子道彌昌이라

　　뜻을 기르며 산골에 살고 있으니/ 참소하고 아양 떠는 말 들리지 않는다/ 만일 밝은 대낮에 구름뜨면/ 군자의 도가 두루 번창하리라

② 心危事不危하고 路險人不險이라

　　雲散月重圓이요 水落舟泊岸이라

　　마음은 위태하나 일은 위태하지 않고/ 길은 험하나 사람은 험하지 않다/ 구름 흩어지니 달 다시 둥글고/ 물 떨어지니 배가 언덕에 닿았다

2. 六二(䷳ → ䷲)

【효사와 소상전】 육이는 기러기가 반석에 나아감이라. 마시고 먹는 것이 즐겁고 즐거우니 길하니라. 상에 말하길 '마시고 먹는 것이 즐겁고 즐거운 것'은, 공연히 배부르려 하지 아니함이라. 【六二는 鴻漸于磐이라. 飮食이 衎衎하니 吉하니라. 象曰 飮食衎衎은 不素飽也라.】

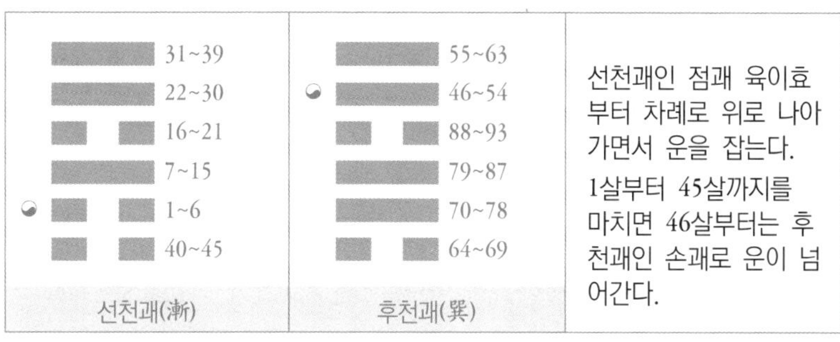

선천괘인 점괘 육이효부터 차례로 위로 나아가면서 운을 잡는다.
1살부터 45살까지를 마치면 46살부터는 후천괘인 손괘로 운이 넘어간다.

◈ 양년 음년 똑같음

손(57)	환(59)	송(6)	미제(64)	해(40)	귀매(54)
1	2	3	4	5	6

◈ 월괘

관·20	비·8	비·12	무망·25	진·35	미제·64	예·16	소과·62	진·51	복·24	귀매·54	태·58
1월	2월	3월	4월	5월	6월	7월	8월	9월	10월	11월	12월

◈ 일괘

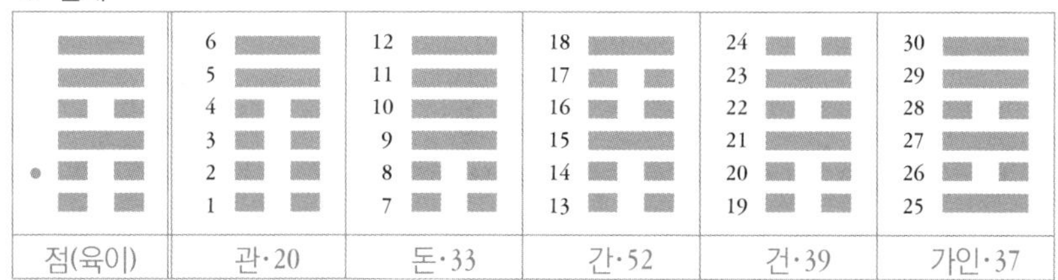

점(육이)	관·20	돈·33	간·52	건·39	가인·37
	6 5 4 3 2 1	12 11 10 9 8 7	18 17 16 15 14 13	24 23 22 21 20 19	30 29 28 27 26 25

【총괄해서 판단하면】

9 이 효는 녹과 지위가 높은 곳에 편안히 있는 것이고, 그러한 만남을 깊

---

9 此爻是安於祿位之隆　而深幸其所遇者也　故叶者才高德重　足以措國家於磐石之
安　納君民於和衍之樂　富貴極其長久　福澤極其深厚　不叶者亦飽煖衣食　爲良善
之士　或逸而處於巖穴　或散而游於江湖　歲運逢之　在仕爲食祿祭酒之職　在士爲

이 다행스럽게 생각하는 사람이다. 그러므로 운이 맞는 사람은, 재주도 높고 덕도 후중해서, 국가를 반석 위에 편안히 놓을 수 있고, 임금과 백성을 화락하게 하니, 부귀가 오래가고 복록과 은택이 한없이 심후하다. 운이 맞지 않는 사람도, 의식이 풍부해서 선량한 선비가 되나, 혹 바위굴에 숨어서 살기도 하고, 혹 흩어져 강호에서 노닐기도 한다.

세운을 만나면, 공직자는 제향을 맡아보는 좨주祭酒의 직책으로 녹을 먹고, 구직자는 지방에서 천거되어 중앙정부의 관리가 되며, 일반인은 대장쟁이나 푸줏간의 일을 하나, 어느 일을 하더라도 이롭지 않음이 없고 모두 편안하다.

【글귀로 판단하면】

① 盤桓不容進이나 一進徹靑雲이라

   自有天書詔하니 何憂不祿身가

   머뭇거리며 나아가려 않으나/ 한번 나아가면 푸른 구름(벼슬길) 뚫는다/ 자연히 임금의 부르는 글 있게 되니/ 벼슬하지 못함을 걱정할 것 무엇있나?

② 閬苑一時春하니 庭前花柳新이라

   鵲聲傳好語하고 草木亦忻忻이라

   비었던 동산이 일시에 봄이 되니/ 뜰앞에 꽃과 버들 새로와졌다/ 까치소리는 좋은 소식 전하고/ 풀과 나무 또한 기뻐 넘실거린다

3. 九三(䷂→䷩)

【효사와 소상전】 구삼은 기러기가 뭍(陸)에 나아감이니, 지아비가 가면 돌아오지 못하고, 지어미가 잉태하여도 기르지 못하여 흉하니, 도적을 막는 것이

鹿鳴瓊林之宴 在常人爲金谷庖廚之事 無往不利 隨處皆安

이로우니라. 상에 말하길 '지아비가 가면 돌아오지 못함'은 무리를 떠나서 추한 것이고, '지어미가 잉태하여도 기르지 못함'은 그 도를 잃음이며, '도적을 막는 것이 이로움'은 순하게 서로 보호함이라. 【九三은 鴻漸于陸이니 夫征이면 不復하고 婦孕이라도 不育하야 凶하니 利禦寇하니라. 象曰 夫征不復은 離群하야 醜也오 婦孕不育은 失其道也오 利用禦寇는 順相保也라.】

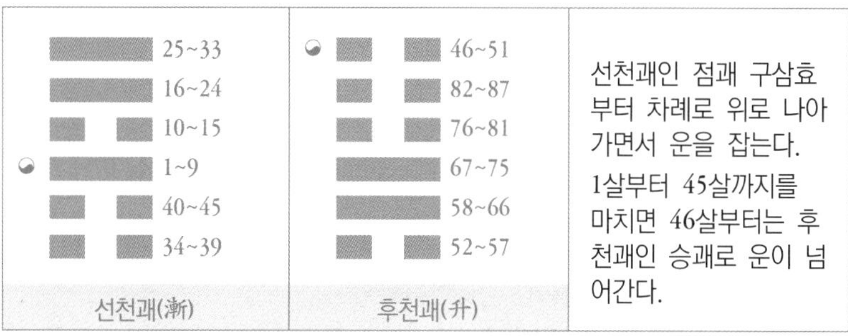

◈ 양년(갑·병·무·경·임년)일 경우

점(53)	건(39)	비(8)	취(45)	예(16)	진(35)	서합(21)	규(38)	대유(14)
1	2	3	4	5	6	7	8	9

◈ 음년(을·정·기·신·계년)일 경우

관(20)	비(8)	건(39)	함(31)	소과(62)	려(56)	리(30)	대유(14)	규(38)
1	2	3	4	5	6	7	8	9

◈ 월괘

돈·33	동인·13	려·56	정·50	소과·62	예·16	풍·55	명이·36	대장·34	쾌·43	귀매·54	규·38
1월	2월	3월	4월	5월	6월	7월	8월	9월	10월	11월	12월

점(구삼)	돈·33	간·52	건·39	가인·37	손·57
	6 / 5 / 4 / 3 / 2 / 1	12 / 11 / 10 / 9 / 8 / 7	18 / 17 / 16 / 15 / 14 / 13	24 / 23 / 22 / 21 / 20 / 19	30 / 29 / 28 / 27 / 26 / 25

【총괄해서 판단하면】

10 이 효는 편안함을 얻지 못했으나, 그 덕이 없어서 다른 데로 나아갈 수 없는 사람이다. 그러므로 운이 맞는 사람은, 남보다 뛰어난 용기가 있고 세상을 건지는 재주가 있어서, 글로는 이름을 날리고 무武로는 공이 있게 되나, 다만 아내와 아들이 좋지 않다.

운이 맞지 않는 사람은, 조상의 터전을 떠나 외지에 나가 살면서, 문을 버리고 무를 숭상하며, 스스로 높고 큰체해서 벗과 화합하지 못하며, 처와 자식에게 형극刑剋을 받고, 일하는 것이 다 어긋난다.

세운을 만나면, 공직자는 강등되거나 귀양갈 근심이 있고, 구직자는 벼슬길이 막히고 정체되는 근심이 있다. 일반인은 놀라고 공포에 떨게 되는 근심이 있으며, 사람과 화목하지 못하고 도적의 침해를 받는다.

【글귀로 판단하면】

1. 征鴻二箭中하니 旅鴈不曾歸라

   水畔人悲泣이요 山前一子微라

   날아가는 기러기가 화살 두대 맞았으니/ 나그네 기러기 돌아오지 못했네/ 물가의 사람이 슬피 울고/ 산앞에 어린 아이 하나 작게 서있다

---

10 此爻是不得所安 無其德而不能進者也 故叶者有兼人之勇 濟世之才 文中成名 武中有功 但艱於妻子之爲尤 不叶者 離祖外居 棄文就武 自高自大 親朋寡合 妻子刑剋 作事乖違 歲運逢之 在仕有謫貶之憂 在士有阻滯之虞 在庶俗有驚恐之患 人情不睦 盜賊侵害

② 花結雨泥中하니 催殘照夜風이라

幽惚休嘆息하라 可在夢魂中이라

꽃이 비오는 진흙 속에 피니/ 밤바람이 시드는 것 재촉한다/ 컴컴한 창을 탄식하지 마라/ 그래도 꿈속에서 노닐 수 있다

4. 六四(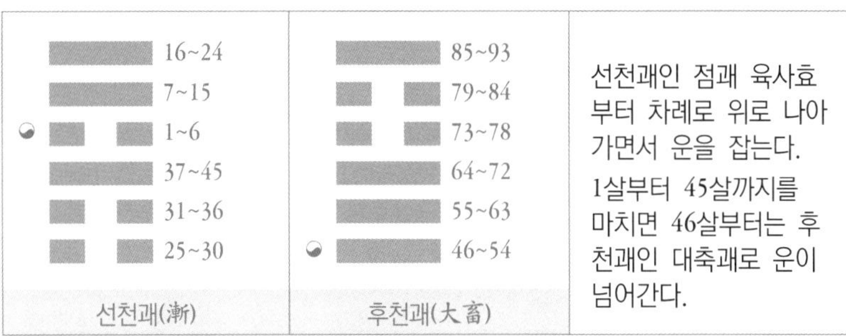)

【효사와 소상전】 육사는 기러기가 나무에 나아감이니, 혹 그 평평한 가지를 얻으면 허물이 없으리라. 상에 말하길 '혹 그 평평한 가지를 얻음'은 순하고 겸손하기 때문이다. 【六四는 鴻漸于木이니 或得其桷이면 无咎리라. 象曰 或得其桷은 順以巽也일새라.】

선천괘(漸)		후천괘(大畜)		선천괘인 점괘 육사효부터 차례로 위로 나아가면서 운을 잡는다. 1살부터 45살까지를 마치면 46살부터는 후천괘인 대축괘로 운이 넘어간다.
	16~24		85~93	
	7~15		79~84	
◐	1~6		73~78	
	37~45		64~72	
	31~36		55~63	
	25~30	◐	46~54	

◇ 양년 음년 똑같음

돈(33)	려(56)	소과(62)	풍(55)	대장(34)	귀매(54)
1	2	3	4	5	6

◈ 월괘

간·52	고·18	겸·15	곤·2	명이·36	풍·55	태·11	수·5	림·19	손·41	귀매·54	해·40
1월	2월	3월	4월	5월	6월	7월	8월	9월	10월	11월	12월

◈ 일과

점(육사)	간·52	건·39	가인·37	손·57	관·20
	6 5 4 3 2 1	12 11 10 9 8 7	18 17 16 15 14 13	24 23 22 21 20 19	30 29 28 27 26 25

【총괄해서 판단하면】

11 이 효는 포악한 이를 만났으나 편안한 곳을 얻었으니, 근심이 없는 것이다. 그러므로 운이 맞는 사람은, 덕이 후중해도 겸손하며, 벼슬이 높아도 사양을 하니, 평생 안락해서 잘못될 근심이 없다.

운이 맞지 않는 사람은, 생계가 어려워서 항상 근심하고 두려워하며, 머물고 가는 것이 일정한 데가 없다. 그러나 공손하고 검소해서 스스로 절약하면 늦게는 등용되어 잘 살게 된다.

세운을 만나면, 공직자는 사납고 강해서 제재하기 어려우므로, 전근도 되지 않고 써 주지도 않게 된다. 구직자는 가을 시험에 가망이 있으니, 혹 벼슬을 할 것이고, 일반인은 집을 수리하고 새로 짓는 것이 유리하며, 집은 넉넉하고 사람은 많아서, 놀라고 근심하는 일이 없다.

---

11 此爻是遇暴而得所安 斯可以無虞者也 故叶者 德重能謙 位高能讓 平生安樂
保無傾虞 不叶者 生計艱苦 常見憂懼 去留無定 恭儉自約 晩有受用 歲運逢之
在仕有强暴難制之嗟 遷除無定 兼用不一 在士秋試可望 或發解 常人利於修造
家給人足 而無驚憂之虞

① 柔順居貞立處遷하니 重山好處又團圓이라

  桃李枝頭重拔蕊요 利名成就菊花鮮이라

  유순하고 바르게 처신하며 서 있는 곳 옮기니/ 중첩된 산 좋은 곳에
  또 원만함을 얻었네/ 복숭아와 오얏나무 가지 위엔 쌍으로 꽃 달리고/
  이익과 명예 성취되고 국화는 선명하다

② 欲捉月中兎하니 須愁桃李梯라

  高人相接引하니 雙喜照雙眉라

  달 속의 토끼 잡고자 하니/ 복숭아나무 오얏나무 사다리 걱정된다/ 높
  은 사람이 서로 끌어 영접하니/ 양눈썹에 쌍기쁨이 가득하다

5. 九五(☶ → ☷)

【효사와 소상전】 구오는 기러기가 언덕에 나아감이니, 지어미가 삼년을 잉
태하지 못하나, 마침내 (육사와 구삼이) 이기지 못하는 까닭에 길하리라. 상
에 말하길 '마침내 이기지 못하는 까닭에 길할 것이다'는 원하는 바를 얻음이
라. 【九五는 鴻漸于陵이니 婦 三歲를 不孕하나 終莫之勝이라 吉하리라. 象
曰 終莫之勝吉은 得所願也라.】

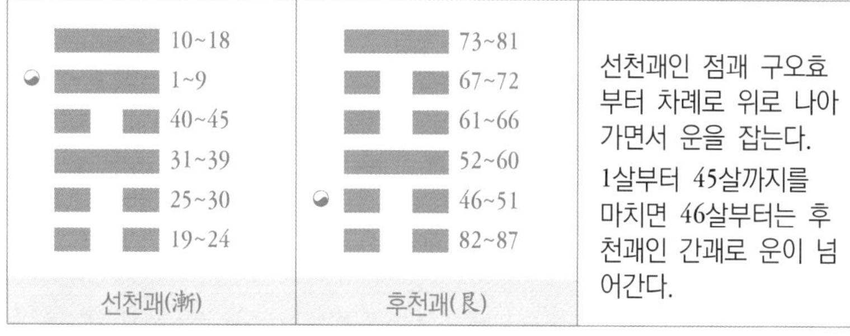

선천괘(漸)			후천괘(艮)		
	10~18			73~81	
●	1~9			67~72	
	40~45			61~66	
	31~39			52~60	
	25~30		●	46~51	
	19~24			82~87	

선천괘인 점괘 구오효
부터 차례로 위로 나아
가면서 운을 잡는다.

1살부터 45살까지를
마치면 46살부터는 후
천괘인 간괘로 운이 넘
어간다.

◈ 양년(갑·병·무·경·임년)일 경우

점(53)	손(57)	고(18)	승(46)	태(11)	명이(36)	복(24)	진(51)	수(17)
1	2	3	4	5	6	7	8	9

◈ 음년(을·정·기·신·계년)일 경우

간(52)	고(18)	손(57)	정(48)	수(5)	기제(63)	둔(3)	수(17)	진(51)
1	2	3	4	5	6	7	8	9

◈ 월괘

건·39	비·8	기제·63	혁·49	수·5	태·11	절·60	중부·61	태·58	곤·47	귀매·54	진·51
1월	2월	3월	4월	5월	6월	7월	8월	9월	10월	11월	12월

◈ 일괘

	6 5 4 3 2 1	12 11 10 9 8 7	18 17 16 15 14 13	24 23 22 21 20 19	30 29 28 27 26 25
점(구오)	건·39	가인·37	손·57	관·20	돈·33

【총괄해서 판단하면】

[12] 이 효는 임금의 자리에 나간 상으로, 끝에 가서는 어진 신하의 도움을

---

[12] 此爻是進得君位之象 終得賢臣之助 而成治功者也 故叶者 才大德厚 功名難發 於靑年 爵祿終膺於晩景 不叶者 有淸譽而處於巖谷 足衣足食 志願晩遂 嗣續晩 成 歲運逢之 在仕多招謗議 先暗後明 在未仕者始失終得 在常人先阻後順 老或 損壽 少或難養 數凶者有葬丘陵之兆 惟正月生人 主大富貴

얻어서 다스리는 공을 이루는 운이다. 그러므로 운이 맞는 사람은, 재주
가 크고 덕이 두터우나, 청년시절에는 공명을 이루기 어렵고, 말년에 가
야 벼슬과 녹을 얻게 된다.

운이 맞지 않는 사람은, 청렴한 명예가 있는 사람으로, 바위 골짜기에서
사나 의식은 풍족하며, 뜻하고 소원하는 것을 늦게 이루게 되고, 대를 이
을 아들을 늦게 둔다.

세운을 만나면, 공직자는 비방을 많이 받아 먼저는 암담하나 뒤에는 밝아
지고, 아직 벼슬길에 오르지 못한 사람은 처음은 실패하나 나중에는 얻
게 되며, 일반인은 먼저는 막히나 뒤에는 순조롭다. 늙은 사람은 혹 수명
을 덜고, 어린이는 기르기 어렵다. 수가 흉한 사람은 언덕에 장사지낼 징
조다. 오직 정월에 태어난 사람은 크게 부귀하다.

【글귀로 판단하면】

① 九五最高位니　丘陵也見崇이라

　且須離犬吠면　順水一帆風이라

　구오효는 가장 높은 지위이니/ 언덕에 높이 올라갔다/ 또한 개(戌)짖는
　곳을 떠나면/ 물결따라 가는 바람 탄 돛단배 되리라

② 蟠桃一果結方成하니　乃是神仙多眷屬이라

　剛健東風柳絮枝하니　人人笑裏雙眉蹙이라

　선도(仙桃) 하나가 지금 막 맺혔으니/ 신선의 식구가 하나 더 많아졌다
　/ 강건한 봄바람에 버들강아지 날리니/ 사람마다 웃음 띠며 양눈썹 찡
　그린다

③ 久否未通泰이나　前途漸坦夷라

　終須諧素願이니　折取最高枝라

　오래 비색하고 태평하지 못했으나/ 앞길이 점차로 평탄하고 쉬워진다/
　마침내 평소 원하던 것 얻게 되니/ 최고의 가지를 꺾게 될 것이다

6. 上九 (☴ → ☶)

【효사와 소상전】 상구는 기러기가 하늘에 나아감이니, 그 깃이 의범儀範이 될 만하니 길하니라. 상에 말하길 '그 깃이 의범이 될 만하니 길하다' 함은 차례를 어지럽힐 수 없기 때문이다. 【上九는 鴻漸于陸니 其羽 可用爲儀니 吉하니라. 象曰 其羽可用爲儀吉은 不可亂也일새라.】

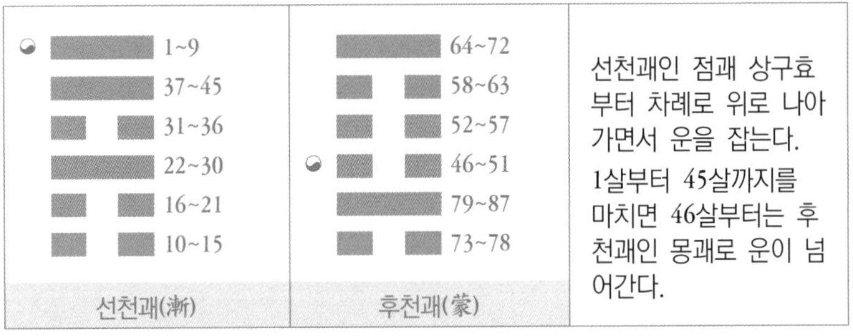

선천괘(漸)	후천괘(蒙)	
1~9	64~72	선천괘인 점괘 상구효부터 차례로 위로 나아가면서 운을 잡는다.
37~45	58~63	
31~36	52~57	
22~30	46~51	1살부터 45살까지를 마치면 46살부터는 후천괘인 몽괘로 운이 넘어간다.
16~21	79~87	
10~15	73~78	

◇ 양년(갑·병·무·경·임년)일 경우

점(53)	관(20)	비(8)	둔(3)	절(60)	수(5)	쾌(43)	대장(34)	대유(14)
1	2	3	4	5	6	7	8	9

◇ 음년(을·정·기·신·계년)일 경우

건(39)	비(8)	관(20)	익(42)	중부(61)	소축(9)	건(1)	대유(14)	대장(34)
1	2	3	4	5	6	7	8	9

◇ 월괘

가인·37	동인·13	소축·9	대축·26	중부·61	절·60	리·10	송·6	규·38	서합·21	귀매·54	대장·34
1월	2월	3월	4월	5월	6월	7월	8월	9월	10월	11월	12월

점(상구)	가인·37	손·57	관·20	돈·33	간·52
•	6 / 5 / 4 / 3 / 2 / 1	12 / 11 / 10 / 9 / 8 / 7	18 / 17 / 16 / 15 / 14 / 13	24 / 23 / 22 / 21 / 20 / 19	30 / 29 / 28 / 27 / 26 / 25

【총괄해서 판단하면】

13 이 효는 인간 세상의 바깥으로 초월한 사람이다. 그러므로 운이 맞는 사람은, 덕도 있고 말도 잘 하는 사람이 윗자리에 있어 본받을 만하고, 도덕과 의리도 존경할 만하다. 혹 한 세상의 모범이 되고, 혹 온 나라(四方)의 스승이 돼서, 높고 낮은 사람이 다 우러러 사모하고, 멀고 가까운 이가 다 굴복한다.

운이 맞지 않는 사람은, 기인(奇人) 또는 승려나 도인의 무리로, 공명功名을 도외시하고, 혹 신선을 따르는 무리로 부귀를 누리기 어렵다.

세운을 만나면, 조정의 대신은 큰 벼슬을 받아 천하의 모범이 되고, 구직자는 이름을 이뤄서 한번 움직임에 하늘을 찌르는 징조가 있다. 일반인은 다른 사람의 이끌어주고 천거함을 얻어 꾀하는 일에 높은 업적을 이루게 된다. 화와 근심이 침범하지 않고, 복과 은택이 영원히 높다.

【글귀로 판단하면】

[1] 人存淸遠志하니 脫迹離塵埃라

萬里人扶上하니 端爲廊廟材라

사람이 맑고 원대한 뜻 갖고 있으니/ 자취를 숨기고 속세를 떠났다/ 만

---

13 此爻是超乎人外者也 故叶者有德有言 居上可法 道義可尊 或爲一世之表儀 或爲四方之師表 高下欽仰 遐邇皆服 不叶者 多爲羽衣僧道之流 而功名付於度外 或爲翼從之輩 而富貴難享 歲運逢之 朝臣大拜 足爲天下儀刑 士子成名 有一飛冲天之兆 在庶俗得人提擧 而謀爲卓然 禍患不侵 福澤永崇

리 길을 사람이 붙들어 올려 주니/ 비로소 조정의 대신이 되었다

2 鴻漸雲遠陸하고 蟠桃品結成이라

流芳當舊擧요 儀吉女歸貞이라

기러기는 구름 속으로 날고/ 선도복숭아는 품계가 정해졌다/ 아름다운 이름 남기니 옛 천거 헛되지 않았고/ 의식儀式에 길하니 여자 시집가는데 좋다

3 事足心不足하고 心安事不安이라

一場懽喜事는 不久出重關이라

일은 충족됐으나 마음은 부족하고/ 마음은 편안하나 일은 편치 못하다/ 한마당 기쁜 일은/ 오래지 않아 거듭된 관문을 벗어나는 것이다

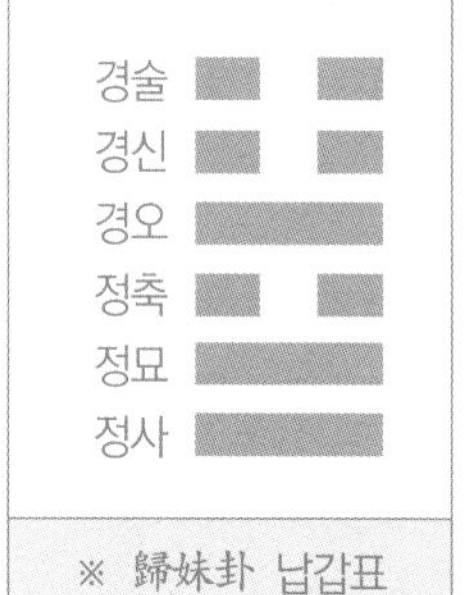

震上
兌下　雷澤歸妹(54)
　　　뇌　택　귀　매

귀매괘 개요

【괘사와 대상전】 귀매는 나아가면 흉하니, 이로울 바가 없느니라. 상에 말하길 못 위에 우레가 있는 것이 귀매괘니, 군자가 본받아서 마침을 영구하게 하면서 폐단이 있음을 아느니라(미리 삼가고 경계한다). 【歸妹는 征하면 凶하니 无攸利하니라. 象曰 澤上有雷 歸妹니 君子 以하야 永終하야 知敝하나니라.】

【총괄해서 판단하면】

1 귀매괘는 태궁의 3세괘로(본래는 7변괘인 귀혼괘) 7월에 속한다. 내괘의 납갑은 정사·정묘·정축이고, 외괘의 납갑은 경오·경신·경술이니, 7월에 태어난 사람과, 태어난 년도의 간지가 납갑의 간지에 합치되는 사람은 부귀와 공명을 누리게 된다.2

운세로 보면 뇌택귀매괘(☳☱)는 상괘는 진(☳)이고 하괘는 태(☱)이며, 호괘로는 리(☲)와 감(☵)이 있다. 장남이 어찌 소녀

---

1 此是兌宮三世 卦屬七月 納甲 是丁巳丁卯丁丑 庚午庚申庚戌 如生於七月及納甲者 功名富貴人也

2 귀매괘의 세효인 육삼효는 음효이므로, 초효부터 삼효까지 세면 신월申月이 된다(초효는 오, 이효는 미, 삼효는 신). 지지의 신은 7월에 해당하므로, 귀매괘가 7월괘가 되는 것이다. 따라서 7월을 주관하는 괘가 되고, 7월에 태어난 사람은 때를 얻음이 된다.

와 교제하겠는가? 소녀는 즐거워하지 못할 일이거늘, 이제 기쁨만따라 움직이니, 여자가 몸을 의탁해 따르게 되는 것이다. 인륜의 대사가 이와 같으면 윤리에 어긋난 것이다. 군자가 이런 괘를 얻으며, 첩으로 시집가는 상이 된다.

【팔궁세혼법으로 판단하면】

귀매괘는 팔궁세혼법으로 볼 때, 태궁의 7변괘인 귀혼괘歸魂卦로 삼공三公괘에 해당한다. 즉 육삼효(삼공)가 세효世爻가 되고, 종묘에 해당하는 상육효는 응효가 된다. 육삼효가 제자리를 얻지 못했고, 또 서로 음과 양으로 응하지도 못하니, 일이 어렵고 잘 안풀리는 뜻이 있다. 비록 육삼효의 지지인 축(丑土)과 응효(상육효)의 지지인 술(戌土)이 서로 상비관계로 도우나, 세효世爻가 바름을 얻지 못했으므로 길하지 못하다. 또 상괘인 진목震木은 위로 올라가고 하괘인 태택兌澤은 아래로 내려가니, 두 기운이 서로 화합하지 못한다. 다행히 호괘로 수화기제의 상을 보이니, 늦게나마 화합하는 뜻이 있다.

가난하여 누추한 곳에 있으나 마음은 편하고, 분수외의 것은 바라지 않으니 우환도 없다. 어린 소녀가 나이 많은 장남에게 기뻐하며 따르다가, 혼례의 절차없이 시집간다. 즉 남녀의 만남이나 후취·첩 등으로 가는 것이며, 여자에게는 재혼이거나 남의 후실로 가는 것이니, 상당한 주의를 요한다.

생각지 않은 재난, 특히 남녀의 애정문제가 노출되어 장애를 일으키니, 대체로 떳떳하지 못한 관계이다. 일시적인 만족을 추구하다가는 더 큰 위험을 초래한다. 금전상 고통이나 기타 복잡한 일로 구설수 또는 논쟁이 일어나기 쉬우니 각별히 조심하라. 그러나 본래 높은 기상과 훌륭한 재질을 가졌으니, 이를 슬기롭게 극복한다.

【글귀로 판단하면】

1 春花秋月兩相思하니 好展眉頭折桂枝라

一得九重恩信及이면 須知車馬慶回歸라

봄꽃과 가을달에 둘이 서로 생각하니/ 눈썹 좋게 피고 계수나무 가지 꺾는다/ 한번 임금의 은혜 입게 되는 소식얻으면/ 수레와 말 타고 경사스럽게 돌아옴을 알리라

2 喜合閨門慶吉祥이나 因歡成惱也須防하라

北堂女子宜防菫이니 水石消持又火殃이라

기쁘게 화합하는 안방은 경사스럽고 길하며 상서로우나/ 기쁨으로 인해 번뇌함을 또한 막아라/ 북쪽 집(北堂)의 여자는 삼가며 방비해야 하니/ 물과 돌로 가진 것 소멸시키고, 또 불의 재앙이 있다

3 歸妹成干始하니 香浮水岸中이라 桃李開一朶하니 只可待春風이라

누이가 처음 시집을 가니/ 향기가 물과 언덕에 진동한다/ 복숭아꽃 오얏꽃 한송이 열렸으니/ 다만 봄바람을 기다려야 할 것이다

1. 初九(☷→☵)

【효사와 소상전】 초구는 누이동생을 시집보내는데 첩으로써 함이니, 절름발이가 능히 밟음이라. 가면 길하리라. 상에 말하길 '누이를 첩으로 시집보냄'이나 (초구가) 항구한 덕으로써 함이고, '절름발이가 능히 밟아서 길하다' 함은 서로 받들기 때문이다. 【初九는 歸妹以娣니 跛能履라. 征이면 吉하리라. 象曰 歸妹以娣나 以恒也오 跛能履吉은 相承也일새라.】

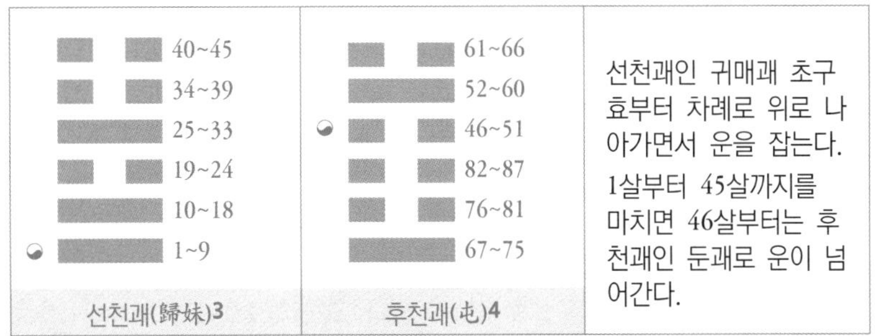

선천괘인 귀매괘 초구 효부터 차례로 위로 나아가면서 운을 잡는다.

1살부터 45살까지를 마치면 46살부터는 후천괘인 둔괘로 운이 넘어간다.

◇ 양년(갑·병·무·경·임년)일 경우 5

귀매(54)6	림(19)	사(7)	곤(2)	겸(15)	소과(62)	함(31)	돈(33)	동인(13)
1	2	3	4	5	6	7	8	9

◇ 음년(을·정·기·신·계년)일 경우

해(40)	사(7)	림(19)	복(24)	명이(36)	풍(55)	혁(49)	동인(13)	돈(33)
1	2	3	4	5	6	7	8	9

◇ 월괘

진·51	수·17	풍·55	리·30	명이·36	겸·15	기제·63	수·5	가인·37	익·42	점·53	돈·33
1월	2월	3월	4월	5월	6월	7월	8월	9월	10월	11월	12월

---

3 사주의 숫자로 괘를 만들어서 귀매괘 초효에 원당이 있다면, 1~9살까지는 귀매괘 초효 항을, 40~45살까지는 귀매괘 상효 항을 가서 살펴 보면 된다.

4 46~51살까지는 후천괘인 둔괘 사효 항을, 61~66살까지는 둔괘 상효 항을, …, 82~87살까지는 둔괘 삼효 항을 살펴보면 그 사람의 운이 된다(○나 ●표시 한 곳이 해당하는 효를 가리키고, 밑에서부터 초효·이효·삼효·사효·오효·상효로 나눈다).

5 해마다의 운인 유년운의 진행은 양효(━)일 때와 음효(━ ━)일 때가 다른데, 그 자세한 예는 중천건괘(1) 초구효, 중지곤괘(2) 초육효와 육이효, 수뢰둔괘(3) 초구효와 육삼효, 산수몽괘(4) 초육효와 육사효 항에 유년운에 속한 월운月運의 예와 함께 실려 있으므로 참고하면 된다.

6 위의 도표에서 '귀매(54)'라고 한 것은 괘명은 귀매괘歸妹卦고 64괘 중에 54번째 괘라는 뜻이다. 나머지 괘도 이와같은 방식으로 본다. 따라서 앞의 목차에서 번호의 순서대로 찾으면, 해당하는 괘를 쉽게 찾을 수 있다. 또 월괘月卦에서 '진·51' 등으로 표시한 것도, 괘명은 진괘震卦고 64괘 중에 51번째라는 뜻이다.

◇ 일괘 7

		6		12		18		24		30
		5		11		17		23		29
		4		10		16		22		28
		3		9		15		21		27
		2		8		14		20		26
●		1		7		13		19		25
귀매(초구)		진·51		대장·34		림·19		태·58		규·38

【총괄해서 판단하면】

8 이 효는 덕이 있고 바르게 응원하는 사람이 없어서 만나는 일이 막혔으나, 분수껏 자기 본분을 다하는 운이다. 그러므로 운이 맞는 사람은, 덕이 있지만 때를 못만나고, 아래에 있으면서 응원하는 사람이 없다. 비록 크게 일을 해서 후한 녹을 누리지는 못하나, 또한 작은 일은 이룰 수 있어서, 위로 임금의 은혜를 받는다.

운이 맞지 않는 사람도, 또한 지키는 것에 항상함이 있고, 자기를 버리고 남을 따른다. 또한 어려운 가운데서 일어나고, 혹 병들고 절름발이가 된다.

세운을 만나면, 공직자는 도움을 많이 받고, 참모진의 장이 되어 정사政事로 이름나는 사람이 많고, 구직자는 작은 시험에 합격하는 기쁨이 있으며, 일반인은 작은 덕이 있어 꾀하는 일이 대부분 이루어지며, 혹 노비와 첩을 들이고, 혹 세도있는 사람이나 호족에 붙어서 생계를 구한다.

---

7 그 날의 운(日運)과 더 세분해서 시운時運을 알고 싶으면, 앞의 일괘日卦와 시괘時卦 설명을 참조해서 계산하면 된다. 자세한 예는 건(1)~송(6)괘의 초효 항에 있으므로 참고바람.

8 此爻是有德而無正應 阻於所遇 而得因分以自盡者也 故叶者 有德而無時 居下而無應 雖不能大有所爲 以享其厚祿 亦能小有所就 以上承乎君恩 不叶者 亦執守有常 舍己從人 亦起自艱辛 或疾患跛跚 歲運逢之 在仕者多援助 職多爲幕僚長而有政聲 在士則有小試之喜 在庶俗則有小德而謀爲頗遂 或納婢妾 或投勢豪以求活計

【글귀로 판단하면】

① 蛇行主不足하니 開屏未見明이라

待其羊走急이면 苑圍盡生春이라

뱀(巳)이 행하는 때면 부족하게 되니/ 병풍을 열어도 밝음을 보지 못한다/ 양(未)이 급하게 달리는 것을 기다리면/ 동산이 모두 봄빛 되리라

② 天意兩和同하니 渾如月裏宮이라

有時雲不藏하니 日久路頭通이라

하늘의 뜻으로 둘이 같이 화합하니/ 혼연한 것이 달속 궁전같다/ 때로 구름이 가리지 않을 때 있으니/ 날이 가면 길이 통하게 되리라

2. 九二(☳ → ☳)

【효사와 소상전】 구이는 애꾸눈이 능히 보는 것이니, 은거하여 도를 닦는 이의 바름이 이로우니라. 상에 말하길 '은거하여 도를 닦는 이의 바름이 이롭다' 함은 상도를 변치 아니함이라. 【九二는 眇能視니 利幽人之貞하니라. 象曰 利幽人之貞은 未變常也라.】

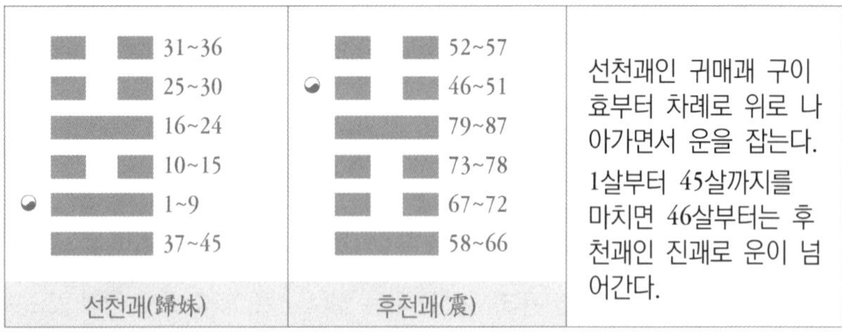

◇ 양년(갑·병·무·경·임년)일 경우

귀매(54)	태(58)	수(17)	혁(49)	기제(63)	명이(36)	비(22)	간(52)	고(18)
1	2	3	4	5	6	7	8	9

◇ 음년(을·정·기·신·계년)일 경우

진(51)	수(17)	태(58)	쾌(43)	수(5)	태(11)	대축(26)	고(18)	간(52)
1	2	3	4	5	6	7	8	9

◇ 월괘

대장·34	대유·14	태·11	승·46	수·5	기제·63	소축·9	중부·61	손·57	구·44	점·53	간·52
1월	2월	3월	4월	5월	6월	7월	8월	9월	10월	11월	12월

◇ 일괘

귀매(구이)	대장·34	림·19	태·58	규·38	해·40
	6 5 4 3 2 1	12 11 10 9 8 7	18 17 16 15 14 13	24 23 22 21 20 19	30 29 28 27 26 25

【총괄해서 판단하면】

[9] 이 효는 덕이 있는데 임금을 만나지 못했으니, 현재의 분수를 지키는

---

[9] 此爻是有德而不遇於君 示以守重之道者也 故叶者才德修於己 雖不逢乎明主 而
忠貞靖恭之節 確乎其不可拔 不叶者 寡學而無名利 有道而處山林 財帛豐足 福
澤固穩 或有目疾 或好淡靜 歲運逢之 在仕職位艱遷 選人求改 士子不遇機會 庶
俗守舊安常 禍害不生 數凶者幽險之人 喪身幽冥之兆

것이 귀중하다는 것을 보여준 것이다. 그러므로 운이 맞는 사람은, 몸에 재주와 덕을 지니고 닦은 사람이다. 비록 밝은 임금을 만나지는 못했으나, 충성되고 곧으며 온화하고 공경하는 절개가 확고해서 꺾을 수가 없다.

운이 맞지 않는 사람은, 배움이 적은 경우는 명예와 이득이 없으나, 도道가 있으면서 산림에 거하게 되면, 재물은 풍족하고 복과 은택을 받게 된다. 혹 눈병이 있고, 혹 담박하고 고요한 것을 좋아한다.

세운을 만나면, 공직자는 직위를 옮기기 어려워서 사람을 통해서 전직 부탁을 하고, 구직자는 등용될 기회를 만나지 못하며, 일반인은 옛 것을 지키면서 평소대로 편안히 있으면 화와 해가 생기지 않는다. 수가 흉한 사람은 어둡고 험한 사람으로, 몸을 상하여 죽게되는 징조다.

【글귀로 판단하면】

① 觸目重山翠나 孤舟去莫疑하라

　雪霜凝冷日에 梅蕊綻南枝라

　눈 닿는 곳 모두 푸른 산 거듭되나/ 외롭게 가는 배 의심치 마라/ 눈서리 엉기며 추운 날에/ 매화꽃이 남쪽 가지에 터진다

② 有望門中外事多하니 惆悵陰人多遇合이라

　世間空招珠淚流나 終久快暢人懽合이라

　유망한 문중이라 바깥 일 많으니/ 음흉한 사람 만나고 모임 많은 것 슬프다/ 세상 사람은 공연히 구슬같은 눈물 흘리나/ 오래되면 마침내 유쾌하고 화창하게 화합하리라

③ 眇者雖能視나 安能及遠方가

　但宜幽靜守나 元變乃爲常이라

　애꾸가 비록 볼 수는 있으나/ 먼데까지야 미칠 수 있겠는가?/ 단지 가만히 고요하게 지킴이 마땅하나/ 크게 변함이 상도常道가 된다

3. 六三(䷴ → ䷘)

【효사와 소상전】 육삼은 누이동생을 시집보내는 데 기다림이니, 돌아가서 첩으로써 시집보냄이라. 상에 말하길 '누이동생을 시집보내는 데 기다린다'고 함은 마땅치 않기 때문이다. 【六三은 歸妹以須니 反歸以娣니라. 象曰 歸妹以須는 未當也일새라.】

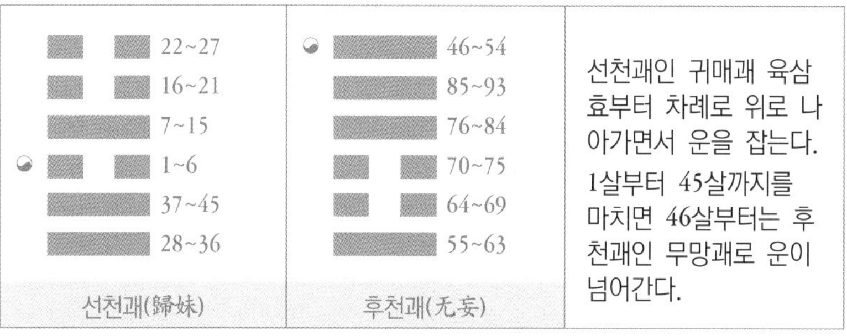

22~27	46~54
16~21	85~93
7~15	76~84
1~6	70~75
37~45	64~69
28~36	55~63
선천괘(歸妹)	후천괘(无妄)

선천괘인 귀매괘 육삼효부터 차례로 위로 나아가면서 운을 잡는다. 1살부터 45살까지를 마치면 46살부터는 후천괘인 무망괘로 운이 넘어간다.

◈ 양년 음년 똑같음

대장(34)	태(11)	수(5)	소축(9)	손(57)	점(53)
1	2	3	4	5	6

◈ 월괘

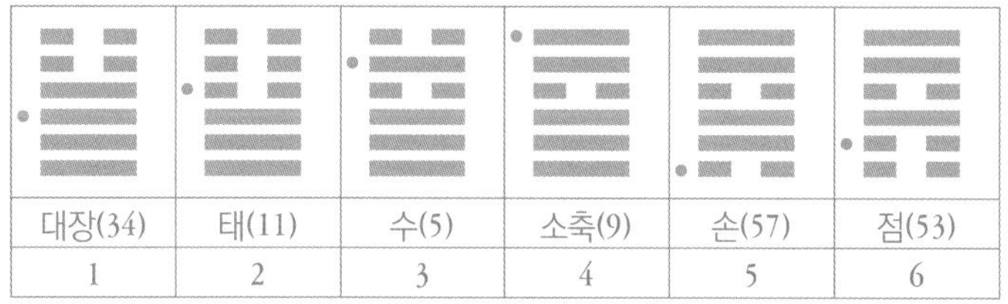

림·19	사·7	절·60	둔·3	중부·61	소축·9	환·59	공·6	관·20	박·23	점·53	건·39
1월	2월	3월	4월	5월	6월	7월	8월	9월	10월	11월	12월

◈ 일괘

귀매(육삼)	림·19	태·58	규·38	해·40	진·51
	6	12	18	24	30
	5	11	17	23	29
	4	10	16	22	28
	3	9	15	21	27
	2	8	14	20	26
	1	7	13	19	25

10 이 효는 덕도 없고 응원해 주는 사람도 없는 것이다. 그러므로 누이동생을 첩으로 시집보내는 것이다. 그러므로 운이 맞는 사람은, 좋은 기회가 많이 막혀서 일을 할 수 없으니, 작은 일은 이룰 수 있으나 큰 일에는 막혀서 쓰이지 못한다.

운이 맞지 않는 사람은, 꾀하는 일이 지연되고, 뜻과 국량이 얕고 좁다. 세도가나 호족에게 의탁하나, 복록과 은택이 한정된다.

세운을 만나면, 공직자는 강등되고 귀양가는 근심이 있으며, 구직자는 때를 기다려야 하는 곤함이 있고, 일반인은 수고로운 노동으로 슬프고 괴로우며, 엎치락 뒷치락하며 나갔다 물러났다 하는 근심이 있다. 만일 원당효가 길하면 아내를 얻는 조짐이 있고, 혹 첩을 들이는 수도 있다.

【글귀로 판단하면】

① 妄動非爲吉이니 因而失所依라

　　所行無不利나 但可順乎卑라

　　망령되이 움직임은 길한 것 아니니/ 그로 인해 의지할 곳 잃게 될 것이다/ 행하는 것은 이롭지 않음이 없으나/ 다만 자기를 낮춰야 할 것이다

② 巽女今歸後하니 安家福有餘라

　　白衣人送喜하니 喜得一封書라

　　공손한 여자가 이제 늦게 시집가니/ 집안을 편안히 해 복많이 받게 됐다/ 흰옷 입은 사람이 기쁘게 보내니/ 한 통의 글 얻은 것 기쁘다

③ 舊事遲ㅣ 新事驟하니

　　花開月圓이 幾多時候아

---

10 此爻是無德無應者也 故歸妹而爲娣 故叶者多阻於嘉會 而不可以有爲 小就則可 大用則阻 不叶者謀爲迍邅 志量淺狹 倚托勢豪 福澤有限 歲運逢之 在仕有降謫之禍 在士有待時之困 在庶俗有勞役悲苦之嗟 反復進退之憂 如元堂値吉 主有得妻之應 或納寵婢

옛 일은 더디고/ 새 일은 빠르니/ 꽃피고 달 둥근 것이/ 얼마간이나 되는가?

4. 九四(☱☳ → ☱☵)

【효사와 소상전】 구사는 누이동생을 시집보내는 데 기약을 어김이니, 더디게 시집감이 때가 있느니라. 상에 말하길 '기약을 어긴다는 뜻'은 기다려서 가는 것이다. 【九四는 歸妹愆期니 遲歸 有時니라. 象曰 愆期之志는 有待而行也라.】

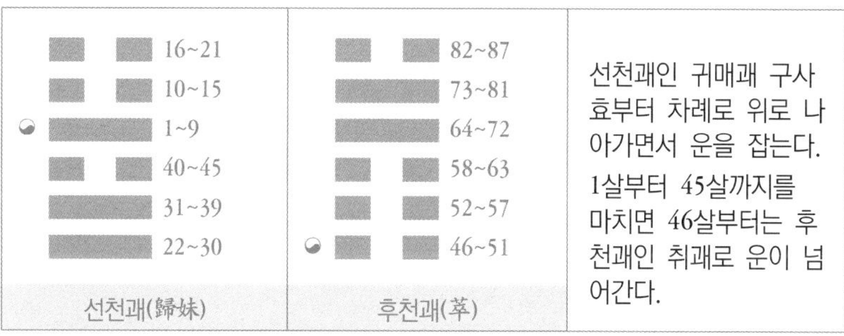

선천괘(歸妹)		후천괘(萃)		
	16~21		82~87	선천괘인 귀매괘 구사 효부터 차례로 위로 나아가면서 운을 잡는다.
	10~15		73~81	1살부터 45살까지를 마치면 46살부터는 후천괘인 취괘로 운이 넘어간다.
	1~9		64~72	
	40~45		58~63	
	31~39		52~57	
	22~30		46~51	

◈ 양년(갑·병·무·경·임년)일 경우

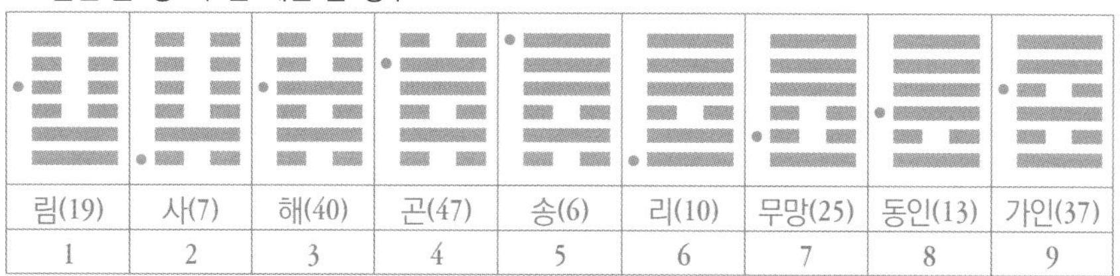

귀매(54)	해(40)	사(7)	감(29)	환(59)	중부(61)	익(42)	가인(37)	동인(13)
1	2	3	4	5	6	7	8	9

◈ 음년(을·정·기·신·계년)일 경우

림(19)	사(7)	해(40)	곤(47)	송(6)	리(10)	무망(25)	동인(13)	가인(37)
1	2	3	4	5	6	7	8	9

◈ 월괘

태·58	수·17	리·10	건·1	송·6	환·59	비·12	진·35	돈·33	함·31	점·53	가인·37
1월	2월	3월	4월	5월	6월	7월	8월	9월	10월	11월	12월

◈ 일괘

	6 5 4 3 2 1	12 11 10 9 8 7	18 17 16 15 14 13	24 23 22 21 20 19	30 29 28 27 26 25
귀매(구사)	태·58	규·38	해·40	진·51	대장·34

【총괄해서 판단하면】

11 이 효는 도를 지키고, 구차스럽게 나아가지 않는 사람이다. 그러므로 운이 맞는 사람은, 바르고 큰 재주로 굳게 도를 지키고 때를 기다려서 움직인다. 일찍 과거에 장원급제하는 아름다움은 없으나, "큰 그릇은 늦게 이루어진다"라고 하는 기쁨이 있다.

운이 맞지 않는 사람은, 비록 큰 덕이 있으나 어렵고 막힘을 많이 만나고, 혹 장가를 늦게 들어 자식이 늦으며, 말년에 영화를 누린다.

세운을 만나면, 공직자는 외직으로 나가 있던 사람이 돌아와서 조정에서 보직을 기다리고, 구직자는 벼슬길에 나가는 때를 기다려야 하며, 국학國學에 들어가려는 이는 보임補任되기를 기다리고, 벼슬하려는 이는 결원缺員을 기다린다. 장사와 여행자는 바깥에서 돌아오지 못하고, 혼인은 이루어지지 못한다.

---

11 此爻是守其道而不苟於進者也 故叶者正大之才 固守其道 待時而動 科甲無早發之休 大器有晚成之喜 不叶者 雖有大德 多逢艱阻 或妻遲子晚 晚景榮華 歲運逢之 在仕外方者歸朝待制待用 在士進取待時 國學待補求仕待闕 商旅在外未歸 婚姻者未就

【글귀로 판단하면】

① 園林花發待新春하니 去棹多疑久却宜라

　　江上佳人一聲叫하니 忽然門戶有支持라

　　동산숲의 꽃 새봄 되어 피니/ 가는 배 많은 의심 오래되어 풀렸다/ 강
　　위의 아름다운 사람 한 소리로 부르니/ 홀연히 삽작문 열고 화답하는
　　이 있다

② 旣有賢明德하니 何憂進用遲아

　　道同相遇合하니 必有待乎時라

　　이미 현명한 덕 있으니/ 등용이 더딘 것을 무엇 근심하는가?/ 도道가
　　같아 서로 만나고 모이니/ 반드시 때를 기다림이 있으리라

③ 缺月漸重圓하고 枯枝色更鮮이라

　　一條坦夷路가 翹首望蒼天이라

　　이지러진 달 다시 점차로 둥글어지고/ 마른가지에 색 다시 선명하다/
　　한가닥 평탄한 길이/ 머리를 들고 푸른하늘 바라본다

5. 六五(䷵ → ䷵)

【효사와 소상전】 육오는 제을이 누이동생을 시집보내는 것이니, 그 소군小
君의 소매가 그 첩의 소매의 좋은 것만 같지 못하니, 달이 거의 보름이면 길
하리라. 상에 말하길 '제을이 누이동생을 시집보내는 것이, 그 첩의 소매가
좋음만 같지 못하다' 함은 그 자리가 중에 있어서 귀함으로써 행함이라. 【六
五는 帝乙歸妹니 其君之袂 不如其娣之袂 良하니 月幾望이면 吉하리라. 象
曰 帝乙歸妹不如其娣之袂良也는 其位在中하야 以貴行也라.】

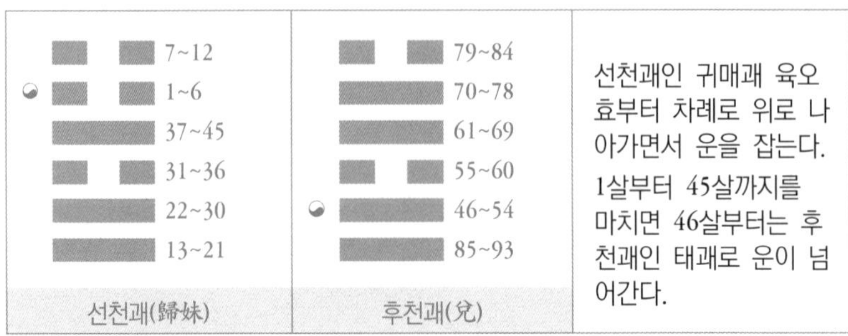

◈ 양년 음년 똑같음

태(58)	리(10)	송(6)	비(12)	돈(33)	점(53)
1	2	3	4	5	6

◈ 월괘

규·38	대유·14	미제·64	몽·4	진·35	비·12	려·56	소과·62	간·52	비·22	점·53	손·57
1월	2월	3월	4월	5월	6월	7월	8월	9월	10월	11월	12월

◈ 일과

귀매(육오)		규·38	해·40	진·51	대장·34	림·19
	6 5 4 3 2 1	12 11 10 9 8 7	18 17 16 15 14 13	24 23 22 21 20 19	30 29 28 27 26 25	

【총괄해서 판단하면】

12 이 효는 여자의 덕이 순수한 상으로, 풍속의 교화를 잘 하는 사람을

---

12 此爻是象女德之純 而示其風化之善者也 故叶者才全德備 守古之道 寬量容物
黜浮崇雅 功名利達 福澤豐隆 不叶者 迎貴待賤 古直良善 富而不驕 欲而不貪
歲運逢之 在仕有陞遷大 中中奉給事中中丞等官之兆 在士有登科及第之喜 在庶

보여준 것이다. 그러므로 운이 맞는 사람은, 재주와 덕을 완비하고 옛날의 도를 지키는 사람이다. 넓은 국량으로 다른 사람을 포용하고, 허황된 것을 버리고 아담한 것을 숭상하니, 공명功名이 좋게 이루어지고 복과 은택이 풍성하고 높다.

운이 맞지 않는 사람도, 귀한 사람을 맞이하고 천한 이를 대접함에, 옛 법도를 지키며 곧고 착해서, 부자이면서도 교만하지 않고 욕심이 나더라도 탐내지 않는다.

세운을 만나면, 공직자는 승진해서 옮기게 되니, 대중大中·중봉中奉·급사중給事中·중승中丞 등의 관직을 얻을 징조이다. 구직자는 과거에 급제할 기쁨이 있고, 일반인은 계획해서 하는 일에 뜻을 이루며, 혹 혼인해서 재물을 얻고, 귀한 국빈(다른 나라에 가서 높은 벼슬을 함)이 되기도 한다.

【글귀로 판단하면】

① 月缺圓方朗하니 逢人在太原이라

　一隨榮有過면 久後遇新春이라

　이지러진 달 둥글어지고 밝으니/ 태원太原에서 사람 만났네/ 한번의 영화 지나가면/ 오랜 뒤에야 새봄을 맞이하리라

② 心存柔順德하고 中正以謙行이라

　如月方幾望이니 惟當戒滿盈이라

　마음에 유순한 덕 보존하고/ 중정함으로써 겸손하게 행한다/ 달이 보름이 되려는 것과 같으니/ 오직 가득 차 교만함을 경계해야 한다

6.上六(☷ → ☱)

俗謀爲遂志 或婚姻得財 或作國賓之貴

【효사와 소상전】 상육은 여자가 광주리를 받드는 데 실물이 없음이라. 선비가 양을 찔러서 피가 없으니 이로울 바가 없느니라. 상에 말하길 '상육은 실물이 없다' 함은 빈광주리를 이어 받들음이라. 【上六은 女 承筐无實이라. 士刲羊无血이니 无攸利하니라. 象曰 上六无實은 承虛筐也라.】

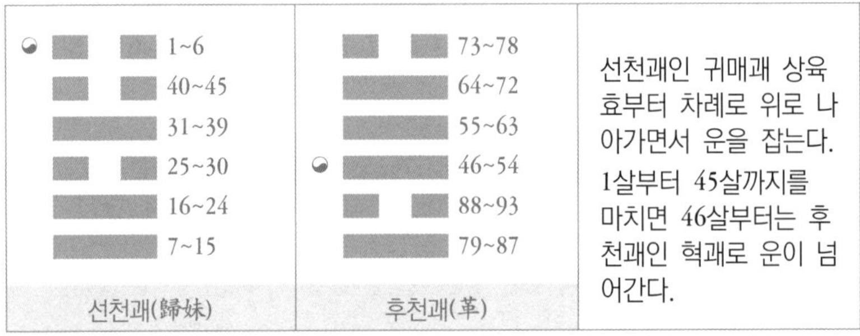

◈ 양년 음년 똑같음

규(38)	미제(64)	진(35)	려(56)	간(52)	점(53)
1	2	3	4	5	6

◈ 월괘

해·40	사·7	예·16	취·45	소과·62	려·56	겸·15	명이·36	건·39	정·48	점·53	관·20
1월	2월	3월	4월	5월	6월	7월	8월	9월	10월	11월	12월

◈ 일괘

귀매(상육)		해·40		진·51		대장·34		림·19		태·58
6		12		18		24		30		
5		11		17		23		29		
4		10		16		22		28		
3		9		15		21		27		
2		8		14		20		26		
1		7		13		19		25		

【총괄해서 판단하면】

13 이 효는 덕도 없고 응원해 주는 사람도 없어서, 혼인을 약속했으나 끝

까지 못 지키는 것이다. 그러므로 운이 맞는 사람은, 재주가 있어도 장원 급제하기 어렵고, 귀해도 벼슬 얻기 어려우며, 아내가 있어도 자식을 두기 어렵다.

운이 맞지 않는 사람은, 외롭고 괴로워서 마음 고생을 하나, 꾀를 많이 낼수록 더욱 궁색해진다.

세운을 만나면, 공직자는 공연히 헛된 지위만 가지고 있으면서 실질적인 녹(祿俸 등)은 못 받고, 선비의 벼슬길은 헛 이름만 있지 실속은 없으며, 일반인은 경영하고 계획하는 것이 다 허사다. 늙은 사람은 상을 당해 장사지낼 징조다.

【글귀로 판단하면】

① 蒲日花開未是時나 重山劈破乃男兒라

丈夫元有冲霄志하니 豈不承時始可期아

창포꽃 피는 날 때 되지 않았으나/ 거듭된 산 깨트려 무너뜨리는 것이 곧 남자다/ 장부가 원래 하늘을 찌르는 뜻 있으니/ 어찌 때를 따라 시작하지 않겠는가?

② 祖宗常祭祀하니 筐篚可無承가 必也有誠敬하고 中心有戰兢하라

조상께 항상 제사지내니/ 광주리를 이지 않을 수 있겠는가/ 반드시 정성과 공경심 가지고/ 두려워하고 조심하는 마음 가져라

③ 渴穿井ㅣ 飢劃餅이나 漫勞心ㅣ 利推秉이라

목말라 샘파고/ 배고파서 떡 자르나/ 공연히 마음 피로하니/ 잡았던 것 놓는 것이 좋다

54
뇌택귀매
上

---

13 此爻是無德無應約婚而不終者也 故叶者有才而難獲科甲 有貴而難爲爵祿 有妻而難爲子媳 不叶者 孤苦勞神 多謀愈窘 歲運逢之 在仕徒居虛位而無實祿 在士進取 徒有虛名 而無實勝之善 在庶俗營謀皆空 老者有喪祭之兆

震上
離下　雷火豐(55)
뇌　화　풍

풍괘 개요

【괘사와 대상전】 풍은 형통하니, 왕이어야 이르나니, 근심이 없게 하려면 마땅히 해가 중천에 비추듯이 해야 하니라. 상에 말하기를 우레와 번개가 함께 이르는 것이 풍괘니, 군자가 본받아서 옥사를 판결하고 형을 집행하느니라.

【豐은 亨하니 王이아 假之하나니 勿憂홀전 宜日中이니라. 象曰 雷電皆至 豐이니 君子 以하야 折獄致刑하나니라.】

【총괄해서 판단하면】

※ 豐卦 납갑표

1 감궁의 5세괘로 9월에 속한다. 내괘의 납갑은 기묘·기축·기해이고, 외괘의 납갑은 경오·경신·경술이니, 9월에 태어난 사람과, 태어난 년도의 간지가 납갑의 간지에 합치되는 사람은 부귀와 공명을 누리게 된다. 또한 2월부터 8월까지 난 사람은 복이 많고 나머지는 복이 적다.2

운세로 보면① 뇌화풍괘(䷶)는 상괘는 진(☳)이고 하괘는 리(☲)이며, 호

---

1 坎宮五世 卦屬九月 納甲是己卯己亥己丑 庚午庚申庚戌 如生於九月及納甲者 功名富貴人也 又二月至八月 福重 餘則福輕也

2 풍괘의 세효인 육오효는 음효이므로, 초효부터 오효까지 세면 술월(戌月)이 된다(초효는 오, 이효는 미, 삼효는 신, 사효는 유, 오효는 술). 지지의 술은 9월에 해당하므로, 풍괘가 9월괘가 되는 것이다. 따라서 9월을 주관하는 괘가 되고, 9월에 태어난 사람은 때를 얻음이 된다.

괘로는 태(☱)와 손(☴)이 있다. 우레가 치고 비가 오니 어둡고 습기차서 빛나지 않다가, 홀연히 구름이 걷히고 비가 그치자, 해가 밝게 빛나니 사방의 어두웠던 곳이 다 밝아진다. 음기는 쇠해지고 양기는 성해지니, 광명하고 정대해서 밝혀지지 않는 곳이 없다. 군자가 이런 괘를 얻으면 풍성해지고 커지는 상이 있다.

② 풍괘(☳)는 밝음으로써 움직이는 괘이므로, 광휘光輝를 숭상하여 선양하고 드날리는 것이다. 조금 어두운 것은 장막으로 가린 것이고, 크게 어두운 것은 큰 포장으로 가린 것이다. 어두움이 다하면 밝게 되고, 밝음이 다하게 되면 어두워져 별이 보이게 됨을 풍괘의 뜻으로 삼았으니, 어두운 것을 미워하는 것이다.

풍괘는 팔궁세혼법으로 볼 때, 감궁의 5세괘로 임금괘에 해당한다. 즉 육오효(임금)가 세효世爻가 되고, 대부에 해당하는 육이효는 응효가 된다. 육오효가 제자리를 얻지 못했고, 또 서로 음과 양으로 응하지도 못했으나, 두 효가 모두 중을 얻었으니, 일이 어려운 가운데서도 잘 풀리는 뜻이 있다. 더욱이 육이효의 지지인 축(丑土)이 세효(육오효)의 지지인 신(申金)을 생해주고, 우레(☳)와 불(☲)이 서로 기운을 합하여 밝게 움직이니, 모든 것이 풍성한 뜻이 있다. 그러나 세효와 응효가 모두 음이어서 현상을 굳게 지키지 못하고, 본궁의 체가 어둡고 험한 감궁에 속했으며, 더욱이 신하는 중정을 얻었는데 임금은 중만을 얻어서, 신하가 임금보다 강한 형국이니 난세의 조짐이 보인다.

현재 성대한 운이 왔다. 그러나 성대한 것이 지나치면 쇠퇴하게 되는 것이 천지자연의 이치이니, 현재의 좋은 운을 유지하도록 노력하여야 한다. 겉으로는 화려하게 움직이니 명랑하고 활기가 있으나, 내면으로는 지나침으로 인한 걱정과 분규의 조짐이 숨어있다. 불의의 재난이나 구설수를 조심해야 하고, 일이 너무 많아 힘이 든다.

분수에 지나친 일을 바라며 일을 진행하니, 겉으로는 그럴듯해 보이나 실속이 없을 수가 있다. 조속한 시일내에 내부를 충실히 다져야 하며, 새로운 일은 보류하는 것이 좋다.

【글귀로 판단하면】

① 有約還如夢이요 無緣人阻程이라

　　若求亨泰處인덴 須用卯寅辰하라

　　약속이 있으나 도리어 꿈같고/ 인연이 없으니 사람이 길 막는다/ 만약 형통하고 태평한 곳을 찾는다면/ 묘卯·인寅·진辰을 써야 할 것이다

② 利祿手中足이요 園花綻異葩라

　　方開一枝秀하니 落日有紅霞하라

　　이득과 관록은 수중에 풍족하고/ 동산의 꽃 특이한 꽃잎 피웠다/ 방금 한줄기 가지에 수려하게 열리니/ 해 떨어지는데 붉은 노을 비춘다

③ 進退意沉吟하니 心疑事未成이라

　　若逢龍虎日이면 百事得元亨이라

　　나갈까 물러날까 결정하지 못하니/ 의심하는 마음에 일이 이루어지지 않는다/ 만약 용(辰)과 호랑이(寅)의 날을 만나면/ 백가지의 일이 크게 형통하리라

1. 初九(䷗→䷖)

【효사와 소상전】 초구는 그 짝이 되는 주인을 만나되, 비록 평등하게 하나 허물이 없으니, 가면 가상함이 있으리라. 상에 말하길 '비록 평등하게 하나 허물이 없음'이니, 평등을 지나치면 재앙이리라. 【初九는 遇其配主호대 雖旬이나 无咎하니 往하면 有尙이리라. 象曰 雖旬无咎니 過旬이면 災也리라.】

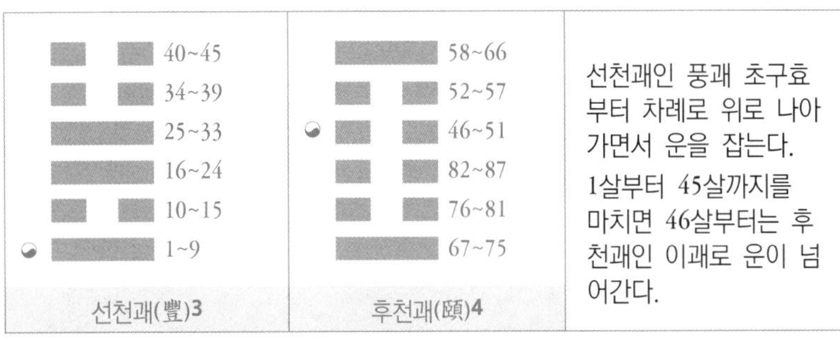

선천괘인 풍괘 초구효부터 차례로 위로 나아가면서 운을 잡는다. 1살부터 45살까지를 마치면 46살부터는 후천괘인 이괘로 운이 넘어간다.

◈ 양년(갑·병·무·경·임년)일 경우 5

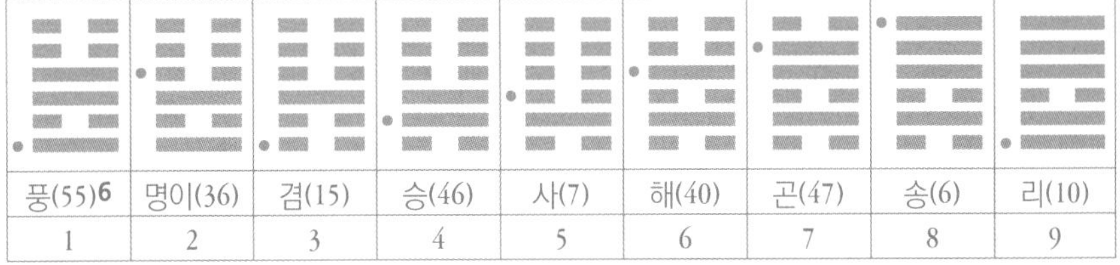

풍(55)6	명이(36)	겸(15)	승(46)	사(7)	해(40)	곤(47)	송(6)	리(10)
1	2	3	4	5	6	7	8	9

---

3 사주의 숫자로 괘를 만들어서 풍괘 초효에 원당이 있다면, 1~9살까지는 풍괘 초효 항을, 40~45살까지는 풍괘 상효 항을 가서 살펴 보면 된다.

4 46~51살까지는 후천괘인 이괘 사효 항을, 58~66살까지는 이괘 상효 항을, …, 82~87살까지는 이괘 삼효 항을 살펴보면 그 사람의 운이 된다(◐나 ●표시 한 곳이 해당하는 효를 가리키고, 밑에서부터 초효·이효·삼효·사효·오효·상효로 나눈다).

5 해마다의 운인 유년운의 진행은 양효(━)일 때와 음효(╸╸)일 때가 다른데, 그 자세한 예는 중천건괘(1) 초구효, 중지곤괘(2) 초육효와 육이효, 수뢰둔괘(3) 초구효와 육삼효, 산수몽괘(4) 초육효와 육사효 항에 유년운에 속한 월운月運의 예와 함께 실려 있으므로 참고하면 된다.

6 위의 도표에서 '풍(55)'라고 한 것은 괘명은 풍괘豐卦고 64괘 중에 55번째 괘라는 뜻이며, '겸(15)'라고 한 것은 괘명은 겸괘謙卦고 64괘 중에 15번째에 해당한다는 뜻이다. 나머지 괘도 이와같은 방식으로 본다. 따라서 앞의 목차에서 번호의 순서대로 찾으면, 해당하는 괘를 쉽게 찾을 수 있다. 또 월괘月卦에서 '대장·34' 등으로 표시한 것도, 괘명은 대장괘大壯卦고 64괘 중에 34번째라는 뜻이다.

◇ 음년(을·정·기·신·계년)일 경우

소과(62)	겸(15)	명이(36)	태(11)	림(19)	귀매(54)	태(58)	리(10)	송(6)
1	2	3	4	5	6	7	8	9

◇ 월괘

대장·34	쾌·43	귀매·54	규·38	림·19	사·7	절·60	둔·3	중부·61	소축·9	환·59	송·6
1월	2월	3월	4월	5월	6월	7월	8월	9월	10월	11월	12월

◇ 일괘 7

풍(초구)	대장·34	진·51	명이·36	혁·49	리·30
	6 / 5 / 4 / 3 / 2 / 1	12 / 11 / 10 / 9 / 8 / 7	18 / 17 / 16 / 15 / 14 / 13	24 / 23 / 22 / 21 / 20 / 19	30 / 29 / 28 / 27 / 26 / 25

【총괄해서 판단하면】

8 이 효는 덕이 서로 같음을 후하게 평가하고, 서로 힘을 합쳐서 공을 세우기를 바라는 것이다. 그러므로 운이 맞는 사람은, 강건하고 큰 재주가 있는 사람이다. 성대하고 밝은 세상을 만나서, 같은 덕이 있는 사람끼리 서로 협력하여 크고 넉넉한 업적을 이루어 풍요롭게 누리니, 항상 근심

---

7 그 날의 운(日運)과 더 세분해서 시운時運을 알고 싶으면, 앞의 일괘日卦와 시괘時卦 설명을 참조해서 계산하면 된다. 자세한 예는 건(1)~송(6)괘의 초효 항에 있으므로 참고바람.

8 此爻是厚其德之相敵 而要其功之相濟者也 故叶者以剛大之才 當盛明之世 同德相濟 而豊亨裕大之業 可以常保於無虞 不叶者恃才傲物 招尤啓釁 謀爲不稱心志 刑傷多見於骨肉 歲運逢之 在仕必遇明主 必逢大臣而超遷 在士則進取成名 多遇知己 在庶俗得貴人提携 謀望克遂 凶者作爲大過 必招禍殃

걱정을 없게 할 수 있다.

운이 맞지 않는 사람은, 재주만 믿고 남에게 오만해서 허물을 부르고 틈이 나게하니, 꾀하는 일이 마음 같이 안되고, 친족이 형을 당하던가 상하게 되는 수가 많다.

세운을 만나면, 공직자는 밝은 임금과 대신을 만나서 특채되어 승진하게 되고, 구직자는 벼슬길에 나가서 이름을 이루고 자기를 알아주는 이를 많이 만나며, 일반인은 귀인이 이끌어줘서 꾀하고 바라는 것을 이루게 된다. 수가 흉한 사람은 너무 지나치게 일을 벌려서, 반드시 화와 재앙을 부른다.

【글귀로 판단하면】

1 過盡風波三五里하니 波平浪靜又無風이라

　　從玆已達靑雲路하니 用舍行藏不廢功이라

　　15리里의 풍파를 다 지나니/ 파도는 평온하고 물결은 고요한데 또한 바람도 없구나/ 지금부터 이미 벼슬길에 오르니/ 나가서 일하거나 들어가 숨거나간에 모두 공이 있으리라

2 靜動互相資하니 攸往無滯阻라

　　羣鴻度遠空하니 雲路直高峰이라

　　고요하고 움직임이 서로 힘을 입게 되니/ 가는 곳마다 막힘이 없다/ 기러기 떼 먼 하늘을 날아가니/ 구름길(벼슬길)이 높은 봉우리(권력)와 마주 통한다

3 上下相交遇하니 和平福自來라

　　相資成事業이니 求勝反爲災라

　　위와 아래가 서로 사귀어 만나니/ 화평해서 복이 저절로 온다/ 서로 힘을 입어 사업을 성공하니/ 이기려 하면 도리어 재앙이 된다

2. 六二(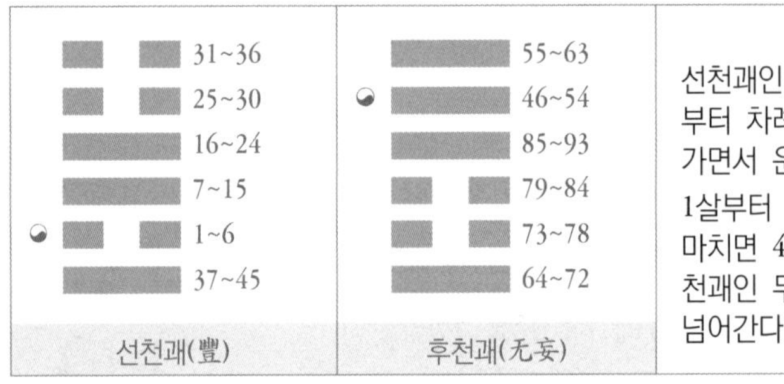)

【효사와 소상전】 육이는 그 포장이 풍성함이라. 한 낮에 두수斗宿을 보니,
가면 의심의 병(의심과 질투)을 얻으리니, 믿음을 두어 뜻을 펴나가면 길하리
라. 상에 말하기를 '믿음을 두어 뜻을 폄'은 믿음으로써 뜻을 발함이라.【六
二는 豐其蔀라. 日中見斗니 往하면 得疑疾하리니 有孚發若하면 吉하리라.
象曰 有孚發若은 信以發志也라.】

<table>
<tr><td></td><td>31~36</td><td></td><td>55~63</td><td rowspan="6">선천괘인 풍괘 육이효
부터 차례로 위로 나아
가면서 운을 잡는다.
1살부터 45살까지를
마치면 46살부터는 후
천괘인 무망괘로 운이
넘어간다.</td></tr>
<tr><td></td><td>25~30</td><td>●</td><td>46~54</td></tr>
<tr><td></td><td>16~24</td><td></td><td>85~93</td></tr>
<tr><td></td><td>7~15</td><td></td><td>79~84</td></tr>
<tr><td>●</td><td>1~6</td><td></td><td>73~78</td></tr>
<tr><td></td><td>37~45</td><td></td><td>64~72</td></tr>
<tr><td colspan="2">선천괘(豐)</td><td colspan="2">후천괘(无妄)</td></tr>
</table>

◈ 양년 음년 똑같음

대장(34)	귀매(54)	림(19)	절(60)	중부(61)	환(59)
1	2	3	4	5	6

◈ 월괘

진·51	서합·21	복·24	곤·2	둔·3	절·60	익·42	가인·37	관·20	비·12	환·59	몽·4
1월	2월	3월	4월	5월	6월	7월	8월	9월	10월	11월	12월

◆ 일괘

풍(육이)	진·51	명이·36	혁·49	리·30	소과·62
6	12	18	24	30	
5	11	17	23	29	
4	10	16	22	28	
3	9	15	21	27	
2	8	14	20	26	
1	7	13	19	25	

【총괄해서 판단하면】

9 이 효는 덕은 있는데도 임금이 가려져서 못보는 상으로, 반드시 정성을 쌓으라는 것을 보여주는 점괘이다. 그러므로 운이 맞는 사람은, 밝고 성한 때를 당해서 조정의 조회에 참석하는 자리에 있으니, 임금이 비록 암매하여 시기하고 의심하며 미워하나, 자신은 정성을 안으로 쌓아서, 임금의 마음을 돌리고 교화하며 인도하는 실력을 갖춘 사람이다.

운이 맞지 않는 사람은, 도와주거나 친한 사람이 없으며, 친척이나 식구도 적어서 헐뜯음과 의심을 받으니, 먼저는 역경에 처하지만 뒤에는 순조롭다.

세운을 만나면, 공직자는 충성된 말이 간사한 생각에 막히니, 처음은 실패해도 나중에는 얻게 되고, 벼슬하지 못한 사람은 오랫동안 정체되었다가 발전하는 기미가 있으며, 일반인은 오랫동안 곤하다가 재물을 모으는 아름다움이 있다. 송사를 하는 사람은 변명하지 않아도 저절로 밝혀지고, 병이 있는 사람은 약을 쓰지 않아도 저절로 낫는다. 수가 흉한 사람은 혹 어른이나 윗사람이 근심스럽고 슬픈 일이 있게 되는 것을 조심해야 한다.

【글귀로 판단하면】

---

9 此爻是有德而見蔽於君之象 必示以積誠之占者也 故叶者當明盛之時 居朝堂之位 在君雖昏暗 而有猜疑忌疾之心 在我則誠積內蘊 而有轉移化導之術 不叶者 无所庇蔭 孤親寡眷 惹謗招疑 先逆後順 歲運逢之 在仕則忠言多阻於邪議 而始失終得 在未仕者有久淹發達之機 在庶俗有久困發財之美 有訟者不辨自明 有疾者不藥自愈 數凶者或防長上 必有憂悲

① 蔀陰須欠明하니 往則有疑疾이라

佳音千里逢하니 牛象總成吉이라

포장으로 가리면 밝음이 없어지니/ 일을 행하면 의심스럽고 병폐가 있다/ 아름다운 소식 천리밖에서 만나니/ 소(丑)의 상은 모두 길하게 된다

② 明暗未分하고 曲直未定하며

笑裏藏刀하고 信而未信이라

밝고 어두움이 나뉘지 않고/ 굽고 바른 것이 정해지지 않았으며/ 웃음 속에 칼 숨기고/ 믿는 체 하지만 믿지 않는다

3. 九三(䷶→䷲)

【효사와 소상전】 구삼은 그 장막이 풍성함이라. 한 낮에 작은 별을 보고 그 오른팔을 끊음이니, 허물할 데 없느니라. 상에 말하기를 '그 장막을 풍성하게 함'이라 큰 일을 할 수 없고, '그 오른팔을 끊음'이라 마침내 쓸 수 없다. 【九三은 豊其沛라. 日中見沫오 折其右肱이니 无咎니라. 象曰 豊其沛라 不可大事也오 折其右肱이라 終不可用也라.】

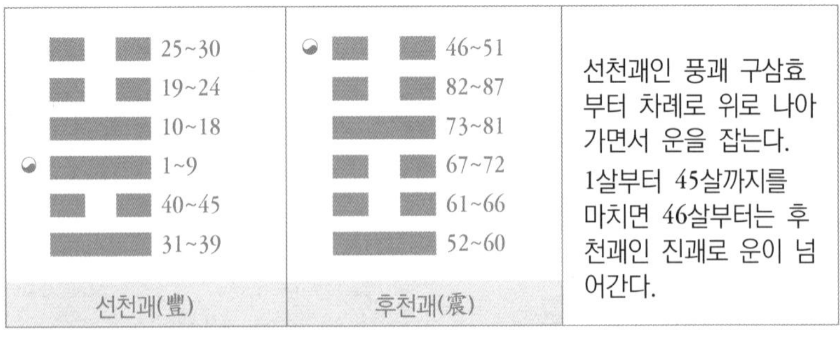

선천괘인 풍괘 구삼효부터 차례로 위로 나아가면서 운을 잡는다.
1살부터 45살까지를 마치면 46살부터는 후천괘인 진괘로 운이 넘어간다.

◈ 양년(갑·병·무·경·임년)일 경우

풍(55)	리(30)	서합(21)	이(27)	익(42)	둔(3)	비(8)	감(29)	정(48)
1	2	3	4	5	6	7	8	9

◈ 음년(을·정·기·신·계년)일 경우

진(51)	서합(21)	리(30)	비(22)	가인(37)	기제(63)	건(39)	정(48)	감(29)
1	2	3	4	5	6	7	8	9

◈ 월괘

명이·36	겸·15	기제·63	수·5	가인·37	익·42	점·53	돈·33	손·57	고·18	환·59	감·29
1월	2월	3월	4월	5월	6월	7월	8월	9월	10월	11월	12월

◈ 일괘

풍(구삼)	명이·36	혁·49	리·30	소과·62	대장·34
	6 5 4 3 2 1	12 11 10 9 8 7	18 17 16 15 14 13	24 23 22 21 20 19	30 29 28 27 26 25

【총괄해서 판단하면】

10 이 효는 임금을 잘못 만난 것이니, 비록 밝더라도 쓰이지 못하는 것이다. 그러므로 운이 맞는 사람은, 비록 밝은 덕이 있지만 어두운 임금을 만

---

10 此爻是所遇非其君 雖明而無所用者也 故叶者 雖有明德而遇暗君 大則爲股肱
之臣 次則爲佐貳之官 但恐有同僚傷毀之咎 不叶者 傷親破祖 秀而不實 或手足
有疾 小小營謀 有才難用 歲運逢之 在仕有告休之兆 在士有難進之虞 在庶俗營
謀難遂 或明而受蔽 爭訟日起 或手足有厄 而難於作事

나서, 크게는 수족과 같은 신하가 되고, 그 보다 못한 경우에는 차석次席
정도의 벼슬을 한다. 다만 동료의 헐뜯음을 당해 상하는 허물이 있을까
두렵다.

운이 맞지 않는 사람은, 친척이 다치고 조상의 터전을 파괴해서, 재주가
빼어나지만 결실을 거두지 못하고, 혹 손과 발에 병이 생기며, 자잘하게
경영하고 계획을 하나 재주가 있어도 쓰이기 어렵다.

세운을 만나면, 공직자는 쉬게 될 징조고, 구직자는 출세하기 어려우며,
일반인은 경영하고 꾀하는 것을 이루기 어렵다. 혹 밝은 지모가 있으나
남에 의해 가려지고, 다툼과 송사가 날마다 일어나며, 혹 수족手足이 다
치거나 병신이 되어 일을 하기 어렵다.

【글귀로 판단하면】

① 强弱許紛紛하니 搬戲獨掩門이라

  臉眉人惆悵이요 燈火伴黃昏이라

  강하고 약한 사람 허다하게 뒤섞여 있으니/ 힘겨루는데 홀로 문닫고
  있네/ 얼굴과 눈썹을 찡그리고 사람들은 슬퍼 탄식하며/ 등불은 어둠
  속에 반짝인다

② 日中辰見斗하니 先暗後須明이라

  遇主西南地면 門屏氣象成이라

  한낮에 북두칠성 보니/ 먼저는 어둡다가 뒤에는 밝다/ 임금을 서남쪽
  땅에서 만나면/ 가문의 기상이 높아질 것이다

③ 日中何見沫오 明直反成昏이라

  遇事無成用하니 如人折右肱이라

  대낮에 어찌 작은 별 보게 되는가?/ 밝은 것이 도리어 어두움 이뤘다/
  일을 만나도 쓸 수 없으니/ 사람이 오른팔을 짤리운 것과 같다

4.九四(☷→☶)

【효사와 소상전】 구사는 그 포장을 풍성하게 했기 때문에 한 낮에 두수斗宿을 보니, 평등한 주인(아래 있는 어진 사람)을 만나면 길하리라. 상에 말하기를 '그 포장을 풍성하게 함'은 자리가 마땅치 않기 때문이고, '한 낮에 두수를 봄'은 어두워서 밝지 못하기 때문이며, '그 평등한 주인을 만남'은 길하게 행동함이라. 【九四는 豐其蔀라 日中見斗니 遇其夷主하면 吉하리라. 象曰 豐其蔀는 位不當也일새오 日中見斗는 幽不明也일새오 遇其夷主는 吉行也라.】

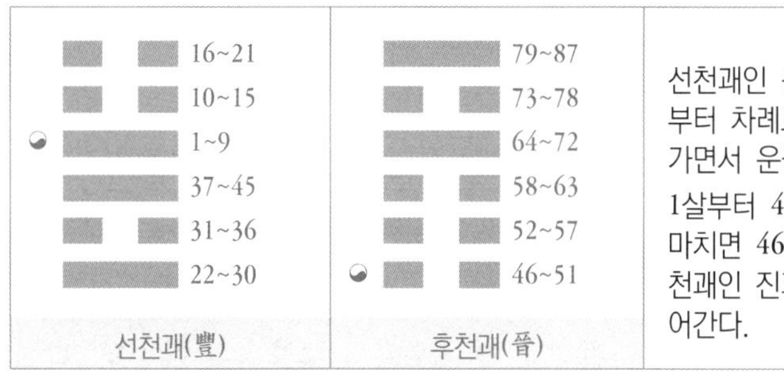

선천괘인 풍괘 구사효부터 차례로 위로 나아가면서 운을 잡는다.
1살부터 45살까지를 마치면 46살부터는 후천괘인 진괘로 운이 넘어간다.

◈ 양년(갑·병·무·경·임년)일 경우

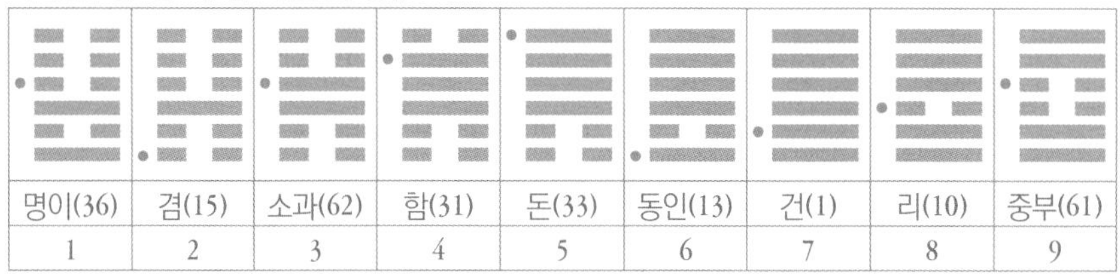

풍(55)	소과(62)	겸(15)	건(39)	점(53)	가인(37)	소축(9)	중부(61)	리(10)
1	2	3	4	5	6	7	8	9

◈ 음년(을·정·기·신·계년)일 경우

명이(36)	겸(15)	소과(62)	함(31)	돈(33)	동인(13)	건(1)	리(10)	중부(61)
1	2	3	4	5	6	7	8	9

◇ 월괘

혁·49	쾌·43	동인·13	무망·25	돈·33	점·53	구·44	정·50	송·6	곤·47	환·59	중부·61
1월	2월	3월	4월	5월	6월	7월	8월	9월	10월	11월	12월

◇ 일괘

풍(구사)	혁·49	리·30	소과·62	대장·34	진·51

【총괄해서 판단하면】

11 이 효는 대신大臣이 덕이 있으나 임금을 잘못 만난 것이니, 덕이 같은 사람끼리 같이 올라가 일을 도모함이 길하다는 점괘를 보여준 것이다. 그러므로 운이 맞는 사람은, 강하고 밝은 덕이 있으나 간사한 사람에게 가려진 경우로, 비록 자기 주장대로 그 계획을 실행할 수는 없으나, 덕이 같은 사람이 서로 협력하고 도우면, 일의 공적을 이뤄서 풍성한 때를 보존할 수 있고, 복과 은택을 온전하게 누릴 수 있다.

운이 맞지 않는 사람은, 조상의 땅을 떠나 외지에서 입신하니, 먼저는 암울하고 뒤에는 밝아진다. 그러나 귀한 친척에 의지해서 생계를 유지하는 수가 많다.

세운을 만나면, 벼슬해서 임금과 가까이 있는 사람은 반드시 시기하는 이가 있어 지위가 불안하고, 구직자는 자기를 알아주는 이를 만나 출세에

---

11 此爻是大臣有德 而遇非其君 而示以同升之吉占也 故叶者有剛明之德 而爲柔邪所蔽 雖不能自主以顯其謀猷 然同德相爲 協力贊助 亦可以成其事功 豊亨之時可保 福澤之享無虧 不叶者 改祖外立 先暗后明 多倚貴戚以求活計 歲運逢之 處於君臣之間者 必有猜忌而位不安 在士則遇知己而進取有賴 在庶俗則明而受蔽 得人解釋爲吉 商旅棄內就外 反有遭際 行舟者防折桅之驚

덕을 보며, 일반인은 자신의 현명함이 가려지지만 풀어주는 사람을 만나 길하다. 장사치와 여행자는 안의 것을 버리고 바깥에 있는 것을 취해서 도리어 좋은 기회를 잡게 되며, 배타고 가는 사람은 배가 부서지는 놀라움을 방비해야 한다.

【글귀로 판단하면】

① 近折路迢行不遠하니 當時大事俱非常이라

　萬里雲程去太遲하니 能行天下方無咎라

　가까운 이는 끊어지고, 길은 먼데 멀리 가지 못했으니/ 당시의 큰 일이 모두 보통일 아니다/ 만리의 구름길(등용 됨)을 너무 더디게 가니/ 천하를 위해 갈 수 있어야 허물이 없을 것이다

5. 六五(▤▤ → ▤▤)

【효사와 소상전】 육오는 빛난 것을 오게 하면, 경사와 명예가 있어서 길하리라. 상에 말하기를 '육오효의 길함'은 경사가 있음이라. 【六五는 來章이면 有慶譽하야 吉하리라. 象曰 六五之吉은 有慶也라.】

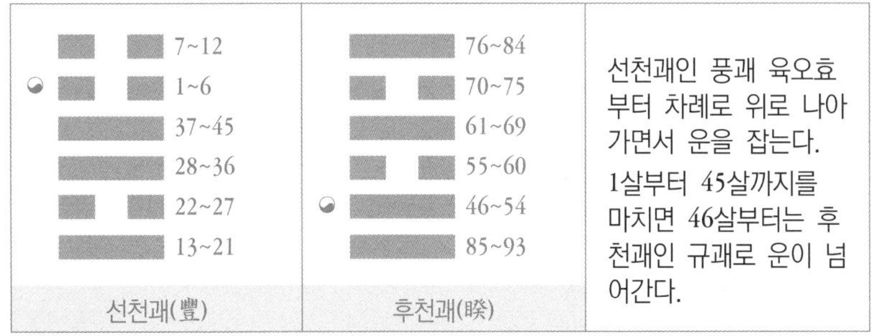

선천괘인 풍괘 육오효부터 차례로 위로 나아가면서 운을 잡는다.
1살부터 45살까지를 마치면 46살부터는 후천괘인 규괘로 운이 넘어간다.

◈ 양년 음년 똑같음

혁(49)	동인(13)	돈(33)	구(44)	송(6)	환(59)
1	2	3	4	5	6

◈ 월괘

리·30	서합·21	려·56	간·52	정·50	구·44	미제·64	해·40	몽·4	손·41	환·59	관·20
1월	2월	3월	4월	5월	6월	7월	8월	9월	10월	11월	12월

◈ 일괘

풍(육오)	리·30	소과·62	대장·34	진·51	명이·36

【총괄해서 판단하면】

12 이 효는 임금에게 어진 사람을 구하라고 권장하고, 어진 사람을 얻는 착함을 칭찬한 것이다. 그러므로 운이 맞는 사람은, 먼저는 어두우나(암매하나) 뒤에는 밝으니(현명하니), 마음을 비우고 덕을 쌓아서 자기의 욕심을 버리고 남을 따른다. 반드시 높은 벼슬을 하고 크게 귀하게 되어, 공명功名을 이루고 복과 경사가 풍성하고도 두텁다.

운이 맞지 않는 사람도, 또한 명성과 칭찬이 있고, 문장이 남보다 뛰어나서 조정에서 높은 벼슬을 한다.

---

12 此爻是勉人君以求賢 而因與其有得賢之善者也 故叶者 先暗后明 虛心積德 舍己從人 必爲顯宦大貴 功名利達 福慶豐厚 不叶者 亦有聲譽 文章過人 居朝堂而高爵是膺 在士必獲高魁而名成 在庶俗必有好人提擧 謀望稱意 老者有榮膺官帶之兆

세운을 만나면, 구직자는 반드시 장원급제해서 이름을 날리고, 일반인은 좋은 사람이 끌어주고 천거해서 꾀하고 소망하는 것이 뜻대로 된다. 늙은 사람은 관복을 입게 되는 영광이 있을 조짐이다.

【글귀로 판단하면】

① 門外佳音來하니 飛章俱有慶이라

　名利一更遷하니 雁非終析陣이라

　문밖에 아름다운 소식 있으니/ 모두가 빛나고 경사있게 되었다/ 명예와 이익이 하나같이 다시 새로와지니/ 기러기가 끝내 대열에서 탈락한 것 아니다

② 雲外一天書요 門多長者車라

　榖添蘭室味하니 縱步入蟾蜍라

　구름 밖에는 천서天書가 한통 오고/ 문에는 장자長者의 수레가 많다/ 안주는 신선세계의 맛 더하니/ 느린 걸음으로 달속 궁전으로 들어간다

6. 上六(☳☲ → ☳☴)

【효사와 소상전】 상육은 그 집을 풍성하게 하고 그 집을 포장으로 가림이라. 그 문안을 엿보니 고요하고 사람이 없어서 삼년이 되어도 보지 못하니 흉하니라. 상에 말하기를 '그 집을 풍성하게 함'은 자신이 하늘 끝까지 오름이고, '그 문안을 엿보니 고요하고 사람이 없음'은 스스로 감추고 피하는 것이다. 【上六은 豐其屋하고 蔀其家라. 闚其戶하니 闃其无人하야 三歲라도 不覿이로소니 凶하니라. 象曰 豐其屋은 天際翔也오 闚其戶闃其无人은 自藏也라.】

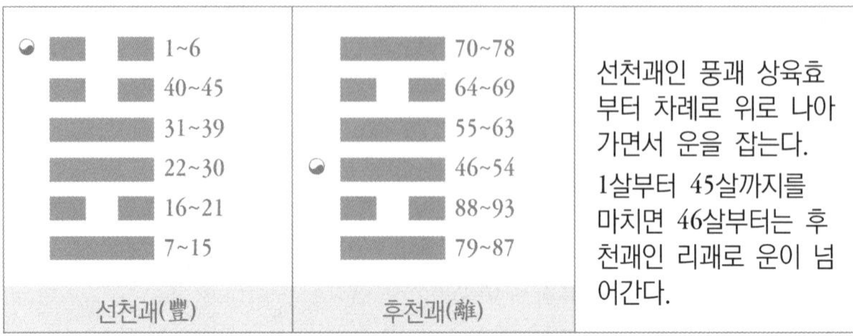

◈ 양년 음년 똑같음

리(30)	려(56)	정(50)	미제(64)	몽(4)	환(59)
1	2	3	4	5	6

◈ 월괘

소과·62	겸·15	항·32	대과·28	해·40	미제·64	사·7	림·19	감·29	비·8	환·59	손·57
1월	2월	3월	4월	5월	6월	7월	8월	9월	10월	11월	12월

◈ 일괘

풍(상육)	소과·62	대장·34	진·51	명이·36	혁·49
	6 5 4 3 2 1	12 11 10 9 8 7	18 17 16 15 14 13	24 23 22 21 20 19	30 29 28 27 26 25

【총괄해서 판단하면】

13 이 효는 밝은 것이 극에 가니, 도리어 어두워져서 흉한 것이다. 그러

---

13 此爻是明極反暗而得凶者也 故叶者受祖宗已成之業 而難堪任事 恃在己之聰明
　　主作爲妄誕 終迷不復 災眚難逭 不叶者主有才無德 妄自尊大 絶親離友 拘執不
　　定 百爲成空 惟僧道隱於山林 則免災咎 歲運逢之 在仕高而招危 在士則翶翔於

므로 운이 맞는 사람은, 조상이 이뤄놓은 업을 받으나 감당을 못하고, 자기의 총명함만 믿고 하는 짓이 허황되고 망령되어서, 마침내 헤매고 돌아오지 못하니, 재앙을 면할 수 없다.

운이 맞지 않는 사람은, 재주는 있으나 덕이 없어서, 망령되이 스스로 높고 큰 체를 하니, 친척과 벗이 끊어지고 성글어지며, 고집을 부리고 일정함이 없으니 백가지 일이 다 허사가 된다. 오직 승려와 도인은 산속에 숨어살면 재앙과 허물을 면한다.

세운을 만나면, 공직자는 높은 벼슬로 인해 위험을 부르고, 구직자는 하늘을 날 징조다. 일반인은 골육(친척)끼리 서로 다투고 해쳐서, 조상의 터전을 떠나서 일가를 이루나, 소송으로 옥살이하고 구설수로 인한 근심을 면하기 어려우며, 혹 집안에 갇혀서 곤해지는 허물이 있다.

【글귀로 판단하면】

① 當時豐盛世하니 退縮却爲凶이라

大展經綸手면 施爲大有功이라

때가 풍성한 세상이니/ 물러나 쭈그리고 있음이 흉된다/ 크게 경륜의 손길 펴면/ 다스려서 큰 공을 세울 것이다

② 暗室當遷退이니 成雲不可奢라

三年多不足하니 悔吝忌前遮라

어두운 집으로 옮겨 물러남이 마땅하니/ 벼슬해서 사치하면 안된다/ 삼년 동안 부족한 것 많으니/ 후회스럽고 인색한 일이 앞을 가리는 것 좋지 않다

③ 花落未茂枝하고 歌來却似悲라 夕陽催晩景하니 斜月上朱扉라

꽃은 떨어지고 가지는 무성하지 않으며/ 노래하고 오는 것이 슬퍼하는 것처럼 보인다/ 석양이 늦은 경치 재촉하니/ 기울어진 달이 붉은 삽작 문에 떠오른다

天際之兆 在庶俗則骨肉相殘 離祖成家 難免獄訟口舌之憂 或困於門戶之咎

離上　艮下　**火山旅(56)**
화 산 려

려괘 개요

【괘사와 대상전】 려는 조금 형통하고 나그네가 바르게 해서 길하니라. 상에 말하기를 산 위에 불이 있는 것이 려괘니, 군자가 본받아서 형벌 씀을 밝게 하고 삼가하며, 옥에 오랫동안 머무르게 하지 않느니라. 【旅는 小亨코 旅貞하야 吉하니라. 象曰 山上有火 旅니 君子 以하야 明慎用刑하며 而不留獄하나니라.】

【총괄해서 판단하면】

1 리궁의 1세괘로 5월에 속한다. 내괘의 납갑은 병진·병오·병신이고, 외괘의 납갑은 기유·기미·기사니, 5월에 태어난 사람과, 태어난 년도의 간지가 납갑의 간지에 합치되는 사람은 부귀와 공명을 누리게 된다.2

운세로 보면 화산려괘(▤)는 상괘는 리(☲)이고 하괘는 간(☶)이며, 호괘로는 손(☴)과 태(☱)가 있다. 해가 중천에 떠서

---

1 離宮初世 卦屬五月 納甲 是丙辰丙午丙申 己酉己未己巳 如生於五月及納甲者 功名富貴人也

2 려괘의 세효인 초육효는 음효이므로, 그대로 오월午月이 된다(초효는 오). 지지의 오는 5월에 해당하므로, 려괘가 5월괘가 되는 것이다. 따라서 5월을 주관하는 괘가 되고, 5월에 태어난 사람은 때를 얻음이 된다.

밝으려고 하나 비가 내리니, 두 기운이 서로 부딪혀 음과 양이 불화한다. 산 속에 바람이 불어 산에 있는 잎과 열매를 떨어뜨리니, 산풍고괘의 뜻이 있다. 물상들이 모두 상하고 무너지니, 일마다 어긋나고 틀려진다. 군자가 이런 괘를 얻으면 나그네가 되어 떠도는 상이 된다.

【팔궁세혼법으로 판단하면】

려괘는 팔궁세혼법으로 볼 때, 리궁의 1세괘로 원사元士괘에 해당한다. 즉 초육효(원사)가 세효世爻가 되고, 제후에 해당하는 구사효는 응효가 된다. 두 효가 모두 제자리를 얻지 못했으나, 서로 음과 양으로 응하고, 비록 바람은 잃었으나 초육효의 지지인 진(辰土)이 응효(육사효)의 지지인 유(酉金)를 생해주고 있으므로, 제자리를 얻지 못해 방황하는 가운데서도 힘을 모으는 뜻이 있다.

사방으로 분주하나 몸만 괴로우며, 사방을 둘러봐도 도울 이가 없다. 만사가 뜻대로 되지 않는다. 현상태 유지에 최선을 다하고, 다른 일에 욕심 내지 말아야 한다. 그러나 한 곳에 있지 않고 외교 등과 같이 돌아다니는 일을 전문으로 하는 일은 성공할 수 있다. 여행이나 이사는 정신적인 면에서는 안정을 얻어 길하나, 물질적으로는 궁핍한 편이다. 화재수, 남녀 관계로 인한 구설수, 문서나 인장 등에 관한 재난이 생길 운이기도 하니 조심하라.

【글귀로 판단하면】

① 客旅迢迢遠하니 乘車萬里過라

　　用利不留復니 人處喜聲多라

　　나그네들이 멀리멀리 돌아가니/ 수레 타고 만리를 지나간다/ 다시 머물지 않는 것이 이로우니/ 사람 있는 곳에 기쁜 소리 많이 들린다

② (五陽) 旅巢傾覆更遭焚이나 謹事當無獄難迍이라

　　若見出行千里去면 須聞哭泣在私門이라

　　(오양) 나그네의 보금자리 쓰러지고 불탔으나/ 일을 삼가하면 갇히거

나 어려운 일 없을 것이다/ 만약 출행해서 천리길에 이르면/ 자신의 집
에 곡소리 나는 것 듣는다

③ (五陰) 羈人失所已多時하니 未見羊猴未見歸라

柱石貴人頭帶斗하니 星回斗柄復光輝라

(오음) 나그네 거처할 곳 잃은 지 오래니/ 양(未)과 원숭이(申) 보지 못
하면 돌아올 수 없다/ 국가를 떠받치는 귀한 사람 머리에 북두칠성 띠
고 있으니/ 북두칠성 자루 돌아와 다시 빛나게 되었다

1. 初六(☶ → ☲)

【효사와 소상전】 초육은 나그네가 추잡하고 자잘함이니, 그 재앙을 취함이
라. 상에 말하기를 '나그네가 추잡하고 자잘하다' 함은 뜻이 궁해서 재앙이
있는 것이다. 【初六은 旅瑣瑣니 斯其所取災니라. 象曰 旅瑣瑣는 志窮하야 災
也라.】

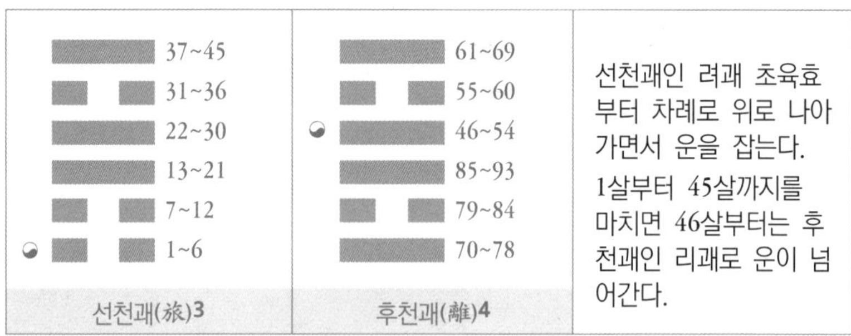

---

3 사주의 숫자로 괘를 만들어서 려괘 초효에 원당이 있다면, 1~6살까지는 려괘 초효 항
을, 7~12살까지는 려괘 이효 항을, …, 37~45살까지는 려괘 상효 항을 가서 살펴 보
면 된다.

4 46~54살까지는 후천괘인 리괘 사효 항을, 61~69살까지는 리괘 상효 항을, …,
85~93살까지는 리괘 삼효 항을 살펴보면 그 사람의 운이 된다(◐나 ●표시 한 곳이
해당하는 효를 가리키고, 밑에서부터 초효·이효·삼효·사효·오효·상효로 나눈다).

◈ 양년 음년 똑같음 [5]

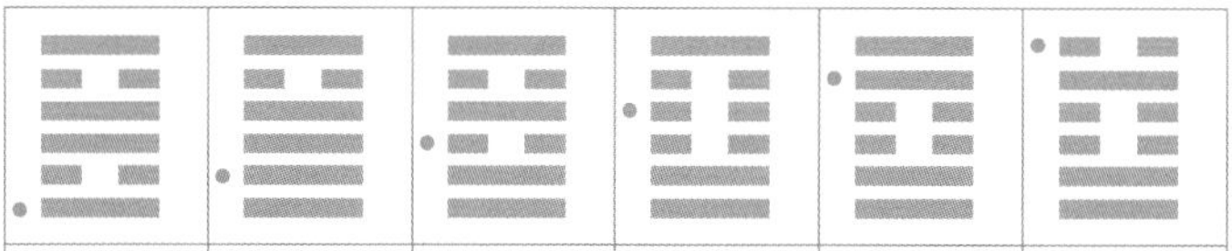

리(30)[6]	대유(14)	규(38)	손(41)	중부(61)	절(60)
1	2	3	4	5	6

◈ 월괘

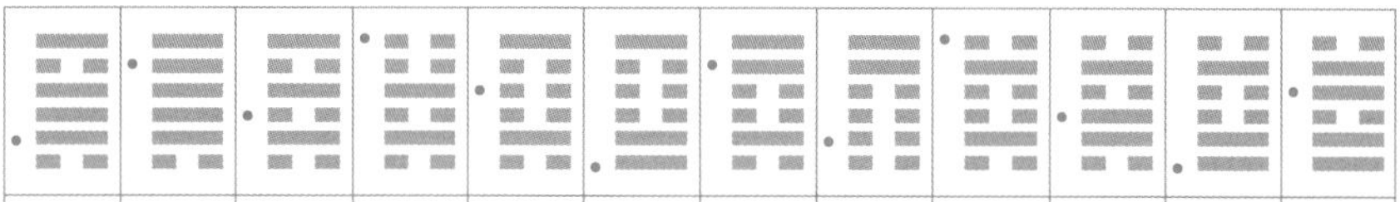

정·50	구·44	미제·64	해·40	몽·4	손·41	환·59	관·20	감·29	정·48	절·60	태·58
1월	2월	3월	4월	5월	6월	7월	8월	9월	10월	11월	12월

◈ 일괘 [7]

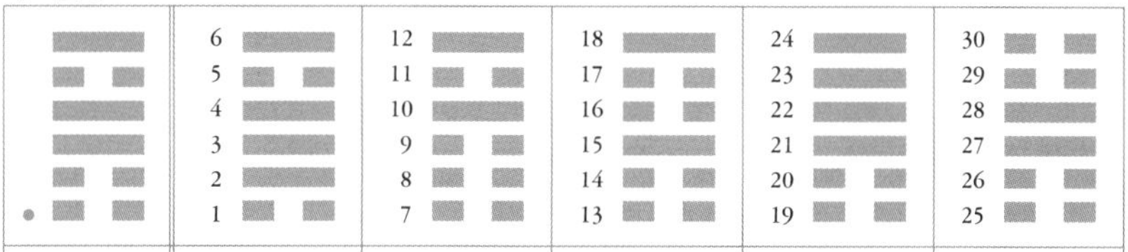

려(초육)	정·50	진·35	간·52	돈·33	소과·62
	6, 5, 4, 3, 2, 1	12, 11, 10, 9, 8, 7	18, 17, 16, 15, 14, 13	24, 23, 22, 21, 20, 19	30, 29, 28, 27, 26, 25

【총괄해서 판단하면】

[8] 이 효는 나그네의 처신이 비열하고 외람된 사람이다. 그러므로 재앙을

---

[5] 해마다의 운인 유년운의 진행은 양효(━)일 때와 음효(╍)일 때가 다른데, 그 자세한 예는 중천건괘(1) 초구효, 중지곤괘(2) 초육효와 육이효, 수뢰둔괘(3) 초구효와 육삼효, 산수몽괘(4) 초육효와 육사효 항에 유년운에 속한 월운月運의 예와 함께 실려 있으므로 참고하면 된다.

[6] 위의 도표에서 '리(30)'이라고 한 것은 괘명은 리괘離卦고 64괘 중에 30번째 괘라는 뜻이다. 나머지 괘도 이와같은 방식으로 본다. 따라서 앞의 목차에서 번호의 순서대로 찾으면, 해당하는 괘를 쉽게 찾을 수 있다. 또 월괘月卦에서 '정·50' 등으로 표시한 것도, 괘명은 정괘鼎卦고 64괘 중에 50번째라는 뜻이다.

[7] 그 날의 운(日運)과 더 세분해서 시운時運을 알고 싶으면, 앞의 일괘日卦와 시괘時卦 설명을 참조해서 계산하면 된다. 자세한 예는 건(1)~송(6)괘의 초효 항에 있으므로 참고바람.

면할 수 없다. 운이 맞는 사람은, 재주와 지모가 뭇사람에 뛰어나나 벼슬은 작고 직책은 가벼우며, 일을 도모하고 구할 수는 있으나 어렵고 막히는 것이 많으니, 결국 공功이 미세하다.

운이 맞지 않는 사람은, 아래에서 비천하나 일이 조금 잘 되어가면 교만하고 넘치며, 뜻을 펴고 있더라도 한 번 어렵고 막히게 되면 곤하고 쫓기는 것 같아 뜻이 궁해지니, 재앙이 오는 것을 예측하기 힘들고 화가 다가옴을 구제할 길이 없다.

세운을 만나면, 공직자는 재주와 역량은 있는데 관직이 따르지 못하고, 구직자는 비열하고 더럽고 천해서 한탄스러우며, 일반인은 국량이 편협함으로 인한 화禍가 있다.

【글귀로 판단하면】

① 雜地不堪行이요 災生切迫身이라

　　光輝秋月夜에 四望出陰雲이라

　　조잡한 땅에 가기가 힘드니/ 재앙이 몸에 가까이 왔다/ 가을달 빛나는 밤에/ 사방에서 검은 구름이 나온다

② 如鶴混羣鴻하니 冲天路漸迷라

　　臨岐當自擇이니 須向穩中棲라

　　학이 기러기 떼에 섞인 것과 같으니/ 하늘 높이 날려 해도 길이 점점 희미하다/ 갈래길에 임해서 마땅히 스스로 선택해야 하니/ 편안히 깃들 데로 향해야 할 것이다

---

8 此爻是處旅卑猥者也　故不免于取災　故叶者才猷出衆　而小官薄職　亦可以圖求
　事多艱阻　功終微細　不叶者　習下爲卑　事稍濟遇　則驕溢而志張　一値塞滯　則困迫
　而志窮　災來莫測　禍至不及　歲運逢之　在仕有才力不及之歎　在士有卑汚賤陋之
　嗟　在庶俗有局量褊淺之禍

2. 六二(䷷ → ䷤)

【효사와 소상전】 육이는 나그네가 여관에 나아가서 그 노자를 품고 아이 종의 바름을 얻음이로다. 상에 말하기를 '아이 종의 바름을 얻음'은 마침내 허물이 없으리라. 【六二는 旅卽次하야 懷其資하고 得童僕貞이로다. 象曰 得童僕貞은 終无尤也리라.】

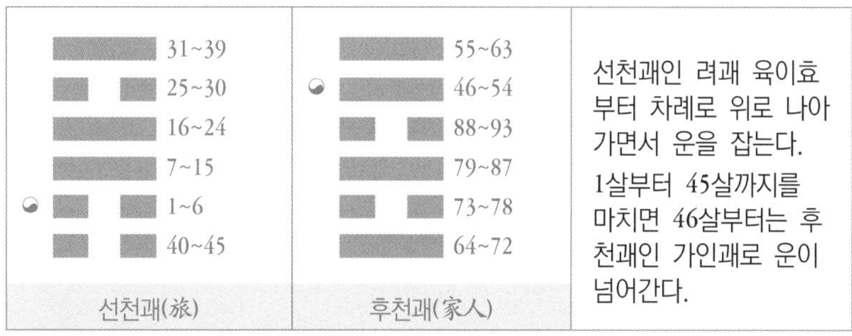

	선천괘(旅)		후천괘(家人)	
	31~39		55~63	
	25~30	◐	46~54	
	16~24		88~93	
	7~15		79~87	
◐	1~6		73~78	
	40~45		64~72	

선천괘인 려괘 육이효부터 차례로 위로 나아가면서 운을 잡는다.
1살부터 45살까지를 마치면 46살부터는 후천괘인 가인괘로 운이 넘어간다.

◈ 양년 음년 똑같음

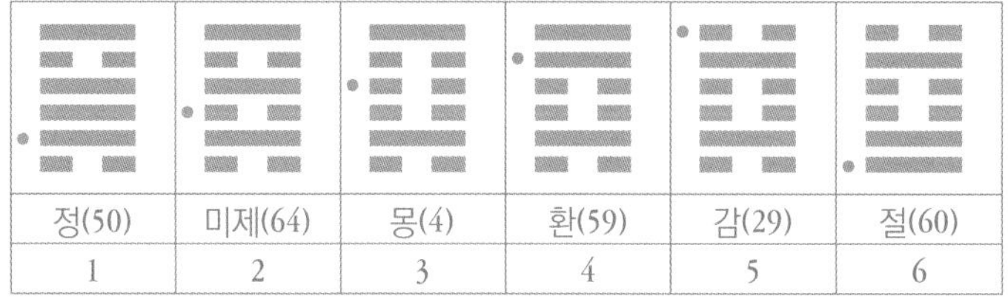

정(50)	미제(64)	몽(4)	환(59)	감(29)	절(60)
1	2	3	4	5	6

◈ 월괘

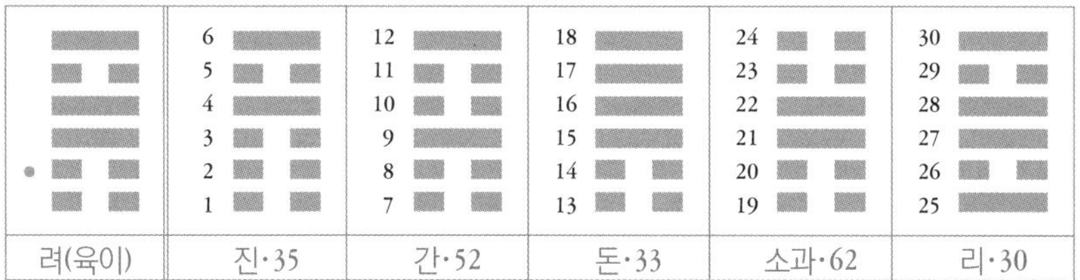

진·35	예·16	박·23	이·27	관·20	환·59	비·8	건·39	둔·3	수·17	절·60	림·19
1월	2월	3월	4월	5월	6월	7월	8월	9월	10월	11월	12월

◈ 일괘

려(육이)		진·35		간·52		돈·33		소과·62		리·30	
	6		12		18		24		30		
	5		11		17		23		29		
	4		10		16		22		28		
	3		9		15		21		27		
	2		8		14		20		26		
	1		7		13		19		25		

407

9 이 효는 나그네의 도를 잘 처신하는 사람이다. 그러므로 운이 맞는 사람은, 문장은 나라를 빛낼만하고 재주는 세상을 건질만하니, 위로는 임금에게 영화榮華를 받고, 아래로는 민심의 추대를 받아서, 일의 업적이 숭고하고 덕과 벼슬이 영원하다.

운이 맞지 않는 사람도, 비록 벼슬은 못하나 또한 타고난 재주가 많고, 집과 뜰이 화려하며 말 잘 듣는 아이 종들이 많으니, 복이 많은 사람이다. 세운을 만나면, 공직자는 높게 돼서 군사를 쓰는데는 복야(僕射)**10** 벼슬을 하고, 정치적 자질이 있는 신동이 될 징조가 있다. 구직자는 출세해서 이름이 나고, 일반인은 집을 수리하거나 짓게 되며, 혹 종들이 늘어나는 기쁨이 있다. 이 효를 만난 사람은 스스로 사업을 계획하고 일으키며, 외지에 나가서 경영하여 자립한다.

【글귀로 판단하면】

① 旅中安次舍하고 得位正居中이라

　　僮僕勤心力이요 資財那有豐이라

　　여행 중에 편안히 머물 자리 잡고/ 지위를 얻고 바름으로 중中을 행한다/ 아이 종이 심력을 다해 부지런히 돕고/ 재물은 풍성하다

② 旅遇一遷鼎하니 以獲僮僕貞이라

　　馬行平坦地하니 觸目好靑山이라

　　려괘旅卦의 한 효가 변해 정괘鼎卦를 얻었으니/ 이로써 아이 종의 곧고 바름을 얻었다/ 말이 평탄한 땅을 가니/ 눈에 들어오는 것마다 경치

---

9 此爻是旅道之善者也　故叶者文可華國　才可濟世　上膺天位之榮　下得民心之戴　事業崇高　德位悠遠　不叶者　雖不入仕　亦有資才豐盈　堂廈華麗　童僕繁多　厚福人也　歲運逢之　在仕顯耀　有師旅僕射資政神童之兆　在士則進取成名　在庶俗或進修造之擧　或進僕從之喜　此爻値者多自立規模　外郡營立

10 진秦의 활 쏘는 일을 주관하던 관리. 당 이후는 상서성 장관.

좋은 푸른 산이다

3. 九三(䷷ → ䷗)

【효사와 소상전】 구삼은 나그네가 여관을 태우고, 아이 종의 바름을 잃으니
위태하니라. 상에 말하기를 '나그네가 그 여관을 태웠으니' 또한 상하게 되고,
(구삼이) 나그네로써 포악하게 아래를 대접하니 그 의리를 잃게 되는 것이다.
【九三은 旅焚其次하고 喪其童僕貞이니 厲하니라. 象曰 旅焚其次하니 亦以
傷矣오 以旅與下하니 其義 喪也라.】

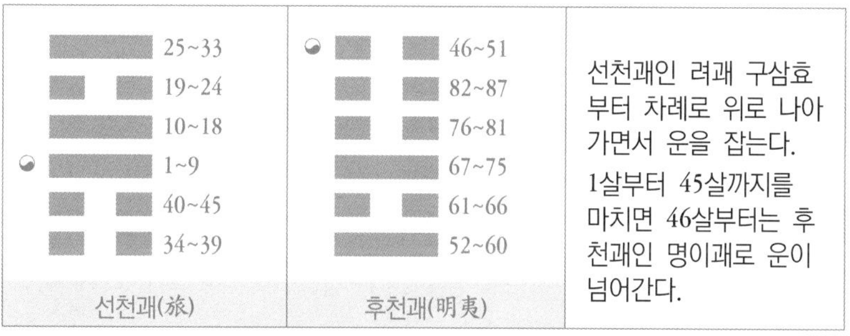

선천괘(旅)	후천괘(明夷)	
25~33	○ 46~51	선천괘인 려괘 구삼효
19~24	82~87	부터 차례로 위로 나아
10~18	76~81	가면서 운을 잡는다.
○ 1~9	67~75	1살부터 45살까지를
40~45	61~66	마치면 46살부터는 후
34~39	52~60	천괘인 명이괘로 운이 넘어간다.

◈ 양년(갑·병·무·경·임년)일 경우

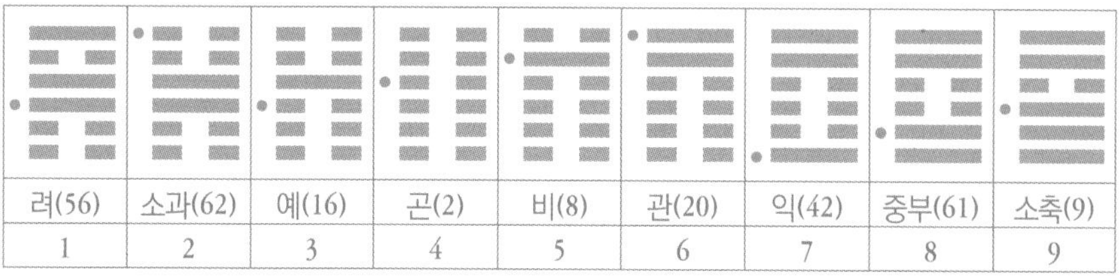

려(56)	소과(62)	예(16)	곤(2)	비(8)	관(20)	익(42)	중부(61)	소축(9)
1	2	3	4	5	6	7	8	9

◈ 음년(을·정·기·신·계년)일 경우

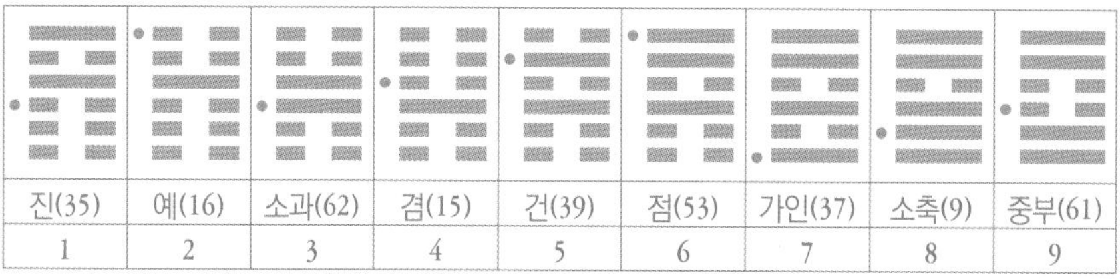

진(35)	예(16)	소과(62)	겸(15)	건(39)	점(53)	가인(37)	소축(9)	중부(61)
1	2	3	4	5	6	7	8	9

간·52	비·22	점·53	손·57	건·39	비·8	기제·63	혁·49	수·5	태·11	절·60	중부·61
1월	2월	3월	4월	5월	6월	7월	8월	9월	10월	11월	12월

려(구삼)	간·52	돈·33	소과·62	리·30	정·50

【총괄해서 판단하면】

11 이 효는 나그네가 높아진 사람이다. 그러므로 흉하고 위태함을 면할 수 없다. 운이 맞는 사람은, 강건하고 바른 덕이 있어서 세속을 벗어난 뛰어난 사람이다. 그러나 귀해도 지위가 없고 높아도 백성이 없으며, 큰 것을 좋아하고 공을 탐내서, 허물을 부르고 사람들 사이에 틈이 나게 한다. 운이 맞지 않는 사람은, 강하고 밝은 것을 스스로 믿는 사람으로, 고향을 떠나고 조상을 바꾸게 되니, 움직이면 후회가 있게 되고, 용납받아 있을 데가 없다.

세운을 만나면, 공직자는 견책을 당해서 직장을 그만두게 되고, 구직자는 명예를 잃게 되는 흠이 있으며, 일반인은 집을 태우는 재앙과 식구를 잃게 되는 액운이 있다.

---

11 此爻是旅之高者也 故不免凶屬 故叶者有剛正之德 出風塵之表 貴而無位 高而無民 好大喜功 招尤啓釁 不叶者 剛明自恃 離鄉改祖 動必有悔 无所容立 歲運逢之 在仕有去職之誚 在士有喪名之玷 在庶俗有焚廬之殃 損人口之阨

【글귀로 판단하면】

① 迍旅焚其次하니 俄然災咎侵이라

資財多喪失이요 僮僕亦離心이라

어려운 여행길에 쉴 집이 불탔으니/ 잠깐 사이에 재앙이 침범했다/ 가지고 있는 재물을 많이 잃어 버렸고/ 아이 종 역시 마음이 떠났다

② 無端風雨催春去하니 落盡枝頭桃李花라

枕畔有人歌自嘆하니 那堪心事亂如麻아

공연한 비바람이 봄을 재촉하고 가니/ 가지 위의 복숭아꽃 오얏꽃 다 떨어졌다/ 베갯머리에 사람있어 탄식하는 노래 부르니/ 삼타래 같이 어지러운 마음 어찌 견딜 것인가?

③ 進逢災次舍하니 喪其僮僕凶이라

孤鴻天外唳하니 中箭亦難冲이라

나가다가 머무는 곳에 재앙만나니/ 아이 종 잃고 흉하게 되었다/ 외로운 기러기 하늘가에서 눈물 흘리니/ 화살에 맞아 하늘 높이 날기 어렵네

4. 九四(☲→☶)

【효사와 소상전】 구사는 나그네가 거처하게 되고, 그 노자와 도끼(도구)를 얻었으나, 내 마음은 유쾌하지 못하도다. 상에 말하기를 '나그네가 거처하게 되었다' 함은 지위를 얻지 못한 것이니, '그 노자와 도끼를 얻었으나' 마음은 유쾌하지 못하다. 【九四는 旅于處하고 得其資斧하나 我心은 不快로다. 象曰 旅于處는 未得位也니 得其資斧하나 心未快也라.】

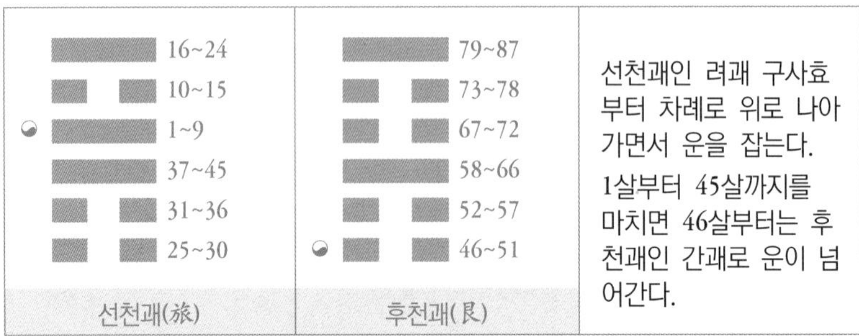

선천괘(旅)		후천괘(艮)		선천괘인 려괘 구사효 부터 차례로 위로 나아 가면서 운을 잡는다.
	16~24		79~87	
	10~15		73~78	
	1~9		67~72	1살부터 45살까지를 마치면 46살부터는 후 천괘인 간괘로 운이 넘 어간다.
	37~45		58~66	
	31~36		52~57	
	25~30		46~51	

◈ 양년(갑·병·무·경·임년)일 경우

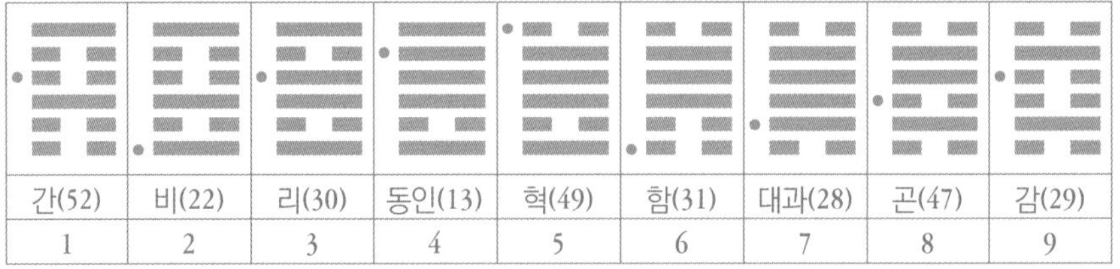

려(56)	리(30)	비(22)	가인(37)	기제(63)	건(39)	정(48)	감(29)	곤(47)
1	2	3	4	5	6	7	8	9

◈ 음년(을·정·기·신·계년)일 경우

간(52)	비(22)	리(30)	동인(13)	혁(49)	함(31)	대과(28)	곤(47)	감(29)
1	2	3	4	5	6	7	8	9

◈ 월괘

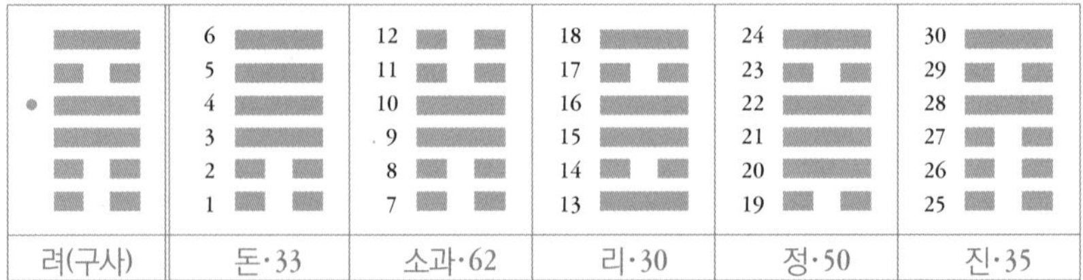

돈·33	구·44	함·31	취·45	혁·49	기제·63	쾌·43	대장·34	태·58	리·10	절·60	감·29
1월	2월	3월	4월	5월	6월	7월	8월	9월	10월	11월	12월

◈ 일괘

려(구사)	돈·33	소과·62	리·30	정·50	진·35

【총괄해서 판단하면】

12 이 효는 나그네가 처신을 잘하는 것으로, 천하를 근심하는 마음을 나타낸 것이다. 그러므로 운이 맞는 사람은, 재주와 덕이 세상에 쓰임이 될 수 있으니, 혹 무장이 되어 변방에서 공을 세우고, 움직임이 많고 고요하게 그쳐 있는 경우가 적으며, 어려운 가운데 쉽게 된다.

운이 맞지 않는 사람은, 바깥에 나가서 장사하는 사람으로 이익을 얻음이 많으나, 파도를 타고 험하고 막힌 데를 건너야하니 마음이 편치 못하다. 세운을 만나면, 벼슬에 있는 사람은 반드시 무장으로 등용돼서 전쟁에 공을 세우니, 높게 되는 사람은 정승이 되어 정사를 돌보고, 구직자는 출세하기 어렵다. 장사하는 사람은 이득을 보고, 일반인은 바깥에서 성공하나, 다만 좋은 가운데도 부족한 것이 있고, 근심스럽고 참혹하며 슬픈 일이 생긴다.

【글귀로 판단하면】

① 外事雖云吉이나 猶防後患侵이라

　　自身多暗昧하니 百事未如心이라

　　바깥 일은 비록 길하다고 하지만/ 오히려 뒤에서 근심이 침범하는 것 막아야 한다/ 자신이 어둡고 어리석음이 많으니/ 백가지 일이 마음같지 않다

② 可止宜卽止니 違行不可行이라

　　從頭得金斧하니 猶自悔中藏이라

　　그칠 수 있으면 그치는 것이 마땅하니/ 어기고 가더라도 갈 수 없다/ 처음부터 금도끼 얻으니/ 오히려 후회하는 가운데서도 감춘다

---

12 此爻是得處旅之善 而表其憂天下之心者也 故叶者 才德足以爲世用 或爲武職 而立功于外方 多動少靜 難中見易 不叶者 多爲外賈而獲利 奔波險阻 心有不寧 歲運逢之 在仕必陞外閫 而征戰有功 顯者樞相資政 在士子進取難爲 在爲商者 獲利 常人在外者有成立 但美中不足 而憂慘傷悲之事作

③ 落花正逢春이요 人行在半程이라

事成及可就인덴 縈絆二三心이라

떨어지는 꽃이 바로 봄을 만났고/ 사람이 길을 반쯤 가고 있다/ 일을
성취하려면/ 두세 가지 마음을 하나로 얽어매라

5. 六五(䷷ → ䷙)

【효사와 소상전】 육오는 꿩을 쏴서 한 화살에 잡았다. 마침내 명예와 복록이
있으리라. 상에 말하기를 '마침내 명예와 복록이 있음'은 명예가 위로 미치기
때문이다. 【六五는 射雉一矢亡이라. 終以譽命이리라. 象曰 終以譽命은 上
逮也일새라.】

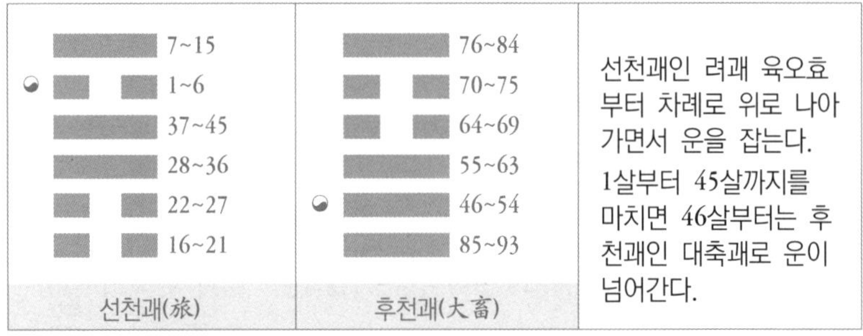

선천괘(旅)		후천괘(大畜)		선천괘인 려괘 육오효
	7~15		76~84	부터 차례로 위로 나아
	1~6		70~75	가면서 운을 잡는다.
	37~45		64~69	1살부터 45살까지를
	28~36		55~63	마치면 46살부터는 후
	22~27		46~54	천괘인 대축괘로 운이
	16~21		85~93	넘어간다.

◈ 양년 음년 똑같음

돈(33)	함(31)	혁(49)	쾌(43)	태(58)	절(60)
1	2	3	4	5	6

소과·62	예·16	풍·55	명이·36	대장·34	쾌·43	귀매·54	규·38	림·19	사·7	절·60	둔·3
1월	2월	3월	4월	5월	6월	7월	8월	9월	10월	11월	12월

◈ 일괘

려(육오)	소과·62	리·30	정·50	진·35	간·52

【총괄해서 판단하면】

13 이 효는 조금 잃는 것이 있지만, 결국은 크게 얻게 됨을 비유한 것이다. 그러므로 운이 맞는 사람은, 청년시절에 공명을 이루고, 명성이 임금의 곁에까지 들려서 부귀와 복록이 함께 융성한다.

운이 맞지 않는 사람도, 또한 문장이 아름답고 명성이 나며 덕업이 넓으니, 지방의 길한 선비가 된다.

세운을 만나면, 공직자는 천거를 받아서 요직에 벼슬하게 되고, 구직자는 청탁과 천거로 이름을 이루며, 일반인은 높은 사람을 가까이 해서 발복하고, 늙은 사람은 은총을 받으며, 부인은 명부命婦의 첩지를 받는다. 수가 흉한 사람은 길하다고는 할 수 없다.

【글귀로 판단하면】

---

13 此爻是擬其小有所失 而決大有所得者也 故叶者 功名發于靑年 聲聞達于帝側
富貴福澤並隆 不叶者 亦有文章之美 聲譽之著 德業之廣 爲鄕里之吉士 歲運逢
之 在仕爲薦剡而位居淸要 在士爲請擧而名成就 在常人發則近尊上 老者推恩
婦人封誥 數凶者終不可以言吉

① 雉走開弓一矢亡이나 終然譽命受徽章이라

祿從天降應千里하니 先適安身到地昌이라

달아나는 꿩을 쏘아 화살 하나 잃었으나/ 끝내는 명예로운 휘장徽章을
받는다/ 녹이 하늘로부터 내려와서 천리밖에 응하니/ 먼저 몸 편안하
고 이르는 곳마다 번창하리라

② 改舊從新事再圖하니 須知渾爾廢工夫라

雲霄有意來相照하니 平步扶搖上太虛라

옛 것을 고치고 새로운 것을 따라 일을 다시 도모하니/ 공부를 폐한
것이 잘못이란 걸 알게 되었다/ 하늘이 뜻있어 와서 서로 비추니/ 보통
걸음으로 회오리 바람타고 하늘에 올라갔다

6.上九(☲☶ → ☶☶)

【효사와 소상전】 상구는 새가 그 둥지를 불사르니 나그네가 먼저는 웃고 뒤
에는 울부짖는다. 소홀히 하고 업수이 여겨 소를 잃음이니 흉하니라. 상에 말
하기를 나그네로 위에 있으니 그 의의가 타게 되는 것이고, '소홀히 하고 업
수이 여겨 소를 잃었으니' 마침내 깨닫지 못한 것이다. 【上九는 鳥焚其巢니
旅人이 先笑後號咷라. 喪牛于易니 凶하니라. 象曰 以旅在上하니 其義焚也
오 喪牛于易하니 終莫之聞也로다.】

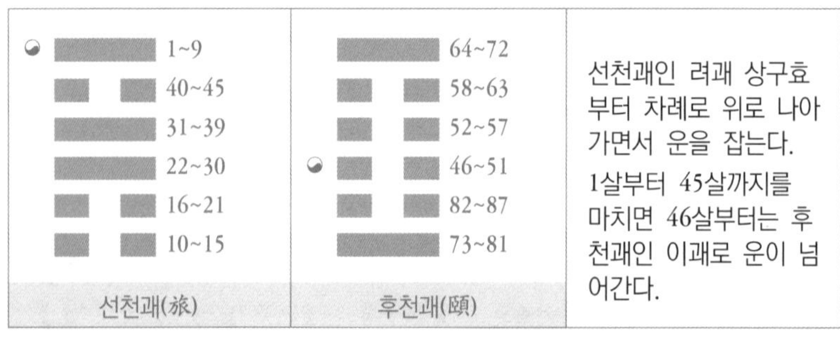

◈ 양년(갑·병·무·경·임년)일 경우

려(56)	진(35)	예(16)	진(51)	귀매(54)	대장(34)	태(11)	수(5)	소축(9)
1	2	3	4	5	6	7	8	9

◈ 음년(을·정·기·신·계년)일 경우

소과(62)	예(16)	진(35)	서합(21)	규(38)	대유(14)	대축(26)	소축(9)	수(5)
1	2	3	4	5	6	7	8	9

◈ 월괘

리·30	비·22	대유·14	건·1	규·38	귀매·54	손·41	몽·4	중부·61	익·42	절·60	수·5
1월	2월	3월	4월	5월	6월	7월	8월	9월	10월	11월	12월

◈ 일괘

려(상구)	리·30	정·50	진·35	간·52	돈·33

【총괄해서 판단하면】

14 이 효는 나그네가 지나치게 높게 처신해서 흉한 것이다. 그러므로 운
이 맞는 사람은, 강하고 밝은 재주로 모든 관료의 윗자리에 있으나, 단지

---

14 此爻是處旅過高者也 所以有凶 故叶者以剛明之才 處百僚之上 但驕亢足以取
禍 而終難保其安榮 不叶者 或流于羈旅 或奔于道途 喪家辱身 終難受福 歲運逢
之 在仕者難保其位 有先得後失之嗟 在士有飛騰之兆 在庶俗好中有損 或移居
修造 以避災青 或目疾火殊之危 或仕進登優 大抵先見榮處 乃禍之根也

교만하고 높은 체해서 화를 부르니, 마침내 편안하고 영화롭기가 어렵다. 운이 맞지 않는 사람은, 혹 나그네로 유랑하든가, 혹 분주하게 도로를 달리는 사람으로, 집을 망치고 몸이 욕되니, 마침내 복을 받기가 어렵다. 세운을 만나면, 공직자는 그 지위를 보존키 어려워서, 먼저는 뜻을 얻었으나 뒤에는 잃게 되는 한탄이 있게 되며, 구직자는 날아오르는 징조가 있으며, 일반인은 좋은 가운데도 손실이 있다. 혹 이사를 하거나 집을 고치거나 새로 지어서 재앙을 피하고, 혹 눈병이 생기거나 불의 재앙을 당하는 위험이 있으며, 혹 벼슬해서 좋은 자리에 오르나, 대개 먼저 영화로운 곳이 곧 화의 근원이 된다.

【글귀로 판단하면】

① 屋下牛多病이요 林中鳥失巢라

　　笑悲雙月至하니 小過不須高라

　　집 아래 있는 소는 병이 많고/ 숲속의 새는 둥지를 잃었다/ 웃음과 슬픔이 같이 오니/ 조금 가야지 높이 가서는 안된다

② 憔悴無休歇하니 閑中聽杜鵑이라

　　一輪山店月하니 千古黯魂消라

　　근심걱정이 쉴새 없으니/ 한가할 때 두견새 소리 듣는다/ 둥근달 산마루에 뜨니/ 천고의 어두웠던 혼 사라진다

손괘 개요

【괘사와 대상전】손은 조금 형통하니, 가는 바를 둠이 이로우며 대인을 봄이 이로우니라. 상에 말하기를 따르는 바람이 손괘니, 군자가 본받아서 명을 거듭해서 일을 행하느니라. 【巽은 小亨하니 利有攸往하며 利見大人하니라. 象曰 隨風이 巽이니 君子 以하야 申命行事하나니라.】

【총괄해서 판단하면】

신묘
신사
신미
신유
신해
신축

※ 巽卦 납갑표

[1] 손궁의 본궁수괘로 4월에 속한다. 내괘의 납갑은 신축·신해·신유이고, 외괘의 납갑은 신미·신사·신묘니, 4월에 태어난 사람과, 태어난 년도의 간지가 납갑의 간지에 합치되는 사람은 부귀와 공명을 누리게 된다.[2]

운세로 보면 중풍손괘()는 상괘와 하괘가 모두 손()이고, 호괘로는 리()와 태()가 있다. 바람과 해가 사귀어 화합하니, 만물이 기뻐하여 따르고, 리의 밝은 해가 땅 위에 비추므로 빛난

---

[1] 巽宮本世屬四月 納甲是辛丑辛亥辛酉 辛未辛巳辛卯 如生于四月及納甲者 功名富貴人也 在春夏長養爲福重

[2] 손괘의 세효인 상구효는 양효이므로, 초효부터 상효까지 세면 사월巳月이 된다(초효는 자, 이효는 축, 삼효는 인, 사효는 묘, 오효는 진, 상효는 사). 지지의 사는 4월에 해당하므로, 손괘가 4월괘가 되는 것이다. 따라서 4월을 주관하는 괘가 되고, 4월에 태어난 사람은 때를 얻음이 된다.

다. 바람이 불어 넓게 베푸니, 백성들이 모두 기뻐하며 복종한다. 군자는 윗사람의 명을 거듭 펴서 권세를 행사하니, 공손하게 순종하는 상이 된다.

【팔궁세혼법으로 판단하면】

손괘는 팔궁세혼법으로 볼 때, 손궁의 본궁수괘(本宮首卦)로 종묘宗廟괘에 해당한다. 즉 상구효(종묘)가 세효世爻가 되고, 삼공에 해당하는 구삼효는 응효가 된다. 상구효가 제자리를 얻지 못했고, 또 서로 음과 양으로 응하지를 못했으므로, 어렵고 잘 풀리지 않는다. 그러나 응효의 지지인 유(酉金)가 세효의 지지인 묘(卯木)를 상충하며 극하여 바르게 하면, 어렵고 풀리지 않았던 일이 잘 풀리게 된다. 강한 양 밑에 유약한 음이 있으므로, 겸손하고 공손하게 처신하는 뜻이 있다.

신변에 이동이 많을 때로, 작은 일은 뜻대로 되나, 일생이 달린 큰 일은 다소 장애가 있다. 단 자신을 도와주는 훌륭한 사람을 만나면, 큰 일을 도모할 만하다. 외국으로 멀리 가면 좋고, 나를 알아주는 사람을 만나 출세할 운이다. 숲·재목·선풍기 등 각종 바람과 향기가 나는 물건 또는 아름다운 풍속 등이 이에 속한다. 돌발사태나 사업변경수가 있으니, 도난을 경계하고 새로운 일에 대비해야 한다

【글귀로 판단하면】

1 山頭顧我無靑眼이나 水畔相親始有依라

　物小在初終大獲하니 到頭遇主得榮歸라

　산머리에서 돌아보는 사람 친한 이 없으나/ 물가에서 서로 친하면 비로소 의지할 수 있다/ 처음에는 작으나 나중에는 크게 얻게 되니/ 가는 곳마다 주인 만나 영화롭게 돌아온다

2 憂極樂還來하니 春陽一므回라

　滿園桃李大요 丹桂一枝開라

　근심이 극하여 즐거움 돌아오니/ 봄볕이 하루아침에 돌아왔다/ 복숭아

꽃 오얏꽃 동산 가득히 크고/ 붉은 계수나무꽃 한줄기 가지에 피었다

③ (五陰) 秘策勿輕傳하라 經成衆裏權이라

一朝風雨順이면 功業至掀天이라

(오음) 비밀스러운 계책 경솔히 전하지 마라/ 여러 사람에게 권한 주게 된다/ 하루아침에 비바람 순조로우면/ 공과 업적이 하늘을 진동시키게 되리라

1. 初六(☴ → ☰)

【효사와 소상전】 초육은 나아가고 물러감이니 무인武人의 정고함이 이로우니라. 상에 말하기를 '나아가고 물러감'은 뜻이 의심스러운 것이고, '무인의 정고함이 이롭다'는 것은 뜻이 다스려짐이라. 【初六은 進退니 利武人之貞이니라. 象曰 進退는 志疑也오 利武人之貞은 志治也라.】

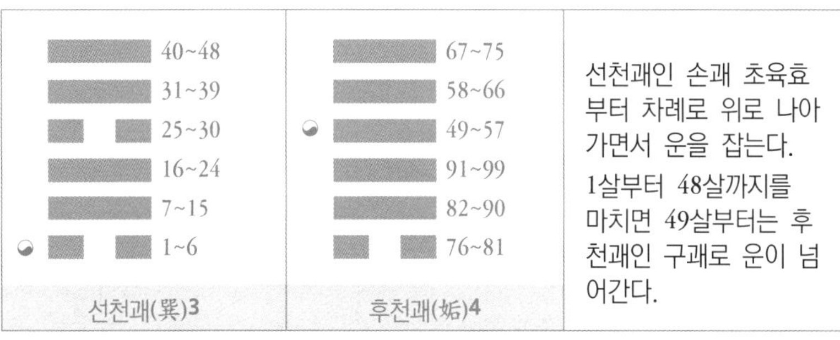

---

3 사주의 숫자로 괘를 만들어서 손괘 초효에 원당이 있다면, 1~6살까지는 손괘 초효 항을, 7~15살까지는 손괘 이효 항을, …, 40~48살까지는 손괘 상효 항을 가서 살펴 보면 된다.

4 49~57살까지는 후천괘인 구괘 사효 항을, 67~75살까지는 구괘 상효 항을, …, 91~99살까지는 구괘 삼효 항을 살펴보면 그 사람의 운이 된다(◌나 ●표시 한 곳이 해당하는 효를 가리키고, 밑에서부터 초효·이효·삼효·사효·오효·상효로 나눈다).

◈ 양년 음년 똑같음 [5]

소축(9)[6]	가인(37)	익(42)	무망(25)	서합(21)	진(51)
1	2	3	4	5	6

◈ 월괘

점·53	간·52	관·20	비·8	비·12	무망·25	진·35	미제·64	예·16	소과·62	진·51	복·24
1월	2월	3월	4월	5월	6월	7월	8월	9월	10월	11월	12월

◈ 일괘 [7]

	6	12	18	24	30
	5	11	17	23	29
	4	10	16	22	28
	3	9	15	21	27
	2	8	14	20	26
	1	7	13	19	25
손(초육)	점·53	환·59	구·44	고·18	정·48

【총괄해서 판단하면】

[8] 이 효는 과단성 없는 상으로 비유해서, 과단성 있게 하라는 점괘를 보

---

5 해마다의 운인 유년운의 진행은 양효(━)일 때와 음효(━ ━)일 때가 다른데, 그 자세한 예는 중천건괘(1) 초구효, 중지곤괘(2) 초육효와 육이효, 수뢰둔괘(3) 초구효와 육삼효, 산수몽괘(4) 초육효와 육사효 항에 유년운에 속한 월운月運의 예와 함께 실려있으므로 참고하면 된다.

6 위의 도표에서 '소축(9)'라고 한 것은 괘명은 소축괘小畜卦고 64괘 중에 9번째 괘라는 뜻이다. 나머지 괘도 이와같은 방식으로 본다. 따라서 앞의 목차에서 번호의 순서대로 찾으면, 해당하는 괘를 쉽게 찾을 수 있다. 또 월괘月卦에서 '점·53' 등으로 표시한 것도, 괘명은 점괘漸卦고 64괘 중에 53번째라는 뜻이다.

7 그 날의 운(日運)과 더 세분해서 시운時運을 알고 싶으면, 앞의 일괘日卦와 시괘時卦 설명을 참조해서 계산하면 된다. 자세한 예는 건(1)~송(6)괘의 초효 항에 있으므로 참고바람.

여준 것이다. 그러므로 운이 맞는 사람은, 성질이 가라앉고 강하지 못해서, 글로 이름을 내는 사람이 많다. 무력으로 공을 세우는 것은, 안의 것을 버리고 밖으로 나가서 먼 계획을 도모하고 결심하는 것이니, 처음에는 잘 안되지만 뒤에는 순조롭다.

운이 맞지 않는 사람은, 스스로 낮고 아래에 처하면서 나가고 물러남이 일정하지 않으니, 작은 경영이나 계획은 할 수 있으나, 큰 계획은 재앙과 해를 부른다. 또한 농업·공업·상업·기술 등은 근본을 버리고 끝을 쫓는 작은 경영에 해당하니, 이와 같은 것은 항상 일하는 사람의 힘을 얻게 된다.

세운을 만나면, 공직자는 문관文官이 마땅하나, 혹 임시직인 차사差使로 제수되어, 벼슬길에 나아가고 물러남이 한결같지 않으며, 혹 권한을 겸하게 되니 어려운 가운데 쉬움이 있게 된다. 구직자는 문관시험은 이롭고 무관시험은 막히게 되며, 일반인은 경영하는 일이 얻기도 하고 잃기도 하며, 수가 흉한 사람은 의심받고 비방을 부르게 된다.

【글귀로 판단하면】

① 進退忽生疑나 縣來利武威라

　　榮身豈小蓄가 車前三山歧라

　　나아가고 물러남에 홀연히 의심생기나/ 무력과 위엄을 쓰는 것이 이롭다/ 몸을 영화롭게 함이 어찌 조금 저축함(小畜卦) 뿐이랴?/ 수레 앞에서 세 산으로 갈라진다

② 進退莫猜疑하라 疑猜事莫諧라

　　影端形自直이니 一擧化纖埃라

---

8 此爻是擬以不果之象 而因示以果斷之占者也 故叶者 沉潛而不能剛克 多文中成名 武中立功 棄內出外 決意圖遠 先逆後順 不叶者 自處卑下 進退無定 小小營謀則可 大謀則招災害 農工商技 亦棄本逐末 常得工人之力 歲運逢之 在仕則宜右選 或有差除 進退不一 或有兼權 難中有易 在士則利于文選 武選則有阻 在庶俗營爲有得有失 凶者多招疑謗

나아가고 물러남을 의심치 마라/ 의심하고 시기하면 일이 원활히 되지 않는다/ 그림자가 단정하면 자연히 형상도 곧은 것이니/ 잡다하게 엉클어짐을 일시에 다스릴 것이다

2. 九二(☴→☶)

【효사와 소상전】 구이는 겸손해서 평상 아래 있음이니, 사와 무를 씀이 많게 하면(정성껏 열심히 설득하면) 길하고 허물이 없으리라. 상에 말하기를 '많게 해서 길함'은 중을 얻었기 때문이다. 【九二는 巽在牀下니 用史巫紛若하면 吉코 无咎리라. 象曰 紛若之吉은 得中也일새라.】

선천괘(巽)			후천괘(蠱)			
▬▬▬	34~42		▬▬▬	55~63		선천괘인 손괘 구이효
▬▬▬	25~33		◐ ▬ ▬	49~54		부터 차례로 위로 나아
▬ ▬	19~24		▬ ▬	88~93		가면서 운을 잡는다.
▬▬▬	10~18		▬▬▬	79~87		1살부터 48살까지를
◐ ▬▬▬	1~9		▬ ▬	70~78		마치면 49살부터는 후
▬ ▬	43~48		▬ ▬	64~69		천괘인 고괘로 운이 넘어간다.

◇ 양년(갑·병·무·경·임년)일 경우

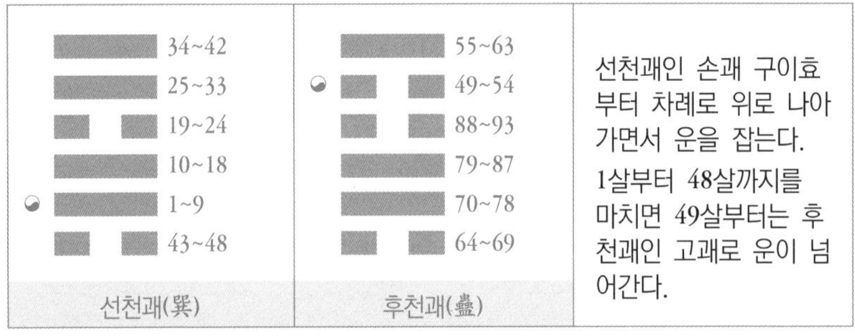

손(57)	고(18)	간(52)	박(23)	진(35)	비(12)	취(45)	수(17)	태(58)
1	2	3	4	5	6	7	8	9

◇ 음년(을·정·기·신·계년)일 경우

점(53)	간(52)	고(18)	몽(4)	미제(64)	송(6)	곤(47)	태(58)	수(17)
1	2	3	4	5	6	7	8	9

◈ 월괘

환·59	감·29	송·6	리·10	미제·64	진·35	해·40	항·32	귀매·54	림·19	진·51	수·17
1월	2월	3월	4월	5월	6월	7월	8월	9월	10월	11월	12월

◈ 일괘

손(구이)	환·59	구·44	고·18	정·48	소축·9
	6	12	18	24	30
	5	11	17	23	29
	4	10	16	22	28
	3	9	15	21	27
	2	8	14	20	26
	1	7	13	19	25

【총괄해서 판단하면】

9 이 효는 신하의 도를 순수하게 하는 사람이고, 그렇게 함을 착하게 여긴 것이다. 그러므로 운이 맞는 사람은, 큰 덕과 뛰어난 재주로 겸손하게 사람을 접대하니, 공과 이름이 나고 벼슬이 높아지며, 귀인은 특히 길한 징조가 많다. '사무史巫'의 글자 뜻에 태사太史·어사御史 등의 벼슬이 있고, 또한 '중(中:상사의 得中의 中)'자는 대중大中·중봉中奉·급사중給事中·중서성中書省 등 높은 벼슬에 대한 뜻이 있다.

운이 맞지 않는 사람은, 마음씀의 규모가 아주 작아서, 혹 무당이나 의사·승려·도인 등이 되기도 하고, 마음이 여러 갈래여서 한가지로 확립되어 있지 못하다.

세운을 만나면, 공직자는 전직하여 언로言路를 담당하는 관리 아니면 역사歷史를 담당하는 관리가 되고, 구직자는 이름이 나게 되며, 일반인은

---

9 此爻是有得于臣道之純者 而有以善之者也 故叶者 大德辨才 接人以謙 功名顯達 爵位崇高 在貴人吉兆甚多 如史巫字義 有太史御史之官 又得中字義 有大中中奉給事中中書省之類 不叶者 小小規模 或爲巫醫僧道 心緖多端 卓立不一 歲運逢之 在仕有遷除 非言路則在史館 士子成名 庶俗則誠實感人 而謀圖利達 凶者有巫祝之祭

성실함이 사람을 감동시켜서 도모하는 것이 잘 되고, 수가 흉한 사람은
무당이 굿하고 제사지내 풀어야 할 운수다.

【글귀로 판단하면】
① 心下未安寧하니 居尊莫厭卑라

　　盡誠求懇得하니 吉慶保無危라

　　마음이 편치 못하니/ 높은 데 있으면서도 낮추는 것을 싫어하지 않는
　　다/ 정성을 다해 간절히 얻기를 구하니/ 길하고 경사스러워 위험없게
　　된다

② 嘹喨賓鴻一隻飛하니 來家移向竹林西라

　　漸中自有祿星至하니 隨帶重明滾地輝라

　　청량한 소리내며 기러기 한쌍 날아가니/ 집쪽으로 왔다가 대나무숲 서
　　쪽으로 옮겨 간다/ 나아가는 가운데 자연히 녹성祿星이 오니/ 거듭 밝
　　은 빛 띠어 땅을 밝게 비춘다

③ 知者見先機하니 其中路不迷라

　　日前爲合意하니 曾免是和非라

　　지혜로운 사람은 먼저 기미를 보니/ 그 가운데서 길을 헤매지 않는다/
　　일전에 이미 합의를 했으니/ 옳음과 그릇됨이 섞임을 면하게 되었다

3. 九三(≡≡ → ≡≡)

【효사와 소상전】 구삼은 자주 겸손함이니 인색하니라. 상에 말하기를 '자주
겸손해서 인색함'은 뜻이 궁한 것이다. 【九三은 頻巽이니 吝하니라. 象曰 頻
巽之吝은 志窮也라.】

선천괘(巽)	후천괘(井)	
25~33	49~54	선천괘인 손괘 구삼효
16~24	85~93	부터 차례로 위로 나아
10~15	79~84	가면서 운을 잡는다.
1~9	70~78	1살부터 48살까지를
40~48	61~69	마치면 49살부터는 후
34~39	55~60	천괘인 정괘로 운이 넘 어간다.

◈ 양년(갑·병·무·경·임년)일 경우

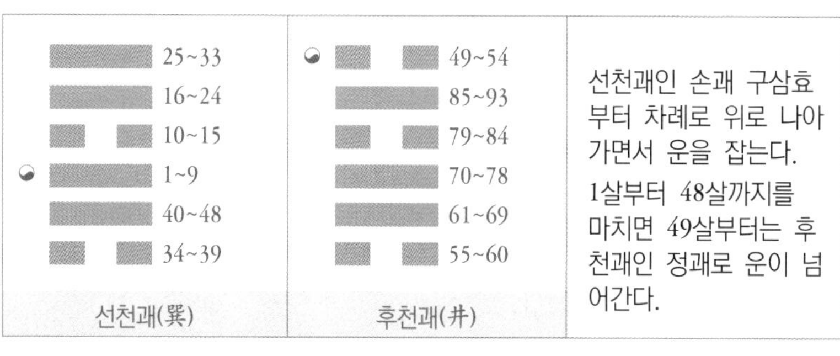

손(57)	정(48)	감(29)	곤(47)	해(40)	미제(64)	규(38)	서합(21)	리(30)
1	2	3	4	5	6	7	8	9

◈ 음년(을·정·기·신·계년)일 경우

환(59)	감(29)	정(48)	대과(28)	항(32)	정(50)	대유(14)	리(30)	서합(21)
1	2	3	4	5	6	7	8	9

◈ 월괘

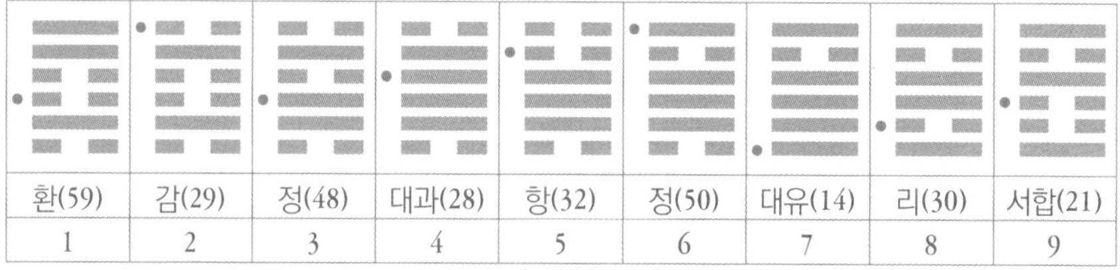

구·44	건·1	정·50	려·56	항·32	해·40	대장·34	태·11	풍·55	혁·49	진·51	서합·21
1월	2월	3월	4월	5월	6월	7월	8월	9월	10월	11월	12월

◈ 일괘

손(구삼)		구·44		고·18		정·48		소축·9		점·53	
	6		12		18		24		30		
	5		11		17		23		29		
	4		10		16		22		28		
	3		9		15		21		27		
	2		8		14		20		26		
	1		7		13		19		25		

10 이 효는 겸손하지 못한 사람이니, 허물을 면할 수 없는 자이다. 그러므로 운이 맞는 사람은, 지나치게 강하고 중도中道로 행동하지 못해서 아랫사람의 도움을 못 받는다. 남의 세력을 끼고 높은 체하며 스스로를 낮추지 못하고, 지나치게 높이 올라가서 굽힐 줄 모르니, 마음과 뜻이 궁극해서 세상사람이 꺼리게 된다.

운이 맞지 않는 사람은, 자기의 편리한 것만 추구해서 사람들 사이에 틈을 불러 허물이 생기게 하고, 뜻이 교만하고 사나우니 궁하고 핍박받게 되어 용납되기 힘들다.

세운을 만나면, 공직자는 귀양가고 강등되는 한탄스러움이 있으며, 구직자는 손실을 볼 걱정이 있고, 일반인은 곤궁한 액운이 있다. 벼슬길은 임시직인 차사差史로 파견되는 사람이 있고, 혹 겸직을 하는 수가 있으며, 혹 다시 채용하기도 하나, 여러번 잃어서 부끄럽고 인색함을 면하기 어렵다.

【글귀로 판단하면】

① 先險防在前하니 順巽剛中吝이라

萬里泛巨舟하니 東北聲名震이라

험한 것이 있어 앞에서 방비하니/ 공손하고 순하게 함은 강한 구삼효에게는 인색한 것이다/ 만리 먼길에 큰 배를 띄우니/ 동북방에서 명성이 떨치게 된다

② 足趑趑趄│ 口囁嚅하니

無限意│ 竟成虛이라

---

10 此爻是 不能巽者 故無以免其咎也 故叶者過剛不中 無下人之資 挾人之勢 高焉
而不能自卑 亢焉而不能自屈 志意窮極 爲世所忌 不叶者 多適己自便 招釁啓尤
志驕意悍 窮迫難容 歲運逢之 在仕有謫降之嗟 在士有損失之虞 在庶俗有窮困
之阨 宦途有差遣者 或兼用 或再幹 屢得屢失 羞吝難免

발은 머뭇거리고/ 입은 소근거리니/ 무한한 뜻이/ 결국 헛되게 되었다

③ 志窮非得己니 顰蹙自憂煩이라

一到龍蛇日이면 因人事始全이라

뜻이 궁한데 그만두지 못하니/ 인상 찡그리고 스스로 근심하며 번민한다/ 한번 용(辰)이나 뱀(巳) 날에 이르면/ 다른 사람으로 인해 일이 비로소 온전하게 되리라

4. 六四 (☴ → ☲)

【효사와 소상전】 육사는 후회가 없어지니 사냥해서 삼품(모두를 만족시키는 사냥물)을 얻도다. 상에 말하기를 '사냥해서 삼품을 얻는다'는 것은 공이 있음이라. 【六四는 悔 亡하니 田獲三品이로다. 象曰 田獲三品은 有功也라.】

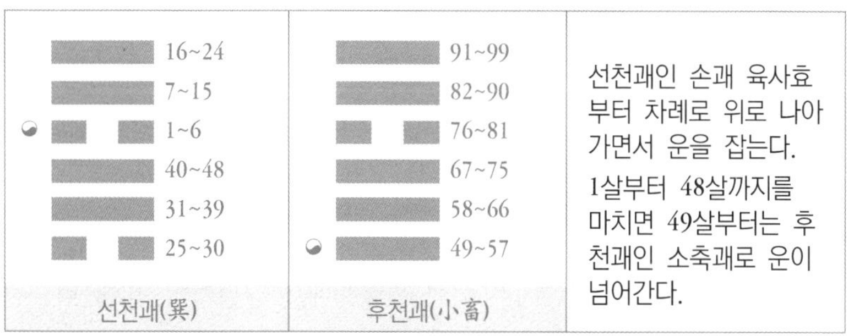

◈ 양년 음년 똑같음

구(44)	정(50)	항(32)	대장(34)	풍(55)	진(51)
1	2	3	4	5	6

◇ 월괘

고·18	간·52	승·46	사·7	태·11	대장·34	명이·36	기제·63	복·24	이·27	진·51	예·16
1월	2월	3월	4월	5월	6월	7월	8월	9월	10월	11월	12월

◇ 일괘

	6 5 4 3 2 1	12 11 10 9 8 7	18 17 16 15 14 13	24 23 22 21 20 19	30 29 28 27 26 25
손(육사)	고·18	정·48	소축·9	점·53	환·59

【총괄해서 판단하면】

[11] 이 효는 사람에게 해를 당하지 않고, 그로 인해서 많이 얻고 취하게 되는 공을 표현한 것이다. 그러므로 운이 맞는 사람은, 좋은 재주와 아름다운 명예가 있고, 유순하고 겸손하며 공손해서 혹 삼공·대부(三公大夫) 등의 고관이 되거나, 산천과 사직에 제사지내는 대사(大祀)가 되고, 혹 군대를 총괄 통솔해서 전쟁에 이기고 적국을 쳐서 영토를 빼앗는 지략이 있다.

운이 맞지 않는 사람도, 처음에는 어렵고 나중에는 쉬워지며, 비록 벼슬길에 나서지는 못한다 해도, 농장의 주인이 되어서 의식이 풍족하고 안락하여 유유자적하게 산다.

세운을 만나면, 공직자는 크게 쓰여서 혹 변경에서 삼군을 통솔하게 되고, 혹 좨주祭酒가 되어 제사를 맡아 보며, 구직자는 공명功名을 성취하

---

[11] 此爻是不見害於人 而因表其獲多取之功也 故叶者淸才美譽 柔順謙恭 或爲三公大夫 大祀山川社稷之大祀 或爲總制軍門 而有戰勝攻取之略 不叶者 亦先難後易 雖非仕路之賓 亦不失爲田舍翁 豐衣足食 安樂自如 歲運逢之 在仕大用 或爲邊閫以總制三軍 或爲祭酒 在士功名成就 在庶俗獲利獲福

고, 일반인은 이득과 복을 얻는다.

【글귀로 판단하면】

① 稟令諫强暴하니 將相奏凱還이라

好風今借便하니 功業便掀天이라

명령을 받고 강하며 사나운 것 제지하니/ 장수와 정승들이 개선곡 연주하며 돌아온다/ 좋은 바람이 지금 편리를 제공하니/ 공과 업적이 곧 하늘을 치켜들 것이다

② 遇如水中善이니 田獲三品功이라

一陰始升後에 雁侶各西東이라

만일 물 가운데서 만나면 좋으니/ 사냥해서 삼품三品의 공(온 나라 사람이 만족하는 공)을 얻는다/ 음효 하나가 처음 올라간 뒤에/ 기러기 짝이 각각 동과 서로 간다

③ 江海兩悠悠하니 烟波下釣鉤라

六鰲連得獲하니 歌笑向中流라

강과 바다가 둘다 유유하니/ 연기 낀 수면 위에 낚싯줄을 드리운다/ 자라(장원급제) 여섯마리를 연달아 낚으니/ 노래부르고 웃으며 중류中流로 향한다

5. 九五(☵→☲)

【효사와 소상전】 구오는 바르게 하면 길해서 후회가 없어져 이롭지 않음이 없으니, 처음은 없고 마침은 있다. 경으로 먼저 삼일하고 경으로 뒤에 삼일하면 길하리라. 상에 말하기를 구오의 길함은 자리가 정히 중을 얻었기 때문이다. 【九五는 貞이면 吉하야 悔 亡하야 无不利니 无初有終이라. 先庚三日하며 後庚三日이면 吉하리라. 象曰 九五之吉은 位正中也일새라.】

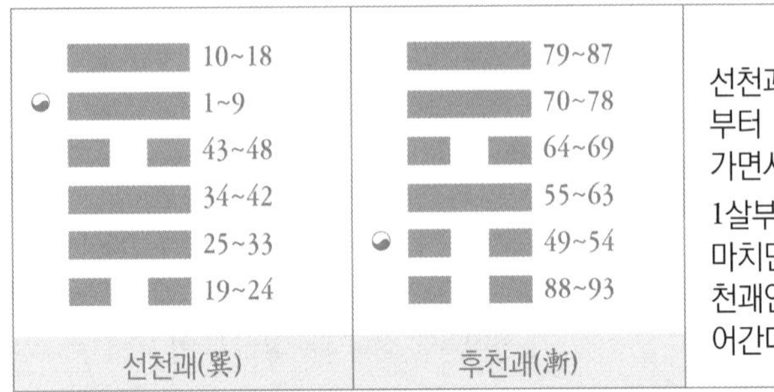

선천괘인 손괘 육오효부터 차례로 위로 나아가면서 운을 잡는다.
1살부터 48살까지를 마치면 49살부터는 후천괘인 점괘로 운이 넘어간다.

◈ 양년(갑·병·무·경·임년)일 경우

손(57)	점(53)	간(52)	겸(15)	명이(36)	태(11)	림(19)	귀매(54)	태(58)
1	2	3	4	5	6	7	8	9

◈ 음년(을·정·기·신·계년)일 경우

고(18)	간(52)	점(53)	건(39)	기제(63)	수(5)	절(60)	태(58)	귀매(54)
1	2	3	4	5	6	7	8	9

◈ 월괘

정·48	감·29	수·5	쾌·43	기제·63	명이·36	둔·3	익·42	수·17	취·45	진·51	귀매·54
1월	2월	3월	4월	5월	6월	7월	8월	9월	10월	11월	12월

◈ 일괘

손(구오)	정·48	소축·9	점·53	환·59	구·44
	6 5 4 3 2 1	12 11 10 9 8 7	18 17 16 15 14 13	24 23 22 21 20 19	30 29 28 27 26 25

12 이 효는 임금의 덕이 순수하지 못한 사람으로, 이미 바름을 얻는 공을 열거하고, 다시 고쳐서 교화되는 착함을 보여준 것이다. 그러므로 운이 맞는 사람은, 치우친 것을 고쳐 바른 데로 돌아오게 하고, 지나친 것을 덜어서 중도中道로 나가게 한다. 생각을 깊이 하고, 계획하고 실행하는 것을 살펴서 하니, 청년시절에는 계획대로 이루지는 못하지만, 만년에는 공과 업적을 이룬다.

운이 맞지 않는 사람은, 먼저는 어려우나 뒤에는 쉬워지며, 조상을 고쳐서 외지에서 입지를 세운다. 일에 대한 견해가 중첩되고, 계획해서 시행하는 것이 엎치락뒤치락 하니, 비록 크게는 쓰이지 못하지만 또한 결과가 청빈하고 맑다는 칭찬은 받는다.

세운을 만나면, 공직자는 비록 다른 자리로 제수되나 먼저는 막히고 뒤에는 순조롭다. 그 바뀌는 기일은 삼일을 전후해서고, 일에 권한을 겸하는 수가 있다. '중정中正'의 두 자는 관직을 받는 징조이다. 그 나머지 사람은 꾀하고 바라는 것이 다 옮겨지고 변동되나, 처음은 어려워도 나중에는 이루어진다. 구직자는 이름을 날리고, 일반인은 이득과 복을 얻는다.

【글귀로 판단하면】

1 圖前當慮後니 揆度復叮嚀이라

舉事雖先阻나 終須獲吉亨이라

도모하기 앞서 마땅히 뒷생각 해야 하니/ 예측하고 헤아림을 다시 신중히 해야 한다/ 일을 하는데 비록 먼저는 막히나/ 마지막에는 길하고 형통함을 얻게 된다

---

12 此爻是君德之未純者 旣擧其得正之功 復示其更化之善也 故叶者矯偏以歸於正 損過以就乎中 思慮之深 謀爲之審 謀猷難發于靑年 功業終成于晚景 不叶者 先難後易 改祖外立 事見重疊 謀爲反復 雖不能大用 亦淸譽結果 歲運逢之 在仕雖有遷除 先阻後順 三日先後 皆刻期之日 事有兼權 中正字爲官職之兆 其餘人謀望皆有轉移之方 无初有終 士子成名 庸人獲利獲福

② 常人安貞吉이니　危疑盡悔亡이라

兩庚申命令이면　權柄自然昌이라

항상 안정하면 길하게 되니/ 위험하고 의심스러운 것 다 지나 후회할

일 없어진다/ 두 경일庚日에 명령을 펴면/ 권세의 자루가 자연히 번창

할 것이다

③ 鵲聲如報喜하고　燕語自傳情이라

百舌無人解하니　雖貞自苦貞이라

까치소리는 기쁨을 알리는 것 같고/ 제비소리는 스스로 정다움을 전한

다/ 백가지 말을 해득하는 사람 없으니/ 비록 바르나 스스로 괴롭기만

한 바름이다

6. 上九(☴ → ☵)

【효사와 소상전】 상구는 겸손해서 평상 아래에 있어서, 그 재물(資)과 권력
(斧)을 잃음이니, 바른 도에는 흉하니라. 상에 말하기를 '겸손해서 평상 아래
에 있음'은 위에 있으면서 궁한 것이고, '그 재물과 권력을 잃음'은 바르겠는
가? 흉하다. 【上九는 巽在牀下하야 喪其資斧니 貞에 凶하니라. 象曰 巽在牀
下는 上窮也오 喪其資斧는 正乎아 凶也라.】

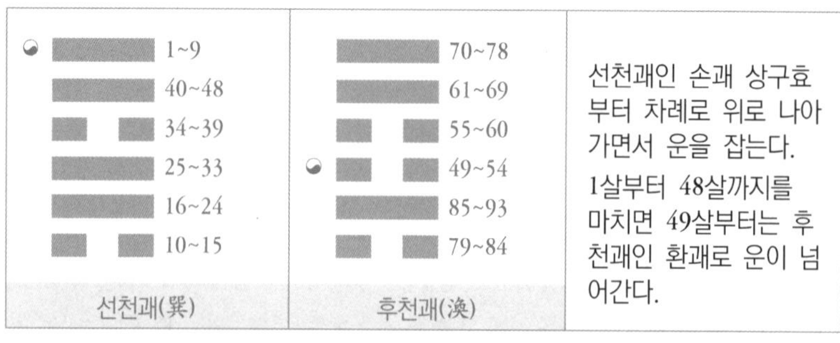

선천괘인 손괘 상구효
부터 차례로 위로 나아
가면서 운을 잡는다.

1살부터 48살까지를
마치면 49살부터는 후
천괘인 환괘로 운이 넘
어간다.

◈ 양년(갑·병·무·경·임년)일 경우

손(57)	환(59)	감(29)	절(60)	둔(3)	기제(63)	혁(49)	풍(55)	리(30)
1	2	3	4	5	6	7	8	9

◈ 음년(을·정·기·신·계년)일 경우

정(48)	감(29)	환(59)	중부(61)	익(42)	가인(37)	동인(13)	리(30)	풍(55)
1	2	3	4	5	6	7	8	9

◈ 월괘

소축·9	건·1	가인·37	비·22	익·42	둔·3	무망·25	비·12	서합·21	규·38	진·51	풍·55
1월	2월	3월	4월	5월	6월	7월	8월	9월	10월	11월	12월

◈ 일괘

손(상구)	소축·9	점·53	환·59	구·44	고·18
	6 5 4 3 2 1	12 11 10 9 8 7	18 17 16 15 14 13	24 23 22 21 20 19	30 29 28 27 26 25

【총괄해서 판단하면】

13 이 효는 지나치게 겸손한 사람이다. 따라서 자신의 양강陽剛한 덕을

---

13 此爻是過于巽者也 故失其陽剛之德以取凶 故叶者 心平氣和 謙恭足以服强暴
巽順足以服剛狠 雖不能見用于名世 亦可以明哲以保身 不叶者 器識鄙陋 圖謀
艱辛 凶災難除 歲運逢之 在仕有罷軟之嗟 在士有上窮之損 在庶俗有損疾之虞
但變得井上爻之佳 凶中有救 絶處逢生 反有成功之喜

잃어서 흉하게 되는 것이다. 그러므로 운이 맞는 사람은, 마음과 기가 화평해서, 겸손하고 공경함으로 강하고 포악한 사람을 굴복시킬 수 있고, 남의 의견을 받아들이고 순히함으로 강하고 사나운 이를 굴복시킬 수 있다. 비록 세상에 쓰여 이름을 드날리지는 못하나, 또한 명철해서 자기의 몸은 보호할 수 있다.

운이 맞지 않는 사람은, 그릇이 작고 식견이 비루하니, 도모하는 일이 어렵고 흉한 재앙을 제거하기 어렵다.

세운을 만나면, 공직자는 파직되는 슬픔이 있고, 구직자는 너무 올라가서 궁해지는 손실이 있으며, 일반인은 손해보고 병드는 걱정이 있다. 다만 상구효가 변해서 수풍정괘(䷯) 상육효가 되면, 흉한 가운데 구원함이 있으니, 명줄이 끊어지는 곳에서 생해줌을 만나서 도리어 성공하는 기쁨이 있다.

【글귀로 판단하면】

① 井濁不可食이요 喪斧失貞凶이라

　園內花千朶가 愁驚午夜風이라

　샘은 혼탁해서 먹지 못하고/ 도끼를 잃고 바름을 잃어 흉하다/ 동산 안의 천송이 꽃이/ 한밤중 바람에 놀라 시름한다

② 過謙卑己甚하니 不斷失於剛이라 待至龍逢虎면 依前再吉昌이라

　지나치게 겸손해서 심하게 자신을 낮추니/ 결단성 없어 강함을 잃었다/ 용이 호랑이 만나는 때를 기다리면/ 전과 같이 다시 길하고 번창하리라

重澤兌(58)
중 택 태

태괘 개요

【괘사와 대상전】 태는 형통하니 바르게 함이 이로우니라. 상에 말하기를 서로 걸려있는 못이 태괘니, 군자가 본받아서 벗들과 【兌는 亨하니 利貞하니라. 象曰 麗澤이 兌니 君子 以하야 朋友講習하나니라.】

【총괄해서 판단하면】

1 순수한 태괘로 (태궁의 본궁수괘이며) 10월에 속한다. 내괘의 납갑은 정사·정묘·정축이고, 외괘의 납갑은 정해·정유·정미니, 10월에 태어난 사람과, 태어난 년도의 간지가 납갑의 간지에 합치되는 사람은 부귀와 공명을 누리게 된다.[2]

운세로 보면 중택태괘(☱)는 상괘와 하괘가 모두 태(☱)이고, 호괘로는 손(☴)과 리(☲)가 있다. 비와 이슬이 이미 내린 후에 해가 밝게 뜨니, 어두우면서도 밝아진다. 또 바람을 얻어 그 빛을 불어서 날리니, 곱게 되지 않은 물상이 없어서 만물이 다 기뻐한다. 군자

---

1 純兌卦屬十月 納甲是丁巳丁卯丁丑 丁亥丁酉丁未 如生于十月及納甲者 功名富貴人也

2 태괘의 세효인 상육효는 음효이므로, 초효부터 상효까지 세면 해월亥月이 된다(초효는 오, 이효는 미, 삼효는 신, 사효는 유, 오효는 술, 상효는 해). 지지의 해는 10월에 해당하므로, 태괘가 10월괘가 되는 것이다. 따라서 10월을 주관하는 괘가 되고, 10월에 태어난 사람은 때를 얻음이 된다.

가 이런 괘를 얻으면 기뻐하는 상이 된다.

【팔궁세혼법으로 판단하면】

태괘는 팔궁세혼법으로 볼 때, 태궁의 본궁수괘(本宮首卦)로 종묘宗廟괘
에 해당한다. 즉 상육효(종묘)가 세효世爻가 되고, 삼공에 해당하는 육삼
효는 응효가 된다. 육삼효가 제자리를 얻지 못했고, 또 서로 음과 양으로
응하지를 못했으므로, 어렵고 잘 풀리지 않는다. 그러나 응효의 지지인
축(丑土)과 세효의 지지인 미(未土)가 서로 상비관계로 도우니, 비록 축
과 미가 상충한다고 하나, 기쁜 뜻이 있다. 괘상으로 볼 때도 음이 강한
양의 위에서 기뻐하며 웃는 상이다. 한편으론 두 체가 모두 금체金體이고
가을에 해당하니, 머지않아 호수에 고인 물이 얼게 되어, 기뻐함을 오랫
동안 유지할 수 없는 상이다.

작은 일은 성취하여 기쁘게 되나, 큰 일은 중도에서 좌절되는 수가 많다.
또 표면상으로는 그럴듯하지만, 실질적으로는 진실성이 없는 경우가 많
다. 이성문제가 자주 발생하며, 말의 부주의에서 오는 논쟁이나 구설수가
생긴다. 사람을 잘 설득하여 기쁜 마음으로 따르게 하니, 연예계나 사교
계에 명성이 자자하다. 남의 감언이설에 넘어가기 쉬우며, 벗이 있다면
뜻을 같이해 노력하는 기쁨이 있다.

【글귀로 판단하면】

1 得用在西方하니 講習自悅懌이라

　桃李遇春風이요 化龍千里疾이라

　쓰임을 얻어 서방(西方)에 있으니/ 공부하고 익히며 스스로 기뻐한다/

　복숭아꽃 오얏꽃은 봄바람 만났고/ 용은 조화부리며 천리를 질주한다

2 (五陽) 悅懌事當先하니 行人暫息肩이라

　暫無勞苦撓나 爭得事迤邅이라

　(오양) 기쁜 일 먼저 당하니/ 행인이 잠시 어깨를 쉰다/ 잠시동안 수고
롭고 괴로운 흔들림 없으나/ 얻으려고 다투게 되면 일이 더디어진다

③ 利懌秋天盛하니 恩沾在此時라

名成兼利就나 口舌不須疑라

이로움과 즐거움이 가을하늘에 성하니/ 은혜를 입는 것이 이때에 있다
/ 명예를 이루고 아울러 이익도 얻으나/ 구설수가 틀림없이 있도다

1. 初九(☱☱ → ☵☱)

【효사와 소상전】 초구는 화합해서 기뻐함이니 길하니라. 상에 말하기를 '화합해서 기뻐함이니 길함'은 행함에 의심스러운 데가 없기 때문이다. 【初九는 和兌니 吉하니라. 象曰 和兌之吉은 行未疑也일새라.】

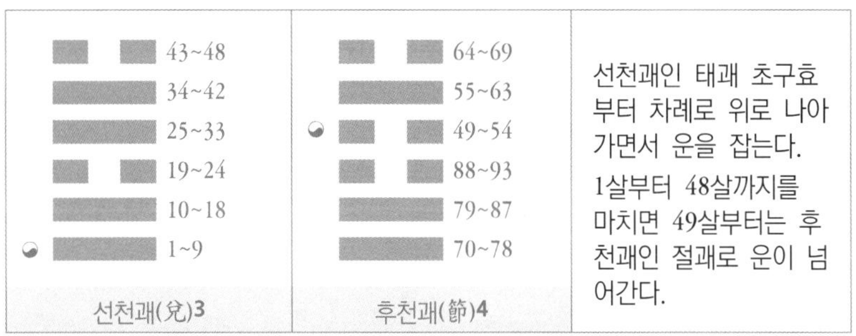

선천괘인 태괘 초구효부터 차례로 위로 나아가면서 운을 잡는다.
1살부터 48살까지를 마치면 49살부터는 후천괘인 절괘로 운이 넘어간다.

---

3 사주의 숫자로 괘를 만들어서 태괘 초효에 원당이 있다면, 1~9살까지는 태괘 초효 항을, 10~18살까지는 태괘 이효 항을, …, 43~48살까지는 태괘 상효 항을 가서 살펴보면 된다.

4 49~54살까지는 후천괘인 절괘 사효 항을, 64~69살까지는 절괘 상효 항을, …, 88~93살까지는 절괘 삼효 항을 살펴보면 그 사람의 운이 된다(◔나 ●표시 한 곳이 해당하는 효를 가리키고, 밑에서부터 초효·이효·삼효·사효·오효·상효로 나눈다).

◇ 양년(갑·병·무·경·임년)일 경우 [5]

태(58)[6]	절(60)	감(29)	비(8)	건(39)	함(31)	소과(62)	려(56)	리(30)
1	2	3	4	5	6	7	8	9

◇ 음년(을·정·기·신·계년)일 경우

곤(47)	감(29)	절(60)	둔(3)	기제(63)	혁(49)	풍(55)	리(30)	려(56)
1	2	3	4	5	6	7	8	9

◇ 월괘

수·17	진·51	혁·49	동인·13	기제·63	건·39	명이·36	태·11	비·22	이·27	간·52	려·56
1월	2월	3월	4월	5월	6월	7월	8월	9월	10월	11월	12월

---

5 해마다의 운인 유년운의 진행은 양효(━)일 때와 음효(▬ ▬)일 때가 다른데, 그 자세한 예는 중천건괘(1) 초구효, 중지곤괘(2) 초육효와 육이효, 수뢰둔괘(3) 초구효와 육삼효, 산수몽괘(4) 초육효와 육사효 항에 유년운에 속한 월운月運의 예와 함께 실려 있으므로 참고하면 된다.

6 위의 도표에서 '태(58)'이라고 한 것은 괘명은 태괘兌卦고 64괘 중에 58번째 괘라는 뜻이며, '곤(47)'이라고 한 것은 괘명은 곤괘困卦고 64괘 중에 47번째에 해당한다는 뜻이다. 나머지 괘도 이와같은 방식으로 본다. 따라서 앞의 목차에서 번호의 순서대로 찾으면, 해당하는 괘를 쉽게 찾을 수 있다. 또 월괘月卦에서 '동인·13' 등으로 표시한 것도, 괘명은 동인괘同人卦고 64괘 중에 13번째라는 뜻이다.

◈ 일괘 7

6	12	18	24	30	
5	11	17	23	29	
4	10	16	22	28	
3	9	15	21	27	
2	8	14	20	26	
1	7	13	19	25	
태(초구)	수·17	쾌·43	절·60	귀매·54	리·10

【총괄해서 판단하면】

8 이 효는 온화하게 무리를 상대하니, 이로 인해서 백성의 응원하는 마음을 얻은 것이다. 그러므로 운이 맞는 사람은, 정신과 뜻이 엄정하고 깊으며 인품이 부드럽고 화기가 돈다. 도덕이 몸을 윤택하게 해서 마음 속에 성현의 학문을 간직하고, 문장으로 나라를 빛냄이 별과 은하수 같다. 공명을 일찍 이루고 복과 은택이 더욱 넓다.

운이 맞지 않는 사람은, 평상시 생활에 만족하며 세상 사람들과 화합하며 지내니, 비록 벼슬을 하는 영광은 없으나, 또한 경영하는 농장이 넓다. 세운을 만나면, 높은 공직자는 임금과 한 전각에 모여서 시와 노래를 주고 받을 것이고, 그 보다 못하더라도 서로 공경하고 협력해서 정치를 잘 한다는 이름이 날 것이다. 구직자는 실력이 비슷한 벗과 함께 공부를 해서 출세하는데 도움이 될 것이고, 일반인은 인정으로 화합하니 백가지 꾀하는 일이 다 이루어진다. 부부는 서로간의 도리를 지킬 것이다. 수가

---

7 그 날의 운(日運)과 더 세분해서 시운時運을 알고 싶으면, 앞의 일괘日卦와 시괘時卦 설명을 참조해서 계산하면 된다. 자세한 예는 건(1)~송(6)괘의 초효 항에 있으므로 참고바람.

8 此爻是和以處衆 斯得民心之應者也 故叶者神情凝遠 器宇冲和 道德潤身 傳心聖賢之學 文章華國 耀乎星河之煥 功名早遂 福澤愈洪 不叶者 安常處順 和氣同塵 雖无爵祿之榮 亦有田園之廣 歲運逢之 在顯仕者臣鄰賡歌于一堂之上 次則同寅協恭 而政事有聲 在士朋友有麗澤之益 而且利于進取 在庶俗人情和合 而百謀皆遂 在夫婦有相守之宜 數凶變困初爻 有幽冥官訟之兆

흉한 사람은 변해서 택수곤괘(䷮) 초육효가 되면, 어리석게 송사를 벌여 갇히게 될 것이다.

【글귀로 판단하면】

① 去就無牽制하니 何須諛侫爲아

　　上交和且悅하니 吉慶更何疑아

　　거취에 견제가 없으니/ 무엇하려고 아첨하겠는가?/ 윗사람을 화락하고 기쁘게 사귀니/ 길하고 경사스럽게 됨을 어찌 의심하랴?

② 和兌之和니 利名奔波ㅣ

　　一遇木君이면 遂意琢磨이라

　　화합하여 즐겁다는 화합이니/ 명리名利의 흐름이/ 한번 나무(봄) 임금을 만나면/ 뜻을 이루고 갈고 닦여 그릇을 이루리라

③ 兩兩和同하니 一擧成功이라

　　休疑休慮하라 風虎雲龍이라

　　둘씩 둘씩 같이 화합하니/ 단번에 공을 이룬다/ 의심하고 근심치 마라/ 바람과 호랑이고 구름과 용이다

2. 九二(䷹ → ䷵)

【효사와 소상전】 구이는 미더워서 기뻐함이니 길하고 후회가 없어지니라. 상에 말하기를 '미더워 기뻐해서 길함'은 뜻이 미덥기 때문이다. 【九二는 孚兌니 吉코 悔 亡하니라. 象曰 孚兌之吉은 信志也일새라.】

442

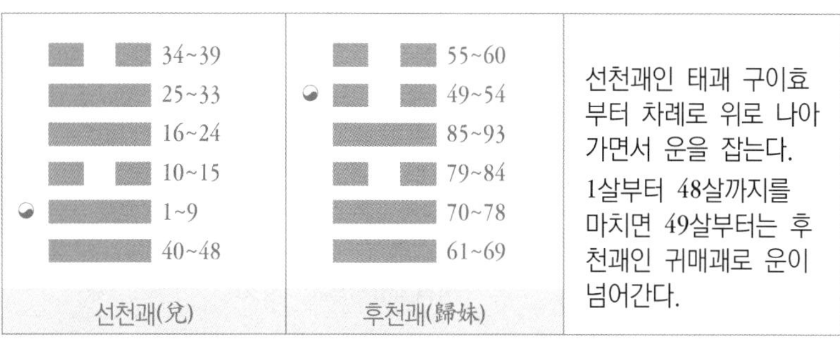

선천괘인 태괘 구이효부터 차례로 위로 나아가면서 운을 잡는다. 1살부터 48살까지를 마치면 49살부터는 후천괘인 귀매괘로 운이 넘어간다.

◈ 양년(갑·병·무·경·임년)일 경우

태(58)	귀매(54)	진(51)	풍(55)	명이(36)	기제(63)	가인(37)	점(53)	손(57)
1	2	3	4	5	6	7	8	9

◈ 음년(을·정·기·신·계년)일 경우

수(17)	진(51)	귀매(54)	대장(34)	태(11)	수(5)	소축(9)	손(57)	점(53)
1	2	3	4	5	6	7	8	9

◈ 월괘

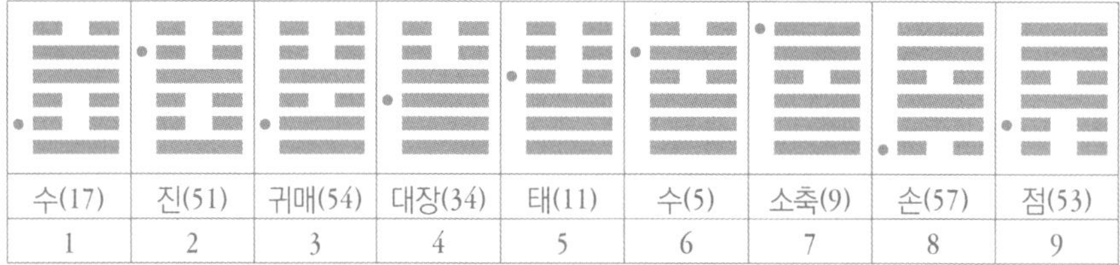

쾌·43	건·1	수·5	정·48	태·11	명이·36	대축·26	손·41	고·18	정·50	간·52	점·53
1월	2월	3월	4월	5월	6월	7월	8월	9월	10월	11월	12월

◈ 일괘

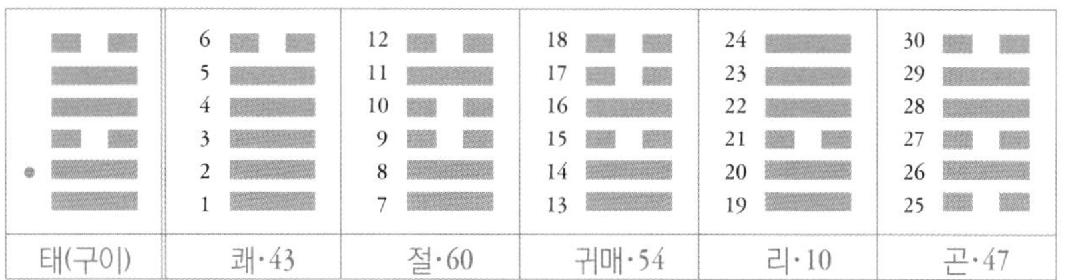

태(구이)	쾌·43	절·60	귀매·54	리·10	곤·47

【총괄해서 판단하면】

9 이 효는 신하가 지성으로 임금의 마음을 얻는 것이니, 높은 사람의 마음은 얻었지만, 아부하여 기쁘게 한 잘못을 저지른 것은 아니다. 그러므로 운이 맞는 사람은, 재주와 덕이 무리에서 뛰어나고, 정성과 신의가 지극하다. 위로는 임금의 마음을 얻고, 아래로는 백성의 마음을 얻는다. 일의 공적이 세상에 알려져서, 명성이 나라 안에 퍼진다.

운이 맞지 않는 사람도, 또한 신의로써 사귀고 화평하게 일처리를 하니, 길함과 상서로움이 겹겹으로 오고 허물이 생기지 않는다.

세운을 만나면, 공직자는 승진해서 옮기게 되는 조짐이 있고, 구직자는 출세하는 기쁨이 있으며, 일반인은 백가지 하는 일이 화락하고 순조로운 아름다움이 있다. 어두웠던 사람은 이로 인해서 빛나고 밝게 되고, 맺히고 엉켰던 것은 이로 인해서 풀린다.

【글귀로 판단하면】

① 友朋同講習하니 所貴在孚誠이라

　　信實無私意하니 應當悔吝輕이라

　　벗들이 같이 배우고 익히니/ 믿음과 정성이 귀하다/ 신실하여 사사로운 뜻 없으니/ 응당 후회와 인색함이 없을 것이다

② 玉出崑山上하고 舟離古渡頭라

　　行藏俱有望이니 用舍不須憂하라

　　옥은 곤륜산에서 나고/ 배는 옛 부두를 떠났다/ 나아가나 숨어있으나 다 희망이 있으니/ 쓰이거나 버리거나 근심할 것 없다

---

9 此爻是人臣一誠以結乎君心 斯得之尊 而无媚悅之非者也 故叶者才德出眾 誠信之至 上可以得乎君 下可以得乎民 事功成垂乎一世 聲名播及于海宇 不叶者 亦能結交以信 處事以和 吉祥疊至 休咎不生 歲運逢之 在仕有陞遷之兆 在士有進取之喜 在庶俗有百爲和順之休 暗昧者由是而光明 結搆者由是而和解

3. 六三(☱ → ䷉)

【효사와 소상전】 육삼은 와서 기뻐함이니 흉하니라. 상에 말하기를 '와서 기뻐해 흉하다' 함은 자리가 마땅치 못하기 때문이다. 【六三은 來兌니 凶하니라. 象曰 來兌之凶은 位不當也일새라.】

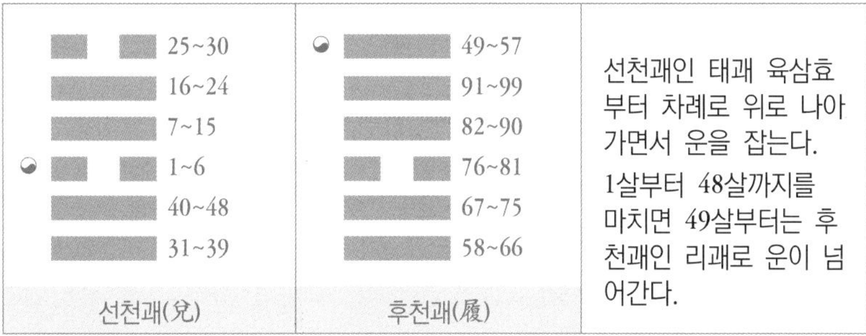

선천괘인 태괘 육삼효부터 차례로 위로 나아가면서 운을 잡는다.
1살부터 48살까지를 마치면 49살부터는 후천괘인 리괘로 운이 넘어간다.

◈ 양년 음년 똑같음

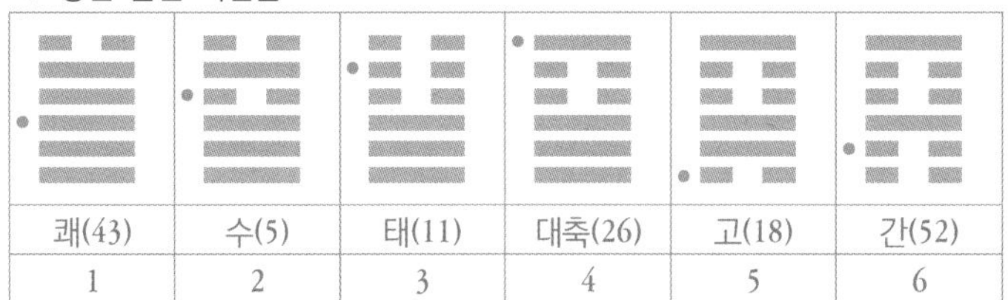

쾌(43)	수(5)	태(11)	대축(26)	고(18)	간(52)
1	2	3	4	5	6

◈ 월괘

절·60	감·29	림·19	복·24	손·41	대축·26	몽·4	미제·64	박·23	관·20	간·52	겸·15
1월	2월	3월	4월	5월	6월	7월	8월	9월	10월	11월	12월

◈ 일괘

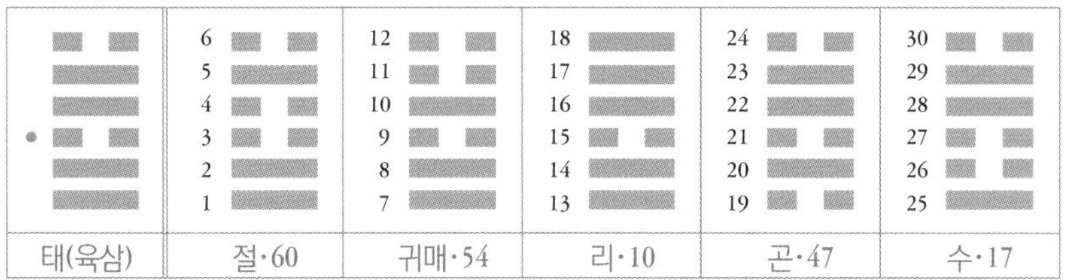

태(육삼)	절·60	귀매·54	리·10	곤·47	수·17
	6 5 4 3 2 1	12 11 10 9 8 7	18 17 16 15 14 13	24 23 22 21 20 19	30 29 28 27 26 25

10 이 효는 아부하고 사사로이 기뻐해서 흉하게 되는 것이다. 그러므로 운이 맞는 사람은, 위로 권세있는 사람과 결탁하고, 아래로는 부호富豪와 사귄다. 비록 크게 진작시켜서 뛰어난 일은 할 수 없어도, 일의 공이 크고 도와주는 사람이 있으니, 또한 그 직업을 편안히 지킬 수 있다.

운이 맞지 않는 사람은, 아부하고 따름으로써 영화롭게 되고, 비위를 맞추어서 기쁘게 하니, 다른 사람의 도움을 받지 못할뿐 아니라, 또한 천하의 미움을 사게 되니, 더러운 데 빠져서 치욕을 면키 어렵다.

세운을 만나면, 공직자는 간사하고 아첨해서 직책을 더럽히는 허물이 있고, 구직자는 다투어 경쟁하는 한탄스러움이 있으며, 일반인은 속이고 따라다니며 구차스럽게 영합하는 화가 있으니, 심하면 자신을 잊어버리고 부도덕한 짓을 한다.

【글귀로 판단하면】

1 一決城崩倒하니 來修未見功이라

　　釣綸涉危嶺하니 山兒有艱辛이라

　　한번에 성이 무너졌으니/ 와서 수리해도 공이 없다/ 낚싯줄이 위험한 고개를 넘으니/ 산이 가파라서 어렵고 고생스럽다

2 思慮許多般이나 心難事亦難이라

　　路危舟未穩하니 休往復休還하라

　　여러가지로 생각했으나/ 마음도 어렵고 일도 어렵다/ 길은 위험하고 배는 편안치 않으니/ 가지도 말고 돌아오지도 마라

---

10 此爻是佞悅以取凶者也 故叶者上結勢權 下交富豪 雖不能振拔有爲 以高大其事功 而贊助有賴 亦可以安守其職業 不叶者 阿順爲榮 逢迎爲悅 非惟不足以得人之與 而且有以取天下之惡 淪於汚濁 難免恥辱 歲運逢之 在仕有邪媚諂瀆之尤 在士有奔競之嗟 在庶俗有詭隨苟合之禍 甚則失道忘身

4. 九四(☱☱ → ☱☵)

【효사와 소상전】 구사는 계산하고 헤아리며 기뻐해서 편치 못함이니, 분별해서 미워하면 기쁨이 있으리라. 상에 말하기를 '구사의 기쁨'은 경사가 있음이라. 【九四는 商兌未寧이니 介疾이면 有喜리라. 象曰 九四之喜는 有慶也라.】

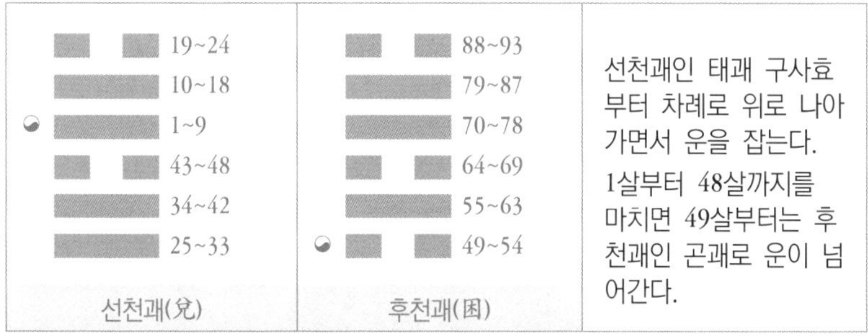

◈ 양년(갑·병·무·경·임년)일 경우

태(58)	곤(47)	감(29)	사(7)	몽(4)	손(41)	이(27)	비(22)	리(30)
1	2	3	4	5	6	7	8	9

◈ 음년(을·정·기·신·계년)일 경우

절(60)	감(29)	곤(47)	해(40)	미제(64)	규(38)	서합(21)	리(30)	비(22)
1	2	3	4	5	6	7	8	9

◈ 월괘

귀매·54	진·51	규·38	대유·14	미제·64	몽·4	진·35	비·12	려·56	소과·62	간·52	비·22
1월	2월	3월	4월	5월	6월	7월	8월	9월	10월	11월	12월

◆ 일괘

		6		12		18		24		30	
		5		11		17		23		29	
•		4		10		16		22		28	
		3		9		15		21		27	
		2		8		14		20		26	
		1		7		13		19		25	
태(구사)		귀매·54		리·10		곤·47		수·17		쾌·43	

【총괄해서 판단하면】

11 이 효는 간사한 사람과의 관계를 끊고 임금을 섬겨 복을 융성하게 받는 사람이다. 그러므로 운이 맞는 사람은, 간사한 사람을 버리고 멀리하며, 어진이를 친히 하고 능력있는 이에게 양보한다. 사물이 오면 잘 헤아려보고, 덕을 확립해서 잘 지키니, 공을 크게 세울 수 있고 덕과 업적이 끝이 없다.

운이 맞지 않는 사람은, 어질고 어질지 못함이 섞인 사람으로, 지향해 나가는 일이 이루어지지 않았으니 심사가 편치 못한 한탄스러움이 있고, 하는 일에 변통을 할 줄 아는 아름다움이 없다. 그러나 먼저는 뜻대로 안되나 뒤에는 순조로와서, 겨우 지탱할 수 있다.

세운을 만나면, 공직자는 반드시 중요한 직책에 있으면서 아첨하는 무리를 쫓아내니, 승진을 도와주는 사람이 생긴다. 구직자는 선발되는 기쁨이 있으며, 장사하는 사람은 이익을 보고, 일반인은 식구가 늘고, 그 보다 못한 사람은 병은 조금 나으나 마음과 뜻이 편치 않다.

【글귀로 판단하면】

① 利害相交際하니 紛紛尙未寧이라

---

11 此爻是絶邪以忠君 而獲福之隆者也 故叶者 多見其去邪遠奸 親賢讓能 物至而
善于揆度 德立而介然有守 事功立于可大 德業衍于無窮 不叶者 混于賢否之間
趨向無定 心事有不寧之嗟 作爲无變通之美 先逆後順 僅可支持 歲運逢之 在仕
必居要津 而爲逐佞之謀 遷陞有賴 在士有進選之喜 商賈獲利 常人進人口 次則
疾病少安 心志未寧

介然能守正이면 吉慶自來臨이라

이해가 서로 얽히니/ 어지러워 아직도 편치 못하다/ 분별해서 바름을 지킬 수 있다면/ 길하고 경사스러운 일 자연히 와서 임하리라

② 介疾亦當避나 客來時未寧이라

吹噓千里信하니 感動四方心이라

분별해서 미워하고 또 피해야 하나/ 손님이 오면 때로 편치 못하다/ 천리를 통하는 믿음을 불어내니/ 사방의 마음을 감동시켰다

③ 易非易ㅣ 難非難이라

只恐年來少歌笑니 笑歌須聽兩三番하라

쉬움이 쉬운 것 아니고/ 어려움이 어려운 것 아니다/ 다만 요새 노래하고 웃는 일 적을까 두려우니/ 웃고 노래하는 소리 두세번 들리도록 하라

5. 九五(☱→☵)

【효사와 소상전】 구오는 깎는데도 믿으면 위태함이 있으리라. 상에 말하기를 '깎는데도 믿음'은 자리가 바로 그런 자리를 당했기 때문이다. 【九五는 孚于剝이면 有厲리라. 象曰 孚于剝은 位正當也일새라.】

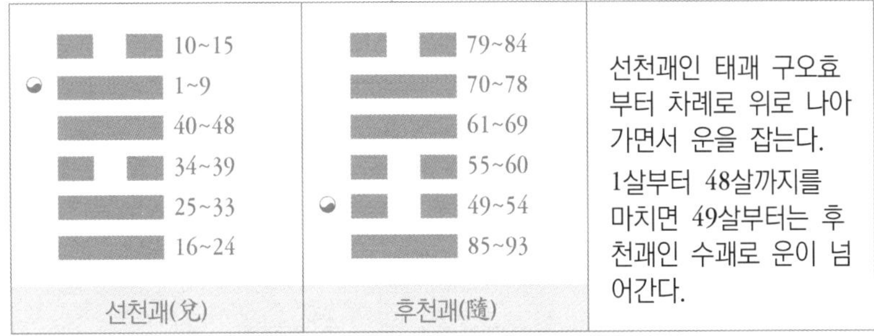

선천괘인 태괘 구오효부터 차례로 위로 나아가면서 운을 잡는다.
1살부터 48살까지를 마치면 49살부터는 후천괘인 수괘로 운이 넘어간다.

◇ 양년(갑·병·무·경·임년)일 경우

태(58)	수(17)	진(51)	서합(21)	진(35)	미제(64)	정(50)	고(18)	손(57)
1	2	3	4	5	6	7	8	9

◇ 음년(을·정·기·신·계년)일 경우

귀매(54)	진(51)	수(17)	무망(25)	비(12)	송(6)	구(44)	손(57)	고(18)
1	2	3	4	5	6	7	8	9

◇ 월괘

리·10	건·1	송·6	환·59	비·12	진·35	돈·33	함·31	점·53	가인·37	간·52	고·18
1월	2월	3월	4월	5월	6월	7월	8월	9월	10월	11월	12월

◇ 일괘

태(구오)	리·10	곤·47	수·17	쾌·43	절·60

【총괄해서 판단하면】

[12] 이 효는 임금이 잘못 믿고, 간사한 사람을 잘못 써서 화를 부른 것이다. 그러므로 운이 맞는 사람은, 양강陽剛한 덕이 있어서 숭고崇高한 자리

---

[12] 此爻是人君有所恃而誤用奸邪以招害者也 故叶者 有陽剛之德 居崇高之位 但誤用奸邪 而事功有傾覆之厄 不叶者 立志無定 或正或邪 任意妄作 委任非人 招尤啓釁 損益不一 歲運逢之 在仕有讒邪之謗 在士有失奪之嗟 在庶俗有陰邪擾害

에 있으나, 단지 간사한 사람을 잘못 써서 일을 망치는 액운이 있다.

운이 맞지 않는 사람은, 뜻이 일정치가 못해서, 혹 바르고 혹 간사하며, 제멋대로 망령되이 행동해서 잘못된 사람에게 위임하니, 허물을 부르고 틈이 생겨서 손해와 이익이 한결같지 않다.

세운을 만나면, 공직자는 간사한 사람의 참소와 비방을 받게 되고, 구직자는 잃어버리고 뺏기는 슬픔이 있으며, 일반인은 음사陰邪한 사람이 흔들고 해를 끼친다.

【글귀로 판단하면】

① 一堆草裏蛙鳴鼓요 三犬巢邊夜吠家라

　剝屬有時終解散하니 一輪明月照丹霞라

　한무더기 풀속에 개구리 울음소리 북치듯 하고/ 개(戌) 세마리 집근처에서 밤새 짖는다/ 깎여서 위태한 것, 때되면 풀려 흩어지니/ 한바퀴 밝은 달이 붉은 노을 비춘다

② 小人輕信用이면 君子反相疎라

　自己防侵害하고 尤當戒不虞라

　소인을 가볍게 믿고 쓰면/ 군자는 도리어 소원해진다/ 자신이 침범당하고 다치게 됨을 방비하고/ 더욱이 예기치 못한 일 경계해야 마땅하다

③ 鶯語燕呢喃하고 花開滿院間이라

　北窓春夢覺하니 無語自消魂이라

　물새 울고 제비 재잘거리며/ 꽃은 피어 정원에 가득하다/ 북쪽 창가에서 봄꿈을 깨니/ 말없이 스스로 혼이 빠져있다

6. 上六(☷ → ☶)

【효사와 소상전】 상육은 이끌어서 기뻐함이라. 상에 말하기를 '상육이 이끌

어 기뻐함'은 빛나지 못함이라.【上六은 引兌라. 象曰 上六引兌 未光也라.】

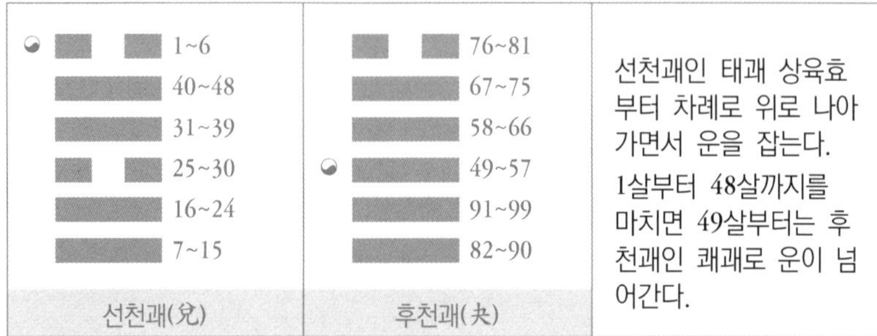

◈ 양년 음년 똑같음

리(10)	송(6)	비(12)	돈(33)	점(53)	간(52)
1	2	3	4	5	6

◈ 월괘

곤·47	감·29	취·45	예·16	함·31	돈·33	건·39	기제·63	겸·15	승·46	간·52	박·23
1월	2월	3월	4월	5월	6월	7월	8월	9월	10월	11월	12월

◈ 일과

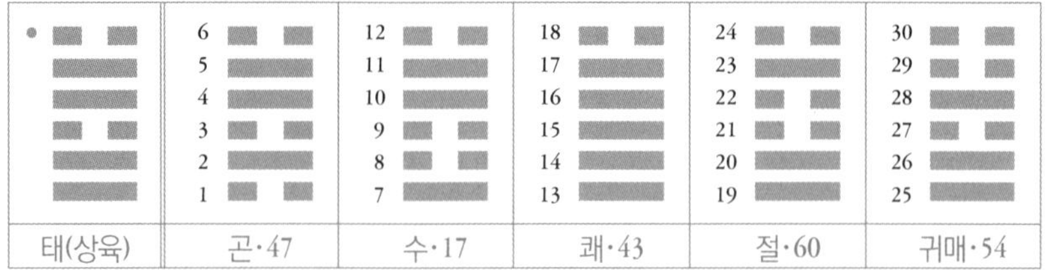

태(상육)	곤·47	수·17	쾌·43	절·60	귀매·54
	6 5 4 3 2 1	12 11 10 9 8 7	18 17 16 15 14 13	24 23 22 21 20 19	30 29 28 27 26 25

【총괄해서 판단하면】

13 이 효는 사람을 기쁘게 하는 일에 전적으로 힘쓰는 사람이다. 그러므

---

13 此爻是專務悅人者也 故叶者 上引君子正道 下引民以悅懌 和氣薰於九有 福澤

로 운이 맞는 사람은, 위로는 군자를 바른 도로 인도하고, 아래로는 백성을 기쁜 일로 인도하니, 화기가 온 세상에 훈훈하고 복과 은택이 끝이 없다.

운이 맞지 않는 사람은, 간사하고 세상을 좀먹으며 유혹하는 사람으로, 세상의 꺼리는 바가 되고, 꾀하고 바라는 것이 이루어지지 않는다.

세운을 만나면, 공직자는 벼슬도 천거하면서 이끌어 주고 도덕경륜도 같이 이끌어 줘서 이상적인 정치를 펴게 하니, 조정朝廷에서 서로 무리지어 기뻐한다. 구직자는 서로 끌어주고 인도하나, 다만 위로 승진하는 것이 빛나지 못하게 되는 흠이 있고, 일반인은 청탁을 가리지 않고 사귀나, 경영하고 꾀하는 것이 잘되지는 않는다. 심하면 눈동자를 다치게 되는 액운이 있고, 혹 오물에 더럽혀지는 수가 있다.

【글귀로 판단하면】

1 秋月與春花는 光輝景物佳라

　　只緣時未到하야 心事亂如麻라

　　가을달과 봄꽃은/ 빛나고 경관이 아름답다/ 다만 때가 이르지 않아서/ 심사가 삼타래 같이 어지럽다

2 兌添言是說이니 口舌戒覬覦라

　　有月還爲脫이요 同心悅有餘라

　　‘기뻐할 태兌’자에 ‘말씀 언言’자를 더하면 ‘말씀 설說’자니/ 입(口舌)으로 분에 넘치는 것 바라지 마라/ ‘달 월月’자가 있으면 ‘벗을 탈脫’자가 되고, ‘마음 심心’자와 같이 하면 기쁨이 넘친다네

履于不替 不叶者 爲奸邪蠱惑之人 爲世所忌 而謀望未成 歲運逢之 在仕爲引宰
爲引道 同聲相悅於朝堂 在士爲引進引領 但上達有未光之欠 在庶俗爲和光同塵
而營謀不顯 甚則害眸之阨 或受汚濁之類

巽上
坎下　風水渙(59)
풍　수　환

환괘 개요

【괘사와 대상전】 환은 형통하니, 왕이 종묘를 둠에 지극하며 큰 내를 건넘이
이로우니, 바르게 함이 이로우니라. 상에 말하기를 바람이 물 위에 부는 것이
환괘니, 선왕이 본받아서 상제께 제사지내고 종묘를 세우느니라. 【渙은 亨하
니 王假有廟며 利涉大川하니 利貞하니라. 象曰 風行水上이 渙이니 先王이
以하야 享于帝하며 立廟하니라.】

【총괄해서 판단하면】

1 리궁의 5세괘로 3월에 속한다. 내괘의 납갑은 무
인·무진·무오이고, 외괘의 납갑은 신미·신사·신묘
니, 5월에 태어난 사람과, 태어난 년도의 간지가
납갑의 간지에 합치되는 사람은 부귀와 공명을 누
리게 된다.2

운세로 보면 풍수환괘(䷺)는 상괘는 손(☴)이고 하
괘는 감(☵)이다. 호괘로는 간(☶)과 진(☳)이 있어서, 산 아래에 우레가

---

1 離宮五世 卦屬三月 納甲 是戊寅戊辰戊午 辛未辛巳辛卯 如生于五月及納甲者
　功名富貴人也

2 환괘의 세효인 구오효는 양효이므로, 초효부터 오효까지 세면 진월辰月이 된다(초효
는 자, 이효는 축, 삼효는 인, 사효는 묘, 오효는 진). 지지의 진은 3월에 해당하므로,
환괘가 3월괘가 되는 것이다. 따라서 3월을 주관하는 괘가 되고, 3월에 태어난 사람
은 때를 얻음이 된다.

있는 상으로, 초목을 동요시켜 뿌리와 가지가 편안치 못하다. 감괘의 험
함속에 엎드려서 우레가 치기 어려우니, 우레소리가 험한 것에 막혀서
분발하지는 못하나, 발동하게 되면 물상들이 그 해를 입게 된다. 이 괘는
효위爻位와 수數가 불길하면 재난이 되나, 길함을 만나면 환난이 흩어져
없어지는 상이 된다.

【팔궁세혼법으로 판단하면】

환괘는 팔궁세혼법으로 볼 때, 리궁의 5세괘로 임금괘에 해당한다. 즉 구
오효(임금)가 세효世爻가 되고, 대부에 해당하는 구이효는 응효가 된다.
구이효가 제자리를 얻지 못했고, 또 서로 음과 양으로 응하지를 못했으
므로, 어렵고 잘 풀리지 않는다. 그러나 세효의 지지인 사(巳火)가 응효
의 지지인 진(辰土)을 생해주고, 두 효가 모두 중을 얻었으므로 기쁜 뜻
이 있다. 괘상으로 볼 때도 하괘인 감(☵)의 험한 물위를 행하되, 상괘
인 바람(☴)으로 지나가니, 겉으로 보이는 실속은 없으나 그렇다고 빠지
는 상도 아니다. 지금은 흩어지고 어려우나, 이를 바탕으로 씨앗이 발아
하게 된다.

민심이 이산할 때는 훌륭한 지도자가 아랫사람과 협동하여 난국을 헤쳐
나가야 하며, 집안 또한 가장의 역량에 달렸다. 물 위로 바람이 불듯이
배를 타고 건너니, 험한 물 위에 있으면서도 빠지지 않는 상이다. 그러나
몸이 뜬구름 같으니 정처가 없고, 미망에 사로잡혀 세월 가는 줄 모른다.
돈은 없어지고 마음은 고달프며, 등용되어 쓰일 데도 없으니, 흩어진 내
마음부터 바로잡는 것이 급선무다. 서로 흩어진 마음을 하나로 모으면
오히려 전화위복이 된다. 좋지 않거나 뜻대로 되지 않은 일, 앓던 병은
풀리게 되지만, 반대로 긴장이 풀려 기강이 해이해지고 결속력이 약해지
는 때이기도 하다. 금전상의 손실 또는 민심의 이탈 등을 방비해야 하며,
모든 일에 발생 즉시 처리한다는 마음으로 움직인다.

1 莫將好事只如閑하라 竊恐因循事不安이라

不戒履霜馴致後면 堅冰散釋勢尤難이라

좋을 때 한가하게만 하지 마라/ 편안히 매일매일 보내다가 일이 불안 해질까 두렵다/ 서리를 밟았을 때 길들여서, 뒤에 올 일을 경계하지 않으면/ 얼음 굳어 흩어지면 형세가 더욱 어렵다

2 雙鳳翶翔入九霄요 長江泛艇渡危橋라

重防得處亦防失이면 山外靑山可四遶라

봉황새 쌍으로 하늘 높이 날아오르고/ 장강에 배 띄워 위험한 다리 건 넌다/ 거듭 얻는 곳도 막고 또한 잃는 곳도 막으면/ 산밖에 푸른산 사 방을 두를 수 있다

3 夢入天台路하니 登山事可期라

異香春色好하니 重發舊花枝라

꿈속에 천태산天台山 길 들어가니/ 산에 오르는 일 기약 있게 되리라/ 기이한 향기에 봄빛이 좋으니/ 옛 꽃가지에 꽃이 다시 피었다

1. 初六(䷁ → ䷖)

【효사와 소상전】 초육은 구원하되 말이 씩씩하니 길하니라. 상에 말하기를 초육의 길함은 순하게 하기 때문이다. 【初六은 用拯호대 馬 壯하니 吉하니라. 象曰 初六之吉은 順也일새라.】

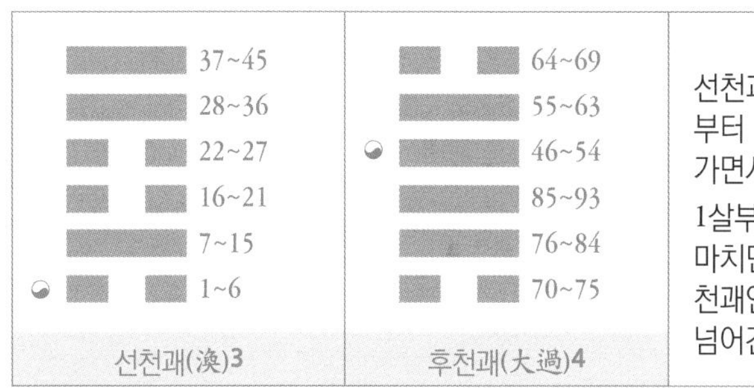

선천괘인 환괘 초육효부터 차례로 위로 나아가면서 운을 잡는다.
1살부터 45살까지를 마치면 46살부터는 후천괘인 대과괘로 운이 넘어간다.

◈ 양년 음년 똑같음 5

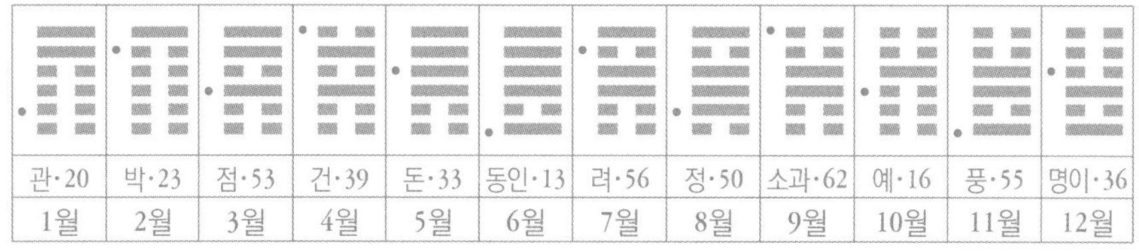

중부(61)6	익(42)	가인(37)	동인(13)	리(30)	풍(55)
1	2	3	4	5	6

◈ 월괘

관·20	박·23	점·53	건·39	돈·33	동인·13	려·56	정·50	소과·62	예·16	풍·55	명이·36
1월	2월	3월	4월	5월	6월	7월	8월	9월	10월	11월	12월

3 사주의 숫자로 괘를 만들어서 환괘 초효에 원당이 있다면, 1~6살까지는 환괘 초효 항을, 7~15살까지는 환괘 이효 항을, …, 37~45살까지는 환괘 상효 항을 가서 살펴 보면 된다.

4 46~54살까지는 후천괘인 대과괘 사효 항을, 64~69살까지는 대과괘 상효 항을, …, 85~93살까지는 대과괘 삼효 항을 살펴보면 그 사람의 운이 된다(◓나 ●표시 한 곳이 해당하는 효를 가리키고, 밑에서부터 초효·이효·삼효·사효·오효·상효로 나눈다).

5 해마다의 운인 유년운의 진행은 양효(━)일 때와 음효(╸╸)일 때가 다른데, 그 자세한 예는 중천건괘(1) 초구효항에 유년운에 속한 월운月運의 예와 함께 실려 있으므로 참고하면 된다.

6 위의 도표에서 '중부(61)'이라고 한 것은 괘명은 중부괘中孚卦고 64괘 중에 61번째 괘라는 뜻이다. 나머지 괘도 이와같은 방식으로 본다. 따라서 앞의 목차에서 번호의 순서대로 찾으면, 해당하는 괘를 쉽게 찾을 수 있다. 또 월괘月卦에서 '관·20' 등으로 표시한 것도, 괘명은 관괘觀卦고 64괘 중에 20번째라는 뜻이다.

◇ 일괘 **7**

	6		12		18		24		30
	5		11		17		23		29
	4		10		16		22		28
	3		9		15		21		27
	2		8		14		20		26
●	1		7		13		19		25
환(초육)		관·20		손·57		송·6		몽·4		감·29

【총괄해서 판단하면】

8 이 효는 세상에 흩어진 것을 정비하는데, 양강한 이의 도움을 얻어서 남김없이 정비하는 것이다. 그러므로 운이 맞는 사람은, 재주와 덕이 있고 힘써 도를 실행해 나간다. 나를 알아주는 이를 많이 만나고, 좋은 꾀가 반드시 모임 속에서 얻어지니, 사람들의 마음이 모이고 복종하며 나라가 편안해진다.

운이 맞지 않는 사람도, 또한 용이하게 집을 일으킨다. 심하게 노력을 안 해도, 나갈 때 수레나 말을 타고 사람들의 시중을 받는다.

세운을 만나면, 공직자는 승진이 빨라서 오마(五馬:지방의 태수)·융마(戎馬:군사령관)가 되는 징조가 있고, 구직자는 날아 오르게 될 것이며, 일반인은 높은 사람의 끌어줌을 얻어서 꾀하는 일이 뜻대로 된다.

【글귀로 판단하면】

① 有信傳家去하니 南征事想行이라

　名利通達了하니 孚魚有黃金이라

---

7 그 날의 운(日運)과 더 세분해서 시운時運을 알고 싶으면, 앞의 일괘日卦와 시괘時卦 설명을 참조해서 계산하면 된다. 자세한 예는 건(1)~송(6)괘의 초효 항에 있으므로 참고바람.

8 此爻是濟天下之渙 而得陽剛之助 而渙无不濟之者也 故叶者有才有德 力于行道 進取多遇乎知己 有謀必得乎加會 人心歸服 國勢奠安 不叶者 亦容易起家 不甚勞力 出乘車馬 得人扶持 歲運逢之 在仕陞遷之速 有五馬戎馬之兆 在士有飛騰之應 在庶俗得尊上提擧 而謀爲意遂

소식을 집에 전하고 가니/ 남쪽 정벌하는 일 생각하며 간다/ 명예와 이
익이 형통하게 되니/ 높은 벼슬 틀림없으리라

② 雲靜日當中하니 祥光到處通이라

　道途逢快便하니 千里快哉風이라

구름은 고요하고 해는 중천에 뜨니/ 상서로운 빛이 이르는 곳마다 통
한다/ 도로에 빠른 방편 만나니/ 천리밖까지 상쾌한 바람 분다

2. 九二(☵ → ☷)

【효사와 소상전】 구이는 흩어지는 때에 평상平床으로 달려가면 후회가 없어지
리라. 상에 말하기를 '흩어지는 때에 평상으로 달려감'은 원하는 것을 얻음이라.
【九二는 渙에 奔其机면 悔 亡하리라. 象曰 渙奔其机는 得願也라.】

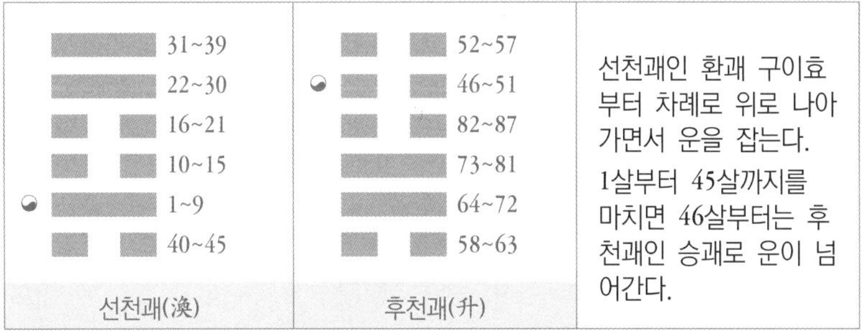

선천괘(渙)		후천괘(升)		선천괘인 환괘 구이효
	31~39		52~57	부터 차례로 위로 나아
	22~30	◐	46~51	가면서 운을 잡는다.
	16~21		82~87	1살부터 45살까지를
	10~15		73~81	마치면 46살부터는 후
◐	1~9		64~72	천괘인 승괘로 운이 넘
	40~45		58~63	어간다.

◆ 양년(갑·병·무·경·임년)일 경우

환(59)	몽(4)	박(23)	간(52)	려(56)	돈(33)	함(31)	혁(49)	쾌(43)
1	2	3	4	5	6	7	8	9

◈ 음년(을·정·기·신·계년)일 경우

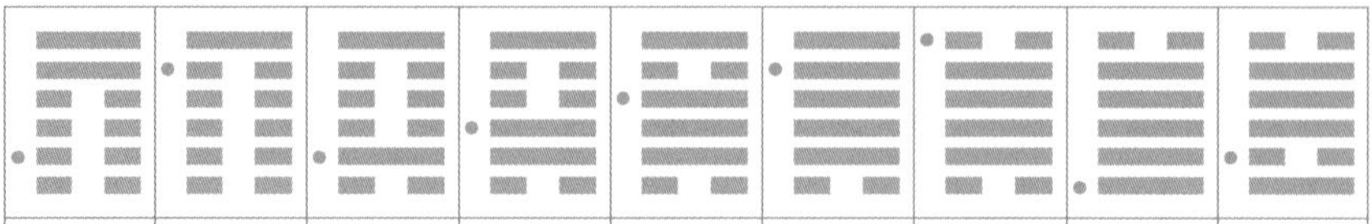

관(20)	박(23)	몽(4)	고(18)	정(50)	구(44)	대과(28)	쾌(43)	혁(49)
1	2	3	4	5	6	7	8	9

◈ 월괘

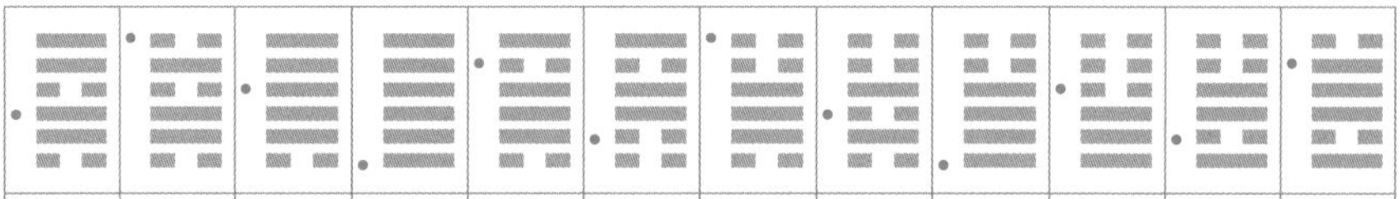

손·57	정·48	구·44	건·1	정·50	려·56	항·32	해·40	대장·34	태·11	풍·55	혁·49
1월	2월	3월	4월	5월	6월	7월	8월	9월	10월	11월	12월

◈ 일괘

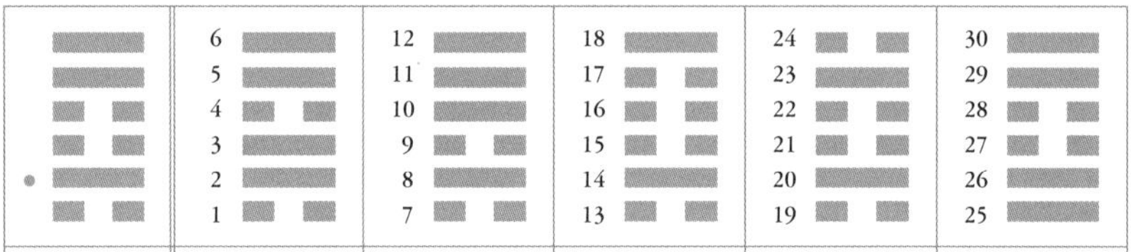

환(구이)	손·57	송·6	몽·4	감·29	중부·61

【총괄해서 판단하면】

9 이 효는 거처함이 그 지위를 얻었으니, 흩어진 것을 다스리려는 마음을 위로받을 수 있다. 그러므로 운이 맞는 사람은, 강하면서도 중도로 처리하는 덕이 있는 사람으로, 흩어지는 쓸쓸한 가을을 당했으니, 기회를 타고 변화를 관찰해서, 바르게 다스리는 공을 이룰 수 있고, 무력을 기르고 위엄을 축적하여 부흥의 계획을 이룰 수 있다. 먼저는 어렵고 괴로우나

---

9 此爻是所據得其地 而濟渙之心可慰矣 故叶者有剛中之德 當渙散之秋 乘機觀變 而匡濟之功可成 養銳蓄威 而興復之謀可就 先涉艱苦 後見平易 不叶者 必離祖奔逐 自營獨修 勤苦艱辛 初年失志 安靜豐泰 晚景得願 歲運逢之 在仕或爲百僚之長 執權柄之重 登壇拜將 運籌幃幄 士子成名 常人成家 謀望者合志 僧道受恩 數凶 奔波失脫逃亡

뒤에는 평이하게 된다.

운이 맞지 않는 사람은, 반드시 조상의 터전을 떠나서 분주히 쫓아다니며, 스스로 경영하고 홀로 수양을 쌓으며 부지런하고 열심히 하니, 초년은 뜻을 잃으나 만년에는 편안하고 풍족해져서 소원을 얻는다.

세운을 만나면, 공직자는 혹 관리들의 우두머리가 되어서 권세의 자루를 무겁게 잡고, 단에 올라가서 장수들의 배례를 받으며 장막 속에서 계획을 세운다. 구직자는 이름을 이루고, 보통 사람들은 집을 일으키며, 꾀하고 소망하는 것을 뜻대로 이루고, 승려와 도인은 임금에게 은혜를 받는다. 수가 흉하면 파도에 휩쓸려 잃어버리고 도망가게 된다.

【글귀로 판단하면】

① 水行不利陸安貞하니 淺涉家人執折尋이라

　霧起雲飛風雨急하니 片帆歸去恐傷心이라

　수로로 감은 불리하고 육로로 감은 편안하고 바르니/ 얕은 물 건너는 집사람이 깊을 것을 겁낸다/ 안개 끼고 구름 날며 비바람 급하니/ 조각 배로 돌아가는 길에 마음 상할까 두렵다

② 危獲安ㅣ 理銜氣하니

　不須憂하라 終遂志라

　위태한 것 편안해지고/ 이치는 기운을 머금고 있으니/ 근심하지마라/ 마침내 뜻을 이룰 것이다

③ 時方當渙散이니 當有所依承이라

　俯就知心事면 危中事可憑이라

　때는 바야흐로 흩어지는 때니/ 마땅히 의지하고 받드는 것 있어야 한다/ 아래로 구부려 마음을 알아주는 일 하면/ 위태한 가운데 의지할 수 있으리라

3. 六三(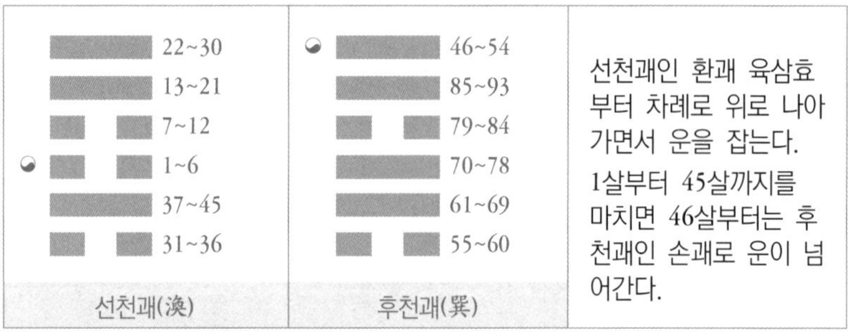)

【효사와 소상전】육삼은 흩어지는 때에 제 몸만은 후회가 없다. 상에 말하기를 '흩어지는 때에 제 몸만은 후회가 없다'는 뜻이 밖에 있기 때문이다(상구가 응원한다). 【六三은 渙에 其躬이 无悔니라. 象曰 渙其躬은 志在外也일새라.】

선천괘(渙)		후천괘(巽)		
22~30		46~54	선천괘인 환괘 육삼효부터 차례로 위로 나아가면서 운을 잡는다.	
13~21		85~93	1살부터 45살까지를 마치면 46살부터는 후천괘인 손괘로 운이 넘어간다.	
7~12		79~84		
1~6		70~78		
37~45		61~69		
31~36		55~60		

◈ 양년 음년 똑같음

손(57)	구(44)	정(50)	항(32)	대장(34)	풍(55)
1	2	3	4	5	6

◈ 월괘

송·6	리·10	미제·64	진·35	해·40	항·32	귀매·54	림·19	진·51	수·17	풍·55	리·30
1월	2월	3월	4월	5월	6월	7월	8월	9월	10월	11월	12월

◈ 일괘

환(육삼)	송·6	몽·4	감·29	중부·61	관·20
	6 5 4 3 2 1	12 11 10 9 8 7	18 17 16 15 14 13	24 23 22 21 20 19	30 29 28 27 26 25

10 이 효는 신하가 자기 몸을 바쳐서 나라의 어려움을 구제하는 것이니, 허물이 없게 되는 사람이다. 그러므로 운이 맞는 사람은, 치우친 것을 바로 잡아서 바른 데로 돌리고 지나친 것을 덜어서 중도中道를 취하게 하며, 자기 몸만을 위해 도모하지 않고 천하를 걱정한다. 위로는 임금의 어려움을 구제할 수 있고, 아래로는 백성이 도탄에 빠진 것을 건질 수 있으니, 양이 적은 조그마한 그릇과는 비교할 수 없다.

운이 맞지 않는 사람은, 친척은 멀리하고 소원한 사람에게는 오히려 가까이 하려 하며, 조상의 기업企業을 떠나서 외지에서 기반을 세운다. 영화도 없고 욕됨도 없으나, 또한 상류에 가까운 길한 사람이다. 혹 승려나 도인이 되어, 마음을 닦고 성품을 기르기도 한다.

세운을 만나면, 벼슬해서 중앙정부에 있는 사람은 반드시 지방(外郡)으로 전근가게 되고, 벼슬하려는 사람은 주州나 현縣 등 큰 지방은 불리하고 변방의 외직外職시험에는 합격된다. 화와 액이 있는 사람은 반드시 화와 액이 흩어지고, 국학國學에서 공부하고 있는 사람은 반드시 벼슬하게 되며, 일반인은 이득을 보게 된다.

【글귀로 판단하면】

① 柔順克其功하니 傾波遠邇通이라

神人助其力하니 楚地却有終이라

유순하게 하여 공을 이루니/ 물결 따라 멀고 가까운 데 다 통한다/ 신인神人이 힘을 도와주니/ 초나라 땅(가시나무 있는 척박한 땅)에서 유종의 미를 거두게 되었다

---

10 此爻是人臣許身以濟難 斯无可咎者也 故叶者矯偏以歸於正 損過以就乎中 不爲一身之謀 而有天下之慮 上足以拯君之艱 下足以救民之溺 非小器淺量者比也 不叶者 遠親向疎 離祖業 立外基 无榮无辱 亦是近上之吉人 或爲僧道 修心養性 歲運逢之 在仕朝中者 必轉遷外郡 進取者不利州縣 而外試則遂 有禍阨者必散 在國學者必出身 常人獲利

② 望鹿隔重山이나 高深漸可攀이라

擧頭天上看하니 明月出人間이라

사슴을 바라봄에 거듭된 산 막혔으나/ 높고 깊은 것을 점차 오를 수 있다/ 머리를 들어 하늘을 보니/ 밝은 달이 세상을 비춘다

4. 六四(☷→☵)

【효사와 소상전】 육사는 흩어지는 때에 무리되게 함이라. 크게 착하고 길하니, 흩어지는 때에 언덕과 같은 모임이 있음이 보통 사람의 생각할 바 아니다. 상에 말하기를 '흩어지는 때에 무리되게 함이라. 크게 착하고 길함'은 빛나고 큼이라. 【六四는 渙에 其群이라 元吉이니 渙에 有丘 匪夷所思리라. 象曰 渙其群元吉은 光大也라.】

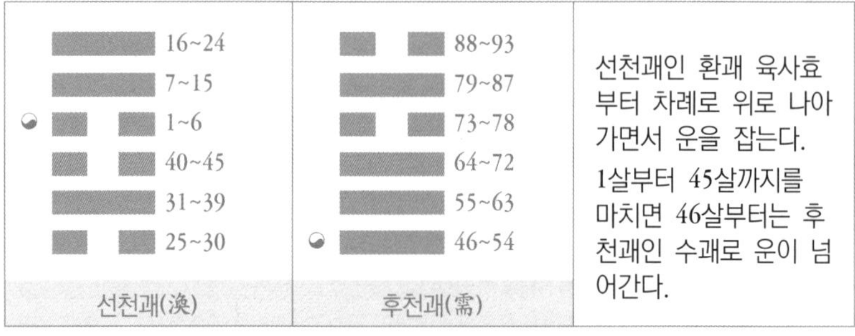

선천괘(渙)		후천괘(需)		선천괘인 환괘 육사효부터 차례로 위로 나아가면서 운을 잡는다. 1살부터 45살까지를 마치면 46살부터는 후천괘인 수괘로 운이 넘어간다.
	16~24		88~93	
	7~15		79~87	
◑	1~6		73~78	
	40~45		64~72	
	31~39		55~63	
	25~30	◑	46~54	

◈ 양년 음년 똑같음

송(6)	미제(64)	해(40)	귀매(54)	진(51)	풍(55)
1	2	3	4	5	6

몽·4	박·23	사·7	승·46	림·19	귀매·54	복·24	둔·3	명이·36	비·22	풍·55	소과·62
1월	2월	3월	4월	5월	6월	7월	8월	9월	10월	11월	12월

◇ 일괘

환(육사)	몽·4	감·29	중부·61	관·20	손·57

【총괄해서 판단하면】

11 이 효는 신하가 임금을 높이는 상을 보고 매우 칭찬한 것이다. 그러므로 운이 맞는 사람은, 식견이 높고 원대하며 덕이 크고 명망이 무거워서, 붕당의 사사로움을 흩어버리고 세상을 바르게 하는 업적을 세운다. 위로는 임금의 총애를 받고 아래로는 백성의 마음을 하나로하니, 진실로 보통 사람의 생각으로는 미칠 수가 없는 것이다.

운이 맞지 않는 사람도, 또한 재주와 덕이 무리에 뛰어나서 이름도 있고 이익도 있으나, 다만 모이고 흩어짐이 일정치 않고, 마음에 두 생각을 가져서 뜻을 일정하게 지키는 것이 없다.

세운을 만나면, 공직자는 모든 관리의 우두머리가 되고, 혹 지방의 책임자인 군수나 현령이 되며, 구직자는 무리에서 뛰어나 장원급제하고, 일반

---

11 此爻是有見于人臣尊主之象 而深致其許焉者也 故叶者 見識高遠 德大望重 散朋黨之私 立匡世之業 上膺君寵 下一民心 信非常人思慮所能及 不叶者 亦才德出衆 有名有利 但多聚散不一 心持二思 志無定守 歲運逢之 在仕爲百官之長 或郡縣之主 在士則爲超羣而魁元可得 在庶俗先凶者散 謀望者合 求利者獲 數凶者則不利 蓋有丘葬之兆

인은 먼저 흥했던 것은 흩어지고, 꾀하고 소망하는 것은 이루게 되며, 이 득을 구하는 일은 성취가 된다. 수가 흉한 사람은 이롭지 못하니, 대개 언덕에 장사지내는 징조다.

【글귀로 판단하면】

① 賓主兩同心하니 同心事可成이라

　江風吹好夢하니 跨鶴上靑雲이라

　손님과 주인의 마음이 같으니/ 마음을 함께 해서 일을 이룰 수 있다/ 강바람이 좋은 꿈 불어주니/ 학을 타고 푸른 구름(좋은 벼슬길) 올랐다

② 大人利見이요 大川利涉이니

　元吉前程을 光大可決이라

　대인을 봄이 이롭고/ 큰 내(큰 일)를 건넘이 이로우니/ 크게 길한 앞날을/ 빛나고 크게 할 수 있다

5. 九五(䷺ → ䷅)

【효사와 소상전】 구오는 흩어지는 때에 그 큰 호령을 땀나듯 하면, 흩어지는 때에 왕이 해야할 도리니 허물이 없으리라. 상에 말하기를 '왕이 해야할 도리니 허물이 없으리라'는 바른 지위이다.【九五는 渙에 汗其大號면 渙에 王居니 无咎리라. 象曰 王居无咎는 正位也라.】

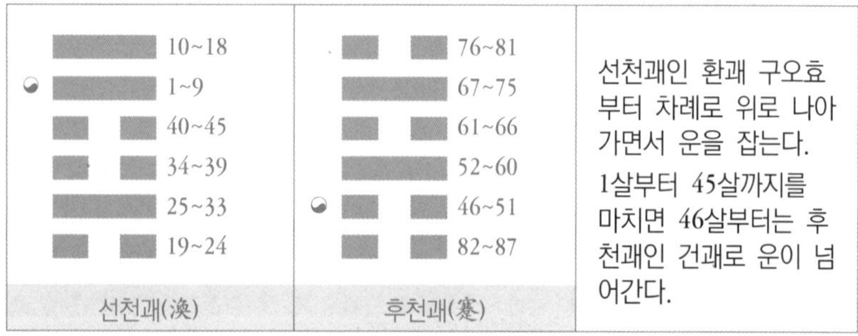

◈ 양년(갑·병·무·경·임년)일 경우

환(59)	관(20)	박(23)	곤(2)	복(24)	림(19)	태(11)	대장(34)	쾌(43)
1	2	3	4	5	6	7	8	9

◈ 음년(을·정·기·신·계년)일 경우

몽(4)	박(23)	관(20)	비(8)	둔(3)	절(60)	수(5)	쾌(43)	대장(34)
1	2	3	4	5	6	7	8	9

◈ 월괘

감·29	정·48	절·60	태·58	둔·3	복·24	기제·63	가인·37	혁·49	함·31	풍·55	대장·34
1월	2월	3월	4월	5월	6월	7월	8월	9월	10월	11월	12월

◈ 일괘

환(구오)	감·29	중부·61	관·20	손·57	송·6
	6 5 4 3 2 1	12 11 10 9 8 7	18 17 16 15 14 13	24 23 22 21 20 19	30 29 28 27 26 25

【총괄해서 판단하면】

12 이 효는 왕이 군사를 사열하고 왕의 은택을 넓게 베푼 것이니, 임금의

---

12 此爻是班王師而廣王澤 君道無忝者也 故叶者位高任重 道大德宏 威聲遠著于
華夷 惠澤覃敷于九有 事功顯赫 福澤寬洪 不叶者 志大心高 好勝出衆 縱非富貴
亦有聲譽 歲運逢之 在仕有陞遷之榮 未仕者宜進取 有凶者散 求利者遂 蓋王居
王字 有大魁大拜大夫 王公起居舍人 正奏正言之兆

도에 욕됨이 없다. 그러므로 운이 맞는 사람은, 벼슬이 높고 책임이 무거우며 도와 덕이 커서, 위엄과 명성이 본국은 물론 멀리 변방까지 드러나고, 혜택이 온 나라에 두루 퍼지니, 일의 공적이 높고 혁혁하며, 복과 은택이 너그럽고 넓다.

운이 맞지 않는 사람도, 뜻이 크고 마음이 높으며, 이기는 것을 좋아하고 무리에서 뛰어나다. 비록 부귀하지는 못하나, 또한 명예가 있다.

세운을 만나면, 공직자는 승진해서 영전되는 영광이 있고, 벼슬하지 않은 사람은 벼슬을 하게 될 것이다. 흉한 것이 있는 사람은 흉함이 없어지고, 이익을 구하는 사람은 이루어진다. 대개 효사에서 말한 '왕거王居'의 '왕王'자는, 큰 괴수(大魁)·큰 벼슬을 받음(大拜)·대부大夫·왕공이 사는 집의 사인(王公起居舍人)·정주正奏·정언正言이 될 조짐이다.

【글귀로 판단하면】

① 居尊施號令하니 在下若風從이라

　　險難隨冰釋하니 泰然和氣融이라

　　높은 데 있으면서 호령을 하니/ 아랫사람이 바람같이 따른다/ 험난함이 얼음 녹듯 풀리니/ 태연히 화기가 가득하다

② 不歸一ㅣ 勞心力하니

　　貴人傍ㅣ 宜助力이라

　　하나로 돌아오지 않고/ 마음과 힘 피로하니/ 귀인 곁에서/ 마땅히 도와줘야 할 것이다

③ 一與童蒙告再三하니 王居無咎笑聲喧이나

　　好音送至雲霄路면 萬里鵬程展翅天이라

　　한결같이 아이들(몽매한 민중)과 더불어 두세번 알려주니/ 왕의 정치가 허물없어 웃음소리 떠들썩하다/ 좋은 소식 하늘길로 보내오면/ 만리장천 붕새의 길 하늘로 비상하리라

6. 上九(☴☵ → ☵☵)

【효사와 소상전】 상구는 흩어지는 때에 그 피가 가게 하고, 두려움에서 나가면 허물이 없으리라. 상에 말하기를 '흩어지는 때에 그 피가 가게 함'은 해를 멀리함이라. 【上九는 渙에 其血이 去하며 逖에 出하면 无咎리라. 象曰 渙其血은 遠害也라.】

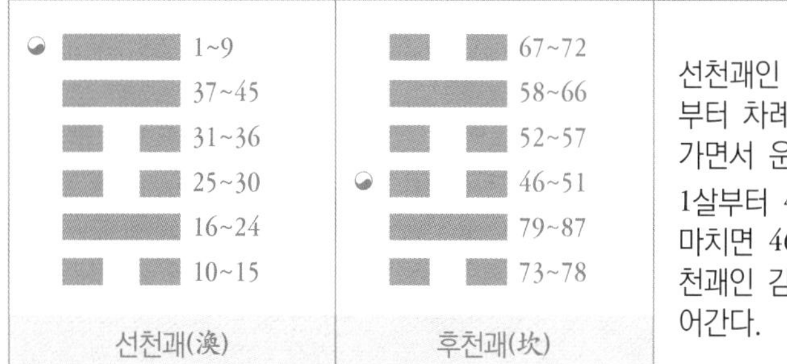

● 1~9	67~72
37~45	58~66
31~36	52~57
25~30	● 46~51
16~24	79~87
10~15	73~78
선천괘(渙)	후천괘(坎)

선천괘인 환괘 상구효부터 차례로 위로 나아가면서 운을 잡는다.
1살부터 45살까지를 마치면 46살부터는 후천괘인 감괘로 운이 넘어간다.

◈ 양년(갑·병·무·경·임년)일 경우

환(59)	손(57)	정(48)	수(5)	기제(63)	둔(3)	수(17)	진(51)	서합(21)
1	2	3	4	5	6	7	8	9

◈ 음년(을·정·기·신·계년)일 경우

감(29)	정(48)	손(57)	소축(9)	가인(37)	익(42)	무망(25)	서합(21)	진(51)
1	2	3	4	5	6	7	8	9

◈ 월괘

중부·61	리·10	익·42	이·27	가인·37	기제·63	동인·13	돈·33	리·30	대유·14	풍·55	진·51
1월	2월	3월	4월	5월	6월	7월	8월	9월	10월	11월	12월

	6	12	18	24	30
	5	11	17	23	29
	4	10	16	22	28
	3	9	15	21	27
	2	8	14	20	26
	1	7	13	19	25
환(상구)	중부·61	관·20	손·57	송·6	몽·4

【총괄해서 판단하면】

13 이 효는 대신大臣이 흩어지는 세상을 다스리는 공이 있는 것이니, 신하의 도에 부끄러움이 없는 것이다. 그러므로 운이 맞는 사람은, 재주가 크고 식견이 넓어서 간담肝膽으로부터 우러나오는 충성과 의로움으로 천하의 험난함을 구원하고, 백성이 도탄에 빠진 것을 구제하니, 공과 업적이 이루어지며, 녹(俸祿)이 중해지고 지위가 높아진다.

운이 맞지 않는 사람은, 나갈 때를 헤아려 나가고, 물러날 기미를 알아서 물러가며, 먼 지방을 다니면서 외지(外郡)에서 명성을 크게 날린다. 험한 처지를 잘 처신하여 평이하게 하고, 위태한 것을 바꿔서 편안하게 만든다.

세운을 만나면, 벼슬해서 조정에 있는 사람은 외직外職으로 선발되고, 무장은 난을 평정하며, 구직자는 은거해 있는 곳으로부터 세상에 나올 징조고, 일반인은 험한 데서 나와서 편안한 데로 가는 아름다움이 있다. 송사를 하고 옥에 있는 사람은 반드시 송사가 해결되어 옥에서 나오며, 병과 액운이 있는 사람은 반드시 낫게 되고, 어두운 곳에 있던 사람은 반드시 밝아진다. 수가 흉하면 피를 보게 되고, 피눈물을 흘리게 되는 재앙이

---

13 此爻是大臣而有濟渙之功 斯无愧于臣道者也 故叶者才大識廣 忠肝義膽 救天下之險難 拯斯民之陷溺 功成業就 祿重位尊 不叶者 度時而進 知機而退 遨游遠方 卓立外郡 出險爲夷 易危爲安 歲運逢之 在仕朝中者外選 武將靖難 在士有出潛離隱之兆 在庶俗有出險就安之美 在訟獄者心散 有疾阨者必愈 在幽暗者必明 數凶有血氣泣血之殃

있다.

【글귀로 판단하면】

1 去血斯無咎나 安居大可憂라

　桃花方結實하니 去計怕經秋라

　험난한 것 피해가면 허물 없으나/ 편안히 그 자리에 거처하면 크게 근
　심된다/ 복숭아꽃 방금 열매 맺으니/ 앞으로 가을 지날 일 걱정된다

2 遠之不傷이요 近之不律이니

　相反相違하고 笑顔如泣이라

　멀리 하면 상하지 않고/ 가까이 하면 다스릴 수 없으니/ 서로 반대되고
　서로 어긋나며/ 웃는 얼굴이 우는 것 같다

水澤節(60)

절괘 개요

【효사와 소상전】 절은 형통하니 쓴 절제는 바르지 못하니라. 상에 말하기를 못 위에 물이 있음이 절괘니, 군자가 본받아서 수와 법도를 제정하며, 덕행을 의논하니라. 【節은 亨하니 苦節은 不可貞이니라. 象曰 澤上有水 節이니 君子 以하야 制數度하며 議德行하나니라.】

【총괄해서 판단하면】

1 감궁 1세괘로 11월에 속한다. 내괘의 납갑은 정사·정묘·정축이고, 외괘의 납갑은 무신·무술·무자니, 11월에 태어난 사람과, 태어난 년도의 간지가 납갑의 간지에 합치되는 사람은 부귀와 공명을 누리게 된다.2

운세로 보면 수택절괘(䷻)는 상괘는 감(☵)이고 하괘는 태(☱)이다. 호괘로는 간(☶)과 진(☳)이 있어서, 산 아래에 우레소리가 한번 일어남에 칩복했던 벌레들이 다 밖으로 나온다. 또 감의 물과

---

1 坎宮初世 卦屬十一月 納甲 是丁巳丁卯丁丑 戊申戊戌戊子 如生于十一月給納甲者 功名富貴人也

2 절괘의 세효인 초구효는 양효이므로 바로 자월子月이 된다(초효는 자). 지지의 자는 11월에 해당하므로, 절괘가 11월괘가 되는 것이다. 따라서 11월을 주관하는 괘가 되고, 11월에 태어난 사람은 때를 얻음이 된다.

태의 못물로 윤택하게 하니, 만물이 다 그 이로움을 받아 반드시 성공하는 날이 있게 된다. 조화로움이 이에 이르면, 중앙에 다 모여 드러나게 되나 간이 막아 그치게 하고, 승진하려고 하나 간이 또한 그치게 하니, 모든 일에 막힘이 많다. 군자가 이런 괘를 얻으면, 막히고 절제하는 상이 된다.

절괘는 팔궁세혼법으로 볼 때, 감궁의 1세괘로 원사元士에 해당한다. 즉 초구효(원사)가 세효世爻가 되고, 제후에 해당하는 육사효는 응효가 된다. 두 효가 모두 제자리를 얻었고, 또 서로 음과 양으로 응하니, 일이 쉽고 잘 풀리게 된다. 또 세효의 지지인 사(巳火)가 응효의 지지인 신(申金)을 극하나, 사와 신은 서로 상합이 되는 처지이므로 큰 상관은 없다. 다만 괘상으로 볼 때 양이 음에 가려져 있고, 또 내호괘 진(☳)이 앞으로 나아가려 하나, 외호괘 간(☶)의 그침과 상괘 감(☵)의 험함을 당하니, 마음대로 뻗어나가지 못하고 절제를 해야 하는 상이다.

모든 일에 절제와 절약하는 마음으로, 그칠 때 그치고 나아갈 때 나아간다. 급진적으로 하는 일은 금하고 작은 규모로 하니, 소심하고 인색하다는 말을 듣는다. 그러나 항상 조심하여 분수외의 일은 넘보지 말고, 입조심 행동조심하며 자신을 수양한다. 모든 일에 너무 깊이 빠져 들어가는 것을 경계하여야 한다. 다른 사람에게 너무 친절을 베풀면, 그것이 오히려 화근이 되어 척隻을 질 수도 있다. 현재를 고비로 침체되었던 일들이 머지않아 풀리게 되나, 목적한 바를 이루기까지 여러번 지장이 있다.

1 一鴻天下飛飛翼하고 花有明香月有斜라

　滿園桃李無結實하니 一枝驚綴入秋葩라

　기러기 한 마리 하늘에서 내려오며 날개치고/ 꽃 밝게 피어 향기나고 달은 기울었다/ 동산에 가득한 복숭아와 오얏이 열매 맺은 것 없으니/

한줄기 가지에 가을꽃 달린 것에 놀라게 됐다

② (五陽) 前途險阻不可行이니 順處安身道乃亨이라

守節操心無過慮면 須知樂處恐交爭이라

(오양) 앞길이 험하고 막혀 갈 수 없으니/ 순하게 처신하고 몸을 편안히 해야 도가 형통한다/ 절개를 지키고 마음을 가다듬어 지나친 생각 없으면/ 즐거운 곳에서 두려움이 앞 다툰다는 것을 알게 되리라

③ (五陰) 歡樂中生禍요 驕淫罔克終이라

節貪幷謹事하고 守靜却無凶이라

(오음) 즐거운 가운데 화가 나고/ 교만하고 음탕하면 마침이 있을 수 없다/ 탐욕을 절제하고 일을 삼가하며/ 고요하게 지키면 흉함이 없으리라

1. 初九(☵ → ☵)

【효사와 소상전】 초구는 호정(방문 밖의 뜰)에 나가지 않으면 허물이 없을 것이다. 상에 말하기를 '호정에 나가지 않음'이나 통하고 막힘을 알아야 하느니라. 【初九는 不出戶庭이면 无咎리라. 象曰 不出戶庭이나 知通塞也니라.】

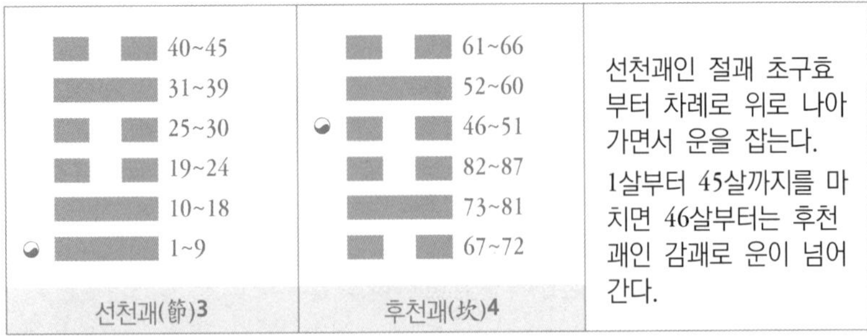

---

3 사주의 숫자로 괘를 만들어서 절괘 초효에 원당이 있다면, 1~9살까지는 절괘 초효 항

◈ 양년(갑·병·무·경·임년)일 경우 **5**

절(60)**6**	태(58)	곤(47)	취(45)	함(31)	건(39)	겸(15)	간(52)	비(22)
1	2	3	4	5	6	7	8	9

◈ 음년(을·정·기·신·계년)일 경우

감(29)	곤(47)	태(58)	수(17)	혁(49)	기제(63)	명이(36)	비(22)	간(52)
1	2	3	4	5	6	7	8	9

◈ 월괘

둔·3	복·24	기제·63	가인·37	혁·49	함·31	풍·55	대장·34	리·30	서합·21	려·56	간·52
1월	2월	3월	4월	5월	6월	7월	8월	9월	10월	11월	12월

을, 10~18살까지는 절괘 이효 항을, …, 40~45살까지는 절괘 상효 항을 가서 살펴보면 된다.

4 46~51살까지는 후천괘인 감괘 사효 항을, 61~66살까지는 감괘 상효 항을, …, 82~87살까지는 감괘 삼효 항을 살펴보면 그 사람의 운이 된다(○나 ●표시 한 곳이 해당하는 효를 가리키고, 밑에서부터 초효·이효·삼효·사효·오효·상효로 나눈다).

5 해마다의 운인 유년운의 진행은 양효(━)일 때와 음효(╸╸)일 때가 다른데, 그 자세한 예는 중천건괘(1) 초구효, 중지곤괘(2) 초육효와 육이효, 수뢰둔괘(3) 초구효와 육삼효, 산수몽괘(4) 초육효와 육사효 항에 유년운에 속한 월운月運의 예와 함께 실려 있으므로 참고하면 된다.

6 위의 도표에서 '절(60)'이라고 한 것은 괘명은 절괘節卦고 64괘 중에 60번째 괘라는 뜻이다. 나머지 괘도 이와같은 방식으로 본다. 따라서 앞의 목차에서 번호의 순서대로 찾으면, 해당하는 괘를 쉽게 찾을 수 있다. 또 월괘月卦에서 '둔·3' 등으로 표시한 것도, 괘명은 둔괘屯卦고 64괘 중에 3번째라는 뜻이다.

◇ 일괘 7

6	12	18	24	30	
5	11	17	23	29	
4	10	16	22	28	
3	9	15	21	27	
2	8	14	20	26	
1	7	13	19	25	
절(초구)	둔·3	수·5	태·58	림·19	중부·61

【총괄해서 판단하면】

8 이 효는 때를 따라 스스로를 지키는 것이니, 도를 굽히게 되는 욕됨이 없는 것이다. 그러므로 운이 맞는 사람은, 학문이 높아 고금古今을 꿰뚫고, 지식이 넓어 통하고 막히는 것을 안다. 벼슬이 높고 내직(內職:중앙정부)을 벗어나지 않으며, 혹 문하평장門下平章이 되고, 혹 호부戶部에 근무하며, 혹 내간內幹이 된다. 그 보다 못한 사람도 지방의 큰 고을을 벗어나지 않아서, 병력과 호구戶口에 대한 책임을 맡게 된다.

운이 맞지 않는 사람은, 바른 도를 삼가 지키는 사람으로 다투지도 경쟁하지도 않으며, 혹 조상의 기업을 가만히 지키고 있어서 재앙과 해가 없다.

세운을 만나면, 벼슬해서 조정에 들어간 사람은 외직으로 나가지 않으며, 외직(外郡)에 한가이 있는 사람도 또한 다른 곳으로 옮기지 않는다. 구직자는 출세가 불리하고, 일반인은 옛 것을 지키며 산다. 수가 흉한 사람은 구덩이나 함정에 빠지는 징조가 있다.

---

7 그 날의 운(日運)과 더 세분해서 시운時運을 알고 싶으면, 앞의 일괘日卦와 시괘時卦 설명을 참조해서 계산하면 된다. 자세한 예는 건(1)~송(6)괘의 초효 항에 있으므로 참고바람.

8 此爻是因時以自守 斯無枉道之辱者也 故叶者 學足而貫古今 識廣而知通塞 顯仕則不出於內京 或爲門下平章 或戶部 或內幹 次則不出于州縣 以理人丁戶口之任 不叶者 或謹守正道 不爭不競 或拙守祖業 无灾无害 歲運逢之 在仕入朝中不出 外郡閑居亦不遷 士人進取不利 常人守舊 數凶者有坎陷之兆

【글귀로 판단하면】

① 戶庭不出姓名香하니 久滯林中未見傷이라

　如待四方重照日이면 直持節往西北方이라

　집뜰 밖에 나가지 않아도 성명이 향기로우니/ 오래 숲속에 머물러 있
　어도 다치지 않았다/ 사방에 다시 햇빛 비추는 날 기다리면/ 곧 부절符
　節을 갖고 서북방으로 가게 되리라

② 深居宜簡出이면 可免禍來侵이라

　尤貴知通塞이니 時行則可行이라

　깊숙하게 거처해서 나가는 것 줄이면/ 화가 와서 침범함을 면할 것이
　다/ 통하고 막히는 것을 앎은 더욱 귀하니/ 때가 행할만 하면 행해야
　할 것이다

③ 眞假莫辯하고 曲直莫分이니 動則宜止요 靜則宜奔이라

　참과 거짓을 분별할 수 없고/ 굽은 것과 곧은 것을 분별할 수 없으니/
　움직이면 마땅히 그쳐야 하고/ 고요하면 마땅히 달려야 할 것이다

2. 九二(☱→☵)

【효사와 소상전】 구이는 문정(대문 안의 뜰)에 나가지 않는지라 흉하니라.
상에 말하기를 '문정을 나가지 않아 흉함'은 심하게 때를 잃었기 때문이다.
【九二는 不出門庭이라 凶하니라. 象曰 不出門庭凶은 失時 極也일새라.】

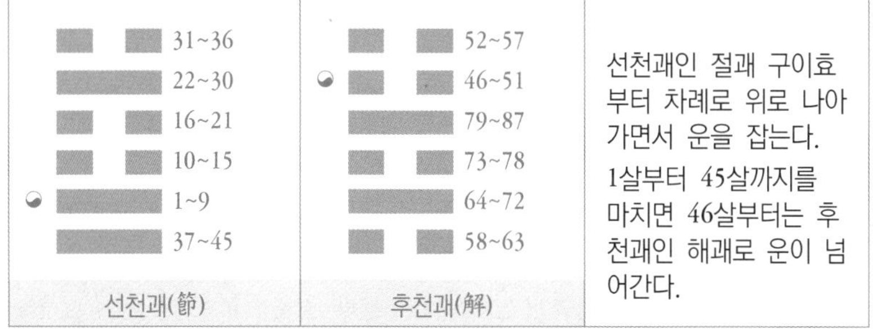

선천괘인 절괘 구이효
부터 차례로 위로 나아
가면서 운을 잡는다.
1살부터 45살까지를
마치면 46살부터는 후
천괘인 해괘로 운이 넘
어간다.

절(60)	림(19)	복(24)	명이(36)	풍(55)	혁(49)	동인(13)	돈(33)	구(44)
1	2	3	4	5	6	7	8	9

둔(3)	복(24)	림(19)	태(11)	대장(34)	쾌(43)	건(1)	구(44)	돈(33)
1	2	3	4	5	6	7	8	9

수·5	소축·9	쾌·43	대과·28	대장·34	풍·55	대유·14	규·38	정·50	고·18	려·56	돈·33
1월	2월	3월	4월	5월	6월	7월	8월	9월	10월	11월	12월

절(구이)		수·5		태·58		림·19		중부·61		감·29	
	6		12		18		24		30		
	5		11		17		23		29		
	4		10		16		22		28		
	3		9		15		21		27		
	2		8		14		20		26		
	1		7		13		19		25		

【총괄해서 판단하면】

9 이 효는 자기를 지키는데 때를 잘 모르는 사람으로, 그 잘하지 못함을

---

9 此爻是守己昧時 而深著其不善之占者也 故叶者 有才而不知設施 遇時而不知進
取 懷寶迷邦 潔身亂倫 不叶者 鄙吝拘革 不通人情 困守無爲 難免尤悔 歲運逢
之 在仕有失時之阨 在士無援引之人 而難于進取 在庶俗有不通之禍 有謀者當
幹不幹 居家者當出不出 大抵宜動不宜靜 不出門故也

깊이 나타낸 것이다. 그러므로 운이 맞는 사람은, 재주가 있어도 베풀 줄 모르고, 때를 만나도 나갈 줄 모른다. 보배를 품고 있으면서도 나라를 헤매게 만들고, 자신의 몸만을 깨끗이 해서 인륜을 어지럽힌다.

운이 맞지 않는 사람은, 더럽고 인색해서 고칠 줄 모르고, 사람들과 인정을 통하지 못하며, 곤하게 지키기만 하고 하는 일이 없으니, 허물과 후회를 면키 어렵다.

세운을 만나면, 공직자는 때를 잃는 액운이 있고, 구직자는 응원하고 끌어주는 사람이 없어서 출세하기 어려우며, 일반인은 융통성이 없어 화를 입게 된다. 지모가 있는 사람은 마땅히 일을 주관해야 하는데도 주관하지 않고, 집에 있는 사람은 마땅히 나가야 하는데도 나가지 않는다. 대개 활동하는 것이 마땅하고 고요하게 그쳐있는 것은 마땅치 않으니, 문에서 나오지 않으면 흉하기 때문이다.

【글귀로 판단하면】

1 門庭不出禍尤起하니　夜雨淋漓草木寒이라

　兎走泥堆遠近逐하고　水邊女立倚欄杆이라

　문뜰(대문안의 뜰)에 나가지 않아 화禍가 더욱 일어나니/ 밤비가 세차게 내려 풀과 나무 추워졌다/ 토끼가 진흙밭으로 달아나 이리저리 쫓고/ 물가의 여자가 난간에 의지해 섰다

2 時進須當進이니　遲疑却反凶이라

　前途逢貴援이면　節止自相通이라

　나아가야 할 때면 마땅히 나아가야 하니/ 지연하고 의심하면 도리어 흉하다/ 앞길을 귀인이 이끌어주면/ 절제와 그침이 자연히 서로 통할 것이다

3 休眷戀｜　奔前程하라

　終鬧亂｜　失門庭이라

　돌아보고 연연해 하지 말고/ 앞길로 달려라/ 끝까지 어지럽게 싸우면/ 문뜰을 잃을 것이다

3. 六三(䷁ → ䷁)

【효사와 소상전】 육삼은 절제하지 않으면 곧 슬퍼하리니 허물할 데 없느니라. 상에 말하기를 '절제하지 못해 슬퍼함'을 또 누구를 허물하리오.【六三은 不節若이면 則嗟若하리니 无咎니라. 象曰 不節之嗟를 又誰咎也리오.】

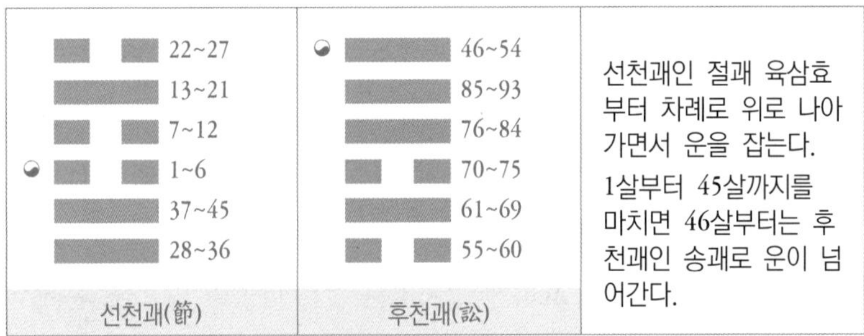

선천괘(節)		후천괘(訟)		선천괘인 절괘 육삼효부터 차례로 위로 나아가면서 운을 잡는다. 1살부터 45살까지를 마치면 46살부터는 후천괘인 송괘로 운이 넘어간다.
	22~27		46~54	
	13~21		85~93	
	7~12		76~84	
	1~6		70~75	
	37~45		61~69	
	28~36		55~60	

◈ 양년 음년 똑같음

수(5)	쾌(43)	대장(34)	대유(14)	정(50)	려(56)
1	2	3	4	5	6

◈ 월괘

태·58	곤·47	귀매·54	진·51	규·38	대유·14	미제·64	몽·4	진·35	비·12	려·56	소과·62
1월	2월	3월	4월	5월	6월	7월	8월	9월	10월	11월	12월

◈ 일괘

절(육삼)	태·58	림·19	중부·61	감·29	둔·3
	6 5 4 3 2 1	12 11 10 9 8 7	18 17 16 15 14 13	24 23 22 21 20 19	30 29 28 27 26 25

【총괄해서 판단하면】

10 이 효는 절제를 하지 못해서, 스스로 근심을 이룬 사람이다. 그러므로 운이 맞는 사람은, 비록 벼슬을 하고 녹을 먹으나 절제해서 법도로 제어하지 못하니, 재물을 축내고 백성을 해롭게 함을 면할 수 없고, 스스로도 슬픔을 끼치게 됐다.

운이 맞지 않는 사람은, 전적으로 간사하고 아첨만을 행해서, 등급을 뛰어넘고 분수를 범하니, 의식衣食에 여유가 없고 마침내는 막히고 지체되게 된다.

세운을 만나면, 공직자는 끝없는 사치와 욕심으로 액운을 당하고, 구직자는 덕행을 항상하게 하지 않는 부끄러움이 있으며, 일반인은 비용은 나가고 수입은 모자라는 슬픔이 있다.

【글귀로 판단하면】

① 先嗟後笑하고 敗屋重修라

　　有箇木君하야 扶持在秋라

　　먼저는 한탄하나 뒤에는 웃고/ 무너진 집을 다시 수리했다/ 나무 임금이 하나 있어/ 가을에 붙들어 일으켜 준다

② 笑裏要隄防이니 歌聲不久長이라

　　機謀須是謹이면 方可免災殃이라

　　웃는 가운데 방비를 해야 하니/ 노래 소리 오래가고 길게 가지 못한다/ 기민한 꾀를 삼가하며 쓰면/ 재앙을 면할 수 있을 것이다

---

10 此爻是不能節以自致其憂者也 故叶者雖居位食祿 但不能節以制度 未免傷財害民 而自始悲戚 不叶者 專行邪媚 躐等犯分 衣食無餘 終遭阻滯 歲運逢之 在仕有窮奢極欲之阨 在士有不恒其德之羞 在庶俗有費出不經之嗟

4. 六四(☷ → ☵)

【효사와 소상전】육사는 절제함에 편안함이니 형통하니라. 상에 말하기를 '절제함에 편안히해서 형통함'은 위의 도를 받듦이라.【六四는 安節이니 亨하니라. 象曰 安節之亨은 承上道也라.】

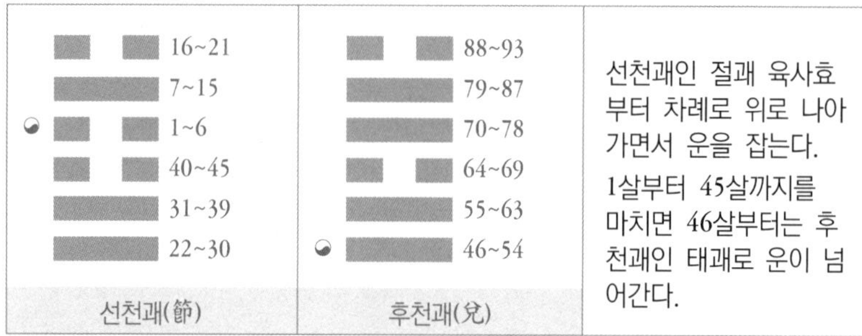

선천괘(節)	후천괘(兌)	
16~21	88~93	선천괘인 절괘 육사효부터 차례로 위로 나아가면서 운을 잡는다.
7~15	79~87	
1~6	70~78	
40~45	64~69	1살부터 45살까지를 마치면 46살부터는 후천괘인 태괘로 운이 넘어간다.
31~39	55~63	
22~30	46~54	

◈ 양년 음년 똑같음

태(58)	귀매(54)	규(38)	미제(64)	진(35)	려(56)
1	2	3	4	5	6

◈ 월괘

림·19	복·24	손·41	대축·26	몽·4	미제·64	박·23	관·20	간·52	겸·15	려·56	리·30
1월	2월	3월	4월	5월	6월	7월	8월	9월	10월	11월	12월

◈ 일괘

절(육사)	림·19	중부·61	감·29	둔·3	수·5
	6 5 4 3 2 1	12 11 10 9 8 7	18 17 16 15 14 13	24 23 22 21 20 19	30 29 28 27 26 25

【총괄해서 판단하면】

11 이 효는 대신大臣이 임금을 순하게 잘 따름으로써, 다스림을 보좌하는 공을 이룬 것이다. 그러므로 운이 맞는 사람은, 임금을 따라 스스로 다스려서 공이 있으나 정해 놓은 법을 잊지 않고, 임금을 섬겨 높은 벼슬에 오르나 임금을 받들고 순히 따르는 절개를 잊지 않으니, 이름과 지위가 길이 보존되고 복을 오랫동안 누릴 수 있다.

운이 맞지 않는 사람도, 평생 편안하며, 기울어지고 엎어지는 근심이 없다. 부인은 남편을 잘 받들어 집을 잘 다스린다.

세운을 만나면, 공직자는 위로는 임금의 총애를 받고, 아래로는 만 백성을 위무하며, 절제節制·승직承直·승무承務의 벼슬에 제수되고, 여자는 혹 다른 사람을 편안히 하는 절개 있는 부인이 된다. 구직자는 왕법王法을 따르는 기쁨이 있어서 이름을 이룰 수 있고, 일반인은 공적인 일로 봉사하고 윗사람을 받들어서 복을 얻을 수 있다.

【글귀로 판단하면】

① 生財從儉約하니 財祿自豐盈이라

　 安節常能守이면 施爲盡吉昌이라

　 재물을 생산해서 검소하고 절약하니/ 재물과 복록이 풍성하게 찼다/ 편안하게 절제를 지키고 상도常道를 지킬 수 있다면/ 하는 일이 모두 길하고 번창하리라

② 守節應君求하니 前程遇鹿宜라

　 上安貞婤事하니 貞侯應佳期라

　 절개를 지키며 임금의 구함에 응하니/ 앞길에 사슴(權勢) 만나는 것 마

---

11 此爻是大臣能順其君 而輔治之功成矣 故叶者 則君以自治 而不忘乎憲章之法 事君以自顯 而不忘乎效順之節 名位于是乎永保 福祉于是乎永綏 不叶者 亦平生安穩 而無傾覆之患 在婦人能任承夫子以克家 歲運逢之 在仕或上承天寵 下撫八方 節制承直承務 女子或爲安人節婦 在士有遵王章之喜 而名可成 在庶俗奉公承上 而福可獲

땅하다/ 임금이 평안하고 바르게 하는데 일 만났으니/ 바른 덕 가진 제
후가 아름다운 약속 응해야 할 것이다

③ 用則行하고 舍則藏이라

一鹿出重關하니 佳音咫尺間이라

쓰이면 도를 행하고/ 버림받으면 도를 숨긴다/ 노루 한마리 거듭된 관
문 나오니/ 아름다운 소식이 지척간에 있다

5. 九五(☷→☵)

【효사와 소상전】 구오는 달콤한 절제라 길하니, 가면 아름답게 숭상됨이 있
으리라. 상에 말하기를 '달콤하게 절제함의 길함'은 거처하는 자리가 중을 얻
었기 때문이다. 【九五는 甘節이라 吉하니 往하면 有尚하리라. 象曰 甘節之
吉은 居位中也일새라.】

선천괘(節)		후천괘(革)		
	10~15		76~81	선천괘인 절괘 구오
○	1~9		67~75	효부터 차례로 위로 나
	40~45		58~66	아가면서 운을 잡는다.
	34~39		52~57	1살부터 45살까지를
	25~33	○	46~51	마치면 46살부터는 후천
	16~24		82~87	괘인 취괘로 운이 넘어
				간다.

◈ 양년(갑·병·무·경·임년)일 경우

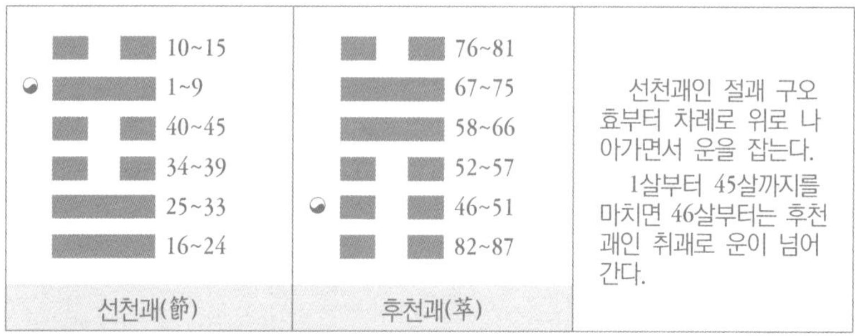

절(60)	둔(3)	복(24)	이(27)	박(23)	몽(4)	고(18)	정(50)	구(44)
1	2	3	4	5	6	7	8	9

◇ 음년(을·정·기·신·계년)일 경우

림(19)	복(24)	둔(3)	익(42)	관(20)	환(59)	손(57)	구(44)	정(50)
1	2	3	4	5	6	7	8	9

◇ 월괘

중부·61	소축·9	환·59	송·6	관·20	박·23	점·53	건·39	돈·33	동인·13	려·56	정·50
1월	2월	3월	4월	5월	6월	7월	8월	9월	10월	11월	12월

◇ 일괘

	6 5 4 3 2 1	12 11 10 9 8 7	18 17 16 15 14 13	24 23 22 21 20 19	30 29 28 27 26 25
절(구오)	중부·61	감·29	둔·3	수·5	태·58

【총괄해서 판단하면】

[12] 이 효는 편안하게 절제를 잘 하는 것이고, 두 가지로 그 점을 아름답게 여긴 것이다. 그러므로 운이 맞는 사람은, 법도와 수를 제정하고 덕행을 의논해서, 미리 예측해 보면 맞지 않는 것이 없고, 행동으로 시행하면 교화되지 않는 것이 없으니, 일의 공적이 당시에 높게 세워지고 명예가 천고에 밝게 드리운다.

운이 맞지 않는 사람은, 경쟁도 하지 않고 사치하고 화려하게 하지도 않

---

[12] 此爻是能安節之善 而兩有以嘉其占者也 故叶者制度數 議德行 推之無不準 動
之無不化 事功顯立于當時 名譽昭垂于千古 不叶者 不爭不競 不奢不華 樂道安
貧 謹身節用 在仕則遷擢 其節字中字居字 爲節制起居大中之類 未仕者 有上達
之美 在庶俗謀望遂意

아서, 도를 즐기고 가난함을 편안히 즐기며, 몸을 삼가서 행동하고 쓰는 것을 절약한다.

세운을 만나면, 공직자는 발탁되어 옮기게 되니, 상사에서 나오는 '절節, 중中, 거居'자는 일상생활을 절제한다든가 크게 중도에 맞게 하는 것이고, 벼슬하지 않은 사람은 뜻을 이뤄 위로 올라가는 아름다움이 있으며, 일반인은 꾀하고 바라는 것이 뜻을 이룬다.

【글귀로 판단하면】

1 安居君位尤奇特하니 東海相逢月半缺이라

　　前途若遇大威權이면 夜雨消疎紅葉落이라

　　임금자리에 편안히 거처하고 더욱 기특奇特하니/ 동해에서 서로 만남에 달이 반쯤 이지러졌다/ 앞길에 만약 큰 위엄과 권세를 부리면/ 밤비가 붉은 잎(위엄과 권세) 떨어뜨려 성글게 만들 것이다

2 喜鵲噪孤枝하니 何愁是與非아

　　燈花傳信後에 穩步上雲梯라

　　기쁜 까치가 외로운 가지에 앉아 짖으니/ 옳고 그름을 근심할 것 무엇 있는가?/ 등불빛으로 소식 전한 뒤에/ 편한 걸음으로 구름다리(벼슬길) 오를 것이다

6. 上六(☵ → ☴)

【효사와 소상전】 상육은 쓴 절제(융통성없는 절제)니, 고집하면 흉하고 뉘우치면(중도를 따르면) (흉함이) 없어지리라. 상에 말하기를 '쓴 절제니, 고집하면 흉함'은 그 도가 궁하기 때문이다. 【上六은 苦節이니 貞이면 凶코 悔면 亡하리라. 象曰 苦節貞凶은 其道 窮也일새라.】

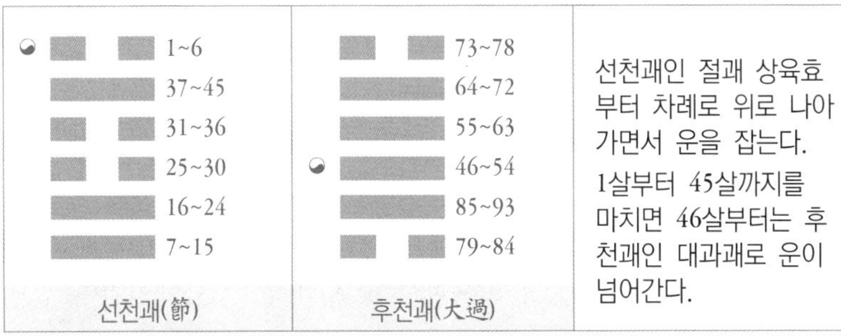

선천괘인 절괘 상육효부터 차례로 위로 나아가면서 운을 잡는다. 1살부터 45살까지를 마치면 46살부터는 후천괘인 대과괘로 운이 넘어간다.

◈ 양년 음년 똑같음

중부(61)	환(59)	관(20)	점(53)	돈(33)	려(56)
1	2	3	4	5	6

◈ 월괘

감·29	곤·47	비·8	곤·2	건·39	점·53	함·31	혁·49	소과·62	항·32	려·56	진·35
1월	2월	3월	4월	5월	6월	7월	8월	9월	10월	11월	12월

◈ 일괘

절(상육)		감·29		둔·3		수·5		태·58		림·19	
	6		12		18		24		30		
	5		11		17		23		29		
	4		10		16		22		28		
	3		9		15		21		27		
	2		8		14		20		26		
	1		7		13		19		25		

【총괄해서 판단하면】

13 이 효는 너무 심하게 절제해서 허물을 부른 것이다. 그러므로 운이 맞

---

13 此爻是節之太甚 而自招尤者也 故叶者恭儉自持 廉潔自守 省費以示天下之樸 崇簡以節天下之流 雖若拂乎人情物理之宜 亦不至傷財害民之嗟 不叶者 鄙吝之 從 縱有先業 不知變通 人情寡合 悔尤難逭 歲運逢之 在仕有過執之尤 在士有過

는 사람은, 공손하고 검소하게 자기 몸을 유지하고, 청렴하고 깨끗하게 스스로를 지킨다. 경비를 절약해서 천하에 소박함을 보여주고, 간략함을 숭상하여 천하의 방만함을 절제하니, 비록 인정과 사물의 마땅한 이치에는 어긋나는 것 같으나, 또한 재물을 허비하고 백성을 해치는 슬픔에는 이르지 않는다.

운이 맞지 않는 사람은, 더럽고 인색한 무리로 비록 선대의 기업이 있으나 변통할 줄 모르니, 사람의 정이 화합하지 못하여, 후회와 허물을 면키 어렵다.

세운을 만나면, 공직자는 지나치게 집착하는 허물이 있고, 구직자는 지나치게 의심하는 잘못이 있으며, 일반인은 절도를 잃는 허물이 있고, 이름과 이익은 얻을 수 없다. 늙은 사람은 수명이 이롭지 못하다.

【글귀로 판단하면】

① 物當窮則變이니 事極貴能通이라

　苦節常貞守면 因循反致凶이라

사물이 궁극에 가면 변하는 것이니/ 일이 극에 가면 변통함이 귀중하다/ 괴로운 절제를 항상 고집해 지키면/ 그로 인해 도리어 흉하게 된다

② 樂極須悲니 貞凶可忌라

　一日悔亡이면 鼠行牛地라

즐거움이 극에 가면 슬퍼지니/ 고집해서 흉하게 됨을 꺼려야 한다/ 하루아침에 후회 없어지면/ 쥐(子)가 소(丑)의 땅으로 간다

③ 事不美ㅣ 休懷疑하라

　人在車上하고 船行水底라

일이 아름답지 못하더라도/ 의심 품지 마라/ 사람은 수레위에 있고/ 배는 물밑으로 간다

疑之嗟 在庶俗有失度之怨 求名望利 皆無益也 老者不利壽

風澤中孚(61)
巽上 兌下
풍 택 중 부

중부괘 개요

【괘사와 대상전】 중부는 돼지와 물고기까지 믿게 하면 길하니, 큰 내를 건넘이 이롭고 바르게 함이 이로우니라. 상에 말하기를 못 위에 바람이 있음이 중부괘니, 군자가 본받아서 옥사獄事를 의논하며 죽음을 늦춰주느니라. 【中孚는 豚魚면 吉하니 利涉大川하고 利貞하니라. 象曰 澤上有風이 中孚니 君子 以하야 議獄하며 緩死하나니라.】

【총괄해서 판단하면】

신묘
신사
신미
정축
정묘
정사

※ 中孚卦 납갑표

1 간궁 4세괘로(원래는 6변괘인 유혼괘) 8월에 속한다. 내괘의 납갑은 정사·정묘·정축이고, 외괘의 납갑은 신미·신사·신묘니, 8월에 태어난 사람과, 태어난 년도의 간지가 납갑의 간지에 합치되는 사람은 부귀와 공명을 누리게 된다.[2]

운세로 보면 풍택중부괘(☴☱)는 상괘는 손(☴)이고 하괘는 태(☱)이며, 호괘로는 진(☳)과 간(☶)이 있다. 바람이 불고 우레

---

1 艮宮四世 卦屬八月 納甲 是丁巳丁卯丁丑 辛未辛巳辛卯 如生于八月及納甲者 功名富貴人也

2 중부괘의 세효인 육사효는 음효이므로, 초효부터 사효까지 세면 유월酉月이 된다(초효는 오, 이효는 미, 삼효는 신, 사효는 유). 지지의 유는 8월에 해당하므로, 중부괘가 8월괘가 되는 것이다. 따라서 8월을 주관하는 괘가 되고, 8월에 태어난 사람은 때를 얻음이 된다.

가 침에 비와 이슬이 내려 적시니, 천지의 초목들이 다 그 윤택함에 힘입는다. 강한 효가 중을 얻었으니 그치게 되고, 유한 효가 안에 있으니 순하게 된다. 기뻐하면서 사람들에게 공손하니, 어긋나 다투고 교묘하게 경쟁하는 일이 없다. 군자가 이런 괘를 얻으면, 마음으로부터 믿는 상이 된다.

【팔궁세혼법으로 판단하면】

중부괘는 팔궁세혼법으로 볼 때, 간궁의 6변괘인 유혼괘遊魂卦로 제후諸侯에 해당한다. 즉 육사효(제후)가 세효世爻가 되고, 원사에 해당하는 초구효는 응효가 된다. 두 효가 모두 제자리를 얻었고, 또 서로 음과 양으로 응하니, 일이 쉽고 잘 풀리게 된다. 또 응효의 지지인 사(巳火)가 세효의 지지인 미(未土)를 생하니 더욱 좋은 뜻이 있다. 또 구오효와 구이효가 중中의 덕을 얻어, 내호괘 진(☳)의 움직임과 외호괘 간(☶)의 그침에 실질로써 믿음을 주니, 그 안의 마음을 비운 두 음효와 더불어 신의가 있는 상이 된다.

자신의 주장을 너무 고집하지 말고, 사람들과 화합하며 정성으로 대접하면 모든 일이 순조롭다. 젊었을 때는 색정에 빠지지 않도록 조심해야 한다. 남의 말을 너무 잘 듣는 것이 험도 되나, 또 한편으로는 큰 장점이 되어 많은 사람이 돕는다. 밖은 화려해 보여도 실속이 없을 때가 많다. 동업을 할 때도, 상대방에게 잘 보이기 위해 성가를 과대포장하고, 허실을 감추기 위해 마음고생을 하나, 정직하게 있는 그대로를 실토하며 협조를 구하면, 상대방의 적극적인 도움으로 어려움이 타개된다.

【글귀로 판단하면】

1 信及豚魚吉이요 羊奔報喜音이라

　　猴來乘龍喜하니 平步踏靑雲이라

　　믿음이 무지한 돼지와 물고기까지 미치니 길하고/ 양(未)이 달려와 기쁜 소식 알린다/ 원숭이(申)가 와서 용(辰)을 타고 기뻐하니/ 보통 걸음

으로 푸른 구름(높은 벼슬) 밟는다

② (五陽) 鶴鳴和子本誠心이니 千里相傳自有音이라

所望須誠圖必遂니 兩重喜事在秋深이라

(오양) 어미학이 울음에 새끼가 화답하는 것은 성심에서 근본하니/ 천리의 먼 거리에서 서로 전함에 자연히 소리가 나게 되었다/ 바라는 것이 정성스러우면 도모하는 것 반드시 이루니/ 두 가지의 기쁜 일이 깊은 가을에 있다

③ (五陰) 豫備到頭能謹備하니 有危終見保無危라

一心常作有無計면 富貴安榮事不虧라

(오음) 이르는 곳마다 미리 준비해서 삼가하며 갖출 줄 아니/ 위태함 있어도 마침내 위험 없게 된다/ 한마음으로 항상 있는 계책 없는 계책 세우면/ 부귀하고 편안하며 영화스러워 잘못되는 일 없을 것이다

1. 初九(☱☴ → ☶☴)

【효사와 소상전】 초구는 헤아려서 하면 길하니, 다른 마음이 있으면 편치 못할 것이다. 상에 말하기를 '초구가 헤아려서 하면 길함'은 뜻이 변치 않기 때문이다. 【初九는 虞하면 吉하니 有他면 不燕하리라. 象曰 初九虞吉은 志未變也일새라.】

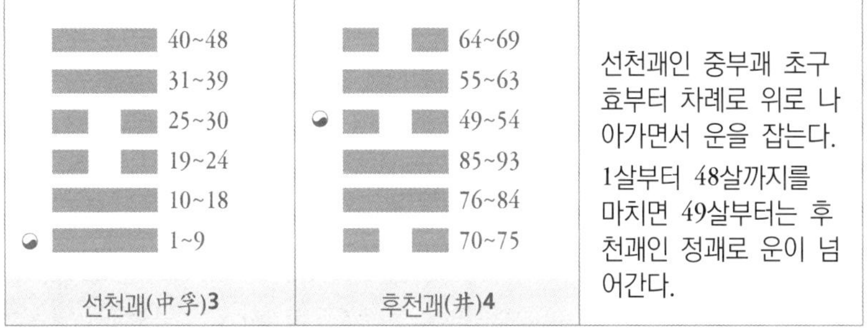

◈ 양년(갑·병·무·경·임년)일 경우 5

중부(61)6	리(10)	송(6)	비(12)	돈(33)	점(53)	간(52)	겸(15)	명이(36)
1	2	3	4	5	6	7	8	9

◈ 음년(을·정·기·신·계년)일 경우

환(59)	송(6)	리(10)	무망(25)	동인(13)	가인(37)	비(22)	명이(36)	겸(15)
1	2	3	4	5	6	7	8	9

◈ 월괘

익·42	이·27	가인·37	기제·63	동인·13	돈·33	리·30	대유·14	풍·55	진·51	소과·62	겸·15
1월	2월	3월	4월	5월	6월	7월	8월	9월	10월	11월	12월

---

3 사주의 숫자로 괘를 만들어서 중부괘 초효에 원당이 있다면, 1~9살까지는 중부괘 초효 항을, 10~18살까지는 중부괘 이효 항을, …, 40~48살까지는 중부괘 상효 항을 가서 살펴 보면 된다.

4 49~54살까지는 후천괘인 정괘 사효 항을, 64~69살까지는 정괘 상효 항을, …, 85~93살까지는 정괘 삼효 항을 살펴보면 그 사람의 운이 된다(◔나 ●표시 한 곳이 해당하는 효를 가리키고, 밑에서부터 초효·이효·삼효·사효·오효·상효로 나눈다).

5 해마다의 운인 유년운의 진행은 양효(━)일 때와 음효(╍)일 때가 다른데, 그 자세한 예는 중천건괘(1) 초구효, 중지곤괘(2) 초육효와 육이효, 수뢰둔괘(3) 초구효와 육삼효, 산수몽괘(4) 초육효와 육사효 항에 유년운에 속한 월운月運의 예와 함께 실려 있으므로 참고하면 된다.

6 위의 도표에서 '중부(61)'이라고 한 것은 괘명은 중부괘中孚卦고 64괘 중에 61번째 괘라는 뜻이다. 나머지 괘도 이와같은 방식으로 본다. 따라서 앞의 목차에서 번호의 순서대로 찾으면, 해당하는 괘를 쉽게 찾을 수 있다. 또 월괘月卦에서 '익·42' 등으로 표시한 것도, 괘명은 익괘益卦이고 64괘 중에 42번째라는 뜻이다.

◇ 일괘 7

중부(초구)	익·42	소축·9	리·10	손·41	절·60
	6	12	18	24	30
	5	11	17	23	29
	4	10	16	22	28
	3	9	15	21	27
	2	8	14	20	26
	1	7	13	19	25

【총괄해서 판단하면】

8 이 효는 바른 도를 따르는 것의 착한 점을 나타내서, 곧고 한결같이 하는 도를 보여준 것이다. 그러므로 운이 맞는 사람은, 유순하고 중도中道로 하며, 정미롭고 성실하며 밝다. 백성을 계도하고 교화하는데 적임자를 얻어서, 도덕이 빛나고 숭고해지는 아름다움이 있으며, 임금의 정치를 보좌하는데는 도와주는 사람이 있어서, 일의 공적이 극도로 풍요롭고 융성하다.

운이 맞지 않는 사람은, 움직이고 쉼에 항상함이 없고, 나아가고 지향하는 것이 한결같지 않으니, 꾀하고 바라는 것이 대부분 생각과 맞지 않고, 몸이 편치 못하다.

세운을 만나면, 공직자는 천거되어 뽑히게 되고, 구직자는 끌어주는 사람이 있어 출세하며, 일반인은 귀인이 끌어주고 천거해서 꾀하는 일이 이루어진다. 다만 기쁜 중에도 근심이 있어서, 심하면 재산이 파산되기도

---

7 그 날의 운(日運)과 더 세분해서 시운時運을 알고 싶으면, 앞의 일괘日卦와 시괘時卦 설명을 참조해서 계산하면 된다. 자세한 예는 건(1)~송(6)괘의 초효 항에 있으므로 참고바람.

8 此爻是著以從正之善 因示以貞一之道者也 故叶者柔順而中 精誠而明 啓沃得其人 而道德昭崇高之美 輔翼有其助 而事功極豐隆之盛 不叶者 動靜無常 趨向不一 謀望多不協于思 惟身世不得于燕安 歲運逢之 在仕有薦拔之美 在士有汲引之佳 在庶俗則貴人提擧 而謀克遂 但喜中有憂 甚至人財破損 凡在士庶之類 欲有爲者 宜操守以圖其成 不可宴安以視其敗

하니, 선비나 서민 중에 일을 하려고 하는 사람은, 마땅히 굳건한 의지로
붙들고 지켜서 성공을 도모해야 하고, 안일하게 해서 패망하는 것을 보
고 있어서는 안된다.

【글귀로 판단하면】

① 萬卉芳菲未是豐이나 雷聲一震四方同이라

　　利名咫尺堪求進이나 回首靑山疊疊峰이라

　　만가지 풀이 아름답고 풍성하지 못하나/ 우레소리 한번 떨치니 사방이
　　같아졌다/ 이익과 명예는 지척에서도 구할 수 있으나/ 머리 돌림에 푸
　　른 산이 첩첩이 봉우리져 있다

② 人能專一志면 吉慶萃門闌이라

　　設若有他意면 終須不燕安이라

　　사람이 뜻을 전일專一하게 할 수 있으면/ 길하고 경사스러운 일이 문
　　앞에 모일 것이다/ 만약 다른 뜻 있으면/ 끝내 편안치 못할 것이다

③ 一點著陽春하니 枯枝點點榮이라

　　志專萬事合이니 切忌兩三心하라

　　한점 봄볕이 드러나니/ 마른가지가 점점 번영하게 된다/ 뜻이 전일하
　　면 만사가 뜻과 같이 되니/ 절대로 두세 마음 두지 마라

2. 九二(☱ → ☴)

【효사와 소상전】 구이는 우는 학이 그늘에 있거늘 그 자식이 화답하도다. 내
게 좋은 벼슬이 있어서 나와 네가 더불어 얽히노라. 상에 말하기를 '그 자식
이 화답함'은 속마음에서 원하기 때문이다. 【九二는 鳴鶴이 在陰이어늘 其子
和之로다. 我有好爵하야 吾與爾靡之하노라. 象曰 其子和之는 中心願也
라.】

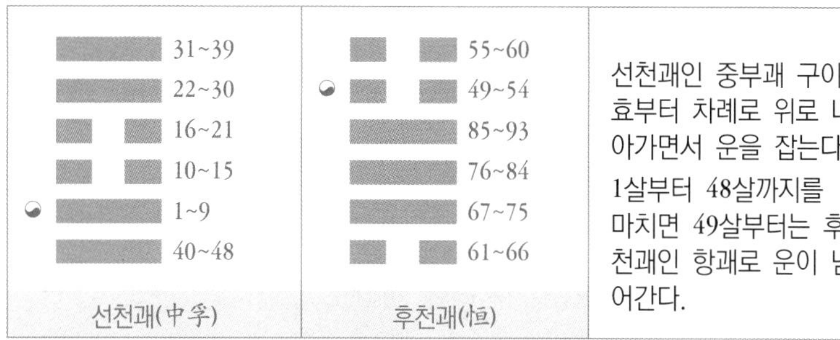

선천괘(中孚)		후천괘(恒)		선천괘인 중부괘 구이 효부터 차례로 위로 나아가면서 운을 잡는다. 1살부터 48살까지를 마치면 49살부터는 후천괘인 항괘로 운이 넘어간다.
	31~39		55~60	
	22~30		49~54	
	16~21		85~93	
	10~15		76~84	
	1~9		67~75	
	40~48		61~66	

◈ 양년(갑·병·무·경·임년)일 경우

중부(61)	손(41)	이(27)	비(22)	리(30)	동인(13)	혁(49)	함(31)	대과(28)
1	2	3	4	5	6	7	8	9

◈ 음년(을·정·기·신·계년)일 경우

익(42)	이(27)	손(41)	대축(26)	대유(14)	건(1)	쾌(43)	대과(28)	함(31)
1	2	3	4	5	6	7	8	9

◈ 월괘

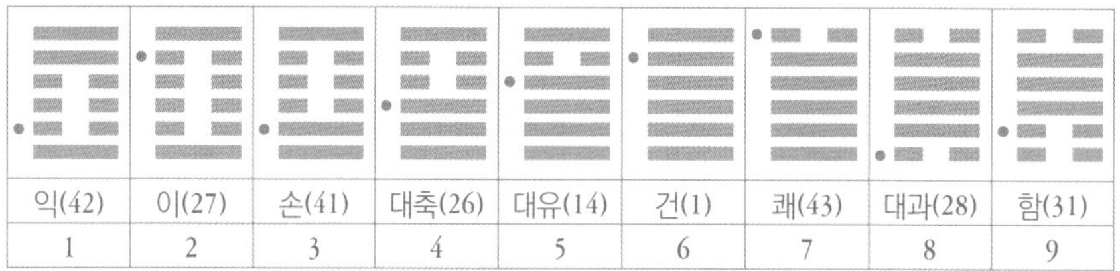

소축·9	수·5	건·1	구·44	대유·14	리·30	대장·34	귀매·54	항·32	승·46	소과·62	함·31
1월	2월	3월	4월	5월	6월	7월	8월	9월	10월	11월	12월

◈ 일괘

중부(구이)	소축·9	리·10	손·41	절·60	환·59
	6 5 4 3 2 1	12 11 10 9 8 7	18 17 16 15 14 13	24 23 22 21 20 19	30 29 28 27 26 25

9 이 효는 덕이 같아서 서로 믿는 상을 두 가지(어미학과 자식학의 화답, 벼슬을 주고 받음)로 비유한 것이다. 그러므로 운이 맞는 사람은, 뜻이 같아서 윗사람과 아랫사람이 사귀고, 마음이 통하여 밝은 벗들이 모인다. 앞에서는 밝고 착하게 해서 아름다움을 드러내고, 또한 그 업적을 뒷받침할 사람이 있어 그 성대함을 후세에 전하도록 한다.

운이 맞지 않는 사람도, 덕행은 존경할 만하고 문장은 본받을 만 하니, 귀한 사람이 이끌어주고 어진 자손이 대를 이어서, 한 세상의 깨끗하고 높은 사람이 되고, 재앙과 손해되는 일이 생기지 않는다.

세운을 만나면, 공직자는 직책을 받게 되고, 벼슬하지 못한 사람은 소원을 이루며, 일반인은 이익을 얻는다. 아들을 낳으면 잘 커서 오래 살며, 하는 일마다 이롭지 않음이 없다. 오직 늙은 사람은 병이 있으니, 효사에서 말한 '그늘에 있음'의 징조다.

【글귀로 판단하면】

① 千載風雲會하니 明良際遇時라

　忠誠貫金石하니 君爵亦羈縻이라

　천년만에 바람과 구름이 모이니/ 밝은 임금과 어진 신하가 서로 만나는 때이다/ 충성스러움이 쇠와 돌을 뚫으니/ 임금이 또한 벼슬로 얽어맨다

② 孚道內外和하니 安居何處有나

　羊走歡不顧요 猴來莫貞守하라

　믿음의 도가 안과 밖을 화합시키니/ 편안히 거처할 곳 어디에도 있으

---

9 此爻是兩儗其同德相孚之象者也 故叶者 志同于上下之交 心契于明良之會 不惟建明盡善 以彰其美于前 且接武有人 而傳其盛于後 不叶者 德行可尊 文章可法 貴人提携 賢子承襲 清高一世 災害不生 歲運逢之 在仕者進職 未仕者願遂 在庶俗則獲利益 生子或壽命 無往不利也 惟老者有疾 在陰之兆也

나/ 양(未)이 달아나면 기쁨 돌아보지 않고/ 원숭이(申) 오면 굳게 지킬 수 없다

③ 皎皎上層樓에 團圓月掛鈎하니

銀蟾千里共하고 光彩滿淸秋라

밝고 밝은 누대 꼭대기에/ 둥근 달이 걸려있으니/ 은두꺼비(달) 천리를 함께 하고/ 광채는 맑은 가을에 가득하다

3. 六三(☲ → ☱)

【효사와 소상전】 육삼은 적을 얻어서 혹 두드리고, 혹 파하며, 혹 울고, 혹 노래하도다. 상에 말하기를 '혹 두드리고 혹 파함'은 자리가 마땅하지 못하기 때문이다. 【六三은 得敵하야 或鼓或罷或泣或歌로다. 象曰 或鼓或罷는 位不當也일새라.】

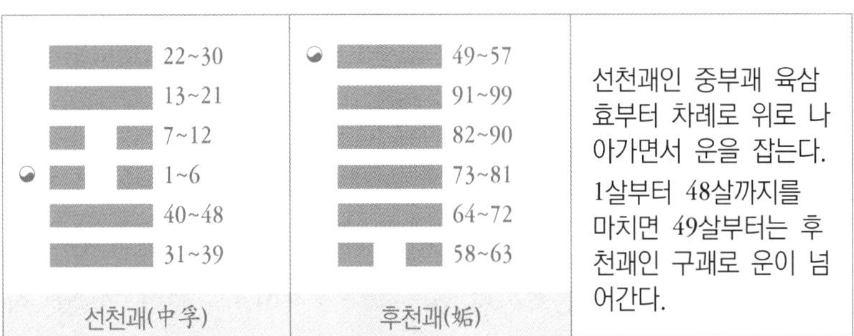

선천괘(中孚)		후천괘(姤)		선천괘인 중부괘 육삼 효부터 차례로 위로 나아가면서 운을 잡는다. 1살부터 48살까지를 마치면 49살부터는 후천괘인 구괘로 운이 넘어간다.
	22~30		49~57	
	13~21		91~99	
	7~12		82~90	
	1~6		73~81	
	40~48		64~72	
	31~39		58~63	

◇ 양년 음년 똑같음

소축(9)	건(1)	대유(14)	대장(34)	항(32)	소과(62)
1	2	3	4	5	6

◈ 월괘

리·10	송·6	규·38	서합·21	귀매·54	대장·34	해·40	사·7	예·16	취·45	소과·62	려·56
1월	2월	3월	4월	5월	6월	7월	8월	9월	10월	11월	12월

◈ 일과

중부(육삼)	리·10	손·41	절·60	환·59	익·42
	6 5 4 3 2 1	12 11 10 9 8 7	18 17 16 15 14 13	24 23 22 21 20 19	30 29 28 27 26 25

【총괄해서 판단하면】

10 이 효는 주관을 가지고 있지 못한 사람의 운이다. 그러므로 운이 맞는 사람은, 안으로는 어진 부형(父兄)이 없고 밖으로는 어진 스승과 벗이 없어서, 덕업德業을 이루지 못하고, 마음먹고 지키는 것이 일정치 않다. 비록 부귀한 데 거처하더라도, 역시 한때는 북을 두드리며 일어났다가 곧 파해서 그치고, 한때는 울면서 원망하다가 곧 즐겁게 노래부른다.

운이 맞지 않는 사람은, 정성과 신의가 부족하고, 거짓과 속임수가 많으니, 성공과 실패가 들락날락하고, 홀아비·과부·고아·독신 등이 된다.

세운을 만나면, 공직자는 동료끼리 화목하지 못해서, 혹 먼저 벼슬을 하더라도 뒤에 물러나게 된다. 선비와 일반인은 기쁜 가운데 근심이 있고 슬픈 가운데 즐거움이 생기며, 구하는 명예와 이익도 득실得失이 서로 이어진다.

---

10 此爻是不能有所主者也 故叶者 內無賢父兄 外無賢師友 以致德業無成 執守不定 雖處富貴之地 亦或鼓而起 或罷而止 或泣而怨 或樂而歌 不叶者 誠信少 詐僞多 成敗進退 鰥寡孤獨 歲運逢之 在仕則同僚不睦 或先進職 或後退位 在士庶 或喜中有憂 或悲中生樂 求名謀利 得失相仍

【글귀로 판단하면】

1 進退無得失하고 悲歡亦不同이라

誰能知酖毒고 生向燕安中이라

나가고 물러남에 얻고 잃는 것 없고/ 슬퍼하고 기뻐함이 또한 같지 않다/ 누가 짐새(酖鳥)의 맹독을 알까?/ 편안히 있는 가운데 맹독이 커나 오게 된다

2 積小可成大니 逢危似不危라

雲中人擧手하니 平步上天梯라

작은 것을 쌓아서 큰 것을 이룰 수 있으니/ 위험을 만나도 위험한 것 같지않다/ 구름 속(皇室)에서 사람이 손을 들어 추천하니/ 보통의 걸음으로 하늘의 사다리를 오른다

3 多阻多憂하고 或悲或喜하며

搖動猖狂이나 得止且止하라

막힘도 많고 근심도 많으며/ 혹 슬퍼하고 혹 기뻐하며/ 흔들고 움직이며 크게 미쳤으나/ 그칠 때를 얻으면 또한 그쳐라

4. 六四(☵→☴)

【효사와 소상전】 육사는 달이 거의 보름이니 말의 짝이 없어지면 허물이 없으리라. 상에 말하기를 '말의 짝이 없어짐'은 동류를 끊고 위로 가는 것이다.

【六四는 月幾望이니 馬匹이 亡하면 无咎리라. 象曰 馬匹亡은 絶類하야 上也라.】

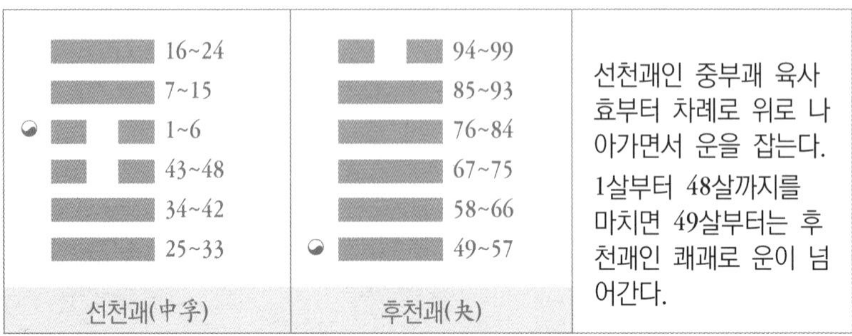

<table>
<tr><td colspan="2">

▬▬ ▬▬	16~24
▬▬ ▬▬	7~15
○ ▬▬▬▬	1~6
▬▬▬▬	43~48
▬▬ ▬▬	34~42
▬▬ ▬▬	25~33

선천괘(中孚)

</td><td colspan="2">

▬▬ ▬▬	94~99
▬▬ ▬▬	85~93
▬▬▬▬	76~84
▬▬▬▬	67~75
▬▬▬▬	58~66
○ ▬▬▬▬	49~57

후천괘(夬)

</td><td>

선천괘인 중부괘 육사 효부터 차례로 위로 나아가면서 운을 잡는다. 1살부터 48살까지를 마치면 49살부터는 후천괘인 쾌괘로 운이 넘어간다.

</td></tr>
</table>

◈ 양년 음년 똑같음

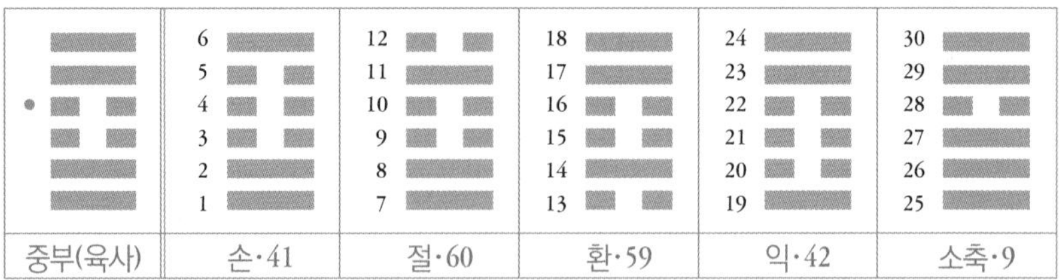

리(10)	규(38)	귀매(54)	해(40)	예(16)	소과(62)
1	2	3	4	5	6

◈ 월괘

손·41	이·27	림·19	태·11	사·7	해·40	곤·2	비·8	겸·15	간·52	소과·62	풍·55
1월	2월	3월	4월	5월	6월	7월	8월	9월	10월	11월	12월

◈ 일괘

중부(육사)	손·41	절·60	환·59	익·42	소축·9
	6 5 4 3 2 1	12 11 10 9 8 7	18 17 16 15 14 13	24 23 22 21 20 19	30 29 28 27 26 25

【총괄해서 판단하면】

[11] 이 효는 대신이 성대盛大한 자리를 수행하면서, 사적인 것을 잊고 임

---

[11] 此爻是大臣履盛忘私以事君 斯無負于責者也 故叶者散其私黨 賓于王庭 秉精
白以承休 篤忠貞以效命 勢不招而自集 而望隆于百僚之尊 權不張而自大 而寵
冠于羣工之表 不叶者 徒有機謀而志難遂 縱有員成之時 復有缺損之日 或婚姻

금을 섬기는 것이니, 소임을 잘 수행하는 사람이다. 그러므로 운이 맞는 사람은, 자기의 사사로운 무리를 해산하고, 공정한 왕의 뜰에 모여서 정미롭고 결백하게 해서 아름다움을 이어가며, 충성과 곧은 절개를 돈독히 해서 목숨을 바친다. 세력으로 부르지 않아도 어진 사람이 스스로 모여들어서, 덕망이 모든 신료臣僚들에게 높이 추앙받으며, 권세를 펴지 않아도 자연히 커져서, 임금의 총애가 모든 관리들의 위에 우뚝하다.

운이 맞지 않는 사람은, 기민한 꾀가 있지만 뜻을 이루기 어렵고, 비록 이루어지는 때가 있더라도 다시 결함이 생기고 손실이 되는 날이 있다. 혹 혼인이 파혼되고, 혹 아버지나 친척이 죽거나 손해본다.

세운을 만나면, 공직자는 높이 승진하는 영광이 있고, 구직자는 과거에 급제하는 경사가 있으며, 일반인은 윗사람이 끌어주고 발탁하는 아름다움이 있다. 다만 효사에 '말의 짝이 없어진다(馬匹亡)'고 했으니, 배우자를 잃게 되고, 혹 말(馬)을 잃는 걱정이 있다.

【글귀로 판단하면】

1 德業終成日에 聲名逈出羣이라

　　風雲相際遇하면 一擧入靑雲이라

　　덕과 업적 이루는 날에/ 명성이 뭇사람 보다 뛰어난다/ 바람과 구름이 서로 만나면/ 한번에 높은 벼슬(靑雲)길로 들어가리라

2 居卑未宜遲니 時行道則行이라

　　功名成太晩하니 花怕五更風이라

　　낮은 데 거처하고 늦어서는 안되니/ 도를 행해야 할 때면 행해야 한다/ 공명이 너무 늦게 이뤄지니/ 꽃이 오경五更의 바람 두려워한다

3 翠減紅粧醉倚欄하니 惆悵望歸求異緣이라

　　好向目前頻嘆息이나 只見鶯啼不見人이라

有傷 或父親有損 歲運逢之 在仕有高遷之榮 在士有步月之慶 在庶俗有上人提拔之休 但謂之馬匹亡者 有失配偶 或喪馬匹之憂

푸른색이 붉은 단장 감소시키는데 취해서 난간에 의지하니/ 상심하고
돌아가 다른 인연 구하려 한다/ 눈앞에 자주 탄식하는 것은 좋으나/ 꾀
꼬리 소리만 들리고 사람은 보이지 않는다

5. 九五(☳ → ☳)

【효사와 소상전】 구오는 믿음이 있기를 당기는 듯 하면 허물이 없으리라. 상
에 말하기를 '믿음이 있기를 당기는 듯 하면 허물이 없음'은 자리가 바르고
마땅하기 때문이다. 【九五는 有孚 攣如면 无咎리라. 象曰 有孚攣如는 位正
當也일새라.】

선천괘(中孚)	후천괘(咸)	
10~18	82~87	선천괘인 중부괘 구오
1~9	73~81	효부터 차례로 위로 나
43~48	64~72	아가면서 운을 잡는다.
37~42	55~63	1살부터 48살까지를
28~36	49~54	마치면 49살부터는 후
19~27	88~93	천괘인 함괘로 운이 넘 어간다.

◈ 양년(갑·병·무·경·임년)일 경우

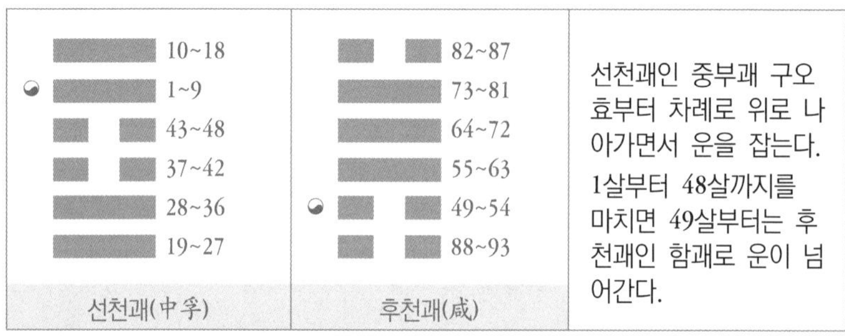

중부(61)	익(42)	이(27)	복(24)	곤(2)	사(7)	승(46)	항(32)	대과(28)
1	2	3	4	5	6	7	8	9

◈ 음년(을·정·기·신·계년)일 경우

고(18)	이(27)	익(42)	둔(3)	비(8)	감(29)	정(48)	대과(28)	항(32)
1	2	3	4	5	6	7	8	9

◈ 월괘

절·60	수·5	감·29	곤·47	비·8	곤·2	건·39	점·53	함·31	혁·49	소과·62	항·32
1월	2월	3월	4월	5월	6월	7월	8월	9월	10월	11월	12월

◈ 일괘

중부(구오)	절·60	환·59	익·42	소축·9	리·10

【총괄해서 판단하면】

12 이 효는 임금과 신하가 서로 믿어서 잃음이 없는 것이다. 그러므로 운이 맞는 사람은, 지극한 정성이 있고 덕이 성대하다. 나라를 다스리면 백성이 따르고, 물건(사람)을 감동시키면 물건이 감동하며, 험한 것을 건너면 험한 것이 평평해지고, 하늘을 움직이면 하늘이 도와준다. 큰 복을 누리고 큰 공을 세우니, 부귀富貴는 특히 부속적인 나머지의 일일 뿐이다. 운이 맞지 않는 사람도, 또한 덕이 있는 사람으로 윗사람은 공경하고 믿으며, 아랫사람은 굴복하고 따르니, 쓰고 누리는 것이 풍족하고 수명이 길다.

세운을 만나면, 공직자는 임금과 신하가 한마음이 되어 총애와 신임이 더해지고, 구직자는 출세해서 이름을 날리며, 일반인은 인정으로 화합하고 모든 계획이 성취되어, 하는 일마다 이롭지 않음이 없다.

---

12 此爻是君臣以相信而無所失者也 故叶者 至誠盛德 治邦而民斯從 感物而物斯應 涉險則險斯平 動天則天斯助 享大福 立大功 富貴特其餘事 不叶者 亦有德之人 上者敬信 下者服從 享用豐足 壽算優長 歲運逢之 在仕則君臣一心 而寵任加 在士則進取成名 在庶俗則人情和合 而百謀克遂 無往不利

【글귀로 판단하면】

1 重山靑聳翠하니 翔鳳獨棲梧라

詢得飛騰變이면 榮身得巨魚라

거듭된 산 푸르게 솟아 있으니/ 봉황새 홀로 오동나무에 깃들었다/ 날아오르는 변화를 알게 되면/ 몸은 영화롭고 큰 벼슬(巨魚) 얻게 되리라

2 傾一盃ㅣ 展雙眉라

地利合天時하니 從此快施爲라

한잔 술 마시고/ 두 눈썹 폈다/ 지리地利가 천시天時와 합치되니/ 이로부터 하는 일 활기있게 된다

6. 上九(☱ → ☷)

【효사와 소상전】 상구는 나는 소리가 하늘에 오름이니 고집해서 흉하니라. 상에 말하기를 '나는 소리가 하늘에 오름'이니 어찌 오래갈 수 있겠는가? 【上九는 翰音이 登于天이니 貞하야 凶토다. 象曰 翰音登于天이니 何可長也리오.】

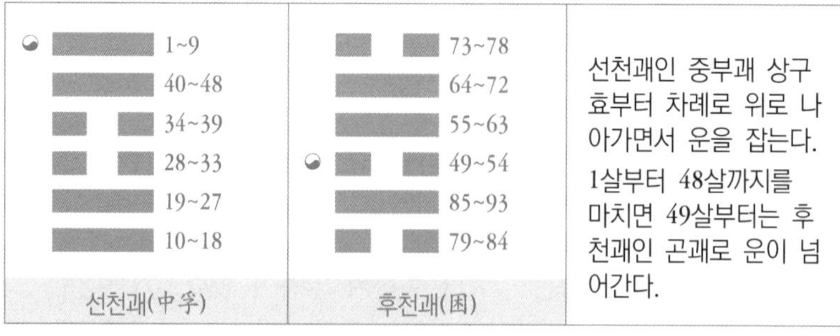

선천괘(中孚)		후천괘(困)		선천괘인 중부괘 상구 효부터 차례로 위로 나아가면서 운을 잡는다.
	1~9		73~78	
	40~48		64~72	1살부터 48살까지를 마치면 49살부터는 후천괘인 곤괘로 운이 넘어간다.
	34~39		55~63	
	28~33		49~54	
	19~27		85~93	
	10~18		79~84	

◈ 양년(갑·병·무·경·임년)일 경우

중부(61)	소축(9)	수(5)	정(48)	건(39)	비(8)	취(45)	예(16)	진(35)
1	2	3	4	5	6	7	8	9

◈ 음년(을·정·기·신·계년)일 경우

절(60)	수(5)	소축(9)	손(57)	점(53)	관(20)	비(12)	진(35)	예(16)
1	2	3	4	5	6	7	8	9

◈ 월괘

환·59	송·6	관·20	박·23	점·53	건·39	돈·33	동인·13	려·56	정·50	소과·62	예·16
1월	2월	3월	4월	5월	6월	7월	8월	9월	10월	11월	12월

◈ 일괘

중부(상구)	환·59	익·42	소축·9	리·10	손·41

(효 6~1 / 12~7 / 18~13 / 24~19 / 30~25)

【총괄해서 판단하면】

13 이 효는 믿지 못할 것을 믿어 변경하지 못하는 것이니, 도리어 믿어서

---

13 此爻是信非所信 不能變 則反誤於信者也 故叶者科甲發於青年 名位極其崇高
但多執一无變 難於長久 不叶者 家本微而驟興 勢本弱而乍强 執拗不通 災害難
免 惟身居洞天 足達天台 清虛樂天之吉利也 歲運逢之 在仕有近天顔之喜 在士
有名登天府之兆 在常人則爭高抑强 而困迫無路 在商賈物或招損 數凶名壽不長
年

잘못되는 사람이다. 그러므로 운이 맞는 사람은, 청년시절에 장원으로 과거에 급제하고 이름과 벼슬이 숭고함을 다했으나, 다만 하나만 고집하고 변통하지 못해서 오래가기 어렵다.

운이 맞지 않는 사람은, 집안이 본래 한미寒微한데 갑자기 일어나고, 세력이 본래 약한데 잠깐 강해지나, 세가 꺾이고 변통하지 못해서 재앙과 해를 면할 길이 없다. 오직 몸이 산수 좋고 수련하기 좋은 데 거처하면, 도道 높은 고승이 될 것이니, 맑게 마음을 비워 천명을 즐거워해야 길하고 이롭다.

세운을 만나면, 공직자는 임금을 가까이 모시게 되고, 구직자는 학문이 깊어서 이름이 천부天府14에 오를 징조다. 일반인은 서로 높이 되려 다투고 강함으로 억누르다가, 곤하고 핍박받아서 갈 길이 없게 되고, 장사하는 사람은 물건을 팔다가 혹 손해본다. 수가 흉하면 명예와 목숨이 길지 못하다.

【글귀로 판단하면】

1 宜進不宜妄이요 舊事一改遷이라

  長江千里棹하니 好下釣魚竿이라

  나아가는 것 마땅하지만 망령된 것 마땅치 않고/ 옛 일은 한번 고쳐 옮겨야 한다/ 장강長江의 천리길 노저어 가니/ 벼슬낚시 드리우기 매우 좋아라

2 落葉又重新하니 庭前幾度春가 若成丹九轉이면 尊作白頭人이라

  떨어진 잎사귀 또 거듭 새로와졌으니/ 뜰앞에 몇번이나 봄이 왔는가?/ 만약 금단金丹을 아홉번 굴려 이루면/ 백발 성성한 존귀한 사람이 될 것이다

---

14 ① 천연의 곳집은 아무리 가져도 다하지 않는데서 연유되어 학문의 심원함, 또는 도를 체득한 사람이나 학문을 깊이 닦은 사람을 이름. ② 임금의 창고 ③ 天神의 관청 ④ 별이름. 여기서는 임금에게까지 알려진다는 뜻이다.

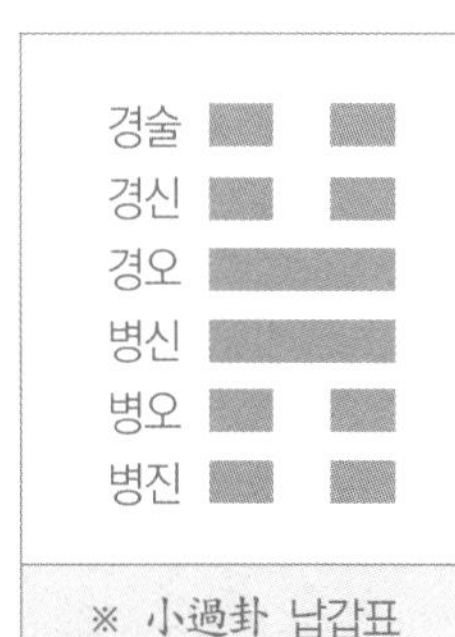

震上
艮下

雷山小過(62)
뇌 산 소 과

소과괘 개요

【괘사와 대상전】 소과는 형통하니 바르게 함이 이로우니, 작은 일은 할 수 있고 큰 일은 할 수 없으니, 나는 새가 소리를 남김에 위로 가는 것은 마땅치 않고, 아래로 가게 하면 크게 길하리라. 상에 말하기를 산 위에 우레가 있는 것이 소과괘니, 군자가 본받아서 행동은 공손함에 지나치며, 상사喪事는 슬픔에 지나치며, 쓰는 것은 검소함에 지나치게 하나니라. 【小過는 亨하니 利貞하니 可小事오 不可大事니 飛鳥遺之音에 不宜上이오 宜下면 大吉하리라. 象曰 山上有雷 小過니 君子 以하야 行過乎恭하며 喪過乎哀하며 用過乎儉하나니라.】

경술
경신
경오
병신
병오
병진

※ 小過卦 납갑표

【총괄해서 판단하면】

1 태궁 4세괘로(실은 6변괘인 유혼괘) 2월에 속한다. 내괘의 납갑은 병진·병오·병신이고, 외괘의 납갑은 경오·경신·경술이니, 2월에 태어난 사람과, 태어난 년도의 간지가 납갑의 간지에 합치되는 사람은 부귀와 공명을 누리게 된다.2

---

1 兌宮四世 卦屬二月 納甲 是丙辰丙午丙申 庚午庚申庚戌 如生於二月及納甲者 功名富貴人也

2 소과괘의 세효인 구사효는 양효이므로, 초효부터 사효까지 세면 묘월卯月이 된다(초효는 자, 이효는 축, 삼효는 인, 사효는 묘). 지지의 묘는 2월에 해당하므로, 소과괘가 2월괘가 되는 것이다. 따라서 2월을 주관하는 괘가 되고, 2월에 태어난 사람은 때를 얻음이 된다.

운세로 보면 뇌산소과괘(䷽)는 상괘는 진(☳)이고 하괘는 간(☶)이며, 호괘로는 태(☱)와 손(☴)이 있다. 간의 산 위에 만물이 다 모였고, 손의 바람이 이를 불어서 날리며, 태의 못이 불려주고 적셔주니, 가지와 잎새가 무성해진다. 물건마다 순종하면서 기뻐하니, 뜻대로 되지 않음이 없다. 다만 호괘인 우레가 발동하면 온전하게 고요히 있지를 못한다. 군자가 이런 괘를 얻으면 조금 지나치게 하는 상이 된다.

【팔궁세혼법으로 판단하면】

소과괘는 팔궁세혼법으로 볼 때, 태궁의 6변괘인 유혼괘遊魂卦로 제후諸侯에 해당한다. 즉 구사효(제후)가 세효世爻가 되고, 원사에 해당하는 초육효는 응효가 된다. 두 효가 모두 제자리를 얻지 못했으나, 서로 음과 양으로 응했으니, 어려운 가운데서 힘을 모아 풀어나가는 뜻이 있다. 또 세효의 지지인 오(午火)가 상괘인 나무(☳)의 생함을 받고, 자신은 또 응효의 지지인 진(辰土)을 생하니 일이 수월해진다.

아직 날개짓이 익숙치 못한 어린 새가 너무 멀리 날다가, 해가 졌는데도 집을 찾아 돌아오지 못하는 격이다. 과도하게 함부로 나가다가 파경을 맞으니, 오직 조심하고 자제해야 된다. 일상생활에 있어서도 작은 일은 이루지만, 큰 일은 이루지 못한다. 노고는 많고 성과는 적은 시기다. 마치 새가 눈에 보이고 소리도 들리나, 잡고자 하면 하늘 높이 있어 잡기 어려운 것과 같으니, 안타깝고 답답하다. 몸도 건강한 편은 아니다. 한겨울에 음기가 가득하여 양기가 꽁꽁 묶여 있는 상이니, 함부로 나서다가는 추위에 몸을 상하게 된다.

【글귀로 판단하면】

① 子午年中喜요 逢豬先立根이라

　　鹿從天上至요 二象滿門闌이라

　　자오子午년 가운데 기쁨 있고/ 돼지(亥)를 만나면 근본을 먼저 세운다/

　　사슴(權勢)이 하늘로부터 오고/ 코끼리 두마리 문앞을 꽉 가로막고 있

다

② 小船千里順하니 帆掛一江風이라

巨艇水深涉하니 飛鳥不可同이라

작은 배 천리길 순조로이 오니/ 돛에 온 강바람 걸었다/ 큰 배가 깊은 물 건너오니/ 나는 새도 따라 가지 못한다

1. 初六(☷ → ☳)

【효사와 소상전】 초육은 나는 새기 때문에 흉하니라. 상에 말하기를 '나는 새라서 흉하다' 함은 어찌할 수 없는 것이다. 【初六은 飛鳥라 以凶이니라. 象曰 飛鳥以凶은 不可如何也라.】

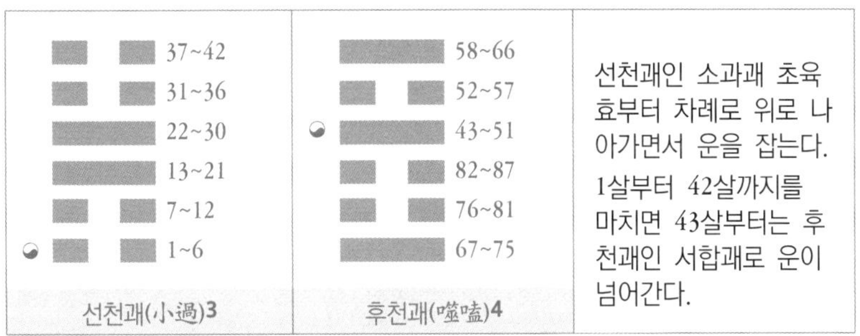

---

3 사주의 숫자로 괘를 만들어서 소과괘 초효에 원당이 있다면, 1~6살까지는 소과괘 초효 항을, 7~12살까지는 소과괘 이효 항을, …, 37~42살까지는 소과괘 상효 항을 가서 살펴 보면 된다.

4 43~51살까지는 후천괘인 서합괘 사효 항을, 58~66살까지는 서합괘 상효 항을, …, 82~87살까지는 서합괘 삼효 항을 살펴보면 그 사람의 운이 된다(◑나 ●표시 한 곳이 해당하는 효를 가리키고, 밑에서부터 초효·이효·삼효·사효·오효·상효로 나눈다).

◇ 양년 음년 똑같음 [5]

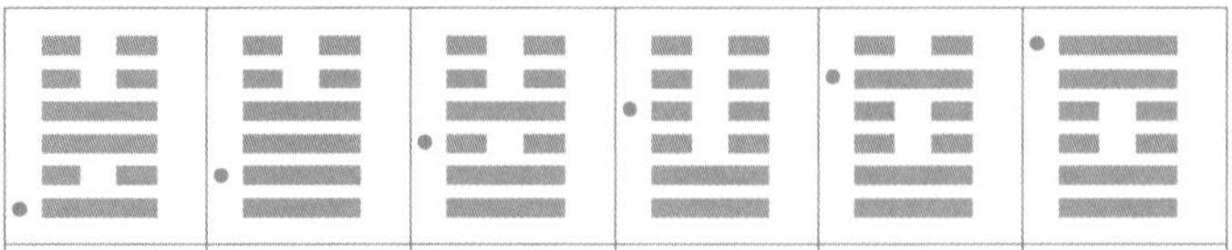

풍(55)[6]	대장(34)	귀매(54)	림(19)	절(60)	중부(61)
1	2	3	4	5	6

◇ 월괘

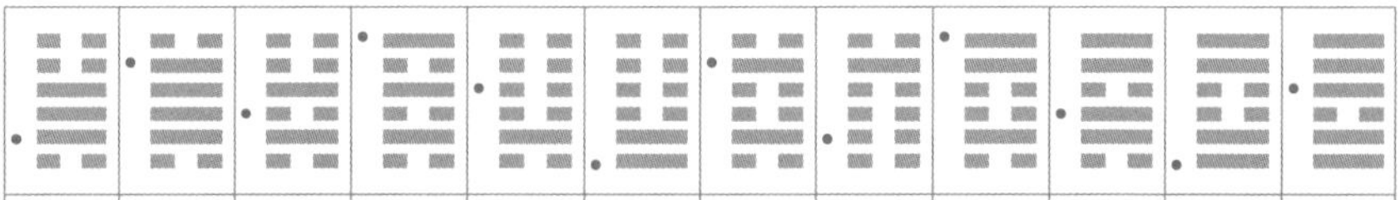

항·32	대과·28	해·40	미제·64	사·7	림·19	감·29	비·8	환·59	손·57	중부·61	리·10
1월	2월	3월	4월	5월	6월	7월	8월	9월	10월	11월	12월

◇ 일괘 [7]

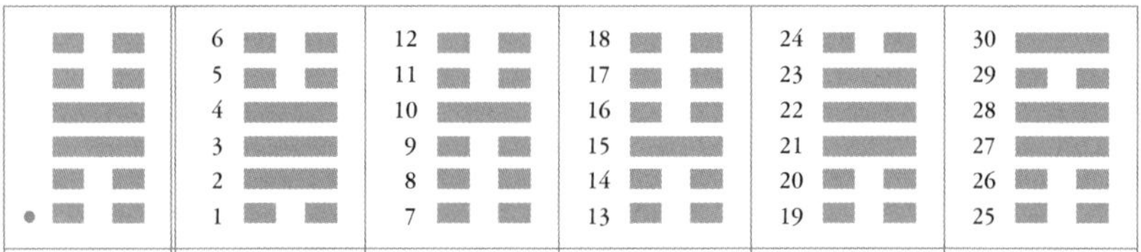

소과(초육)	항·32	예·16	겸·15	함·31	려·56

---

5 해마다의 운인 유년운의 진행은 양효(━)일 때와 음효(━ ━)일 때가 다른데, 그 자세한 예는 중천건괘(1) 초구효, 중지곤괘(2) 초육효와 육이효, 수뢰둔괘(3) 초구효와 육삼효, 산수몽괘(4) 초육효와 육사효 항에 유년운에 속한 월운月運의 예와 함께 실려 있으므로 참고하면 된다.

6 위의 도표에서 '풍(55)'라고 한 것은 괘명은 풍괘豐卦고 64괘 중에 55번째 괘라는 뜻이다. 나머지 괘도 이와같은 방식으로 본다. 따라서 앞의 목차에서 번호의 순서대로 찾으면, 해당하는 괘를 쉽게 찾을 수 있다. 또 월괘月卦에서 '항·32' 등으로 표시한 것도, 괘명은 항괘恒卦고 64괘 중에 32번째라는 뜻이다.

7 그 날의 운(日運)과 더 세분해서 시운時運을 알고 싶으면, 앞의 일괘日卦와 시괘時卦 설명을 참조해서 계산하면 된다. 자세한 예는 건(1)~송(6)괘의 초효 항에 있으므로 참고바람.

【총괄해서 판단하면】

8 이 효는 마땅히 아래로 내려가야 하는 것인데, 그렇지 못해서 스스로 죄를 부르는 사람이다. 그러므로 운이 맞는 사람은, 과거에 장원으로 급제하여 공명이 있게 되고, 벼슬이 내각內閣에 들게 된다. 위로는 임금의 총애를 받고 아래로는 백성의 신망을 얻으나, 다만 뜻이 높고 마음이 자만해서 스스로 죄를 지어 살기 어렵다.

운이 맞지 않는 사람은, 세력을 믿고 남에게 오만하게 해서 허물을 부르고 틈이 나게 하니, 집을 망치고 목숨을 단축해서 후회가 막급이다.

세운을 만나면, 공직자는 급히 나가서 화를 취하는 허물이 있고, 구직자는 한번 움직여 하늘을 찌를 징조가 있으며, 일반인은 좋아함으로 인해 손실을 보게 되는 위험이 있다.

【글귀로 판단하면】

1 飛鳥高飛畏網羅하고 留魚旱沼苦何多오

女生江畔休嗟嘆하라 桃柳枝頭風雨過라

나는 새 높이 날음에 그물 두려워하고/ 가문 못에 살아남은 고기의 괴로움 얼마나 많은가?/ 여자가 강가에 태어났다고 한탄하지 마라/ 복숭아 버들가지 끝에 비바람 지나간다

2 飛蟲能致孼하니 或恐有非災라

爲事宜求下니 凶消吉自來라

나는 벌레가 재앙을 이룰 수 있으니/ 혹 그릇된 재앙 있을까 두렵다/ 일을 할 때는 아래에서 찾는 것이 마땅하니/ 그렇게 하면 흉한 것 사라지고 길함이 스스로 오리라

---

8 此爻是宜下之義而自招孼者也 故叶者功名發于科甲 官位極于台閣 上承天寵 下係民望 但多志高意滿 自孼難活 不叶者 恃勢傲物 招尤啓釁破家損命 追悔莫及 歲運逢之 在仕則有驟進取禍之尤 在士則有一飛冲天之兆 在庶俗則有好招損之危

③ 物不牢나 人斷橋하고

重整理하니 慢心高라

물건은 감추지 않았으나/ 사람이 다리(橋)를 끊고/ 거듭 정리했으니/
자만심이 높아졌다

2. 六二(☳ → ☳)

【효사와 소상전】 육이는 그 할아버지를 지나서 그 할머니를 만남이니, 그 인
군에 미치지 않고 그 신하를 만나면 허물이 없을 것이다. 상에 말하기를 '그
인군에 미치지 못한다' 함은 신하를 지날 수 없는 것이다. 【六二는 過其祖하
야 遇其妣니 不及其君이오 遇其臣이면 无咎리라. 象曰 不及其君은 臣不可
過也라.】

선천괘(小過)		후천괘(益)		설명
	31~36		52~60	선천괘인 소과괘 육이
	25~30	○	43~51	효부터 차례로 위로 나
	16~24		82~87	아가면서 운을 잡는다.
	7~15		76~81	1살부터 42살까지를
○	1~6		70~75	마치면 43살부터는 후
	37~42		61~69	천괘인 익괘로 운이 넘 어간다.

◈ 양년 음년 똑같음

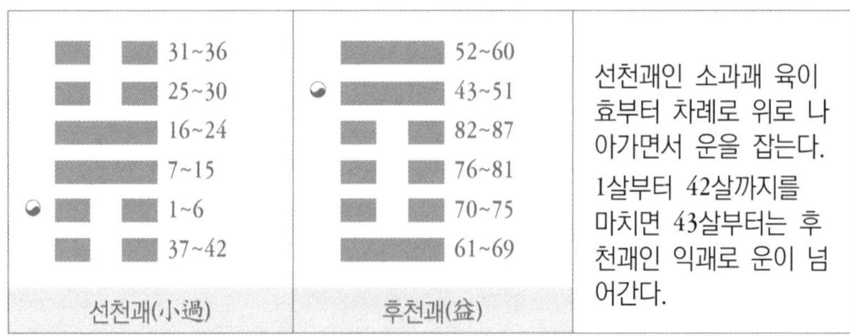

항(32)	해(40)	사(7)	감(29)	환(59)	중부(61)
1	2	3	4	5	6

◇ 월괘

예·16	진·35	곤·2	복·24	비·8	감·29	관·20	점·53	익·42	무망·25	중부·61	손·41
1월	2월	3월	4월	5월	6월	7월	8월	9월	10월	11월	12월

◇ 일괘

	6 5 4 3 2 1		12 11 10 9 8 7		18 17 16 15 14 13		24 23 22 21 20 19		30 29 28 27 26 25
소과(육이)		예·16		겸·15		함·31		려·56	풍·55

【총괄해서 판단하면】

9 이 효는 신하의 직분을 다해서 허물이 적은 사람이다. 그러므로 운이 맞는 사람은, 문장과 지략이 몸에 갖추어져 있어서, 무리에서 뛰어나고 세상을 덮을 명예를 얻는다. 바름을 지키고 분수를 편안히 함으로써 임금을 섬기니, 분수를 범하거나 결례하는 허물이 없다.

운이 맞지 않는 사람도, 겸손하고 공경하며 삼가고 신중하게 스스로를 지키니, 자기를 알아주는 이를 만나서 꾀하고 바라는 것을 이루며, 조상의 발자취를 이어서 집안의 명성을 더욱 떨친다.

세운을 만나면, 공직자는 자기의 직분을 다해서 소원대로 높이 영전하고, 구직자는 시험관을 만나서 과거에 합격하며, 일반인은 귀한 사람이 끌어주어서 모든 꾀하는 일이 이루어진다. 혹 여자가 도와주어서 이롭게 된

---

9 此爻是盡人臣之分 而與其可以寡過者也 故叶者文章智略蘊于己 而有超衆蓋世之譽 守正安分以事君 而無犯分越禮之愆 不叶者 謙恭自持 謹厚自守 遇知己而謀望克遂 繩祖武而家聲益振 歲運逢之 在仕則克盡己職 而高遷如願 在士則見遇主司 而進取有成 在庶俗則貴人汲引 而凡謀克遂 或得陰人之利 數凶者 有姙號之兆 多剋母也

다. 수가 흉한 사람은 돌아가신 어머니 때문에 울부짖는 징조가 있으니, 어머니를 극하는 경우가 많기 때문이다.

【글귀로 판단하면】

① 去就意淹留나 樂來不用憂라

　　只恐無一定이니 江海意悠悠라

　　거취를 결정 못해 머뭇거리나/ 즐거움 오게 되니 근심하지 마라/ 다만 일정한 것 없을까 두려우니/ 강과 바다는 뜻이 한가롭기만 하다

② 凡人於小事에 不可過其常이라

　　守正行中道면 自然無舊殃이라

　　보통사람은 작은 일에/ 상도常道를 지나쳐서는 안된다/ 바름을 지키고 중도中道를 행하면/ 자연히 옛 재앙 없어지리라

3. 九三(☷→☳)

【효사와 소상전】 구삼은 지나치게 막지 않으면, 혹 따라와 해치므로 흉할 것이다. 상에 말하기를 '따라와 혹 해침'이니 흉함이 어떠하리오? 【九三은 弗過防之면 從或戕之라 凶하리라. 象曰 從或戕之 凶如何也오.】

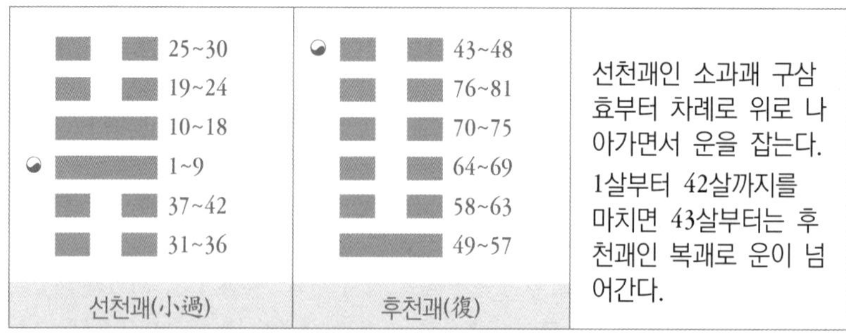

선천괘인 소과괘 구삼 효부터 차례로 위로 나아가면서 운을 잡는다.

1살부터 42살까지를 마치면 43살부터는 후천괘인 복괘로 운이 넘어간다.

◈ 양년(갑·병·무·경·임년)일 경우

소과(62)	려(56)	진(35)	박(23)	관(20)	비(8)	둔(3)	절(60)	수(5)
1	2	3	4	5	6	7	8	9

◈ 음년(을·정·기·신·계년)일 경우

예(16)	진(35)	려(56)	간(52)	점(53)	건(39)	기제(63)	수(5)	절(60)
1	2	3	4	5	6	7	8	9

◈ 월괘

겸·15	명이·36	건·39	정·48	점·53	관·20	가인·37	동인·13	소축·9	대축·26	중부·61	절·60
1월	2월	3월	4월	5월	6월	7월	8월	9월	10월	11월	12월

◈ 일괘

소과(구삼)	겸·15	함·31	려·56	풍·55	항·32

【총괄해서 판단하면】

10 이 효는 음흉함을 방비하는 도를 잃음으로 인해서, 음흉한 자의 화가 반드시 오게 되는 운이다. 그러므로 운이 맞는 사람은, 화가 이르기 전에

---

10 此爻是失防陰之道 而陰禍之必至者也 故叶者禍未至而先爲之備 害未生而先爲之防 剛德足以服人 明哲足以保身 不叶者 自恃剛强 多招妬忌 禍害迭生 身家難保 歲運逢之 在仕防陰邪之害 在士防停降之虞 在庶俗防陰禍羣邪之傷

먼저 방비하고, 해가 생기기 전에 먼저 방비하니, 강한 덕이 사람을 굴복시킬 수 있고, 명철함은 몸을 보호할 수 있다.

운이 맞지 않는 사람은, 스스로의 강한 것만 믿어서 질투와 시기를 많이 부르게 되니, 화와 해되는 일이 번갈아 생겨서, 몸과 집안을 보존하기 어렵다.

세운을 만나면, 공직자는 음흉하고 간사한 사람의 해를 방비해야 하고, 구직자는 정체되고 퇴보하게 되는 걱정을 방비해야 한다. 일반인은 음흉한 사람과 간사한 사람에 의해 화를 당하고 해를 입음을 조심해야 한다.

【글귀로 판단하면】

① 傾危逢處衆皆驚하니 涉水操舟不可行이라

　凶象或成貞忌却하니 雲中一箭鴈哀鳴이라

　기울어지고 위험한 곳 만나서 사람이 다 놀라니/ 물 건너려고 배 저었으나 갈 수가 없다/ 흉한 상이 혹 이루어지면 고집을 버려야 하니/ 구름속 한 화살에 기러기 슬피운다

② 小人方道長하니 當預過於防이라

　自己先爲正이요 深虞乃我傷이라

　소인의 도가 바야흐로 자라나니/ 미리 지나칠 정도로 막아야 마땅하다/ 자신을 먼저 바르게 해야하고/ 또 몸이 상할까 깊이 염려해야 한다

③ 深戶安牢扃하고 隄防暗裏人하라

　行行須遠慮니 只恐不堅盟이라

　깊숙한 문에 안전하게 빗장 지르고/ 어둠속의 사람을 방비하라/ 다니며 행하려면 멀리 생각해야 하니/ 단지 굳게 맹세하지 않을까 두렵다

4. 九四(☷ → ☶)

【효사와 소상전】 구사는 허물이 없으니 지나치지 않아서 만남이니, 가면 위

태하므로 반드시 경계하며, 계속 고집하지 말 것이니라. 상에 말하기를 '지나치지 않아서 만남'은 자리가 마땅치 않음이고. '가면 위태해서 반드시 경계함'은 마침내 자라지는 못할 것하기 때문이다. 【九四는 无咎하니 弗過하야 遇之니 往이면 厲라 必戒며 勿用永貞이니라. 象曰 弗過遇之는 位不當也오 往厲必戒는 終不可長也일새라.】

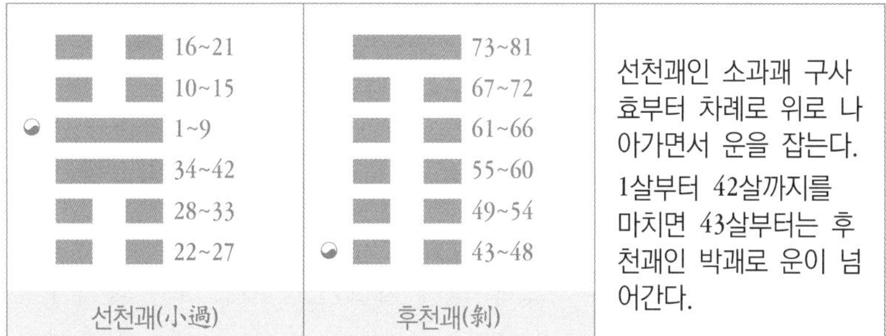

선천괘(小過)		후천괘(剝)		선천괘인 소과괘 구사 효부터 차례로 위로 나아가면서 운을 잡는다. 1살부터 42살까지를 마치면 43살부터는 후천괘인 박괘로 운이 넘어간다.
	16~21		73~81	
	10~15		67~72	
	1~9		61~66	
	34~42		55~60	
	28~33		49~54	
	22~27		43~48	

◈ 양년(갑·병·무·경·임년)일 경우

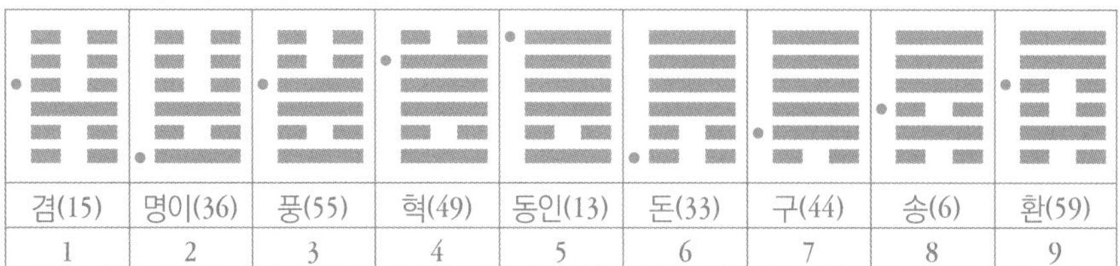

소과(62)	풍(55)	명이(36)	기제(63)	가인(37)	점(53)	손(57)	환(59)	송(6)
1	2	3	4	5	6	7	8	9

◈ 음년(을·정·기·신·계년)일 경우

겸(15)	명이(36)	풍(55)	혁(49)	동인(13)	돈(33)	구(44)	송(6)	환(59)
1	2	3	4	5	6	7	8	9

◈ 월괘

함·31	대과·28	돈·33	비·12	동인·13	가인·37	건·1	대유·14	리·10	태·58	중부·61	환·59
1월	2월	3월	4월	5월	6월	7월	8월	9월	10월	11월	12월

◆ 일괘

		6		12		18		24	30
		5		11		17		23	29
●		4		10		16		22	28
		3		9		15		21	27
		2		8		14		20	26
		1		7		13		19	25
소과(구사)		함·31		려·56		풍·55		항·32	예·16

【총괄해서 판단하면】

11 이 효는 지나칠 정도로 공손하니, 교만하고 오만함으로 인한 허물을 부르지 않는 사람이다. 그러므로 운이 맞는 사람은, 지위가 높으나 낮게 처신하며 공이 높은데도 양보를 해서, 위로는 임금에게 대들지 않고 아래로는 백성에게 교만하지 않으며, 때에 따라 변통하니, 복과 혜택이 깊고 두텁다.

운이 맞지 않는 사람도, 또한 부지런하고 후중한 선비로, 평이하고 안정하니, 영화도 없고 욕됨도 없다.

세운을 만나면, 공직자는 평상시대로 편안히 직분을 지켜서 근심이 없고, 구직자는 사람을 만나 사귀는 기회가 많고 작은 시험에는 유리하다. 일반인은 가난을 편안히 여기고 분수를 지키니, 손해보고 허물어지는 슬픔이 없다.

【글귀로 판단하면】

1 遇主勿治正하고 求遇其遇羣하라

　　欲往危必防이니 傷却少年心하라

　　임금을 만나면 너무 바르게 하려 말고/ 만남을 요구하는 이 있거든 그

---

11 此爻是過乎恭 不致於驕傲以招尤者也 故叶者位高而處之以卑 功高而居之以讓
　　上不亢于君 下不驕于民 隨時變通 福澤深厚 不叶者 亦不失謹厚之士 平易安靜
　　無榮無辱 歲運逢之 在仕安常守職而無虞 在士多於際遇而利於小試 在庶俗安貧
　　守分 而無損弊之嗟

무리를 만나라/ 가고자 한다면 반드시 위험을 막아야 하니/ 소년같은
순진한 마음 버려라

② 參商事ㅣ 須沉滯니

　要周全인덴 須借勢하라

　궁리하고 있는일/ 침체되니/ 두루 잘되기 바라면/ 세력을 빌려야 한다

③ 九四元無咎나 乘剛得吝時라

　眞宜貞固守나 必也在隨時라

　구사효가 원래 허물 없으나/ 강한 것을 타고 있는 것이 인색한 때다/
참된 것은 마땅히 굳게 지켜야 하나/ 반드시 때를 따라야 한다

5.六五(☷→☷)

【효사와 소상전】육오는 빽빽한 구름에 비가 오지 않는 것은 내가 서교로부
터 함이니, 공이 구멍에 있는 것을 쏘아 취하도다. 상에 말하기를 '빽빽한 구
름에 비오지 않음'은 이미 올라갔기 때문이다. 【六五는 密雲不雨는 自我西
郊니 公이 弋取彼在穴이로다. 象曰 密雲不雨는 已上也일새라.】

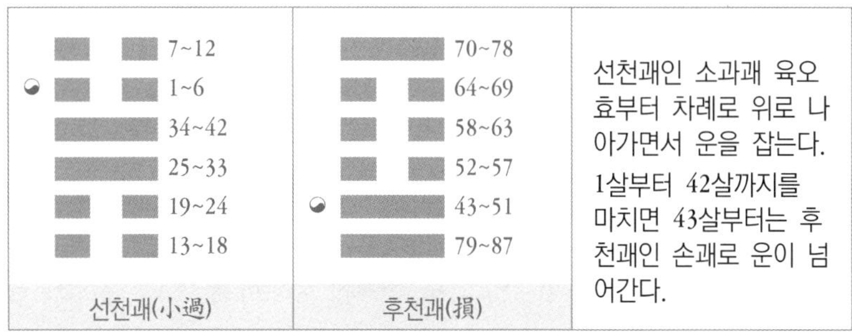

선천괘인 소과괘 육오
효부터 차례로 위로 나
아가면서 운을 잡는다.
1살부터 42살까지를
마치면 43살부터는 후
천괘인 손괘로 운이 넘
어간다.

◇ 양년 음년 똑같음

함(31)	돈(33)	동인(13)	건(1)	리(10)	중부(61)
1	2	3	4	5	6

◇ 월괘

려·56	진·35	리·30	비·22	대유·14	건·1	규·38	귀매·54	손·41	몽·4	중부·61	익·42
1월	2월	3월	4월	5월	6월	7월	8월	9월	10월	11월	12월

◇ 일괘

소과(육오)	려·56	풍·55	항·32	예·16	겸·15

【총괄해서 판단하면】

12 이 효는 아래로 가야 마땅한 도를 어그러뜨려서 성공하지 못하는 사람이다. 그러므로 운이 맞는 사람은, 재주는 크나 기회가 막혀서 못쓰고, 뜻은 높으나 때의 형세에 막히게 되니, 비록 큰 일은 할 수 없으나 또한 작은 일은 성취할 수 있다.

운이 맞지 않는 사람은, 교만하고 높은 체하는 등 스스로 방자해서 사람들과 정이 통하지 않으니, 인적이 드문 곳에서 궁벽하게 살고, 뜻하고 원

---

12 此爻是乖乎宜下之道 而無成功者也 故叶者才大而阻于機會 志高而限于時勢 雖不能大有所爲 亦可以圖其小就 不叶者 驕亢自恣 人情乖戾 僻處幽居 志願莫遂 歲運逢之 在仕有告休之危 士之在窮谷者 有見取于公王之兆 常人不利于遠謀 而守舊爲佳 惟老者病者 皆不宜也

하는 것이 이루어지지 않는다.

세운을 만나면, 공직자는 물러나게 될 위험이 있고, 궁벽한 산골에 있는 구직자는 높은 벼슬아치나 임금에게 발탁될 조짐이 있으며, 일반인은 먼 계획을 하는 것은 불리하고, 옛날 것을 지키는 것이 좋다. 오직 늙고 병든 사람은 모두 마땅치 못하다.

【글귀로 판단하면】

① 陰陽反復總堪悲니 反日梧桐鳳不棲라

　異種蟠桃千歲綴이나 落花不俟日沈西라

　음양이 반복되는 것이 다 슬프니/ 해 등진 오동나무에는 봉황이 깃들지 않는다/ 신이(神異)한 종자의 선도복숭아는 천년을 달려있으나/ 떨어지는 꽃은 해 떨어질 때도 못 기다린다

② 空空空이나 空裏得成功이라

　蟠桃千歲熟하니 不怕五更風이라

　비고 비었으나/ 비어있는 가운데 성공을 얻는다/ 선도복숭아는 천년을 익었으니/ 오경五更의 바람 두렵지 않다

③ 所作皆屯滯이나 又皆來順從이라

　密雲何不雨오 終是未成功이라

　하는 일이 다 어렵고 막혔으나/ 또한 다 와서 순종을 한다/ 빽빽한 구름인데도 왜 비는 안오는가?/ 마침내 공적을 이룰 수 없네

6. 上六(䷽ → ䷹)

【효사와 소상전】 상육은 만나지 않아서 지나가니 나는 새가 떠남이라. 흉하니 이것을 재생이라고 이른다. 상에 말하기를 '만나지 않아서 지나감'은 이미 지나치게 높고 극한 것이다. 【上六은 弗遇하야 過之니 飛鳥 離之라 凶하니 是謂災眚이라. 象曰 弗遇過之는 已亢也라.】

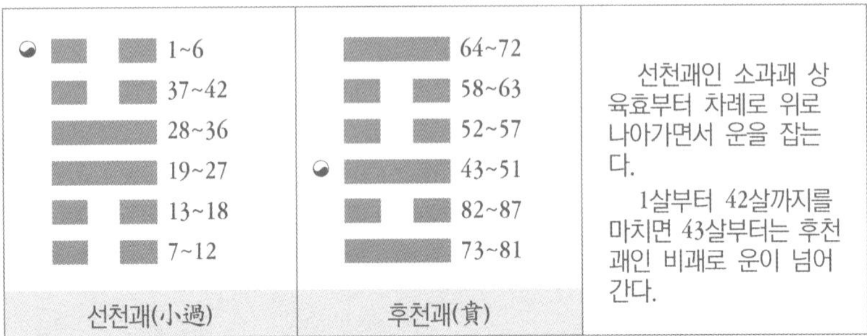

선천괘인 소과괘 상 육효부터 차례로 위로 나아가면서 운을 잡는다.

1살부터 42살까지를 마치면 43살부터는 후천괘인 비괘로 운이 넘어 간다.

◇ 양년 음년 똑같음

려(56)	리(30)	대유(14)	규(38)	손(41)	중부(61)
1	2	3	4	5	6

◇ 월괘

풍·55	명이·36	대장·34	쾌·43	귀매·54	규·38	림·19	사·7	절·60	둔·3	중부·61	소축·9
1월	2월	3월	4월	5월	6월	7월	8월	9월	10월	11월	12월

◇ 일괘

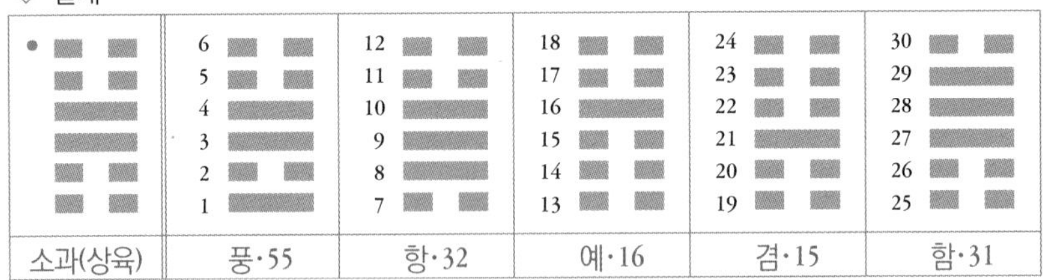

소과(상육)		풍·55		항·32		예·16		겸·15		함·31	
		6		12		18		24		30	
		5		11		17		23		29	
		4		10		16		22		28	
		3		9		15		21		27	
		2		8		14		20		26	
		1		7		13		19		25	

【총괄해서 판단하면】

13 이 효는 너무 많이 지나쳐서 화를 부른 것이다. 그러므로 운이 맞는

---

13 此爻是過之已亢而招禍者也 故叶者 驕盈自恣 而不勝其矜口誇人之念 高亢自
持 而不勝其恃勢傲物之私 功名雖得于志願 而福澤終難于己有 不叶者 恃强妄
作 貪高圖遠 灾害竝至 身家難保 歲運逢之 在仕有過剛則折之嗟 在士有飛騰之

사람은, 남에게 자랑하려는 생각을 이기지 못해 교만하고 잘난 체하며 떠벌리고, 세력을 믿고 남에게 오만히 하는 사심을 이기지 못해 자기자신의 처신을 고자세로 하니, 공명은 비록 뜻하고 원하는대로 얻었으나, 복과 은택이 끝까지 가지는 못한다.

운이 맞지 않는 사람은, 강한 것만 믿고 망령되이 행동하고, 높은 것을 탐내고 원대한 것만 도모하니, 재앙과 해가 아울러 와서 몸과 가정을 보존하기 어렵다.

세운을 만나면, 공직자는 지나치게 강해서 꺾이는 슬픔이 있고, 구직자는 날아서 오르는 징조가 있으며, 일반인은 분수를 넘어서 죄를 이루는 허물이 있다. 심하면 변해서 화산려괘(☲) 상구효가 되니, 상복을 입을 근심이 있다.

【글귀로 판단하면】

1 方寸亂如麻하니 行人未到家라

  尊友哀人切하니 空夜雨飛花라

  마음이 삼타래 같이 어지러우니/ 행인이 아직 집에 이르지 못했네/ 존귀한 벗은 친구 위해 슬피 우는데/ 공연한 밤비는 꽃만 떨어뜨린다

2 以陰居過極하니 飛鳥致凶災라

  若能自謙抑이면 家門福慶來라

  음으로써 지나치게 높은 데 거처하니/ 새가 날아가서 흉하게 되었다/ 만약 스스로 겸손하고 억제할 수 있으면/ 가문에 복과 경사가 오게 되리라

兆 在庶俗有越分致孼之尤 甚則變旅上爻有服制之憂

坎上 離下　**水火旣濟(63)**
수　화　기　제

기제괘 개요

【괘사와 대상전】 기제는 형통할 것이 작은 것이니 바르게 함이 이로우니, 처음은 길하고 나중은 어지러우니라. 상에 말하기를 물이 불 위에 있는 것이 기제괘니, 군자가 본받아서 환란을 생각해서 미리 막느니라.【旣濟는 亨이 小니 利貞하니 初吉코 終亂하니라. 象曰 水在火上이 旣濟니 君子 以하야 思患而豫防之하나니라.】

【총괄해서 판단하면】

※ 旣濟卦 납갑표

[1] 감궁의 3세괘로 정월에 속한다. 내괘의 납갑은 기묘·기축·기해이고, 외괘의 납갑은 무신·무술·무자니, 정월에 태어난 사람과, 태어난 년도의 간지가 납갑의 간지에 합치되는 사람은 부귀와 공명을 누리게 된다.[2]

운세로 보면 수화기제괘(䷾)는 상괘는 감(☵)이고 하괘는 리(☲)이다. 호괘로는 리(☲)와 감(☵)이 있으니, 해와 달의 밝음

---

[1] 坎宮三世 卦屬正月 納甲是己卯己丑己亥 戊申戊戌戊子 如生于正月及納甲者 功名富貴人也

[2] 기제괘의 세효인 구삼효는 양효이므로, 초효부터 삼효까지 세면 인월寅月이 된다(초효는 자, 이효는 축, 삼효는 인). 지지의 인은 정월에 해당하므로, 기제괘가 정월괘가 되는 것이다. 따라서 정월을 주관하는 괘가 되고, 정월에 태어난 사람은 때를 얻음이 된다

이 그 안에 있다. 물이 불 위에 있으니, 아래에서 뜨거운 열기가 발동하면 솥의 물건이 끓어 익듯이, 일이 서로 어기지를 않는다. 중간에 있는 호괘도 같은 괘체로 이루어져 있으므로, 이와 같은 결과를 얻는다. 물이 물상을 세탁해서 청결하게 하고, 불은 물상들을 비춰서 광명하게 하니, 두 기운이 서로 느낌으로써 그 공을 이룬다. 군자가 이런 괘를 얻으면 완전히 잘 다스리는 상이 된다.

【팔궁세혼법으로 판단하면】

기제괘는 팔궁세혼법으로 볼 때, 감궁의 3세괘로 삼공三公에 해당한다. 즉 구삼효(삼공)가 세효世爻가 되고, 종묘宗廟에 해당하는 상육효는 응효가 된다. 두 효가 모두 제자리를 얻었고, 또 서로 음과 양으로 응했으니, 모든 일이 쉽게 잘 풀리게 된다. 또 세효의 지지인 해(亥水)와 응효의 지지인 자(子水)가 서로 상비관계로 돕고, 모든 효가 제자리를 얻고 음양으로 응하니 이 이상 좋은 일은 없다. 그러나 너무 완벽한 것은 무너지고 해지기 마련이므로, 경계하는 마음을 늦춰서는 안된다.

여섯효의 음양이 바르게 배합되어 있고, 모든 효가 서로 응하며, 수승화강(水升火降)하여 바르게 다스려졌으니 모든 일이 순조롭다. 남녀가 교합하고 사업이 결실을 이루는 괘이다. 그러나 영원한 성공은 없으니, 잘못되는 일이 있으면 초기에 전력을 다해서 방비하여야 한다. 현재하고 있는 일과 상태가 가장 좋은 것이니, 현상을 유지하도록 모든 힘을 다한다.

【글귀로 판단하면】

① 治安方自亂하니 通泰忌生屯하라

　小利貞西北이니 花新日又明이라

　편안했던 것이 저절로 어지러워지니/ 태평한 때에 어려움 생기는 것 꺼려라/ 작은 것은 서북쪽에서 바르게 함이 이로우니/ 꽃 새롭게 피고 날이 또 밝았다

② (五陽) 仙丹已到綠楊隈하니 險難今經已別離라

福去禍來終不錯이니 不須回首預前期라

(오양) 신선의 약이 이미 버들 푸른 언덕에 도착했으니/ 험난함이 이제 이별하며 지나갔다/ 복이 가면 화禍가 오는 것 틀린 적 없으니/ 머리 돌려 보지 않아도 예정대로 올 것이다

③ (五陰) 莫待祿高榮하고 須思禍與凶하라

預防兼早備면 方可保初終이라

(오음) 녹이 높고 영화로운 것 기다리지 말고/ 화와 흉함이 올 것 미리 생각하여라/ 예방하고 일찍 준비를 하면/ 처음과 끝을 잘 보전하게 되리라

1. 初九(▦→▦)

【효사와 소상전】 초구는 그 수레바퀴를 당기며 그 꼬리를 적시면 허물이 없으리라. 상에 말하기를 '그 수레바퀴를 당김'은 의리가 허물이 없다. 【初九는 曳其輪하며 濡其尾면 无咎리라. 象曰 曳其輪은 義无咎也니라.】

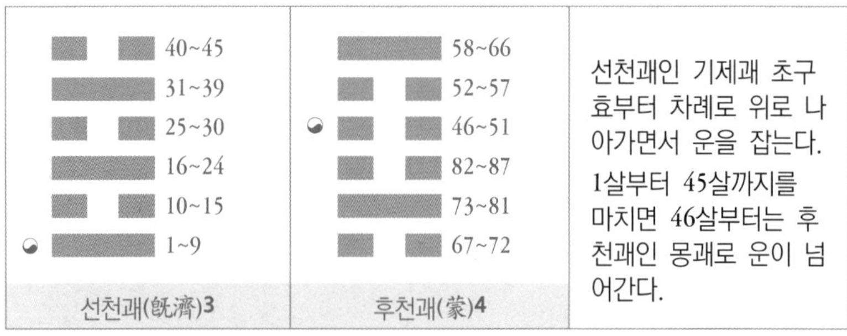

---

3 사주의 숫자로 괘를 만들어서 기제괘 초효에 원당이 있다면, 1~9살까지는 기제괘 초효 항을, 10~15살까지는 기제괘 이효 항을, …, 40~45살까지는 기제괘 상효 항을 가서 살펴 보면 된다.

4 46~51살까지는 후천괘인 몽괘 사효 항을, 58~66살까지는 몽괘 상효 항을, …, 82~87살까지는 몽괘 삼효 항을 살펴보면 그 사람의 운이 된다(◑나 ●표시 한 곳이

◈ 양년(갑·병·무·경·임년)일 경우 **5**

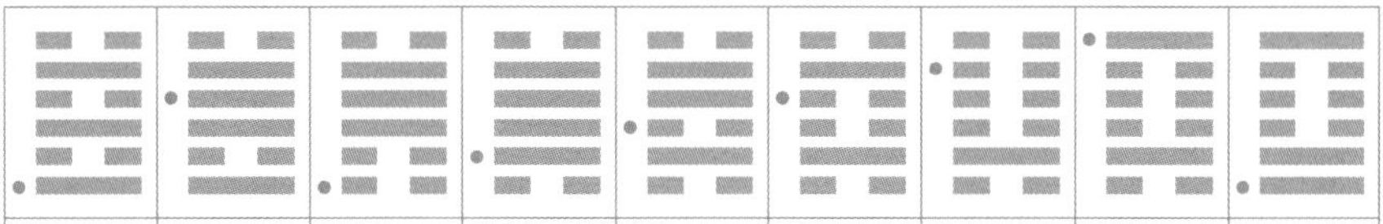

기제(63)**6**	혁(49)	함(31)	대과(28)	곤(47)	감(29)	사(7)	몽(4)	손(41)
1	2	3	4	5	6	7	8	9

◈ 음년(을·정·기·신·계년)일 경우

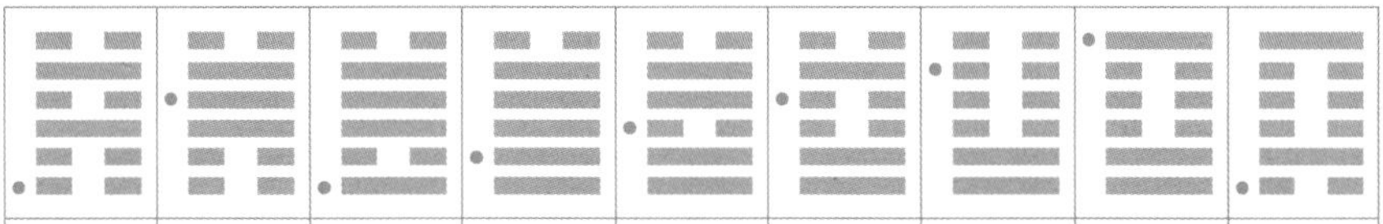

건(39)	함(31)	혁(49)	쾌(43)	태(58)	절(60)	림(19)	손(41)	몽(4)
1	2	3	4	5	6	7	8	9

◈ 월괘

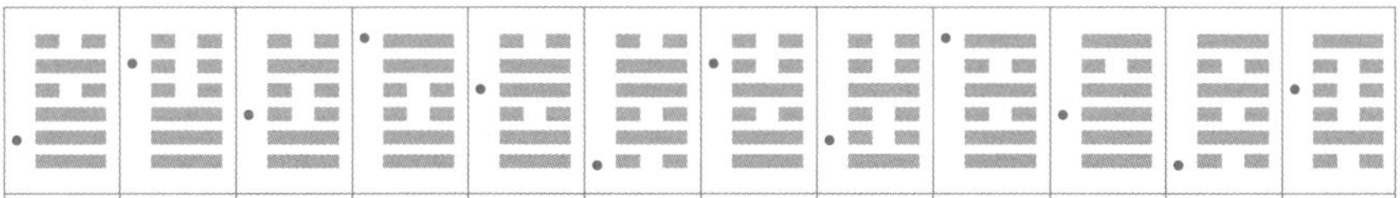

수·5	태·11	절·60	중부·61	태·58	곤·47	귀매·54	진·51	규·38	대유·14	미제·64	몽·4
1월	2월	3월	4월	5월	6월	7월	8월	9월	10월	11월	12월

◈ 일괘 **7**

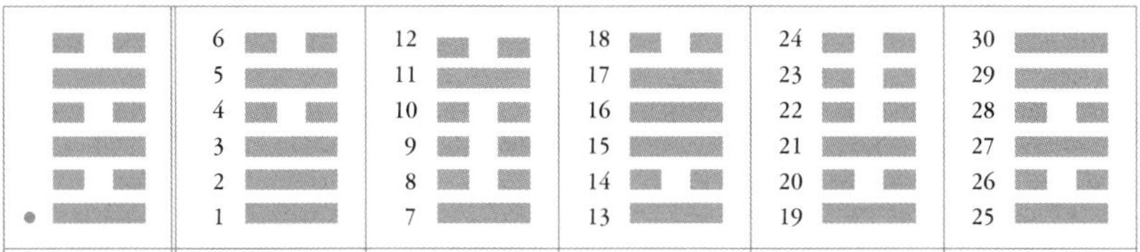

기제(초구)	수·5	둔·3	혁·49	명이·36	가인·37
	6 5 4 3 2 1	12 11 10 9 8 7	18 17 16 15 14 13	24 23 22 21 20 19	30 29 28 27 26 25

해당하는 효를 가리키고, 밑에서부터 초효·이효·삼효·사효·오효·상효로 나눈다).

5 해마다의 운인 유년운의 진행은 양효(━)일 때와 음효(━ ━)일 때가 다른데, 그 자세한 예는 중천건괘(1) 초구효, 중지곤괘(2) 초육효와 육이효, 수뢰둔괘(3) 초구효와 육삼효, 산수몽괘(4) 초육효와 육사효 항에 유년운에 속한 월운月運의 예와 함께 실려 있으므로 참고하면 된다.

6 위의 도표에서 '기제(63)'이라고 한 것은 괘명은 기제과旣濟卦고 64과 중에 63번째 과라는 뜻이다. 나머지 과도 이와같은 방식으로 본다. 따라서 앞의 목차에서 번호의 순서대로 찾으면, 해당하는 괘를 쉽게 찾을 수 있다.

【총괄해서 판단하면】

8 이 효는 처음에 삼가는 상을 두 가지(수레바퀴를 당김, 꼬리를 적심)로 비유해서, 그 점괘가 착한 것을 말한 것이다. 그러므로 운이 맞는 사람은, 어지러워지기 전에 다스려서 나라와 가문이 끝없는 아름다움을 누리게 하고, 망하기 전에 굳게 보존해서 종묘사직에 근심이 없게 되는 경사를 얻게 하니, 공과 업적은 위대하고 성하며, 벼슬은 숭고하다.

운이 맞지 않는 사람은, 마음이 밝고 뜻이 교묘하나, 나가고 물러남에 일정함이 없고 기회를 많이 놓치니, 명리名利가 실질이 없다.

세운을 만나면, 직책이 있어도 받지 못하고 벼슬이 있어도 등용되지 못하며, 경영하는 일과 진취적인 일은 움직이고자 하나 움직일 수 없고, 구제하고자 하나 되지 않으니, 삼가고 때를 기다려야 편안히 보존하게 되어 근심이 없다.

【글귀로 판단하면】

① 時方云旣濟나 遽進却非宜라

   思慮惟能謹이면 災消吉自隨라

   때는 이제 기제가 되었다고 하나/ 급하게 나아가면 좋은 것 없다/ 생각하고 근심하여 삼갈 수만 있다면/ 재앙은 사라지고 길함이 저절로 따라 오리라

② 鹿逐雲中出이요 人從日下歸라

   新歡生臉下하니 不用皺雙眉라

---

7 그 날의 운(日運)과 더 세분해서 시운時運을 알고 싶으면, 앞의 일괘日卦와 시괘時卦 설명을 참조해서 계산하면 된다. 자세한 예는 건(1)~송(6)괘의 초효 항에 있으므로 참고바람.

8 此爻是兩儆其謹始之象 而因善其占者也 故叶者 制治于未亂 而邦家可以享無疆之休 固存于未亡 而社稷可以獲無虞之慶 功業偉茂 爵位崇高 不叶者 心明志巧 進退無定 機會多遲 名利無實 歲運逢之 有職未受 有位未登 營爲進取 欲動未動 將濟不濟 謹戒俟時 安保無虞

사슴은 구름 속으로부터 나오고/ 사람은 해 밑에서 돌아온다/ 새로운
기쁨 뺨 아래 생기니/ 두 눈썹 찡그릴 것 없다

③ 推車濡尾하니 無咎可憂라

千里人行에 旣濟孤舟라

수레를 미는데 꼬리를 적셨으니/ 허물할 데 없어 근심스럽다/ 사람이
천리길을 가는데/ 외로운 배 이미 물을 건넜다

2. 六二(☳ → ☶)

【효사와 소상전】 육이는 지어미가 그 포장을 잃음이니, 쫓지 말면 칠 일에
얻으리라. 상에 말하기를 '칠일에 얻음'은 중도로써 함이라. 【六二는 婦喪其
茀이니 勿逐하면 七日애 得하리라. 象曰 七日得은 以中道也라.】

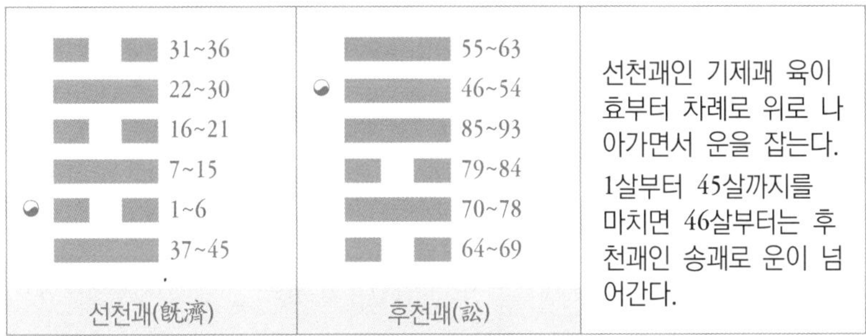

선천괘(旣濟)		후천괘(訟)		선천괘인 기제괘 육이
	31~36		55~63	효부터 차례로 위로 나
	22~30	◐	46~54	아가면서 운을 잡는다.
	16~21		85~93	1살부터 45살까지를
	7~15		79~84	마치면 46살부터는 후
◐	1~6		70~78	천괘인 송괘로 운이 넘
	37~45		64~69	어간다.

◈ 양년 음년 똑같음

수(5)	절(60)	태(58)	귀매(54)	규(38)	미제(64)
1	2	3	4	5	6

◇ 월괘

둔·3	익·42	수·17	취·45	진·51	귀매·54	서합·21	리·30	진·35	박·23	미제·64	송·6
1월	2월	3월	4월	5월	6월	7월	8월	9월	10월	11월	12월

◇ 일괘

기제(육이)	둔·3	혁·49	명이·36	가인·37	건·39

【총괄해서 판단하면】

9 이 효는 덕이 있는데도 쓰이지 못하는 상이고, 따라서 굳게 지키는 도를 보여준 것이다. 그러므로 운이 맞는 사람은, 덕이 몸에 쌓여서 임금의 다스리는 계획을 아름답게 수놓을 수 있고, 도가 몸에 가득차서 나라를 다스리는 방도의 근본을 펴나갈 수 있다. 처음은 비록 그 도를 행하기 어려워서 뜻하고 원하는 것을 이루지 못하나, 나중에는 반드시 적당함을 만나니, 공명이 늦게 이루어진다.

운이 맞지 않는 사람도, 정해진 식견이 있고, 지키는 것에 항상함이 있으니, 초년에는 답답하고 억눌려 어려우나 노년에는 의식衣食이 풍족하다.

세운을 만나면, 공직자는 먼저는 잘 안되나 뒤에는 순조롭고, 구직자는 먼저는 실패하나 뒤에는 합격되며, 일반인은 먼저는 어려우나 뒤에는 쉬

---

9 此爻是其有德而不見用之象 而因示以守重之道者也 故叶者德蘊於己 足以爲黼黻皇猷之治 道積厥躬 足以爲施張治具之本 始雖難行其道 而志願未遂 終必會逢其適 而功名晚成 不叶者 識見有定 執守有常 早歲鬱抑艱難 老年衣豐食足 歲運逢之 在仕有先逆後順之美 在士有先失後得之佳 在庶俗有先難後易之休 數凶者喪亡之兆

워진다. 수가 흉한 사람은 상을 당하고 망할 징조다.

【글귀로 판단하면】

① 時雖云旣濟나 欲速卽難成이라

　　貞固宜長守하고 時行則可行이라

　　때는 비록 기제라고 하나/ 빠르게 욕심내면 이루기 어렵다/ 곧고 굳게

　　지킴이 마땅하고/ 행해야 할 때가 되면 행해야 한다

② 虛雷無雨過하고 有雨不沾衣라

　　到頭成一笑나 目下未開眉라

　　마른 번개 치고 비 없으며/ 비 있어도 옷 젖지 않는다/ 가는 곳마다

　　한번 웃게 되나/ 현재는 눈썹도 열지 않는다

③ 月出雲遮晦하니 雙飛失伴迷라 七辰頭上得하니 門戶自生輝라

　　달떴는데 구름이 가려 어두우니/ 짝으로 날던 새 짝 잃고 헤맨다/ 일곱

　　진辰을 머리 위에 얻게 되면/ 가문에 자연히 빛이 난다

3. 九三(䷾ → ䷧)

【효사와 소상전】 구삼은 고종이 귀방을 쳐서 삼 년 만에 이기니 소인은 쓰

지 말아야 한다. 상에 말하기를 '삼년 만에 이김'은 곤한 것이다. 【九三은 高

宗이 伐鬼方하야 三年克之니 小人勿用이니라. 象曰 三年克之는 憊也라.】

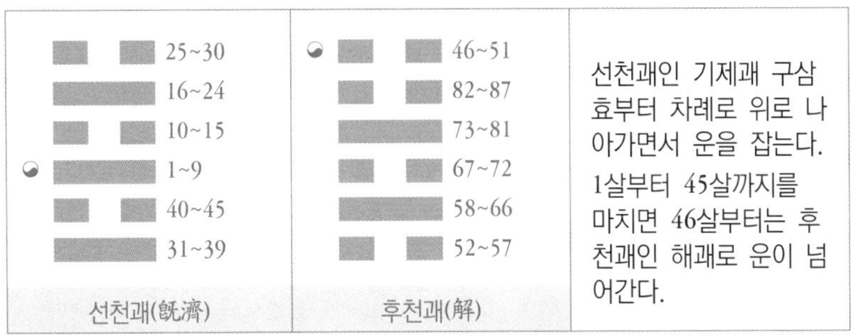

선천괘인 기제괘 구삼
효부터 차례로 위로 나
아가면서 운을 잡는다.

1살부터 45살까지를
마치면 46살부터는 후
천괘인 해괘로 운이 넘
어간다.

◇ 양년(갑·병·무·경·임년)일 경우

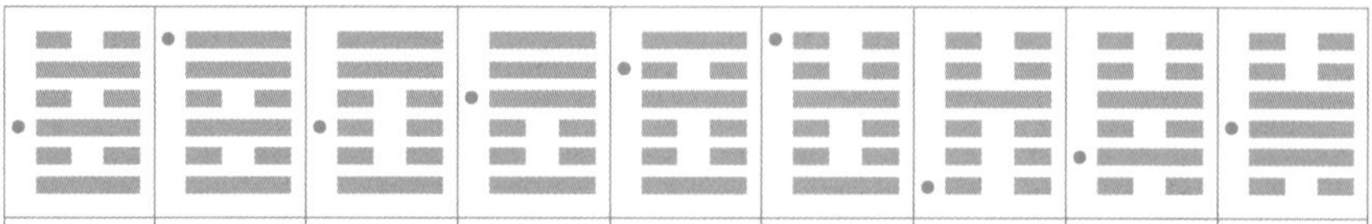

기제(63)	가인(37)	익(42)	무망(25)	서합(21)	진(51)	예(16)	해(40)	항(32)
1	2	3	4	5	6	7	8	9

◇ 음년(을·정·기·신·계년)일 경우

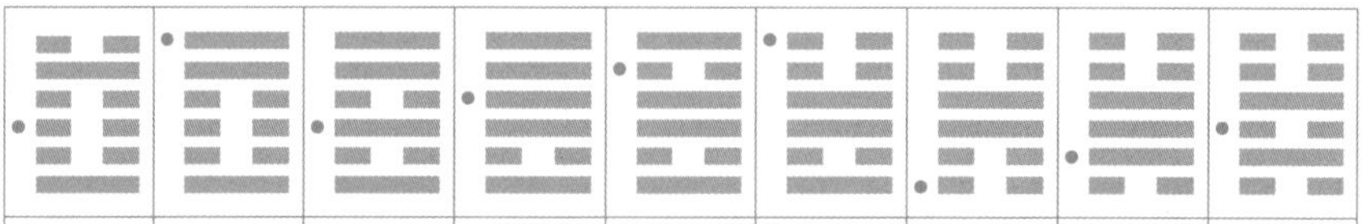

둔(3)	익(42)	가인(37)	동인(13)	리(30)	풍(55)	소과(62)	항(32)	해(40)
1	2	3	4	5	6	7	8	9

◇ 월괘

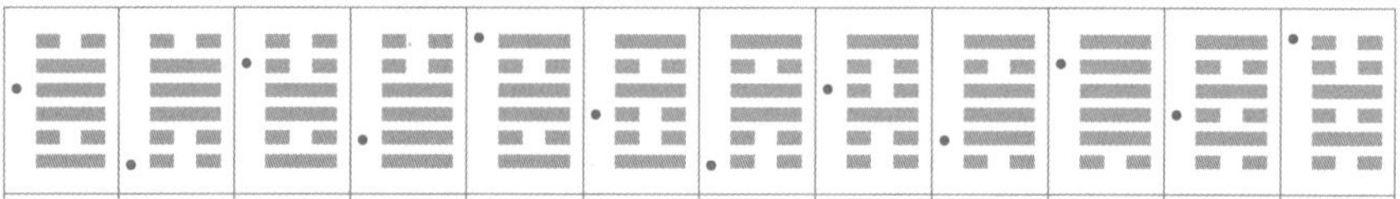

혁·49	함·31	풍·55	대장·34	리·30	서합·21	려·56	간·52	정·50	구·44	미제·64	해·40
1월	2월	3월	4월	5월	6월	7월	8월	9월	10월	11월	12월

◇ 일괘

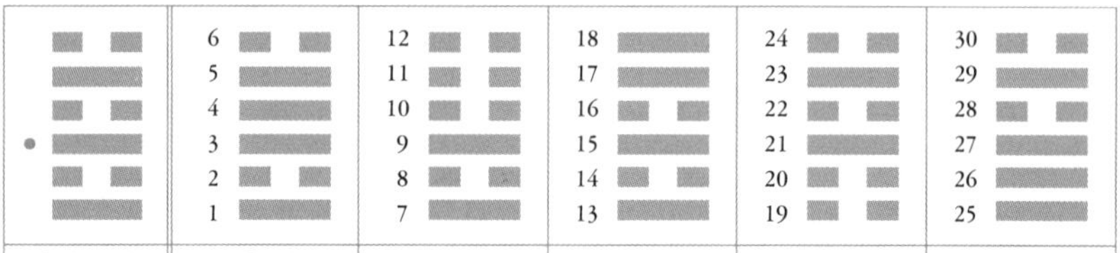

	6	12	18	24	30
	5	11	17	23	29
	4	10	16	22	28
	3	9	15	21	27
	2	8	14	20	26
	1	7	13	19	25
기제(구삼)	혁·49	명이·36	가인·37	건·39	수·5

【총괄해서 판단하면】

[10] 이 효는 군사를 내어서 전쟁하는 상으로 비유하여, 장수에게 맡기는

---

[10] 此爻是擬以行師之象 而示以任將之道者也 故叶者才猷雖蓄于有素 功效則難于
速成 大則爲將帥之職 小則爲督捕之任 不叶者率意妄爲 欺公罔上 不用則怨生
用之則驕盈 好爭喜頌 力疲財匱 歲運逢之 在仕有差遣征伐之擧 在士進取有久
而後克之嗟 在庶俗有結怨爭訟之損

도를 보여준 것이다. 그러므로 운이 맞는 사람은, 재주와 지모가 비록 본래 축적돼 있으나, 공과 효험은 빨리 이루어지기 어렵다. 크게 되면 대장군의 직책을 맡고, 작게 되면 지방을 감찰하고 도적을 잡는 책임을 맡는다.

운이 맞지 않는 사람은, 제 마음대로 망령된 행동을 하고, 나라를 속이고 윗사람을 업신여긴다. 등용하여 쓰지 않으면 원망하고, 쓰면 교만하고 자만하며, 다투기를 좋아하고 송사를 기뻐해서, 힘이 빠지고 재물이 바닥난다.

세운을 만나면, 공직자는 적이나 도적을 치는데 보내지고, 구직자는 아주 뒤늦게서야 출세를 하게 된다. 일반인은 원수를 맺고 송사로 다퉈서 손실을 본다.

【글귀로 판단하면】

① 有祿自天來하니 伐鬼三年災라

　　追來在斗地하니 一進一退財라

　　녹이 하늘로부터 오니/ 귀방(북방)의 재앙을 삼년 동안 정벌했다/ 따라가서 북쪽에 있으니/ 재물이 한번 늘어나면 한번 줄어들게 된다

② 入而易ㅣ 出而難하니

　　淹淹利再三이나 交加意不堪이라

　　들어가는 것은 쉽고/ 나가기는 어려우니/ 머물러서 두세번 이로운 것 찾으나/ 마음만 더욱 견디기 어렵다

4. 六四(䷾ → ䷰)

【효사와 소상전】 육사는 젖는 데 걸레를 두고, 종일토록 경계함이니라. 상에 말하기를 '종일토록 경계함'은 의심스러운 바가 있음이라. 【六四는 繻에 有衣袽코 終日戒니라. 象曰 終日戒는 有所疑也라.】

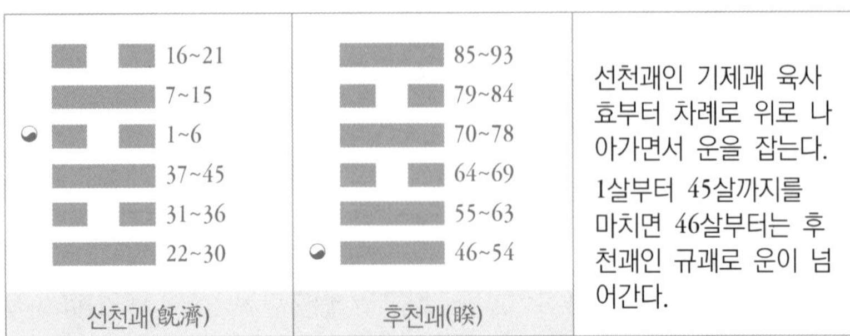

◈ 양년 음년 똑같음

혁(49)	풍(55)	리(30)	려(56)	정(50)	미제(64)
1	2	3	4	5	6

◈ 월괘

명이·36	태·11	비·22	이·27	간·52	려·56	고·18	손·57	몽·4	사·7	미제·64	규·38
1월	2월	3월	4월	5월	6월	7월	8월	9월	10월	11월	12월

◈ 일괘

기제(육사)	명이·36	가인·37	건·39	수·5	둔·3

【총괄해서 판단하면】

11 이 효는 대신大臣이 환난을 생각하여 미리 방비하는 것이니, 나라를

---

11 此爻是大臣思患而預防之　可以得保治之道者也　故叶者　圖危于安　而驚天動地
之謀　旣無所不用其極　制亂於治　而戒謹恐懼之念　无所不致其全　富貴可保於無
虞　福澤可享於悠久　不叶者　亦不失爲謹厚之士　多疑多慮　防虞杜怨　衣食充足　歲
運逢之　在仕有預防之計　而爵祿穩固　在士養之有素　而進取无辱　在庶俗有活計

보존하고 다스리는 도를 얻은 사람이다. 그러므로 운이 맞는 사람은, 편안할 때 위태함을 방비하기를 하늘이 놀라고 땅이 흔들릴 꾀를 쓰며, 다스려졌을 때 어지러움을 제어하기를 경계하고 삼가며 두려워하는 생각으로 완전하게 하니, 근심걱정 없이 부귀를 보존하고, 복과 은택을 유구하게 누릴 수 있다.

운이 맞지 않는 사람도, 또한 언행을 삼가하는 후중한 선비로, 잘 살피어 의심거리와 원망을 사전에 막으며, 의식이 풍족하다.

세운을 만나면, 공직자는 예방하는 계책이 있어서 벼슬과 녹이 편안하고 굳어지며, 구직자는 평소에 덕을 길러서 벼슬에 나가도 욕됨이 없다. 일반인은 생활계획이 있고, 저축해 놓은 것이 있어서 기울어지고 엎어지는 위험이 없다. 배로 항해하는 사람은 배가 뚫어져 물이 새는 놀라움이 있다.

【글귀로 판단하면】

① 事雖云旣濟나 尤慮吉成凶이라

　戒謹勤終日이면 方能保始終이라

　일은 비록 기제라고 말하나/ 길한 것이 흉하게 될까 더욱 근심된다/ 경계하고 삼가기를 하루종일 부지런히 하면/ 처음과 끝을 보전할 수 있으리라

② 有功無祿位하고 有祿無印權하니

　好戒退一步나 附勢去分歡이라

　공은 있는데 녹과 벼슬이 없고/ 녹은 있으나 인끈과 권한이 없으니/ 경계하고 한걸음 물러남이 좋으나/ 세력에 붙어서 기쁨만 나눈다

③ 落花滿地亂交加하니 一點中心事若麻라

　若得高人相引後면 春風桃李又開花라

　꽃이 떨어져 어지러이 섞인 채 땅에 가득하니/ 한점 마음속 일이 삼타

有備用 而無傾覆之危 行舟者隙漏之驚

래 같다/ 만약 높은 사람이 서로 이끌어 주면/ 봄바람에 복숭아와 오얏이 또 꽃 피울 것이다

5. 九五(☷→☷)

【효사와 소상전】 구오는 동쪽 이웃의 소를 잡음이, 서쪽 이웃의 간략한 제사가 실제로 복을 받음 만 못하니라. 상에 말하기를 '동쪽 이웃의 소를 잡음이 서쪽 이웃의 때를 얻음만 못하니, 실제로 그 복을 받는다' 함은 길함이 크게 오는 것이다. 【九五는 東鄰殺牛 不如西鄰之禴祭 實受其福이니라. 象曰 東鄰殺牛 不如西鄰之時也니 實受其福은 吉大來也라.】

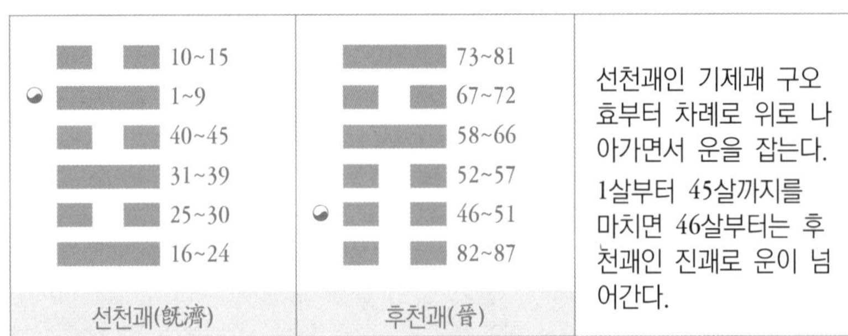

10~15	73~81
1~9	67~72
40~45	58~66
31~39	52~57
25~30	46~51
16~24	82~87
선천괘(旣濟)	후천괘(晉)

선천괘인 기제괘 구오효부터 차례로 위로 나아가면서 운을 잡는다. 1살부터 45살까지를 마치면 46살부터는 후천괘인 진괘로 운이 넘어간다.

◈ 양년(갑·병·무·경·임년)일 경우

기제(63)	수(5)	태(11)	대축(26)	고(18)	간(52)	박(23)	진(35)	비(12)
1	2	3	4	5	6	7	8	9

◈ 음년(을·정·기·신·계년)일 경우

명이(36)	태(11)	수(5)	소축(9)	손(57)	점(53)	관(20)	비(12)	진(35)
1	2	3	4	5	6	7	8	9

◈ 월괘

가인·37	익·42	점·53	돈·33	손·57	고·18	환·59	감·29	송·6	리·10	미제·64	진·35
1월	2월	3월	4월	5월	6월	7월	8월	9월	10월	11월	12월

◈ 일괘

기제(구오)	가인·37	건·39	수·5	둔·3	혁·49

【총괄해서 판단하면】

12 이 효는 비록 임금일지라도 이미 지나간 때에 거처해 있기 때문에, 신하가 아래에서 때를 얻음만 못한 것이다. 그러므로 운이 맞는 사람은, 두루 생각하고 멀리 염려해서 가볍게 움직이지 않으며, 가득찬 것을 잘 보존하고 이루어진 것을 지켜서 가볍게 변경하지 않으니, 기제(완전히 다스려짐)의 성취된 업적을 걱정없이 보존하고, 대유(크게 소유함)의 큰 복을 끝없이 누릴 수 있다.

운이 맞지 않는 사람은, 화려한 것에만 힘쓰고 성실함이 적어서 결국 세상을 교훈하는데 유익함이 없고, 물건을 낭비하고 사람을 해롭게 해서 몸과 가정을 보존하기 어렵다. 오직 산속에 숨어사는 사람은 복을 받을 수 있다.

---

12 此爻是人君處時之過 不如人臣得時於下者也 故叶者 周思遠慮 而事不敢以輕動 持盈守成 而法不敢以輕變 旣濟之業 可保於无虞 大有之福 可享于无疆 不叶者 多務華靡 而少誠實 終无益于世敎 損物害人 身家難全 惟山林幽客 可受其福 歲運逢之 在仕必居宗廟祭祀之職 而有過時招尤之失 未仕者有從事失時之阨 在庶俗謀遠則成虛 謀近則有實 謀望者不利東方 而利于西也

세운을 만나면, 공직자는 반드시 종묘에서 제사를 받드는 직책에 있으나, 제사의 때를 지나쳐서 허물짓는 실수가 있고, 벼슬하지 않은 사람은 일을 따라하다가 때를 놓치는 액운이 있다. 일반인은 먼 계획은 이루어지지 않고 가까운 계획은 이루어지며, 꾀하고 바라는 것에 있어서 동쪽은 불리하고 서쪽은 이롭다.

【글귀로 판단하면】

① 積德施功有子孫하니 殺牛祭祀及西鄰이라

利名兩字成員日에 回首山頭萬物新이라

덕을 쌓아 공을 이루고 자손이 있으니/ 소잡아 제사지내어 서쪽 이웃까지 미치게 됐다/ 명리의 두 글자 이루어 지는 날/ 머리 돌려 산머리 보니 만물이 새롭다

② 禮薄將誠意요 施爲貴適宜라

自然蒙福祐이니 凡事在先施라

예절은 박하더라도 성의를 가져야 하고/ 일처리는 적절하게 하는 것이 귀중하다/ 그러면 자연히 복을 받게 되니/ 모든 일은 먼저 베풂이 좋다

③ 擬欲來東却往西하니 精神用盡事迍邅라

到底可求幷可望이니 秋風黃菊綻東籬라

동쪽으로 오려는데 서쪽을 가니/ 정신은 피로하고 일은 머뭇거리며 더디다/ 끝에 가면 구할 수 있고 바라볼 수 있으니/ 가을바람에 누런 국화가 동쪽 울타리에 핀다

6. 上六(☷ → ☵)

【효사와 소상전】 상육은 그 머리를 적심이라. 위태하니라. 상에 말하기를 '그 머리를 적셔 위태함'이 어찌 오래 할 수 있겠는가? 【上六은 濡其首라 厲하니라. 象曰 濡其首厲 何可久也리오.】

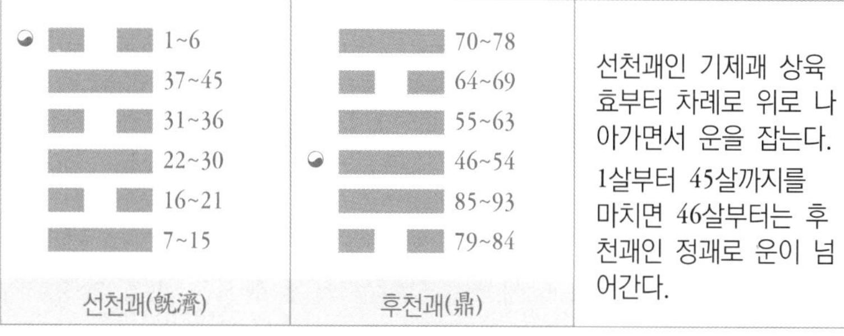

◈ 양년 음년 똑같음

가인(37)	점(53)	손(57)	환(59)	송(6)	미제(64)
1	2	3	4	5	6

◈ 월괘

건·39	함·31	정·48	승·46	감·29	환·59	곤·47	태·58	해·40	예·16	미제·64	정·50
1월	2월	3월	4월	5월	6월	7월	8월	9월	10월	11월	12월

◈ 일괘

기제(상육)	건·39	수·5	둔·3	혁·49	명이·36

【총괄해서 판단하면】

이 효는 재주가 세상을 구제할 만하니, 그 상을 비유해서 위태하다는 점 괘를 말한 것이다. 그러므로 운이 맞는 사람은, 편안해도 위태한 일을 잊 지 않고, 다스려졌어도 어지러웠을 때를 잊지 않는다. 따라서 천명(天命: 여기서는 임금노릇을 하라는 명령)이 영구하고 굳게 되며, 사람들의 마음 을 영원히 품에 안아서, 기제(완전히 다스려짐)의 다스려진 업적을 끝에 가서도 어지러워지지 않게 한다.

운이 맞지 않는 사람은, 뜻은 높고 마음은 교만하여 재주만 믿고 망령되이 일을 벌리니, 하늘이 싫어하고 사람이 원망해서 곧 망하게 된다.

세운을 만나면, 공직자는 지나치게 높아져서 꺾이는 걱정이 있고, 구직자는 가라앉고 빠져서 나가기 어려운 위태함이 있다. 일반인은 소인에게 물드는 근심이 있고, 배로 항해하는 사람은 물에 빠지는 것을 예방해야 한다.[13]

【글귀로 판단하면】

1 更改事相宜나 閑言有是非라

切須防暗箭하고 獨見早思維라

다시 고치면 일이 서로 마땅하게 되나/ 한가로이 말만하면 시비가 있게 된다/ 어둠속에서 화살 오는 것을 간절히 방비하고/ 홀로 관찰하며 일찍 생각해서 하라

2 小舟防滯患이요 秋木忌彫殘이라

踏遍千人市하니 兵戈一頃間이라

작은 배는 막히고 지체되어 근심되며/ 가을나무는 시들어 떨어지는 것 꺼린다/ 여러사람 모인 곳 두루 찾아 다니니/ 순식간에 싸움 일어나게 된다

3 心事望團圓이나 心堅事未全이라

一枝枯木上에 花落又還鮮이라

마음 속의 일 원만하게 되기 바라나/ 마음만 굳고 일은 온전하지 못하다/ 한줄기 마른나무 가지 위에/ 꽃 떨어지니 또 다시 꽃핀다

---

13 此爻是才足以濟世 擬其象而危其占者也 故叶者 安而不忘危 治而不忘亂 天命永固 人心永懷 而旣濟之業 不致于終亂 不叶者 志高意滿 恃才妄作 天厭人怨 喪亡无日 歲運逢之 在仕有過高則折之屬 在士有沉溺難進之危 在庶俗有小人濡染之患 行舟者防溺水之患

離上
坎下

火水未濟(64)
화 수 미 제

미제괘 개요

【효사와 소상전】 미제는 형통하니, 어린 여우가 용감하게 건너서 그 꼬리를 적심이니, 이로울 바가 없느니라. 상에 말하기를 불이 물 위에 있는 것이 미제괘니, 군자가 본받아서 삼가하며 물건을 분별해서 각기 방소에 거처하게 하나니라. 【未濟는 亨하니 小狐 汔濟하야 濡其尾니 无攸利하니라. 象曰 火在水上이 未濟니 君子 以하야 愼辨物하야 居方하나니라.】

【총괄해서 판단하면】

1 리궁 3세괘로 7월에 속한다. 내괘의 납갑은 무인·무진·무오이고, 외괘의 납갑은 기유·기미·기사니, 7월에 태어난 사람과, 태어난 년도의 간지가 납갑의 간지에 합치되는 사람은 부귀와 공명을 누리게 된다.[2]

운세로 보면 화수미제괘(䷿)는 상괘는 리(☲)이고 하괘는 감(☵)이고, 호괘도 같은 괘체로 되어 있다. 두 기운이 서로 만나

---

1 離宮三世 卦屬七月 納甲 是戊寅戊辰戊午 己酉己未己巳 如生於七月及納甲者 功名富貴人也

2 미제괘의 세효인 육삼효는 음효이므로, 초효부터 삼효까지 세면 신월申月이 된다(초효는 오, 이효는 미, 삼효는 신). 지지의 신은 7월에 해당하므로, 미제괘가 7월괘가 되는 것이다. 따라서 7월을 주관하는 괘가 되고, 7월에 태어난 사람은 때를 얻음이 된다.

되, 음과 양이 서로 순하지를 않으니, 일마다 다 뒤집어진다. 이런 까닭은 불이 물의 위에 있어서, 둘다 이루어짐이 없기 때문이다. 군자가 이런 괘를 얻으면, 다스려지지 못했다는 미제의 상이 된다.

【팔궁세혼법으로 판단하면】

미제괘는 팔궁세혼법으로 볼 때, 리궁의 3세괘로 삼공三公에 해당한다. 즉 육삼효(삼공)가 세효世爻가 되고, 종묘宗廟에 해당하는 상구효는 응효가 된다. 두 효가 모두 제자리를 얻지 못했으나, 서로 음과 양으로 응했으니, 어려운 가운데 협조하는 뜻이 있다. 또 세효의 지지인 오(午火)와 응효의 지지인 사(巳火)가 서로 상비관계로 돕고, 모든 효가 제자리를 얻지는 못했으나 서로 음양으로 응하니, 불완전한 가운데 협동해서 일을 풀어나가게 된다. 또 상괘인 불(☲)은 위로 올라가고 하괘인 물(☵)은 아래로 내려가니, 두 기운이 서로 사귀지 못하는 어려움이 있다. 그러나 호괘로 보면 물과 불이 자리를 바꾸고 있으므로, 어려움 속에 밝게 풀리는 뜻이다.

근심한 후에 기쁨이 있는 격으로, 처음에는 지위나 때가 좋지 못해 하는 일에 고통이 많고 좌절하기 쉽다. 금전적인 문제나 사람을 부리는 일도 여의치 않아 경거망동하기 쉽다. 급히 이루려 하지 말고, 자중하면서 끈기있게 노력하면 머지않아 뜻을 이룬다. 급한 일은 이루지 못하고, 장기적으로 생각하는 일은 성공하니, 긴 안목으로 처신해야 된다.

【글귀로 판단하면】

① 乘龍防有失이니 濡尾有淹留라 若得高人力이면 殊無戚與憂라

　　용을 타 최고로 좋게 되면 손실 있을 것을 방비해야 하니/ 꼬리를 적시면 지체하게 된다/ 만약 높은 사람의 힘을 얻는다면/ 슬프고 근심스러운 일 없을 것이다

② 一牛二尾事難全이니 財祿須防兩不完하라

　　過了破田方有氣하니 若逢寅卯是根源이라

소 한마리에 꼬리가 둘로 일이 온전하기 어려우니/ 재물과 녹이 둘다 완전하지 못하게 됨을 방비해야 한다/ 나쁜 운 지나가면 좋은 운 있게 되니/ 만약 인·묘(寅卯)를 만나면 이것이 근원이 된다

③ 蟄蟲泥脫得春回하니 誰謂春天不見雷아

忽聽轟雷驚百里하니 化龍飛起一都魁라

움추렸던 벌레 진흙 속에서 나와 봄을 맞으니/ 봄하늘에 우레볼 수 없다고 누가 말했나?/ 홀연한 우레소리 백리를 놀라게 하니/ 큰 구렁이가 용이 되어 날아 오른다

1. 初六(☵ → ☵)

【효사와 소상전】 초육은 그 꼬리를 적심이니 인색하니라. 상에 말하기를 '그 꼬리를 적심'은 또한 알지 못함의 극치인 것이다.【初六은 濡其尾니 吝하니라. 象曰 濡其尾 亦不知 極也라.】

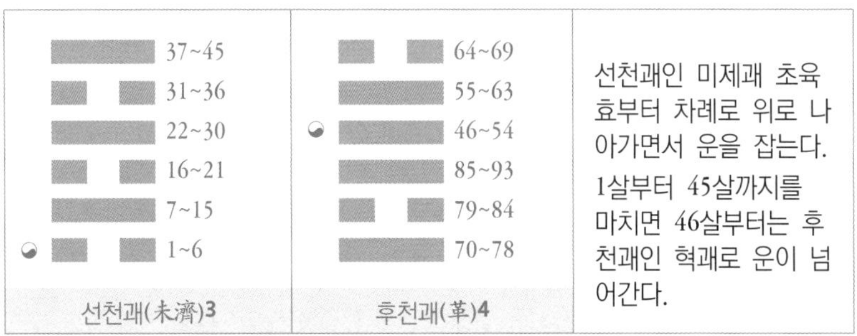

선천괘인 미제괘 초육효부터 차례로 위로 나아가면서 운을 잡는다. 1살부터 45살까지를 마치면 46살부터는 후천괘인 혁괘로 운이 넘어간다.

---

3 사주의 숫자로 괘를 만들어서 미제괘 초효에 원당이 있다면, 1~6살까지는 미제괘 초효 항을, 7~15살까지는 미제괘 이효 항을, …, 37~45살까지는 미제괘 상효 항을 가서 살펴 보면 된다.

4 46~54살까지는 후천괘인 혁괘 사효 항을, 64~69살까지는 혁괘 상효 항을, …, 85~93살까지는 혁괘 삼효 항을 살펴보면 그 사람의 운이 된다(◐나 ●표시 한 곳이 해당하는 효를 가리키고, 밑에서부터 초효·이효·삼효·사효·오효·상효로 나눈다).

◇ 양년 음년 똑같음 [5]

규(38)[6]	서합(21)	리(30)	비(22)	가인(37)	기제(63)
1	2	3	4	5	6

◇ 월괘

진·35	비·12	려·56	소과·62	간·52	비·22	점·53	손·57	건·39	비·8	기제·63	혁·49
1월	2월	3월	4월	5월	6월	7월	8월	9월	10월	11월	12월

◇ 일괘 [7]

미제(초육)	진·35	정·50	몽·4	송·6	해·40

---

5 해마다의 운인 유년운의 진행은 양효(━)일 때와 음효(━ ━)일 때가 다른데, 그 자세한 예는 중천건괘(1) 초구효, 중지곤괘(2) 초육효와 육이효, 수뢰둔괘(3) 초구효와 육삼효, 산수몽괘(4) 초육효와 육사효 항에 유년운에 속한 월운月運의 예와 함께 실려 있으므로 참고하면 된다.

6 위의 도표에서 '규(38)'이라고 한 것은 괘명은 규괘睽卦고 64괘 중에 38번째 괘라는 뜻이다. 나머지 괘도 이와같은 방식으로 본다. 따라서 앞의 목차에서 번호의 순서대로 찾으면, 해당하는 괘를 쉽게 찾을 수 있다. 또 월괘月卦에서 '진·35' 등으로 표시한 것도, 괘명은 진괘晉卦고 64괘 중에 35번째라는 뜻이다.

7 그 날의 운(日運)과 더 세분해서 시운時運을 알고 싶으면, 앞의 일괘日卦와 시괘時卦 설명을 참조해서 계산하면 된다. 자세한 예는 건(1)~송(6)괘의 초효 항에 있으므로 참고바람.

【총괄해서 판단하면】

8 이 효는 재주도 덕도 때도 없어서 세상을 구제하기 어려운 것이다. 그러므로 운이 맞는 사람은, 비록 세상을 다스릴 재주가 있으나 좋은 기회를 만나기 어려우니, 자기의 분수를 편안히 지키면 영화롭고 욕이 더해지지 않는다.

운이 맞지 않는 사람은, 몸은 미천하고 운은 약한데 경거망동을 한다. 혹학문에는 조금 성취함이 있으나 처음은 있고 끝이 없으며, 마음이 만족을 모르니 위태함을 면키 어렵다.

세운을 만나면, 벼슬길에 있는 사람은 험하고 막혀서 앞으로 나가지 못하고, 구직자는 혹 말석으로 과거시험에 합격되며, 일반인은 경영하는 일이 끝내 마음대로 안된다. 배로 물을 건너는 사람은 배가 새서 물에 빠지는 것을 예방해야 한다.

【글귀로 판단하면】

① 孤渡洶洶起하니 濡尾眞有凶이라 前途休進步하고 坐上待春風하라

외롭게 물 건너가는데 파도가 흉흉히 일어나니/ 꼬리를 적셔서 참말로 흉함 있게 되었다/ 앞길로만 나가지 말고/ 앉아서 봄바람 불 때 기다려라

② 桑楡催晩景하니 缺月恐難圓이라 若遇刀圭客이면 方知有異緣이라

서쪽하늘에 석양빛 재촉하니/ 이지러진 달 둥글어지기 어려울까 두렵다/ 만약 칼과 옥패 찬 손님(벼슬아치) 만나면/ 특별한 인연 있다는 것을 알 것이다

---

8 此爻是無才無德無時 而難以有濟者也 故叶者雖有經濟之才 難逢機會之美 守己安分 榮不辱加 不叶者 身微運弱 妄動輕擧 或學小成 有頭無尾 心不知足 危殆難免 歲運逢之 在仕路險阻不能前進 在士進選 或得末榜 常人經營 終不稱意 涉水行舟 謹防濡溺

2. 九二 (☵ → ☲)

【효사와 소상전】 구이는 그 바퀴를 당기면 바르게 해서 길하리라. 상에 말하기를 '구이의 바르게 해서 길함'은 중도로 바름을 행하기 때문이다. 【九二는 曳其輪이면 貞하야 吉하리라. 象曰 九二貞吉은 中以行正也일새라.】

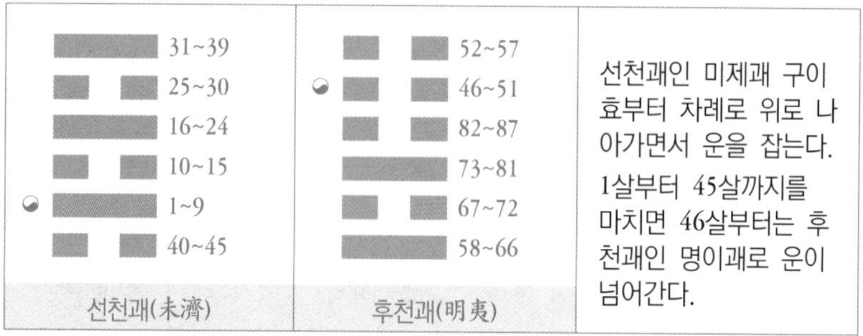

<table>
<tr><td colspan="2">선천괘(未濟)</td><td colspan="2">후천괘(明夷)</td><td rowspan="7">선천괘인 미제괘 구이 효부터 차례로 위로 나아가면서 운을 잡는다.

1살부터 45살까지를 마치면 46살부터는 후천괘인 명이괘로 운이 넘어간다.</td></tr>
<tr><td></td><td>31~39</td><td></td><td>52~57</td></tr>
<tr><td></td><td>25~30</td><td></td><td>46~51</td></tr>
<tr><td></td><td>16~24</td><td></td><td>82~87</td></tr>
<tr><td></td><td>10~15</td><td></td><td>73~81</td></tr>
<tr><td></td><td>1~9</td><td></td><td>67~72</td></tr>
<tr><td></td><td>40~45</td><td></td><td>58~66</td></tr>
</table>

◈ 양년(갑·병·무·경·임년)일 경우

미제(64)	송(6)	비(12)	돈(33)	점(53)	간(52)	겸(15)	명이(36)	태(11)
1	2	3	4	5	6	7	8	9

◈ 음년(을·정·기·신·계년)일 경우

진(35)	비(12)	송(6)	구(44)	손(57)	고(18)	승(46)	태(11)	명이(36)
1	2	3	4	5	6	7	8	9

◈ 월괘

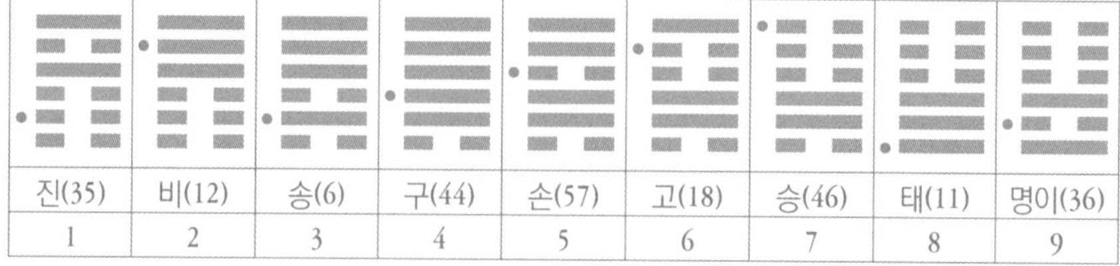

정·50	항·32	고·18	대축·26	손·57	점·53	정·48	감·29	수·5	쾌·43	기제·63	명이·36
1월	2월	3월	4월	5월	6월	7월	8월	9월	10월	11월	12월

◈ 일괘

미제(구이)	정·50	몽·4	송·6	해·40	규·38
6 5 4 3 2 1	12 11 10 9 8 7	18 17 16 15 14 13	24 23 22 21 20 19	30 29 28 27 26 25

【총괄해서 판단하면】

9 이 효는 신하의 바른 도를 지킬 수 있는 사람이고, 이를 깊게 찬양한 것이다. 그러므로 운이 맞는 사람은, 중도로 행하고 순한 마음을 품으며, 삼가고 두려워하는 생각을 가진다. 위로는 임금에게 믿음을 받아서 총애하는 은택이 줄어들지 않고, 아래로는 백성에게 신뢰를 얻어서 명예를 이루고 훼손되지 않는다.

운이 맞지 않는 사람도 또한 삼가고 후중한 선비로, 온화한 기운으로써 무리를 대해서 상대와 거부감이 없고, 중정中正하게 행동해서 일처리에 치우침이 없으니, 재물과 녹 및 의식衣食이 풍족하여 부족함이 없다.

세운을 만나면, 공직자는 그 직책을 힘들여 수행해서 전적으로 총애와 신임을 얻고, 구직자는 위로 올라가려는데 앞서지 못하는 허물이 있다. 일반인은 평상시대로 편안히 분수를 지키면 꾀하고 바라는 것이 이루어지니, 망령되이 행동해서 곤함을 취해서는 안된다.

【글귀로 판단하면】

① 展輪千里去하니 平坦俱無阻라 一見水邊人이면 勿擊午時鼓하라

　　수레바퀴 굴려 천리를 가니/ 평탄한 길 아무런 막힘이 없다/ 만약 물

---

9 此爻是能守臣道之正而深與之者也 故叶者 宅之以中順之心 持之以謹畏之念 上
　馬見信于君 而寵渥不衰 下馬見信于民 而名成不毁 不叶者 亦不失爲謹厚之士
　和以處衆 與物无忤 中以行正 而處事不偏 財祿衣食 豐足不欠 歲運逢之 在仕克
　艱厥職 而得寵任之專 在士有上往不前之咎 在庶俗則安常守分 而謀望遂 不可
　妄行取困

수水자 변이 든 사람을 만나면/ 오시午時에 북치지 마라

② 險難危疑際요 經綸拯救時라

居中行正道하니 凶散吉相隨라

험난하고 위태하며 의심나는 때이고/ 경륜을 펴서 구제해야 하는 때이다/ 가운데(中) 거처해서 바른 도를 행하니/ 흉한 일 흩어지고 길함이 서로 따른다

3.六三(䷕→䷤)

【효사와 소상전】 육삼은 미제에 나아가면 흉하나, 큰 내를 건넘이 이로우니라. 상에 말하기를 '미제에 나아가면 흉함'은 자리가 마땅치 못하기 때문이다.

【六三은 未濟에 征이면 凶하나 利涉大川하니라. 象曰 未濟征凶은 位不當也일새라.】

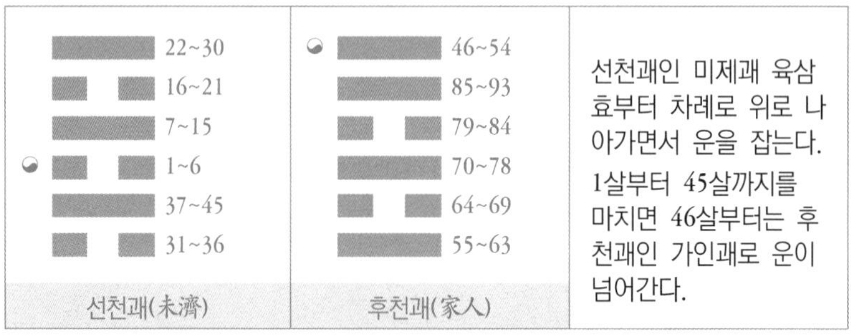

선천괘(未濟)	후천괘(家人)	선천괘인 미제괘 육삼 효부터 차례로 위로 나아가면서 운을 잡는다. 1살부터 45살까지를 마치면 46살부터는 후천괘인 가인괘로 운이 넘어간다.

선천괘(未濟): 22~30 / 16~21 / 7~15 / 1~6 / 37~45 / 31~36
후천괘(家人): 46~54 / 85~93 / 79~84 / 70~78 / 64~69 / 55~63

◇ 양년 음년 똑같음

정(50)	고(18)	손(57)	정(48)	수(5)	기제(63)
1	2	3	4	5	6

◇ 월괘

몽·4	손·41	환·59	관·20	감·29	정·48	절·60	태·58	둔·3	복·24	기제·63	가인·37
1월	2월	3월	4월	5월	6월	7월	8월	9월	10월	11월	12월

◇ 일괘

미제(육삼)	몽·4	송·6	해·40	규·38	진·35

【총괄해서 판단하면】

10 이 효는 재주가 약해서 일을 할 수 없는 자이니, 오직 남의 힘을 빌려야 일을 할 수 있는 것이다. 그러므로 운이 맞는 사람은, 자기를 지키는 일은 잘하지 못하고 할 수 없는 일에만 힘쓰니, 세상을 구제하는 책임을 다하지 못한다. 그러나 어진 사람을 정성껏 초빙하면, 어진 사람이 감격하여, 백성을 고무시키고 부르며 화답하게 하는 아름다운 다스림을 이룰 수 있다.

운이 맞지 않는 사람은, 아부하고 간사하며 음흉하고 험해서 촌보寸步도 가기 어려우니, 근심되고 어려울 때는 힘을 모아 같이 일할 수는 있어도, 안락할 때는 즐거움을 같이 누릴 수는 없다(급할 때는 힘을 모으지만, 일단 급한 불을 끄고 나면 시기하고 배신한다).

---

10 此爻是才弱不足以有爲　惟因人可以濟事者也　故叶者多拙于守己　而力不能爲 而所以經濟其世者　有弗克負荷之㦖　然樂于從人　則人爲我格　而所以鼓舞其利者 有倡和成能之美　不叶者　柔奸陰險　寸步難行　可與同患難　不可與同安樂　歲運逢 之　在仕則己德不足　而有因人成事之美　在士則有尙往不勝之吝　在庶俗則有摧抑 之患　在商旅則涉川歷險而利可獲　登山走陸者不宜

549

세운을 만나면, 공직자는 자기의 덕이 부족해서 남의 힘을 빌려서 일을 이루게 되고, 구직자는 나가는 것만을 힘써서 소임을 다하지 못하는 허물이 있으며, 일반인은 꺾기고 눌리는 근심이 있다. 장사하는 사람과 나그네는 내(川)를 건너고 험한 곳을 거쳐야 이익을 얻을 수 있고, 산을 오르거나 육로로 달리는 사람은 좋지 않다.

【글귀로 판단하면】

① 掛帆風得便하니 不覺舟順速이라

　守舊有征凶하니 後笑還先哭이라

　돛 걸자 바람 얻으니/ 배 순조로와 빠르게 간다/ 옛 것을 지켜야 하고 나가 다투면 흉하니/ 뒤에 웃으려면 먼저 울어야 한다

② 千里片帆輕하니 波平浪不驚이라

　舟行無阻滯하니 遠處卽通津이라

　천리길을 조각배 가볍게 가니/ 파도는 평온하고 물결은 잔잔하다/ 배 가는데 막히고 지체됨이 없으니/ 먼 곳이지만 곧 부두에 닿게 되었다

4. 九四(☷☳ → ☴☳)

【효사와 소상전】 구사는 바르게 하면 길해서 후회가 없어지리니, 움직여 귀방을 쳐서 삼 년에야 큰 나라의 상이 있도다. 상에 말하기를 '바르게 하면 길해서 후회가 없음'은 뜻이 행해지는 것이다.【九四는 貞이면 吉하야 悔 亡하리니 震用伐鬼方하야 三年에아 有賞于大國이로다. 象曰 貞吉悔亡은 志行也라.】

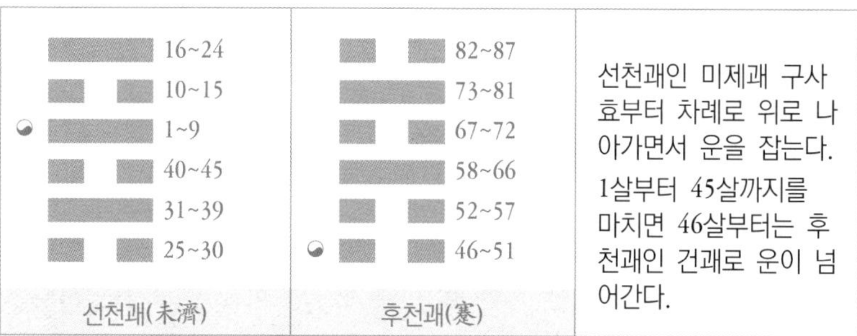

<table>
<tr><td colspan="2" align="center">선천괘(未濟)</td><td colspan="2" align="center">후천괘(蹇)</td><td rowspan="2"></td></tr>
</table>

선천괘(未濟)		후천괘(蹇)		
	16~24		82~87	선천괘인 미제괘 구사 효부터 차례로 위로 나아가면서 운을 잡는다.
	10~15		73~81	
●	1~9		67~72	1살부터 45살까지를 마치면 46살부터는 후천괘인 건괘로 운이 넘어간다.
	40~45		58~66	
	31~39		52~57	
	25~30	●	46~51	

◈ 양년(갑·병·무·경·임년)일 경우

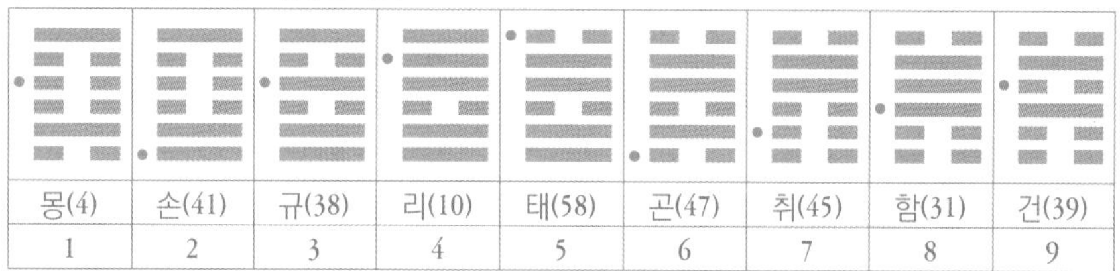

미제(64)	규(38)	손(41)	중부(61)	절(60)	감(29)	비(8)	건(39)	함(31)
1	2	3	4	5	6	7	8	9

◈ 음년(을·정·기·신·계년)일 경우

몽(4)	손(41)	규(38)	리(10)	태(58)	곤(47)	취(45)	함(31)	건(39)
1	2	3	4	5	6	7	8	9

◈ 월괘

송·6	비·12	곤·47	대과·28	태·58	절·60	수·17	진·51	혁·49	동인·13	기제·63	건·39
1월	2월	3월	4월	5월	6월	7월	8월	9월	10월	11월	12월

◈ 일괘

미제(구사)	송·6	해·40	규·38	진·35	정·50
	6	12	18	24	30
	5	11	17	23	29
	4	10	16	22	28
	3	9	15	21	27
	2	8	14	20	26
	1	7	13	19	25

11 이 효는 바람을 따르면 좋은 효험이 있다는 것을 권장한 것이고, 또한 공을 이루기가 힘들다는 것을 표현한 것이다. 그러므로 운이 맞는 사람은, 기질이 치우친 것을 변화시켜 중정한 데로 합치하고 조화되게 하니, 비록 과거에 합격은 늦지만 은혜를 받고 크게 빛난다.

운이 맞지 않는 사람도, 또한 착한 데로 옮겨가고 허물을 고치는 사람으로, 어진 사람의 이끌어주는 힘을 얻으니, 계획이 이루어지고 뜻이 실행되어 가서 좋지 않음이 없다.

세운을 만나면, 무관의 직책은 혹 전권을 위임받아 변방에서 적을 치는 일을 하고, 문관의 직책은 신하로는 제일 높은 자리에 있으면서, 천하에 공이 높아 임금에게 큰 상을 받고 봉토를 받는 영광이 있다. 선비의 출세는 과거시험에 장원할 징조가 있고, 일반인은 이익을 얻으며, 반드시 좋은 사람의 이끌어줌을 받는다. 수가 흉한 사람은 죽게 되는 참상이 있다.

① 得志行其道하니 方離險難中이라

事因遲乃濟면 乃可保初終이라

뜻을 얻어 자기의 도를 행하니/ 험난함 속을 방금 떠나게 되었다/ 일이 늦게 이루어지게 되면/ 처음과 끝을 다 보전할 수 있으리라

② 說君掌大權하고 伐鬼三年克이라

有賞於大國하니 別種仙桃核이라

임금에게 유세해 큰 권세 잡고/ 귀방을 쳐서 삼년만에 이겼다/ 큰 나라에서 상을 주니/ 특별히 선도복숭아씨를 심었다

---

11 此爻是勉其從正之效 而必象其成功之難者也 故叶者變化氣質之偏 求合中和之
正發科甲雖遲 受恩光則大 不叶者 亦是能遷善改過之人 得賢人提擧之力 謀遂
志行 無往不臧 歲運逢之 在武職或有閫外之寄 而專征伐 在文職則位極人臣 功
高天下 而受恩賜之重 封誥之榮 士子進取有魁元之兆 常人獲利 必得好人提擧
數凶者有鬼錄之慘

③ 目下事悠然하니 周全尙未全이라 久遠還不望이면 人與月團圓이라

　　눈앞의 일이 멀기만 하니/ 아직 완전히 일이 되지는 않았다/ 오래되어

　　오히려 바라지 않게 되면/ 사람과 달이 모두 둥글어 질 것이다

5.六五(☰☲ → ☲☲)

【효사와 소상전】육오는 바르기 때문에 길하여 후회가 없으니, 군자의 빛이

믿음이 있기 때문에 길하니라. 상에 말하기를 '군자의 빛'은 그 빛남이 길하

다. 【六五는 貞이라 吉하야 无悔니 君子之光이 有孚라 吉하니라. 象曰 君子

之光은 其暉 吉也라.】

선천괘(未濟)		후천괘(需)		선천괘인 미제괘 육오 효부터 차례로 위로 나 아가면서 운을 잡는다. 1살부터 45살까지를 마치면 46살부터는 후 천괘인 수괘로 운이 넘 어간다.
	7~15		79~84	
	1~6		70~78	
	37~45		64~69	
	31~36		55~63	
	22~30		46~54	
	16~21		85~93	

◈ 양년 음년 똑같음

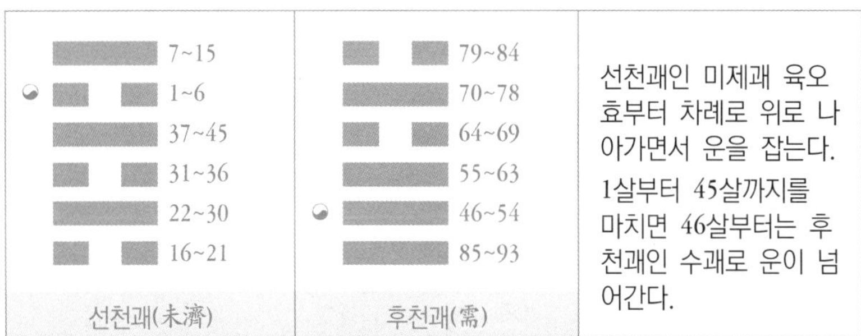

송(6)	곤(47)	태(58)	수(17)	혁(49)	기제(63)
1	2	3	4	5	6

◈ 월괘

해·40	항·32	귀매·54	림·19	진·51	수·17	풍·55	리·30	명이·36	겸·15	기제·63	수·5
1월	2월	3월	4월	5월	6월	7월	8월	9월	10월	11월	12월

◇ 일괘

		6		12		18		24		30	
•		5		11		17		23		29	
		4		10		16		22		28	
		3		9		15		21		27	
		2		8		14		20		26	
		1		7		13		19		25	
미제(육오)	해·40		규·38		진·35		정·50		몽·4		

【총괄해서 판단하면】

12 이 효는 임금이 신하의 도움을 얻어서, 아름다운 덕을 이루는 것이다. 그러므로 운이 맞는 사람은, 어진이를 구하여 정치를 함으로써, 화육化育을 돕고 나라를 잘 다스리는데 도움을 얻으며, 문장과 사업이 당시에 빛나니, 아름답고 원만한 대신이 된다.

운이 맞지 않는 사람도, 또한 정대正大하고 고명한 군자로, 큰 업적과 부富를 성대하게 세우고, 복과 경사가 아름답게 빛나고 번창한다.

세운을 만나면, 공직자는 반드시 선발되어 특진하는 영광이 있고, 구직자는 또한 문장으로 빛나는 기쁨이 있으며, 일반인은 꾀하는 일이 빛나고 아름답게 되며, 재물이 축적될 것이다.

【글귀로 판단하면】

1 虛心求助己하고 溫柔濟乎剛이라

　　信實無虛譽하니 斯爲君子光이라

　　마음을 비워 나를 도와줄 것을 구하며/ 온유함으로 강함을 다스린다/
　　신실하여 헛된 칭찬 없으니/ 이것이 군자가 빛나게 되는 까닭이다

2 芰荷香裏沐恩階하니 桂魄圓時恩愛來라

---

12 此爻是大君得資之佐 而因與其成德之美者也 故叶者 求賢理政 而贊化出治之有賴 文章事業 煥赫在當時 而位休休斷斷之大臣 不叶者 亦正大高明之君子 大業隆富有之盛 景福有昌熾之美 歲運逢之 在仕必有超選之榮 在士亦有文光之喜 在庶俗則謀爲光顯 而金帛有積蓄之休

從此成名山岳重이요 光風玉節位三台라

연꽃 향기 맡으며 임금뜰에서 목욕하니/ 달 둥글 때 은혜와 사랑이 온다/ 이때부터 이름은 산악과 같이 무겁게 되고/ 빛나는 풍모와 옥같은 절개로 삼정승자리에 앉게 될 것이다

6. 上九(☲→☵)

【효사와 소상전】상구는 술을 마시는 데 믿음을 두면 허물이 없거니와, 그 머리를 적시면 믿음을 두는 데 옳음을 잃을 것이다. 상에 말하기를 '술을 마시는 데 머리까지 적심'은 또한 절제를 모르는 것이다. 【上九는 有孚于飮酒면 无咎어니와 濡其首면 有孚에 失是하리라. 象曰 飮酒濡首 亦不知節也라.】

⦿ ▬▬ 1~9	▬ ▬ 67~72	선천괘인 미제괘 상구 효부터 차례로 위로 나아가면서 운을 잡는다.
▬ ▬ 40~45	▬ ▬ 58~66	1살부터 45살까지를 마치면 46살부터는 후천괘인 둔괘로 운이 넘어간다.
▬▬ 31~39	▬ ▬ 52~57	
▬ ▬ 25~30	⦿ ▬ ▬ 46~51	
▬ ▬ 16~24	▬ ▬ 82~87	
▬ ▬ 10~15	▬▬ 73~81	
선천괘(未濟)	후천괘(屯)	

◈ 양년(갑·병·무·경·임년)일 경우

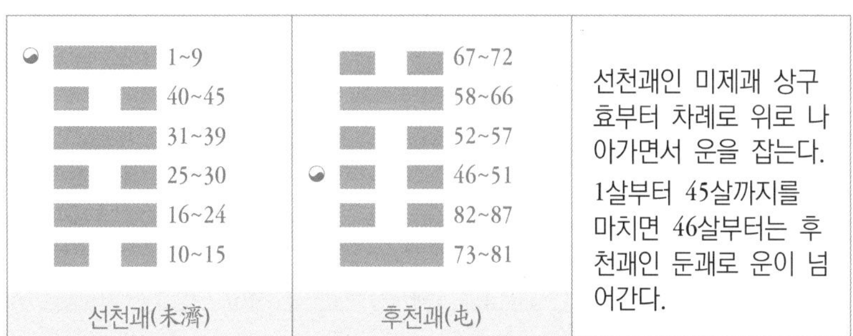

미제(64)	정(50)	항(32)	대장(34)	풍(55)	진(51)	복(24)	둔(3)	익(42)
1	2	3	4	5	6	7	8	9

◇ 음년(을·정·기·신·계년)일 경우

해(40)	항(32)	정(50)	대유(14)	리(30)	서합(21)	이(27)	익(42)	둔(3)
1	2	3	4	5	6	7	8	9

◇ 월괘

규·38	손·41	서합·21	무망·25	리·30	풍·55	비·22	간·52	가인·37	소축·9	기제·63	둔·3
1월	2월	3월	4월	5월	6월	7월	8월	9월	10월	11월	12월

◇ 일괘

미제(상구)	규·38	진·35	정·50	몽·4	송·6
	6 5 4 3 2 1	12 11 10 9 8 7	18 17 16 15 14 13	24 23 22 21 20 19	30 29 28 27 26 25

【총괄해서 판단하면】

13 이 효는 천명을 잘 순응하는 것이나, 사람의 도리를 다하라고 경계한 것이다. 그러므로 운이 맞는 사람은, 빠진 것을 건지고 어려움을 형통하게 하는 재주가 있다. 어지러움이 극해짐에 다시 다스려지는 날을 당했으니, 위로는 아름다운 하늘의 도리를 굳게 하고, 아래로는 백성의 마음을 하나로 한다. 일의 공적이 당시에 드러나고, 명예가 당대에 융성하고

---

13 此爻是能善順乎天命 而因戒其當盡人事也 故叶者 有拯溺亨屯之才 當亂極復治之日 上有以凝天休 下有以一民心 事功著于當時 名譽隆于昭代 不叶者 縱慾而不知節 悖義而不知反 覆墜之易 成立之難 歲運逢之 在仕必超遷而有祭酒知府節度使之職 士人進取 必居首選 在庶俗有出險位夷之佳 在耆老有鄕飮燕享之擧 數凶者有溺水之厄 縱酒之禍

밝아진다.

운이 맞지 않는 사람은, 욕심에 방종해서 절제할 줄 모르고 의리를 거스러서 돌아올 줄 모르니, 추락하고 엎어지기 쉽고, 성공하고 입신하기는 어렵다.

세운을 만나면, 공직자는 반드시 뛰어 올라가서 좨주祭酒·지부知府·절도사節度使 등의 직책으로 옮길 것이고('酒, 知, 節'자 등이 들어가는 벼슬), 구직자는 반드시 시험에 수석을 해서 출세한다. 일반인은 험한 데서 나와서 평이하게 될 것이고, 늙은 사람은 마을에서 경로잔치가 있을 것이다. 수가 흉한 사람은 물에 빠질 위험이 있고, 술을 너무 먹다가 화를 당하게 된다.

【글귀로 판단하면】

① 中心安義命하니 自然保泰和라

耽酒不知節이면 時哉可奈何오

마음속으로 의리와 명령에 편안히 따르니/ 자연히 태평하고 온화하다/ 술을 탐내고 절제할 줄 모르면/ 때가 이르면 어찌 할 것인가?

② 勿飮卯時酒하고 濡其首須防하라

有孚因失是면 自我致災殃이라

묘시卯時에 술 마시지 말고/ 머리 끝까지 취함을 방비하라/ 믿음을 이것으로 인해 잃게 되면/ 스스로 재앙을 오게 한 것이리라

전문가용 하락리수 CD

※ 가격 550,000원   총괄 : 윤상철, 2015년 1월 증보.
※ 구성 : CD 1매, usb락, 프로그램 매뉴얼.
※ 기타 기능: 오운육기, 궁합, 육효, 인쇄 가능

생년월일시를 입력 하자마자 사주 간지와 선천운 후천운을 즉시 확인함은 물론 12조건에 따른 길흉을 클릭만으로 알 수 있습니다. 또 평생운에 이어 대상운 년운 월운 일운까지도 세세히 볼 수 있고, 참평결과 주역점, 궁합점수 등이 추가된 종합 주역운세풀이입니다.
아울러 토정선생의 토정수를 활용한 토정괘(384효 또는 144효)를 얻어서 실제 년운에 대입해 봄으로써, 하락이수 년운과 비교해 운명을 판단할 수 있는 기능이 추가되었습니다.

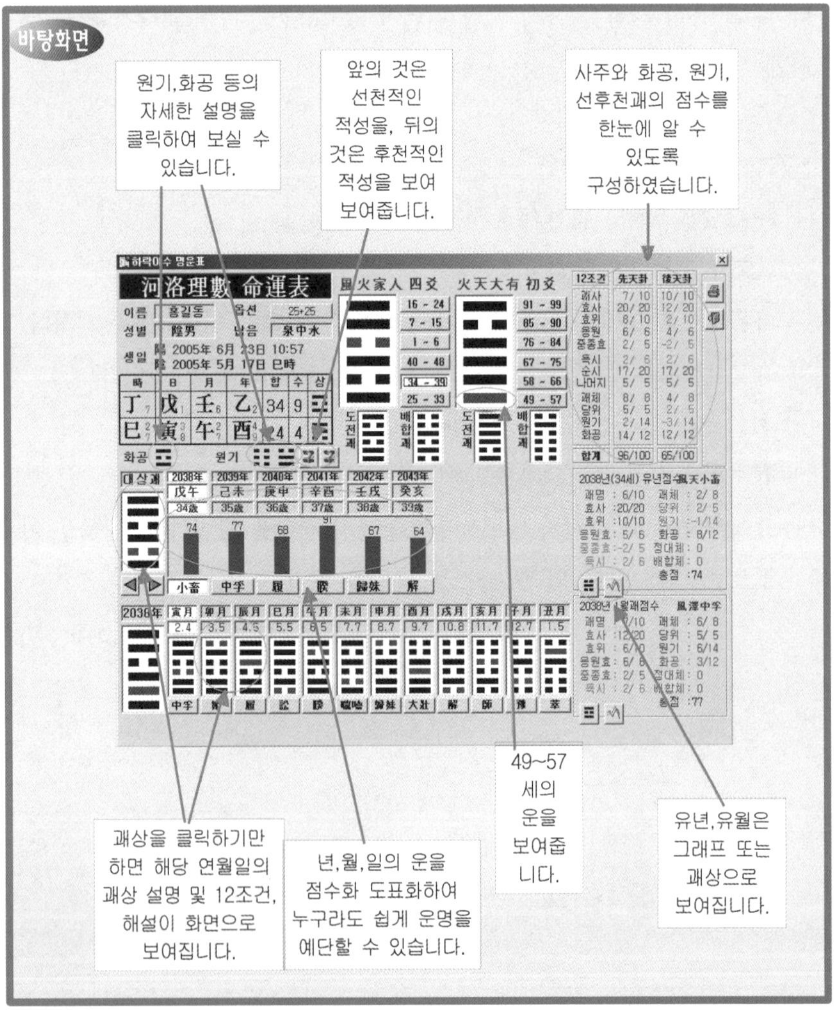

대유학당 출판물 안내

자세한 사항은 대유학당으로 문의해 주십시오.

전화 : 02-2249-5630 / 02-2249-5631

입금계좌 : 국민은행 **807-21-0290-497**　예금주-윤상철

홈페이지 : www.daeyou.net　　서적구입 : www.daeyou.or.kr

주 역			
▶ 주역입문2	김수길윤상철 지음	15,000원
▶ 대산주역강해(상/중/하)	김석진 지음	60,000원
▶ 주역전의대전역해(상/하)	김석진 번역	70,000원
▶ 주역인해(2014)	김수길윤상철 번역	20,000원
▶ 대산석과(주역인생 60년)	김석진 지음	20,000원
▶ 시의적절 주역이야기	윤상철 지음	15,000원

주역 활용			
▶ 황극경세(전5권)	윤상철 번역	200,000원
▶ 하락리수(전3권)	김수길윤상철 번역	90,000원
▶ 하락리수 전문가용 CD	윤상철 총괄	550,000원
▶ 대산주역점해	김석진 지음	30,000원
▶ 매화역수(2014)	김수길윤상철 번역	25,000원
▶ 후천을 연 대한민국	윤상철 지음	16,400원
▶ 주역신기묘산	윤상철 지음	20,000원
▶ 육효증산복역(상/하)	김선호 지음	40,000원
▶ 우리의 미래(대산 선생이 바라본)	김석진 지음	10,000원

불교 예언			
▶ 마음에 평안을 주는 천수경	윤상철 지음	10,000원
▶ 마음의 달(전2권)	만행스님 지음	20,000원
▶ 항복기심	만행스님 지음	18,000원
▶ 선용기심	만행스님 지음	30,000원
▶ 예언의 허와 실	현오스님 지음	9,600원
▶ 꿈! 미래의 열쇠	현오스님 지음	20,000원
▶ 꿈과 마음의 비밀	현오/류정수 지음	9,000원

음양오행학	▸오행대의(전2권)	김수길 윤상철 번역	35,000원
	▸동이음부경 강해	김수길 윤상철 번역	20,000원
	▸연해자평(번역본)	오청식 번역	50,000원
	▸작명연의	최인영 지음	22,000원
기문 육임	▸기문둔갑신수결	류래웅 지음	16,000원
	▸육임입문123(전3권)	이우산 지음	60,000원
	▸육임입문 720과 CD	이우산 감수	150,000원
	▸육임실전(전2권)	이우산 지음	54,000원
	▸대육임필법부	이우산 지음	35,000원
사서류	▸집주완역 대학	김수길 번역	20,000원
	▸집주완역 중용(상/하)	김수길 번역	40,000원
	▸강독용 대학/중용	김수길 감수	11,000원
	▸소리나는 통감절요	김수길 윤상철 번역	10,000원
자미두수	▸자미두수 전서(상/하)	김선호 번역	100,000원
	▸실전 자미두수(전2권)	김선호 지음	36,000원
	▸심곡비결	김선호 번역	50,000원
	▸자미두수 입문	김선호 지음	20,000원
	▸자미두수 전문가용 CD	김선호/김재윤	550,000원
	▸중급자미두수(전3권)	김선호 지음	60,000원
천 문	▸전정판 천문류초	김수길 윤상철 번역	20,000원
	▸태을천문도	윤상철 총괄	70,000원
	▸우리별자리(전3권)	윤상철	36,000원
	▸천상열차분야지도 족자	70*150/60*130cm	100,000원
	태을천문도 블라인드	150*230/120*180cm	300,000원

손에 잡히는 경전시리즈		
❶ 주역점	❻ 논어(원문+정음+해석)	
❷ 주역인해(원문+정음+해석)	❼ 절기체조	각권
❸ 대학 중용(원문+정음+해석)	❽~❾ 맹자(원문+정음+해석)	88~336p
❹ 경전주석 인물사전	❿ 신기묘산	10,000원
❺ 도덕경/음부경	⓫ 자미두수	

【1】 천간에 수를 붙이는 법

천간	갑	을	병	정	무	기	경	신	임	계	중앙
수	6	2	8	7	1	9	3	4	6	2	5

【2】 지지에 수를 붙이는 법

지지	자	축	인	묘	진	사	오	미	신	유	술	해
수	1·6	5·10	3·8	3·8	5·10	2·7	2·7	5·10	4·9	4·9	5·10	1·6

【3】 소성괘를 짓는 법

(1) 일반적인 수 1·2·3·4·6·7·8·9

수	6	2	8	7	1	9	3	4	6	2	5
괘	건	곤	간	태	감	리	진	손	건	곤	·

(2) 중앙수 5

삼원	상원	중원	하원	상원	중원	하원	상원	중원	하원
년도	1504~1563	1564~1623	1624~1683	1684~1743	1744~1803	1804~1863	1864~1923	1924~1983	1984~2043
양남	간	간	리	간	간	리	간	간	리
음남	간	곤	리	간	곤	리	간	곤	리
양녀	곤	곤	태	곤	곤	태	곤	곤	태
음녀	곤	간	태	곤	간	태	곤	간	태

【4】 대성괘를 짓는 법

양명의 男·음명의 女	천수····상괘	지수····하괘
음명의 男·양명의 女	지수····상괘	천수····하괘